普通高等教育"十一五"国家级规划教材

21世纪国际政治系列教材

现当代国际关系史

（从16世纪到20世纪末）

时殷弘　著

中国人民大学出版社
·北京·

总　　序

本世纪头20年是我国发展的一个重要战略机遇期，此时，我们所面对的是一个错综复杂、变化万千的国际环境。目前，我国的国际环境和周边环境总的来讲是好的，但面临霸权主义、单边主义、不合理的国际政治经济秩序，以及国际恐怖主义、宗教极端势力和民族分裂主义的威胁。同时，也存在边界、领海、国际能源供应、区域和次区域冲突等其他不安全因素的困扰。中国正在快速发展，正在大步走向世界。这无疑为全球的繁荣带来生机和活力，但也引起种种疑虑和阻力。中国如何避免走历史上大国发展的老路，探索出一条和平安全的、既造福于中国又促进世界共同繁荣的发展之路？这一系列新的问题、新的现象正越来越引起人们的广泛关注和深入思考，并极大地推动了国际问题研究，带动了相关人才的需求。

与之相适应，高校的国际政治学学科迅速发展，迄今为止仅建立国际关系学院或国际政治系的高校就达到四五十所。很明显，加强国际问题研究，对我国周边地区和整个国际形势做出冷静分析、准确判断、正确预测，为我们实事求是地认识问题、选择切实可行的战略策略，为维护我国的国家利益，为我国的发展创造和平稳定的国际环境和周边环境，提供科学的依据，也为世界更好地了解中国创造有利条件，这无疑是21世纪国际政治研究和外交活动的极为重要的任务。为此，就必须大力培养从事国际问题研究的高素质的专门人才，以及具备国际知识、国际战略意识和世界眼光的全面人才，其中包括研究国际问题的专家学者和理论工作者，从事国际政治学科教学的教师，也包括外交外事等实际工作部门的干部和工作人员。培养人才，离不开教材。培养21世纪的优秀人才，就需要面向21世纪的高水平教材。“21世纪国际政治系列教材”正是适应这种需要而精心组织编写的。尽管这套教材的主要对象是国际政治、国际关系和外交学及相关专业的大学生和研究生，但对一切希望系统学习和研究国际问题的读者来说，它又是熟悉和了解国际知识的理想读物。

中国人民大学国际关系学院是国内最早成立、最有影响和最具规模的国际问题人才的培养基地之一。1964年，根据中共中央关于《加强国际问题研究的决定》，经周恩来总理的批准，中国人民大学与北京大学、复旦大学一起将政治系改建为国际政治系。2000年4月，在中国人民大学国际政治系的基础上组建了国际关系学院。长期以来，它为我国的外交、外事部门，以及党政机关、高等院校、科研机构、传媒单位培养了大批优秀人才。它在教育、科研中积累了丰富的经验，完成了大量的科研成果，造就了众多的一流专家学者，形成了独具特色的、不同层次的课程体系。先后开设了国际政治学、国际关系史、国际政治经济学、中国外交、外交学、国际战略学、世界社会主义、世界民族与宗教、国际关系理论研究、国际能源战略研究、国际安全研究，以及美国、日本、欧洲、俄罗斯和发展中国家等国别和区域政治经济的课程。这套教材既是对以往多年来教学经验的总结和概括，也是近年来最新科研成果的归纳和反映，具有系统的理论性、强烈的现实性和前瞻的学术性。它既是规范、实用、好教、好学的理想教材，又是具有较高水平的学术专著，其中还包括国家社会科学基金的重点项目等。各书的作者主要是我们学院的中青年学术带头人和教学、科研骨干。同时，我们也聘请了一些校内外的著名专家担任顾问，以保证系列教材的学术质量和权威性。

在教材的编写中，我们始终坚持马克思列宁主义、毛泽东思想，特别是邓小平理论和“三个代表”重要思想的指导，注意借鉴国内外优秀科研成果，反映最新学术观点，使用最新科研资料，力争达到高水平、高质量。这套教材陆续出版后，深受国际政治学科和相关教学、研究单位专家、学者和广大师生的欢迎。由于它的学术性、理论性、系统性、规范性和实用性，被不少高校所使用，成为国内使用率最高、发行量最大和最具权威性的国际政治系列教材。其中不少优秀教材被评为北京市的精品教材，被列入“十五”国家规划教材。

然而，随着国际形势的发展变化，教材中有些内容需要调整；随着大批新的学术成果的问世，有不少教材中需要补充新观点；同时教材在使用中也发现一些不足之处，需要进一步完善。因此，经编委会研究，与出版社协商，决定在继续推出新教材的同时，将对已出版的教材进行修订、再版。编委会及顾问进行了必要地调整。此外，我们还准备邀请更多的校外一流专家编写新教材。我们将本着精益求精的原则，把一套学术水平更高、理论更系统、体系更科学、实用性更强的系列教材奉献给广大读者。同时，我们也衷心地感谢关心、支持和使用这套教材的兄弟单位以及广大读者，希望对这套教材多提宝贵意见。

目 录

第一章

思想方法和研究方法

重点问题

- 历史研究的三类基本目的；对待它们的不同态度和思考方式
- 宏观思考和理论化的定义；宏观思考和理论化的重要性或重大功能
- “科学方法”的不足和弊端；历史方法的价值和真谛
- 国际关系研究基于对历史的理解
- 现代历史学的根本方法
- 国际关系史料的六大类别；它们的重要性和不同特征

第一节　历史研究的若干基本问题

历史研究的基本目的

历史研究有三类基本目的，或者说基本功能：一是“经世致用”，二是“智识兴趣”，三是“人类自我认识”。

经世致用是一般的人们甚至是许许多多历史学家谈论得最多的历史研究目的。然而只需粗略地分辨一下，就可以看出有下述两种大不相同的经世致用。从认识论的角度看，一种是简单化类比的、机械的甚而庸俗的，既非真正精当地辨识和探究往昔的事态与其确实的形成原因，也不足够具体地考察和分析现今的实际情况与实际趋势，而是很简单地用历史来比拟现今和未来。另一种经世致用则达到或接近达到历史个性与共性的有机统一，那是被现代历史学的首要开创者利奥波德·冯·兰克当做根本的历史哲理强调的①。亦即一方面具有强烈的探寻历史共性的意识，另一方面则充分尊重历史个性，同时本着一种合理的怀疑和开放的思维，在认识中保留历史“模式”变迁的可能性，努力以实事求是的态度来具体地认识活生生的历史和现实。

在前一种经世致用的史学当中，除去那些见于史籍的“御用史学”、“幕僚史学”和“道德说教史学”之类特别低劣的形态之外，还有着颇受尊敬甚而在一段或长或短的现代历史时期里被许多人衷心推崇乃至顶礼膜拜的权威形态，那就是随意地调度或拨弄史料和史例，以便发现、论证和例解所谓“科学的铁律”。在第一次世界大战以前，流行声誉和实际影响都显著超过克劳塞维茨的19世纪军事史家约米尼，就是这方面的一个例子。在其笔下，法国革命战争和拿破仑战争居然失去了它们与旧制度之下“七年战争”的巨大的实质性区别，而对所有这些战争进行研究的动机和结果，是搞出他宣称的寥寥几条“不变的战略科学原则”，以便用于无论何种战争。② 在马汉的海权史当中，对史料和史例的拨弄导致了对某些重大历史事实和机理的扭曲与误解，例如极严重地夸大制海权对英国赢得拿破仑战争的意义；这种拨弄甚至还被马汉本人当做基本的研究方法向整个美国历史学界公开倡导。③ 之所以会如此，是因为这位相信“科学铁律”的经世致用者有着一项压倒一切的目的，那就是要将英国世界优势的“历史秘诀”教给他同代和后代的整个盎格鲁—撒克逊民族。同这些人相反，修

---

① 参见弗里德里希·迈内克：《马基雅维利主义：“国家理由”观念与其在现代史上的地位》(Friedrich Meinecke, *Machiavellism: The Doctrine of Raison d'Etat and Its Place in Modern History*)，第15章，伦敦，1957；时殷弘、郝莹：《利奥波德·冯·兰克的国际政治观》，载《欧洲》，1998（4），4～10页。

② 参见约翰·夏伊：《约米尼》，见彼得·帕瑞特编：《现代战略的缔造者：从马基雅维利到核时代》(John Shy, “Jomini”, in Peter Paret ed., *Makers of Modern Strategy: From Machiavelli to the Nuclear Age*)，143～185页，普林斯顿，1986。该书在后文出现时简称《现代战略的缔造者》。

③ 参见菲利普·克洛尔：《马汉：海军史家》(Philip A. Crowl, “Alfred Thayer Mahan: The Naval Historian”)，见帕瑞特：《现代战略的缔造者》，449～455页。

昔底德那样的伟大史家（即使并非没有某些可疑的先入之见和偏颇信念）从对于历史的严肃认真的探究、思考和总结中，自觉地寻找后世可以借鉴的深层历史经验。通过对伯罗奔尼撒战争的博大精深的观察和论述，他尽可能体会和提炼国际政治的本质、政治与道德的关系、国内体制和国民精神对于对外政策的巨大影响、政治领导的素质、帝国主义的动因和行为特征、海权与陆权的战略含义、国家战略的要素及其成败原因等。① 而且，他展示出来的政治机理是那么丰富，那么“非规律化”，以至于当今西方一位很著名的国际关系理论学者多伊尔盛赞其“复杂的现实主义”，认为它实际上优于此后近2 500年里西方所有主要的现实主义国际关系理论思想流派。② 还有兰克，这位大历史学家兼国际关系思想家在其1833年的经典论文——《论列强》中，就国际关系史而言划时代地提出了一大基本模式和一大基本趋势：先前两百多年里欧洲国际体系内权势格局反复变更的模式及民族主义兴起和现代民族国家广泛生成的趋势。正是在这总结历史、启示未来的雄文的结尾部分，他极有力地强调了上述与简单化比拟和机械性类推截然相反的哲理——绝对的个性与相对的共性两者的有机统一。③

“智识兴趣”（intellectual pleasure）是历史研究的基本目的之一。虽然这一点并非庸俗唯物主义者或自我中心主义者（不管这“自我”是指本人、本集团或本阶层，还是指本民族、本国甚或本文明）所愿接受或承认的，但却是一项不说自明的常识。正如利益考虑虽然极为常见并且通常至关紧要，却不能囊括人类行为的所有基本原因那样，经世致用决不能囊括历史研究的所有基本目的或动力。大致而言，这里所说的智识兴趣也可分为两类。一类是现象本位的和狭隘的，甚至是猎奇性的，有时特别流行的一些“英雄史学”、“阴谋史学”或“轶事史学”等，便是其中较低劣的例子。另一类智识兴趣则大为不同，它以严肃认真地认知事态本身的内在机理特别是那些与经久流行的俗见相违的内在机

---

① 例如见杰奎琳·德洛米莉：《修昔底德与雅典帝国主义》(Jacqueline de Romilly, *Thucydides and Athenian Imperialism*)，牛津，1963；格雷戈里·克兰：《修昔底德与古代朴素：政治现实主义的局限》(Gregory Crane, *Thucydides and the Ancient Simplicity: The Limits of Political Realism*)，加利福尼亚州伯克利，1998；本杰明·弗兰凯尔编：《现实主义的根源》(Benjamin Frankel ed., *Roots of Realism*)，第2～4章，伦敦，1996；唐纳德·卡根：《伯罗奔尼撒战争中雅典的战略》，见威廉森·默里等编：《缔造战略：统治者、国家与战争》，26～58页，北京，世界知识出版社，2004。

② 参见迈克尔·多伊尔：《战争与和平之路：现实主义、自由主义和社会主义》(Michael Doyle, *Ways of War and Peace: Realism, Liberalism, and Socialism*)，第1章，纽约，1997。

③ 参见《论列强》，见利奥波德·冯·兰克著，格奥尔格·伊格尔和康拉德·冯·毛奇合编：《历史的理论与实践》(“The Great Powers”, in Leopold von Ranke, *The Theory and Practice of History*, edited by Georg Iggers and Konrad von Moltke)，65～101页，印第安纳波利斯，1973；时殷弘、郝莹：《利奥波德·冯·兰克的国际政治观》，载《欧洲》，1998 (4)，7～10页。

理为主要目的，还要加上对历史包含的丰富生动的真实悲剧、真实喜剧或真实讽刺剧的“鉴赏”。

一般来说，历史学家当然有（甚至需要有）价值取向和设身处地式的情感移入，而且事实上也大都有属于或倾向于本集团、本阶层、本民族、本国甚至本文明的好恶和利益关切。但尽管如此，有如站在“外星人”立场的那种超脱——或许可以说站在宏观历史和人类本身的高度上的那种超局部、超时代意识——至少有时是需要的和可贵的。吉本的《罗马帝国衰亡史》就离不开这种超脱，司马迁的《史记》应当说也多少是如此。取小者而言之，当代美国的德国史泰斗和最杰出的国际关系史学家之一戈登·克雷格发表过一篇文章——《论阅读外交文书的乐趣》，可略为夸张地说是大师级史学家才能写出的、潇洒深切地表达智识兴趣的佳作。① 这样的智识兴趣并未妨碍（实际上还促进了）他对德意志第二帝国和纳粹德国的历史进行深刻的剖析和抨击。要达到很高层次的“超脱”，特别需要的是马克思所说的“斯多葛精神”：英国古典经济学家大卫·李嘉图虽然具有极明确的自由资产阶级立场和价值取向，却勇敢和坚决地揭示了势将导致本阶级衰落的一个经济法则——利润率倾向下降，从而被马克思誉为“这是斯多葛精神，这是客观的，这是科学的”②。历史研究的智识兴趣的最高主题，或许可以用司马迁的“究天人之际”一语来表述。这里的“天”可理解为客观必然性，“人”可以理解为主观选择和偶然性。这也正是德国古典哲学特别是其历史哲学中的必然与自由（命运与自由）的关系，或曰历史的大力量与人的主观能动性之间的关系。

历史研究的第三类基本目的是人类自我认识。这指的是作为民族、文明甚至全人类的人对自身的往昔和未来的意识和认识，或者用古罗马大哲学家西塞罗的话说，是指这样的人“领悟后果之链，设想事态原因，理解因果关系，抽引类比，并且将现今与未来联系和联结起来，从而容易概览他的整个生活历程，做出他的所作所为所需要的准备”。正如西塞罗强调，人与动物的最显著区别就在于此。③ 人作为群体与作为个人的基本区别之一也在于此。现代史上，有两种探求人类自我认识的方式：历史主义于 19 世纪兴起以前，人们主要是像启蒙学

---

① 参见 Gordon A. Craig, “On the Pleasure of Reading Diplomatic Correspondence”，载《当代史季刊》（*Journal of Contemporary History*），第 26 卷第 3～4 期，1991 年 9 月，369～384 页。

② 引文见《马克思恩格斯全集》，中文 1 版，第 26 卷（Ⅱ），126 页，1973。关于资产阶级利润率下降参见《资本论》，1 版，第 3 卷，第三篇，北京，人民出版社，1975。尤其见其中第 287、310 页。

③ 引自莱斯利·沃尔克尔为马基雅维利《论李维》所作导言（Leslie J. Walker, Introduction to Machiavelli's *Dicourses on the First Ten Books of Titus Livy*），91～92 页，伦敦，1950。

派那样（当然也像自然法信仰者与古典现实主义者那样）规定人——说到底多半是个人——的本性，即被规定为本善或本恶的人性，严格地说是先验的人性。历史主义兴起后，人们越来越广泛地转而以历史进化、历史发展的观点考察人的群体的演化。这是人类思想的一个非常重要和伟大的变化。

上述意义上的人类自我认识很难说是一种自觉地旨在经世致用的努力，也不同于旨在智识兴趣的那种局外和超然的观察，尽管它会因为思想转化为物质力量而对历史的实际进程产生重要影响，而且也需要相当程度的超然和必不可少的纯思索兴趣。它是作为民族、文明甚至全人类的一种自省，而在这类自省的人中，历史学家充当着主要代表。在现当代，特别是工业革命及其种种经济、政治和精神文化效应自 19 世纪中期往后在全世界广泛扩散以来，探究民族、文明甚至全人类的演化大致意味着三件事情，或者说包含着三个缺一不可的基本方面：（1）全球史意识和全球史眼界，这在全球性国际和跨国交往急剧增进的晚近半个世纪和未来岁月里尤其重要；（2）对于不同规模、不同层次的人类基本群体，特别是民族国家的历史个性的具体和深切的理解，其中包括对于此等群体的自我认识的理解，因为这种自我认识构成其历史个性的一个本质性的组成部分和塑造力量；（3）对于“智识兴趣”范畴内丰富多彩的偶然性和主观能动性的重视，连同对于这些要素与必然性即历史深层的大力量之间的复杂关系的追索（这种追索要不致过度自信和缺乏自我怀疑精神），就必须明白它们永远无法被解释得“水清见底”。例如我们要理解 20 世纪世界史上最大的事态之一——苏联的瓦解，就需要有上述所有三个基本方面，而就目前的理解水平而言，尤其需要的是全球史意识和全球史眼界。①

历史理解的局限性与巨大潜能

历史理解的局限性与巨大潜能的问题，换一句话说便是历史研究和历史思考对于现今的适宜性的问题。就此，可以引用当代英语世界内研究克劳塞维茨的头号权威彼得·帕瑞特的一席话，这段话取自他为自己主编的非常著名的论文集《现代战略的缔造者》而撰写的导言：

爱德华·米德·厄尔（美国最有名的战略思想家之一，写作年代主要

① 参见在这方面一项比较杰出的思考，丹尼尔·德内和约翰·伊肯伯里：《苏联变更的国际根源》(Daniel Deudney and G. John Ikenberry, “The International Sources of Soviet Change”)，载《国际安全》(*International Security*)，第 16 卷第 3 期，1991～1992 年冬季。

在第二次世界大战期间和战后初期）毫不怀疑，理解历史上的战争将有助于读者更聪明地对待现今的战争。并非每个人——肯定不是每个历史学家——都会完全像他那样确信历史的当代适宜性。每个时代在其环境、问题和人物的结合方面都是独特的，而且有时技术、信念或社会和政治组织方面一场深刻的革命似乎会将我们同历史割断，甚而在某些人看来将其适宜性减少到了似荒诞小说的地步。然而，问题很大程度上取决于适宜性是指什么。历史——即使假设我们能够确信对它的解释非常准确——很难提供直接的教益，宣称达到此类适宜性等于欺骗自己。但是，历史作为对先前已逝事物的有教养的记忆，是个不应被轻易抛弃的教益源泉。在国家事务和国际关系中，就像在个人生活中那样，现今总是有其历史的方面，最好是承认而非漠视或否认这个方面。而且，即使我们只能按照其自身的表象来观察现今，我们仍然有那可能确信历史不能不提供的最伟大价值的可用性，那就是它能够通过澄清往昔和理解其部分含义，来帮助我们思考当今和未来。①

这段话讲得非常好，含义非常适当，用词也非常有分寸，既概括了历史理解的伟大效用，也包含了这一效用的固有的、非同小可的局限性，因为历史理解能够、并且只能够帮助历史的研习者们“更聪明地对待”现今。有许许多多人不像厄尔那样确信历史的当代适宜性，也不像亨利·基辛格在其著名的《外交》一书中指出的那样，相信“通过类比来教导”的历史可以“启示可比形势的可能的后果”②。就像现在在中国的大学里，问历史系以外的学生：学历史有没有用？多数回答者如果说真心话的话，很可能答没有用，或者没有什么大用。多少年来，大多数历史系的大多数学生并非第一志愿考入的；考历史系的学生大多是第二志愿，而且毕业后以历史系的文凭要找到他们理想的好工作往往相当困难。当然，即使不就个人寻常的“经世致用”、而就纯粹的认识世界任务而言，历史理解也有着固有的非同小可的局限性。它的局限性在于每个时代在其环境、问题、人物以及所有这三者的结合方面都是独特的，都有自己的特点。例如对杰出的思想家克劳塞维茨来说，具体和生动的“个体化思维方式……延展到他对往昔的看法。历史也以不断的多样性为特征，并不从属于什么模式——例如进步模式或人对上帝的探知——那对克劳塞维茨来说不过是时髦造就的前提假设，它们本身也总在变化。每个时期都为其本身而存在，而不是作

① 帕瑞特编：《现代战略的缔造者》，7～8页。

② 亨利·基辛格：《外交》(Henry Kissinger, *Diplomacy*)，27页，纽约，1994。

为一个宏大计划的部分而存在，只能按照它本身来得到理解”[1]。历史不是简单的，甚至某种意义上是不可预料的；而且有的时候，历史会有巨大的甚至急剧的变化，如果好就是飞跃，坏就是灾变，它们似乎将我们同历史割断，“甚而在某些人看来将其适宜性减少到了似荒诞小说的地步”。这是在讲历史理解的局限性。

然而，关键的问题在于，所企求或期望的当代适宜性是什么？如果企求或期望的是“能够拿来自动地引用的指南手册”[2]，能够原封不动拿来做立竿见影之用的“直接的教益”，可以将它一下子从历史搬到现今，那就错了。关键在于要什么。“问题很大程度上取决于适宜性是指什么。”如果是要直接的教益或指南手册，那么很遗憾，历史不提供或极难得提供这样的东西，人类生活中没有或极少有这样的便利。“历史——即使假设我们能够确信对它的解释非常准确——很难提供直接的教益，宣称达到此类适宜性等于欺骗自己。”

与此同时，历史研习仍然有它的伟大的功能或价值，因为历史是一种“对先前已逝事物的有教养的记忆，是个不应被轻易抛弃的教益源泉。在国家事务和国际关系中，就像在个人生活中那样，现今总是有其历史的方面”。历史是“对先前已逝事物的有教养的记忆”，这话说得多么精彩，又多么有分寸！历史理解的最伟大的价值在哪里？历史不能不提供的最伟大的价值在于：它能够通过澄清往昔和理解其部分含义（注意，理解全部含义是不可能的）来帮助我们思考当今和未来。它没有取消思考的任务，没有取消那种往往是很艰巨的、包含着巨大的犯错误可能性的那种思考。即使对历史了解得非常清楚，非常深刻，并且相当准确，对当今和未来仍然要思考。然而另一方面，有历史理解的帮助或借鉴来促进对当今和未来的思考，无疑饶有裨益，甚至有时绝对必不可少。

国际政治或国际关系领域的学生或学者大多喜好谈理论，有些对理论喜好到了“执迷”的程度，而远甚于对历史研习的关切。就此，特别需要指出历史研习和理解对于理论的合理构建和有效应用的功能。理论出自实践，关于社会的理论出自关于社会的实践，而历史考察就是关于往昔社会实践的考察，它因而可以被认为是这里所说的理论的本源。以理论的一个分支——战略理论为例，有一项被真正好的战略思想家和战略理论家们反复强调的一般经验或常识性道理，那就是实际上只有通过历史（战略史）的考察、研习或探究，才能构建、理解或高效地应用战略理论或战略观念。自2000年起，跻身于近20年来最好的

---

① 彼得·帕瑞特：《〈论战争〉的由来》，见卡尔·冯·克劳塞维茨著，迈克尔·霍华德和彼得·帕瑞特编译：《论战争》(Pater Paret, “The Genesis of *On War*”, in Carl von Clausewitz, *On War*, edited and translated by Michael Howard and Peter Paret)，23页，新泽西州普林斯顿，1976。

② 基辛格：《外交》，27页。

战略史家之列的保罗·肯尼迪和约翰·路易斯·加迪斯合作，在耶鲁大学主办一个前所未有的“大战略讲习班”，目标是培养下一代的领导人才。该讲习班的《课程任务声明》说：“培育战略领导人的最好办法，当然也可以说我们理解战略领导的最好办法，是学习在历史上大战略如何被缔造，如何被贯彻”；“只有历史研究，才产生对于什么是大战略、大战略如何运用以及战略家在具体的环境中如何思考和行动的正确理解”①。这后一句话，确实表达了他们作为战略史家同时也是在大战略理论发展中起了重要作用的人物的差不多全部最根本体会。

事实上，还要补充说，这也如俾斯麦的首席同事、19 世纪欧洲最了不起的战略家之一老毛奇的很大部分最根本体会。老毛奇认为历史研习有巨大的效用，确信“只要怀抱正确的纵深意识来研究历史，战略便能大得益于历史”。因此，军事史研究被他规定为普鲁士参谋本部的核心职责之一，没有被丢给某个下属机构，而他本人亲自撰写了论述 1859 年意大利战争的经典专著。② 不仅如此，战略逻辑和战略理论，只要是略微复杂的，一般而言只能依靠对于具体“时间和环境”中的战略行为的具体考察得到，也就是只能依靠广义的历史考察得到，而纯抽象的理论思维和推理在这方面所能成就的颇为有限。某些尤为杰出的战略史/战略理论论著表明，越是精微复杂的战略理论性机理，越有赖于真正的历史学术研究来揭示。或者说，大凡足够精微复杂的战略理论道理，一般若不诉诸真正的历史学术研究便无法予以揭示，因而战略理论本身应有的精致性也无法达到。广而言之，在理论研习者和构建者的最主要教师中间应当有历史。他们首先应当比较知道甚至比较熟悉历史，同时对历史有理论化的思考，从中升华出历史的内在含义和具有历史共性的道理。③

宏观思考和理论化的重要性

历史研究的基本目的，无论是经世致用，还是智识兴趣，或是人类自我认识，都决定了宏观思考至关重要。在那些过于浅薄、狭隘和先验规定式的旨趣之外，所有要达到深层历史经验和事态内在机理的考察，都需或明示或隐含地多少超越微观探究层次，进至运用较大尺度的比较、联想、抽象和总体性想象等思想方法的宏观思考。在这个意义上可以说，宏观思考是达到历史研究基本

---

① 保罗·肯尼迪、约翰·路易斯·加迪斯等：《大战略研究》（课程提纲）（Paul Kennedy, John Lewis Gaddis, et al., Studies in Grand Strategy [Syllabus]），耶鲁大学国际安全研究项目，2000 年春季/秋季。

② 参见哈约·霍尔伯恩：《普鲁士/德国派：毛奇和参谋本部的兴起》（Hajo Holborn, “The Prusso-German School: Moltke and the Rise of the General Staff”），见帕瑞特编：《现代战略的缔造者》。

③ 详见时殷弘：《战略史考察与大战略理论》，载《史学月刊》，2005（6）。

目的之终极的甚或主要的手段。微观探究当然也非常重要，并且在严谨的态度和严格的程序之外，同样需要非同小可的才智。然而，微观探究本身毕竟是历史学者的一项起码的、而非高级的功能；它要还原的“真”，只是本质意义上的“真”的局部和表层。它的局限性在于，即使假设它使人看到了所有真实的细节，也远不等于令人把握和理解了这些细节的总体融合构造以及它们互相间的内在有机联系。一位宏观思考意识强烈的历史学家略微过分地说：“历史并非只是细节的堆积，正如（法国名胜）夏尔特尔教堂并非知识石块的堆积一样。单独一块块石头在夏尔特尔教堂里算不上重要，细节在历史中也算不上重要。”① 因此说到底，尽管微观探究构成史述的基础和史论的前提，而且每一个合格的历史研究者都必须有能力进行严谨扎实的细节还原工作，并且从此开始其研究生涯，但倘若没有作为宏观思考之根本特征的广阔的眼界、总体性想象和超越较狭隘时空的合理的联想，“历史就没有含义，就是一堆互相无关的事物组成的混乱”②。从这个角度可以说，宏大的眼界、想象和思考是第一位的，而原本意义上的即狭义的研究（research）是第二位的。总之，关于一个个具体史事的实在探究虽然是历史研究取得成功的一大前提，但不能代替关于历史过程和状态的宏观思考。后者意味着史事探究达到在总体上的统一性和各局部之间的连贯性，意味着揭示历史事态的深层含义，甚至也意味着史述本身的简练明晰。③

如上所述，宏观思考的根本特征在于广阔的眼界、总体性的想象和超越较狭隘时空的合理联想。因此，高水平的宏观思考可以不需要严格意义上的“理论”，即以概念化（conceptualization）和概念规定（definition of concept）为基础、以事态内在机理之足够宏观、简洁和抽象的表述即命题（proposition）为枝干的逻辑性组合体系。否则，高水平的宏观思考就不会出现在现代甚或当代以前的众多世纪，而事实上它们在那些世纪里远非罕见。但是，理论（特别是其概念和模式）对于具体的历史研究毕竟有优越的启示、“定焦”、梳理、总结和升华功能，并且对于研究得到的历史经验和教益能起到特别有力的推广作用。

所谓启示和“定焦”，首先是指理论能够提示和突出那些按照理论逻辑必定存

---

① 路易·哈利：《历史学家职业的性质》，见《历史、哲学和对外关系》（Louis J. Halle, “The Nature of Historian's Vocation”, in idem, *History, Philosophy, and Foreign Relations*），6页，马里兰州拉纳姆，1987。

② 同上书，5页。19世纪初期的法国大历史学家基佐强调，格外关注个别细节的历史考察，在价值甚至真实程度上不如那种就“决定世世代代命运和特征的重大事态”所作的历史考察和大思考。参见弗朗索瓦·基佐著、斯坦利·梅隆编：《历史论文和演讲集》（Francios Guizot, *Historical Essays and Lectures*, edited by Stanley Mellon），7～8页，芝加哥，1972。

③ 参见时殷弘：《美国与现代中国——〈中美关系史（1911—1950）〉评析》，载《历史研究》，1995（2），68页。

在，但很容易被集中于关注具体和局部事态而不免视野较窄的历史学者们忽视的重要方面。换一个角度来说，用理论来对照，可以判断相关的史事叙述和阐释是否足够周全。例如，关于国际政治的层次分析理论可以提示和帮助判断在揭示某一项或某一套对外政策的成因时，是否揭示了国际体系、单个国家和决策者个人这三个最基本层次上的所有基本因素。理论的启示和"定焦"功能还在于，它们可以提醒和教导历史研究者去洞察、发现和把握无数历史表象和局部机理下面的深层逻辑，而且使他们在这么做时一般能够便利得多，快捷得多。否则，他们就不容易、甚至往往少有可能拨开纷纭繁杂的表象以确定关键所在，并且不为大千世界乍看来的流动不息和自相矛盾所困惑。例如可以认为，国际体系理论的启示和"定焦"曾经帮助一位杰出的国际关系史学家抓住近四个世纪里国际政治的若干要素，从而以不足 150 页的篇幅，展示出一幅深刻但不失生动、简练但不失丰富的整个现代国际体系演变图景。① 理论的甚至更重大的启示作用还在于，它们有时可以提示历史学家从一种整体全新的视角去考察历史，从而形成一种对历史的全新的理解和说明。马克思主义理论的历史学启示作用是这方面特别重大的典范。

理论的梳理功能很容易理解：理论本身出自对大量具体事实的梳理，反过来又通过其概念、范式、命题和模式等，依照事物的共性和深层联系给纷繁的现象世界理出一个"智识秩序"，使之能够或容易被人理解和把握。理论的总结和升华功能，则在于使历史学家能够或便于从庞杂的历史现象下面提炼出深层的机理，或者说"读出"历史的内在秘密。由此，历史的本质含义从隐含的变成明显的，从自在的变成自为的，而多少是朴素的历史认识便升华为对于历史哲理的深切领悟。最后，特别是从历史研究的经世致用功能来看，理论性的概念和模式还大有助于历史经验和教益的推广，使它们得以广泛传播和持久延续，从而产生重大的实践影响。这里的道理很简单：倘若没有理论性的模式、概念乃至术语所起的简约和凝固作用，那么史家通过故事般的具体史述展示的历史经验和教益，不仅普通老百姓，而且国务家和社会"精英"都不容易真正领会和牢记，甚至往往干脆不会引起他们的注意。修昔底德在关于伯罗奔尼撒战争的史书中，非常明确地用恐惧、名誉和私利这三大概念来概括国家间争斗的根本动因②，这到 17 世纪经过霍布斯在《利维坦》一书的核心篇章中的强调、演绎和系统论说③，几百年来不知影响或塑造了多少国务家、政论家的国际政治观和

---

① 参见戈登·克雷格、亚历山大·乔治：《武力与治国方略》，第一部分，北京，商务印书馆，2004。该部分英文原文不足 150 页，主要由戈登·克雷格撰写，他是美国的德国史泰斗、最著名国际关系史学家之一。

② 参见修昔底德：《伯罗奔尼撒战争史》，第一篇第 3 章（篇章排序按照理查德·克罗利英译本）。

③ 参见霍布斯：《利维坦》第 13 章。霍布斯是《伯罗奔尼撒战争史》的第一位英译者。

对外政策思想！亨利·基辛格在其历史论述和理论性思考几乎平分秋色的成名作——《重建了的世界》中，塑造了“绝对安全”、“相对安全”、“革命国家”、“国际合法性”等直至当今仍在被广泛使用的概念①，从而大有助于理解拿破仑战争和其后“欧洲协调”的主要历史经验对当代国际政治的影响。在保罗·肯尼迪的几乎空前流行的名著——《大国的兴衰》当中，关于经济、技术发展之国际格局变动效应的历史/理论模式，连同“不平衡成长”、“相对实力”、“过度伸展”、“中等列强”之类概念和术语，对推广五个世纪以来国际关系史的基本教益起了重要作用。

在一定意义上甚至可以说，历史与理论的关系是人类的社会思考的一个永恒课题。近2 500年前，修昔底德就非常自觉地从对伯罗奔尼撒战争史的考察中提炼他的理论性思考论断（即他所谓的人性使然而能经久适用于未来的往昔道理②），同时非常自觉地用这些论断实际引导或便利自己的战争史考察，而从19世纪初兰克创始现代历史学直至今天，历史与理论的联系更是始终不息地得到思考和讨论。在这些联系当中，理论对于历史研究和历史理解的功能，连同反过来历史研究和理解对理论的合理构建和有效应用的功能，始终列于最重要的位置。

理论化的基本种类和形式

历史思考和论说的理论化可以有两大种类：(1) 对现成理论的连贯的运用；(2) 理论性的创造式宏观思考。第一大种类还可以分成两种形态：要么用某一已有的理论或理论模式作为唯一或主要的框架，在其内有机地认识、组织和展示具体的历史事实及其内在逻辑，要么（一般更高明）将某一现成的理论观念当做更为笼统、因而也更加留有余地的范式和红线，在其指引下达到同样的目的。无论如何，现成理论的连贯的运用有其显著的裨益，即统一、明晰、简洁，但同时也容易造成弊端，即比较片面，拘谨，甚或多少有些牵强附会。③

---

① 参见亨利·基辛格：《重建了的世界：梅特涅、卡瑟尔累与和平问题（1812至1822年）》(Henry Kissinger, *A World Restored: Metternich, Castlereagh and the Problems of Peace, 1812—1822*)，波士顿，1957。特别见该书导言。

② 参见修昔底德：《伯罗奔尼撒战争史》，第一篇第1章。

③ 近二三十年来盛名于美国外交史学界以及战略学界的约翰·路易斯·加迪斯有一篇流传极广的论文——《漫长的和平：战后国际体系的稳定因素》(John Lewis Gaddis, "The Long Peace: Elements of Stability in the Postwar International System")便是这方面的一个范例，见其论文集《漫长的和平：冷战史研究》(*The Long Peace: Inquiries into the History of the Cold War*)，牛津，1987。该文明确地依据国际政治理论中的结构现实主义学说，很好地体现了连贯运用现成理论的裨益，但也在一定程度上带有其弊端。

理论化的第二大种类——理论性的创造式宏观思考——对历史研究者的理论思想造诣和经验一般有更高的要求。它以博采众长、有机糅合、恢宏潇洒和富含创新为理想特征，同时不失连贯、明晰和深邃。国际关系史经典名著《不牢靠的平衡》在这方面可称登峰造极。其作者，20世纪德国最重要的国际关系史学家之一路德维希·德约糅合三项地缘政治关系理念，即海权对陆权、欧洲均势对海外优势、传统中等列强对侧翼超级大国（后两项有赖于他的创造或者决定性的发展），异常雄辩和发人深思地论说了四个世纪的现代欧洲国际权势斗争。[①] 这实际上为杰弗里·巴勒克拉夫、保罗·肯尼迪和乔治·莫德尔斯基等名家的国际关系史理解奠定了相当大一部分基础。肯尼迪《大国的兴衰》和加迪斯的战略史/战略理论名著《遏制战略史》[②]，则为这类思考提供了另两个杰出的范例。

与理论化的上述两大种类相关的一个重要问题，是理论化的形式。有一类形式近些年来在历史论述中不时可见，那就是理论棱角显山露水，概念模式晦涩生硬，“科学”模仿弊病丛生。与此相对的是成熟和高超的理论化形式，即隐含的而非明示的，有机的而非教条的，倚重历史—哲理思考为特征的经典方法，而非迷信和滥用社会科学。[③]

就此，有必要重申克劳塞维茨申说的一个常理。这位对理论的本性做过长时间艰苦和卓越的思考的思想家一再强调，理论一般必须符合或大致符合常识，因为健全的理论基于并表现常识和“创造性的才能”。[④] 理论应当是探究，而不是信条，更不是一种用来吓唬别人、标榜自己的智力活动，因为在他看来，“每逢一种活动一次又一次地主要处理同一类事情——以同样的目的和同样的手段处理，即使可以有小的变动和无限多样的结合——这些事情就可以是理性研究的对象。恰恰是这种探究，构成任何理论的最本质部分，并且可以很恰当地有权称作理论。”克劳塞维茨总结道：理论“导向密切地熟悉主题。就经验而

① 参见路德维希·德约：《不牢靠的平衡：四个世纪的欧洲权势斗争》（Ludwig Dehio, *The Precarious Balance: Four Centuries of the European Power Struggle*），纽约，1962。下文简称《不牢靠的平衡》。该书德文原版于1948年问世。

② 参见约翰·路易斯·加迪斯：《遏制战略史：战后美国国家安全政策评析》，北京，世界知识出版社，2005。

③ 在国际关系理论思想领域，对经典方法的经典界定和对过度依靠社会科学方法的经典批评，见“英国学派”领袖赫德利·布尔的一篇著名的论文——《国际关系理论：为经典方法辩护》（Hedley Bull, “International Theory: The Case for A Classical Approach”），载《世界政治》（*World Politics*），第18卷第3期，1966年4月。

④ 参见帕瑞特：《〈论战争〉的由来》，见克劳塞维茨：《论战争》，12页。

言……它导向彻底熟悉经验。它靠这一目标越近，就越是从科学的客观形式进至技能的主观形态，越是在那些依照事理本身仅仅由才能而非其他来决定的领域证明自己的有效。事实上，它将变成才能的一个积极组成部分……于是，理论成了任何想从书本里来学习……的人的一个指南。它将照亮他的学习道路，便利他的进步，训练他的判断能力，并且帮助他免入陷阱歧途”①。理论应当争取“从科学的客观形式进至技能的主观形态”，应当成为一种艺术或内在的“才能”：这真是至理名言。

重视和善于从事当代史研究

从所涵盖的时间长短来说，“当代史”（全球及其各大区域、而非单个民族国家的当代史）是个具有相当大伸缩性的笼统的概念。当代史的终端不说自明，那就是现在。但其始端很难斩钉截铁般地划定，因而很难在当代史研究者中间就此形成普遍的共识。例如当代国际关系史或许可以认为始于冷战结束和苏联瓦解，然而说它始于第二次世界大战结束，甚至始于（如巴勒克拉夫《当代史导言》所云）20世纪初年，也大有甚至更有道理。不过，对这乍想来笼统含糊的概念，可以下一个不免也是笼统含糊的定义，即当代史是关于这么一个直至现在的时代的历史：它的基本特征和性质，与我们现今所处的世界的基本特征和性质大体相同；在它延续期间发生的头等历史大事态，仍然直接地、非常有力地规定或影响着我们现今的大环境和社会生存的基本方式。

然而无论如何，历史研究的基本目的，特别是经世致用，决定了当代史研究具有重大的、一定意义上说首屈一指的意义。从历史研究中提炼出来的真实的历史经验和教益，对于当前的实践是否适用，并且在多大程度上适用，取决于这些经验和教益从中产生的历史条件和历史状态同当前的条件和状态之间有多大差异。因而很明显，与关于先前时代的研究相比，当代史研究得出的种种道理一般有更大的、往往甚至大得多的实践适切性和现实价值。尤其是人民大众，特别需要当代史，而且是既恢宏深刻、又贴切易懂的当代史，因为他们的心灵关切、情感投向和思维兴趣非常合理地集中于现今和较近的未来。即使是就历史研究的另外两项较为“超脱”的基本目的——智识兴趣和人类自我认识而言，由于当代史的事态和内在机理比先前的历史更加贴近，因而对于今人一般显得更生动，更丰富，并且往往由于今人直接和间接的现实参与而能够得到他们更深切的领悟。

① 克劳塞维茨：《论战争》，101页。

同某些历史学家的看法相反，当代史研究大有学问。这首先是因为它有着特殊的学术难度。在其他一般是辅助的研究方式之外，它要求异常大量地研读文献，处理汗牛充栋的庞杂的资料。在许多当代史论题领域，由于各种原因、尤其是现实的种种利害关系，致使资料（特别是关键性资料）开放程度不高，因而必须尽可能地运用各种办法努力发掘和搜寻之。其中有些办法是很艰辛、琐细的，需要经年累月的开发和耐心积累。它还要求研究者非常自觉地、尽可能地抑制一种历史考察扭曲效应——由研究者自己的情感和利害关系造成的扭曲效应，这在"身处其境"的当代史领域尤其不易做到。不仅如此，在当代史研究中还必须清楚地意识到一个问题，那就是视距过近引起视野过窄，因而必须更加注意通过树立大眼界、进行大思考来克服这个认识障碍。

当代史研究所以大有学问，还因为它有着一种关于先前时代的研究比不上的特殊的学术可靠程度，那就是"身处其境"带来的认识优越性。身处其境甚至亲历其事，能够使当代史研究者对当代事态具备足够细腻真切的感觉、体会和理解，以至于有可能特别准确地把握事态的"精神"和内在"灵魂"，而这是一般只依靠客观地研读往昔时代文献的历史学家们很难做到的。同理，当代人在解读当代史研究的主要依据——公开文献方面，具有明确的优势，以此可以在相当大程度上弥补档案文献开放不足带来的缺憾。由于这些优越性，缺乏档案文献但仍写出当代史杰作的例子比比皆是。在国际关系史领域内，例如威廉·麦克尼尔的《美国、英国和俄国：它们的合作与冲突（1941—1946）》、邹谠于20世纪60年代初发表的《美国在中国的失败（1941—1949）》、20世纪90年代以前美英几代苏联学泰斗撰写的一些苏联对外政策史杰作等，都相当成功地克服了缺乏档案史料这一障碍，提供了至今仍不失基本准确性的当代史图景。[①] 当然，如果缺少档案史料，就做不出很细致、很确凿的历史研究作品，而且有时会搞不清楚、甚至干脆不知道一些至关紧要的历史详情。但是，那些需要档案文献才能够显示的史事细节多半并非必不可少，或者借用前面援引过的基佐的观点，格外关注细节的历史考察，在价值甚至真实程度上不如那种就"决定世世代代命运和特征的重大事态"所作的考察和大思考。

更广泛地看，缺少现实关切和现实参与的历史学者，无论他研究的是哪个时代，都难以做出真正好的和适切的历史研究。一位对弗里德里希·迈内

---

① 麦克尼尔和邹谠的这两项著作已有中译本。此处所说的苏联对外政策史力作，其中的一个典范可见兹比格纽·布热津斯基：《苏联集团：团结和冲突》（Zbigniew K. Brzezinski, *The Soviet Bloc: Unity and Conflict*），马萨诸塞州坎布里奇，1967。

克——现代最卓越的思想史家和20世纪德国史学界泰斗——做了深入研究的学者写道："迈内克将历史研究看做……对别的时期里人们的斗争、希望、恐惧、挫折和成就的一种富于理解的参与。他确信，历史学家只有经由当今之门，才能进入往昔之地；也就是说，只有全心进入当今的现实，才能使他强烈地意识到什么真正重要，那是当他试图把握往昔的现实时所需要的。任何采取别种做法的人，任何以书蛀虫的心态习惯埋头于历史资料的人，都将无法同已逝年代里的活生生的力量建立起真正的联系，都无法把握古往今来极为本质的东西。"① 从这个角度，同样可以看到当代史研究上的一种优势：关切和参与当前现实的历史学者易于把握当代史，甚于其易于把握较早的历史；或者反过来说，与较早的历史相比，当代史往往能做得更真切、更准确、更深刻。这至少是因为，体会和理解当代的时代环境、气氛风尚、流行心理、政治行为方式和思想方式等，比起把握较早时代里的这同一些重大因素要容易得多，也可靠得多。

然而，特别对当代史研究者自身来说，必须记住前面说明过的当代史学术难度问题，这些问题实际上大多关系到当代史研究极难被消除的"天然"缺陷。不仅如此，当代史研究还有法国大学问家和思想家雷蒙德·阿隆指出的另外一大（很可能是最大的）不利之处，即缺少关于当代事态的未来后果的充分知识。"历史科学依靠知识的积累向前发展，但也依靠对先前的解释不断地做出重新解释而向前发展。从当代人写的当今历史，到下个世纪写的同一时期的历史，两者间重新解释的分量很可能甚于20世纪中叶写的罗马史相比于（19世纪中叶大历史学家）蒙森的《罗马史》。"② 因此，一项当代史著作在学术意义上，大概不过相当于未来的历史学家可资利用的一项文献。

第二节　历史方法的价值与"科学方法"的弊端

从第一节讨论的历史理解的局限性与巨大潜能出发，可以再深入一步，谈论历史方法的价值和"科学方法"的弊端。社会研究、历史研究和国际关系理论研究中的一般所称的"科学方法"，用一位并非不带偏见、但仍大致准确地把握其主要特征的著名学者的界定，是指其命题或论断"基于逻辑的或数学的证

① 斯塔克（W. Stark）为迈内克《马基雅维利主义》英译本写的长篇导言第11页。

② 雷蒙德·阿隆：《政治与历史》（Raymond Aron, *Politics and History*），178～179页，新泽西州新不伦瑞克，1984。

据，或基于严格的、实证性的验证程序”，“设想理论等同于构建和操作所谓‘模式’”，“执迷于度量”，追求自然科学中往往能够达到或容易达到的那种精准、简明、确定性和可验证性。在国际关系领域内坚信这一方法的人中间，有些“将国际关系的种种经典理论当做毫无价值之物撇在脑后，显然将他们自己想象为一门全新的科学的创建者”①。

这样的科学方法有它的重大甚至伟大价值，然而在此要谈它的弊端，或者说迷信和滥用社会科学方法的弊端。国际关系理论“英国学派”领袖赫德利·布尔在20世纪60年代就指出，这些弊端主要在于脱离复杂的经验实际，忽视根本而专注于边际，忽视实质而专注于形式，漠视认识的相对性，缺乏对本身研究结论的适当的怀疑态度。②在揭示“科学方法”的弊端和弘扬历史方法的著述中间，尤为卓越的近作包括当代最重要的战略史家和美国外交史家之一约翰·路易斯·加迪斯的两篇论文——《国际关系理论与冷战的结束》和《历史、科学与国际关系研究》（发表于20世纪90年代中期）。③ 这位将国际关系史和国际关系理论、战略史和战略理论结合得很好的学者首先指出了一个事实——一旦被指出后便显得那么突出、甚至不免令人惊讶的事实。那就是，近年来有那么多国际关系理论学说，然而按照这些理论学说，却无法预见到苏联的急剧瓦解——当然不是指预见到一定在哪一年和以什么具体形式瓦解，但是它们确实无法大致地预见到在20世纪末期以国内和平变更方式而来的苏联的那种急剧瓦解；不仅如此，即使退一大步说，如果事后来看将这些理论学说按其本身的逻辑充分展开，按照这些理论学说包含的所有潜在可能性来分析，那么也同样无法预见到苏联的急剧瓦解。总之，按照这些理论学说和它们的所有逻辑潜能无法判断、也确实没有判断到这一点。所以对绝大多数国际关系理论家来说，苏联的急剧瓦解、甚而其瓦解本身完全出乎意料。

对热衷于国际关系理论的无数学者来说，这确实是个令人尴尬的事实，也理应是个令人深思的事实。历史学家加迪斯试图替他们找出其中的缘由。在《国际关系理论与冷战的结束》一文的结论部分，他首先引用研究苏联史的头等杰出的学者之一、英国教授罗伯特·康奎斯特的一句话：“如果你是一名学生，

---

①② 布尔：《国际关系理论：为经典方法辩护》，载《世界政治》，第18卷第3期，1966年4月。

③ 参见“International Relations Theory and the End of the Cold War”，见肖恩·林-琼斯和斯蒂芬·米勒合编：《冷战与其后》（Sean M. Lynn-Jones and Steven E. Miller，eds.，*The Cold War and After*），马萨诸塞州坎布里奇，1994；“History，Science，and the Study of International Relations”，见内盖利·伍兹编：《解释1945年以来的国际关系》（Nagaire Woods ed.，*Explaining International Relations since 1945*），牛津，1996。

那就从学政治科学转到学历史。”当康奎斯特被问到（大概是被政治学系的学生问到）从 1991 年 8 月那场反戈尔巴乔夫的未遂政变中可以得出什么教益或教训时，他给了这一“毫不转弯抹角”的回答。这里说的是“八一九”政变，实际上也是说苏联的剧变与瓦解。当然康奎斯特是搞历史的，有偏见或偏向性，他说你们不要搞政治科学了，你们来读历史，才能懂得个中道理。康奎斯特当然不是一个不偏不倚的观察者，但是他说得确实有道理。

加迪斯说：“理论家们所做的创造一种政治‘科学’的努力，试图能够预见到世界事态的未来进程的这样一种努力，产生的结果相当可怜，或者说少得令人吃惊。”这是指关于国际关系理论的三大类基本路子都没有预见到、哪怕是稍微接近预见到冷战是如何结束的。这三大路子就是行为主义、结构主义和演进主义（behavioral，structural，and evolutionary approaches）。为什么就 20 世纪最重大的历史变更之一而言，一门有成千上万博士和教授们经年累月从事的学问产生的结果如此可怜？对此，加迪斯在学理上给出了确实机智、深刻和雄辩的解释：当国际关系理论家们仅仅依据行为主义、结构主义或者演进主义方法范围内的线性或循环分析法进行研究时，他们所用的是经典自然科学的方法。

请注意，这里讲的当代大多数国际关系理论家们模仿的科学并非当代自然科学，而是经典自然科学，说得直率一点就是牛顿力学之类的东西，与 20 世纪自然科学革命产生的那些新科学、新思想方法隔了很久。“为了造出能够据此预测事件的理论，他们排除其他的种种变量和控制性条件。”如此排除的关键原因在于目的，即“造出能够据此预测事件的理论”。出于制造有预见能力的理论这一目的，就来了简直致命的过度简化。当然，如果不简化，不抽象，不撇开许多要素，不删掉很多变量，现实就复杂得根本无法进行理论抽象，或者说无法理论化，也就无法造就据称相应的预见能力。大多数国际关系理论家们执迷的这个理论化，不过是经典自然科学意义上的理论化，尽管这些东西是有用的，可以产生有用的见解，“但是当这种普遍化被应用到同时具有行为主义、结构主义和演进主义机理的真实的世界时，就表现得很糟糕”。理论，当代的行为方法、结构方法或者演进方法理论，或者说国际关系“科学理论”，被应用到现实世界的时候“表现得很糟糕”。因为，现实世界的真正运作同时具有所有各种理论各自简化出来的机理，甚至更多。你要有科学，你要有理论，甚至你要有“科学的”预见力，你就必须“解放”，即通过简化和抽象“脱离”现实，而解放以后，你的这个图景便会与现实世界相差太远，预见就不会成功。这是一个根本的两难，这就是国际关系理论家们一直在努力解决、却如此缺乏成功的悖论。

加迪斯不无讽刺地指出，若干年前，当代大多数国际关系理论家们一心要模仿的从事“硬科学”的理论家们放弃了解决这个悖论的努力。这“硬科学”指的是经典自然科学；现在社会科学领域有一部分借自自然科学的方法，它们大多是牛顿派的那种东西。17、18世纪，至多19世纪的自然科学方法被当代的社会科学家视作宝贝，在有些人那里更被当做绝顶了不起的东西在普遍使用，以至于（如加迪斯所说）“给大学新生和研究生们留下了深刻的印象”。然而，当代的自然科学理论早已超越了这些，变得正视大量不确定性、模糊性和偶然性，将这些当做理论必须对待和必须包容的。

“因此”，加迪斯说，“我们在转了一圈后回到了原地：研究国际关系的‘科学方法’在预测未来方面，并不比它长期以来一直想取代的旧式方法更有用”。这里说的旧式方法，就是对人和社会的研究的经典方法，即历史/哲学/文学方法，首先是历史方法。不少“现代主义者”认为历史方法太不精确，太不科学，或者说前引基辛格讲的那种“通过类比来教导、启示可比形势的可能的后果”的历史方法太不能提供“指南手册”。所以，他们要用一个“科学方法”来取代这种历史方法。当然，他们更看不起文学方法。其实，他们是肤浅的。小说家可以对现实和历史现象有深刻理解，并且有志愿要讲透一点给自己的读者，或者告诉读者较深刻地看世界是什么样子，要提出一些问题来促进对现实和历史的不同流俗的思考。例如，《红楼梦》的作者曹雪芹那样的小说家，洞察19世纪末20世纪初德国中产阶级的托马斯·曼那样的小说家，夸张一点说他们对人和社会的领悟谁能比得上？大概只有修昔底德那样的大史学家才能比得上。

“小说家和历史学家始终在做预测，但是他们更多的是通过类比，而不是依据科学理论。”加迪斯这话说得很好：历史学家和小说家也做预测，但他们用的是什么呢？用的是模糊的类比，不是科学理论。这种预测的成果记录正如一个人可以预期的那样，成败参半，而且往往模棱两可。毛泽东强调从《红楼梦》能够读出深理，曹雪芹意识到了整个封建社会势必崩溃；如果是这样的话，那么这也只是朦胧的意识或模糊的预感。“但是小说家和历史学家从来不以政治学家们中间常见的那种频繁和自信吹嘘自己的预见能力。”加迪斯这话说得尖刻但不过分。他们从来不像社会科学家那样说自己的预测多么精致，多么“科学”；“他们最关注的是理解往昔”。这后一句话非常恰当，非常深刻。他们主要关注和企求的，只不过是试图理解历史里面蕴涵的那些含义，那些历史经验。当然，他们不仅仅是要理解历史的含义，如果可能的话还想再进一步理解现今的含义。如果这些多少被理解了的含义对将来还有一点用处的话，那就更好些。这是一种比较有限、比较谦虚的追求，也是比较有自知之明的追求。但是，如加迪斯所说，

“有时确实会发生这样的情况：从详细的叙事和深思熟虑的类比中——而不是从对于一种现在已经过时了的科学方法的过度尊崇中——得出的洞察，能够预见到甚至相当长远的未来”。《红楼梦》是如此，《伯罗奔尼撒战争史》和《罗马帝国衰亡史》是如此，康奎斯特、保罗・肯尼迪和加迪斯的某些历史著作也是如此。

这里不是说应当抛弃国际关系研究的“科学方法”，而只是说应当更新这种方法，使之切合当今的较先进的认识世界水平。“办法是认识到好的科学家——如同好的小说家和历史学家——在试图预测未来时，运用他们掌握的一切工具。”也就是说，别停留在牛顿那个时候，而要看看和学学现在的自然科学家的思想方法。许多社会科学家实际上将他们自己在小学和中学数理课上读的那些局部的基础性的东西奉作极致，同时内心实际上看不起他们在语文和历史课上读的、尽管也是局部的和基础性的东西。那么，什么是加迪斯所说的一切工具或者大多数工具？按照他下面的、其中每个字都应当由我们记住的话：“这不仅包括理论、观测和严格的计算，而且包括叙事、类比、矛盾、讽刺、直觉、想象力，还有——并非最不重要——风格。”叙述、类比、矛盾、讽刺、直觉、想象力、风格，所有这些，在预见未来方面，当然也在理解历史和理解现今方面，都是至关重要的。

第三节　国际关系的历史理解

国际关系研究基于对历史的理解

国际关系研究基于历史理解。这一原理，寓于国际关系考察和思索的悠久历史，或曰构成国际关系考察和思索的悠久传统。西方国际关系思想始于修昔底德对希腊城邦国家间的伯罗奔尼撒战争——在他看来“所有战争中最大的一次战争”——的历史论述，绝非偶然。正是从一段足够显著直观、足够复杂丰富、足够漫长多变的国际关系历史中，才能够相当充分地提取那些有可能“垂诸永远”的人类政治教益和国际关系经验。①

现代政治思想和国际关系思想的肇始同样出自历史考察和历史理解。就其开创者马基雅维利而言，无论是他在生前出版的唯一著作《用兵之道》，还是凝聚了他的最多最久思考的三卷《论李维》，或是他那最著名也最简短的格言式的

① 引语参见修昔底德：《伯罗奔尼撒战争史》，第一篇第1章。

《君主论》，都主要源于他的历史观察和思考——特别是对古罗马共和国史的观察和思考。以其《用兵之道》为例，他“希望看到在意大利被采纳的那种新兵法，便是罗马军阵的旧法则。在很大程度上，他的真正的用兵之道就是试图基于古代资料，显示罗马人如何打仗。然而应当始终记住，马基雅维利的目的并非在历史意义上准确地重构事实。他希望推导出存在于罗马军事史实背后的法则和原理，并且表明它们可以应用于现今”。依据古代历史文献资料，特别是依据韦杰提乌、弗朗提诺和波里比阿的文献资料，罗马军队的组织和罗马的战争方式得到了叙述，而在如此观察一个个特殊和具体的历史事件或状态、并且争取发现它们背后的一般机理或法则的不懈努力中，“他洞察到了战争和兵法的基本问题”。不仅如此，甚至更重要的是，“对罗马史家们的研读帮助了他理解他自己所处时代的国际体系：国家是逐步成长和扩张的，它们永无休止地卷入战争，力图扩展它们的权势和领土，并且为自己的生存而战，抵挡试图征服它们的其他国家”①。由此，马基雅维利成了最早把握现代国际体系的权势竞争性质的思想家。

国际关系的历史论述、思考和解释对国际关系理论思想有首要意义：这是一切高度注重历史经验的国际关系学者的起码信念，并且在一切推崇和深入借鉴政治思想和国际关系思想的悠久传统的人看来理所当然。在他们中间，有国际关系理论“英国学派”的旗手马丁·怀特；他在一篇影响异常广泛的论文中，指出了一项对于所有熟读典籍的学者来说都是昭然若揭的事实，那就是“虽然被公认的政治研究经典都出于政治哲学家，但它们在国际关系研究领域唯一被公认的对应物只有修昔底德的历史著作。而且，国际政治的性质，外交的要务，在政治理论或国际关系理论中体现和传达的，少于在历史著述中体现和传达的”。例如，一个人要真正理解“最高级的治国方略”——黎塞留、威廉三世、帕麦斯顿或俾斯麦之类大国务家的均势操作，就只能求助于利奥波德·冯·兰克或阿尔贝尔·索雷尔之类大历史学家的历史著作而非国际关系理论著作。因此，与晚近得多的、基于“新方法论”的理论著作相比，国际关系史著作更好地传达了对外政策的性质和国际体系的运行方式。②

以关于国际关系的历史考察为基础，结合尤以广阔深邃的宏观思考为特征

---

① 费利克斯·吉尔伯特：《马基雅维利：战争艺术的复兴》(Felex Gilbert，“Machiavelli：The Renaissance of the Art of War”)，见帕瑞特编：《现代战略的缔造者》，第1章。

② 参见马丁·怀特：《为什么没有国际关系理论?》，见赫伯特·巴特菲尔德和马丁·怀特合编：《外交研究》(Martin Wight，“Why Is There No International Theory?”，in Herbert Butterfield and Martin Wight，eds.，*Diplomatic Investigation*)，31页，马萨诸塞州坎布里奇，1966。

的哲理性思维，就有了所谓国际关系理论化的经典方法。按照对这经典方法的一项经典界定，它是一种“得自哲学、历史和法律”① 的方法，“首先以明确地依赖判断力的行使为特征，以依赖这么一些前提为特征，那就是……关于这个主题（国际关系）的官方命题必定因此来源于一个在科学意义上不完美的理解或直觉过程，它们至多只能被给予同它们的可怀疑的来源相称的、试验性的和非定论的地位”②。以国际关系史的研习和思考为基础的这种经典方法正是国际关系研究的悠久传统，它至少直到很晚近的时候为止，始终构成几乎所有国际关系理论化尝试的基石。③ 不仅如此，国际关系问题（至少是国际关系的那些中心问题）固有其复杂的经验性质和基本的伦理性质。因此，即使在国际关系研究更多地求助于“科学方法”的当今和未来，如果这研究要真正适切，并且注重根本、侧重实质的话，其首要依靠就仍然应当是注重历史—哲理思考的经典方法。与此相关，尤其要像近20年来越来越多的人指出和批判的那样，大约20世纪60年代以来那些迷信和滥用社会科学方法的国际关系理论有其根本性的弊端，即漠视哲理（特别是伦理）思考、漠视历史研究。④

国际关系史的理论性思考

无论在一般的国际关系研究还是在国际关系史的研究中，只要是意欲获得

---

① 它之所以也得自法律，首先是因为从格劳秀斯开始的国际法学家构成了20世纪以前对国际关系有理论性思考和论说的主要群体之一，也是因为国际法理学传统由此构成国际关系思想传统的一大组成部分。

② 布尔：《国际关系理论：为经典方法辩护》，载《世界政治》，第18卷第3期，1966年4月。

③ “我们可以在将国际关系系统化的20世纪各项努力中看到这一方法，也就是在诸如阿尔弗雷德·齐默恩、E. H. 卡尔、汉斯·摩根索、格奥尔格·施瓦森伯格、雷蒙德·阿隆和马丁·怀特等人的著作中看到这一方法。而且，它也是他们的各个不同先驱（他们力图将其关于国际关系的零散的思想和局部议论汇集起来）所用的方法，这些先驱包括马基雅维利和伯克那样的政治哲学家、瓦特尔和奥本海那样的国际法学家、根茨和科布登那样的政论家、黑伦和兰克那样的历史学家。正是因为这一方法那么悠久，而且是标准的方法，所以我们可以将它称为经典方法。”（同上）。

④ 参见唐纳德·普恰拉：《国际关系中的理论与历史》（Donald J. Puchala, *Theory and History in International Relations*），纽约和伦敦，2003；罗伊·普雷斯沃克：《我们的国际关系研究能否有人文关怀?》，见世界秩序研究会：《和平与世界秩序研究纲要》，第四版（Roy Preiswerk, “Could We Study International Relations as if People Mattered?” in Institute of World Order, *Peace and World Order Studies: A Curriculum*, 4th edition），纽约，1987；K. J. 霍尔斯蒂：《焦虑时代的学问：冷战岁月里的国际政治理论研究》，见蒂姆·邓恩、迈克尔·考克斯、肯·布思合编：《八十年危机：1919至1999年的国际关系》（K. J. Holsti, “Scholarship in an Era of Anxiety: The Study of International Politics during the Cold War”, in Tim Dunne, Michael Cox, and Ken Booth, eds., *The Eighty Years' Crisis: International Relations, 1919—1999*），37、38页，剑桥，1998。

尽可能地较高水平的思想成果，就都在不同程度上面临历史考察和理论性思考有机结合的任务或要求。在上面讨论了历史考察和历史理解一般具有的重大作用甚而首要意义之后，应当强调理论性思考的重要价值。由于第一节“宏观思考和理论化的重要”部分已经就历史（甚至具体到国际关系史）探究充分地论说了理论的多方面优越功能，因而现在需要的大致只是较细致较系统的个案例解。在此，可以较方便地展示大战略理论指引战略史（或曰国家的国际战略史）考察的两个优秀的范例，那就是战略史名著《罗马帝国的大战略》和《腓力二世的大战略》。①

《罗马帝国的大战略》一书出自美国著名战略理论家爱德华·勒特韦克。他在大战略理论的发展历程中有其重要地位，而该书构成他在这方面的最主要贡献。他不是一位专业的罗马史学者，《罗马帝国的大战略》可谓他“半路出家”、为写作该书而“恶补”罗马帝国史的结果。因此并不奇怪，英语世界最重要的罗马军事史家——阿瑟·费雷尔可以对他的某些基本论断提出严重异议。然而，即使是这位权威的专业学者，也称赞该书是“被恰当地称作本世纪由一位并非罗马史专家的人撰写的罗马史最佳书籍”②。是什么激励和主导勒特韦克撰写这部重要的大战略史（并且是迄今唯一著名的罗马帝国大战略史书）？是他在写作之前已有而在写作过程中得到发展和优化的系统的大战略理论观念。

在该书简短但杰出的导言中，这一点清楚地表现了出来。它开宗明义地指出，由其异常经久和非凡力量表现出来的罗马帝国的“历史性成功”，主要归因于帝国初期大战略的基本特征。③ 其中最重要的，在于大战略根本目标具备优秀的战略性素质，即合理、明确、集中、有限和内在平衡。用勒特韦克本人的话说，“对罗马人而言，就像对我们自己来说，一个正在演进的文明的两大必需是

---

① 爱德华·勒特韦克：《罗马帝国的大战略：从公元1世纪到3世纪》（Edward Luttwak，*The Grand Strategy of the Roman Empire*：*From the First Century A.D. to the Third*），巴尔的摩，1976；杰弗里·帕克：《腓力二世的大战略》（Geoffrey Parker，*The Grand Strategy of Philip Ⅱ*），纽黑文，1998。

② 阿瑟·费雷尔：《罗马帝国的大战略》，见保罗·肯尼迪编：《战争与和平的大战略》，北京，世界知识出版社，2005。

③ “如果罗马帝国的力量出自战场上的战术优越，出自军事指挥才能的优越，或出自较先进的武器技术，那就几乎没有什么要解释的，虽然有许多要描述。然而情况并非如此。罗马的战术差不多总是对头，但并非显著地优越，而且帝国时期的罗马士兵，并不以其锐气和热忱著称。他不是一名决心证明自己的男子气概的武士，而是一名追求升迁的长期服役的职业军人。……罗马的武器远非普遍地更先进，而是往往劣于那么经常地被帝国打败的敌人所用的武器。帝国的世纪性生存也不可能是靠有幸连连获得伟大的将才来保障：罗马军队有许许多多能干的士兵和某些伟大的将领，但它的力量来自方法，而不是来自幸运的将才。”

健全的物质基础和适当的安全。对罗马人而言，就像对我们自己来说，战略性治国方略的难以捉摸的目的，在于为这文明提供安全，同时不损伤其经济基础的活力，也不损害一个正在演进的政治秩序的稳定性。罗马帝国的历史性成功——那由它独特的经久长存所表明——反映了这些互相矛盾的必须得到的高程度协调”。集中和内在平衡是关键，而其根本的内在基础是目的和手段之间高度合理的关系。这种关系的本质之一，也是复杂多变的内外环境中一个复杂纷繁的战略体系不断成功的首要保障，在于战略上优秀的根本目标保持其始终不渝的统帅地位：“战术优先事项、尚武理想和好战本能坚定地服从政治目的构成了帝国战略成功的必需条件。”

在大战略手段方面，罗马帝国初期的一大特征是其高度多样性：金钱、“操纵性外交”、威慑、“强制性外交”、实战等，它们的充分开发和协调使用是大战略的一项基本内容。与武力的军事使用即实战相比，罗马帝国远为更多地诉诸作为“武力的政治使用”的威慑和强制性外交，因为罗马人在布匿战争之后充分懂得“军事力量的最合意使用根本不是其军事使用，而是其政治使用”。在这方面，两大战略意识或传统的形成必不可少：第一，军事从属政治，为此认识并牢记“武力是权势的一种本质上有限的工具”，“权势的主导层面不是物质的而是心理的”；第二，念念不忘并审慎精明地从事战略行动的成本效益估算，为此尽可能“节省使用武力”，既在平时也在战时。总之，在目的、目的与手段的关系、各类手段的确定和使用以及手段相互间的关系这四大领域，罗马帝国初期大战略体系的根本是“每个成分的设计都反映总体的逻辑”。大战略理论对战略史考察的作用在《罗马帝国的大战略》中可谓一目了然。没有足够清晰、系统和连贯的大战略理论思想，就不可能有这部战略史杰作。

第二个范例——《腓力二世的大战略》——可以说是迄今为止最优秀的一部大战略史论著。作者杰弗里·帕克并非勒特韦克那样的、以战略理论研究为主业的历史学“涉猎者”，而是研究哈布斯堡西班牙帝国的最权威史学家之一。他的这部著作主要依据多国档案文件、包括哈布斯堡西班牙帝国政府在其鼎盛时期的绝大多数档案文件写成，而不像《罗马帝国的大战略》那样主要依靠古今史家的第二手著作。帕克研究的是欧洲现代史上最显赫的一个霸权国的大战略，连同其失败的机理和教训。同勒特韦克一样，他写作之前无疑已经有明确、系统和（那些富有国家大战略意识的历史学家特有的）异常精细灵活的大战略理论思想，否则他不可能独一无二地写出一部腓力二世帝国大战略史，不可能在如此的巨篇中始终把握“国际关系的战略维度”①。

在帕克笔下，腓力二世治下的哈布斯堡西班牙帝国被明确和雄辩地界定为历史上第一个全球性帝国（“日不落帝国”），这不单是因为它具有全球性的地理规模或地理分布，也是因为它始终怀抱世界统治（“普遍帝国”）幻想。腓力二世的大战略目的非常明确，并且始终不渝，那就是维护和扩展其全球性帝国，其中在“为扩张而扩张”的欲望之外，有着历史上常见的“为安全而扩张”的逻辑。腓力二世为追求其大战略目的，动员、运用和协调全系列的大战略手段，特别是那个时代里任何其他国家都无可攀比的强大武力、外交和宣传手段以及某种全球大战略视野和组织体制。这最后一点史无前例。在其权势顶峰或根本决胜时节——1588 年，即大举征伐伊丽莎白一世英国前夜，腓力二世的非常巨大的实力既令当时所有实在和潜在对手胆寒，也足以令后世史家惊叹。然而到头来，他的大战略虽有成功，但总体失败。最根本的是败在英荷两国手里：攻打英国的“无敌舰队”被风暴吞噬；颠覆独立的新教英国的种种努力皆告破产；对荷兰造反的长期镇压耗费极大却劳而无功；其大洋航运和海外贸易垄断体制被英荷两国商船和私掠船队无情毁坏。此外，“西班牙在德意志的势力于 90 年代达到最低点……虽然腓力的压力迫使纳瓦尔的亨利（法国国王）皈依天主教，但他仍然是西班牙的死敌……在西班牙国内，一场毁坏性的流行瘟疫打击了业已被连续歉收削弱的人口……王国或许 10%的人口丧命，人们开始公开写‘西班牙的衰落’”。

在相关的理论观念的实际襄助下，帕克对腓力二世失败原因的大战略式阐释在一些重大方面独树一帜。他一次又一次地昭示，腓力二世失败的最根本原因在于其大战略目的的弊端：在现代早期，大帝国目标固有其一般无法逾越的历史性和结构性障碍；腓力二世大战略目的还对其本身造成了致命的国际政治效应，那就是“安全两难”的自招失败效应，腓力二世的大战略源于他对庞大的西班牙帝国遭受损伤的恐惧，却造成了邻国对他的巨大实力和可能意图的更大恐惧和顽强抵抗；帝国权势过度伸展，由此不仅几乎年年为战，而且差不多总是在打多线战争；他不愿放弃败局大致已定的和损耗过大的局部事业，长达几十年坚持深陷在尼德兰；某种意义上最重要的是以反宗教改革为魂的“救世式”战略文化，那用帕克在一篇同样主题的论文中的话说，是“救世式帝国主

---

① 大军事史家迈克尔·霍华德曾呼吁辨识这一“维度”，并且以此出发考察国际关系史。参见其《国际关系的战略维度》，见迈克尔·霍华德：《战争原因及其他论文》（Michael Howard, “The Strategic Dimension of International Relations”, in idem, *Causes of War and other Essays*），伦敦，1983。

义，它驱使这位国王将宗教原则凌驾于常识之上……使得他‘藐视冒出来的困难和问题’”①。很大程度上由弊端深重的大战略目的决定，腓力二世还有在大战略手段方面的种种弊端，其中特别引起帕克注意的，是在16世纪军事革命导致战争成本剧增这时代背景下的过度伸展和资源开发不足。不仅如此，他还以拒绝教条、重视偶然、重视个人特质的思维方式，相当突出地论析了两点：(1)大战略实施中的偶然事态和事故性失误的不可忽视的重大作用；(2)大战略运行的高度复杂性和领导者素质的近乎关键的意义。可以说正是它们，使得大战略成为活的政治，使得腓力二世的失败成为一个需要“究天人之际”的活的问题。

上述两项例解都表明，理论思想和理论意识对优秀的国际关系史考察有重大价值，一定场合甚至有决定性意义。然而与此同时，也需要指出一个可能的陷阱，即马汉式教条主义的风险。马汉的两部《海权论》由于非常明确和系统地创立了具有巨大的政治/战略影响的海权论，因而是理论杰作。然而，有很大理由认为它们不是国际关系史和战略史杰作，因为如前所述②，它们反复地拨弄史料和史例，导致了严重夸大制海权对英国赢得各场重大战争的意义。所以如此，主要原因就在于以理论替代严谨求实的历史研究。马汉是教条主义者，相信“不变的科学战略原则”，并且在传授他所见英国世界优势的秘诀这一压倒性的目的支配下，自觉和不自觉地用他心中已有的理论整个主宰尚需独立地加以研究的史事。在历史考察中使用理论的人需要警惕这种用理论取代、拨弄乃至扭曲历史的风险。

国际关系史研究的独特的重大价值

这里说国际关系史研究有独特的重大价值，是指它在很大程度上并非从属于世界或区域的政治史、政治经济史或社会发展史研究，虽然它与这些历史有密切的内在联系。或者说，后一类研究远不足以代替前一类研究，即使只是在前者的特别基本的方面也不行。因此，近几十年来在历史学界并非罕见的、与此相反的看法是狭隘的和错误的。所以如此，是因为国际政治有其作为历史基本动因的固有的、独立的意义。

当代非常杰出的国际关系史学家保罗·施罗德在其权威论著——近10年来问世的很少数最重要的国际关系史专著之一——《欧洲政治的转变（1763至

① 《哈布斯堡西班牙的战略缔造：腓力二世的〈霸权追求〉》（“The Making of Strategy in Habsburg Spain：Philip Ⅱ's ‘Bid for Mastery’”），见默里等编：《缔造战略：统治者、国家与战争》。

② 参见本章第一节相关内容。

1848 年)》[1] 的前言里特别强调了这个重要道理。他开宗明义地申明：该书的目的之一“在于使国际政治重新回到这个时代（从七年战争结束到欧洲 1848 年革命的时代）欧洲历史的中心位置，一如它过去曾经占有而现在仍然所属的那样”，虽然在这个时代发生了在现当代大多数历史学家看来远为重要并且支配全局的法国大革命和工业革命，甚至还有据认为意义超过那个时代国际政治的美国革命和 1848 年欧洲革命等。“当然”，施罗德解释说，他“这么做的目的并非使国际政治恢复它在利奥波德·冯·兰克以及一大批 19 和 20 世纪初的历史学家们那里拥有的首要地位，即作为历史的核心动力和变更与进步的首要火车头”。由兰克作为欧洲现代史研究基本原则兼现代强国对外政策基本原则来提倡的“对外政策第一”（“the primacy of foreign policy”）观念[2]已经过时，不需要也没有人想要予以恢复。然而，国际政治作为与历史中其他多数基本要素同等重要和自在自为的一类要素，确实以它本身的相对独立的方式属于历史。它主要必须从它本身的体系和结构的角度来予以理解和研究，而不是作为其他社会体系或结构的一个附属因素。

兰克对 17 世纪末英国“光荣革命”的起因和后果的阐述和分析，连同施罗德本人对 18 世纪末法国大革命的根本原因的辨识，提供了关于国际政治作为历史基本动因的固有意义的很好说明。兰克《英国史》的重大特征之一，就在于对英国国内事态与欧洲大陆政治之间关系的揭示和强调。路易十四法国的称霸企图和谋霸努力，它对英国复辟王朝和天主教复辟势力的支持、资助和终极支配，所有这些在英国新社会力量和新教公众中间引起的忧惧和愤怒，造就了英国“光荣革命”，而“光荣革命”的结果（尤其是早已抗击法国的荷兰执政奥兰治亲王威廉入主英国王位）对法国以外的中西欧诸强逐步形成大联盟，并且最终经过西班牙继承战争粉碎路易十四的称霸图谋具有几乎是决定性的意义，由此变更了欧洲国际政治的基本结构和主要规范，变更了对各国内部状态至关重要的主要外部政治环境。对“光荣革命”的欧洲国际政治原因和影响的这种揭示和强调，使得兰克的 17 世纪后期英国史在一个极基本的方面，显著地优于在当代占优势的、大致囿于英国内部社会政治和思想文化的 17 世纪后期英国史。

---

① Paul W. Schroeder, *The Transformation of European Politics*, *1763—1848*，牛津，1994。

② “（兰克强调，）独立的国家个体具有独立的国家利益，它们不是君主个人或王朝的利益，而是‘真正的民族（国家）利益’。最重要的国家利益是他所说的‘政治利益’，即国家在对外关系中维护独立和争取权势，它支配和决定其他国家利益；国内生活中的意识形态或利益问题，从属于国际权势政治和国家对外地位。这就是兰克用以解释现代历史和评判时事的一项原则，名曰‘对外政策第一’。”引自时殷弘、郝莹：《利奥波德·冯·兰克的国际政治观》，载《欧洲》，1998 (4)。

兰克对法国大革命的原因也有其鲜明的欧洲国际政治解释，虽然它并不排斥法国内部社会政治动因的紧要意义。兰克在其1833年的经典论文《论列强》中，认为法国大革命爆发的一个首要原因要到18世纪欧洲国际关系中去寻找①，或者稍微演绎他的意思，是说要到这个时代的国际政治基本模式和形态（即几乎毫无制约的国际权势政治、完全“无政府”的国际体系）中去寻找，首先因为正是它们导致了七年战争以及法国在这场大战中的失败，从而造就了法国大革命爆发所需的根本的环境和成因。一个半世纪以后，当今最重要的欧洲国际关系史新著之一《欧洲政治的转变（1763至1848年）》仍然不同凡响地强调这一点，并且予以更多的阐说，表明国际政治是相对独立的历史基本动因。施罗德在该书中如此谈论高度重视法国大革命的国际政治原因的广泛学理意义，说他要向历史学家和社会科学家提出看待18世纪后期欧洲的一种不同方式。18世纪后期欧洲的社会运动和革命通常被视为重大的结构性事态发展，具有深刻的原因和后果，而其对外政策方面的事态发展却被当做表面现象，当做很大程度上是偶然性和个人选择的结果：“这是危险的看法”。基于一流的专业研究，施罗德这位在所论的课题领域真正的专家指出：法国大革命的爆发一定程度上是个偶然事件，而18世纪后期的各场影响全国际体系的重大战争却不是。“法国大革命若被认为是1789年发生的一桩事件，那并不是无法避免的；它所以发生，是因为旨在避免革命的改革计划恰好失败了。在同一时期内，受革命威胁的其他国家避免或控制了革命——首先是奥地利，还有英国、俄国、某些德意志和意大利邦国都如此，而法国也有可能构设一种合理的方案，据此本来也可以做到避免或控制那里的革命。（但是）在同一个时期，没有任何受到战争严重威胁的国家长久地规避了战争，包括许多费尽心机想做到这一点的国家。”显然，原因是结构性的而非偶然的。欧洲国家通行的国内秩序力量（常备军和警察、法律和税收体系、阶级机构、宗教和社会传统等）一般提供了防止或抵挡革命的相当有效的武器；然而就防止战争而言，18世纪的国际体系仅提供了均势政治这一办法，而正是其基础和表现——“自由放任的”经典国际权势政治——导致了那个时代的一场场重大战争。

施罗德在《欧洲政治的转变（1763至1848年）》一书中反复表示，他力求

① “关于大革命的原因已经有了许多讨论，而且人们是在决不可能找到的地方去寻找它们。在我看来，最重要的原因之一是导致法国政府声誉扫地的法国国际地位的变化……因其他生气勃勃的国家的兴起（正是这些国家减少并抑制了法国先前的势力）而来的所有状况，都被法国人归咎于它们对外政策的无能，归咎于它们国内情势的确实无可否认的堕落。法国国内的改革运动由此而起，它太快地转变成了一场革命，而它从一开始也正是针对外部世界的。”

通过对这一具体的历史过程的研究，具体地否定一种“最近几十年来并非罕见的观点”：国际关系史是表面事态的历史，它如果不附属于一项对历史和社会的真正塑造力量的分析就没有意义；或者说，国际关系史倘若为它本身而研究，就会“只见树木不见森林”。这样的观点主要表现为三种形态：(1) 庸俗马克思主义的观点，即研究国际关系史若无彻底的社会经济史观统帅，就会看不见国际政治的存在于经济—社会形态、阶级结构和生产关系中的根源；(2)“年鉴派”历史学家的观点，即国际关系史缺乏历史的本质框架，缺乏总体史和系列史的深层结构和联结；(3)“社会史”(或曰“现代化史”)的观点，即国际关系史忽视了现代历史的动力，忽视了现代化和工业化带来的变更。施罗德对这些否定国际关系史独特的重大价值、否定国际政治作为历史基本动因之一的固有意义的观点做了机智的讽刺性批评：庸俗马克思主义者通常只见树根而不见森林，“年鉴派”史家只见总的全球风景而不见森林，“社会史”则是只见木材工业而不见森林。

施罗德坚定地相信，可以“像一位专业的森林学家那样来观察和理解国际政治这一森林，懂得并尊重作为如此的一门独立学科的森林科学：它既同其他学科密切相连并向它们吸取教益，又有着自身的规则和体系。这意味着精心地将森林当做森林来研究……而非简单地当做理解其他什么东西的工具来研究(这其他什么东西可以是气候、生态、木制产品的经济学、森林动物和居民的社会组织，或者你随便想到的任何东西)”。这番话代表了对国际关系史的深刻理解。

广阔的视野、总体理解能力和历史方向意识

国际关系学必须有国际关系史学作为基础和一大方面内容，而国际关系史学也必须有国际关系学包含的种种理论性范式、观念和命题作为一类基本工具。无论是国际关系学还是国际关系史学，就其大者而言之，都需要有总体理解能力和历史方向意识，即“空间和时间”两方面的智识恢宏性，或在这个意义上的广阔的视野。在冷战结束前后世界政治的多方面突变和混沌引起的广泛惊诧、困惑和不安之中，善于宏观哲理思考的历史学家约翰·路易斯·加迪斯想起了在总体理解能力上有了巨大进步的地质学。由于大约一代人以前发生的板块构造学说这一革命，地质学成了一门“大环境”学科。如此的智识飞跃的最大意义，就在于首次有可能将地球在其地表构造上设想为一个能予以统一理解的整体，并且由此理解在地表某个大部分进行的过程怎么影响其余部分。理解国际政治需要一种与之类似的广阔的全面的视野，亦即需要将注意力集中于国际政治事态发生于其中的舞台或环境，就像充分注意它们本身一样。这么做的功效将是有限的，它并不能使国际政治的观察家和研究者比地质学家们更有可能搞出精确的预测；然而另一方面，这么做能够导致的实践结果仍然非同小可，甚至兴亡所系，生死攸关，因为人们据此至少能够对地震一般的突变有所准备："我们能事先加固露天看台，加强通讯线路，标明疏散出口，使得紧急救援队处于随时应变状态。"不仅如此，如此还能产生远非无关紧要的智识兴趣和思想满足："即扩展我们的理念，因而也扩展我们的梦想——更能理解和适应事态发展的理念和梦想，即使这事态发展不是天界的玄机神变，也至少是人世的风雨沧桑。"①

在历史学领域，广阔的眼界、总体理解能力和历史方向意识曾经造就了一个非常杰出的学派——先后由基佐、米涅和梯也尔为泰斗的 19 世纪法国史学界"政治学派"。即使它有着如下所述倘若偏重宏观史就容易有的弊端。按照迄今为止最著名的史学史著作——《19 世纪的历史和历史学家》的评述②，与前一个时期流行的浪漫主义史学相反，基佐和米涅等人的目标大多在于解释而非描绘，其旨趣主要是社会的结构、政府形态的演化和国家互相间的关系。尤其是基佐，他在 19 世纪 30 年代的讲座《法国文明史》凸现为 19 世纪前半期最伟大的史学成就之一。他"是类似解剖学家解剖一个生物体那样解剖一个社会的第一人，是类似生理学家研究动物机体的功能那样研究社会机体的功能的第一人……在抓住事态底下的观念的能力方面，在洞察那些支配外在变迁的内在变更和发现一个时代的思想趋势方面，从未有任何人比得过他"。基佐宣告，历史学家有三重任务：从事历史的解剖学、历史的生理学、历史的外在面相学（external physiognomy）。亦即（1）收集和调查事实，研究它们如何互相联系；（2）发现社会的组织和生命，发现左右事态进程的法则；（3）重现一个个已逝事实的活生生的面貌，展示它们的个性形式和特质。用基佐本人的话说，"这些构成历史学，每一部大的历史著作都必须按照这些检验来给予评判"。基佐能够成为马克思高度赞赏的、"在我以前很久……就已经叙述过阶级斗争的历史发展"的主要历史学家之一③，"政治学派"能够在马克思主义史学诞生以前成就上述宏大的社会机体历史解释，很大部分原因就在于具备本部分所谈的思想方

① 加迪斯：《生活在烛台公园》（Gaddis，"Living in Candlestick Park"），载《大西洋月刊》（*The Atlantic Monthly*），1999（4），该文最后一段。

② 参见 G. P. 古奇：《19 世纪的历史和历史学家》（G. P. Gooch，*History and Historians in the Nineteenth Century*），第 10 章，波士顿，1959。

③ 参见《马克思恩格斯选集》，2 版，第 4 卷，547 页，北京，人民出版社，1995。

法和智识素质。[①]

某些国际关系史学家及其著作很好地表现了广阔的眼界、总体理解能力和历史方向意识。这方面的一个范例是保罗·肯尼迪。差不多贯穿他的所有主要论著的一大引人注目之处，在于地缘政治眼界和地缘战略分析。他体现了地缘政治思考的一项难得的突出长处，亦即尤其在空间方面总体地把握世界政治或区域政治，或者说将局部的、一地的国家行动和国际关系置于全球或区域的地理—政治大框架内，这对于国际政治和战略考察的裨益不言而喻。此种总体性视野的最大尺度范例，是他在《大国的兴衰》一书开头对欧洲兴起的根本原因的判断。[②] 欧洲之所以能在世界现代历史开始阶段腾跃为世界上最生机勃勃、而后又最强大有力的地区，归根结底得益于它那特殊的地缘条件。欧洲地形支离破碎，众多山脉和森林将各个人口中心隔离，而其气候从南到北、从西到东都有很大变化。很大程度上有赖于这样一种地缘特征，欧洲在1500年后才能够超越和压倒中华帝国、印度莫卧儿帝国、波斯帝国以及奥斯曼土耳其帝国，在世界力量分布中取得压倒性的领先优势。较具体地说，第一是欧洲崎岖多变的地形减少了外部势力入侵蹂躏的可能性。第二，欧洲不同的气候条件有利于产出适于交换的种种不同产品，众多可通航的河流又显著便利了不同产品之间的交换，而周边环海这一状况刺激了造船业并促进了海上贸易，并且最终导致欧洲沿海新的财富中心的确立。第三，欧洲支离破碎的地形，加上其多变的气候，大有助于促成并维持政治上的分裂，而这对于欧洲的崛起具有关键意义：不存在任何统一的权威可以有效地阻止这一或那一贸易发展，不存在任何中央政府可以因其取舍安排而随意使某一产业在欧洲范围内兴盛或衰败，也没有无所不在的苛税体系来对商人和企业家进行系统、全面的掠夺，正是这样的掠夺严重阻碍了欧洲以外各个帝国的经济成长。不仅如此，为维护生存与独立，欧洲各个分散的和互相竞争的政治实体竞相加强军备，繁荣的武器贸易大大刺激了军事技术在各国的发展，这既阻止了某一个欧洲强国能凭借绝对的军备优势建立大一统的“普遍帝国”（universal monarchy），也使得欧洲地区在军事领域取得

---

① 然而，也需要指出，基佐和“政治学派”有着倘若偏重宏观史（特别是“科学的”宏观史）容易有的一大弊端，即履行不了基佐本人说的“历史的外在面相学”任务。古奇评价道：基佐“缺乏讲故事和描绘的能力，缺乏图画般和戏剧般的想象力，缺乏对个人和事物个性的兴趣。他的历史记录过于对称均匀。对他的最透彻的批评来自圣伯弗。‘从远处来看的历史经历了一种变形……构成历史的愚蠢、野心、成百上千稀奇古怪的偶然事件统统不见了。每一个偶然事件都成了必然。基佐的历史过于符合逻辑，以致不是真的。’”

② 参见保罗·肯尼迪：《大国的兴衰》(Paul Kennedy, *The Rise and Fall of the Great Powers*)，第一章第四节，纽约，1987。

了对其他文明和实力中心的决定性领先地位。

又如，依凭同样的总体性视野和总体性理解，保罗·肯尼迪确认了工业化进程引发的地缘政治变迁，连同这一变迁导致的国际实力和潜力分布的重大变化趋势。这使得他在地缘政治理论的基本论辩中，更多地站在麦金德而非马汉一边。19世纪后期开始的广泛工业化对地缘政治造成了巨大影响，其结果在于海权相对衰落，陆权相对兴盛。陆上巨型大国在人口和自然资源规模方面拥有潜在优势，而这种优势由于工业革命的扩散有了开发的可能和必然。它们依凭工业化过程，能够获得远大于英国之类传统岛国（以及其他“中等国家”）的工业发展。特别是铁路网络的扩展颠覆了原先海权优势的一项先决条件——同陆上交通相比海上交通更为便利，成为陆上大国开发其巨大资源、并且因此弘扬陆权的极有力动因。不仅如此，工业技术扩散和铁路发展对海洋国家和陆基国家有着不同的战略意义：陆上兵力投送更为方便、迅速，从而使传统的海洋国家更难防范陆基国家对其海外殖民地的攻击；发达的铁路与新技术武器如鱼雷、潜艇大大降低了岛国传统的战略利器——海上封锁的效用，同时使这类国家更难保护其海上生命线；工业化改变了战争的规模与进程，拥有巨大人口、领土资源的国家更有可能赢得一场大规模的持久战争。“工业化产生的影响在于使各国利用自身占有资源的机会均等化。从长远看，它终将剥夺较小规模的海岛国家享有的优势，赋予庞大的陆基强国更多利益。”① 这同其他一些根本因素结合在一起，使得美国和沙俄这样拥有绝对规模优势的侧翼洲级大国决然兴起，而英国这样的传统岛国或“中等国家”急剧衰落。这样一幅历史图景，无论是其宏伟性还是其解释力，都达到了令人赞叹的程度，并且雄辩地指示了有关的历史基本方向。

与本部分主题密切相关的一个问题是宏观史与微观史的区别，连同宏观史的特征。② 历史学家可以分为两类：“分割者”与“聚合者”。“分割者”大多集中于特定的具体史事的精细还原、澄清和分析，并且大多为了他们自己互相讨论或争辩而写作。与之不同，从事宏观史的“聚合者”力求使一个有较

---

① 保罗·肯尼迪：《外交背后的现实：对英国对外政策的背景性影响（1865至1980年）》（Paul Kennedy, *The Realities behind Diplomacy: Background Influences on British External Policy, 1865—1980*），23页，伦敦，1981。关于工业化与地缘政治变迁的关系，连同工业化条件下民族国家规模大小与其力量对比变更的关系，特别见肯尼迪：《战略与外交（1870至1945年）：八项研究》（*Strategy and Diplomacy, 1870—1945: Eight Studies*），48～56页，伦敦，1983；肯尼迪：《英德敌意的兴起（1860至1914年）》（*Rise of Anglo-German Antagonism, 1860—1914*），第6章，伦敦，1980。

② 本段的谈论大体依据加迪斯：《遏制战略史：战后美国国家安全政策评析》前言，引语亦取自该处。

宏大主题的史事系统呈现出内在逻辑秩序，或者说将此秩序加诸其上。“他们表达那种试图揭示出整个时期的含义的广泛概论；他们追求使复杂的事态系统化，将历史的混乱、无序和绝对邋遢简化为干净利落的图案，恰好适合书里面各章对称的框架”，并且通常被供给不那么富有专业评判能力的较广大读者。在一个课题领域内，“分割者”们的努力加起来，可以产生大量细致的专著，然而并无任何总的图案从中浮现出来。“这是不幸的，因为如同专注于细节一样重要，不时回过来观看更大的图画有一定价值，即使它的某些局部颇为难看地突出到了画框之外。”在这样的时候，调整“分割”与“聚合”之间的既有成就对比、以利“聚合”的努力至关紧要，为此总体性视野、具有创意的视角和多少贯通全局的主题性理念的塑造必不可少。其目的，是在已有的微观史的基础上，达到微观史不能成就的，那就是历史图景获得其总体上的统一性和各局部之间的连贯性，或者说呈现出“总的图案”，舍此不会有真正的历史理解。

第四节　国际关系史学根本方法与国际关系史料

利奥波德·冯·兰克与现代历史学根本方法

如前所述，微观探究非常重要。依凭严谨的态度、严格的程序和必要的才智的微观史学探究构成历史研究的基石和很大部分内容，而其主要方法就是现代史学的根本方法。这一方法的确立，也即现代历史学本身的确立，是和迄今为止最伟大的现代史学家利奥波德·冯·兰克（1795—1886）的名字紧密联结在一起的。① 兰克对历史编纂和历史学的主要贡献，就在于开创了现代史学研究的首要科学方法——严格依据同时代资料（特别是档案史料），连同史学方法的一项重大创新——对史料的批判性考证。或者说，他创立了以同时代资料、特别是档案史料为史学研究基础的准则，并且创立了史料之科学考证的基本方法。在前一方面，兰克造就的巨大转折的史学革命性质有如大历史学家古奇所说，“当他开始写作时，享有盛名的历史学家们都相信回忆录和编年

① 本部分对兰克及其史学的论述，主要依据如前所述迄今为止最著名的史学史著作——G. P. 古奇《19 世纪的历史和历史学家》内论兰克的一章（第 6 章）。参见时殷弘、郝莹：《利奥波德·冯·兰克的国际政治观》，载《欧洲》，1998（4）。另参见迈内克《马基雅维利主义》内论兰克的第 15 章。

史是首要的权威史料。当他（年衰）罢笔时，每一个有待建立声誉或可能名声扫地的学者都已经懂得，必须至少依靠当事人自己和那些直接接触他们叙述的事件的人所撰的文件和书信”。在后一方面，可以说他建立了关于历史证据的科学，办法是根据史料作者的人格旨趣、社会联系及其知晓历史事态的可能程度来分析其留下的史料，无论其为同时代人或后代人，并且将此史料与其他人撰写的相关的史料作比较。依凭他确立的上述根本方法，特别是基于对多国档案史料的广泛发掘和运用，兰克真实地再现了中西欧的政治史，尤其是中西欧大国的政治史。概览兰克的史学研究生涯，了解他的史学作为和史学特征，一定意义上说是认识现代史学根本方法的最佳途径，当然也是体会一位史学大师（同时是国际关系史大师）的学术精神和治史态度的最佳途径。

兰克在少年时代就显示出一种相当特别的冷静客观，这大概是他后来创立现代历史学根本方法的一个重要的个人性格原因。他的兄弟就此回顾道，父亲起初担心喜好阅读古代典籍的兰克会太受希腊悲剧感染，但事实上兰克只是将它们当做纯粹的艺术作品，“他鉴赏之，而不容其激动他的情感”。在他首部著作《拉丁和条顿民族史（1494 至 1514 年）》（1824 年出版）的前言里，他以后来成为经典的话语，宣告了他的治史精神和历史研究的客观性：史家们一向认为自己的任务是裁判历史，教化现今，以利未来，但“本书并不追求如此崇高的功能。它的目的只是显示史事实况”。该书的基本方法仍然是传统的和陈旧的，即几乎完全依靠已刊的前人著述，据此几乎全无创新地概括已知的史事，而兰克本人也强烈地意识到这一局限。该书的史学价值不在于本文，而在于精细地撰写的多有发现的附录，在其中他首次以批判性考证的方式，系统而周密地讨论了各项有关的史料的可靠程度和价值，特别是仔细分析史料作者的信息来源和人格旨趣——“有些人意在攻击或辩护，有些人只是希望记载事实。每个作者都必须被予以分别的探究”。对史料的批判性考证这一重大的史学方法创新由此问世，以至于后人公认“历史编纂的批判性时代”始于 1824 年。

兰克声誉鹊起，1825 年起执教于柏林大学。也是在这一年，他首次密切注意外交档案，开始阅读 16 和 17 世纪威尼斯驻外使节撰写的大量报告和外交信函，在此基础上成就了《16 和 17 世纪的奥斯曼与西班牙君主国》一书。这是档案史料调查（亦即“科学的历史学”）的开端。正是从接触、发掘和精心研究外交档案史料开始，他形成了严格依据同时代资料这一历史研究的首要现代方法，而且作为历史学家他大得益于经典外交家们赖以认识形势的那些素质，即冷静、精细和国际眼界。1827 至 1831 年间，他在普鲁士境外作学术旅行，研读了维也纳、罗马、佛罗伦萨等处储存的公私档案，由此创始了一项对国际关系史而言尤为重要的“高级”原则——多国档案的利用。①

兰克此后的史学生涯大致可概括为广泛运用档案史料，据此真实地再现中西欧大国的政治史。1834 至 1836 年间，他发表了可称他的最杰出、最著名的史书《教皇史》三卷。它严谨而周密地依据由他首次广泛搜集和研读的非常丰富的有关档案史料，并且基于对各类史料的批判性考证，从而达到了一种难以攀比的史学成就，那就是如古奇所言，那么清晰地抓住了三个世纪的历史主轮廓，以至于后来的研究除了填补它们之外几乎别无成就。不仅如此，冷静客观的治史立场在书中始终引人注目，并且就一个普鲁士人和新教徒来说实属难能可贵：“反宗教改革时期的教皇们变得富有人性和可以理解了，而且他乐于承认例如在罗耀拉和耶稣会士那里的真实的宗教情感”；作为一个“同情性地撰写罗马天主教会”的新教徒，兰克将教廷当做一个重大的历史现象，而不顾他所在时代的有关争论，亦无“浪漫的狂热”。与此同时，《教皇史》还以其写作风格堪称撰史楷模，做到了详密准确与流畅恢宏的完美结合。

此后，兰克分别为德意志、法兰西和英吉利各撰写了一部现代史。1839 至 1847 年出版的六卷《宗教改革时代的德意志历史》出自对多国档案史料的更辉煌运用。法兰克福、魏玛、德累斯顿、布鲁塞尔、巴黎、罗马等处的各类有关档案得到了广泛的发掘和探究，并且导致兰克在书中宣告：“我看到这么一个时代正在到来：那时我们将不再依据哪怕是同时代的史家们的叙述（除非在它们拥有原始知识的场合），更不依据派生性质的著作家，而是依据目击者的记述和原始文件来构建现代史。”② 1853 年起，兰克发表《法国史》一书，是为史学史上将法国史置于档案史料基础上的首次努力，它使得法国史编纂从单纯依赖回忆录的状态中解放出来。与此同时，德法之间虽然至少已有两个多世纪的宿怨新仇，但它们无碍兰克这个德意志人引人注目地表现出了冷静

① 此次学术旅行对兰克还有另一项更关键的意义，即促成了他的基本历史哲学，其主要内涵在于欧洲各民族国家的独特性和有机性与欧洲的历史、文化统一性两相并存和密切关联。前者是在启蒙学派和理性主义者那里看不到的，对后者的承认和认识则是兰克之后的“普鲁士学派”和一般的德意志民族主义者所缺乏的。

② 然而也需要指出甚至强调，《宗教改革时代的德意志历史》表明，史料的翔实不一定能保证研究的成功。按照以后的许多历史研究成果可以断定，该书对德意志在宗教改革前夜的状况的描述过于丑陋黑暗，宗教改革本身的图景则被显得过于美好光明。书中对路德的赞誉言过其实，同时极少展示人民大众的状况和愿望，而关于德意志农民起义的一章尤为薄弱。

和公允的风格，大不同于流俗的德意志民族主义史学。① 以后于19世纪60年代中期，兰克又发表了以17世纪中期英国内战和“光荣革命”为核心内容的《英国史》，由此为他早年在意大利逗留时就已规划的中西欧大国史写作划了一个句号。《英国史》同样广泛地运用档案史料，而就其中的英国对外政策史而言更是广泛运用多国档案。它如前所述，尤为杰出地解释和强调了英国事态与欧洲大陆的关系。它还以对历史人物的深刻和生动的描绘见长。

在此，需要对兰克的史学作一个总的评价，这有助于说明好的史学研究（包括好的国际关系史研究）应当是怎样的。兰克有上面已经谈论的四大史学功绩，其中每一项都影响重大：冷静和客观的治史态度；创立同时代资料、特别是档案资料为历史研究基础的准则；创史料的科学考证的基本方法；在统一的欧洲历史框架内阐述了现代中西欧各大国的政治史。然而，兰克的史学也有重要缺陷。首先，集中于政治史和帝王将相，忽视历史的经济、社会和思想进程，忽视人民大众的作用。其次，情调过平，缺乏至少有时是必不可少的激情，他的性格“使他在一定程度上昧于（历史中固有的）情感大潮和激情喷薄，昧于生活的崇高与堕落……在对待个人和民族国家时，他都最适于处在人类经验的中间区域”②。最后，对现代国际关系史来说尤为重要的是，他的在地理意义上的国际政治视野未免狭窄。他不仅漠视非西方地区，而且对西方国际政治的注视也差不多仅限于欧洲，甚至很大程度上局限于中西欧大陆。在兰克那里，几乎看不到大致始终与欧洲均势体系共存的海外霸权体系；兰克也不明白，欧洲均势体系并非只是循环的和内部自动平衡的，它有赖于、并将在越来越大的程度上有赖于欧洲边缘和外部力量的介入，其长远结果是欧洲地位的衰落和非欧强国的兴盛。兰克缺乏对真正理解现代历史很重要的全球视野。③

国际关系史料基本分类和主要类别史料例解（上）

在谈论国际关系史料以前，需要很简要地用当代的、而非上面已运用过的兰克式的话语，说明由兰克作为首要创始者创立的史料的现当代搜集方法和考证方法。

史料搜集的首要原则，当然是要尽可能搜集存于公私档案储存场所或储存

---

① 古奇就此评论道：“虽然该书的语调并非全然友好，但它全无玷污了西贝尔和特赖茨克的史书的那种毁谤。兰克更多是作为一名欧洲人而非德意志人写作。”

② 古奇还由此说道：“他没有去贯彻他要写一部法国革命史的计划，这很好。”

③ 参见时殷弘、郝莹：《利奥波德·冯·兰克的国际政治观》，载《欧洲》，1998（4）。

机构的原始档案史料，那是人们一般所称的最重要的“第一手”史料。更广泛地说，在着手研究一个历史课题以前和在研究这一课题的过程中，应当全面、精当地确定需要什么样的史料，这些史料又分别归属于怎样的具体的史料范畴，并且既区分、又结合其中的主要者与次要者；然后，需要调查清楚可以觅得所需史料的具体场所，继之以尽力发掘和搜集。对于未经刊印的史料，即上述档案史料，首先要了解它们是否已经解密，亦即是否已经可以查阅（在许多情况下是指了解其中哪些已经可供研究者使用，哪些并非如此）；就那些已经可以查阅的档案史料而言，需要注意和详细得知它们的保存、集中和分类情况与查阅手续等问题。对于已经刊印的史料，例如政府编辑和出版的官方档案文件集，或者民间机构或民间人士编辑和出版的政府公开文件，或者业已刊印的当事者回忆录、书信集、日记等，则往往需要熟悉有关的目录学（bibliography），如果在所要研究的课题领域或与之密切相关的课题领域已经有了相关的目录学编纂的话。

史料的考证，意味着鉴定史料的性质和它作为历史证据的价值。考证可分为外型鉴定与内容鉴定两方面：前者即校勘和辨伪，或曰“文本批评”（textual criticism）；后者则是考订史料所属史事是否可信和是否精确，或者在什么程度上可信和精确。对于无论何种史料文书，都必须尽可能做到对其作者的信息来源和人格旨趣有尽可能深入的认识。尤其对所谓第二手史料，即并非历史事态的直接见证者（即“当事人自己和那些直接接触他们叙述的事件的人”）所撰的史料文书，无论其为主要依据原始资料写成的还是并非如此的，也无论其为当时人的著作还是后来人的历史研究或叙述，都必须考究作者对直接见证者所述史事的理解程度与其精确记录的能力。

仅大致地按照其原始程度（一定意义上也可以说是其重要程度）的递减顺序排列，国际关系史料可分为以下六大类：（1）未刊档案史料；（2）已刊档案史料；（3）官方史；（4）公开文件；（5）回忆录、书信集、已刊日记、当时报刊报道或评论等；（6）第二手资料（书籍和文章）。一般而言，除了头两类史料，即未刊和已刊档案史料在重要性甚至可靠性方面绝对优越外，上述其他类型的史料互相间的价值高下是相对的，在不同的具体场合可以有变动。例如，可以有经过严格考证或一般常识判定史料价值很高（高于某些官方适合公开文件）的回忆录、书信集和日记，也可以有并非如此、甚至很不可靠的此类文献。又如，第二手资料的品质可以有种种巨大差别，其中主要依据原始资料写成的专著可以大大优于主要依据其他第二手资料写成的一般综述；许多属于前一种类的著作经严格检验或有关史学界广泛公认，可以被认为在史料价值上优于某些在上述顺序中较前的史料。官方史也是如此：有史料基础非常翔实可靠、而且史论相当公允客观的官方史，也有所用史料单薄片面、治史意在粉饰往昔或者追求其他不正当目的的官方史。总之，除尽可能多地收集和使用档案史料这一基本原则外，其他方面大都必须依据具体的研究任务所面临的特定史料要求和史料可得条件。

未刊档案史料可以是官方文件，也可以是私人文件。前一类指的大致是官方机构储存，所有权和处置权亦属于官方的未刊档案文件；后一类则大致是指民间或官方机构储存，但所有权和处置权只属于私人的未刊档案文件。近年来，由于史学和档案学方法的发展，又出现了未刊“口述史”（oral history）这一新种类的未刊档案史料，即当事人对历史事件或过程的回忆性的口述记录，不过其数量、重要性和一般的可靠程度远逊于这里说的官方和私人文件，因此相对而言尤有予以考证的必要。①

未刊官方档案文件除国际组织（包括临时国际机构和多国会议）的此类文件外，主要属于各国政府。国际组织的未刊档案文件可称为未刊“国际文件”，它的一个例解，是“远东国际军事法庭：记录、展览和判决”，藏于伦敦帝国战争博物馆②，例如研究太平洋战争期间对日作战盟国的战略和外交的一部名著③就利用了该史料，那也是该书唯一利用的未刊国际文件。各国政府的未刊档案文件可以英国和美国的官方文件为例。这两国（尤其是美国）跻身于对外关系方面的政府未刊档案史料解密和开放范围较大的国家之列。英国官方档案文件大多集中于一处，那就是伦敦公共档案馆（Public Record Office，London）。以一位英国外交史学家在撰写一部关于 1949 至 1950 年英国对外政策的专著④时使用的此类文件为例，它们包括伦敦公共档案馆所藏下列名称的文件群集：

---

① 当然，未刊“口述史”依其储存场所、所有权和处置权的不同，可分别归属于未刊官方档案文件和未刊私人档案文件。

② International Military Tribunal for the Far East，Proceedings，Exhibits and Judgment（Imperial War Museum，London）.

③ 参见克里斯托弗·索恩：《一类盟友：美国、英国和对日战争（1941 至 1945 年）》（Christopher Thorne，*Allies of A Kind*：*The United States*，*Britain*，*and the War against Japan*，*1941—1945*），纽约，1978。

④ 参见伊丽莎白·巴克尔：《夹在两个超级大国之间的英国人（1949 至 1950 年）》（Elisabeth Barker，*The British Between Superpowers*，*1949—1950*），伦敦，1983。该书史料来源见书末参考文献部分。

CAB（即内阁文件）65	战时内阁会议记录
CAB 66	战时内阁备忘录
CAB 79	参谋长会议记录（战时）
CAB 80	参谋长备忘录（战时）
CAB 122	驻华盛顿联合参谋使团文件
CAB 128	内阁会议记录（1945 年大选后）
CAB 129	内阁备忘录（1945 年大选后）
CAB 130	各专门委员会（属内阁，1945 年后）
CAB 131	防务委员会（战后）
CAB 133	英联邦和国际会议
DEFE（即国防部文件）4	参谋长会议记录（战后）
DEFE 5	参谋长备忘录和报告（战后）
FO（即外交部文件）371	外交部案档
FO 800	私人文档（即英弗查佩尔文件）
FO 954	阿冯文件
FO 975	情报研究处
WO（即陆军部文件）106	陆军作战和情报处文件
PREM（即首相文件）11，8	首相办公室

美国官方档案文件大都储存于美国国家档案馆（National Archives），它分为各个地址不同的分馆。属于对外政策和对外关系方面的大多集中于外交分馆（National Archives，Diplomatic Branch）和现代军事分馆（National Archives，Modern Military Branch）。此外，尼克松政府时期首先由于反越战运动造成的压力和影响，美国国会订立《信息自由法》，规定了“信息自由法要求权”（Freedom of Information Act [FOIA] Request），即任何美国公民有权利经一定程序，就某个问题提出查阅未经解密的有关档案文件的要求，政府必须据此迅速依法决定这些文件是否可以解密，凡被决定解密的文件迅即允许提出要求者查阅。以一位美国外交史学家在撰写一部关于朝鲜战争的专著①时使用的未刊美国官方文件为例，它们包括下列名称的文件群集：

国家档案馆外交分馆：

RG（意即档案群集）59　　国务院 1950 至 1954 年档案总汇。十进制计数编号案档：

① 参见罗丝玛丽·富特：《错误的战争》（Rosemary Foot, *The Wrong War*），纽约州伊萨卡，1985。该书史料来源见书末参考文献部分。

611.93	中国
611.94	朝鲜半岛
611.95A	朝鲜民主主义人民共和国
611.95B	韩国
693.00	中国
644.A	中国台湾
695.00	朝鲜民主主义人民共和国
695.B	韩国
793.00	中国

RG 59 执行秘书处，国务卿每日会议纪要（1949 至 1952 年）
RG 59 副国务卿会议纪要
RG 59 副国务卿会议记录，备忘录
RG 59 中国科
RG 59 政策规划办公室，国家和地区案档（苏联）
RG 59 情报研究室报告
RG 59 公众舆论研究室档案
RG 84 国务院驻外使领馆

国家档案馆现代军事分馆：

RG 218 美国参谋长联席会议档案
RG 319 陆军参谋长档案
RG 330 国防部长办公室档案
RG 338 远东司令部
国家安全委员会文件和国家安全委员会行动备忘录

出自信息自由法要求权：

国家和地区案档，中国	1950 至 1953 年
国家和地区案档，朝鲜半岛	1947 至 1952 年
会议记录	1950 至 1952 年
国务院—参谋长联席会议联会	1951 至 1952 年

与在历史研究中广泛使用未刊官方档案文件相比，广泛使用未刊私人文件意味着大得多的辛劳和资金投入，因为私人文件的储存场所非常分散。同样以前面所提到过的那部研究太平洋战争期间盟国战略和外交的名著为例，仅其中使用的英国私人文件就包括分散在英国许多地点的、主要出自多名战时政府高官的 20 余种文件群集，如：

亚历山大（海军大臣）文件	藏于剑桥丘吉尔学院
艾德礼（副首相、首相）文件	藏于剑桥丘吉尔学院和牛津大学学院
比弗布鲁克勋爵（生产大臣）文件	原藏于比弗布鲁克图书馆，后移至伦敦上院图书馆
贝文（劳工大臣）文件	藏于剑桥丘吉尔学院
布鲁克-波帕姆（空军元帅）文件	藏于伦敦国王学院
查特菲尔德勋爵（海军元帅）文件	藏于格林威治全国海事博物馆
彻韦尔（外交大臣和首相对外事务顾问）文件	藏于牛津纳菲尔德学院
中国协会文件	藏于伦敦中国协会
克尔（驻苏大使）文件	藏于伦敦公共档案馆
克里普斯（内阁大臣）文件	藏于伦敦纳菲尔德学院
卡宁汉姆（海军元帅）文件	藏于大英博物馆
道尔顿（财政大臣）文件	藏于伦敦经济政治学院
多尔曼—史密斯（缅甸总督）	藏于伦敦印度事务部图书馆
格里格（陆军国务大臣）文件	藏于剑桥丘吉尔学院
哈利法克斯（外交大臣）文件	藏于伦敦公共档案馆
汉基勋爵（首相秘书）文件	藏于剑桥丘吉尔学院
伊斯梅（帝国参谋总长）文件	藏于伦敦国王学院
林利思戈勋爵（印度总督）文件	藏于印度事务部图书馆
马丁（《新国务家》杂志总编）文件	藏于苏塞克斯大学
皇家国际事务学会文件	藏于伦敦查塔姆大厦
索姆维尔（海军元帅）文件	藏于剑桥丘吉尔学院
伍尔夫（工党帝国问题咨询委员会秘书）文件	藏于苏塞克斯大学

还可以举一个广泛使用美国私人文件从事美国对外关系和对外政策研究的例子，其主题为第二次世界大战后初期美国对日占领。① 这些文件同样储存于美国多个不同地点，包括：

谢尔曼（海军上将）文件	藏于海军历史中心
贝尔纳斯（国务卿）文件	藏于克莱姆逊大学

① 参见迈克尔·沙勒：《美国对日占领》（Michael Schaller, *The American Occupation of Japan*），纽约和牛津，1985。该书史料来源见书末参考文献部分。

顾维钧（中国驻美大使）文件	藏于哥伦比亚大学
道奇（银行家、对日占领政策顾问）文件	藏于底特律公共图书馆
格鲁（副国务卿）文件	藏于哈佛大学
艾尔索普兄弟（政论家）文件	藏于国会图书馆
陈纳德（战时美国驻华空军将领）文件	藏于国会图书馆
杰塞普（国务院无任所大使）文件	藏于国会图书馆
李海（总统参谋长）文件	藏于国会图书馆
麦克阿瑟（驻日盟军总司令）文件	藏于麦克阿瑟纪念馆
杜勒斯（国务院顾问）文件	藏于普林斯顿大学
福莱斯特（国防部长）文件	藏于普林斯顿大学
凯南（国务院政策规划办公室主任）文件	藏于普林斯顿大学
史密斯（国会参议员）文件	藏于普林斯顿大学
艾奇逊（国务卿）文件	藏于杜鲁门总统图书馆
安德鲁（农业部对外农业关系司司长）文件	藏于杜鲁门总统图书馆
艾尔斯（白宫特别助理）日记	藏于杜鲁门总统图书馆
巴特沃斯（国务院远东司司长）口述史	藏于杜鲁门总统图书馆
康纳利（总统秘书）文件	藏于杜鲁门总统图书馆
埃尔西（总统行政助理）文件	藏于杜鲁门总统图书馆
格里芬（经济合作署远东计划司司长）文件	藏于杜鲁门总统图书馆
梅尔比（国务院菲律宾和东南亚处官员）文件	藏于杜鲁门总统图书馆

已刊档案史料的使用自然远比未刊档案史料方便，对于往往在境内外学术旅行的机会和所需资金等方面受限制的研究者来说因而也更重要。事实上，编辑已刊档案文件、将其整理成册以供出版的档案学家和历史学家们已经为其使用者的研究（无论其具体课题如何）做了一种很重要的“前期准备”甚或奠基工作，省却了相当大一部分非如此就必不可免的筛选、搜集、整理和有关考证工作，其程度远大于分类整理未刊档案史料的档案学家和历史学家所做的。这类工作有时具有很高的学术质量，产生了某些编辑得很优秀的档案文件集。然而，绝大多数此类文件集都是经过文件的大量筛选而成，而筛选的标准往往远不仅是学术性的。前引兰克就史料作者的动机所说的话，也大致适用于此类文件集的编者：“有些人意在攻击或辩护，有些人只是希望记载事实。”不仅如此，即使假设筛选的标准完全是学术性的，学术理解本身的造诣水平和合理标准本身的贯彻质量也可以有不同程度的优劣之分。因此，已刊档案史料的使用者应当明白，他们面前的文件集在一定意义上只是别人“造就”的一个文选，不能

假定被筛去的、他们在其中看不到的文件都不那么重要，都不会不利于依据被选中的文件可以得出的印象和结论。当代美国外交史学家们大多知道的一个例子，是关于非常有名的美国国务院《美国对外关系》文件集丛①在1990年初的一个事件：当时，负责专为国务院提供有关该集丛的建议的国务院外交史文献顾问委员会主席、著名美国外交史学家沃伦·科恩（孔华润）突然辞职，因为他确信“国务院正在戏弄历史”，并且特别批评允许《美国对外关系》1952年至1954年第10卷（伊朗卷）的出版，该卷完全不提及关于中央情报局在推翻摩萨台首相和恢复巴列维国王统治一事上起的关键作用的资料，这是“赤裸裸地歪曲美国在那里行动的欺骗行径”②。

可以将《美国对外关系》文件集丛当做已刊档案史料的首要例解，因为在此类史料中间它历时最久，规模举世首屈一指，历史记录相对而言最为完整。仅到1990年许，每年俱出多卷的该集丛总计已达约300卷，涵盖了从19世纪60年代到20世纪60年代间几乎所有美国外交问题和时期。其篇幅随历史推移和美国世界事务的增长而愈益增大。直到第一次世界大战为止，一卷或两卷篇幅便足以编成每个年度美国对外政策的大体完整的记录，然而导致美国参战的众多事态急剧地扩展了外交档案资料的数量，致使关于第一次世界大战期间的《美国对外关系》文件多达30卷。第二次世界大战自珍珠港事件往后则产生了近40卷，而随着冷战的出现，美国在世界几乎所有重大事件中都直接或间接地起了重要甚或主要的作用，相关的《美国对外关系》集丛篇幅便随之大为增加。在主导其编辑出版的诸项原则中，最重要的是两条：（1）历史事件发生25年后，一般须将有关的档案文件解密和出版，除非经政府内负责解密审定的专责机构断定如此将损害美国的国家利益和其他若干准则；（2）不能为了隐瞒可能被某些人认为是美国政策错误或缺陷的目的而省略事实。③ 这些原则多年来大多

---

① U.S. Department of State, *Foreign Relations of the United States* (FRUS) series.

② 戴维·帕特森：《美国国务院外交史编辑室及其工作》，载《美国研究参考资料》，1991（8），43页。这里的“国务院外交史编辑室”即下文的“国务院公共事务司历史学家处”（Office of the Historian, Bureau of Public Affairs, Department of State）的另一个译法。

③ 《美国对外关系》文件集丛的主要编辑出版原则系由国务卿凯洛格于1925年3月首次发布，规定：不可更改文件，不可在不指明文件中什么地方作了删节的情况下予以删节，不可删略对做出一个政策决定有重大意义的事实，不可为了隐瞒可能被某些人认为是美国政策错误或缺陷的目的而省略事实；然而，允许出于下列五项理由而省略某些文件：（1）为了避免发表“将趋于阻碍现行外交谈判或其他事务”的资料；（2）为了使历史记录紧凑和避免重复不必要的细节；（3）为了维持个人和外国政府对美国政府的信任；（4）为了避免不必要地冒犯其他国家的国民或个人；（5）为删略文书中未被美国政府采纳的个人看法，但有一例外，即在记录重大的政策决定的场合，应当尽可能展示该决定做出前向政府提出的不同选择。见《美国对外关系》各卷前言。

得到遵守，使得学者们大体上对美国国务院内专门负责编辑该集丛的机构（国务院公共事务司历史学家处）“编纂与出版美国外交完整记录的不竭努力表示满意”①。不过，近年来也发生了一些严重的问题，除了上面谈到的对某些重要历史事态大作隐瞒和歪曲外，主要是在“文献爆炸”的同时资金和人力短缺，致使外交事件发生与史料解密之间的时间差愈益增大。然而无论如何，该集丛对美国对外政策史学界来说，早已是最重要、使用得最广泛的档案资料源泉，同时也是20世纪大凡涉及美国的所有国际关系史研究的重要史料来源之一。

已刊档案史料的另一项非常著名和重要的例子是《英国对外政策文件（1919至1939年）》②。自出版以来，它一直是国际关系史学家们探究两次世界大战之间时期里国际政治和第二次世界大战起源的必不可少的第一手资料。整个这一文件集肇始于外交大臣安东尼·艾登1944年3月在下院作的宣布，即英国政府决定发表外交部1919至1939年档案中最重要的文件，并且为早日发表那些对理解第二次世界大战的爆发更适切的文件，将整个集丛分为从1919年开始和从1930年开始的两大系列，同时分头进行它们的编辑出版工作。1948年5月间，英国外交部又宣布设立第三大系列，从1938年德奥合并前夕开始，即涵盖紧接其后的第二次世界大战爆发的那个时期，或者说原先计划作为第二系列结尾的部分。整个这一文件集有相当巨大的规模，每一大系列都包含多卷，逐年陆续出版，而其编者并非编纂《美国对外关系》那样的专门政府机构，而是被英国外交大臣委任为总编的民间的国际关系史大家。③ 文件被区分为在发表方面优先和不优先的两大类：前者是所谓“行政文件”，包括给英国驻外使团指令、驻外使团就与外国政府的外交交往给外交部的汇报、外国政府代表在伦敦进行的谈判的记录、英国外交大臣或其他国务大臣参加的国际会议记录等；后者则是所谓“信息文件”，大多由英国驻外使团关于“观察所及范围内”国家的一般政治和经济状况的文书和电函构成，它们是否被纳入《英国对外政策文件》由其本身的重要性和收纳“行政文件”后所余篇幅空间大小决定。另外，文件的

---

① 帕特森：《美国国务院外交史编辑室及其工作》，载《美国研究参考资料》，1991（8），42页。

② *Documents on British Foreign Policy*, *1919—1939*, three series.

③ 即牛津大学国际关系教授、巴利奥尔学院教授E. L. 伍德沃德（Woodward）和牛津大学圣灵学院教授罗昂·巴特勒（Rohan Butler）。

具体编排遵循“时间顺序”与“主题分类”两相折中的原则。①

在现当代国际关系史领域，还有其他一些非常著名的已刊档案文件集，它们一直得到广泛的使用。其中包括：多系列多卷的《德国对外政策文件（1918至1945年）》②，主要出自对德战争末期美英盟军缴获的大量魏玛共和国和纳粹德国档案；《纳粹—苏联关系（1939至1941年）》③，系冷战初年美国政府为对苏冷战目的而编辑出版，影响极为重大的苏德互不侵犯条约秘密议定书即由此被公之于世；《五角大楼文件》，包括美国国防部原始版、“参议员格拉韦尔”版（4卷简缩版）和“纽约时报版”（单册简缩版）④，在《美国对外关系》相关年代的越南卷出版以前，它是研究美国如何陷入越南战争的唯一可用的档案文件来源；《中美关系白皮书》⑤，它不仅对中美关系史研究、而且对中美关系史本身有重大影响。在此，还须提到现代中国的已刊档案史料集，其中规模最大和最重要的当推14卷《中共中央文件选集》（最后一卷到1949年）⑥，收入了某些很重要的中国共产党外交文件。

在国际关系史领域，无论是未刊档案史料，还是已刊档案史料，对其具体形态都可作下列基本分类：信函或电函；备忘录、谈话记录或纪要、会议记录或纪要、谈判记录或纪要、政策文件。大体而言，它们要么是属于记录决策过程（包括了解和界定形势）的文件，要么是属于记录决策结果的文件。一般而言，质量最佳的已刊档案文件集是那些最详密地包含前一类文件的，而质量最次的大致仅包含后一类文件。

---

① 以第二系列第1卷的目录为例，可以对其具体编排有个大致的印象：第一章，英美关于伦敦海军会议的预备性讨论（1929年5月23日至10月5日）；第二章，麦克唐纳先生（首相）访美：关于五国会议的信函（1929年10月4日至1930年1月21日）；第三章，伦敦海军会议（1930年1月21日至4月22日）；第四章，英王陛下政府对白里安先生（法国外长）欧洲联邦建议的态度（1930年5月至9月）；第五章，为促成法意海军协定与法国政府和意大利政府的谈判（从伦敦海军会议于1930年4月22日休会到1931年3月11日发表“协议基础”）；第六章，从勃鲁宁行政当局组成到宣布英德关税同盟建议期间的对德关系（1930年3月28日至1931年3月21日）。

② *Documents on German Foreign Policy, 1918—1945*, series.

③ U. S. Department of State, *Nazi-Soviet Relations, 1939—1941*, 华盛顿，1948。

④ 美国国防部：《美国—越南关系（1945至1967年）》（U. S. Department of Defense, *United States-Vietnam Relations, 1945—1967*），12卷，华盛顿，1971；《五角大楼文件：关于美国越南问题决策的国防部史》（参议员格拉韦尔版）（*Pentagon Papers: Department of Defense History of U. S. Decision Making in Vietnam* [Senator Gravel Edition]），4卷，波士顿，1971；《五角大楼文件纽约时报版》（*Pentagon Papers, as Published by The New York Times*），纽约，1971。

⑤ U. S. Department of State, *United States Relations with China*, 华盛顿，1949。其中文译本为《中美关系资料汇编》，第一辑，北京，世界知识出版社，1957。

⑥ 中央档案馆编，1982至1987年出版。

国际关系史料基本分类和主要类别史料例解（下）

官方史顾名思义，是官方机构或作为官方人员的官方史学家（以及享有官方档案利用权特惠的准官方史学家）撰写和发表的史著。其一般特征和长处，首先是能够使用尚未对民间史学家解密的大量档案文件，从而展示尚不为后者所知或者所知远非其详的历史事态和过程，并且因此拥有后者尚且无从达到的历史理解便利和深度。就是由于这一重要原因，官方史的发表往往能给人“耳目一新”和“恍然大悟”之感，往往能使特定主题上的历史探究大进一步，高质量的官方史尤其如此。不仅如此，官方史在对历史作评论（而非叙述）方面，与民间或私人史学家相比一般采取较为持平、冷静的方式和相当简练、甚或含蓄的文风，而且经常大致只让“事实本身说话”；这样做有其特殊的感染力和影响效能，往往有利于在读者面前增加可信性，并且为读者自己保留更多的思考和判断余地。

到目前为止，规模最大的官方史大概是英美两国的第二次世界大战官方史。它们卷册繁多，涵盖战时军事、战略、政治、外交、生产和物资供给等多个功能领域，连同各军兵种和各战区。例如，在英国的第二次世界大战官方史系列中就包括五卷集的《第二次世界大战中的英国对外政策》①，具备相当高的学术质量和广泛的影响。在《第二次世界大战中的美国陆军》这一分战区写的规模浩大的系列官方史中，有质量优秀，对第二次世界大战时期中美关系、美国东亚战略、甚而中国国内政治的展示和研究贡献很大的三卷中缅印战区史，即美国陆军部史学家查尔斯·罗马纳和赖利·森德兰合著的《史迪威赴华使命》、《史迪威指挥权问题》和《中缅印战区时光将尽》。② 又如，美国官方史《联盟战争的战略规划》两卷、《丘吉尔、罗斯福和斯大林》、《中国纠葛》等，在发表几十年后的当今仍是研究战时盟国外交和战略的必读书。③ 在其他某些重要的对外政策、战争和战略史问题上，美国也有一些质量参差不齐的官方史，例如关于朝鲜战争的《南至洛东江，北到鸭绿江》、《美国海军作战史：朝鲜》、《参谋长联席会议史》第3卷《朝鲜战争》，关于对日占领和改造的《日本的政治转向

---

① L. Woodward, *British Foreign Policy in the Second World War*, 5 vols.，伦敦，1970至1976年版。

② Charles Romanus and Riley Sunderland, *Stilwell's Mission to China*; *Stilwell's Command Problems*; *Time Runs Out in C. B. I.*，华盛顿，1953、1956、1959。

③ Maurice Matloff and Edwin Snell, *Strategic Planning for Coalition Warfare, 1941—42*，华盛顿，1953；Maurice Matloff, *Strategic Planning for Coalition Warfare, 1943—44*，华盛顿，1959；Herbert Feis, *Churchill, Roosevelt and Stalin*，新泽西州普林斯顿，1967；Herbert Feis, *The China Tangle*，新泽西州普林斯顿，1972。

(1945年9月至1948年9月)》等。① 在中国的为数较少、严格地依据大量未刊档案史料编纂的官方史中，特别杰出的是与中国对外政策和对外关系研究密切相关的《周恩来年谱》，它在学术方面达到了很高的水准。苏联由外交部长葛罗米柯主编的多卷官方史《外交史》，其学术质量和公正程度甚低。

所谓**公开文件**，亦即历史事件发生和进行时即已公开的关于该事件的官方言论，是从未被保密的官方文献。显然，与在长短不等的时期里被保密的档案文件有别，公开文件的内容一般大受有关的对内对外因素限制，即大受限于种种导致官方要在不同程度上隐瞒或保留其态度、看法、政策动机或政策内涵的内外考虑。在这个意义上，对还原历史、探索历史的努力来说，公开文件的内容一般固有其程度不等的不完全性或"不真实性"(它们有时大到如此地步，以致使文件的内容成了纯粹的"浮言虚饰")。因此，在绝大多数场合，公开文件作为史料的用处有不应忽视的局限性。然而另一方面，如果展示和探究有关历史实属需要，而档案史料却由于各种原因未予开放，那么在明白公开文件有其局限的同时，利用和倚重公开文件便是必不可免的和有益的。不仅如此，对公开文件的尽可能全面的把握，加上精明得当的使用和对任何优良的研究都不可或缺的、强健的思考能力，有时可以产生质量甚高的研究成果。有如第一节"重视和善于从事当代史研究"小节所示，在国际关系史领域内，例如威廉·麦克尼尔的《美国、英国和俄国：它们的合作与冲突(1941—1946)》、邹谠于20世纪60年代初发表的《美国在中国的失败(1941—1949)》、20世纪90年代以前美英几代苏联学泰斗撰写的一些苏联对外政策史杰作等，都相当成功地克服了缺乏档案史料这一障碍，提供了至今仍不失基本准确性的历史图景。

按照其编辑出版者区分，公开文件可以分为国际组织编辑出版的、政府编辑出版的、民间机构或私人编辑出版的。此外，公开文件还有一个特殊的门类，即国际(公开)条约集。就国际关系史料而言，在国际组织编辑出版的公开文件中，第二次世界大战前的国际联盟文件、第二次世界大战后的联合国文件以及北约、欧共体与欧盟等尤为重要的多国组织的文件自然被运用得最广泛。同

① Roy Appleman, *South to the Naktong, North to the Yalu*, 华盛顿, 1969; James Field, *History of United States Naval Operations: Korea*, 华盛顿, 1962; James Schnabel and Robert Watson, *The History of the Joint Chiefs of Staff: The Joint Chiefs of Staff and National Policy*, Vol. 3: *The Korean War*, 2 parts, 特拉华州威尔明顿, 1979; SCAP (Supreme Commander for the Allied Powers), *The Political Reorientation of Japan, September 1945—September 1948: Report of the Government Section of SCAP*, 2vols., 华盛顿, 1948。

样就国际关系史料而言，在政府编辑出版的公开文件中，出自美国政府的可谓种类最多，也最规则化和周期化。尤为著名的是《美国总统公文》集丛①、《国务院公报》②、《美国对外政策》集丛③、《国会纪录》④ 和种类繁多的国会公开听证会纪录。《美国总统公文》按照第二次世界大战后历届总统执政的年度顺序，将其公开演讲、声明、国情咨文、公开函件、记者招待会谈话等汇集成卷出版。例如，杜鲁门总统 1950 年公文集⑤系于 1965 年由美国政府印刷局刊印发行。《国务院公报》系月刊，历时达 50 年之久，直到 1989 年才由于节省政府开支的考虑被停办。它通常包括美国对外政策决策者（特别是国务卿）的公开讲话、谈话和声明全文。《美国对外政策》集丛亦由美国国务院编辑，它始于 1950 年出版的《美国对外政策十年基本文件（1941 至 1949 年）》⑥，相继而来的是《美国对外政策基本文件（1950 至 1955 年）》⑦ 和 1956 至 1967 年间连续出版的年刊《美国对外政策：当前文件》⑧。它在 1968 至 1976 年间停止出版，但在 20 世纪 80 年代初重新出了一卷本的卡特政府时期《美国对外政策基本文件（1977 至 1980 年）》。从 1981 年起，《美国对外政策：当前文件》作为年刊恢复出版，而 8 年后《国务院公报》的停办增加了它的重要性，使之成为“美国最近外交政策文件的唯一综合性资料来源”⑨。《国会纪录》在美国国会开会期间定期刊发，全文记载议员们在国会的发言、辩论和动议等，因而总量汗牛充栋，对深入和全面地探究影响或决定美国对外政策行为的国会因素往往至关紧要。国会公开听证会纪录全文记载国会议员在此类听证会上所提的问题，连同被要求出席听证会的行政当局有关官员和其他人等（多半是有关学者）对这些问题的回答即“证词”。每项这样的听证会皆单独出版其纪录，有些对美国对外政策或其历史研究产生过重大影响。例如，1951 年初杜鲁门罢免麦克阿瑟之举引起政治大风潮，导致美国参议院军事委员会和外交委员会举行听证会，马歇尔、艾奇逊、布雷德利等最高层决策幕僚几乎倾巢出动，提供了大量依据决策内情的重要证词，以便替行政当局关于东亚地区和中朝等国的政策和战略

---

① *Public Papers of the Presidents of the United States*, series.

② U. S. Department State, *Bulletin*.

③ 该集丛曾几易其名，见下文。

④ *Congressional Record*.

⑤ *Public Papers of the Presidents of the United States: Harry S. Truman, 1950*.

⑥ *A Decade of American Foreign Policy: Basic Documents, 1941—1949*.

⑦ *American Foreign Policy: Basic Documents, 1950—1955*.

⑧ *American Foreign Policy: Current Documents*.

⑨ 帕特森：《美国国务院外交史编辑室及其工作》，载《美国研究参考资料》，1991 (8)，41 页。

辩护。由此产生的《远东军事形势听证会纪录》① 在多年里保持为第二次世界大战期间和第二次世界大战后初期美国东亚政策和对华政策研究的最重要史料之一，例如前述名著《美国在中国的失败（1941—1949）》就在颇大程度上依靠这一史料。

其他一些国家政府亦有其出版的相当著名的公开文件。中国政府自 1957 年起，曾在多年里连续出版《中华人民共和国对外关系文件集》。毛泽东、周恩来、刘少奇、邓小平等中国领导人的个人文集，就其大多数内容而言，具有政府公开文件集的性质。按照中国的国情，不仅报载中国领导人讲话，而且中央级主要报刊社论、评论员文章和外交部发言人谈话等，实际上亦属政府公开文件。苏联的情形与此类似，特别是斯大林、赫鲁晓夫、勃列日涅夫、戈尔巴乔夫等最高领导人的文集，构成研究苏联对外政策的重要公开文件资料，此外还有若干非定期的专题对外政策文件集。在英国政府的公开文件中，特别值得提及的是历史非常悠久、总篇幅极为浩大的《汉撒德——下院辩论纪录》②，它对于议会制英国对外政策史的研究往往是重要的。

就当代国际关系史的史料而论，在民间机构或私人编辑出版的政府公开文件集中间，尤为著名的有如美国世界和平基金会所出第二次世界大战期间和战后初期《美国对外关系文件》多卷③、美国对外关系协会所出 20 世纪 60 至 70 年代《美国对外关系文件》多卷④、英国皇家国际事务学会所出 20 世纪 40 年代末至 60 年代初《国际事务文件》等。⑤

回忆录、书信集、已刊日记、当时报刊报道或评论等，是在历史研究中往往使用得很广泛的一大类史料，而且属于同时代资料（第一手史料）范畴，总的来说具有非同小可的重要性和可贵性。例如，前面提到过的那部研究太平洋战争期间对日作战盟国的战略和外交的名著，仅美国方面的回忆录、书信集和已刊日记就使用了 51 项，包括在第二次世界大战国际关系史和美国外交史研究领域内相当著名的艾奇逊回忆录、波伦回忆录、贝尔纳斯回忆录、陈纳德回忆录、格鲁回忆录、哈里曼回忆录、赫尔回忆录、李海回忆录、史汀生回忆录、杜鲁门回忆录、富兰克林·罗斯福私人书信、摩根索日记、斯退丁纽斯日记、

---

① U. S. Senate Committees on Armed Services and Foreign Relations, *Hearings on the Military Situation in the Far East*, 82nd Congress, 1st Session, 华盛顿, 1951。

② *Hansard*, *House of Commons Debates*, series.

③ World Peace Foundation, *Documents of American Foreign Relations*, series.

④ Council on Foreign Relations, *Documents on American Foreign Relations*, series.

⑤ Royal Institute of International Affairs, *Documents on International Affairs*, series.

福莱斯特日记、史迪威日记等。[①] 又如，在中国学者所作的一项关于 1949 和 1950 年间美国对新中国政策和中美关系的研究中，就这大致仅两年的双边历史状况和过程，就至少有 20 项有关的回忆录和已刊日记得到使用。另外，在这项研究中，被广泛查阅和使用的中外当时报刊亦有约 20 种。[②]

概括地说，回忆录、书信集、已刊日记和当时报刊报道或评论是这么一类史料：它们一方面如前所述至关重要，但另一方面其可靠程度（因而作为史料的主要价值）也参差不齐，因而必须基于对其作者的信息来源和人格旨趣的尽可能深入的认识，逐个地予以分辨和判断，还必须参考其他第一手史料来帮助评判。特别就回忆录而言，任何较有经验的历史研究者都很清楚，当事人发表回忆可以大致地或主要地是从客观地记录史事的动机出发，但也可以是并非如此；借用兰克的话说，"有些人意在攻击或辩护，有些人只是希望记载事实"。最关键的区别，就在于这两类回忆者大为不同地对待分明不利于自已或自己一方的声誉或形象的重要事实：前者予以隐瞒或严重淡化，后者则照实录写。不仅如此，任何较有经验的历史研究者还知道，由于个人的大脑记忆能力分明有限，因而撰写回忆录时有一点至关紧要，那就是能否和是否尽量广泛深入地查阅有关的未刊档案文件，而就国际关系史领域而言尤其是未刊的官方外交档案文件，以便检验、校正和补充往往不甚可靠的个人大脑记忆。能否如此地查阅

---

① 这些文件包括艾奇逊：《创世亲历记》（D. Acheson, *Present At the Creation*），伦敦，1970；波伦：《历史的见证》（C.E. Bohlen, *Witness to History*），伦敦，1973；贝尔纳斯：《坦率直言》（J.F. Byrnes, *Speaking Frankly*），伦敦，1948；陈纳德：《一名战士的道路》（C.L. Chennault, *Way of a Fighter*），纽约，1949；格鲁：《驻日十年》（J.C. Grew, *Ten Years in Japan*），伦敦，1945；格鲁：《动乱时代》（J.C. Grew, *Turbulent Era*），伦敦，1953；哈里曼和阿贝尔：《特使：与丘吉尔和斯大林会谈（1941 至 1946 年）》（W.A. Harriman and E. Abel, *Special Envoy to Churchill and Stalin, 1941—1946*），伦敦，1976；赫尔：《回忆录》，第 2 卷（C. Hull, *Memoirs*, vol. *II*），伦敦，1948；李海：《亲历其境》（W.D. Leahy, *I Was There*），伦敦，1950；史汀生和邦迪：《从事公职：平时与战时》（H.L. Stimson and M. Bundy, *On Active Service in Peace and War*），纽约，1948；杜鲁门：《决定的一年——1945 年》（H.S. Truman, *Year of Decision, 1945*），伦敦，1955；埃利奥特·罗斯福编：《富兰克林·罗斯福私人书信（1928 至 1945 年）》（E. Roosevelt ed., *F.D.R.: His Personal Letters, 1928—1945*），第 2 卷，纽约，1950；布卢姆：《摩根索日记：战争年代（1941 至 1945 年）》（J.M. Blum, *From the Morgenthau Diaries: Years of War, 1941—45*），波士顿，1967；坎贝尔和赫林合编：《斯退汀纽斯日记（1943 至 1946 年）》（T. Campbell and G. Herring, eds., *The Diaries of Edward R. Stettinius Jr., 1943—1946*），纽约，1975；米利斯编：《福莱斯特日记》（W. Millis ed., *The Forrestal Diaries*），伦敦，1952；白修德编：《史迪威文件》（T.H. White ed., *The Stilwell Papers*），纽约，1948。参见索恩：《一类盟友：美国、英国和对日战争（1941 至 1945 年）》，737～739 页。

② 时殷弘：《敌对与冲突的由来——美国对新中国的政策与中美关系（1949—1950）》，南京，南京大学出版社，1995，见书末"资料来源与参考文献"部分。

有关档案，取决于回忆录作者撰写回忆录时的政治地位和未刊档案使用权，而政治地位的高低决定未刊档案使用权的有无和大小。至于是否尽量广泛和深入地利用了能够使用的未刊档案，当然取决于回忆录作者有怎样的撰写态度和史料驾驭能力，连同可以用来撰写回忆录的时间长短以及可以得到怎样的专门协助等。总之，回忆录作者的信息来源和人格旨趣可以大不相同，他们发表的回忆录作为史料的可靠程度和史学价值便可以有显著的高下之分。对于书信集和已刊日记，大体上也可以依据类似的道理来评判，特别是分析和判断其编纂、撰写和发表的动机，考究它们展示的史事图景与其他第一手史料所述的一致和区别。

丘吉尔所著六卷《第二次世界大战》回忆录①与《赫鲁晓夫回忆录》② 提供了一对范例，可用来分别例解上述两类史学价值大不相同的回忆录。丘吉尔作为英国战时领袖和保守党魁首，即使在撰写其第二次世界大战回忆录时已经不在首相任上，但仍能近乎无限制地查阅和使用关于第二次世界大战起源和过程的全部英国官方档案，并且在这方面可得到足够的专门人力协助。他本人就是一位大史学家，发表过历史名著《世界危机》四卷（关于第一次世界大战）和《马尔博罗：他的生平和所处时代》六卷③，具备可称第一流的史料驾驭能力。不仅如此，他是警觉和抵抗纳粹德国侵略扩张的最早和最始终不渝的倡导者之一，也是世界反法西斯战争胜利的主要缔造者之一，已经由历史证明了他在这些方面的根本远见、勇气和雄才大略，一般无须回避整个这一重大历史过程中他个人犯有的某些策略性失误。所有这些，加上他作为史家的起码正直，再加上使得任何重大的有关历史隐瞒或歪曲都必定难以维持的一个事实，即关于第二次世界大战的多国档案文件已经或必将继续大量公布，导致他的《第二次世界大战》回忆录具有久经考验的非常高的可靠程度，出版后一向是有关研究领域的最重要的第一手史料之一。

---

① 温斯顿・丘吉尔：《第二次世界大战》，第 6 卷（Winston S. Churchill，*The Second World War*，6 vols.），波士顿，1948 至 1953 年版。

② 《赫鲁晓夫回忆录》（中译本），北京，东方出版社，1988；《最后的遗言——赫鲁晓夫回忆录续集》（中译本），北京，东方出版社，1988。

③ *The World Crisis*，4 vols.，纽约，1923 至 1927 年版；*Marlborough*：*His Life and Times*，6 vols.，纽约，1933 至 1938 年版。不过，有历史学家批评《马尔博罗》是一部“极好的文学性著作”而非信史。然而，也有历史学家认为虽然可能是如此，但“这部著作很难据此予以摒弃，因为在很大程度上，它应当仅仅作为对国务家素质和才能的一方漫长、深刻的思索来被阅读”。参见埃利奥特・科恩：《丘吉尔和第二次世界大战中的联盟战略》，见保罗・肯尼迪编：《战争与和平的大战略》，63 页注 13，北京，世界知识出版社，2005。

与之相比，《赫鲁晓夫回忆录》几乎在史料价值的每个重要方面都处于不利位置。赫鲁晓夫口授回忆录时早已被推倒下台，沦为当时苏联体制和政治文化环境中必然的倒霉境地，不仅完全无法参阅未刊官方档案文件，而且只能秘密口授其回忆录，并且秘密将其送至西方以求公之于世。在这样的情况下，他只能依靠自己的大脑记忆，而他在年迈体衰之际的大脑记忆自然往往不那么可靠。此外，赫鲁晓夫有太多的个人恩怨要表达，有太多的历史是非要论辩，何况人们知道他生性喜好激动，有时甚至难免信口开河，这就更使得他的回忆录必定包含较多的可疑成分。最重要的是，在缺乏较多的其他佐证的情况下（苏联瓦解导致其部分档案陆续开放以前尤其如此），很难确切地判断他的回忆录中讲述的哪件秘事可信，哪件秘事不可信或不太可信，因而这部回忆录只能被当做一项虚实不明的参考性史料，其中的许多叙事难以被独立地使用而不失历史研究的严肃性。当然，从另一个角度说，在有关的苏联档案史料不被人得知的颇长时期内，它一定程度上具有几乎独特的、帮助理解苏联历史的可贵作用。

大凡从事过去或现今的史学“热门题材”的研究时，所用史料中间就数量或篇幅而言**第二手资料（书籍和文章）**往往占多数。或者说，这样的研究是在前人多番耕耘过的田地上再次耕耘，以求做出视野、观点、资料或论说方式等方面的创新。因此，有所鉴别、有所取舍地借鉴前人的耕耘成果至关紧要，非如此就缺乏一部分研究基石和必要的启示，甚至无从确定研究本身的学术意义。但是，这样的成果毕竟是第二手的，它们不能代替对第一手史料的独立钻研。在这个意义上，每一次有意义的历史耕耘的对象都是历史事实这块处女地，不同的耕耘方式（包括不同的眼界、思想倾向、思想方法和研究方法等）会产生不同的耕耘成果。同样重要的是需要懂得，不同类型的第二手资料具有不同的史料价值。它们可以分为：（1）主要依据第一手资料写成的与并非如此的；（2）当时人的著作与后世人的历史研究或叙述著作；（3）专著与综述或综论。一般而言，在这每一种区分范畴内，前者的史料价值优于后者；或者大略地说，主要依据第一手资料写成的专著或当时人著作，是比主要依据其他历史研究书籍或文章写成的后世人著作（尤其是其中的综述或综论）更可靠、更重要的史料。

第二章

现代国际权势斗争与现代国际体系演变（16世纪初至19世纪初）

重点问题

- 国际体系与其要素
- 现代国际体系的起源：现代强国的最初浮现和形成
- 哈布斯堡帝国两番称霸巨潮破灭的国际格局意义
- 俄国作为现代巨型强国的浮现；由此而来的国际体系结构变动和地缘政治变迁
- “七年战争”造就的英国世界性优势的首轮巅峰
- 法国大革命、拿破仑帝国和国际政治的变更
- 拿破仑战争的根本地缘政治结果和国际力量格局结果

第一节 19世纪以前现代国际体系史的理解范式和根本主题

路德维希·德约：《不牢靠的平衡——四个世纪的欧洲权势斗争》

在历史学家乃至一般的世界历史观察者和思考者那里，对现代世界历史的

大体面貌和内在本质可以有多种多样的理解，对它们包含的诸多基本方面可以有大为不同的侧重，因为这一历史是那么丰富、复杂和多元，以至于不可能将其全面地纳入任何单一的范式、模式或框架之中而不失哪怕起码的完整性。然而，有一项共识可称近乎是普遍的，即现代世界历史始于15和16世纪之交，或者也可以更笼统地说始于16世纪初。那是航海大发现即欧洲开始向海外大扩张的年代，也是继文艺复兴之后欧洲爆发宗教改革的年代，欧洲内部的政治文化和政治构造由此急剧变动。与此同时，现代政治思想以其鼻祖马基雅维利的革命性锐利和大胆，发动了对传统伦理、传统政治乃至宗教本身的猛烈挑战，它与宗教改革浪潮和不久后的"科学革命"一起，将开启社会大动荡环境中政治思想的多系列重大创新。现代世界史的肇始就是现代国际关系史的肇始：随教廷和神圣罗马帝国皇帝的权势权威的相继跌落，连同欧洲普遍道德和普遍法理观念的衰朽，它们表征的所谓统一的"基督教世界"（Christendom）即中世纪国际秩序分崩离析；现代强国在内外两个意义上最初浮现并愈益形成，它们之间的复杂关系作为最重要的成分，参与构造了现代国际体系的初始形态，与此同时，欧洲的全球性扩张及其巨大的世界政治意义也显露端倪。

从此开始的现代国际关系史有如微型"宇宙大爆炸"，以加速度全方位地迸发出多项不断发展的历史趋势和无数不断展开的历史事态，使得现代国际关系在其总体上成为一个越来越广泛、越来越复杂的"大世界"。然而，现代国际体系的常在机理和"运动模式"也愈益成形，甚至在一定意义上可以说愈益"固定"下来。不揭示这机理和模式，就谈不上在根本上理解和把握现代国际关系史，尽管它永远也不能代替对这历史包含的众多具体层面、具体趋势和无数具体事态的一项项具体探究，也尽管这样的揭示和解释可以是、并且必然是多样并存和新陈代谢或新旧相兼的。在国际关系史学家中间，对现代国际体系常在机理和运动模式的首次揭示出自利奥波德·冯·兰克，更具体地说出自他在1833年发表的经典论文——《论列强》。[①] 如后所述，该文基于欧洲大陆国际均势的动态机理，高度浓缩性地概览了现代欧洲国际关系史，由此首次明确地提出了一项现代欧洲国际体系运动模式，它对此后的国际政治实践、国际关系史编撰和国际关系理论思考都有重要影响。

兰克之后，这方面最卓越的创新性成果当推1948年在德国出版的《均势抑或霸权》（其英译本于1962年出版，书名改为《不牢靠的平衡——四个世纪的欧洲权势斗争》)[②]，其作者路德维希·德约是20世纪德国最重要的国际关系史

① 《论列强》，见兰克：《历史的理论与实践》。

② 德约：《不牢靠的平衡》。

学家之一，在一系列著作中对现代国际关系的基本历程与德国的历史命运做了异常深刻的总体论说，登峰造极地体现了理论性的创造式宏观思考的理想特征，即博采众长、有机糅合、恢宏潇洒和富含创新，同时不失连贯、明晰和深邃。有如第一章第一节所述，德约的《不牢靠的平衡》糅合三项地缘政治关系理念，即海权对陆权、欧洲均势对海外优势、传统中等列强对侧翼超级大国（后两项有赖于他的创造或者决定性的发展），异常雄辩和发人深思地论说了四个世纪的现代欧洲国际权势斗争，实际上为杰弗里·巴勒克拉夫、保罗·肯尼迪和乔治·莫德尔斯基等名家的国际关系史理解奠定了相当大一部分基础。① 德约揭示的16世纪开始往后近400年的国际体系机理和模式可以用两对概念来概括：欧陆均势与海外优势，欧陆均势与侧翼大国。它们与兰克的揭示大有差别，而这差别的根本原因，在于德约的全球眼界不同于兰克的欧陆眼界。在就所述时段和地理范围而言篇幅有限的目前这部分（本书第二章）里，将在颇大程度上依据德约的著作来阐述大约300年的国际关系主要轨迹，那就是16世纪初至19世纪初以"均势抑或霸权"（或"不牢靠的平衡"）为根本主题的现代国际权势斗争和现代国际体系演变。

兰克对德约：欧陆均势与海外优势；欧陆均势与侧翼大国；欧陆眼界与全球眼界

兰克的国际体系观念是德约现代国际关系史理解和论说的一个根本框架。然而，在说明什么是兰克的国际体系观念之前，有必要用当代国际关系理论领域内的通行用语和通行观念定义国际体系，并且指出国际体系的诸基本方面，亦即国际体系包含的诸大"维度"，或者说全面地分析一个国际体系时需要分别关注的它的各个属性范畴。这有助于总体地把握在演变中的现代国际

① 英国大历史学家巴勒克拉夫在其经典名著《当代史导言》（Geoffrey Barraclough，*An Introduction to Contemporary History*）中说："在英语世界，对作为一个当代政治问题的两极状态已有大量讨论，但在历史方面去阐明其根源的努力尚做得极少。首次宏观地去处理这一问题的努力是路德维希·德约的《均势抑或霸权》，其中的论辩我在《变迁中世界的历史》（牛津1955年版）一书内为英语读者作了简要的概述。"参见巴勒克拉夫：《当代史导言》，米德塞克斯郡哈蒙兹沃思，94页，1967。保罗·肯尼迪在《大国的兴衰》中，当写到18世纪初北方战争的国际格局后果和20世纪30年代的国际体系构造时，使用了德约首创的"侧翼大国"这一关键性概念，连同此类国家对欧陆强国的大制衡作用。参见保罗·肯尼迪：《大国的兴衰》（Paul Kennedy，*The Rise and Fall of the Great Powers*），107、318页，纽约，1987。乔治·莫德尔斯基（George Modelski）在国际政治学领域提出的著名的"世界政治大循环"学说，无疑很大程度上植根于如后所述德约关于现代国际关系史的"海权历史哲学"。见其《世界政治中的大循环》（*Long Cycles in World Politics*），西雅图，1987；乔治·莫德尔斯基、威廉·汤普逊：《1494年以来全球政治中的海权》（William R. Thompson，*Sea Power in Global Politics since 1494*），西雅图，1987。

体系内运行的现代国际关系史，同时特别有助于确定和理解本书用大部分篇幅论述19和20世纪的国际关系历史时采取的“维度”分辨方式、考察视野和总体构造。

所谓国际体系，是指一批独立或较独立的政治实体（现代开始以来主要是趋于并最终形成各自民族特质的现代国家）的集合，这些政治实体相当频繁地、按照大致规则的过程相互作用。① 所有国际体系都具备六个基本方面：国际体系的环境、界限、结构、规范以及体系组成单位的政治性质和相互作用方式。国际体系环境是指跨国的和有全局意义的技术、经济生产方式和基本价值取向状况，例如在欧洲生成而后扩散到全世界的现代市场经济、工业革命、资本主义精神和民族主义价值观，也是指这些根本因素引生的到头来“深刻转变国际关系几乎所有方面”的变迁。② 国际体系的界限主要指一个国际体系的地理和文化外延，或者说是它的范围，连同与此密切相关的一些可以富有地缘和文化意义的概念，例如中心与外缘，同质与异质。一个大致限于欧洲或以欧洲及其文化为中心的体系，当然大不同于一个涵盖全球并以非欧力量为中心、若干种类大文化并存并重的体系：这也就是传统的现代欧洲国际体系与当代全球国际体系的主要区别。在国际体系的结构方面，一般最重要、也最引人注意的是国际权势的基本分布状况及其重大变化，它们在现代尤其突出地表现在强国的数目、规模及其事实上的等级排列，连同强国的兴起、衰落及其力量对比更替。哈布斯堡帝国与法国宫廷的两极冲突和法、英、奥、俄、普五强的多极均势，分别是16和18世纪欧洲国际体系的基本特征，而19世纪后半叶德、美、日三大新兴强国之急剧崛起和相应的国际权势变动趋势，揭开了我们时代世界格局演变的序幕。兰克和德约笔下的国际体系运行机理和演变模式，正是以上述意义上的国际体系结构及其变动为主干。

国际体系的规范指在不同程度上调节或校准体系组成单位间相互作用的规则或习惯。作为国际关系依据的基本前提或价值取向，它们可以是明晰的，也可以是隐含的，可以是成文的，也可以是不成文的；它们一般多少实际地规范了国家的对外行为和相互交往，是无政府的国际体系具有起码或者更高程度的

---

① 国际体系的定义，连同下述国际体系在其环境和界限以外的诸方面，主要依据卡列维·霍尔斯蒂：《国际政治分析框架》（K. J. Holsti, *International Politics: A Framework of Analysis*），第3版，29～31页，新泽西州安格尔伍德克利夫，1977。

② 国际体系环境的含义见罗伯特·吉尔平：《环太平洋时代的国际政治》，见斯蒂芬·斯皮格尔编：《世界政治主要问题》（Robert Gilpin, “International Politics in the Pacific Rim Era”, in Stephen L. Spiegel ed., *At Issue: Politics in the World Arena*），第6版，133～134页，纽约，1991。引语见第133页。

秩序的一大原因。[①] 在一般的国际关系理论中，国际体系组成单位的政治性质主要涉及该实体对外的独立程度和权力受限状况，连同它的内部政府形态、社会一般成员在其对外政策形成中的作用以及它为实现对外目标而动员自身资源的方式。就此而言，以君主利益来定义国家利益、平民极少参与国家事务的王朝政治构成 17 和 18 世纪欧洲列强的标准性质，而处于 19 世纪最后 30 年选举制度广泛改革这一头号界标两边的中上层有产者代议政治与现代大众政治，分别规定了 19 世纪与 20 世纪国家的主型面貌。[②] 国际体系组成单位的相互作用方式包括外交、贸易和其他经济交往、对外宣传、干涉、秘密行动和颠覆、威慑和军事威胁、武力冲突等。有组织的大规模武力冲突即战争几乎一向是国际关系史学家和理论家最关注的国际相互作用方式，它与其他作用方式相比，不仅一般而言更直接、更急剧地影响国家命运与国际格局，而且其一般规模、技术、组织方式和目的大概更能反映参与规定国际体系的时代性质和风貌。[③]

什么是兰克的国际体系观念？兰克可以说是现代民族主义思想的主要创始者之一，而且他所处的时代是民族主义在欧洲大陆开始迅速勃发和广泛流行的时代；然而，正是他在他那个时代，最先也最鲜明地展示了现代欧洲的统一性，即现代欧洲是个具有各大民族相近的历史传统以及共同宗教来源、共同国际规范和国际机制的民族国家共同体。恰如德约所说，他将兰克的这么一部分洞察应用于《不牢靠的平衡》：“从（罗马帝国晚期）蛮族大迁徙到我们今天，西方构成一个政治和文化统一体。在他之前，没有任何人那么清晰和从那么多方面地看到这种统一。”[④] 兰克像 18 和 19 世纪的许多学者和国务家一样，认为欧洲

---

① 赫德利·布尔：《无政府社会：世界政治秩序研究》（Hedley Bull, *The Anarchical Society: A Study of Order in World Politics*），67～71 页，纽约，1977；奥斯卡·沙赫特：《国际法理论和实践》（Oscar Schachter, *International Law in Theory and Practice*），5～31 页，波士顿，1991。

② 关于这一界标及其巨大意义，见巴勒克拉夫：《当代史导言》，126～130 页。

③ 参见这方面的一部杰作——威廉·麦克尼尔：《竞逐权势：公元 1000 年以来的技术、武装力量和社会》（William H. McNeill, *The Pursuit of Power: Technology, Armed Forces, and Society since A. D. 1000*），芝加哥，1982；罗伯特·奥尼尔：《武器和人》（Robert L. O'Connell, *Of Arms and Man*），牛津，1989。

关于国际体系的诸基本典型的实例分析和理论性比较，见马丁·怀特：《国际体系》（Martin Wight, *Systems of States*），英格兰莱塞斯特，1977；亚当·沃森：《国际社会的演进：比较历史分析》（Adam Watson, *The Evolution of International Society: A Comparative History Analysis*），伦敦和纽约，1992。关于现代国际体系的演变，除兰克的《论列强》和德约的《不牢靠的平衡》外，可见肯尼迪的《大国的兴衰》，以及戈登·克雷格、亚历山大·乔治的《武力与治国方略》（商务印书馆 2004 年版，第一部分）。

④ 德约：《不牢靠的平衡》，7 页。也因此，兰克的西方（或欧洲）国际体系就是西方（或欧洲）国际社会。关于国际体系与国际社会的区别以及哪类兼为国际社会的国际体系，参见布尔：《无政府社会》，67 页。

列强之间的均势制约着国际权势斗争，但他更为强烈地意识到（并且异常鲜明地强调）这提供了欧洲多样化统一发展的一大必要条件。均势是现代欧洲国际体系的最基本的运作机制，是其自在或自为的一大秩序由来。他确信，均势的首要功能在于防止或制止单独一个强国取得欧洲霸权，以致破坏其余国家的独立和自主权利，而其首要的构建或维护方式，在于一批就单个而言处于弱势的国家结成足够广泛和有力的联盟，抗衡或击败趋于称霸的国家。兰克均势思想的主要创造性，也因此他的国际体系观念的一大部分创造性，是他将均势认定为欧洲重大国际权势斗争推动的一个新陈代谢过程。在此过程中均势反复遭到严重损伤或毁坏，又反复得到修复或重建，欧洲现代国际体系本身在这反复的斗争和动荡中兴起和更生。①

然而，兰克所持的眼界是一种狭隘的欧陆眼界。这使得他不能意识到现代国际体系的某些关键性机理，并且颇为严重地限制了他对某些关键性历史事态的理解。例如，他将拿破仑帝国的败亡主要视为中西欧各民族揭竿而起的结果，并且因此赋予德意志“解放战争”过大的意义。“他未能强调一个事实，即为这些起义创造了条件的是英国和俄国——欧洲的侧翼强国——以及通过它们而来的海外领土和欧亚地区的影响。”不仅如此，更广泛地说，“他从未停下来去评估来自边缘的巨大新领土的、正在对西方旧世界展露的种种危险。他的注意力始终停留在业已过去的祸患，那是（欧洲）体系由于其成员中的个别国家的霸权追求而经受过的。他信赖欧洲的天赋才能，因而确信欧洲大陆将来会一如既往地继续克服这些威胁”②。

兰克的现代国际关系史梗概确实如此。在那里，几乎看不到大致始终与欧洲均势体系共存的大洋霸权（或曰海外霸权）体系；兰克也不明白，欧洲均势体系并非如他所示基本上只是循环的和内部自动平衡的，它得以保存和更生还有赖于、并将在越来越大的程度上有赖于欧洲边缘和外部力量的介入，其长远后果是欧洲地位的相对衰落、非欧强国的兴盛和“欧洲体系的消逝”③。换言之，从这一历史过程在第二次世界大战结束时赫然彰显的结果来看，传统欧洲之外的两大侧翼所以最终取代其至上地位，无疑在很大程度上是一种贯穿几个世纪国际关系的大均势机制使然，它大于兰克及其以后几代绝大多数欧洲同行的注意力囿于其中的传统欧洲均势（特别是欧陆均势），并且是这一均势得以几番更

---

① 参见《论列强》，见兰克：《历史的理论与实践》。

② 德约：《不牢靠的平衡》，8～9页。

③ “欧洲体系的消逝”一语取自德约的一篇论文标题：“The Passing of the European System”，见德约：《德国与20世纪世界政治》（*Germany and World Politics in the Twentieth Century*），纽约，1959。

生的一大终极原因。从16至17世纪哈布斯堡王室的霸权追逐失败，经随后一个半世纪里路易十四和拿破仑法国的两番扩张破产，到20世纪威廉德国和纳粹德国的统治野心覆灭，欧洲均势历经打击而犹存，一项必不可少甚或首要的缘由就在于一次又一次地引入外部新力量来拯救欧洲的平衡。然而，正是在这样一个反复重演的过程中，侧翼强国形成越来越大的权势，传统中心则逐步丧失其优势地位。

因此，要真正在总体上感知和理解现代国际体系的演变，并且因而理解现代国际关系史，就需要有全球眼界。正是在这全球视野方面，兰克不及后代人西利和麦金德，甚至也不及他的同代人托克维尔。① 兰克的狭隘的欧陆眼界有一种政治后果——完全非他所欲所料的不幸的政治后果，那就是它在颇大程度上助长了德意志民族的过头抱负，便利了德意志第二和第三帝国的帝国主义。1871年统一后的德国有着一代与他大不相同的人们，充斥着“乐观主义的勃勃冲动”，全无他的冷静与温和；他们抓住了他关于国际体系的观念，正是因为这些观念可以被延伸和改造，以作为极端民族主义抱负的理念基础。他们拥抱这么一个思想：从欧洲列强体系中能够成长出一个世界列强体系；他们相信依靠强有力的领导和大有作为的政策，军事效率首屈一指、经济力量勃然兴盛的大德国能够跻身于极少数世界强国之列，恰如原本弱小的18世纪的普鲁士能够成功地跃升为欧洲强国。有如德约所说，“德国人毫不犹豫地在全球基础上应用兰克的信念：在发动帝国主义冒险方面，他们听任自己被源出于欧陆的观念主导”②。从兰克的影响巨大的均势史范式出发，19世纪末20世纪初德国思想界形成了一种异常突出的主流思潮，那就是对至少同大英帝国并驾齐驱的世界强国地位的强烈憧憬和追求，而突破欧洲均势的狭窄限界去造就“世界均势”成了被谈论得最多的主题。世界均势中的世界强国观念是世纪之交德意志帝国主义思想的核心，它实际上以趋于极端的形态一直传至并主宰了纳粹德国。

德约的眼界与兰克截然有别。德国在20世纪两番发作，要追求“世界均势”和世界强国地位，结果两番败亡。这一大动荡过程强烈地促使他形成了一套历史理解，那特别涉及欧洲体系与全球政治的关系、欧洲均势的外来动能、

---

① 关于托克维尔、西利和麦金德的全球视野，连同他们对世界权势结构的时代大动向的预感或判断，见本书第三章第二节以及下面第二段（西利）。

② 德约：《不牢靠的平衡》，10～11页。

德国国际地位的可能性限度以及“中等列强”[1] 本身的能量局限。德约的现代国际体系根本图景或范式不是欧洲列强和欧陆均势，而是它们与另一类力量和构造的并存与互动，那就是具有最终的决定意义的侧翼大国和外部优势（特别是海外优势）。他将这么一种根本图景或范式溯源于19世纪晚期最重要的英帝国史家约翰·西利。[2]“我们德国人惯于将1870年后的二十年当做世界史上带有俾斯麦思想印章的一个时代来谈论。西利却甚至没有提到俾斯麦的名字。他的目光越过德国，甚至越过整个欧洲大陆，似乎它不过是一座中等高度的山脉，而投向俄国和美国——两个隐约耸现的巨型强国。”它们作为一类新的超级规模国家，将像古代马其顿遮蔽雅典或者16世纪西班牙和法国远盖过佛罗伦萨城邦国家那般，压倒性地遮蔽其他强国。“从这么一种观点出发，难道我们还能在兰克式的意义上谈论国际体系吗?”[3]

还需要指出下面一点，它就对历史认识的重要性而言，意义逊于这一最为关键的思想：在此类超级规模国家中间，西利无疑像稍后的马汉那样相信美英优势，或曰“盎格鲁—撒克逊世界领导地位”；这样的观念，可以粗略地称为基于全球眼界的“海权历史哲学”。同样可以粗略地认为，西利和马汉创立了这种历史哲学，德约将其发展并系统地应用于展示和解释整个现代国际关系史进程。应当认为，其解释力直到当今仍然大为可观，并且大致将延续到美国的世界优势在未来决然跌落为止。

第二节 现代国际体系的起源

现代国际体系的一种变动模式

现代国际关系史历经几个世纪，如果要对这一历史进行足够简约但仍然足够深刻的概览和论说，那么一种特别常用的方式，是以国际权势基本格局的变动为主题。如前所述，国际权势基本格局的变动突出地表现在强国的数目、规

---

① “中等列强”（“middle powers”）：保罗·肯尼迪在《大国的兴衰》中主要就现代国家的规模和潜力等级而频繁使用的一个概念，它实际上早就寓于德约就侧翼大国与欧陆传统列强的差别的频繁强调之中。

② 关于作为历史学家的西利及其主要著作《英格兰的扩张》（*The Expansion of England*）和《不列颠政策的成长》（*Growth of British Policy*），见古奇：《19世纪的历史和历史学家》，344～349页，波士顿，1959。

③ 德约：《不牢靠的平衡》，13～15页。

模及其事实上的等级排列的变动，连同强国的兴起、衰落及其力量对比更替。以它们为主题的现代国际关系史实际上就是现代国际体系史——以它的根本“维度”之一、也是它的通常最受国际关系史学家和理论家关注的那个“维度”为红线的现代国际体系史。与此同时，国际体系的其他基本方面的变迁，即其环境、界限、规范以及体系组成单位的政治性质和相互作用方式的变迁，都会不时在相当大程度上被展现出来，无论是直接地还是间接地，也无论是作为国际权势基本格局变动的原因还是作为它们的结果或效应。

在现代国际体系史上，国际权势基本格局的变动呈现出一种最简明也最契合人类常识的模式：在全体系霸权（用17至19世纪被广泛使用的一个经典历史术语说就是“普遍帝国”[Universal Monarchy]）与权势完全分散这两端之间的往复运动，或者说彻底的秩序与彻底的自由之间的往复运动。国际体系这个“摆”来回摆动，全体系霸权或大一统趋势总是转而被权势完全分散趋势取代，反之亦然；前一种趋势“从未导致彻底统一”，后一种趋势“从未导致彻底瓦解”。[①] 兰克的模式最简约地说也是如此。他那里的现代欧洲国际体系运动模式是均势的一个新陈代谢过程：新强国崛起抵制头号强国扩张，新联盟形成抗击普遍帝国图谋；随反霸战争胜利或大国国内变革一次又一次地出现新的力图称霸者，欧洲主权国家国际体系便一次又一次地经历生死斗争；15世纪开始逐步领有几乎半个欧洲的哈布斯堡家族力图建立普遍帝国，到17世纪中叶最终完全败于以法国为头号主力的反哈布斯堡阵营；随后，法王路易十四的称霸努力导致英国、荷兰和奥地利结盟，到18世纪初最终战胜法国；18和19世纪之交，由于大革命而国力剧增的法国又以远大于路易十四的扩张规模和野心力争征服全欧，经抗法力量20年鏖战才折戟沉沙。均势如此反复遭到严重损伤或毁坏，又反复得到修复或重建，欧洲列强及其为主组成的国际体系本身在如此几番沧桑巨变中兴起和更生。从现在开始的四节内容将在阐述现代国际体系起源之后，步步展开这么一幅历史图景，其中的根本还包括被兰克忽视但由德约强调的那种大均势机理，即与现代国际体系的扩展紧密相关，欧洲边缘和外部力量的介入在越来越大的程度上决定欧洲均势的保存和更生，并且由此促成了非欧强国的绝对和相对兴盛，连同世界政治的相关变更。

中世纪国际秩序

现代国际体系问世以前，欧洲通行的是中世纪国际秩序，其根本特征是：

---

① 参见德约：《不牢靠的平衡》，19页。

（1）大量异质的政治实体间交织重叠的权力关系；（2）“统一的基督教世界”（或曰“基督教共同体”［*res publica Christiana*］）观念。天主教会、神圣罗马帝国、王国、封邦、贵族领地、自由城市等虚实不一规模多样的实体盘根错节，互相间有着主要源于传统习俗的错综复杂的权利和义务，其政治权力往往“你中有我，我中有你”，其中没有哪一个拥有现代意义上的主权，即对境内人口和领土的至高无上、不可分割的管辖权和统治权，连同对境外其他政治实体而言的绝对的独立权利。然而，与这幅支离破碎混杂相间的政治权力图景似乎相反，在欧洲通行的最重要的政治和道德观念之一是“统一的基督教世界”观念。借用一部国际关系史经典名著的描述说：“从外交的观点看，（中世纪与现代之间的）首要差异在于1400年时西方仍然将自己想成是单独一个社会。基督教世界被极严重的内部冲突弄得七零八碎，被宗教分歧、教义争端和经久不息的战争——阶级之间、族民之间、宗派之间和国王之间的战争——搞得分崩离析。但是，拉丁基督教世界仍然自认为一个整体。”① 这种关于持有共同的天主教信仰的统一感，这种对于“基督教世界”实际结为一体的信念，不管其感觉和表达方式如何各自不同，不管欧洲内部的各种争斗如何激烈，构成差不多所有中世纪政治思想和活动的一个基本条件。不仅如此，现代人不易想象的是，基督教各族还多少自认为是“罗马人”，不仅在地中海沿岸，而且在德意志、法兰西、英格兰、西班牙甚而北欧和东欧都是如此②，然而，这同样缺乏任何政治体制与之对应；神圣罗马帝国的权威从来就相当有限，而且几乎每逢皇帝试图张扬之就变得愈加有限，直到最后大致只能涵盖少数德意志封邦的狭窄的世袭领地。

作为中世纪国际秩序的较为明显的规范，在中世纪的最后阶段形成了某种类似于欧洲公法的东西。它们与大多数中世纪法一样，不是出自正式立法、敕令或条约，而是源于确立已久的习俗和被广泛公认的原则。它们由神学传统、封建传统和帝国传统合成（或可换句话说由基督教传统、德意志传统和罗马传统合成），体现在教会法、习惯法和民法之中。教会法的国际功能除了垄断性地管辖整个基督教世界的“知识精英”——教士外，主要在于通过遍布欧洲基督

---

① 加勒特·马丁利：《文艺复兴外交》（Garrett Mattingly, *Renaissance Diplomacy*），16页，巴尔的摩，1955。

② “还没有任何人前来告诉他们说，罗马在一千年前就已崩溃，并且已将欧洲拱让给哥特人；也还没有任何人前来对他们说，他们就是接管了它的哥特人。……即使在爱尔兰、在挪威海岸边和在波兰平原，那些识字的但其祖先从未见过（罗马军团）鹰徽的盖尔特人、挪威人和斯拉夫人也认为自己不仅属于教皇世界，还不知怎地也属于罗马帝国世界。”（同上书，17页。）

教世界的各级教会法庭，跨国地支配涉及教义的大量法律关系和司法事务；此外，自11世纪往后，宗教法规学者们研究了许多后来被认为属于国际法范畴的问题，包括萌芽形态的主权定义、条约的不可违背性、正当的战争（“正义战争”）的条件、和平的维护与保障、中立者和非战斗人员的豁免等。习惯法的国际功能主要在于便利欧洲各世俗社会的共处和交往，特别是为商人和海员、骑士和领主等提供某些共同规则，以便在相应的范围内规范贸易、航海、贵族交往礼仪和战时行为方式等。出自罗马法的、由中世纪大学教师们解释的民法普遍地影响渐增。“在我们所说的15世纪国际法中，罗马法是最重要的成分，是（欧洲）大社会的法律外衣在不断被织制所依据的经线。所以如此，部分地是因为罗马法对西方的统治者们有吸引力，不仅靠它给专制权力提供的把柄，而且也是作为被改造得适合市民社会需要、适合世俗当局、适合金钱利益的一种广泛化了的合理的体系。”①

欧洲中世纪国际秩序与现代国际构造虽然有巨大差别，但也有一项非常基本的共同性质，那就是保持政治分裂。恒久的政治分裂是欧洲的独特之处，也是现代欧洲得以兴起和腾飞的关键之一，而这有其特殊的地缘条件。欧洲之所以能在世界现代历史开始前后腾越为世界上最生机勃勃、最强劲有力的地区，归根结底得益于它特殊的地缘条件。欧洲地形支离破碎，众多山脉与森林将各个人口中心隔离，而其气候从南到北、从西到东都有很大变化。正是有赖于这样一种地缘特征，欧洲在16世纪开始后能够较迅速地超越和压倒中华帝国、印度莫卧儿帝国、波斯帝国以及奥斯曼土耳其帝国，在全球力量分布中取得绝对的领先优势。较具体地说，第一是欧洲崎岖多变的地形减小了外部势力入侵蹂躏的可能性；第二，欧洲不同的气候条件有利于产出适于交换的种种不同产品，众多可通航的河流又促成了不同产品之间的交换，而周边环海这一状况则刺激了造船业和促进了海上贸易，并且最终导致欧洲沿海新的财富中心的确立；第三，欧洲支离破碎的地形大有助于保持政治上的分裂，而这对欧洲的崛起有关键意义：不存在任何统一的权威可以有效地阻止这一或那一贸易发展，不存在任何中央政府可以因其取舍安排随意使得某一产业在欧洲大范围内兴盛或衰败，也没有无所不在的苛税体系来对商人和企业家进行系统、全面的掠夺，正是这样的掠夺严重阻碍了欧洲以外各个帝国的经济成长。不仅如此，为维护生存与独立，欧洲各个分散的和互相竞争的政治实体竞相加强军备，繁荣的武器贸易大大刺激了军事技术在各国的发展，这既阻止了某一个欧洲强国凭借绝对的军

---

① 加勒特·马丁利：《文艺复兴外交》(Garrett Mattingly, *Renaissance Diplomacy*)，21页。

备优势建立大一统的普遍帝国，也使得欧洲地区在军事领域取得了对于其他文明和实力中心的决定性领先地位。①

“统一的基督教世界”观念由教廷和神圣罗马帝国的权势权威所促成和表征。然而，随着中世纪历史的推移，这两大势力相继衰落。首先衰落的是神圣罗马帝国。中世纪初期，它代表了对于往昔统一强大的罗马帝国的广泛记忆，在使基督教西方逐渐挣脱内部的蛮族混乱和抗击外部的异族异教威胁方面起了重大作用。然而，内乱外患的消退和西方的重新巩固导致它丧失了自身的主要存在理由，成为名不副实的空洞躯壳。帝国的衰落有助于教廷的兴盛，后者的精神权威和世俗影响随西方基督教化的愈益广泛和深入而愈见增长。“它越来越成为统一趋势的唯一代表。它从人对灵魂得救的渴求中吸取力量，而且随西方世界将此认作人的最崇高愿望，天主教会作为负责促进之的唯一实体优越于政治当局，成了一切组织中最重要的组织。”② 经两者间的长期暗斗和几度公开冲突，教皇终于压倒皇帝，除统揽精神权力外差不多享有至高的世俗权威，以至于有将基督教西方转变为一个统一的神权国家之势。然而特别就以后的历史发展看，真正大得益于这一争斗的是地方性的封建世俗统治者，他们得以从急欲获取其支持的争斗双方索取让步以加强自主性，从而促成了欧洲政治分裂状况的继续维持③，并且终于进展为对于教皇权威的愈益坚决和成功的挑战。这方面尤其重要的是两个事件：13 和 14 世纪之交，法王腓力四世因向法国教士征税问题，与意欲建立世俗世界统治权的教皇卜尼法八世公开对抗；约 25 年后，上巴伐利亚公爵路易为反对教廷干预神圣罗马帝国皇帝选举，与教皇约翰二十二世激烈争执。这两场皆以教皇败北告终的斗争显露了时代的一大潮流，从中甚至产生了可以称为法兰西和德意志民族主义之最初流露的某些文献。④

现代国际体系的起源（上）

与其他许多基本的历史大事态一样，中世纪国际秩序的瓦解和现代国际体系的浮现是个相对漫长的过程，很难定出细致明确的时间上的端点。但是，如果有必要确定一个既便利又可成立的标志性年代的话，那么多数历史学家和国

① 参见肯尼迪：《大国的兴衰》，第一章第 4 节。

② 德约：《不牢靠的平衡》，20～21 页。

③ 参见基辛格：《外交》，57 页。

④ 参见乔治·萨拜因：《政治学说史》（George H. Sabine，*A History of Political Theory*），第 4 版，251～252、272 页，芝加哥，1973。

际体系演变考察者都倾向于将其定为 1494 年。现代国际体系最初始于 1494 年，首先是因为现代国际体系不仅理所当然地被普遍认作中世纪国际秩序的取代者，还被广泛地认为是文艺复兴时代意大利城邦国家国际体系的后继者，而这一体系分明毁于 1494 年法国入侵意大利。

在某些基本方面，文艺复兴时代的意大利国际体系是现代国际政治的某种雏形。它有着明确的地理界线，即亚平宁半岛，又有着富有特征的文艺复兴文化和文艺复兴时代意大利的经济/技术方式作为其基本环境；它的组成单位是各个独立的意大利主权城邦国家，就此而言（亦就其共同的文化而言）是同质的体系成员；体系的结构是多极的，在其存在的大部分时间内五大主要城邦——威尼斯、佛罗伦萨、米兰、那不勒斯和热那亚——相互间权势分布大致均衡；在各城邦国家的相互交往方式方面，有着以常驻外交使节为最著名特征和最重要创新的、由此带有现代色彩的外交，还有大体规则化的频繁的贸易，连同常见的有限战争和干涉内政（包括当时并非罕见的极端形态即颠覆）；多面的甚或比较精细的国际规范也发展起来，其中比较著名的不仅是关于外交使节和外交方式的规范，还有某些关于大国局部协调和限制大国间战争的规范。[①] 就其对现代国际政治的肇始的意义而言，文艺复兴时代意大利国际体系内的如下基本事态至关重要，那首先由马基雅维利的著作得到了影响深远的思想提炼和传播：在基督教观念碎为尘土、古典观念脱颖复出的环境中，从宗教和道德分离出来的“政治——一种早先被驱逐了的艺术——上升到至高无上的优越地位。由于在帝国衰朽、教廷乏力的时候不存在任何一套压倒一切的法则，在各政治单位中间便兴起了一种无法无天、冷酷无情的斗争，它导致了恺撒似的专制僭主的出现。这一可怕的自然选择过程导致了五大国，它们由于没有能力互相摧毁，不得不在一种平衡状态中容忍对方的存在。于是，希腊体系或无论如何希腊化体系崩溃后的第一个国际体系问世了，那是欧洲体系的先驱”[②]。

如果从基于全球意识的“海权历史哲学”视野出发，那就会特别地注意文艺复兴时代的威尼斯。正如意大利国际体系是现代欧洲国际体系的前驱那样，威尼斯是现代英国的前驱。它是岛状/半岛状国家，而且至少同样关键的是它位于两三个大文化区域的交界处和东西方海上贸易的枢纽点上。因此，它能够建立一个与它的城邦母体规模相比堪称巨大的网状海外势力范围。它有赖以风险

---

① 参见霍尔斯蒂：《国际政治分析框架》，第 3 版，第 2 章第 3 节“文艺复兴时代意大利的国际政治”；马丁利：《文艺复兴外交》，第 5 章和第 9 章，分别题为“文艺复兴环境”和“1455 至 1494 年的‘意大利协调’”。

② 德约：《不牢靠的平衡》，24 页。

甚小地接连取得成功的两大对外基本方略：(1)“分而治之”；(2)以相对宽松的控制支配据点式属地或势力范围，“那是内陆城邦国家完全不懂的”①。不仅如此，它具备说到底与其海外权势行使模式匹配的国内政治体制、社会构造和政治文化；由“贤明长老”们依据政治习俗和国策惯例操作国务的贵族共和国威尼斯在其政体、社会、经济方式、智识生活、礼仪风貌等各方面，与“大陆风格”截然相反。它是德约尤为强调的、与所谓“大陆原理”(Continental Principle)相对的“海洋原理”(Insular Principle)在现代到来前夕的体现者。②

1494年初夏，意大利体系内部愈益肆无忌惮的权势政治终于导致米兰摄政鲁多维科·索尔扎做出了一个灾难性的决定：以许诺助其征服那不勒斯和占领热那亚为报酬，邀请阿尔卑斯山外面的法国国王路易八世发兵意大利，以便使他自己能够不将政权移交给他的业已成年的侄子——得到那不勒斯支持的名义上的合法统治者。他自以为轻而易举地诱使“外蛮”为他效劳后，便可以同样轻而易举地使之离开意大利，但这完全错了。路易八世及其宫廷受荣耀心、物质贪欲和避免法国国内骚动的考虑③驱使，趁机大举扩张。特别使法国以及其后的中西欧列强入侵带有“现代性”的新情势，在于“诱使外寇进入意大利的不再是取得西方精神中心罗马之保护者角色的抱负，而是控制世俗文艺复兴生活的四处溢出的财富和辉煌的欲望，它们虽然由意大利体系所形成，却无法得到其保护”④。确实如此，法国的入侵迅即显示了意大利国际体系及其均势和大国协调机制的衰朽：虽有依据现行条约的“最神圣联盟”(the Most Holy League)，但无任何成员国履约援助那不勒斯；威尼斯袖手旁观，佛罗伦萨因内乱而根本无暇他顾，教皇国别有所图。直到太晚，意大利的国务家们才明白索尔扎引狼入室导致的全意大利灾祸，而他们能想出的唯一补救办法是模仿索尔扎，同样引狼入室地邀请西班牙遣军驱逐法国人。意大利国际体系崩溃，亚平宁半岛成为

---

① 德约：《不牢靠的平衡》，26页。

② 关于威尼斯和“海洋原理”，又见乔治·莫德尔斯基和西尔维娅·莫德尔斯基合编：《世界领导者文件印证》(George Modelski and Sylvia Modelski, eds., *Documenting World Leadership*)，第1章“威尼斯序幕”，西雅图，1988。

③ “讲求实际的国务家们承认，还有很少公开声称的另一个战争动机。在意大利之外，全欧洲漫布一个拥有大部分地产、大部分地方政权和大部分国家常设高官职位的阶级，他们除了战争和极少数像搞阴谋那么引人入胜的平时消遣外，无所事事。领土国家在达到鼎盛以前，与给他们提供某个外敌去打仗相比，没有任何同等有效的办法去保证这个阶级的忠诚。带领贵族缙绅从事国外征服减轻了国内压力。”(马丁利：《文艺复兴外交》，第13章“法国入侵意大利”，116页。)

④ 德约：《不牢靠的平衡》，28页。“领土国家犹如蔬菜渴望水那般渴望权势……意大利以其富庶的城邦、发达的经济和相对羸弱的各个国家，是最显而易见的权势蕴存处，等着由一个不断成长的机体来吮吸和利用。”(马丁利：《文艺复兴外交》，118页。)

刚开始浮现的现代欧洲国际体系内由列强激烈争夺的一个附属部分。或者还可以说，西方国际构造的重心从意大利和地中海西移至北大西洋东岸。

然而，特别是按照著名国际政治学家乔治·莫德尔斯基的论说，1494 年被当做现代国际体系和现代世界政治的开端并非只是由于上述事态。它还由于也是在 1494 年，同时期里展开的航海大发现和由此起步的欧洲海外扩张导致了第一个全球性体制的出现，那就是该年 6 月初（仅比路易八世出兵意大利早七周），西方海外事业的起初主角葡萄牙和西班牙派代表在西班牙西北部小镇托尔德西拉斯缔结条约，规定将全球大洋航海、远洋商业和殖民权利沿东经 48 度线左右（穿越巴西亚马逊河河口附近）划为东西两大范围，分别由葡萄牙和西班牙垄断。托尔德西拉斯条约的更广泛意义在于创设了“一个支配全球层次交往的体制，世界上第一个全球性政治体制”①。从某种意义上可以说，现代国际政治从一开始，就以其雏形透露出欧陆均势与海外霸权的并存。

并不奇怪，现代国际体系在初生时期里，多有历史里程碑性质的重大新事态。除了该体系前述的最初起点即法国入侵意大利外，此类新事态首先在于欧洲全球性扩张及其对世界政治巨大影响的发端。从此发端，国际政治格局的演变中间最根本的动态之一是往后 450 年里世界权势重心逐步西移。德约曾就 17 和 18 世纪英属北美殖民地的逐渐壮大如此谈论了这一权势转移：“海域将欧洲的能量从内陆吸引到它的西海岸，发展了海军和殖民力量，加强了海洋国家内的这两者，并且最终将它们集中于欧洲西岸外的（英伦）海岛。现在，从该岛本身的权势转移开始了。正如注满喷泉盛盘的水溢入下一个盛盘那样，权势现在从该岛进一步往西越过大西洋。”②

值得一提的是，在这演进的起始阶段，后来从未起过任何较领先作用的葡萄牙曾是火车头。很大程度上可以说，大西洋和印度洋航海探险，连同新的东西交通路线和全球“环状构造”的创立（它取代了先前威尼斯为枢纽或中介的“旧世界线性体系”），是葡萄牙做出的一大富含世界历史意义的创新。③ 葡萄牙这个拥有天然良港的半岛既坐落在从地中海至佛兰德的欧洲当时首要航路上，又具备遣送船只远航大西洋和非洲海岸的极佳位置；它到 14 世纪时已达到很高的民族整合和凝聚程度，甚至可被认为是西方历史上第一个形成并得到巩固的民族国家；它具有远距离贸易、造船业和其他相关产业见长的经济特征，加上

---

① 乔治·莫德尔斯基：《世界政治中的大循环》，69 页。

② 德约：《不牢靠的平衡》，118 页。

③ 参见乔治·莫德尔斯基：《世界政治中的大循环》，70 页。

以14世纪末政治变革造就的、君主与城市诸阶级联盟的政治特征。15世纪里，葡萄牙迈出了逐步实现世界历史性创新的一系列步伐。首先是在15世纪20年代发现和开发亚速尔群岛和摩洛哥海岸外的马德拉群岛，继之以1434年起沿非洲西海岸的探险和建立贸易据点活动，然后是1487年巴托罗缪·迪亚士远航发现好望角，最后臻至1498年达·伽马开辟到达印度的航路。葡萄牙国王对所有这些活动起了鼓励、组织和领导作用，它们导致了对大西洋和印度洋上一系列岛屿的占领和殖民，开启了洲际远洋贸易，显著优化了远洋航行技术，并且形成和发展了适合于远洋任务的新型船只。1500年后的几十载里，葡萄牙大致每年都向东方派出舰队；“到1515年已经出现一个从纽芬兰海岸外的鳕鱼渔场和巴西到东非、波斯湾、马拉巴尔海岸和香料群岛的世界性网络……现在可以从每个地区（或网结）经大洋到达其他任何地区”①。这就是初露端倪的全球性政治经济。

现代国际体系的起源（下）

甚至更重要的，是现代强国的最初浮现和形成——现代国际体系初生时期里具有历史里程碑性质的另一重大新事态。它们包括三个初始的西欧“现代性”强国，即法国、英国和西班牙，外加一个与之并立的“传统型半旧帝国”，即哈布斯堡奥地利。随百年战争在1453年结束、英国差不多被完全逐出欧洲大陆，法国终于可以将其精力转向巩固自身和寻求并追逐对外政策的新方向。英法百年战争的根本结果之一，在于法国王权在战争中得到了强化和改进，封建贵族势力遭到削弱，传统的中世纪社会等级及其体制表现（主要是三级会议和巴黎高等法院）失去了原先的那种重要性。这个过程在百年战争后继续进行并且加速。1461年起，依靠联姻、战争和购买的各种手段，“伟大的国土聚合者”路易十一及其后的查理八世和路易十二基本完成法国的领土统一。与此同时，部分地得益于法国人在百年战争中兴起的民族自豪感和爱国精神，法国基本实现了政治统一，依靠的是多方面典型的中央集权措施。②“在随百年战争之后的几十年里，相对于英国、勃艮第和布列塔尼之聚合国王领土，不经向三级会议申请而征收直接税（特别是人头税）之惯例，新的国务大臣之连续不断的行政工作，一支配备有强大炮兵的‘王家’陆军的存在：所有这些使法国显得是个成功、

① 乔治·莫德尔斯基：《世界政治中的大循环》，73页。

② 参见周桂银：《欧洲国家体系中的霸权与均势》，34～35页，西安，陕西师范大学出版社，2004。

统一和后封建的君主国。”[①] 法国现代强国化的肇始就是它作为中央集权国家的最初浮现。

在其最初阶段，英国的现代强国化尤其依凭其财政和商业成就。英国复兴的关键，是 1485 年开始的都铎王朝的首位君主亨利七世集中于国内稳定，并且认真奉行开源节流的财政政策，至少在百年战争结束后是如此。他削减王室开支，努力付清债务，鼓励商业和渔业，使得英国在长期内战和国际战争后得以休养生息，从而让社会凭其较优良的实业传统和优越的地缘经济位置自发地“成就其余”[②]。另一方面，他收复王室领地，夺取失败了的叛乱贵族和王位争夺者的土地，从增长的贸易中获得关税收入，从王室法院和其他法庭的运行中赚取利得，所有这些导致了一种在现代早期往往欲求而不可得的相对健全的国家财政能力。与此同时，随欧洲重心由地中海向北大西洋沿岸转移，英国开始开发和得益于自身特定的海洋性地缘政治经济潜能。在百年战争中的最终失败实际上对英国的未来大有好处，因为被逐出欧洲大陆大有助于它获得“一种新的、被牢固界定的（和独特的）国家人格”，“发现了海洋原理这一神赐之物”。[③] 经济上，英国社会开始享受海洋交通便利和与西欧、中欧和西南欧之间愈益发展的贸易网络，由此塑造自身的工商业繁荣；英国王权得以集中精力压抑封建贵族，增进国内安宁和城乡秩序；对外政策上，英国国家经由亨利八世的首席大臣托马斯·沃尔西，开始走向生成 16 世纪末期往后 300 多年里英国对欧洲大陆的根本国策传统，那就是“居间制衡”，扶弱抑强，以保障英国本土安全与其海外优势。[④]

与法国和英国的相关轨迹一样，西班牙作为现代强国的最初浮现有其鲜明的民族特性和历史道路特性。可以说，西班牙从外族优势之下的分裂羸弱状态，急速兴起为统一强盛的欧洲强国，甚至在半个世纪的时间里飙升为“普遍帝国”的觊觎者和积极追求者。它的火箭般的腾升发动于 1469 年，当时伊比利亚半岛两个最大的王国卡斯提尔和阿拉贡联姻组成西班牙王国。然后，其共同君主——卡斯提尔的斐迪南和阿拉贡的伊莎伯拉以战争为工具，动员萌发中的天主教西班牙民族主义，将异族和异教的摩尔人和犹太人逐出伊比利亚半岛，收复格林纳达，同时兼并北部的纳瓦尔。这场著名的“收复失地运动”实现了领

---

① 肯尼迪：《大国的兴衰》，57 页。

② 同上书，59 页。

③ 参见德约：《不牢靠的平衡》，29 页。

④ 参见 G. M. 屈味林：《英国简史》（G. M. Trevelyan，*A Shortened History of England*），214 页，米德塞克斯郡哈蒙兹沃思，1959。

土统一，造就了那个时代欧洲最为善战的陆军，引发和强固了西班牙人对天主教的热烈笃信，促进了西班牙民族国家的形成。① 这个刚刚兴起的民族国家同时也是个初始的中央集权国家，两位开国君主创立有效的中央官僚体制，一种大得人心的专制君主制由此兴起，大贵族遭到压制。不仅如此，对外的扩张趋势与国内的集中趋势并立：得益于比邻大西洋的半岛位置和差不多与葡萄牙同时迸发的远洋航海动能，西班牙迅速征服了中南美洲，从而得以源源不断地获取大有利于国家财政强盛的大量白银。西向越洋扩张“为这个冒险好战的民族洞开了新的去处，而没有同时干扰它的大陆特性和使西班牙发展为一个海军和商业强国”②。

非常重要的是，法国、英国和西班牙这三个开始浮现的现代强国，连同开创航海大发现的葡萄牙，都是最初的现代民族国家。现代历史上最大的创新之一，就是民族国家。广而言之，与其他政治组织方式相比，民族国家是加强国家凝聚力、动员和集中社会资源、提高政治效率的最好手段，是“保护确定的共同体抵御有害的全球性影响、特别是抵御国家控制力之外的政治及其他事态之有害影响的一个主要装置”。就此做了最集中和最宏观的理论思考的一位国际政治学家指出：近500年来相继的所谓“世界领导者”（葡萄牙、荷兰、英国、美国）在它们成为这种角色之前，无不先行确立了本民族国家，而对那些相继的所谓“挑战者”（西班牙、法国、德国、苏联）来说，确立本民族国家是形成挑战能力的先决条件。不仅如此，世界不发达地区的传统社会所以处于被发达国家控制的依附地位，主要原因之一是缺乏民族国家，或现代民族国家，而它们摆脱依附、走向发达的根本前提之一，是建立自己的民族国家，并且使之巩固和成熟。世界体系内全球层次和区域层次的竞争性生存逻辑，导致基本政治单位的趋同，即民族国家的扩散和增生。③ 在本节所述的这个时代里，就现代民族国家的浮现而言，不仅需要强调法国、英国和西班牙的上述国家统一和中央集权趋势，也不仅需要在理论上指出民族国家的总的历史功能，还需要提到伴随这一重大历史事态的一种思想更动，即新起的欧洲民族国家或现代强国为了建立起中央集权国家，弘扬和维护各自的对内对外的主权地位，举起了在现代

---

① 参见J. H. 埃利奥特：《西班牙帝国（1469至1716年）》（J. H. Elliot，*Imperial Spain*，*1469—1716*），77～85页，纽约，1963。该书作者是当代英语国家里研究哈布斯堡西班牙帝国的头号权威。

② 德约：《不牢靠的平衡》，31页。在这么一个白银帝国和热烈笃信天主教的国度，“工业和商业，事实上整个现代劳作伦理，不可能繁盛”，在驱逐了比较热衷于工商的犹太人和摩尔人后尤其如此。参见上书，30页。

③ 参见乔治·莫德尔斯基：《世界政治中的大循环》，尤其见第6和第8章，引语见第208页。

政治思想开端时代至关重要的君权神授、国家主权、国家利益学说等理论思想旗帜，向天主教会、皇帝、大贵族、宗教派别和所有分散性的封建离心势力开战，力图尽可能全面地树立统一和至高的国家权威（在那个时代即君主权威）。① 这可以说是现代民族国家最初的意识形态创新。

与法、英、西三大初始的西欧现代强国并立，有一个由王朝联姻和领地继承而来的“传统型半旧帝国”，那就是哈布斯堡奥地利。与上述三国走向领土集中的现代民族国家趋势大相径庭，哈布斯堡奥地利的特征是领土愈益分散，民族内涵愈益庞杂。起始于12世纪初的一块公爵领地，哈布斯堡家族的统治区域依靠联姻、购买和战争逐步增大。特别是1493年马克西米连大公即位并于1508年成为神圣罗马帝国皇帝后，奥地利主要通过联姻和继承，先获得了英吉利海峡南面的勃艮第和富庶的尼德兰，继而将波希米亚和匈牙利添入版图。哈布斯堡联姻式扩张的最大成果，是马克西米连成功地使其子腓力婚娶西班牙两位开国君主之女琼，囊括卡斯提尔、阿拉贡、撒丁、西西里和意大利南半部的巨大的西班牙本土和属地由此归属哈布斯堡家族。② 马克西米连给1519年继他成为神圣罗马帝国皇帝的孙子查理五世留下了一个大帝国——分隔为好几大块的哈布斯堡帝国，其远非聚合的疆土上存在众多互相间大不相同的政治、社会和民族构造，说到底仅由旧式帝国的王朝权利这远非现代的因素联结起来。但是，它在现代国际体系的远未定型的婴儿时代，依凭其庞大的规模和相应的资源，依凭普遍帝国野心、天主教反宗教改革狂热和神圣罗马帝国虚名的残存影响，仍可作为一个头等强国掀起趋于扼杀现代国际体系的历史巨澜。③

1494至1559年，上述欧洲四强和其他一些欧洲国家错综复杂、断断续续进行了前后共66年的“意大利战争”。这是初生的现代国际体系内第一场有全局意义的重大战争，或者更准确地说现代国际体系就是在这场漫长的战争中浮现的。战争的起点便是法国国王路易八世发兵意大利，战争的主角是法国与西班牙。总的图景变化多端甚而扑朔迷离，但可以最概括地说，从1494至1515年法国极力挑战欧洲现状，力图夺得意大利事务主导权，并且树立法国在欧洲的优势，西班牙则极力组织囊括奥地利、英国、教皇国和若干意大利城邦的武力反法阵线。1515年以后，西班牙转变为意大利乃至欧洲霸权的积极追求者，法国

① 参见周桂银：《欧洲国家体系中的霸权与均势》，42～50页。

② 参见肯尼迪：《大国的兴衰》，32～34页。

③ 参见德约：《不牢靠的平衡》，32～34页。关于现代早期欧洲强国的浮现，除前引各项有关著作外，又见马丁利：《文艺复兴外交》，第12章“欧洲列强”。亦可参见戈登·克雷格、亚历山大·乔治：《武力与治国方略》，第1章“列强的浮现”，北京，商务印书馆，2004。

则几次组织有时甚至包括异教的奥斯曼土耳其在内的大同盟，以遏阻和抗击业已统领西班牙和奥地利的哈布斯堡家族。① 结束意大利战争的《卡托·堪布累齐和约》表明，法国在意大利的势力大多已被西班牙取代。然而，这只是意大利战争的一部分结果。这场战争对欧洲历史进程有更巨大的影响：它直接导致意大利国际体系的崩溃，意大利成为现代欧洲国际体系内的一个附属部分；它逐渐地将法国和西班牙以外的中西欧诸国（包括英国、奥地利、德意志诸邦和瑞士等）卷入进去，甚至开启了欧洲国际政治与奥斯曼土耳其之间至关重要的联系，从而为一个范围广大和多元的欧洲国际体系奠定了基础；它将意大利国际体系的一大创造——常驻外交使节制推广到差不多中西欧全境，从而制度性地促进了欧洲现代国际社会和现代外交体系的形成②；它与德意志宗教改革战争相交织，由此助成现代国际关系史上首次“普遍帝国”图谋——哈布斯堡查理五世的霸权图谋的失败。

第三节　哈布斯堡帝国的称霸图谋与其失败

查理五世的称霸图谋与其失败

1500 年，令哈布斯堡疆土急剧扩增的那场婚姻——马克西米连之子腓力娶斐迪南和伊莎伯拉之女琼并产下男嗣查理。他 15 岁成为勃艮第公爵，一年后继承西班牙王位，称查理一世，然后于 1519 年接过祖父马克西米连的神圣罗马帝国皇帝之位，并且兼有在奥地利的哈布斯堡世袭领地，改称查理五世。1526 年，匈牙利国王路易在与土耳其人的战争中阵亡无后，遂使查理五世又能拥有对匈牙利和波希尼亚的统治权力。至此直到他于 1556 年间逊位为止，他统治着一个规模空前庞大的大帝国：世界史上第一个“日不落帝国”，而其欧洲部分的规模远超过中世纪早期以来的任何欧洲国家。然而，查理五世的抱负并不限于帝国的现成疆域之内。

查理五世的基本国策有三大主导思想：第一，大致维持一个共同君主之下的庞杂的帝国构架，不更改其各个组成部分原有的政制形态和国体地位，不去构建一套共同和单一的帝国组织，也不为经济或政治目的去促进帝国各部分间

① 意大利战争的简要过程见肯尼迪：《大国的兴衰》，26～27 页，比较详细的论述见马丁利：《文艺复兴外交》，第 13、14、17、18 章。

② 参见周桂银：《欧洲国际体系中的霸权与均势》，32～34 页。

更密切的联系；第二，主要出自其首席大臣马可里诺·加提纳纳的欧洲霸权思想，即哈布斯堡应当建立一种对欧洲其他国家的领导地位，也就是一种并非直接控制式的霸权；第三，面对冲击天主教"真信仰"、教会权威和帝国皇帝权力的宗教改革潮流，必须竭力维护天主教的绝对正统地位，扑灭德意志的新教运动，同时领导基督教世界将异教徒土耳其人的势力逐出欧洲。① 用查理五世自己的话说："朕决心用朕之王国和领土、朕之朋友、朕之身躯、朕之鲜血、朕之生命及朕之心灵来捍卫之（即天主教信仰）。"② 这些主导思想当中，后两者相当强烈地倾向于建立某种"普遍帝国"——多少近乎政教合一的哈布斯堡全欧主宰，并且以王朝野心和宗教狂热为其追求提供强劲的心理和意识形态动能。然而与此同时，上述首项主导思想显著限制了追逐"普遍帝国"的可用资源和成效。

查理五世在位期间，其对外政策着力于与法国争夺控制欧洲的最富庶地区意大利，力争剪除德意志的新教力量，将分散的德意志诸邦统一在皇帝之下，同时守护、巩固和扩大哈布斯堡帝国版图，争取包围乃至最终征服其最大劲敌法国。"现在，大一统趋势由哈布斯堡家族重新激发起来。它得到了高超的外交的推进，同时得力于那个庞杂的巨型领土集聚所掌握的一切权势工具的协调应用……在帝国内证明了的办法，即通过增进强固的王朝领地来防止瓦解，被应用于整个西方世界。在教皇和法国的抵抗面前，这一办法在首次大规模使用时取得了那么大的成功，其程度在以后几个世纪里均势体系得到巩固后会是不可想象的。"③ 这首次大规模使用，主要就是业已拥有西班牙王位的查理被选为神圣罗马帝国皇帝这一事件本身，它带来的近乎空前的巨型帝国急剧改变了欧洲形势，一下子使初露端倪的现代国际体系面对极严厉的考验。使事情更为严重的是，1525 年法国国王法兰西斯一世在意大利北部帕维亚一役中兵败被俘，翌年被迫签约将西勃艮第和佛兰德割给西班牙，查理五世由此更是如日中天。

查理五世追逐霸权的过程展示了关于帝国主义和现代国际体系的若干重大问题，在此可以选择谈论其中三项：在现代欧洲国际体系的塑造和变迁方面外部力量之重大影响的最初体现；查理五世称霸努力的"防御性"一面，即"为了安全的帝国主义"；哈布斯堡西班牙即使在查理五世时期就相当严重的帝国"过度伸展"问题。土耳其人对西地中海地区愈益增长的压力事实上决定性地影响了 16 世纪西班牙的性质和演化。查理五世帝国发觉自己面对另一个可称专门

① 参见埃利奥特：《西班牙帝国（1469 至 1716 年）》，159～163、164～169 页。

② H. G. 柯尼斯伯格和 G. M. 莫西：《16 世纪的欧洲》（H. G.. Koenigsberger and G. M. Mosse, *Europe in the Sixteenth Century*），178 页，伦敦，1968。

③ 德约：《不牢靠的平衡》，34～35 页。

为战争而组织起来的、拥有巨量金钱和人力资源的帝国，即奥斯曼帝国，后者对西班牙构成多方面的显著威胁，包括对其海岸发动海盗袭击，可轻易切断其西西里谷物供应航路，可利用依然众多的残留摩尔人从内部策应土耳其人对西班牙的任何入侵。“因此，西班牙发觉自己处在战线前沿，是欧洲抵挡土耳其人攻击的一个天然堡垒。正是在这一点上，查理的帝国主义盛行起来。一个帝国想对付一个帝国的袭击。阿拉贡王国各邦自身太弱，无法阻止和打退土耳其人的进攻，而卡斯提尔也需要一条境外防线。查理的帝国主义恰好提供了这一防线。他能够抽取他分布广泛的领地的财政和军事资源，利用他的热那亚盟友的海军力量，连同他的德意志银行家的贷款，来护卫意大利和西西里，因而护卫西班牙本身，使之免遭奥斯曼帝国主义的杀戮。”① 至于在大致所有帝国的历史上都存在、而且往往最终成为致命的“过度伸展”问题，在近乎空前庞大的查理五世帝国那里也相当明显。特别是，按照西班牙帝国史的权威史家 J. H. 埃利奥特的评判，他过度地卷入德意志问题和对法战争，以致不能实行一种对奥斯曼权势的持之以恒的进攻性政策。更广泛地说，帝国过度伸展导致尚武的西班牙近乎总是在打仗，其中不少就其根本利益和发展而言毫无必要，甚至是大为有害的。“征伐永久化，意味着一个从事征伐的社会之陈旧过时的社会组织永久化。”这是 16 世纪哈布斯堡帝国的核心部分在体制和经济方面保持相对落后的一大原因。②

查理五世的称霸图谋终告失败。失败的主要标志就是 1559 年的《卡托·堪布累齐和约》和 1555 年的《奥格斯堡和约》。前 项和约是法国、哈布斯堡西班牙以及英国缔结的，它虽然以法国放弃除萨伏依和皮蒙特之外的所有意大利领土结束了双方在意大利的争夺，但实际上也确认了法国东界经过战争大幅度推进，连同查理五世征服法国的期望完全破灭，法西两强间确立了大致的势均力敌局面。更广泛地说，适才开始兴起的现代欧洲民族国家巩固了主权地位，庞杂分散的半旧帝国则在其普遍扩张途中被迫戛然而止，现代国际体系在初始的均势基础上显露雏形。后一项和约出自与意大利战争相交织的镇压德意志宗教改革的战争。新教运动刺激起反宗教改革运动，后者“回返到普遍的教会理想，为好斗的天主教主义铺平了道路，那在世纪下半叶将为欧洲国家体系内的大一统趋势注入强劲和暴烈的冲动，虽然它来得太迟，以致未能支撑查理五世

① 埃利奥特：《西班牙帝国（1469 至 1716 年）》，168～169 页。

② 参见上书，169 页。

的帝国图谋"[①]。这位立意弘扬天主教权威和帝国权势的皇帝1547年在缪尔贝格大胜德意志新教诸侯联军，然而正是这大胜，导致他的德意志同盟者转而对似将到来的帝国全权统治大为担忧。1552年，萨克森公爵摩里斯倒戈进击并无防备的查理五世，后者狼狈逃遁，其德意志政策随之崩溃。三年后，他被迫在奥格斯堡与新教诸侯缔结宗教和约，确定路德教派合法正当，规定各邦诸侯拥有决定其臣民的宗教信仰的权利，此即著名的"教随国定"原则（*Cuius region*，*eius religio*）。由此，查理五世的帝国梦决然破灭，德意志不仅继续维持其政治分裂，而且不可更改地确立了宗教分裂。一部纵论现代欧洲国际关系史的杰作强调，正是在德意志宗教战争中，查理五世遭遇了他的最大失败。[②] 翌年，查理五世逊位，并迫于其弟奥地利大公斐迪南一世的坚决要求，将哈布斯堡帝国一分为二：其子腓力二世继承西班牙与其海外殖民地、尼德兰、意大利和佛朗什—孔泰，斐迪南一世则承袭神圣罗马帝国帝位，领有哈布斯堡帝国其余疆土。

在查理五世在位的近40年里，天主教的法国始终是与之争战的首要力量，其动机完全是世俗性的。[③] 与哈布斯堡帝国的武力和外交较量始于1494年入侵意大利的查理八世，但其最重要、最热烈和最坚韧的斗士是1515年起在位30余载的法兰西斯一世。他实际上已有了比较自觉的欧陆均势意愿，并且将此均势和旨在均势的同盟体系构建当做法国安全的前提。帕维亚战役兵败被俘后，他虽然被迫签订割地条约，但获释后迅即毁约，继续战争，并且决然迅速构建起法国的大同盟体系。这个体系由三部分组成：东方体系，包括土耳其、波兰和特兰西瓦尼亚；中欧体系，包括瑞士和德意志新教诸侯；南方体系，包括威尼斯、教皇国和意大利的亲法城邦。这也可以说是欧洲现代史上第一个大均势构造。其中最重要最新颖、也因此被历来的历史学家们谈论得最多的，是法国与土耳其之间经久的同盟或"战略伙伴关系"。1525年底，法兰西斯一世遣使前往君士坦丁堡，请求苏丹苏莱曼一世援助，后者欣然应允。土耳其军队很快在陆海两个方向上大举进攻哈布斯堡帝国，一度兵临维也纳城下。1536年，法兰西斯委派的法国首位驻外大使与苏莱曼一世签订法土商约[④]，它很可能包含秘密的

---

① 德约：《不牢靠的平衡》，36页。

② 参见周桂银：《欧洲国际体系中的霸权与均势》，70页。

③ "随天平朝哈布斯堡倾斜，（法国）瓦罗亚王朝注定要通过越来越依靠与新教异端和土耳其人的联盟来促进击破'基督教世界'。"（马丁利：《文艺复兴外交》，150页。）这实际上也开启了17世纪三十年战争期间黎塞留的根本国策。

④ 它也是历史上第一个包含治外法权等"特惠条例"的商约。其中规定法国和土耳其商人对等享有对方国家的国民待遇，法国臣民在奥斯曼帝国境内享有治外法权，法国享有在北非沿岸进行贸易的特权。

军事条款，因为随后法国和土耳其的舰队多番在地中海采取打击哈布斯堡帝国的联合行动。法土同盟在法兰西斯一世之子亨利二世在位期间依然延续。查理五世摆脱不了在欧洲大陆和地中海受两大强敌夹击的根本战略困境。自称为“最基督教陛下”（“His Most Christian Majesty”）的法兰西斯一世与异教土耳其的同盟对阻止查理五世独霸欧洲起了极重要的作用，它提供了现代史上欧洲均势之外部源泉或外部动因的最初重大表现，即法国援引欧洲外缘的“侧翼大国”的决定性干预。

腓力二世的称霸图谋与其失败

腓力二世从查理五世继承了西班牙与其海外殖民地、尼德兰、意大利和佛朗什—孔泰，也变本加厉地继承了查理五世的普遍帝国欲望与其热烈的天主教大一统理念。按照前面已谈论过的迄今为止最优秀的大战略史著作（也是迄今为止关于哈布斯堡西班牙帝国的最优秀史著之一）——杰弗里·帕克的《腓力二世的大战略》，这个在位42年的君主始终怀抱非常明确的根本目的观念，即不惜任何代价地维持西班牙全球性帝国，并且大力扩展这个帝国。腓力二世及其臣民们的世界统治幻想直接见诸大量历史文献和文物。例如，“王朝的臣民和支持者写的许多著作公开号召哈布斯堡建立一个‘普遍帝国’。1548年腓力从西班牙至尼德兰的巡游，1571年勒班陀海战的胜利，1580年之兼并葡萄牙，无不激起了类似的文潮，极力主张哈布斯堡获取一个‘普遍帝国’。90年代在意大利和西班牙两地都出现了又一场普遍主义文潮，直至其巅峰——托马索·康帕内拉于1600开始撰写的启示录式的《西班牙君主国》。帝国主题还出现在腓力及其宫廷指示制造的工艺品上面。1583年铸造的一种勋章使这一点更为简明：它正面是国王像，题铭‘腓力，西班牙和新世界之王’，反面围着一个地球，题铭毫不妥协的格言‘世界不够’……1585年的另一种勋章……题铭……下面的话：‘因为上帝给予他（腓力）更大规模的世袭占有；以他的伟大权势，只要他想要，他就可以是柬埔寨和中国以及其他巨大行省的统治者’”①。与其甚至远超过查理五世的天主教狂热和反宗教改革决心相结合，腓力二世的帝国主义有如前述是一种救世式帝国主义，它驱使这位国王将宗教原则凌驾于战略判断甚而常识之上。用他本人的话说，“上帝一定会将他的事业认作上帝自己的事业；关键在于‘对上帝的笃信’，那使得他‘理解事物的方式有别于’其他人，使得他

① 杰弗里·帕克：《腓力二世的大战略》，3～4页。

‘藐视冒出来的困难和问题’”①。

较具体地说，腓力二世主要致力于三大方面的目标。第一，保住西班牙帝国的所有各部分，特别是无论如何定要剪灭尼德兰追求独立的反叛运动，以免尼德兰成为首先倒下的第一块多米诺骨牌，引发西班牙对意大利、美洲乃至伊比利亚半岛各外围王国的控制严重动摇或崩溃，并且使西班牙失去为威慑和攻击法国所需的头号战略阵地。此外，在全力维护帝国完整方面，还必须优先维护和加强西班牙本土安全，为此要兼并葡萄牙，并且继续大力从事对奥斯曼土耳其的斗争，与此同时，用一切手段将意大利牢固地保持在西班牙的权势范围内。第二，通过扩张建立西班牙的无可挑战的欧洲霸权，尤其是在16世纪80年代初成功地获取整个葡萄牙帝国后力求征服英国，以便在地缘政治上一箭三雕，即铲除出自英国的对西班牙美洲财富输送的拦截和掠取，消除对尼德兰造反的首要国际支持，并且先发制人地杜绝未来英国对伊比利亚半岛安全的海上威胁。不仅如此，还需要大规模介入1562年后法国随宗教分裂而来的长期内战，以求法国成为西班牙的天主教附庸国，或至少将法国削弱到永远无力与西班牙为敌的地步。第三，尽可能消灭新教，恢复天主教大一统，并且由此确立西班牙帝国的普遍宗教/政治统治。在这方面，最重要的事情与上述目标一致，那就是粉碎新教尼德兰的造反，征服新教英国，支持法国国内的天主教联盟并压倒胡格诺新教教派以及夺取法国王位。用腓力二世自己的话说，“我的首要目标在于确保正统信仰安然无恙”②。

从统治疆域看，腓力二世的西班牙帝国显著小于查理五世帝国，因为广阔的哈布斯堡中欧领地不在其主宰之下。不仅如此，哈布斯堡东西两支之间有着深刻的族内龃龉和地缘政治利益歧异，它们甚至令腓力二世无法从哈布斯堡奥地利得到仅限于间或的伙伴式的战略协作。然而，就一些至关重要的方面而言，腓力二世拥有比查理五世更大的“权势基值”。查理五世帝国是个七零八落的“地理大怪物”，少有内在聚合和有机联系，帝国各部分间的利益往往互相抵触而难以协调。而且，虽然查理五世作为君主“起家”于西班牙，成为神圣罗马帝国皇帝以后仍是西班牙国王，也虽然西班牙在帝国资源总体中一向重要并且愈益重要，可是他在据有西班牙王位的近40年里住在那里的时间不足16年，从1543年到逊位为止更是13载不见西班牙。他过多地缠身于德意志事务和对法战争，以至于西班牙

① 杰弗里·帕克：《哈布斯堡西班牙的战略缔造：腓力二世的“霸权图谋”》，见默里等编：《缔造战略：统治者、国家与战争》，157页。又见该书131～134页。

② 同上书，154页。

"在任何利益冲突中总是位于第二，将优先权让给对于神圣罗马帝国的威望和权威的考虑，那是大多数西班牙人发觉难以理解的"①。哈布斯堡疆土之一分为二扭转了这种局面：腓力二世始终将马德里作为自己最常在的统治枢纽，并且将伊比利亚半岛的安全当做帝国防务的核心。不仅如此，腓力二世统治期间正值反宗教改革运动高潮，它颇大程度上出自并大得力于西班牙民族热烈的天主教信仰；它与初始的西班牙民族主义融为一体，为腓力二世的帝国冲动提供了非常强劲的精神动力。② 更有甚者，与查理五世时期相比，西属美洲殖民地的财富得到了程度大得多的开发，而且在兼并葡萄牙后，欧洲的一切海外属土集于腓力二世一人之手。总之，从查理五世到腓力二世，"一个基于佛莱芒的中欧帝国转变为一个基于西班牙的大西洋帝国，新世界的所有资源都在其掌控之中"③，何况腓力二世如前所述④有着史无前例的某种全球大战略视野和组织体制。

同样重要的是，与查理五世时期相比，外在环境的诸多方面变得对腓力二世谋霸远为有利。德意志新教诸侯一旦得以按照《奥格斯堡和约》确保自己的境内统治，就迅即从宗教改革的热火朝天退入"平凡无聊的德意志生活的了无生气"⑤，致使强劲的反宗教改革运动能够步步成功地堵住新教的蔓延，并且巩固从尼德兰南部一直延伸到意大利的天主教/西班牙壁垒。与此同时，不仅德意志诸邦与法国之间曾显著加剧了查理五世的战略困难的联系大为松弛，而且后者因陷入多年宗教内战而长期一蹶不振，完全无力成为腓力二世霸权图谋的劲敌。在东面，自苏莱曼一世死后，先前制衡哈布斯堡帝国的另一大主力土耳其迅趋衰弱，1571 年其海军在与西班牙—威尼斯联合舰队的勒班陀海战中惨遭大败，腓力二世的声誉和实力随之进一步急剧攀升。不仅如此，亨利八世之女、笃信天主教的英国女王玛丽在腓力继承西班牙王位以前不久与之结婚，英国似将沦为西班牙的附庸，而查理二世的老对手罗马教廷部分地由于反宗教改革的作用，成了腓力二世的盟友。欧洲内外似乎已不再有能够阻止哈布斯堡实现其普遍帝国的力量。

历史的必然性和偶然性共同起作用，在腓力二世帝国面前招来了两大决定性的反霸力量：第一，荷兰共和国，系 1568 年开始的尼德兰独立战争历时 13 载而正式造就；第二，新教英国，由随玛丽于 1558 年病死无嗣而侥幸登上王位的

---

① 埃利奥特：《西班牙帝国（1469 至 1716 年）》，164 页。

② 与查理五世大为不同，腓力二世成了西班牙人眼中的民族英雄；"在他之下并通过他，哈布斯堡的杂乱无章的权势找到了一个坚实的民族基础"。参见德约：《不牢靠的平衡》，46 页。

③ 埃利奥特：《西班牙帝国（1469 至 1716 年）》，211 页。

④ 见本书第一章第三节关于帕克《腓力二世的大战略》一书的评说。

⑤ 德约：《不牢靠的平衡》，43 页。

新教徒伊丽莎白一世统治。在很大意义上可以说，英荷两国都是作为海上强国兴起的，体现了欧洲海外扩张对欧洲国际政治的反作用。有一句极为言简意赅的话语道出了其中的深刻机理：海外扩张与国际体系同时诞生；喷薄迸出西方世界限界的勃勃生机也摧毁了它的统一。[①] 英荷两大海上强国在导致腓力二世称霸失败方面的决定性作用首次强烈地凸现了德约所说的现代史上的"海洋原理"，而其全部直接和间接含义，大致可见于乔治·莫德尔斯基的首要著作[②]的最后一章——"世界领导者的特征"。按照从15世纪初期到20世纪末期为止的历史经验粗略地说，此类角色（或曰"在一段相当长时期内为世界事务提供一个组织原则和焦点的能力"的拥有者和行使者）具有五项资格素质或条件：有利的地理位置，尤其是岛状或半岛状的，以提供相对高程度的安全和前往大洋航行的便利；内在凝聚和较为开放的社会，它大有利于构建国内团结和国际联合；全球性的、在技术和贸易方面领先的经济；占显著优势的全球性权势投射能力，或曰可成功地采取洲际战略行动的政治/战略组织；相应于世界根本问题进行根本创新的能力。对于世界政治，此类角色起五项作用：议程构造，即澄清和界定世界基本问题和它们互相间大致的轻重缓急次序；动员，即构建一个规模足够大的国际联合阵营，作为世界秩序的基础设施；根本决定，即所有政治体系都周期性地经历的力量的根本较量，在其中新的"领导者"得以浮现，世界政治在未来一段相当长时期内的基本方向得以大体地确定；经管秩序，其中很大部分是经管国际经济秩序；根本创新，即领先缔造基本的经济技术方式、政治组织方式和思想方式方面具有世界历史演进意义的重大创新。[③] 上述各项对于加深理解16至17世纪英荷两国作为关键性强国崭露头角的原因及其历史功能大有理论助益。它们不仅挫败了腓力二世的称霸图谋，而且开启了海洋强国"带领"欧陆诸国联合反霸这一欧洲均势的运作模式。所有这些，在一定意义上可以说是早期现代国际体系的特别重要的发展或演进。

尼德兰独立战争开始后11年，主张妥协的南方10省与坚持追求独立的北方7省正式分裂。1571年，后者宣告脱离西班牙，成立"联省共和国"即荷兰共和国，政权由联省议会与称为执政（Stadholder）的奥兰治亲王（当时为独立战争领袖"沉默者"威廉）共掌。1609年，西班牙与荷兰签订停战协定，事实上承认其独立地位。再过近40个春秋，结束欧洲宗教战争和从法律上确定主权原则的《威斯特

① 参见德约：《不牢靠的平衡》，50页。

② 参见乔治·莫德尔斯基：《世界政治中的大循环》。

③ 参见上书第9章"世界领导者的特征"；五项作用和引语见其第1章"概念"第14页。

伐里亚和约》正式确认荷兰独立，以此作为该和约的最重要组成部分之一。荷兰的兴起始于其无可匹敌的商船队远至波罗的海和伊比利亚半岛的近海长程贸易，航海大发现后，它因西葡两国的殖民财富需要运至欧洲北部去交换而发展到巨大的规模。海上航运和贸易差不多是荷兰的一切——包括其公私财富、海陆军力量、社会政治结构、国民性格和思想风貌的终极缘由，而它作为这个意义上的海上强国，以其长达约40年的武装奋斗，对腓力二世及其继位者进行了决定性的持久打击。或者说，荷兰由此拖垮了哈布斯堡西班牙帝国。在此过程中，荷兰可以说做出了几大具有世纪历史意义的创新：以格劳秀斯《公海自由论》（1608年）为标志，否定大洋航海、远洋商业和殖民权利的西葡垄断体制，开创较开放和更广泛的全球体制；以同样出自格劳秀斯的国际法大著（1625年）和颇大程度上源于荷兰独立的、《威斯特伐里亚和约》之核准主权原则（1648年）为标志，创立主权国家体系原则；基于议会制度和加尔文派新教优势与某种宗教宽容的结合，开创较为开放、多元的国内政治和宗教体制，那是现当代自由民主制的萌芽形态。[①] 荷兰是"社会自由"、"公海自由"和"欧洲自由"[②] 的创始者。

然而，单凭荷兰一国的规模甚为有限的力量，远不足以阻挡腓力二世的称霸步伐，甚至远不足以赢得荷兰自身的独立与安全。为此，伊丽莎白一世英国的全身心的反霸努力绝对必需。英国在社会经济形态、政治文化特征和宗教信仰等方面，与荷兰多有相同或类似；然而与荷兰相比，英国的兴起甚至在更大程度上与海外事业和海上力量紧密相连，并且依凭安全得多的海岛性地理位置、更大规模的陆上基础和更专注有力的海权发展。[③] 不仅如此，不同于荷兰联省议会与执政之间屡有牵累甚或抵牾的"双头决策"体制，伊丽莎白一世集中有效的君主领导大有利于政策和战略的生成和实施，其坚强的意志、稳定的心理、

---

① 参见乔治·莫德尔斯基：《世界政治中的大循环》，74～80页。关于荷兰的世界历史性创新与其力量的社会、宗教和政治源泉，参见乔治·莫德尔斯基和西尔维娅·莫德尔斯基合编：《世界领导者文件印证》，第3章"联合省打开大洋"；马克·布罗利：《自由领导者：和平与战争中的强国与其挑战者》（Mark Brawley, *Liberal Leadership: Great Powers and Their Challengers in Peace and War*），27～29页，纽约州伊萨卡，1993；肯尼迪：《大国的兴衰》，66～70页。

② "欧洲自由"（the Liberty of Europe）是17至19世纪在欧洲被越来越广泛使用的一个术语，指欧洲各主权国家的独立自主和由此排除体系内全局霸权的欧洲国际关系根本状态。

③ 关于英国力量的地理、社会、宗教、经济、政治和战略源泉，参见阿尔弗雷德·塞耶·马汉：《海权对历史的影响（1660至1783年）》（Alfred Thayer Mahan, *The Influence of Sea Power upon History, 1660—1782*），第1章"海权的要素"，波士顿，1890；乔治·莫德尔斯基：《世界政治中的大循环》，80～83页；肯尼迪：《大国的兴衰》，59～63页；屈味林：《英国简史》，第三篇"都铎王朝"；P. S. 克罗森：《都铎王朝对外政策》（P. S. Crowson, *Tudor Foreign Policy*），第19和20章（论述伊丽莎白一世如何同西班牙帝国和教廷作斗争）伦敦，1973。

审慎求实的思维方式和心怀全局的战略意识，连同其对民族国家利益而非王朝或君主个人利益的专注，是新兴英国的最重要政治资产之一。[①] 她掌权前10年，其对外政策在法国和西班牙之间左右逢源，特别是借助西班牙对付法国威胁；然而，法国内乱和1567年西班牙大军开进尼德兰导致她扭转战略方向，将在西班牙的霸权大潮面前拯救欧洲均势从而捍卫新教英国的安全作为压倒一切的目的。她以提供金钱津贴为主要手段，大力支持尼德兰独立战争、法国胡格诺教徒以及后来皈依天主教但仍然反西班牙的法王亨利四世；她使用她鼓励和帮助下的英国海盗，频繁地袭击和劫掠西班牙远洋商船队[②]；她努力构建反霸国际大联盟，其中不仅包括英国、荷兰和法国，也包括葡萄牙、德意志新教诸侯和奥斯曼土耳其。在伊丽莎白一世之下，英国初步滋生了它的对外政策经久传统：拥有海上力量优势，担任"居间制衡者"（balancer），绝不容对岸低地国家遭到征服，维护或拯救欧洲大陆总体均势。

英国的上述奋斗，特别是对荷兰的支持和对西班牙远洋商船队的袭击，非常严重地破坏着腓力二世的整个图谋，以至于他要避免西班牙在欧洲大陆的霸权努力全盘失败，除了大力制服英国就别无选择。到1588年，此种战略认识已急剧升级为旨在一举登陆、击碎英国的大规模远征，这特别是因为不久前伊丽莎白为了杜绝腓力二世和国内天主教势力共同颠覆其政权，处死长期囚禁的前苏格兰女王、可继承英国王位的玛丽·斯图亚特，从而使腓力二世从内部击破堡垒的希望完全破灭，并且大大羞辱了西班牙的脸面。是年5月，庞大的西班牙无敌舰队驶离里斯本直扑英国，"看来处于其实力顶峰的大陆超级强国进击未经考验的海岛小国：歌利亚攻打大卫"[③]。然而，这场决定性的较量以当时令几乎所有人大感意外的结局告终：无敌舰队先遭英国海军迎击颇受损伤，而后差

---

① 最著名的伊丽莎白一世传记，仍为1934年初版的J. E. 尼尔：《伊丽莎白一世女王传》（J. E. Neale, *Queen Elizabeth I: A Biography*）。

② 皇家海军，乃至作为未来英国世界优势的最重要基石的整个不列颠海上力量，富有特征地在颇大程度上出自当时被用做国家战略工具的海盗。德约就此写道："海岛位置以大陆上全然不知的便利提供了私人主动性。正是从早已有之的'商人冒险公司'的行列中，那些日子里浮现出了英国的英雄'布坎尼尔'（buccaneers），即海盗、商人和资本主义实业的组织者，他们发展成了所有各类发现者，成为他们国家的伟大的海事史的先驱。被伊比利亚国家的重商主义垄断排斥在合法的海外贸易之外，这些人袭击通往异己殖民帝国的漫长遥远的海路，获取多得难以相信的掠夺物，并且取得了在造船和航海技术方面的一种优势，那使他们成了维京人的真正传承者。伊丽莎白小心谨慎地操纵，逢有必要就抵赖对他们负有责任，与此同时静悄悄地促进他们的目的。"（德约：《不牢靠的平衡》，53～54页。）

③ 德约：《不牢靠的平衡》，55页。

不多全部毁于海上风暴。① 世界现代史上从未见任何其他单独一场海战有那么大的意义：头号大强国的霸权命运从此急转直下，有如陆上侵俄惨败后的拿破仑法国。翌年，那瓦尔的亨利登上法国王位，是为亨利四世；他坚决地用法兰西国家利益取代宗教纷争，数年后便以重新统一的法国对西班牙宣战。法国由此恢复为欧洲强国，成为英荷之外哈布斯堡西班牙的另一大克星。

1598 年，腓力二世驾崩，标志 16 世纪哈布斯堡帝国两番称霸巨潮终告破灭。历经 80 年的这个历史过程构成欧洲现代史上第一个关键时代，具有非常重大的国际格局意义。在此过程中，两个海上强国兴起，其中英国之开始强大尤为重要；法国历经严重波折，终成能够经久的大强国；哈布斯堡帝国由盛转衰，留下的是此后 300 余年总能勉强保持为列强之一的奥地利，连同大约 50 年后不可逆转地沦为二流国家的西班牙。以几个强国为中心的（多极的）现代国际体系的生成和巩固，致使以后三个多世纪里，任何霸权觊觎国都不能达到腓力二世帝国在其鼎盛时节拥有的那种极显著优势地位。

第四节　路易十四法国优势的起落和英国世界性权势的凸现

从西班牙骤然衰落到法国开始勃兴期间的欧洲国际体系

1588 年无敌舰队覆灭，哈布斯堡西班牙从此急速衰落，1661 年路易十四亲政，波旁法国随即开始其权势勃兴——作为欧洲霸权大力追求者的权势勃兴。这两大事件相隔 80 余年，是为现代国际体系史上国际格局两轮巨大翻腾之间的一段相当漫长的间歇期。在这间歇期内，发生了历时 30 年、席卷中西欧乃至北欧的宗教战争，即三十年战争，并且由此导致了一个重大的法律结果，即结束这场战争的《威斯特伐里亚和约》确定欧洲各国各自平等地拥有主权。一定意义上甚至更重要的是，在这间歇期内，法国迅速走向使之强盛的“绝对专制主义”（absolutism），即中央集权军事/官僚国家，或曰法兰西式现代国家，与此同时经历了革命的克伦威尔治下的英国准备成为世界强国，为此先行取得海外贸易和海军力量两方面的最大优势。

无敌舰队覆灭后西班牙的骤然衰落只是相对而言：相对于前此腓力二世鼎

① 参见马丁利的另一部名著《西班牙无敌舰队之败》（Garrett Mattingly，*The Defeat of the Spanish Armada*），伦敦，1959。

盛时期极为显赫的力量优势，并且鉴于西班牙帝国命运在由盛至衰的转折点上极具戏剧性的变更。自此到它退出强国行列，毕竟还有半个世纪。其间，继腓力二世之后在位 23 年的腓力三世虽然内政腐败无能，领导低劣无方，"衰落"之声四起①，但受哈布斯堡家族依然根深蒂固的帝国观念、霸权野心和天主教狂热信仰驱使，在家族同盟者奥地利的斐迪南二世皇帝支持下发动新的扩张浪潮，因而三十年战争在 1618 年的爆发。② 三年后，年方 16 的腓力四世登基，将国务托付给奥利瓦雷伯爵，后者力图推行一种旨在"重振陛下的君主国"的阻止衰落的大战略，那就是对内试图改革，对外进行战争，但终归惨败。③ 惨败的最重要原因在于腓力四世和奥利瓦雷等重臣像腓力二世一样，拒绝唯一的替代性选择，即降低抱负等级，削减义务承诺。对西班牙的几代统治者来说，"往昔的负担过重，自愿撤退的代价则过高，高得支付不起。如果像看来很可能的那样，证明无法安全地驶入港口，那么与其投降，不如与船同归于尽"④。1648 年《威斯特伐里亚和约》基于否定哈布斯堡霸权，11 年后《比利牛斯和约》标志西班牙彻底败于其宿敌法国，从此不复为欧洲和世界的一大角色。

从无敌舰队覆灭到路易十四亲政，近一个世纪里国际政治的主要活剧舞台始终在中西欧大陆，或者说海洋性强国英荷与欧陆政治大致隔绝。所以如此，其中心原因用德约的一句简约的话说，是在腓力二世帝国巨潮与路易十四图霸浪峰之间的宽广的大低谷水段内，缺乏"任何大的中心问题"，亦即不存在海洋强国为自身安全必须起而大力抗击（并且联合欧陆国家抗击）的全体系霸权危险。西班牙不再是荷兰的致命威胁，因而三十年战争期间在尼德兰的战事失去了它们先前在腓力二世时曾有的头等重要性；英国能够专注于自身的内部冲突，

---

① "从 16 世纪 90 年代起，卡斯提尔警钟长鸣。农业危机和人口危机的迹象越来越多，特别是在世纪末的大瘟疫之后，与此同时缴税重担和税额分配在毁伤卡斯提尔社会内最有生产能力的阶层这一意识与日俱增。1598 至 1621 年腓力三世在位时期，卡斯提尔涌现出空前数量的小册子和论著，都力求诊断卡斯提尔正在罹患的疾病，并且试图开出适当的药方。这批经济政治文献以国家的病患或衰落为出发点，由被统称为'公断者'（*arbitristas*）的人们撰写，其名源于他们为拯救国家而提出'公断'，意即权宜之计。事实上，'衰落'（*declinación*）一词似乎于 1600 年在一部极有影响的论著中被首次使用……而衰落概念在此后的岁月里将挥之不去地宰制卡斯提尔人的思想意识。"（J. H. 埃利奥特：《调控衰落：奥利瓦雷与西班牙帝国的大战略》，见保罗·肯尼迪编：《战争与和平的大战略》，88 页，北京，世界知识出版社，2005。）关于腓力三世及其大臣们低劣的领导，见埃利奥特：《西班牙帝国（1469 至 1716 年）》，300～308 页（即第 8 章第 2 节"领导的失败"）。

② 参见周桂银：《欧洲国家体系中的霸权与均势》，100～108 页。

③ 参见埃利奥特：《调控衰落：奥利瓦雷与西班牙帝国的大战略》，引语系奥利瓦雷所言，见保罗·肯尼迪编：《战争与和平的大战略》，90 页。

④ 同上书，100 页。

即清教革命和内战，在克伦威尔统治时期甚至还能对其商业和海权竞争者荷兰进行战争，而不用担心危及它们两国相对于欧陆的共同的均势利益。在路易十四发动其霸权追逐以前，“海洋强国犹如背对欧洲大陆”①。

欧洲大陆的主要冲突场所是德意志，三十年战争多半在那里展开，而交战者大致以哈布斯堡西班牙和奥地利以及德意志天主教同盟为一方，法国、瑞典、丹麦和德意志新教同盟为另一方。这场战争的直接起因是波希米亚新教贵族造反，随后选举德意志新教同盟领袖、巴拉丁选帝侯弗雷德里克五世取代奥地利的斐迪南二世为波希米亚国王。这强烈地触怒了怀抱反新教狂热的斐迪南二世，何况他还决心使名实大不相符的神圣罗马帝国成为统一的中央集权帝国，并且变皇帝选举为世袭继承。奥地利遂对波希米亚和新教同盟开战，西班牙则大举用兵德意志、意大利和尼德兰。按照一部名著②的划分，规模巨大、错综复杂的三十年战争历经了以如下战事为主要内容的四个阶段：（1）奥地利、西班牙和德意志天主教同盟打击德意志新教同盟，占领波希米亚和巴拉丁；西班牙击败威尼斯，占领战略要冲瓦尔特里纳；（2）丹麦对奥地利作战败退，后者取得在德意志的全面优势；（3）瑞典在法国财政援助下发兵打击奥地利，但未能取胜；（4）法国正式参战，与瑞典一起最终打败西班牙、奥地利和天主教同盟。

战争的首次转折发生于第三阶段的始端1630年，欧洲两个强国——新教瑞典和天主教法国携手干预德意志战场，力求扳倒在前一年达到其权势顶峰的奥地利。虽然与帝国军队统帅、“了不起的军事家”阿尔布雷希特·冯·华伦斯泰相比，“伟大的统兵者”瑞典国王古斯塔夫·阿多夫在谋略上略输一筹，以致殒命疆场③，但法国首席大臣黎塞留凭借非凡的眼界、智慧和才能，足以使他的国家成为哈布斯堡的克星。这位现代早期最伟大的国务家在宗教战争时代，从对法国国家利益之坚定不移的优先考虑和准确洞察出发④，先是

---

① 德约：《不牢靠的平衡》，66页。

② 参见C.V.韦杰伍德：《三十年战争》（C.V. Wedgewood, *The Thirty Years War*），伦敦1938年初版和以后各版。

③ 参见冈瑟·罗滕伯格：《拿骚的摩里斯、古斯塔夫·阿多夫、雷蒙多·蒙泰库利科与17世纪的军事革命》（Gunther E. Rothenberg, “Maurice of Nassau, Gustavus Adolphus, Raimondo Montecuccoli, and the Military Revolution in the Seventeen Century”），见彼得·帕瑞特编：《现代战略的缔造者》，第2章。

④ 黎塞留的国家利益观和对外政策观，连同它们在国际政治思想史上的地位，见《黎塞留政治遗嘱》（*The Political Testament of Cardinal Richelieu*, translated by Henry B. Hill），威斯康星州麦迪逊，1961；弗里德里希·迈内克：《马基雅维利主义：“国家理由”观念与其在现代史上的地位》（Friederich Meinecke, *Machiavellism: The Doctrine of Raison d'Etat and Its Place in Modern History*），第6章“黎塞留时期在法国的‘国家最佳利益’观念”，伦敦，1957；米歇尔·卡尔莫纳：《黎塞留传》，北京，商务印书馆，1996；亨利·基辛格：《外交》（Henry A. Kissinger, *Diplomacy*），58～65页，纽约，1994。

用财政资助去支持新教诸侯和新教国家抗击哈布斯堡，并且努力组建异常广泛的同盟以迫使对手多线作战，而后于1635年正式出动法军加入战争，七年后大败西班牙军队而定乾坤。随战争进程的推移，黎塞留还设计了一套战后欧洲和平框架，其基本性质是要确保法国的经久安全和法国主导下的欧洲均势。为此，法国需通过东向的领土局部扩展实现其“自然疆界”，西班牙必须被遏制在比利牛斯山脉以南，奥地利帝国和德意志必须保持分裂，在意大利和德意志要分别建立国家联盟，法国与之共同承诺用武力反对扰乱均势的任何一方。①

结束三十年战争的欧洲多国《威斯特伐里亚和约》在遏制西班牙、保持奥地利帝国和德意志的分裂、维护法国干涉德意志事务的权力这三方面，大致符合黎塞留的意愿，尽管缔约时他已去世好几年。该和约被后世谈论得最多的，是确定欧洲各国各自平等地拥有主权，这主要表现在德意志各邦（共约300多个）被规定拥有对内和对外的主权，不受皇帝干涉，同时荷兰的独立得到各国共同正式确认。神圣罗马帝国以及天主教会的大一统最终彻底化为历史泡影。与此同时，德意志极端碎片化，那往往被当时和后世的欧洲人称作“德意志自由”（German Liberty）。在德意志的分裂和邦国自主与欧陆均势之间，有一种直到19世纪中叶为止始终几乎被普遍认作天经地义的地缘政治关系，即“欧洲自由”依赖于“德意志自由”。② 也是由于《威斯特伐里亚和约》规定大小国家皆拥有主权，欧洲国际体系事实上以此为“宪章”取得了它的各组成单位公认的法律地位，连同它的最根本的法律规范。

从传统的、欧陆均势的角度看，三十年战争和结束这场战争的《威斯特伐里亚和约》是国际关系史上头等的划时代事件。这也正是多数有关历史著作的观点，并且因而成为一般人持有的流俗的观念。然而，从全球视野或德约“海洋原理”出发去看，就会认为它们“缺乏头等重要性”，“就世界历史而言没有决定性的影响”。因为，西班牙已经由于查理五世和腓力二世的霸权追逐失败而衰落，另一方面英荷海洋性强国和法国已经兴起，在此形势中即使假设哈布斯

① 参见周桂银：《欧洲国家体系中的霸权与均势》，113～114页。

② 第一部欧洲国际体系史书、19世纪初德意志历史学家黑伦著《欧洲及其殖民地政治体系史》（A. H. L. Heeren, *History of the Political System of Europe and Its Colonies*, 2 vol.）就论证一个分裂和羸弱的德意志是欧洲传统的国际稳定的一个根本条件。见亚当·沃森：《国际社会的演变》（Adam Watson, *The Evolution of International Society*），209页，伦敦，1992。晚至1866年普奥战争前夕，法国国务家和历史学家梯也尔还在国民议会强调：“欧洲政治的最高准则，是德意志需有各独立邦国组成，它们之间仅由一点儿微不足道的邦联丝线来联系”。参见阿尔弗雷德·寇本：《民族国家与民族自决》（Alfred Cobban, *The Nation State and National Self-Determination*），修订版，21页，纽约，1969。

堡奥地利在德意志赢得胜利，也不会更改欧洲权势重心西向移动的根本大局。“假如奥地利在被陆地封闭的波罗的海取得立足地，它在大西洋地区的意义也微乎其微。的确，从遥远的维也纳怎么能够兴起一个谋求（全体系）霸权的强国?”①

从国际体系全局和国际力量对比转移的大动向看，从西班牙权势开始跌落到法国权势开始勃兴这两端之间的时期里，欧洲历史的最重要事态是英法两国各自的基本变动。黎塞留与其继任者马扎然先后执政18年，以加强王权、实现国内安定和击破贵族抵抗为国内政策根本，据此开始建立起史称“绝对专制主义”的中央集权国家。② 从亨利四世1610年被狂热的天主教徒刺死，到黎塞留30年代巩固了王权为止，法国再度苦于宗教内乱、政治派争和贵族阴谋，作为欧洲强国的能力由此再度大为削弱。黎塞留从其明确的国家利益至上观出发，坚决推行中央集权，努力实现宗教宽容，系统地创立分工有序、条理清晰和强健有力的军事/官僚国家机器，包括开创中央外交机构为首的现代国家外交组织体系。③ 马扎然以增加税收和扼杀名曰“投石党”的贵族抵抗运动为内政重心，同时镇压农民和平民起义。法国在他俩治下经历了“从上面而来的革命，虽然没有摧毁封建社会装饰华丽的大厦，但铲平了它的各个要塞——对国家的积极抵抗赖以躲藏的所在”④。一种新的、忠于王权即中央集权国家的政治态度流行于社会中等阶层，驱退了在上等阶层中间顽固残存的中世纪观念。在人口和资源方面天然具备欧洲一等强国规模的法国得以凝聚和统一，从而有了权势勃兴的内在条件。

1640年英国开始以新社会力量为主力的清教革命，而后迅速升级为内战，最终导致了1649年推翻希冀在英国推行绝对专制主义的斯图亚特王朝，处死国王查理一世。单一议会拥有最高立法权的英吉利共和国（the English Commonwealth）随即取代君主制，其实际首脑是介于造反阵营内部左右两端之间的革命军队统帅奥利弗·克伦威尔。经镇压左派力量，克伦威尔于四年后改共和政体

---

① 德约：《不牢靠的平衡》，66～67页。

② 在关于这方面的特别著名的著作中，有卡尔·弗里德里希：《巴罗克时代（1610至1660年）》（Carl J. Friedrich, *The Age of Baroque, 1610—1660*），纽约，1952；C. V. 韦杰伍德：《黎塞留与法国君主制》（C. V. Wedgewood, *Richelieu and the French Monarchy*），伦敦，1949；P. R. 都林：《投石党运动》（P. R. Doolin, *The Fronde*），伦敦，1949。

③ 关于这最后一点，一项杰出的概说为哈罗德·尼科尔森：《外交的演进》（Harold Nicolson, *The Evolution of Diplomacy*），第3章“法兰西体系”，纽约，1954。

④ 德约：《不牢靠的平衡》，68页。

为他个人军事独裁的“护国”政体（Protectorate），自任“护国公”。[1] 在其主宰国务的10年里，克伦威尔“成功地将英国推上海洋帝国主义道路”[2]：经过革命推翻漠视海权达半个世纪之久的斯图亚特王朝以后，他大力发展海军，并且挤压海上竞争对手荷兰，乃至对其进行战争。仅在英吉利共和国的头两年，英国海军舰只数目就翻了一番，而且在海军的专业化程度、作战训练、水兵待遇和后勤设施等各方面都节节改善。[3] 1651年，英国针对荷兰在跨大西洋贸易和波罗的海贸易中的巨大优势，首次颁布它最著名的一类重商主义法规——《航海条例》，规定进出英国港口的货物皆须用英国船只装载。这直接引发了翌年开始的首次英荷战争，到1654年荷兰被迫在结束战争的《威斯敏斯特和约》中放弃与英国海外殖民地的通商权。英国开始在海外贸易和海军力量两方面独占鳌头，再加上它非常有利的地缘战略状况[4]，使之具备了未来跃升为世界强国的很大部分关键条件。

路易十四的显赫优势和霸权目标

1661年，在五岁即位而由母亲安娜摄政18年之后，路易十四终于亲政。这位年轻气盛、好大喜功的“太阳王”不设首相，大权独揽，实行“朕即国家”的君主绝对专制统治。此时的法国，经历了黎塞留和马扎然两代大国务家长期的中央集权构建，致使国内达到前所未有的高度政治统一，同时也经历了1635年往后延续20余载的成功征战，确立起对哈布斯堡东西两支的绝对优势。到路易十四亲政时，法国已成为与其他任何单个欧陆国家相比拥有压倒性实力优势的大强国。这在当时的如下两大情况下，意味着欧洲均势实际上已不复存在：（1）奥地利和西班牙皆甚羸弱，而且《威斯特伐里亚和约》禁止前者在未来战争中向后者提供任何援助；（2）英国、荷兰和瑞典单个而言显著弱于法国，同

---

① 关于英国革命，见当代最著名的马克思主义史学家、公认的英国革命史头号权威克里斯托弗·希尔（Christopher Hill）的三部著作：《革命世纪（1603至1714）》（Christopher Hill, *The Century of Revolution, 1603—1714*），爱丁堡，1961；《英国革命的思想根源》（*The Intellectual Origins of the English Revolution*），牛津，1965；《天翻地覆》（*The World Turned Upside Down*），伦敦，1972。一部百年来始终以其卓越的质量被列于主要有关书目的克伦威尔传记为C. H. 弗思：《克伦威尔与清教徒在英国的统治》（C. H. Firth, *Oliver Cromwell and the Rule of Puritans in England*），牛津，1900，这部著作质量卓越，一直被列为克伦威尔传记的主要书目。

② 德约：《不牢靠的平衡》，70页。

③ 参见肯尼迪：《大国的兴衰》，62～63页。

④ “与欧陆强国不同，英国能够向海洋集中自己的力量；与其荷兰竞争者不同，它不必遣兵守卫陆上前线……因此，是英国取得世界强国资格，而且尽管荷兰慢慢衰落，海洋原理仍在大陆原理之旁达到了一种新的力量水平。”（德约：《不牢靠的平衡》，71页。）

时它们的关注重点大致都不在欧洲大陆。在论及欧洲列强体系演变的这一段时，利奥波德·冯·兰克写道：

> 让我们从这么一个事实开始：在16世纪，欧洲自由被认为基于西班牙与法国之间的对立与平衡。那些被其中一个压倒的将在另一个那里寻求避难所。法国长时间由于内战而被削弱和陷于混乱的事实被认为是大不幸。亨利四世所以受到那么急切的欢迎，不仅是因为他结束了法国的无政府状态，而且主要是因为他由此恢复了一种稳定的欧洲秩序。
>
> 然而，法国自己在对其四面八方的敌手——在尼德兰、意大利和伊比利亚半岛的敌手——施以危险的打击的过程中，在击败西班牙的德意志同盟者的过程中，获得了一种大于西班牙甚至在高峰时节所曾拥有的权力优势。
>
> 让读者想象一下欧洲在1680年左右的状况吧。那么善于并那么长久地惯于令欧洲激动不安的法国，有了一位完全懂得如何统治她的国王。他的在长期桀骜不驯之后终于被制服了的贵族们，在宫中和军内以同等的热情为他效劳，他的教士们则与他结盟反对教皇。法国比先前任何时候都更统一，更强大有力。
>
> 为了多少度量她的力量，一个人只需记起当皇帝在建立他的头两个常备步兵和骑兵团时，路易十四就已经有了平时10万驻防军和1.4万禁卫军。英国海军在（复辟时期君主）查理二世的最后岁月里不断衰落（它在1678年计有83艘舰只），法国海军却在1681年达到了总共96艘一二级战列舰、42艘护卫舰、36艘两桅帆船以及同样数目的火攻船。路易十四的部队是任何地方可以见到的训练最佳和最有经验的部队，他的舰船则建造得极好。没有任何统治者拥有要塞工事修筑得那么好的边境，它们攻守两宜。然而，不仅是通过军事力量，也是通过外交和同盟，法国人成功地克制了西班牙人。他们将自己的新地位扩展成了一种霸权。①

路易十四法国的力量有其多方面丰裕的由来，它们既包括地缘战略条件方面的，也包括民族的、政治的、经济的和文化的。总的来说，与先一轮的图霸

① 《论列强》，见兰克：《历史的理论与实践》，66～67页。

者相比，路易十四法国有更多的现代性。[①] 法国大不同于疆土七零八碎、内在少有聚合的哈布斯堡帝国，而是一个各组成部分大致同质和有机凝聚的统一的现代国家，疆域范围与民族分布甚为吻合，并且经过参加三十年战争和订立《威斯特伐里亚和约》，法国兼并了洛林的三个主教区和阿尔萨斯的绝大部分，从而接近实现黎塞留设想的“自然疆界”。在其内，有着相对完整的交通网络和超过在西班牙本土一倍的人口，更有着近乎遍布法国全境的雏形形态的民族主义，即“一种世俗的勃勃生气，集中于增进民族君主国的权势和荣耀”。它大可以替代作为哈布斯堡帝国精神动力的天主教大一统信仰，因为法兰西“民族精神的荣耀产生了一种无限界的吸引力”[②]。在政治上，绝对专制主义国家建设从黎塞留（甚或亨利四世）开始，到路易十四臻于极致，其功效一言以蔽之是将法国的精力“合理化”，从而大增了法国宫廷可以对外使用的综合国力。在这国力的来源之中，有一项新的重大成分，那就是路易十四的财政总监兼海军大臣让-巴蒂斯特·柯尔培尔构设和大力推行的重商主义国策，它通过国家机器为增长国力和国富而干预、刺激甚或局部组织工商业，从而给法国经济注入了一种哈布斯堡体系从未产生过的活力。[③] 此外还有非同小可的法国文化力量：按照可谓现代史上“文化帝国主义”的第一个论说者兰克的强调，开始风靡欧洲的“轻快、灿烂、活跃、形式严格但富有魅力、人人易懂但具民族特色的”法国文学，连同巴黎作为欧洲社会中心而“对语言、习惯、特别是对时髦风尚和上层阶级的支配”，完全呼应法国国家并助其获取政治霸权。[④]

欧洲政治霸权正是路易十四的根本对外欲望，它有政治理念、国策构想和价值取向等方面的基本来源。在政治理念方面，现代早期法国的一类富有特征的国际政治思想传统至关重要，那就是建立法国权势主导、并且大有助于法国称霸的欧洲“普遍和平”构造。它可溯源于 14 世纪初的法国政论家皮埃尔·杜波瓦，经过 17 世纪初的法国僧侣埃默里·克鲁赛和亨利四世重臣苏利公爵以及

① 路易十四法国的总貌见约翰·沃尔夫：《路易十四》（John B. Wolf, *Louis XIV*），纽约，1968；F. L. 卡斯滕编：《新编剑桥现代史》，第五卷（F. L. Carsten, ed., *The New Cambridge Modern History*, V. 5），剑桥，1980。又见 18 世纪大思想家伏尔泰的主要著作之一：《路易十四时代》，北京，商务印书馆，1996。

② 德约：《不牢靠的平衡》，73、74 页。

③ “柯尔培尔从西班牙的敌手荷兰学到了积聚财富的现代方法。荷兰的从海上源泉迅速成长起来的新经济活动形式将被移植到法国，办法是仔细的规划，并且有从上面被嫁接到她的经济上去的官僚机器襄助。”（同上书，73 页。）柯尔培尔的重商主义国策主张特别见其 1664 年 8 月致路易十四的《关于商业的备忘录》，见乔治·莫德尔斯基和西尔维娅·莫德尔斯基合编：《世界领导者文件印证》，167～175 页。

④ 《论列强》，见兰克：《历史的理论与实践》，71～72 页。

路易十四时期法国著作家和办刊人库尔蒂兹·德·桑德拉斯，不断得到完善。在当时，整个欧洲遍布桑德拉斯的读者，他以“一位当时人所能达到的最佳程度，敏锐地领会了路易十四的权势及其未来希望的最高峰”，即大一统的普遍帝国。[①] 此类思想无疑有力地吸引着路易十四。至少同样重要的影响分别来自马扎然和柯尔培尔的国策构想。马扎然作为路易十四亲政以前的政治教父自然对其影响巨大，他与黎塞留相比更倾向于对外扩张，特别是图谋逐步控制德意志和伺机合并西班牙[②]，以便问鼎全欧霸权；柯尔培尔作为路易十四亲政以后近20年的辅佐和宠臣，侧重追求海上优势和外贸利益，为此积极鼓动用武力摧垮荷兰。然而，历来大多数历史学家们都认为，路易十四霸权追逐的最大驱动力在于17世纪贵族社会的价值取向，特别是对“荣誉”（*gloire*）的热烈推崇和依恋，既包括首先是尚武英雄式的个人荣誉，也包括关乎弘扬世家威望和王统伟大的家族及王朝荣誉。对荣誉的追求导致路易十四像当时人无比赞赏的那样“表现了对战争的最大热情，在被劝阻而不能亲征时大为失望”[③]，或者如兰克所言“他不像在乎它们给他带来的荣誉那么在乎征服和战争本身”[④]；对荣誉的追求也导致他妄图使波旁王朝除法国外还领有西班牙帝国[⑤]，甚至争取恢复天主教在欧洲的无敌地位。路易十四对外政策中的一个根本矛盾，就是对荣誉的渴求往往与理性的国家利益权衡和国家能力估量相冲突，而在这一冲突中前者总的来说占有优势。“对荣誉的渴求取代了国策规划”[⑥]：这是对法兰西斯一世、亨利

---

① 关于这一思想传统，见一项国际政治思想史杰作：F. H. 欣斯利：《权势与追求和平：国际关系史上的理论和实践》（F. H. Hinsley, *Power and the Pursuit of Peace*: *Theory and Practice in the History of Relations between States*），第一部分“国际主义理论史”第1章“到17世纪末”，剑桥，1967。又见该书第158～159页对库尔蒂兹的首要著作《欧洲君主的新利益》（1685年）的简短论述。关于库尔蒂兹的思想，参见弗里德里希·迈内克：《马基雅维利主义：“国家理由”观念与其在现代史上的地位》，第10章“库尔蒂兹·德·桑德拉斯”，引语取自该章。

② 为此，马扎然在《比利牛斯和约》中做了法西两国王室联姻的安排。

③ 沃尔夫：《路易十四》，78页。

④ 《论列强》，见兰克：《历史的理论与实践》，71页。

⑤ “路易同样持有贵族阶级对家族的关切，对贵族‘世家’的依恋。如果以为他以‘民族’眼光看待欧洲，那就搞错了时代……一位君主既是（国家）统治者又是家族首领，他使用自己作为第一个角色的权力来履行作为第二个角色的责任。只有明了他那强烈的王朝价值取向，才能理解他在西班牙继承战争前夕和这场战争期间的政策。他为了使他的孙子获得西班牙王位而拿法国的财富和生命去冒险。”（约翰·林恩：《追逐荣誉：路易十四治下的战略缔造》，见默里等编：《缔造战略：统治者、国家与战争》，195页。）不仅如此，对哈布斯堡家族昔日辉煌的倾慕曾促使路易十四想成为神圣罗马帝国皇帝。参见周桂银：《欧洲国家体系中的霸权与均势》；默里等编：《缔造战略：统治者、国家与战争》，124～125页。

⑥ 历史学家加斯东·泽勒尔语，代表当今大多数历史学家的看法。参见林恩：《追逐荣誉：路易十四治下的战略缔造》，见默里等编：《缔造战略：统治者、国家与战争》，197页。

四世和黎塞留形成的治国方略的巨大倒退。

较具体地说，路易十四的欧洲霸权图谋大致由以下几项目标构成：（1）向东北和东两个方向扩张领土，以“拓圆”[①] 法国边界，即彻底实现其“自然疆界”；（2）控制英国斯图亚特复辟王朝，并且在英国“光荣革命”推翻复辟王朝后大力支持其流亡势力；（3）趁哈布斯堡西班牙的卡洛斯二世死后无嗣之际继承其王位，从而使波旁法国同时据有西班牙帝国，或曰以法西波旁轴心取代西奥哈布斯堡轴心。

第一方面的目标支配了路易十四在亲政后约30年的对外政策，导致他先向东北发动两场战争，即移归权战争（War of Devolution）和荷兰战争，其目的分别为吞并西属尼德兰（南尼德兰）和征服荷兰共和国。向东的“自然疆界”追求，加上他对法国东面国际力量格局变更的忧惧——那出自奥地利经过击败土耳其大军1683年对维也纳的围困而来的力量振兴[②]，还促使他借着似是而非的法理依据，沿法国东界攫取一系列战略要地，特别是卢森堡和莱茵河畔的斯特拉斯堡，此即著名的“故土归并”（*reunion*）。为“拓圆”边界而夺占德意志领土的行为发展下去，直到发动第三场战争——旷日持久和以失败告终的九年战争。第二方面的目标贯穿于路易十四统治的差不多大部分岁月，导致他支持和秘密资助英王查理二世和詹姆士二世，使之从属法国意志，特别是服务于法国征服荷兰之目的，同时助其阴谋复辟天主教统治和建立绝对专制[③]；不仅如此，在“光荣革命”后，他几度出兵远征英国和爱尔兰，以图使流亡的詹姆士二世重登英国王座。第三方面的目标可以说植根于路易十四的整个政治理念、国策构想和价值取向，由于17世纪末期欧洲头号重大的王朝危机——疾病缠身的卡洛斯二世行将无嗣而亡——颇为急剧地变为路易十四的当务之急，主宰了他在九年战争结束即1697年后的思虑和政策。在一系列错综复杂和不乏戏剧性变化的外交活动之后，卡洛斯二世以其遗嘱将全部西班牙遗产传给路易十四之孙腓力。一个空前庞大的波旁海陆帝国的前景终于招致了英国为首的反法大联盟，连同从1701年起长达13年的反霸大战——西班牙继承战争，路易十四的称霸努

① “round off”，保罗·肯尼迪的用语，见其《大国的兴衰》，101页。

② 这一忧惧例如在路易十四1684年写给权臣沃邦的一封信里表现得很清楚，其中说要当心“从现在起应当被看做我们的真正敌人的日耳曼人，他们是唯一能够伤害我们的，如果他们有一个渴望驰骋疆场的皇帝。”（林恩：《追逐荣誉：路易十四治下的战略缔造》，见默里等编：《缔造战略：统治者、国家与战争》，211页。）

③ 兰克就此指出，辅之以对复辟时期英国国会要员们的贿赂，路易十四非常成功地做到了英国力量被完全抵消。参见《论列强》，见兰克：《历史的理论与实践》，69～70页。

力终告完全失败。

路易十四称霸图谋的反复失败和英国世界性权势的勃然兴起

有如近一个世纪前荷兰和英国成为打击腓力二世帝国的决定性力量那般，历史在路易十四的显赫优势和霸权扩张面前再次召来荷兰和英国，分别作为战胜路易十四法国称霸图谋的先锋和首要主力。欧洲现代国际体系依凭它自己的出自海外扩张的一项重大演进，即处在侧翼的海洋性强国的兴起和发展，连同依凭它与生俱来和逐步成熟的均势机能，克制了一定程度上由这机能本身经过前一轮运作而参与造就的欧陆超级强国法国，其野心和实力大得足以威胁它作为各主权国家群体的基本生存。

荷兰所以成为反路易十四法国称霸的先锋，首先是由于它的一项根本利益受到后者首次扩张冲动的致命威胁。年轻气盛的“太阳王”在统治伊始，便急欲出兵吞并西属尼德兰，以便将法国的疆界前推到莱茵地区，同时以此武功证实自己的伟大。然而，西班牙的衰弱导致荷兰早已不再将其南邻视为哈布斯堡进攻它的出击口，而是将它当做自己的至关紧要的安全缓冲区，特别是面对权势腾升的法国。不仅如此，倘若航海和外贸行将迅速发展的法国占据那里的主要商港安特卫普，并且控制经济和战略意义皆为重大的斯凯尔特河口，荷兰就将面临一个强大的商业竞争者和海上敌手。意欲吞并西尼德兰的“移归权战争”主要因为出乎意外的荷兰干预而很快夭折，用大军征服这个被认为表现了“无法容忍的自大”① 的国家便成了路易十四为自己设定的首要任务。从他 1672 年发动荷兰战争起，荷兰为捍卫自身独立生存而殊死拼搏，抵抗法国的侵略和征服。

显而易见，荷兰若被征服，路易十四就将既在欧洲大陆也在海洋世界取得重大胜利，“因为从长期看，一旦法国控制了荷兰人的海上潜能，很可能甚至英国也无法与法国的海外扩张竞争”②。然而，法国以秘密资助和金钱贿赂为工具的外交，连同查理二世对于依靠法国支持确立绝对专制和复辟天主教怀抱的顽固希望，使得英国竟与法国缔结《多佛密约》，结盟联手打击荷兰，这与先前反对腓力二世的斗争证明了的英国根本利益完全相反。与此同时，荷兰原先的同盟者瑞典已被路易十四用金钱收买，奥地利宣布保持中立，荷兰在法国大军压境之际陷于完全的外交孤立。不仅如此，它的危险还在于商业阶级上层构成的

① 路易十四语，引自林恩：《追逐荣誉：路易十四治下的战略缔造》，见默里等编：《缔造战略：统治者、国家与战争》，209 页。

② 德约：《不牢靠的平衡》，76 页。

联省议会及其政治派别斗志不坚，倾向对法妥协，并且在大敌当前时刻阻碍必要的行政集权。在极端困难的生死存亡关头，担任执政的年轻的奥兰治亲王威廉，以其坚决抗敌的意志和果断英明的领导，拯救了荷兰。在多数公众的拥护下，国家“控制权被从不能胜任的富豪们掌中夺过来，虽然共和国没有转变为君主国”①。荷兰人在威廉统率下，拒不投降，英勇抵抗。他们掘堤放水，淹没自己的土地以阻挡法军，从而保住了首都阿姆斯特丹，而强有力的荷兰海军在海上有效地阻击了英法战舰的攻击。出于此后将再三表现出来的对国际政治机理的深切理解和大战略眼界，威廉确信法国的西欧霸权对荷兰的威胁最大，但荷兰本身不足以对抗路易十四，要摧垮法国的强权就必须组建一个广泛的欧洲联盟。② 这一信念的最初实践，就是他在荷兰战争期间努力与勃兰登堡、奥地利和西班牙结成军事联盟，使之加入了反对路易十四的斗争。在荷兰的顽强抵抗和荷兰战争扩大为欧洲战争的危险面前，路易十四大不情愿地从荷兰撤军，并于 1678 年与之媾和。

然而，诚如威廉确信的那样，无论是要经久地维持荷兰一国的安全，还是要全盘地阻止法国对欧洲的广泛霸权，荷兰的能力甚为有限。就领土和人口规模而言，它的国力基础相当狭小，它的地理位置使它在大陆强权面前有很大的易受伤害性，而且它那不很成熟的政治体制包含联省议会与执政之间、甚而荷兰省与其他省份之间的内在固有的紧张和抵牾，因而它在关键时刻容易内部严重不和甚而分裂。③ 荷兰经不起法国可以施加的一轮又一轮巨大压力，也难以成为组建和领导一个足够广泛和有力的欧洲反霸阵线的领导力量。在 17 世纪后期和 18 世纪初的欧洲，这样的能力和角色事实证明非英国莫属。路易十四给英国作为一个民族国家的差不多所有根本利益造成了致命威胁：他要在英国复辟天主教并帮助确立斯图亚特王朝绝对专制统治的强烈意愿与经久努力危及了英国人的新教信仰和基本自由；他对英国国内政治的多方渗透和对英国国王的巨大影响危及英国的独立自主；他对西属尼德兰的吞并图谋和对荷兰的征服战争大有可能使英国丧失本土安全的首要欧陆屏障；他的大陆霸权和重商主义海外扩张威胁英国历经伊丽莎白一世和克伦威尔而初步浮现的两大利益传统——欧洲大陆均势和英国海外优势。然而，1660 年后统治英国的复辟王朝非但不在这些危险面前捍卫英国的根本利益，反而成了路易十四的工具，成了英国“本国的

① 德约：《不牢靠的平衡》，77 页。

② 参见 D. H. 潘宁顿：《17 世纪欧洲》（D. H. Pennington, *Europe in the Seventeenth Century*），477～478 页，伦敦，1989。

③ 参见乔治·莫德尔斯基：《世界政治中的大循环》，80～81 页。

真正固有未来、它的自由和独立的最危险敌人”①。因此，1688 年的英国“光荣革命”像兰克早先特别强调的那样，具有非常巨大的欧洲国际政治意义，因为它不仅推翻了复辟王朝，而且使得在反对路易十四法国称霸方面意志最坚决、眼光最远大、并且最具大战略意识和全欧均势观的奥兰治亲王威廉入主英国，是为威廉三世。

作为英国国王与荷兰执政，威廉三世集英荷两国力量于一身，或者说反路易十四霸权的主要基地由较小的荷兰转至较大的英国，后者确立的宪制和议会主权实际上给新国王提供了作为外交首脑和军队统帅所需的国内广泛支持和财政支撑。威廉三世坚定不移地推行反霸大联盟战略，维持和扩大他在入主英国王位以前两年就已主导组建的“奥格斯堡同盟”，将英国添入由荷兰、奥地利、西班牙、勃兰登堡、罗马、萨伏依和德意志诸邦组成的这一反法阵线，并且自 15 世纪以后首次向欧陆派遣规模可观的英国陆军，在财政津贴之外协助盟国进行九年战争。与此同时，他建立和加强英荷联合舰队，经 1692 年拉荷格海战大捷，取得了对于路易十四的经久不移的海上优势。前一方面的成就尤为重要。“对（国际）体系来说幸运的是，欧洲的才智现在变得体现在这么一个人身上：他超越了单独一国的自私，为所有受到法国威胁的国家进行规划和努力。在争取霸权的一场场大斗争过程中，被威胁各方的团结意识一次又一次地拆倒了由它们各自的特殊利益竖起的障碍，但或许从未像在奥兰治的威廉身上那么彻底。无法在荷兰作为一位君主去统治，他成了一位全欧国务家。他那熟练和耐心的手一针一线地编织了一个可以伸缩的网络，被自己的权力光芒弄得头晕目眩的太阳王将套入其中，束手被擒。”② 威廉三世作为欧洲现代史上第一个真正广泛的反霸大联盟（Grand Alliance）及其大联盟战争（Coalition Warfare）的组织者，成就了现代国际体系演进过程中的一项重大创新，并且因此可以说在路易十四的霸权威胁面前拯救了欧洲。1701 年末，即西班牙继承战争爆发后不久，即将去世的威廉三世对英国国会最后一次演讲，强调波旁家族领有西班牙王位构成“欧洲的共同危险”，英国须“参加维护欧洲自由的努力”和“掌握欧洲均势”。③ 翌年即位的安妮女王和英国的主要政治家们秉承威廉三世的基本国策。在几个月后对法国和西班牙宣战时，她宣告大联盟的目的是“维护欧洲的自由和均衡，削弱法国的过大权势”④。

---

① 德约：《不牢靠的平衡》，77 页。

② 同上书，79 页；基辛格：《外交》，70～72 页。

③ 参见乔治·莫德尔斯基和西尔维娅·莫德尔斯基合编：《世界领导者文件印证》，211～212 页。

④ 同上书，213 页。

在威廉三世以及安妮女王政府那里，经过从“光荣革命”到西班牙继承战争结束的约四分之一个世纪，英国国家外交哲学和大战略经久传统真正形成。第一，在维护和扩展海外优势的同时，英国充当欧洲“居间制衡者”，扶弱抑强以维护或恢复欧洲均势[①]；或者说，对欧陆均势与大洋霸权的平行关注，构成英国外交和战略传统之根本的“不列颠两面门神（Janus）”性质[②]。第二，防卫性联盟是维护欧洲均势的一个主要工具，而在某个欧陆强国接近拥有压倒性优势并大力谋霸时，必须依靠大联盟的抗衡，必要时甚至进行规模巨大、为时漫长的大联盟战争。第三，在大联盟战争中英国向欧陆派遣大规模的远征军必不可少，纯海洋战略不足倚靠。[③] 第四，在大联盟战争中，英国实行西班牙继承战争中形成的富有特征的“英国战争方式”，这种战争方式由对主要敌人实施包围和多线攻击的大联盟、英国及其盟国的制海权、向欧陆盟友提供的财政资助、在欧陆作战的英国远征军、就战争全局和全过程而言的对敌消耗战等几大要素合成。[④] 第五，以欧洲均势原则支配媾和与战后安排，这一系统的和一系列非常具体的方式，首次体现在1713至1714年缔结的结束西班牙继承战争的《乌得勒支和约》体系内。

这个和约以极明确的语言，将均势原则抬到欧洲国际社会宪法性原则的地位，称为“互相友好和全面持久和谐的最佳最坚实基础”，关乎欧洲安全和自由的“根本和永久的准则”。[⑤] 它标志均势原则从此成为欧洲国家处理欧洲事务的指导思想，反映了欧洲国家的主权意识和民族意识自从哈布斯堡帝国称霸图谋失败往后的继续显著增进，并且与欧洲是政治性和法律性的主权独立国家共同体（而非宗教性的“统一的基督教世界”）这一新的欧洲观念密切相关，与排除

---

① 用亨利·基辛格的话说：“英国成为欧洲均衡的‘居间制衡者’……在19世纪初，英国将它对均势的特定的捍卫转变为一种自觉的设计。直到那时为止，它与英国人民的天才相符，实用主义地从事自己的政策，抵抗任何威胁均势的国家，这类国家在18世纪一成不变地总是法国。”（基辛格：《外交》，74页。）

② “两面门神，一个面孔对着大陆，以调整均势天平，另一个面孔对着海洋，以加强其海上统治。”（德约：《不牢靠的平衡》，118页。）“两面门神”也是保罗·肯尼迪喜用的概括英国外交和战略传统的用语。

③ 此即著名的战略史和军事史家迈克尔·霍华德（Michael Howard）着重论说的英国武力的“大陆投放”，见其《大陆投放》（*The Continental Commitment*），伦敦，1972。

④ 参见约翰·哈登多尔夫：《同盟、包围和消耗战：西班牙继承战争中的英国大战略（1702至1713年）》，见肯尼迪编：《战争与和平的大战略》，10～28页；威廉·迈尔特比：《全球战略的起源：英国（1558至1713年）》，见默里等编：《缔造战略：统治者、国家与战争》，167～187页；迈克尔·霍华德：《英国战争方式》（*The British Way in Warfare*），伦敦，1975。

⑤ 参见乔治·莫德尔斯基和西尔维娅·莫德尔斯基合编：《世界领导者文件印证》，181页。

大陆霸权为核心的欧洲共同利益观密切相关。① 均势论起源和流行的历史表明，它真正成形并且开始盛行是在路易十四当政时期。一方面，路易十四的扩张使人们懂得，先前哈布斯堡西班牙的霸权野心并非由于其邪恶，"使西班牙人在一个时代、而后使法国人在另一个时代成为侵略者的是力量的配置"；另一方面，这一扩张同规模巨大、历时多年的西班牙继承战争一起，给后一代人留下了一个他们时时记起的教训，那就是决不能让类似的扩张重演。② 英国大哲学家和历史家大卫·休谟《论均势》一文是体现这种认识和记忆并反过来广泛影响后世的代表作，它概说了相继以哈布斯堡家族和路易十四法国为对象的两大反霸战争，最后断定巨型帝国违背人性，其崩溃决不可能离其建立很远。③

英国是反路易十四称霸努力的首要力量，因而并不奇怪，西班牙继承战争结束时的国际权势分布会最有利于英国。这一分布并非仅仅就欧洲大陆而言，而是也包括欧洲的周围水域和海外世界，即地中海、大西洋、欧洲海外殖民地和更广大的商业势力范围。正是在这些领域，英国经过西班牙继承战争确立了空前的权势，那与所有欧陆强国相比属于不同的范围和不同的等级，即世界范围的世界性强国优势。《乌得勒支和约》虽然承认波旁家族的腓力为西班牙国王，但规定（并仔细地保障了）他和他的继承人不得兼有法国王位，从而消除了法西两国各自的海上力量和海外存在将来合二为一挑战英国优势的任何可能性。西属尼德兰被割给奥地利作为飞地，实际上成了后者按照英国意志监控法国的一个哨所。④ 继结束九年战争的《利斯维克和约》使英国获得其舰队进入地中海的权利后，《乌得勒支和约》又使之从西班牙取得了地中海西端的战略咽喉直布罗陀，连同可用以控扼法国地中海舰队和扼杀出自马赛的法国贸易的米诺卡岛。此外，该和约还规定法国拆除其最大的武装劫掠船港敦刻尔克的防御要塞，以便使英国能有效遏阻其海上劫掠战，并且将北美大西洋岸法国属地纽芬兰、新斯科舍和哈得逊湾割让给英国。"英国的海上霸权将在此后 65 年里简直不受任何挑战。不久，英国就使用这一霸权进行干涉，不仅在地中海和北大西

---

① 参见周桂银：《欧洲国家体系中的霸权与均势》，151～155 页。

② 参见赫伯特·巴特菲尔德：《均势》，见巴特菲尔德与马丁·怀特合编：《外交研究》（Herbert Butterfield，"The Balance of Power"，in Butterfield and Martin Wight，eds.，*Diplomatic Investigations*），139、141 页，马萨诸塞州坎布里奇，1966。

③ 参见休谟：《论均势》（1752 年），见约翰·瓦斯奎兹编：《国际关系经典文献》（David Hume，"Of the Balance of Power"，in John Vasquez，ed.，*Classics of International Relations*），283～284 页，新泽西州安格尔伍德克利夫，1986。

④ 参见德约：《不牢靠的平衡》，84～85 页。

洋，也在印度洋和1712年以后彼得大帝威胁称霸的波罗的海。”[①] 除了丰厚的战略利得和殖民地收获外，还有直接的商业势力收获，而其中最重要的，是由西班牙继承战争的结果导致的英国对葡萄牙殖民帝国的大渗透：“葡萄牙是西班牙的天敌，西班牙改属波旁之日，便是葡萄牙用英国保护取代法国保护之时，而且此后再未离开它。”[②] 此外，英国还经《乌得勒支和约》得到了在西属美洲殖民地的商业渗透便利，甚至奥地利依据该和约取得西班牙的意大利属地伦巴第、那不勒斯和撒丁也有益于英国的商业扩展。对比前一轮反霸大浪峰上的情景，英国的处境和地位已有巨大变更：1588年时多少有些意外地刚刚保住自身独立的英国，现在已拥有独占鳌头的世界性优势。

按照乔治·莫德尔斯基的理论，西班牙继承战争前后的英国开始了它的“世界领导者”阶段。与前一个此种角色荷兰相比，“世界领导者”的国家规模急剧提升：1600年时荷兰人口150万，占当时世界人口0.3%；1700年时英国人口950万，占当时世界人口1.5%。[③] 英国所以取得这样的地位，很大程度上有赖于它做出的两大世界历史意义创新：（1）现代立宪政治，包括“光荣革命”缔造的、有政治权力的宪法性分配和节制的政府制度，当时由辉格党人和托利党人的分野和互动构成的“一种体制化的政党体系，它将使国会的统治具有实质”，还有政教分离和事实上的宗教宽容；（2）现代国家财政制度，主要由“光荣革命”以后半个世纪里形成的国债制度、国家银行即英格兰银行和稳定的英镑等构成。此外，英国还有一项重大创新，即孕育于荷英根本性战略合作中的“领导地位禅让”，那由奥兰治亲王入主英国王位象征并得以完全实现。[④]

法国的大陆优势跌落，英国的世界性权势凸现：由西班牙继承战争的结果宣告的这一变更，成了现代国际体系内在结构演变历程中的一个里程碑。由此，以后大致经历了两个多世纪的现代世界根本权势格局真正形成，那就是欧陆均势加大洋（或海外）霸权。欧陆均势所以在腓力二世和路易十四的两度致命冲击下终获拯救，首先归因于海洋强国对其扩张巨潮的奋力抵挡和抗击。海洋强国的根本利益甚至生存所系在于欧陆均势，同时其地缘条件和经济、政治、思想文化素质以及战略传统又赋予其决定性地参与拯救这一均势的必要力量。然而，海洋

---

① 威廉·迈尔特比：《全球战略的起源：英国（1558至1713年）》，186页。关于直布罗陀、米诺卡岛和敦刻尔克的战略意义，亦见该文，177～181页。

② 德约：《不牢靠的平衡》，85页。

③ 参见乔治·莫德尔斯基：《世界政治中的大循环》，48～49页。

④ 参见上书，82～83页。一项对现代国家财政制度的创设与其国力意义的极好阐述见肯尼迪：《大国的兴衰》，76～86页（“财政革命”）。

强国还有一项根本利益——将对大洋和欧洲海外存在的控制尽可能集中地掌握在自己手里，而欧陆强国对于欧陆事务之天然的优先关切甚或全神贯注，连同它们互相间的牵制以及它们在形成和发展海上力量方面的天然局限，大大便利了海洋强国形成这样的集中控制。“体系的自由与海外的扩张彼此互为因果。”①

第五节　列强体系的巨大扩展与拿破仑帝国的兴亡

已有的、新兴的和未来的“洲级大国”：英国、俄国和美国（上）

“洲级大国”是指规模近于大洲的巨型国家，或者如地缘政治思想大师麦金德在 20 世纪开始时所说，是“基于半个大陆的资源之宽广基础的巨型强国”②。在现代国际体系内，这样的洲级大国截然有别于查理五世或腓力二世治下哈布斯堡帝国那样七零八碎、缺乏凝聚的庞然大物，因为它们本质上是个巨大的基本统一的民族体，尽管民族统一和内聚的程度就它们各自比较而言可以大有不同；另一方面，它们也截然有别于欧洲大陆的“中等列强”，因为它们拥有大得多的“权势基值”，即接近或居于世界前列的人口、疆域和自然资源规模，这些经过它们的开发和对外运用，可以转变为国际权势而使之成为世界强国。不仅如此，相对于几个世纪里中西欧大陆在现代国际体系内占据的中心地位，此类大国无不是基本的地缘政治意义上的“侧翼大国”。从西班牙继承战争结束到法国大革命爆发的四分之三个世纪里，有一个业经确立、并且在此期间继续登上其世界优势第一轮巅峰的这样的大国，那就是英国；还有一个开始成为现代强国并适才加入现代国际体系的此等大国，即沙皇俄国；此外，另有一个在这时期的末尾诞生、以后将逐步成为世界首强的现代巨型强国，即西半球的美国。由于所有这些变迁，加上在此期间又一个欧陆中等列强、以后终将使世界面临两大轮“德国问题”③ 的普鲁士的崛起，现代国际体系的范围大为扩展，构造相应改变。这是它演进过程中的一个非常重要的阶段。

与东方的各传统大国不同，俄国在开始其现代进程以前从未有过作为一个强国的经历。俄国的初始强国化与其初始的现代化同时起步，而这初始的现代

---

① 德约：《不牢靠的平衡》，90 页。

② 哈尔福德·麦金德：《英国与其控制的海洋》（Halford Mackinder, *Britain and the British Seas*），1902 年出版，引自保罗·肯尼迪：《战略与外交（1870 至 1945 年）：八项研究》（Paul Kennedy, *Strategy and Diplomacy, 1870—1945: Eight Studies*），48 页，伦敦，1983。

③ 此系借用一部名著的界定，参见戴维·卡里欧：《重新考虑德国问题》（David Calleo, *The German Problem Reconsidered*），剑桥，1978。

化就是目光转向西方，着手仿效西方。然而，俄国的强大并非只是依靠以学习西方为首要内涵的现代化，它还依靠（甚至更多地依靠）大规模的领土扩张。不仅如此，从一开始，领土扩张就构成对俄国国家来说学习西方的主要目的，甚或唯一动机。[①] 这一扩张和对西方的极有选择性的学习构成了两个主题，它们贯穿于俄国开始成为强国并加入现代国际体系的进程。

俄国的原先状况有其与中西欧截然相反的地缘、政治和社会特征。俄国内陆广袤、地貌统一，大不同于中西欧支离破碎、崎岖多变的地理状态；其内部交通虽然得益于诸大河流，但它们不是流入里海和其他咸水湖，就是流入酷寒封冻的北冰洋，“因而在（俄国所处的欧亚大陆）整个极为巨大的中央和北部，各条河流就与外部世界的人类沟通目的而言毫无用处”[②]。在这个意义上，俄国处于一个相对封闭的地理世界。[③] 在其内部，首位沙皇、16 世纪中后叶统治俄国的伊凡雷帝（伊凡四世）残酷无情地大大加剧了基于拜占庭和东方传统的君主专制，从而使得不受制约的极端专制主义成为俄国首要的经久政治特征。与这极端专制政治对应的是农奴制下的社会严重落后状态，粗蛮陋习普遍流行，愚昧陈规积重难返。令俄国的社会进步尤为缓慢，并且使其国际作用尤为有限的，是它与中西欧的联系难有进展。到 17 世纪中后叶，俄国仍无驻英法荷三国的常设外交机构，其对外交往对象除了中欧的勃兰登堡—普鲁士外，大致限于时而与之交战的周边国家，即东南欧的奥斯曼土耳其、东欧的立陶宛和波兰以及北欧的瑞典。反过来在中西欧，人们对俄国的了解和兴趣也很有限，那里的宫廷或政府还未将它视为欧洲政治棋盘的一部分。

是众所周知的彼得大帝（彼得一世）改变了这一情况。在位近四十载的彼得依靠极端专制，将“西化”改革无情地强加于很不情愿的俄国贵族社会乃至部分民众，大刀阔斧地在军事、政治、经济和文化教育等领域除旧布新。[④] 改革

---

① “仅为取得在军事领域的平等地位，它们（‘东部列强’）费力朝改变自己以适应西方文明的方向有所迈步。”（德约：《不牢靠的平衡》，93 页。）

② 哈尔福德·麦金德：《历史的地理枢纽》，载《地理季刊》（Halford Mackinder，“The Geographical Pivot of History”，*The Geographical Journal*），第 23 卷，1904 年 4 月，429 页。这项在地缘政治理论史上极重要的里程碑性质的论著，提供了对欧亚内陆和俄国地理状况与其地缘政治含义的极佳分析。

③ 然而与此同时，它“除了在近北极的森林地区，一般很有利于骑马人和驾骆驼者的通行”。参见上书，431 页。这就大有利于一个强有力的俄国向东和向南的军事征服和领土扩张。

④ 详见最著名的彼得大帝传记，出自沙俄末年的一位俄国大史学家——瓦西里·克留切夫斯基：《彼得大帝》（Vasili Klyuchevsky，*Peter the Great*），最初于 1900 年以俄文出版，英译本系波士顿 1958 年版。又见 M. S. 安德逊：《彼得大帝》（M. S. Anderson，*Peter the Great*），伦敦，1995；尼·伊·帕甫连科：《彼得大帝传》，北京，东方出版社，1987。

的关键动因，在于他对西方文明的强烈赞慕和他要使俄国成为具备现代经济技术基础的军事强国的决心。在前一方面，最戏剧性也特别有决定意义的，是1697至1698年他化名并以下士身份随大使团出访游历，亲眼考察了荷兰、英国和奥地利等中西欧国家的政治、经济和文化科技实况。这对彼得的改革影响深远。在后一方面，非常明确、坚决和被严格限定了的目的塑造了彼得改革的根本特征，那就是"他将所有各类欧洲技艺——陆战和海战技艺、经济技艺、行政管理技艺——加诸他的人民；他将借自西方的方法与忍耐和可塑的东方人类材料之精神结合起来，与一个专制的东方政权的传统结合起来……他挣脱了许多本土传统，但未允许外国传统淹没他；他按照它们就赋予他权势而言的有用性来评新估旧，并且无情地使新旧两者契合这一目的"①。俄国经过彼得在位以前约半个世纪的领土扩张而大为增进的疆域和人口，加上至少初步形成了的俄罗斯民族意识和民族特性，已经具备了它自身成为一大强国所需的起码"权势基值"，彼得的关键作用和自觉使命是作为一位创新的统治者并使之转化为权势现实。

彼得追求的强国地位和领土扩张具有鲜明的现代性，即作为现代强国加入欧洲国际体系，实行指向海洋的"现代"扩张。虽然伊凡雷帝早就意欲夺取波罗的海出海口及其沿岸土地，而且为此不成功地进行了长达多年的战争，但只是到彼得大帝时期，俄国对外政策才经久不懈地集中指向海洋。他的政治/战略思维的核心，就在于只有取得出海口以及沿海领土，俄国才能确实与西方联系起来，才能真正进入欧洲体系并取得与中西欧强国平等的地位，也才能以海上贸易跃进式地提升俄国的经济水平和经济实力，并且以俄国和西方之间频繁、便利和密集得多的多方面交流大大促进俄国巨大潜能的开发。"俄国需要的是水域"：这就是他的头号国家利益信念。② 他觊觎的水域起初主要是在南方，即土耳其人控制的顿河出海口亚速海和亚速海南面的黑海。为此，他挥师攻占亚速港，打通俄国进入亚速海的门户，然而进一步占领连接该水域与黑海的刻赤海峡却超出他能力所及，特别是因为所必需的大规模对土战争无望得到西方的支持。南下出海的受挫导致彼得集中精力于波罗的海地区，以夺取这一通往西欧的门户。

在那里，瑞典的霸权是根本障碍——瑞典人"不仅抢占了我们必要的港口，而且将厚重的布幕蒙在我们的眼前，切断了我们同全世界的联系，从而剥夺了我们开眼向洋看的愿望"③。基于与波兰和丹麦的军事同盟，俄国于1700年对瑞

① 德约：《不牢靠的平衡》，96、97页。

② 参见马克思：《十八世纪外交史内幕》，79～80页，北京，人民出版社，1979。

③ 安德逊：《彼得大帝》，50页。

典宣战，揭开史称北方战争的多年大战的序幕，这场战争与西方的西班牙继承战争并行，但远为漫长。俄军经屡败屡战占领涅瓦河口，彼得在那里建造新都圣彼得堡，同时大力建设波罗的海舰队。1709 年，俄军赢得决定性的波尔塔瓦战役，整个战局幡然改变：先前退出了战争的波兰和丹麦与俄国复盟并重新参战，而后俄国舰队在两场海战中击溃瑞典舰队，直至俄军在瑞典登陆。在战争中，俄国通过与一个欧洲强国的旷日持久的浴血较量，首次显著表明它拥有一项至关紧要的独特的权势源泉，即由俄国农奴制度铸造出来的“可靠的农奴士兵”——俄国依靠其落后之处的一项独特的军事优越性，那大有利于它当时和以后进行的强国间战争。① 1721 年，俄瑞两国缔结结束战争的《尼斯塔特和约》，规定将波罗的海东岸的广大地区和主要出海口纳入俄国版图，俄国从此成为北方霸主和区域性海军强国。② 不仅如此，在战争过程中，彼得逐渐形成并初步实现了一项新的重大国策目标，即控制波兰，从而开始对东欧和中欧国际关系产生经久的效应。③ 总之，经过北方战争，规模相对狭小的瑞典退出强者行列，庞大的俄国作为对北、对南和对西三面具有重要国际影响的欧洲强国权势急速飙升。它的“赶超”大得益于它的权势基值和彼得大帝改革，也得益于 18 世纪欧洲军事组织方式和战争技术的基本停滞。④

就欧洲国际体系而言，北方战争的首要后果是俄国作为强国加入该体系，从而导致了意义巨大的体系结构更动和地缘政治变迁。俄国的加入通过两个途径完成：第一，它构建的反瑞典外交/军事阵线使之与一批东欧、中欧和北欧国家联结起来，这与它愈益扩增的区域政治影响一起，形成了一个向西连环的中东欧体系；第二，西班牙继承战争结束后，中西欧主要国家（特别是英国）出

---

① 沃尔特·平特纳：《俄国军事思想：西方楷模与苏沃洛夫的影响》(Walter Pintner, “Russian Military Thought: The Western Model and the Shadow of Suvorov”)，见帕瑞特编：《现代战略的缔造者》，第 13 章第 1 节（“可靠的农奴士兵”即引自该处）；J. W. C. 富勒：《俄国的战略和权势（1600 至 1914 年）》(W. C. Fuller, *Strategy and Power in Russia, 1600—1914*)，167～174 页，纽约，1992。“在与瑞典人的战争中，陆上武装证明远比海军武备重要……东方吃苦耐劳、操练有素、容易补替和不怕死的人力证明是那些岁月里机械刻板的战术的绝佳材料……于是，一项驯服的武器被置于最高统帅手中，那是一部人类工具被整合在一起的机器，脱离了传统纽带的人们将服从他们君主的意志视为他们的最高职责。”（德约：《不牢靠的平衡》，98 页。）

② 用当时的一位英国外交官的话说，那就是“足以威胁其邻邦的强国”。参见帕甫连科：《彼得大帝传》，125～126 页。

③ 参见周桂银：《欧洲国家体系中的霸权与均势》，165、168 页。

④ 这一相对停滞对俄国至关重要，它使之能通过对西方技艺的快捷的引进和借用赶超资源较少的国家，而“直到下个世纪里工业革命变更了战争的规模和速度为止，（人口和兵员）数量众多带来的粗蛮优势实际上不会遭致侵蚀”。参见肯尼迪：《大国的兴衰》，95 页。

于对俄国势力大扩展的严重不安，进行了众多旨在遏制俄国的外交活动和结盟努力，由此开创了中西欧国际政治与俄国之间的常在重要关系。欧洲国际体系因为新强国俄国的加入有了巨大的扩展。不仅如此，它的根本地缘政治构造也因而转换。最简要地说，海权对陆权的"两极"体系变成了海权对陆权加上陆权对陆权的"双环"体系①；或者更准确地说，西欧体系加中欧体系的构造变成了更广大更复杂的西欧、中西欧、中东欧三大体系互动的构造。同样重要的是，英国之外另一个"侧翼大国"俄国崛起，它像英国一样是欧陆均势的"居间制衡者"；以后两个多世纪里，它对欧陆力量对比的几度干预将是维持其多元局面、阻止一国独霸的关键因素。

彼得去世以后近40年，一向尤为起伏不定的俄国权势处于低潮，因为极端的专制制度使得君主个人素质往往成为国政和国策素质、甚至国力状态的决定性因素，而彼得之后相继几位男女沙皇素质平庸或低劣。1762年，德意志小邦公主出身的皇后叶卡捷琳娜二世废黜其夫自立，俄国权势随之再度剧增。这位在位30余载的女皇像彼得大帝一样，能够按照国际形势审时度势，然后目的明确、操作恰当地使用俄国的内在力量。她向南对土耳其发动大规模战争，靠此吞并第聂伯河口和克里米亚，将俄国权势推至黑海，由此"北方强国（亦）成了南方强国"。与此同时，她作为"游戏中的最有力角色"与普奥两国瓜分波兰，从而向西大增俄国疆土。在叶卡捷琳娜"系统地拓圆帝国"的过程中，英国、普鲁士和奥地利试图抵制，但至多成败参半。② 她甚至还在美国独立战争期间，发起和主持了针对英国海上霸权的、欧洲多国的"武装中立联盟"。到法国革命爆发时，俄国已成为国际政治的一大中心。

已有的、新兴的和未来的"洲级大国"：英国、俄国和美国（下）；普鲁士的崛起

经过与路易十四法国的长时间武力较量，英国建立起广泛和优越的世界性权势，其主要成分除英国作为"居间制衡者"而对欧洲大陆力量格局和国际关

① "两极"是指英荷两国对哈布斯堡帝国和英荷两国对路易十四法国。"现在，一个圆环囊括了最终的英法争夺大西洋地区之战（直至七年战争结束），同时另一个圆环标志着俄国靠损伤它的对面国家（波兰加上往往得到英法支持的土耳其和瑞典）进行的扩张。这两个圆环相交于德意志（那里有俄国的主要东欧竞争者奥地利和普鲁士）。"（德约：《不牢靠的平衡》，103页。）括号及其内话语系引者所加。

② 本段引语皆取自德约：《不牢靠的平衡》，125、127页。关于叶卡特琳娜二世与其统治，见亨利·特罗亚：《风流女皇——叶卡特琳娜二世》，北京，世界知识出版社，1983；德·马德里阿加：《凯瑟琳大帝（叶卡特琳娜二世）时代的俄国》（I. de Madariaga, *Russia in the Age of Catherine the Great*），伦敦，1981。

系时常施展的重大影响外，在于英国赖以控扼主要航道的海军优势和大大增进其经济财政实力的海外商业领先地位。此后不久，争夺殖民地的斗争对英国来说首次突出为首要问题，而斗争的对手照旧是在先前的较量中被它击败了的法国，后者依然拥有仅次于英国的海上力量和使英国垂涎的东西两半球殖民地。英法通过海外战争进行的殖民地大争夺，加上英国不能不从事的与之交错或间隔的欧陆战争，构成从西班牙继承战争结束到七年战争终了期间半个世纪的西方国际政治基本图景。

英法殖民地争夺的潜在冲突点分布甚广，从北美大陆到加勒比海再到印度。然而，其中最显著的不是在广袤的北美，而是在可获的商业利得远为丰厚的加勒比海岛屿，那里繁盛的种植园经济与确立已久的、同西班牙美洲殖民地的走私贸易两相交汇，对英国商业阶级一向有巨大的吸引力。伦敦的国务家们的眼界也与之相同，对他们来说评估一块殖民地的价值的主要标准除了其战略意义外，便是其贸易意义，而不是其幅员和人口移居即殖民潜能。由此，英法殖民地争夺长剧于1739年在加勒比海揭幕，导火线是英西战争（“詹金斯之耳战争”），由一个起于私人行动而非内阁策划的偶然性事件——西班牙人割去英国走私者詹金斯船长的耳朵引发，而后跨比利牛斯的波旁家族联系终将法国拖入其中。在大西洋彼岸，普鲁士于1740年发起的奥地利继承战争使英法以彼此对立的欧陆态势各自支持一方，直至四年后两国正式为此开战。“在海上，不受波旁舰队的任何重大挑战，皇家海军对法国商业实行越来越严密的封锁。海外，在西印度群岛、圣劳伦斯河口往上、马德拉斯周围以及前往利凡特（Levant，即地中海东岸地区）的商路沿途，攻击和反击持续不断。”① 虽然1748年《亚琛和约》结束了英法之间和欧陆列强之间的这轮战争，但它对所有这些国家来说实际上只是一纸休战书。18世纪50年代期间，英法各自在北美的殖民地彼此冲突不断，其动力既来自母国政府难以控制的北美当地殖民者，也来自在伦敦和巴黎都很活跃的扩张主义游说集团，它们敦促支持殖民者，宣扬决定北美乃至整个海外世界归属的根本关头已经到来。②

1755年，英国在海上频繁攻击法国商船，法国遂夺占《乌得勒支和约》划归英国的米诺卡岛。随后，英法战争汇入翌年爆发的、欧洲列强两大阵营之间的七年战争，构成其海上和海外部分，范围包括英吉利海峡、地中海、大西洋、

---

① 肯尼迪：《大国的兴衰》，110页。

② 参见R. 佩雷斯：《美洲战争对大陆战争（1739至1763年）》，载《英国历史评论》（R. Pares, “American versus Continental Warfare, 1739—1763”, *English Historical Review*），第51卷，1936年。

北美大陆、加勒比地区和印度。在这空前广大的冲突中，英国依凭的是优秀的大战略领导、强健的财政耐久力和海军专长。① 英国舰队在地中海和大西洋失利在先，而后迅速扭转战局，于1759年分别在葡萄牙拉各斯海湾和加拿大魁北克海湾大败法国舰队，由此获得几乎完全的制海权。同年，英国陆海军攻下魁北克，不久后夺占法属加拿大全部。接着，英军攻占加勒比海的马提尼克岛，并且击败在印度的法国势力，了结了双方在那里已有半代人之久的直接和间接冲突。1763年初，以英国在海战和殖民地战争中的完全胜利以及英普同盟在欧陆战争中的显著优势②为背景，英国与法国及其盟国西班牙缔结《巴黎和约》，其中规定：法国将其北美殖民地加拿大和密西西比河以东全部土地（唯新奥尔良除外）一概让予英国；西班牙在从法国得到路易斯安那西部作为补偿的条件下，亦将其北美殖民地佛罗里达交给英国；在加勒比地区，英国从法国获得特立尼达和多巴哥、格林纳达、圣文森特等岛屿；在印度，英国获得战时占领的一切领土，法国只保留五个被禁止设防的沿海通商据点。至此，英国经过再度大败主要对手法国，实现了它的首次殖民地急剧扩张。这加上空前显赫的海上霸权，令英国登上了它的世界性优势的首轮巅峰。“从此往后，谁会去争夺英伦岛民们的权利——作为欧洲大陆四个大西洋国家（西、葡、荷、法）的唯一继承者逐渐占取其海上和殖民威望的权利？欧洲大陆自俄国登上舞台后分裂得更深更散，它怎么能再次产生一个严重图谋称霸的强权？”③

如前所述，到西班牙继承战争结束时，英国形成了一项大战略传统，即在联盟战争中必须向欧洲大陆派遣远征军和向欧陆盟国提供其他支援，而不能单凭英国的海上优势。这一点在七年战争中表现得同样清楚，而且对英国空前的海外胜利来说显得更为重要。杰出的战略史家保罗·肯尼迪强调：英国大战略是否有效不能仅看是否夺得了加勒比的产糖岛屿或印度的亲法土邦，因为如果敌人打垮了英国的欧陆盟国，那么所有这些海外获取不管多有价值，就都只会是为时短暂的。“有如（战时首要决策者）老皮特逐渐认识到的，赢得决定性胜利的正确途径是以‘大陆’战略补充众人喜欢的‘海洋’战略，给（普鲁士国王）弗雷德里克本人的部队提供大规模津贴，并且支付在德意志的一支规模可观的‘观察军’，以保护汉诺威和遏制法国人。”到下一轮大战——拿破仑战争时同样如此。“在1689至1815年期间发生的七场战争中，对英国利益的挑战出

---

① 参见肯尼迪：《大国的兴衰》，113～114页。

② “在巴黎和会上，法国人手里没有欧洲资产作为讨价还价筹码来用，像他们1748年在亚琛曾有的那样。（因此）他们永远失去了美洲。”（德约：《不牢靠的平衡》，116～117页。）

③ 同上书，117页。

自一个本质上基于陆权的强国——法国。诚然，法国人会把仗打到西半球，打到印度洋，打到埃及和其他地方；但是，这些战役虽然对伦敦和利物浦的商人们来说重要，却从未给英国国家安全带来直接威胁。这样的威胁只会在如下情势中出现：法国在军事上战胜了荷兰人、汉诺威人和普鲁士人，从而使之在中西欧拥有足够长时间的优势，以至积聚起能够侵蚀掉英国海军霸权的造舰资源……必须在欧洲内部援助法国的敌人，以遏制波旁家族的（和拿破仑的）野心，从而维护英国自己的长期利益。”①

在七年战争中，英国的盟邦除了它1714年起的王朝来源地汉诺威之外，仅有此次大战的挑起者普鲁士。这个先前已发动过奥地利继承战争的国家接连引发大规模战火，险些自焚其身，然而终告胜出，成为俄国之后又一勃然崛起的新强国，由此造成欧洲国际体系格局的重大变化。普鲁士可谓起于青蘋之末，其前身勃兰登堡选侯邦在一个半世纪以前还只是北欧平原上的一个小邦国。然而，在17世纪初通过联姻和王朝继承获得波兰境内的东普鲁士后，疆土首度剧增的勃兰登堡—普鲁士（1701年升格为普鲁士王国）便主要依靠经典的现代国家手段——中央集权、军备建设、联盟外交和有限战争——大为有效地扩张版图和提升地位。在此过程中，它尤其得力于几大内部要素：先后三位统治者的非常杰出的政治组织才能和军事才能，它们是大选侯弗雷德里克·威廉、第二位普鲁士国王弗雷德里克·威廉一世、其继承者弗雷德里克二世（弗雷德里克大王）；纪律严酷、训练有素和为之倾注绝大多数国家税入的普鲁士陆军，它具备很高的军事效率和在当时欧洲与国家人口相比特大的规模；稳定的国家财政状况，得益于王室领地的广大和对工商业的鼓励；效能一流的普鲁士军政官僚，他们在独特的普鲁士“军事供应总署”（General War Commissariat）体制内操作。② 然而，外部状况和国际格局变动也为普鲁士的崛起提供了重大便利或机遇。北面的瑞典权势在俄国打击下崩溃，东面的波兰处于羸弱和内部混乱境地，德意志内部的霸主奥地利分神于一场场帝国战争，连同整个18世纪初期因皇帝无男嗣而令其大伤脑筋的继承问题；不仅如此，“法国在西面离得足够遥远，通常不是致命威胁；确实，它有时能起到有用的反奥盟友作用。另一方面，如果

① 肯尼迪：《大国的兴衰》，113、97～98页。

② 参见上书，91～92页；克雷格和乔治：《武力与治国方略》，20～21页；玛格丽特·申南：《勃兰登堡—普鲁士的兴起》（Margaret Shennan, *The Rise of Brandenburg-Prussia*），伦敦，1995。弗雷德里克·威廉一世统治时，普鲁士军队规模被增大到83 000人，为欧洲第四大军队，而当时普鲁士领土幅员只排在欧洲第10位，人口数量只排在欧洲第13位。参见克雷格和乔治：《武力与治国方略》，21页。

法国大力突入德意志，它就很可能受阻于哈布斯堡军队、汉诺威（因而英国），或许还有荷兰人以及普鲁士自己。最后，如果这一联盟失败，普鲁士能比其他国家更容易地向巴黎求和”①。

尽管从勃兰登堡开始其版图大有扩展，但普鲁士就人口和幅员而计的“权势基值”非常显著地小于欧洲每一既存强国。因此，它能够跃入寥寥数强之列，在更大程度上依靠最高统治者当中出类拔萃的个人。普鲁士强国权势的根本奠基者是弗雷德里克·威廉，而其决定性的成就者是弗雷德里克大王。这位君主是黎塞留之后“国家最佳利益”（或曰“纯国家利益”）观念和思维方式的登峰造极的代表，非常明确地将按照其权势维持和增长来定义的普鲁士国家利益置于其余一切之上，拒不优先考虑霍亨索伦王朝家族情感、君主个人利益以及道德和法律规范，无所顾忌地以“现实政治”（*realpolitik*）方式追求国家利益，并且能够具体和细致地辨识特定形势下特定的国际利益关系和力量对比，从而精明地确定所需的战略和策略。② 在他看来，普鲁士最重要的国家利益在于能够使之具有大国规模的领土扩张，而领土扩张主要依靠有勇有谋地使用武力。他背弃关于尊重奥地利王位女继承者玛丽亚·特蕾莎治下领土完整的条约义务，出兵攫取西里西亚，从而开始了奥地利继承战争。在这场战争的八年中，他背弃法国等盟国，两度与兵败的奥地利单独订约，据此先后割得上、下西里西亚。1756 年，针对奥地利将与法国结盟以夺回西里西亚，弗雷德里克急忙转而与先前的敌国英国结盟，由此促成了欧洲国际阵列的急剧变更，史称“外交革命”，七年战争随之爆发。在近乎单枪匹马与奥、俄、法诸强鏖战欧陆的极危险情势

① 肯尼迪：《大国的兴衰》，92 页。

② 参见迈内克：《马基雅维利主义：“国家理由”观念与其在现代史上的地位》，第 12 章“弗雷德里克大王”。该章论道：弗雷德里克“完全没有任何特殊的王朝情感，完全没有任何对王族血统的坚实的敬意……诚然，从对外观点看，一个王朝集体的传统历史尊严应予维持，但是就其内在结构说，它应当被剥除它的情感依恋和传统联系，转变成一个为了国家裨益的功利性组织。其中每个无助于这目的的非理性和自然有机的成分都要尽可能予以压制。弗雷德里克甚至将他自己合理化……（他说）统治者是其人民的第一仆人……这番话决不是个孤立的或纯粹个人的认识。它是至此关于‘国家理由’（*raison d'etat*）问题的思想进程的成熟果实。统治者是‘国家理由’、国家利益的仆人……显露他的王国和他本人被合理化的程度的，莫过于他在灾难压来情况下，于 1757 年 1 月 10 日写给他的大臣芬肯斯泰因的著名指令：‘如果我的命运是被俘虏，那么我禁止任何人丝毫关切我个人，或者丝毫注意我可能从我的被囚地写的任何东西。如果这么一种不幸降临到我头上，那么我将为了国家牺牲我自己，而每个人此后必须服从我的兄弟；我要责成他以及我的所有大臣和将军，以他们的头颅担保不得为了我被释放而割让任何一省，或者交纳任何一笔赎金，而是要继续战争和夺取每项好处，就像我从未在世上存在过似的’”。关于弗雷德里克大王能够具体和细致地辨识特定形势下特定的国际利益关系和力量对比，一个最著名的例子见克雷格和乔治：《武力与治国方略》，32～33 页。

下，依靠其“君主与其训练有素的部队的了不起的努力”[①] 并且“几乎流尽本国鲜血”[②]，普鲁士终于获胜，从而保住了西里西亚和自己的强国地位。1772 年，源于弗雷德里克的权谋，普俄奥三国瓜分波兰，普鲁士东西两部不再彼此分隔。普鲁士的地缘政治环境、相对羸弱状况和弗雷德里克大王的“现实政治”，决定了它在崛起为强国过程中极富特征的国际行为模式，甚而以后直到俾斯麦的对外政策传统，那就是打劫、权变和“搭车”。[③]

七年战争结束时，欧洲国际体系显然已经固定为英、法、奥、俄、普五强结构。巨型国家俄国和“暴发户”普鲁士分别在欧洲侧翼和中央的崛起大大扩展了列强体系；不仅如此，它们的崛起还绝对和相对地削弱了法国和奥地利这两个传统的欧陆主要强国，从而造就了通过一个“逐步的拉平过程”[④] 而来的多极均势。它是那么倾向于动态稳定，以至大体上一直延续到第一次世界大战，尽管其间经过了天翻地覆的拿破仑战争和导致欧洲国际力量对比重大变化的德国统一。然而，英国在大洋和海外的巨大的世界性优势，还有俄国的非常庞大的国家规模，已经构成了一种潜在的、严重的不平衡，而且这种不平衡以后还将愈益发展。在这个意义上说，现代国际体系自初生以来的传统中心欧陆，连同那里的传统“中等强国”，开始了它们的衰落过程。

如果考虑到在本节涵盖的时期里发生了美国独立战争，导致美国联邦政府的建立和未来世界首强的诞生，那就更有理由做出这样的结论。从大约一个半世纪以后的情景回过头来看，美国的诞生确是世界优势跨洋西移过程的开始。北美十三州殖民地造反及其成功与英国权势和威望的某种突然跌落密切相连，并且促成了英国世界优势的严重危机。七年战争适才结束，英国的内外困境便冲破显赫的胜利面相暴露出来，或者说正是战争的大胜产生或加剧了问题：从国会、政府机构到王室，败象丛生、贪污风行，与此同时辉格党优势丧失殆尽，英国政治（包括政党体系）陷入紊乱；在北美，法国威胁的彻底解除迅速消除了十三州对英伦母国本来就相当有限的依附和忠诚，向它们强行征税的企图更是激发了反叛；在印度，法国的败北导致英国东印度公司从贸易组织变为领土

---

① 肯尼迪：《大国的兴衰》，92 页。

② 克雷格和乔治：《武力与治国方略》，34 页。

③ 弗雷德里克大王和德国统一进程中的俾斯麦一样，都善于“从改变（同盟）忠诚中获取资本”，都“大胆地、肆无忌惮地攫取赃物”；普鲁士“除了自己的成功外不承认任何主宰。它随时可以和任何国家结盟”。参见德约：《不牢靠的平衡》，112 页。

④ 同上书，111 页。

性统治者，其横征暴敛和滥用武力终于酿成令英国举国震动的黑斯廷斯弹劾案。① 英国的困境在美国独立战争中表现得非常强烈。“美国人的造反一经蔓延开来，对它的镇压就涉及英国部队在远离本土基地3 000英里的地方进行大规模的大陆作战”，其成功大概超出了差不多任何情况下英国的能力所及。② 不仅如此，很大程度上因为法国——独立战争的军事援国——首次无须同时在欧陆大举作战或高度防备，英国在与之进行海上较量时竟然失去了制海权，而叶卡捷琳娜二世倡导的“武装中立联盟”使英国陷入了对它来说极为罕见的彻底孤立。虽然在以后30余年里，依靠国内改革、反拿破仑战争、工业革命以及自由贸易体系之趋于取代重商主义殖民体系，英国重新振兴，并且登上了它的更显赫的第二轮世界优势巅峰，然而可以说它注定要让位于由它萌发而后被它“丢失”了的美国。

事后从全球史的眼光看，17和18世纪英属北美殖民地的逐渐壮大及其最终独立构成世界政治经济中一项意义重大而又深远的权势转移。“海域将欧洲的能量从内陆吸引到它的西海岸，发展了海军力量和殖民力量，加强了海洋国家的这两类权势，最后将它们集中于欧洲西岸外的（英伦海盗）。现在，从该岛本身出发的权势迁移开始了。正如注满喷泉底盘的水溢入下一个底盘那样，权势现在从该岛进一步往西跨过大洋。”③ 正是由于这一根本趋势，美国独立战争中的战斗虽然以同时代欧洲战事的规模衡量似不足道，但以它们的未来意义衡量远超过后者。

美国的勃兴除了有非常有利的地缘条件（那给它格外高的安全程度、大陆扩张的便利和几乎得天独厚的自然资源之利），还有基本的人文原因。众所周知，其中特别重要的，是其移民的个人主动性、相对自由、创新精神、经济活力和务实秉性。④ 这类似于荷兰和英国勃兴的基本人文原因⑤，然而是在几乎每一方面都更强烈的程度上。同样众所周知但甚至与荷兰和英国相比也大为独特的，是一开始就参与塑造美国政治文化传统的那种精神优越感和使命意识。

---

① 东印度公司的腐败和罪恶在1774至1785年的英印总督沃伦·黑斯廷斯治下达到了难以复加的地步，导致18世纪末英国大哲学家和改革思想家边沁在晚年写道：“经东印度公司董事和股东表决，正在建造一座这位总督的铸像，上面应当刻写：把钱装进我等腰包，便无任何暴政恶到我等不可膜拜。”（边沁：《道德与立法原理导论》，70页，北京，商务印书馆，2002。）

② 参见肯尼迪：《大国的兴衰》，116、117页。

③ 德约：《不牢靠的平衡》，118页。

④ 参见一部思想才华和写作才华皆出类拔萃的名著，即丹尼尔·布尔斯廷：《美国人：殖民地的经历》，上海，上海译文出版社，1989。

⑤ “一个海洋性社会的种种爱自由的力量。”（德约：《不牢靠的平衡》，119页。）

从登上新英格兰海岸的清教移民起，关于美利坚生活方式、精神和理想卓越超群的理念，连同它们说到底普世适用的信仰，足够强烈而经久不衰，简直构成了一种民族宗教。“我们将如山巅之城，为万众瞻仰。”清教移民领袖约翰·温思罗普的这句话可谓定下了美利坚世界观和历史观的基调。[①] 这种精神优越感在 20 世纪初期以前一直首先是针对欧洲的，其中很大部分针对被认为腐败龌龊的欧洲国际政治。此即美国“例外主义”，它在独立战争期间导致了美国国父们的外交理想主义言行，很有代表性地体现在例如赴法求援的大陆会议代表约翰·亚当斯和本杰明·富兰克林等人那里：他们着意表现自己来自“未经玷污的新世界”，并且一本正经地告诉法国外交大臣“北美的尊严……只在于理性、正义、真理和人权”[②]，虽然这没有阻绝他们后来从实用主义的策略目的出发，学会和施展欧洲式的“不道德的”外交权术以完成对英和约谈判。[③] 这样的优越感、“例外主义”和使命意识准备了未来驱使美国谋求区域优势乃至世界优势的一大精神动力，准备了它未来的世界霸权心理的一个潜在源泉。

新生的美国是个巨大的海洋性国家，当它再过半个多世纪完成大陆扩张而成为两洋环抱的“洲级大国”后便更是如此。当然，就总的海上力量、特别是海军实力而言，美国要达到与英国大致平起平坐的地步尚有非常遥远的距离，走完这段距离尚需约 150 年时间；但是，即使到那时，大洋体系的根本结构特征也没有从一极优势或霸权转变为均势，即转变为相对稳定地存在于欧洲大陆的那种均势。“建立海上均势、作为欧洲均势的对应物或延伸证明不可能。那些指望创造这么一种均势的人，莽撞地将欧洲经验应用于一个别的原理在其中运行的世界；19 世纪的事态发展将一次又一次地凸现这错误。”[④] 在此说的是拿破仑，更是威廉二世德国。很大程度上，与欧陆国际格局机理大相径庭的这么一种情况归因于英美两国间归根结底的“特殊关系”。虽然从美国独立战争爆发到 19 世纪结束，英美关系几乎一直由战争、敌意、摩擦或竞争支配，但在美国主流精英阶层那里，始终有着或隐或现或弱或强的“盎格鲁—撒克逊主义”情感，

---

① 参见布尔斯廷：《美国人：殖民地的经历》，5 页。

② 费利克斯·杰尔伯特：《走向〈告别辞〉：早期美国对外政策思想》(Felix Gilbert, *To the Farewell Address: Ideas of Early American Foreign Policy*)，66～67 页，新泽西州普林斯顿，1961。

③ 参见上书，86 页；朱利叶斯·普拉特：《美国对外政策史》(Julius W. Pratt, *A History of United States Foreign Policy*)，第 4 版，15、17～18 页，新泽西州安格尔伍德克利夫，1980。

④ 德约：《不牢靠的平衡》，123 页。

即“英国人是血亲，他们一样信奉有秩序的自由、自由贸易以及国际进步和稳定”①。这是一种到时候会对世界政治走向有决定性影响的情感，它和利益估算一起，导致后来强盛的美国将其力量投到相对衰弱的英国一边，确立盎格鲁—撒克逊大洋优势而非英美均势，如同第一和第二次世界大战时发生的那样。

法国大革命、拿破仑帝国和国际政治的变更

第一章第三节在谈论国际关系史研究的独特的重大价值时，曾以兰克和当代国际关系史学大家保罗·施罗德对法国大革命的根本原因的看法为主要例解，即这一天翻地覆的事件首先甚而主要源于18世纪欧洲国际关系的基本模式和形态。正是“自由放任”的经典国际权势政治直接导致了那个世纪的一场场欧洲战争和海外冲突，直至规模空前的七年战争和法国在其中的失败，从而造就了大革命爆发所需的根本环境和成因。在那个时代，国家与国内社会的基本关系是王朝政治，平民很少参与国家事务，更是极少参与国家对外事务；即使在英国等极少数存在议会主权或有半独立的立法部门的国家，对外政策控制权也主要由行政部门掌握。国际政治的操作者们（各国国王、文臣武将、宫廷外交家等）构成著名国际关系理论家汉斯·摩根索笔下的所谓“贵族国际”（aristocracy international）②，他们一方面作为各自国家的“国家理由”载体纵横捭阖、竞势逐利，另一方面则往往将自己作为“贵族国际”成员的跨国认同感置于对本国本民族的认同感之上。他们大肆实行以口是心非、贪婪成性为特征的列强外交，进行“毫无道义的人们之间无休止的争斗，只顾索取，欲壑难填”，同时总的来说又多少奉行某些笼统的、建立在“贵族国际”共同价值观基础上的“游戏规则”，特别是列强互不毁灭、互相制衡、互不干涉内政，以一般有所节制的方式在领土、战略、殖民和商业特权等方面追逐具体和有限的利益。③

大革命急剧改变了法国的国内政治，使之突发空前宏伟的国力和由革命意识形态塑造的总体性对外目的，从而变更了国际政治。所有这些变革的关键起点是人民主权观念。法国革命者首开建立国民议会并奉其为国家最高权力的先

① 迈克尔·亨特（韩德）：《意识形态与美国对外政策》（Michael H. Hunt, *Ideology and U.S. Foreign Policy*），133页，纽黑文，1987。

② 汉斯·摩根索：《国际纵横策论》，310～315页，上海，上海译文出版社，1995。

③ 参见克雷格和乔治：《武力与治国方略》，第2章“18世纪外交”。引语系当时的一位政治家所言，引自该书第31页。

河，正是这个国民议会在1789年宣布“主权……属于整个民族”①。卢梭提出的否定狭隘封建关系的“公意”（General Will），终于体现为大众政治和民族主义的纲领——人民主权论，而被他奉为最高美德和所有其他美德之源泉的爱国主义，终于从多少是抽象的原则转化为实际推动一场大革命的全民族信念。特别在1793和1794年，即革命的法国在反法同盟面前进行殊死自卫、而后转守为攻打出法国的关键年头，大众动员、民族主义和被称为“恐怖专政”的雅各宾极权主义造就了一个力量惊人的法国。这力量不仅被用来保卫国内的革命，而且在防御性战争取得最初的一系列胜利后，迅速被用来进行对外军事扩张，无论是为了追求由“自然疆界”保障的彻底安全，还是为了输出普世性意识形态和实现超越国界的欧洲革命改造。到1799年拿破仑取得政权为止，法国革命政府依靠战争和被占领或被控制地区的激进力量策应，已经正式兼并了东北边界外地区，包括萨伏依、尼斯、比利时和莱茵河左岸普鲁士领土，并且支配了周边几个经过改名和改造的附庸性共和国，即巴达维亚共和国（荷兰）、赫尔维第共和国（瑞士）、罗马共和国（教皇国）和巴特诺佩共和国（那不勒斯王国）。

“革命的皇帝”拿破仑基于大革命的政治和军事创新，统帅法国战无不胜达10多年之久，征服和控制所及差不多囊括整个欧洲大陆。② 依靠大众征兵制、国民激情和几乎整个社会经济的战时动员，投入战争的人力、物力和精神资源达到空前巨大的地步，而民族主义、普世性意识形态和拿破仑无限的帝国野心结合在一起，导致了这些空前巨大的资源为之服务的空前广泛的战争目的，它说到底包括取消所有各国的真正独立，甚或改变它们的政治和社会生活方式。具体地说，拿破仑一要使法国至少牢固地兼并莱茵河和阿尔卑斯山地区；二要造就以法国为基地的欧洲大陆帝国，将大西洋到乌拉尔山的所有其余国家统统变成法国的附庸；三要建立一个空前庞大的法兰西海外帝国，其中包括被打垮或被臣服的英国、西班牙和葡萄牙的殖民地。③ 从1799年取得法国政权到1802年与英国签订实为暂时休战的《亚眠和约》为止，拿破仑主要从事并实现了上

① 安德鲁·文森特：《国家理论》（Andrew Vincent, *Theories of the State*），26页，伦敦，1987。

② “革命的皇帝”拿破仑，克劳塞维茨语，参见克劳塞维茨：《论战争》，518页。这位伟大的战争哲学家、反拿破仑战争的参加者写道：

“在18世纪，在西里西亚战役的日子里，战争仍然只是政府的事情，人民的作用仅是充作一件工具。在19世纪开始时，人民在战争双方都举足轻重。与弗雷德里克大王对阵的将军们是墨守指令行事，这意味着谨小慎微是他们的显著特征之一。然而，现在奥地利人和普鲁士人的对手说白了是战神本身。”

“战争的这么一种转变可能导致思考战争的新方式。在1805、1806和1809年，人们或许认识到有可能彻底毁灭——确实，彻底毁灭近在咫尺。”（同上书，583～584页。）

③ 参见周桂银：《欧洲国家体系中的霸权与均势》，204～205页。

述第一方面的目标。接着在1812年大举入侵俄国以前的十年里，他主要致力于造就欧洲大陆帝国，为此将意大利、荷兰、德意志“莱茵联邦”、西班牙和葡萄牙纳入其帝国，几度以大规模战役在中西欧击败普、奥、俄大军，迫使普奥两国不得不俯首听命，并且使俄国成为大致只能阳奉阴违的法国盟邦。1806至1807年，拿破仑宣布建立对英国关闭欧陆市场的大陆封锁体系，继之以规定俄国作为盟邦就范的《提尔西特和约》：这两大事态标志他的帝国如日中天。在生存逻辑的逼迫下，欧洲其他国家到头来只能同样大大扩充武力，进行以抗击法国意识形态与其帝国权势征服为总体性目的的战争。可以说，国际政治在目标和手段两方面都发生了革命性转换。

为概览和理解现代国际关系史，可以使用兰克往后惯常被用的范式，即强国的兴衰和国际权势格局的往复变迁，但一定意义上也可以使用国际关系思想家马丁·怀特的一个范式，即“信念和狂热的再三爆燃”，而这“爆燃”的国际政治表现被称做“国际革命”——“依靠强力、依靠战争或革命或这两者来变更国际社会的系统的努力”①。法国大革命和拿破仑战争就是这个意义上的国际革命，而且是历来最大的国际革命之一。它没有取消权势政治，而是将“激情和狂热引入政治功利谋算，同时信条有时压倒了或重新解释了利益”。它造就了强烈的跨国意识形态和跨国情感，前者被法国用来感召别国国内的亲革命力量反对本国政府，后者则导致这些力量中的不少人热爱法国及其意识形态甚于依恋本国及其独立。它导致了外交的转换：外交从通过谈判和互相妥协来调整国家间利益抵牾的尝试转变成宣传手段，以越过别国政府来影响别国公众。它还导致了战争的转换，使得战争与和平、国际战争与内战、战争与革命之间的区别统统模糊起来：法理上的和平时期充斥着“冷战”敌对甚至颠覆行动；“法国革命战争由德意志、瑞士和意大利所有各邦或各州的内部冲突相伴，亦伴之以法国自身的内战——旺代之战”；战争带有意识形态狂热并旨在无限的目的，因而它本身成了革命或教义征伐。②

导致拿破仑帝国败亡的国际政治机理

拿破仑帝国的兴亡是现代国际体系经历的第三轮最大动荡。与前两轮即哈布斯堡帝国和路易十四法国的全欧霸权追逐及其失败一样，其中最大的问题是

---

① 马丁·怀特：《国际政治》（Martin Wight，*Power Politics*，edited by Hedley Bull and Carsten Holbraad），第7章“国际革命”，引语见其中第83、86页，莱塞斯特，1978。

② 参见上书，引语见第88、91页。关于旺代之战（旺代叛乱）的最有名的著作，自然是维克多·雨果的小说《93年》。

这个体系关系到主权国家群体的生死存亡。然而，伴随欧洲在一些根本方面的历史演变，特别是上面强调的大众政治、民族主义和普世性革命意识形态的急剧凸现，连同如前所述列强体系的巨大扩展，这一轮动荡就其烈度、范围甚至一般的社会和政治影响而言显著超过了前两轮。拿破仑个人无限的帝国野心及其无限的战争冲动使情况更加如此。这位“革命的皇帝”稳定了法国革命社会，将“旧的欧陆威权精神”注入其中，从而令大革命激起的巨大国力和动能转变为他掌中用于扩张的权势工具，“那比欧洲大陆先前见过的任何权势工具都更锐利、更驯服、更有力”①。然而，历史上极为罕见的是，战争、而且本质上只是追求总体性目的的战争在拿破仑那里成了差不多唯一的权势工具：他并不认为战争是一种紧急的举措，是弥补其他工具失能或失败时的最后手段，相反他只是一个总体战争家，将为了有限目的进行的有限战争排除出他的政治和军事体系。因此，拿破仑大大减少了他自己以及他统治下的法国的选择余地，被“他自己追求征服和绝对统治的强烈的心理冲动”② 驱入了那种法国再强大也力所不及的战争——迫使对手奋战，并且到头来使他无论在战略上还是在政治上都无法取胜的战争。③

这只是拿破仑帝国败亡的一项最一般道理。从国际政治的角度较为具体地判断，可以说三大机理导致了这个多年里空前强大的帝国的败亡：第一，侧翼大国——英俄两国进行抗击欧陆霸权和恢复欧洲均势的决定性奋斗，尽管它就英国而言贯穿于法国扩张大潮从兴起到败落的全部 20 年，而就俄国而言只是在它的最后时期；第二，德约所说现代史上的“大洋原理”（海权）一如既往地阻遏了旨在横霸欧洲的“大陆原理”（陆权），这是贯穿拿破仑战争始终的主要地缘战略机理；第三，法国的侵略和征服激发了欧洲广泛的反法民族主义以至“解放战争”，从而使得民族主义这一法国革命的伟大创造和拿破仑扩张依据的一大力量经其扩散而成为帝国的一大克星。

在所有欧洲国家中间，只有英国始终坚持反抗大革命后的法国扩张，虽然由于力量的不足，加上地缘战略处境甚或意志方面的局限性，它在拿破仑战争

---

① “革命的皇帝”如前所述出自克劳塞维茨，其他引语见德约：《不牢靠的平衡》，133 页。

② 彼得·帕瑞特：《拿破仑与战争的革命》（Peter Paret，“Napoleon and the Revolution in War”），见帕瑞特编：《现代战略的缔造者》，第 5 章，第 3 节。

③ 某种意义上最能说明问题的是，他“1813 年夏天拒绝妥协媾和，致使法国人不得不在非常不利的形势下打一场秋季战役……反法盟国在攻入法国之前，拿破仑拒绝了在政治上分裂它们、谈判出一种可容忍的和平的又一次机会，尽管它们现在已拥有二至三倍于法国的军事力量优势……拿破仑在 1814 年最初几个月里的作战，使人想起希特勒在伦德施泰特的攻势失败后，仍然坚持要在 1945 年春季毫无希望的形势下继续捍卫德国西部”。（同上书。）

的大部分时间里像保罗·施罗德指出的那样，其努力仅仅着重于制海权、贸易优势和欧洲南部边缘，而不积极地阻止拿破仑在中西欧的领土征服。① 从1793到1815年，欧洲出现过多次旨在抵抗法国扩张的反法同盟，英国不仅始终是其参与者之一，而且是其最重要的组织者和鼓舞者。如后所述，从远征埃及到特拉法加海战，再从发动大陆封锁到发动侵俄战争，拿破仑近15年里以其很大部分战略努力表明，他自己非常懂得不打垮或不困死英国，他的欧陆霸权就永不可能真正巩固和经久。在这些意义上，完全可以说继伊丽莎白一世时期和威廉三世时期之后，英国又一次拯救了欧洲和现代国际体系。

从事态发展顺序来看，英国所以能够起这样的作用，首先归功于大政论家和思想家埃德蒙·伯克，而后归功于大政治家和战略家小威廉·皮特。法国大革命开初数年，欧陆列强大体上仍从经典权势政治的眼光看待这一实际上全新的事态，不是为内乱将削弱传统对手法国而窃窃自喜，就是对那里的变更掉以轻心而照旧从事互相间的暗斗明争。与此同时，英国同样未将法国大革命视为威胁：关于内乱将削弱法国的权势政治谋算，连同舆论中间关于法国革命类似甚至优于"光荣革命"的广泛赞赏和同情，导致英国政府在1793年初法国对英宣战以前一直奉行中立政策。是伯克首先强烈地意识到法国大革命对英国制度、传统和根本安全包含的巨大危险，并且从1790年底发表《法国革命随想录》开始，坚持疾呼大力反对法国革命，竭力说服英国政府改弦易辙。② 在法国内部革命愈益升级、对外扩张势头凸现的根本背景下，伯克的呼吁终于见效，特别是对于首相小皮特。但是，小皮特的视野和立场仍与伯克有实质性区别。"伯克是大革命的敌人，不仅因为它对外国采取敌对行动，而且因为它推翻了一个合法政府，并且在整个欧洲威胁市民社会的安全；皮特虽然将法国的侵略行为归因于大革命的原则，却是依据法国的侵略行为对英国展现的具体危险来说明（对法）战争的正当性。伯克反对大革命，是因为它没有存在的道义权利；皮特反对大革命，却是因为在当时形势下其败亡是为维护英国国体所必需。伯克不到旧君主制得以恢复就永不会满足；皮特却会与法国打交道，只要在形势使得这么做安全无虞的时候。"③ 这位战略家确认，为了挫败法国扩张，必须坚持不懈

---

① 参见《欧洲政治的转变（1763至1848年）》(Paul W. Schroeder, *The Transformation of European Politics, 1763—1848*)，225～228页，牛津，1994。

② 参见菲利普·斯科菲尔德：《英国政治家与法国武力：1793至1795年的意识形态战争》，载《历史》(Philip Schofield, "British Politicians and French Arms: The Ideological War of 1793—1795", *History*)，第77卷第250期，1992年6月。

③ 同上书，193页。

地反复组建英国和欧陆列强的反法同盟，而反法同盟的目标是恢复欧洲均势和在均势基础上的欧洲和平。1805 年，他正式提出了欧洲战后领土和政治安排纲领——“皮特计划”，其主要内容为剥夺法国自大革命往后的领土扩张所得，按照欧洲均势需要重构中欧版图，确立英俄奥普四强的战后经久同盟，以保障战后安排和防止法国侵略再起。① 翌年，小皮特去世，其政治门徒卡瑟尔累子爵和乔治·坎宁继承其基本政策和战略，“皮特计划”终由 1814 年英俄奥普四强《肖蒙条约》和 1815 年维也纳会议予以大致的贯彻。

在反拿破仑战争中，与归根结底依靠大众动员和民族主义的法国相对，英国拥有一类同样新颖的力量源泉，那就是初生的工业革命带来的宏伟资源。英国生铁产量在法国大革命爆发前一年不足 7 万吨，到 1806 年已跃升为近 25 万吨，五年后更增至近 33 万吨；棉纺织工业在战前适才诞生，战时得到了惊人的发展，到战争结束时已使棉纺织品成为英国最大的出口项目。基于工业革命造就的巨大新增生产力，加上英国传统的商业优势和制海权，英国出口总量节节攀升，从 1794 至 1796 年的近2 200万英镑增至 1814 至 1816 年的近4 500万英镑，虽然战争和拿破仑的大陆封锁有时严重损伤了英国的某些国外市场。迅速增长的工商业为英国政府提供了巨量财政资源，其战时的直接税和间接税收入总额高达 12 亿英镑以上，外加饶有信用地从货币市场举借 4 亿多英镑。小皮特及其后继者得以源源不断地获得相当丰裕的战争经费，那是国内经济相对落后、海外贸易丧失殆尽的拿破仑难以企及的。② “恰恰是在丧失美洲殖民地后、面对与法国的政治革命摊牌的关头，经济革命给英国带来了巨大的实力增长。”③

另一个侧翼大国俄国的反拿破仑奋斗只是发生在战争的最后时期，但和英国的长期奋斗一样是决定性的。1812 年遭到拿破仑大举入侵以前，俄国对法国的变更和扩张先是袖手旁观，接着“趁火打劫”，然后与之合作。叶卡捷琳娜二世虽然从极端专制信仰出发敌视法国革命，但希望奥地利和普鲁士为她火中取

① 参见亨利·基辛格：《重建了的世界：梅特涅、卡瑟尔累与和平问题（1812 至 1822 年）》（Henry A. Kissinger, *A World Restored: Metternich, Castlereagh and the Problem of Peace, 1812—1822*），38～40 页，波士顿，1957；基辛格：《外交》，75～76 页。

② 参见肯尼迪：《大国的兴衰》，130～132 页。因而，“在一个即使无法计算但仍很大的程度上，拿破仑式帝国主义由劫掠得到支付。这一过程由国内开始，没收和出售被宣布为‘革命之敌’者的财产。当捍卫革命的军事战役将法国大军推入邻国土地时，外国人应当为之支付似乎是天经地义的了。率直地说，就是以战养战”。同上书，132～133 页。拿破仑在其鼎盛时节写道：“懂得……如何从你占领的地方获取所有各种给养，构成战争艺术的一大部分。”（帕瑞特：《拿破仑与战争的革命》，见帕瑞特编：《现代战略的缔造者》，第 5 章，第 1 节。）

③ 德约：《不牢靠的平衡》，134～135 页。

栗，并且因此而难以充分东顾，以便她从1793和1795年两次瓜分波兰中取得最大份额。[①] 她关于波兰的谋略的一大结果，是普奥交恶，前者退出反法同盟，法国将其各个击破。叶卡捷琳娜二世驾崩后，拿破仑与暴虐无道的新沙皇保罗一世谋划，许之以支持俄国突入土耳其和印度，换取俄国协助他征服英国。虽然由于保罗一世遇刺身亡，拿破仑的这个“要求一名疯子援助来成功的异想天开的计划”[②] 终告破灭，但继位的亚历山大一世在拿破仑横扫中欧后决心与之妥协，为此于1807年订立《提尔西特和约》，其交易实质仍是用助法制英换取俄国向南向东大扩张的希望。总之，虽然俄国与英国合起来可以在海陆武力方面显著超过拿破仑，但其行为与均势机理大相径庭，所以俄国并不试图阻止拿破仑帝国取得全欧的压倒优势。

然而，这只是暂时的，尽管它相对而言颇为漫长。说到底，俄国已是横霸一方的“洲级大国”，不可能长久容忍任何一国主宰欧洲大陆，因为这样的主宰不仅危及俄国的侧翼霸权，而且危及俄国的基本安全。在拿破仑势力鼎盛时节，其对俄威胁主要表现在三方面：大陆封锁严重损害俄国经济生活必需的对英粮食和木材出口以及英国制成品进口；法国军队在其控制的“华沙大公国”对俄虎视眈眈；拿破仑为阻断英国的东方通道而要夺占同样为俄国觊觎的近东和西亚。最使俄国有切肤之痛的是大陆封锁，沙皇对之阳奉阴违甚而公然漠视，继续至关紧要的对英贸易。如此，俄国严重破坏了拿破仑最重要的战略举措，并且使之愈益深信英俄未来很可能伺机共同打击法国。1812年，拿破仑做出了他的最重要决定：大举进攻俄国，以便像他说的那样“破坏仍可能成为英国盟邦的唯一大国的力量，以此剥夺英国组成一个新同盟的任何希望”[③]。结果人所共知：法国“战神”占领莫斯科后不久兵败千里，60万侵俄大军近乎全部覆灭。这使奥普两国敢于背弃拿破仑而重揭战旗，四强共同全力反法的大同盟决战局面终于出现，拿破仑帝国急速走向土崩瓦解。

1812年以前，拿破仑战争的根本战略形势是英法之间彻底的战略僵持，或曰海权和陆权之间彻底的战略僵持。拿破仑帝国在中西欧的广泛领土占领和绝对军政优势，加上它与沙俄帝国达成的同盟协议，导致英国在欧洲大陆丧失任何桥头堡，而且直至拿破仑1807年起在伊比利亚半岛陷入持久战、从而为之提供了远征军有限干预的机会为止，英国近25年没有直接参与任何欧洲地面作

---

① 她在1791年底说道：“我在绞尽脑汁，寻找谋求维也纳和柏林宫廷更深地卷入法国事务的办法。”德约：《不牢靠的平衡》，145页。

② 同上书，157页。

③ 同上书，133页。

战。在法国方面，由于制海权完全被英国控制，缺乏能与皇家海军较量的海上打击力，拿破仑徒有空前广袤的陆上基地而无法征服横隔海峡的英伦三岛。这是一种典型的海权对陆权的战略"死结"，与据此 2 000 多年前伯罗奔尼撒战争期间雅典与斯巴达之间的持久僵持高度相似。按照当今关于这场古典战争的最权威研究者之一的表述，那"是一个陆上大强国同一个海上大强国之间的经典对抗。在投身于这场战争时，每一方都希望并预期守己所长，按照一种符合本身强项的方式，以相对较低的代价赢得胜利。在几年之内，事态表明无论哪一方都不可能用这种方式取胜。为了取胜，每一方都必须学会如何在对方擅长的领域内打好仗"①。从根本上说，拿破仑与他的英国敌人都是实行"扬己之长、克敌之短"和"避敌之长"的不对称战略，它保证他们各自不会被敌手压倒；然而，要结束僵持和赢得战争，就必须成功地履行另一类对称性的战略机理，那就是海上力量最终须由海上力量克制，陆上力量最终须由陆上力量战胜。

拿破仑不是不懂这个道理。他做过四次旨在打破僵持、摧垮或困死英国的尝试，但都无例外地以失败告终。1798 年，在即将独掌法国军政大权的时候，他率师远征埃及，以阻断英国前往其海外重心印度的主要通道，并且进而占领土耳其和摧垮不列颠殖民帝国。这一举动意义重大："旨在称霸的大陆强国……倘若能在亚非两洲的这个连接点站住脚，大陆原理就会赢得对海洋原理的一场决定性战役，对欧洲大半岛的包围就会被打破。"② 然而，尽管拿破仑的陆上大军势不可挡，但他的舰队在阿布基尔海战中毁于从直布罗陀驶入地中海的英国舰队，远征行动遂因海上供应线被切断而告破产。第二次尝试是前面提及的他与沙皇保罗一世的交易谋划，据此法国大军将渡越海峡直扑英国，法国和西班牙的舰队则将在地中海与俄国黑海舰队连接，并由丹麦舰队在北方海域予以配合，共同牵制和打击英国海军。保罗一世之死导致拿破仑的这项谋划迅即破灭，剩下的选择便是与英国缔结实际上确认战略僵局的《亚眠和约》，以获得时间巩固他在欧陆的统治。该和约仅过一年即告破裂，拿破仑着手在法国布洛涅集结大军，准备以少量战舰护航下的大量渔船为载体渡海攻打英国。1805 年 10 月，在西班牙特拉法加角，法西联合舰队遭遇名将霍拉修·纳尔逊率领的英国舰队，经激战而大半被歼，拿破仑只得放弃攻英计划，英国则由此开始了延续近百年的海上绝对霸权时代。这第三次尝试失败后，拿破仑已无海军力量可用，只能

① 唐纳德·卡根：《伯罗奔尼撒战争中雅典的战略》，见默里等编：《缔造战略：统治者、国家与战争》，56 页。

② 德约：《不牢靠的平衡》，150 页。

希冀完全基于其欧陆帝国的大陆封锁体系困死英国。这个体系始于他1806年11月颁布的《柏林敕令》，继之以翌年的《米兰敕令》和《提尔西特和约》以及1810年的《枫丹白露敕令》，然而其结果如前所述是侵俄战争与其惨败，甚至连同拿破仑帝国的最终败亡。①

在相当大的程度上，这一败亡也是强烈的反法民族主义在欧洲广泛兴起的结果。它们由法兰西民族主义和普世性意识形态驱动下的法国征服大潮引发，最终尤其为几战几败、近乎沉沦的德意志世界提供了新的精神动力，使之在拿破仑兵败俄国后能够幡然再起，成为最终埋葬拿破仑帝国的一大基本力量。诚然，民族热情和爱国精神在激励以持久的游击战为形式的西班牙人民战争方面起了一定作用，导致拿破仑在为时多年的“半岛战争”中损兵折将几十万而无法取胜，它们对激励俄罗斯人民广泛投入抗法斗争更是发挥了巨大的威力，甚至由此感召和坚定了深宫之中亚历山大一世的战争意志。② 然而，作为具有其历史论据、文化和政治理由甚至哲学依据的民族主义思想，它的原生地除大革命的法国外，便是遭受法国侵略、戕害和压迫的德意志；而且，它在那里相当迅速地转化为激发大众爱憎、造就大众信仰的情感力量。

在法国革命战争和拿破仑战争期间，三大德意志思想家赫尔德、费希特和黑格尔形成了德意志民族主义思想并予以广泛宣扬。它的基本内涵是崇奉本民族文化，追求本民族统一和争取本民族国家权势。基于启蒙运动之普遍理性标准的世界主义被认为是否定了每个民族的独特灵魂及其历史发展，法国的民族征服更激发了弘扬德意志民族精神和建立德意志民族国家的强烈意愿。③ 尤其是费希特激情洋溢、充满斗志的《致德意志民族演讲集》有广泛和巨大的公众影响，它热烈号召德意志民族摆脱精神和道德上的陈腐衰朽状况，奋起抗击拿破仑的侵略。民族主义思想“起初在其击退外敌时激励了法国的造反大众，现在

① 相反在英国方面，由于俄国以其巨大规模的陆上武装全力加入反拿破仑的战争，因而实现了陆上力量最终须由陆上力量战胜这一机理。拿破仑战争的地缘战略逻辑在德约的下列话语中表述得很深刻：“这单单一次海战（特拉法加海战）怎样给胜利者带来了经久不移的制海权，而在前两代人时间里英国的优势一次又一次地受到法国（海上力量）新建设的挑战？……事实上，环绕这次海战生长出了某种神话。它确实是最后一次对法大海战；然而，它所以是最后一次，只是因为其后不久拿破仑在陆上被摧毁了，而这（陆上）失败反过来又是因为他无法在海上制服英国，否则他本不会向莫斯科进军。假如他在陆上赢了，那么即使有特拉法加海战，他仍会重开海上战斗。”（德约：《不牢靠的平衡》，164页。）

② 参见C.W.克罗利编：《新编剑桥现代史》，第9卷（C.W. Crawley, *The New Cambridge Modern History*, V.9），258～259页，剑桥，1980。

③ 参见约瑟夫·施特拉耶等：《文明的主流》（Joseph R. Strayer et al., *The Mainstream of Civilization*），第2版，550～554页，纽约，1974；萨拜因：《政治学说史》，第4版，572～579页；迈内克：《马基雅维利主义：“国家理由”观念与其在现代史上的地位》，第十三章“黑格尔”，第十四章“费希特”。

改变和极度地激动了法国的反对者。各民族的宏伟的大众人格充满自信地登上舞台，热望有力地表现它们自己的性质，永不再像蜡一样柔弱可塑，而是从现在起像水晶一样坚硬刚强。新的民族精力……涌入旧国家结构，赋予它们重新奋起的力量，使之加入反对皇帝拿破仑的战斗阵列。”① 普鲁士于1812年底中止与法国的同盟，并于三个月后同俄国缔盟；奥地利接着重新加入反法阵线，迅即对法宣战。1813年10月，民族主义激励下的反法联军打赢拿破仑战争中规模最大的一次战役——史称“民族大战”的莱比锡战役，它和战争最后阶段的其他战役和战斗一起，在德意志被统称为“解放战争”。整个这番民族主义历史大动态是那么重要（特别在德意志的历史学家们看来是那么重要），以至于兰克在总结到拿破仑战争结束为止的欧洲现代体系史时强调，法国大革命爆发以前100年的主要事态是列强在反霸斗争中的崛起，而那以后的主要事态是各民族的觉醒、复兴和更生，连同由此而来的民族化或民族国家化。②

拿破仑战争的根本地缘政治结果和国际力量格局结果

拿破仑战争造就了重大的地缘政治结果和国际力量格局结果，其中最根本的就在于权势向欧洲两翼集聚，国际力量分布构造依此走向极化，甚至可以说出现了我们时代超级大国的雏形。极化趋势首先表现在随拿破仑战争结束而来英国在列强中间异常突出的优势地位，它延续了19世纪大部分时间。除了在地缘政治、经济和战略意义上相对于欧陆国家而言得天独厚的地理位置优越外，英国的突出优势尤其出自三大源泉：第一，在拿破仑战争期间达到、并且由于这场战争而达到了顶峰的海军霸权和对世界主要航道的控制，连同由此而来在远洋航运和海外殖民方面的主宰；第二，同样在拿破仑战争期间发动、而且多少得到这场战争刺激的工业革命，它导致了英国在生产技术、运输能力和工商业总量方面的遥遥领先；第三，反拿破仑战争及其胜利给英国带来的在欧陆的巨大政治影响和外交优势，它们既始于它在战争期间向欧陆盟国提供的大量援助，也出自从皮特计划开始它主导构造的战后欧陆均衡局面和协调体制。可以说，相当大程度上作为拿破仑战争的结果，在相当大的程度上，英国的优势在制海、殖民、工业、贸易、金融等领域达到了全球霸权地位，而正是这些地位与英国战略和外交助成的欧陆均势和国际稳定相结合，形成了19世纪大部分时

① 德约：《不牢靠的平衡》，170～171页。

② 参见《论列强》，见兰克：《历史的理论与实践》，98页。“民族变成了国家的一部分，因为人们认识到没有民族，国家就不能存在。”

间里那言之不很离谱的“不列颠治下的和平”（Pax Britanica）。

从拿破仑战争末期到克里米亚战争期间的俄罗斯是我们时代超级大国的另一个雏形。在战争结束时，它就军事力量和政治权势而言远超过欧陆任何其他国家，或者说是与海上超级强国不列颠并列的陆上超级强国。俄国的显赫权势直接来自拿破仑战争。它对拿破仑的大陆封锁的暗中削弱和破坏使之无法难倒英国，亦即无法胜利地打破阻止其帝国真正巩固和充分扩展的根本战略僵局，由此引发的侵俄战争导致这位欧陆霸主从帝国巅峰跌入覆灭深渊。俄国和英国一样，是从拿破仑统治下拯救欧洲的阻力，沙皇亚历山大一世骑白马率军进入巴黎象征俄国首次成为欧亚大陆最强大的国家。随后维也纳会议制定了欧洲战后安排，它们很大程度上是在近百万俄国陆军的威影笼罩之中做出的，依据的基本原则之一是亚历山大一世为其头号旗手的正统主义，而他倡导组建的神圣同盟成了 20 余年里欧陆政治的首要主宰。俄国超强权势的根本基础是它经一个多世纪接连不断的领土扩张而形成的洲级大国规模，再加上彼得大帝往后尽管步履维艰但毕竟有所进展的现代化，使之可以在拿破仑战争带来的历史环境中决定性地压倒欧陆“中等列强”，从而与英国一起在事实上倾覆多强实力分布大致均衡的原有格局。

总而言之，由于拿破仑战争的这些结果，如后所述的一个世纪性历史进程——传统中心的衰落和侧翼大国的兴盛——出现了重大的阶段性飞跃。从全球视野看，自拿破仑战争结束时起，由于列强体系的巨大扩展，特别是处在传统欧洲外缘的两个洲级大国的凸现和强盛，国际政治事态分明有了两个彼此区别的地理舞台。按照德约的概括，“宽广的世界舞台在一个很长时期里只是较窄的欧洲舞台的背景，现在从后者解脱出来。美国仍然只是在宽广舞台上行动，而旧（欧洲）大陆各国完全或主要局限于狭窄舞台。更大的舞台上的紧张尚属端倪，空间仍然绰绰有余，而较小的舞台上的紧张在 1815 年暂时得到了缓解，靠的是自然而然的筋疲力尽和一个人为的新秩序”①。然而，这确实只是暂时的，两个舞台的相对分立也是暂时的。在 19 世纪后半期，世界政治中所有新的基本发展将逐渐汇合起来，以空前的力度和广度引发一种直至第一次和第二次世界大战的天翻地覆过程，无论是在欧洲还是在欧洲以外。世界历史将显示“两个舞台如何合并起来，而且较狭窄的舞台如何最终被较宽广的舞台吞没”②。

这些在本书以后各部分展现的历史图景中占据紧要地位，它们将与这宏伟

---

① 德约：《不牢靠的平衡》，179～180 页。

② 同上书，180 页。

图景的其他基本部分一起，显示20世纪乃是国际体系和世界政治的巨大转折时代。自此往后，本书将着重论述在改变了或改变着的基本环境中，20世纪即当代的国际体系的新界限、新格局和新规范，连同具体塑造或决定所有这些的新动力和主导其由来与发展的新趋势。正是此等新的事物和新的动态，构成了当代世界政治和国际关系的基本特征、重大动因和演进方向。

第三章

19 世纪孕育的 20 世纪基本趋势

重点问题

- 两次工业革命的主要世界政治影响
- 跨国价值取向的变迁：民族主义取代“国际主义”
- 非欧现代强国为中心的非欧现代区域国际体系的形成
- 三大新兴强国的急剧崛起及其国际格局效应
- 现代大众政治的出现和流行；国家政治运作方式的革命性变化
- 战争规模突飞猛进的根本原因
- 民族主义和工业化时代的总体战的出现及其国际政治含义

第一节　国际体系基本环境的变更

两次工业革命的主要世界政治影响

历史是延续和突变互相结合并互为因果的过程。20 世纪全面展开的世界政治新趋势孕育于19世纪，或者说法国大革命往后的100余年内。这一时期里，现代国际体系的基本环境发生了异常巨大的变化。首先是进入19世纪时刚刚开始的工业革命，它到1870年时已经大致改变了中西欧和北美这两大区域的经济、社会面貌，而且业已波及俄国，同时即将波及日本。作为人类文明史上最重大的变革之一，工业革命在几大方面非常深刻地影响了世界政治。如前所述，主要由于在工业革命中的遥遥领先，加上因为这场革命而大大扩展了的跨洋跨大陆经济网络带来的贸易优势及金融优势，英国能够、也确实主持确立并支撑了“不列颠治下的和平”。另一方面，工业革命在增进了英国优势的同时，以工业技术和工业生产方式的必然扩散造就了英国优势的克星，亦即赋予某些拥有更大规模潜在资源和其他优越条件的国家经过工业化而后来居上的必然机遇，国际权势对比由此势将发生巨大变化。工业革命还急剧加大，甚或根本造就了欧洲列强与广大非欧地区传统社会之间的技术、经济水平鸿沟和军事、政治实力差距；这与工业革命本身作为一大动因参与激发的新一轮海外扩张浪潮一起，不仅大大扩展了欧洲国际体系的范围，还使世界史上出现了从未有过的“非欧世界黯然失色”的局面。[①]

然后，在19世纪70年代左右，发生了第二次工业革命，其主要标志为内燃机、电气工业、化学工业和电讯设施。这次变革直接建立在科技革命的基础之上，其经济和政治影响之巨大和迅猛甚至超过第一次工业革命。它不仅创造了基本改变工业化社会的物质生活面貌的无数新产品，而且以开辟新能源、拓宽能源分布、开创并普及大规模精密加工为主要动因，使制造过程在微观和宏观两方面都发生了革命性的变化。[②] 就其世界政治效应而言，这一技术革命和经济变更无疑是“旧秩序的溶解剂和新秩序的催化剂”[③]，世界经济一体化进程因此急剧加速，“新帝国主义”狂暴冲动则与之相伴相随，国际政治由此迅速成为真正全球性的。西方对世界非西方地区进行烈度空前的新一轮大渗透、大入侵和大征服，而这开始在那里（尤其在亚洲）真正激发出现代社会力量和现代思想意识，它们几十年后终将冲垮西方的殖民半殖民帝国。不仅如此，由于第二次工业革命特定的技术性质和地缘经济性质，美国和德国在其中享有特殊有利的地位，因而列强间的实力对比将因此剧变，后来居上者将强烈地意欲改变国际权势分布和地位排列现状。

---

① 参见保罗·肯尼迪：《大国的兴衰》，147页。

② 参见费利克斯·吉尔伯特：《欧洲时代的终结：1890年至今》(Felix Gilbert, *The End of the European Era, 1890 to the Present*)，第2版，13页，纽约，1979。

③ 杰弗里·巴勒克拉夫：《当代史导言》(Geoffrey Baraclough, *An Introduction to Contemporary History*)，50页，米德塞克斯郡哈蒙兹沃思，1967。

跨国价值取向的变迁和当代意识形态冲突的萌发

现代国际体系环境在19世纪发生的另一项巨大变化，在于基本的跨国价值取向①由王朝性、政治性或帝国性的“国际主义”转变为民族主义。王朝性的“国际主义”是指18世纪为其经典时代的国际关系若干根本“游戏规则”，它们建立在所谓“贵族国际”共同价值观和伦理观基础上②，主要包括君权神授、王朝合法和欧洲君主共同体观念支配下的列强互不毁灭、互相制衡、互不干涉内政原则，加上类似贵族理想风范的节律竞争、节制冲突原则。拿破仑战争结束后，这种王朝性“国际主义”被融入范围较大且有具体操作体制的政治性“国际主义”，亦即实现大国自觉协作的“欧洲协调”（Concert of Europe）③，它在或可称为帝国“国际主义”的奥地利和俄罗斯两大帝国内部民族压迫性统治的大致配合下，作为公认的主要原因维持了欧洲国际体系近40年的总体稳定。

然而，大体上以1848年欧洲革命为转折点，民族主义取代“国际主义”，成为弥漫于欧洲国际政治并且左右多股国际力量的价值观念。首先是往往彼此间尖锐对立的列强民族主义：与先前维也纳体系的缔造者们大为不同，拿破仑三世、俾斯麦和加富尔等“新一代国务家”在权势抱负、国内政治需要和意识形态信条驱使下，大搞旨在单方面变更领土现状的“现实政治”，专注于本国、本民族权势的弘扬和扩张，而不认国际社会有何欧洲范围内的共同利益。④ 醉心于宣扬“大国强国之道德精神伟大”、断定没有战争地球就会“沦为私欲大庙”

---

① 跨国价值取向又可粗略地称为泛（国际）体系价值取向，指的是任何国际体系都有的“某些价值取向或观念，它们超越纯地方性或纯民族性的价值取向”。例如，无论其民族国家归属如何，18世纪欧洲上层阶级广泛接受君权神授和王朝合法观念；“因而，某些与维持或扩展君主权威相连的对外目标和对外行为被大为（并被广为）赞赏”。参见霍尔斯蒂：《国际政治分析框架》，第3版，381页。

② 参见汉斯·摩根索：《国际纵横策论》，310～315页，上海，上海译文出版社，1995；克雷格和乔治：《武力与治国方略》，35～39页。

③ 那个时代的国际关系思想中的欧洲协调理念，见卡斯滕·霍尔布拉德：《欧洲协调：德英国际关系理论研究（1815至1914年）》（Carsten Holbraad, *The Concert of Europe: A Study in German and British International Theory, 1815—1914*），纽约，1971。对欧洲协调的理论性分析，见罗伯特·杰维斯：《安全体制》，见斯蒂芬·克雷斯纳编：《国际体制》（Robert Jervis, “Security Regimes”, in Stephen D. Krasner ed., *International Regimes*），178～184页，纽约州伊萨卡，1983；杰克·莱维：《保罗·施罗德的国际体系的理论基础》，载《国际关系史评论》（Jack S. Levy, “The Theoretical Foundation of Paul W. Schroeder's International System”, *The International History Review*），第16卷第4期，1994年11月，731～742页。

④ 参见克雷格和乔治：《武力与治国方略》，51～52页；亨利·基辛格：《外交》，第5章“‘现实政治’自食其果”，纽约，1994。

的普鲁士大史学家海因里希·特赖茨克可称列强民族主义的头号思想代表[①]，它助成的主要恶果之一将是19世纪末期开始大泛滥的现代帝国主义思想。在列强民族主义之外，民族主义作为新的基本跨国价值取向还有另一形态，那就是力图挣脱多民族帝国而独立的民族分离主义。它起始于1848年欧洲革命以前，经这次革命失败，到20世纪之交时复兴，并且蔓延为10余年内终将与第一次世界大战一起焚毁奥匈、奥斯曼土耳其和沙俄三大帝国的燎原之火。意大利革命家马志尼是“这一新思想的最伟大先知”，然而与他的一大信念——自由民族间必然友好相处——不同，不少民族在从帝国分离而实现了正义的自决目标以后，甚至在追求这一目标的过程中，相互间毫不留情地进行民族冲突。这一事态与列强民族主义的勃发一起，似乎表明民族主义在19世纪中叶的欧洲“从自由的人道主义变成了好斗的排他主义”[②]。

民族主义这一跨国价值取向以往往彼此尖锐对立的各民族特殊民族主义的形态存在，例如德意志民族主义对法国民族主义，希腊民族主义对保加利亚民族主义。与此相似，典型的跨国意识形态表现为在国际和国内两个层次上交互作用并且往往彼此对抗或冲突的各个特殊信念体系。与民族主义和民族冲突开始盛行相关，但同时又出于其他多项时代原因，19世纪已经可见现当代跨国意识形态冲突的萌发，这是国际体系环境方面潜在即发的另一项巨大变化，虽然就总的历史重要性和经久性比较，可以认为它逊于民族主义。[③]

在17世纪后期和18世纪大部分时间里的欧洲，即现代国际体系的所谓经典时代，国际政治一般来说不具有意识形态冲突性质：国际竞争或冲突的目的在于获取具体的领土、资源、权势和地位，而不在于用某一套信念体系及相应的制度改造别国的国内社会和整个国际社会；这些竞争或冲突较有节制，不带有伴随意识形态激情的特殊残酷性；支配国内社会组织方式和国际关系方式的那些根本原则在国际间差不多被普遍公认，一般不存在拥有起码的力量后

---

① 参见古奇：《19世纪的历史和历史学家》，138～146页。后一引语系特赖茨克所言，见该书第145页。关于特赖茨克又见弗里德里希·迈内克：《马基雅维利主义：“国家理由”观念与其在现代史上的地位》(Friederich Meinecke, *Machiavellism: The Doctrine of Raison d'Etat and Its Place in Modern History*)，第16章“特赖茨克”，伦敦，1957。

② 汉斯·科恩：《民族主义的涵义和历史》(Hans Kohn, *Nationalism: Its Meaning and History*)，修订版，50页，佛罗里达州马拉巴尔，1982。关于马志尼的引言，参见寇本：《民族国家与民族自决》，修订版，42页。

③ “超国家力量，诸如世界性宗教、人道主义、世界主义和把个人不分国界联合起来的所有其他个人联系、机构和组织，今天大大弱于那种把一个特定的国界之内的人民团结在一起，使其与人类的其他部分相区别的力量。”(摩根索：《国际纵横策论》，413页。)

盾的挑战性原则。然而，有如马丁·怀特所说，现代早期以来这样的"正常时期"大约只占一半时间，另一半就是他所称的"国际革命"时期。[①]"国际革命"的方方面面——个人将对于跨国意识形态及其主要倡导国的忠诚置于对本国本民族的忠诚之上，主义信条压倒或规定国家利益，意识形态性质的干涉内政甚或颠覆盛行于世，国际宣传和总体战取代外交妥协和有限冲突——尤其可见于宗教改革、法国大革命和拿破仑战争、20 世纪这三个时代。法国革命战争时期的国际政治主角，无论是革命的法国还是反革命的反法同盟，其行为尤其真切地预示了现当代国际意识形态冲突。[②] 拿破仑战争结束后的近一个世纪里，国际政治基本上重新处于"正常"时期，然而这一时期里产生的马克思主义、社会达尔文主义和种族主义，连同得到显著发展的自由国际主义，为随后而来的 20 世纪里几番激烈和广泛的国际意识形态冲突准备了至关重要的思想条件。

第二节　欧洲国际体系的急剧扩展和全球国际体系的真正出现

欧洲国际体系的扩展及其在 19 世纪的急剧加速

在 19 世纪孕育的国际政治新趋势中间，欧洲国际体系的急剧扩展和全球国际体系的真正出现占有非常重要的地位。它关系到 20 世纪世界政治的多类重大事态，特别是现代国际体系传统中心的衰落和侧翼大国的兴盛，历时至少 200 余年的列强多极结构之剧变为超级大国两极结构，非西方现代民族主义的伟大兴起及其对西方的成功的造反，还有在这些新力量的交互作用下国际规范深刻和广泛的变更。需要强调，欧洲国际体系扩展与全球国际体系出现之间诚然有一定的因果联系，但后者绝非等同于前者：全球国际体系即使在它问世之际

---

① 见第二章第五节第 3 小节"法国大革命、拿破仑帝国和国际政治的变更"。

② 从法国革命者的对外政策宣言和埃德蒙·伯克的《法国革命随想录》中，人们可以"读出"20 世纪几大国际冲突的精神气质，甚而冲突者的若干思想方法、信念和政治言辞。参见戴维·阿姆斯特朗：《革命和世界秩序：国际社会中的革命国家》(David Armstrong, *Revolution and World Order: The Revolutionary State in International Society*)，第 3 章"法国大革命"，牛津，1993；杰尼弗·威尔西：《埃德蒙·伯克与国际关系》(Jennifer M. Welsh, *Edmund Burke and International Relations*)，第二部分"保守的十字军征伐者"，纽约，1995。

（即19、20世纪之交①）也不是一个仅仅扩大了的、仍以欧洲为唯一中心的体系。它当时的根本特征，在于作为它的至关重要的组成部分，形成了以非欧现代强国为中心的两大非欧现代区域国际体系，即美洲体系和东亚太平洋体系。它们不仅在世界政治重要性方面正趋于接近欧洲体系，而且其中的两个主角——美国和俄国②——终将在不到半个世纪时间里成为"瓜分"和主宰欧洲的超级强国。

欧洲国际体系来源于欧洲特殊的教俗基础、历史传统和国际关系进程，在20世纪以前约400年里先后以"基督教世界"和"欧洲"这两个概念来自我认定。③ 它转变成一个无论就地理范围还是就文化构成和政治交往而言都远为广泛、多样、并且不以它为唯一中心的全球国际体系，归根结底是在资本主义世界经济一体化进程和技术扩散的基础上由两大世界历史性事态使然：第一，欧洲国家海外殖民和商业扩张；第二，欧洲以外兴起现代强国，它们必然构造起自己的区域性现代国际体系。这后一事态还大得益于如前所述事实上贯穿于几个世纪欧洲国际关系的大均势机制，即外部新力量一次又一次地进入欧洲，拯救那里的国际权势平衡。这种反复出现的局面有力地助成了非欧强国的勃兴和欧洲的相对衰落。

欧洲海外扩张是现代国际体系扩展和变化历程中最突出也一贯最受人注意的一个方面。它从航海大发现起，到17世纪开始时已分明形成了两大模式：西班牙的帝国征服和归并模式；葡萄牙和荷兰的商业和行政藩属（或宗主）模式。④ 首轮海外扩张大潮中，西班牙人迅速地在美洲以及菲律宾建立起主权、行政和宗教文化各方面都真正属于西班牙的大帝国，开创了征服式殖民的先河，直到19世纪最后几十年才由欧洲列强以巨大的规模予以重演。葡萄牙虽然与西班牙一起最早进行海外扩张，总的来说却不实行这种"正式帝国"型的帝国

---

① 这是大历史学家杰弗里·巴勒克拉夫提出的一项饶有意义的世界史和国际关系史时代划分，见其《当代史导言》第一章"当代史的性质"和第四章"从欧洲均势到世界政治时代"。

② 俄国的政治、经济和人口重心虽然位于欧洲，但就文化特质、历史传统和经久的战略方向等要素而言，许多国际关系研究者都相当适宜地将它当做非欧或很大程度上非欧的国家。参见德约：《不牢靠的平衡》；巴勒克拉夫：《当代史导言》；基辛格：《外交》，173～174页。

③ 参见赫德利·布尔：《无政府社会：世界政治秩序研究》(Hedley Bull, *The Anarchical Society: A Study of Order in World Politics*)，27～38页，纽约，1977；江文汉：《国际社会中的"文明"标准》(Gerrit W. Gong, *The Standard of "Civilization" in International Society*)，45～46页，牛津，1984。

④ 参见亚当·沃森：《欧洲国际社会与其扩展》，见赫德利·布尔和亚当·沃森合编：《国际社会的扩展》(Adam Watson, "European International Society and Its Expansion", in Hedley Bull and Adam Watson, eds., *The Expansion of International Society*)，17～20页，牛津，1984。

主义。[1] 很长时间里，它的海外扩张主要是商业性的，目的是直接与东方从事几个世纪来一向通过穆斯林中介进行的贸易。由此出发，“从1498年达·伽马第一个抵达印度大贸易口岸加尔各答起，葡萄牙人就准备接受一种同当地统治者之间的受庇护关系。虽然他们发现必须为自己的海岸贸易站设防，有时还须获取其周围的小块地区，但他们牢记在印度洋的首任葡萄牙总督的劝告：‘你掌握的要塞越多，你的权势就会越弱。让你们的全部武力都留在海上’”[2]。随葡萄牙人之后来到东方的荷兰人大体也是如此，其东印度公司先是用向当地统治者提供保护来交换贸易垄断权，以后虽然逐渐取得对爪哇等岛的控制，但在荷兰人首席行政之下仍保留当地统治结构。17和18世纪大部分时间里，海外扩张的后来居上者英法两国在美洲建立了自治程度远远大于西班牙属地的殖民地，而在东方（主要是在印度）则基本继承葡萄牙和荷兰模式。另外，在17世纪的奥斯曼土耳其和18世纪的中国，欧洲列强为战略或商业目的，对苏丹和清朝皇帝及其宫廷多所迎奉，几乎完全按照后者规定的安排进行交往。[3] 这可以说是第三种模式，它与前一种模式一起，构成欧洲海外扩张的前半段历史的主流。因此，到1783年即美国独立战争结束时，欧洲海外殖民地除绝大部分中、南美洲和小半个北美洲外，仅有菲律宾、东印度群岛、印度东北角、非洲的南端和西端及其南大西洋和南印度洋沿岸等零散地块。总之，从哥伦布和达·伽马往后的300年里，欧洲对美洲除外的非欧世界远未建立起压倒性优势和统治。

19世纪情势大变。工业革命一方面激发起强烈的扩张欲望，要获得远比先前更大更多的垄断性商品输出市场和海外原料来源，另一方面极大地增强了满足这种欲望所需的西方军事和经济实力，非西方世界在此实力面前一下子处于空前绝后的极端羸弱境地。不仅如此，欧洲人“瞭望欧洲之外，变得越来越确信……他们的体制和道德价值的优越性。欧洲人和亚洲人一样，长期以来认为尚无文字的民族是原始民族，但如果加以开化，便还有救；现在，许多欧洲人开始认为开化的亚洲人是衰败腐朽的。在他们眼里，现代文明就是欧洲方式和欧洲标准，他们的责任和利益就在于使其布之四海，以便使世界变得更好更安

① 参见入江昭：《太平洋两岸的疏离：日本和美国的扩张（1897至1911年）》（Akira Iriye, *Pacific Estrangement: Japanese and American Expansion, 1897—1911*），7页，马萨诸塞州坎布里奇，1972。

② 沃森：《欧洲国际社会与其扩展》，见布尔和沃森合编：《国际社会的扩展》，19页。

③ 关于欧洲国家18世纪以前与奥斯曼土耳其的交往，参见托马斯·纳弗：《奥斯曼帝国与欧洲国际体系》（Thomas Naff, “The Ottoman Empire and the European States System”），见布尔和沃森合编：《国际社会的扩展》，145～150页。

全"[①]。19世纪前四分之三时间里，主要由利欲、实力和使命感共同驱动的欧洲海外扩张导致世界政治地图大变。

在这方面尤其引人注目的事态中间，最先的是阿尔及利亚在19世纪30年代被法国武力侵占。在这场从1830年起由点到面延续经年的殖民战争中，法军肆行集体屠杀和其他种种暴行，以致连当时认为殖民扩张天经地义的一些西方观察家也指责法军残暴。[②] 接着，同样在30年代发生了两次埃及问题危机：1831年，奥斯曼帝国埃及总督穆罕默德·阿里向苏丹索取叙利亚，由此引发的战争一直打到这位藩王兵临君士坦丁堡为止；1839年，在阿里宣告决心脱离帝国独立后，苏丹欲将他逐出业已让予他六年的叙利亚，但到头来再次战败，帝国危在旦夕。作为三大洲交汇处、具有重大地缘政治经济价值的"欧亚病夫"，奥斯曼的命运必然遭遇列强的积极干预。其结果是，它在苟延残喘于夹缝之中的同时进一步半殖民地化。经过英、法、俄之间的几轮明争暗斗，1840年列强签约，规定共同保护苏丹，恢复帝国完整，保证领土、政治和商业利益均沾。这与早就确立的治外法权等项特权和七八十年代之交强加的财政管制一起，使奥斯曼帝国完全沦为欧洲几国共同主宰的半殖民地。

影响更为深远的是，恰逢第二次埃及问题危机爆发的同一年，英国对独立于欧洲国际体系之外的中国发动了鸦片战争，用炮火逼迫清政府签署了使中国开始半殖民化的《南京条约》。1856年，即一般认为标志奥斯曼土耳其被正式确认已接受欧洲国际社会"文明标准"的《巴黎和约》签订之年，在广州发生"亚罗号"事件，英国伙同法国发动第二次鸦片战争。这次以欧洲"文明人"洗劫和焚毁圆明园为最大暴行的战争，迫使清政府不仅更广泛地出让权益，而且开始放弃抗拒欧洲国际体系扩展的态势，转而试图施行公认的外交惯例和采用国际法，遵循欧洲"文明标准"。在亚洲的另一边，18世纪末和19世纪开头近20年里，英国人以一系列战争摧毁了他们在印度最强劲的对手迈索尔和马拉塔两国，并且通过谈判剥夺了其他印度王公的境外权势。此后，英国人在莫卧儿帝国宗主权威解体、印度一盘散沙的情况下，广泛建立承认英国至上地位的各附庸性同盟，由此"印度各邦国不再是国际舞台上独立的角色"[③]。经残酷镇压1857年印度民族大起义和接管东印度公司全部权力，英国政府正式将次大陆变

---

① 沃森：《欧洲国际社会与其扩展》，见布尔和沃森合编：《国际社会的扩展》，27页。

② 参见V.C.基尔南：《欧洲帝国：从征服到崩溃（1815至1960年）》（V.C. Kierna, *European Empires from Conquest to Collapse, 1815—1960*），82页，索福克郡邦吉，1982。

③ 沃森：《欧洲国际社会与其扩展》，见布尔和沃森合编：《国际社会的扩展》，28页。

成大英帝国的一部分。[①] 另外，同样在19世纪前四分之三时间里，欧洲列强（个别场合还有美国）在太平洋和印度洋地区进行了多项殖民半殖民扩张，其中对以后的世界或区域历史比较重要的包括：1819年英国在马来半岛建立战略性殖民据点新加坡；1824至1826年英国进行第一次缅甸战争，开始夺占缅甸，26年后占领仰光；1828年荷兰吞并新几内亚西部（西伊里安）；1837年英国在新西兰建立首块殖民地[②]；1853年美国海军准将佩里以武力威胁打开日本国门，不久后列强分别同幕府订立包括开放口岸和治外法权等条款的不平等条约；1859年法国殖民者在西贡登陆，到八年后控制了交趾支那和柬埔寨。19世纪最后四分之一时间开始时，仍然以欧洲为唯一中心的现代国际体系已囊括了新旧大陆的大部分。[③]

现代帝国主义扩张狂潮和现代帝国主义思想

19世纪最后四分之一时间，连同20世纪开头10余年，构成列强海外扩张的第三轮浪潮。就其势头之猛烈、领土征服之频繁以及作为其精神激励的意识形态之喧嚣而言，此番浪潮可谓空前。它是在当时世界经济政治跳跃式演进的背景下，主要由经济和战略两大动力掀起的现代帝国主义扩张狂潮。急速起动并迅猛展开的第二次工业革命，加上由此促成的资本主义社会经济结构变化，唤起了以巨大规模掠取垄断性的投资场所、商品输出市场和原料来源的强烈冲动。列强民族主义的变本加厉和经济政治不平衡发展导致的国际力量对比急剧变动趋势，决定列强间关系高度紧张，于是寻求并抢先控制具有重要的战略和军事意义的海陆据点、运输通道、物资产地和缓冲地带，就被普遍地奉为近乎至高的国策。[④] 此外，现代帝国主义扩张大潮还有一种文化心理动因，它在使之获得广泛的公众支持和参与方面颇为重要："帝国主义不仅依赖民族自信，而且

---

① 参见1876年，英国国会宣告维多利亚女王为印度女皇。

② 此前于1786至1787年，英国在澳大利亚建立首块殖民地。

③ 正如著名印度外交家和历史学家潘尼迦强调，这里谈论的欧洲海外扩张第二轮浪潮的重大后果之一，是欧洲人种族优越感的勃发："许多观察者注意到，18世纪里，无论是在置身于印度还是在置身于中国的欧洲人中间，很少存在这种肤色优越感。事实上18世纪里，对中国人的情感一般是尊敬，而在印度则还没有形成那种将作为19世纪后半叶和20世纪头30年欧洲人显著特征的种族自大感。这种感觉的勃发可能有许多原因，但看来似乎明显的是，它多半归因于欧洲人到19世纪中叶已开始行使视为其权利的政治统治。"引自K. M. 潘尼迦：《亚洲与西方统治》（K. M. Panikkar，*Asia and Western Dominance*），312页，伦敦，1969。

④ 关于现代帝国主义扩张大潮的战略动因，参见巴勒克拉夫：《当代史导言》，59、105页；吉尔伯特：《欧洲时代的终结：1890年至今》，68页；A. P. 桑顿：《帝国主义信条》（A. P. Thornton，*Doctrine of Imperialism*），52页，纽约，1965；基尔南：《欧洲帝国：从征服到崩溃》，179页。

是它的最高成果。因为，民族主义只有在其鼓吹者将其输出到外部世界，在那里拿当地民族的成就与自己的成就相比较，才会实现它的充分潜能，并且形成最强的情感引力……法国人在非洲和远东的关于自己的‘文明使命’的所言所云，与俄国人关于自己在中亚的任务所言所云如出一辙；规划将‘德意志文化’移植于一个如此分明地需要它的世界的德国人，与意欲像他们自己被西化那样去西化别人的日本人，也是如此；美国人也一样，他们不宣称什么教条，想当然地认为自己在哪里，哪里就会变得更安宁、更繁荣。”①

现代帝国主义扩张大潮在非洲的肆虐最为狂暴。1881 年，法国发兵将突尼斯变为保护国，由此拉开列强抢占和瓜分非洲的序幕。翌年，英国遣军镇压埃及初生的民族主义运动，随后占领这个自 1876 年以来由英法共管财政的文明古国，并且将它变为英国独家的准殖民地。同在北非的摩洛哥和利比亚，则于 1911 至 1912 年分别沦为法国保护国和意大利殖民地。在撒哈拉大沙漠以南的中部非洲，欧洲列强以惊人的速度，使其对大洋沿岸停靠港口和贸易据点的占有扩张成为囊括对商业内陆的殖民控制。其结果是这一片占非洲大半面积、此前近乎整个独立于欧洲政治势力之外的地区，到 20 世纪头 10 年结束时已经全由欧洲统治，唯利比里亚和埃塞俄比亚除外。

这个在撒哈拉以南的帝国主义狂暴扩张过程有三大环节。第一，比利时国王利奥波德二世得探险家亨利·莫顿·斯坦利之助，依据后者设立的贸易据点及其与土著酋长们订立的“条约”等，宣称领有刚果，然后由 1884 至 1885 年以全欧洲列强为主召开的关于非洲的国际会议（柏林会议）予以承认。此次会议还定下了一条必定有力地激励列强各自在非洲大力攫取殖民地的原则，即对非洲领土的合法要求权必须基于“有效占领”。第二，新兴的欧洲大陆首强——德意志帝国在国内舆论和外交谋算的双重驱动下②，以有力的势头步入殖民舞台，于 1884 至 1885 年建立了主要由坦噶尼喀构成的德属东非、德属喀麦隆以及现为纳米比亚的德属西南非。第三，英国从开罗到开普敦进行大扩张。1899 年英国经过与法国的明争暗斗，对埃及南邻苏丹确立了所谓英埃联合控制，其目的之一在于将英帝国非洲部分北南两大块构成一个连续地带，那在战略上和经济上都非常有利。在开普（好望角）殖民地旧主荷兰移民（布尔人）北上建立的新

---

① 桑顿：《帝国主义信条》，154 页。

② 参见勒内·阿尔布雷西-卡里埃：《维也纳会议往后的欧洲外交史》（René Albrecht-Carrié, *A Diplomatic History of Europe since the Congress of Vienna*），修订版，192～194 页，纽约，1973。参见 F. R. 布里奇和罗杰·布伦：《列强与欧洲国际体系（1815 至 1914 年）》（F. R. Bridge and Roger Bullen, *The Great Powers and European States System, 1815—1914*），132～134 页，伦敦，1980。

殖民地——奥兰治自由邦和德兰士瓦境内，晚近发现丰饶的金矿和钻石矿，从而令以大帝国主义分子塞西尔·罗得斯为首的英国殖民者极欲兼并之。经布尔战争，英国费九牛二虎之力始得如愿。这同英国从土著人手中掠取罗得西亚和博茨瓦纳等行径一起，构成了在南部非洲的现代帝国主义扩张大潮。

在亚洲和太平洋地区，现代帝国主义扩张的主角是不那么现代的俄国，加上英国和两个新起的国家日本和美国。因此，全球国际体系的一大由来及其特征——非欧现代强国为中心的非欧区域国际体系——在这里特别突出。俄国是一个依靠持续的大陆领土扩张形成的洲级大国，而这扩张在历史上大致有四个方向：向西兼并东欧弱国领土，向西南蚕食奥斯曼土耳其及其属地，向南突入波斯、中亚、阿富汗，向东席卷西伯利亚，以至东北亚临海地区。西进早已因波兰被瓜分和德奥两强阻挡而停顿，西南方面亦因克里米亚战争失败和 1878 年俄土战争未果而难以进展，于是其他两大方向上的推进就构成了 19 世纪晚期和 20 世纪头几年沙俄的帝国主义扩张。从中国攫取日本海西岸大片地区，建立海参崴（今符拉迪沃斯托克）港口，铺设跨西伯利亚铁路：这三项行动在很大程度上导致并大大便利了俄国追求其远东基本目标，即控制中国东北和朝鲜。俄国的这一帝国冲动难免与新兴强国日本猛烈地碰撞，后者在将中国推入空前深渊的甲午战争前后，无论就国际政治观还是就基本国策而言，都决定性地选择了军事帝国主义。① 其结果是，对远东和世界政治具有重大影响的日俄战争。

俄国在这场战争中的失败一定程度上出于一个根本性的大战略原因：“俄国世界义务的范围之大、种类之多，对其政策有一种分散精力甚至使之无能的影响。”② 这世界义务的很大一部分，便是前述南向扩张以及由此与英国的敌对。19 世纪期间，俄国在这个方向上因当地对象的羸弱而进展甚大，到 1880 年它已经获取了伊朗和阿富汗两国以北的全部中亚，并且在波斯和阿富汗分别建立了经济和政治存在。③ 俄国的政治影响甚至渗透到西藏。担忧英属印度的安全和自身势力北扩的前景，英国先于 1878 年发动第二次阿富汗战争，强迫阿政府交出外交控制权，后于 1903 年发动第二次侵藏战争，试图使西藏地方当局和中国中

① 参见入江昭：《太平洋两岸的疏离》，第 2 章“帝国主义的浮现”；乔恩·利文斯顿等人编：《关于日本的阅读文献》(Jon Livingston, et al., eds., *The Japan Reader*)，第一卷，第三部分“工业化和帝国主义（1890 至 1929 年）”，第一节“政治、军部和对外政策”，纽约，1973。

② 布里奇和布伦：《列强与欧洲国际体系》，144 页。

③ 参见戴维·吉拉德：《19 世纪期间英俄两国与亚洲国家政府的关系》（David Gillard, “British and Russian Relations with Asia Governments in the Nineteenth Century”），见布尔和沃森合编：《国际社会的扩展》，87～97 页。

央政府正式承诺不允许俄国染指西藏。① 在波斯的英俄暗斗则以经济租让权益为主要目标，它同关于中亚、阿富汗、西藏和奥斯曼帝国的竞争一起，构成了19世纪列强关系史的一大内容——“英俄大角逐”（the Anglo-Russian “Great Game”）。

至于在太平洋，因为19世纪最后四分之一时间开始以前那里尤为重要的海岛大都已被西方人夺占，现代帝国主义扩张大潮主要表现为攫取所余土著岛屿和夺占个别大殖民地。前一个方面比较突出的是英国于70和80年代取得斐济、新几内亚东部、北婆罗洲和所罗门群岛，美国于1898年兼并夏威夷，英德两国于1899年瓜分萨摩亚群岛，后一方面指美国经美西战争夺取菲律宾，并且将其变为自己的殖民地。这一举动和大致同时就中国问题宣布“门户开放”政策一起，历来被当做美国崛起为世界大国的首要标志。现代帝国主义在美国的主要倡导者之一写道：“各大国正在为自己的未来扩张和当前防务迅速吞并地球上所有未开发地区，美国作为世界大国之一决不能掉队。”② 美国没有掉队。

在现代帝国主义扩张狂潮中，一个非常引人注目的现象是现代帝国主义思想的泛滥。这一具有长久影响的凶猛的思潮大致包含六个形态：经济帝国主义思想，战略帝国主义思想，生物学或种族形式的帝国主义思想，宗教和救世形式的帝国主义思想，民族归并形式的帝国主义思想以及所有上述帝国主义思想的混合。经济帝国主义思想被不少历史学家称作“新重商主义”，它以曾任英国殖民大臣的约瑟夫·张伯伦为最著名的鼓吹者，强调新工业化时代里国家要保证经济繁荣甚至生存，就必须在保护性关税之外建立或扩展独占性的海外市场和原料产地即殖民地，并且以宗主国为核心，将它们（就英帝国而言还有自治领）紧密地整合为一个统一的、尽可能自给自足的大经济单位。③ 不仅塞西尔·罗得斯和多年内主持殖民扩张的法国总理茹·费里之类大帝国主义者非常明确地以此为指导政策，而且实际上19世纪晚期和20世纪初在整个西方，“新重商主义商业观念再次压倒了和平的、科布登式的自由贸易全球体系观念”④。在战略帝国主义思想当中，就系统性和政治影响之大而言，首推马汉的海权论。他相应于帝国主义扩张和霸权竞争的时代背景，试图通过从战略上分析并总结英国确立其世界权势的历程，既为英国维持其优越地位也为美国崛起为一流强国

① 参见丁名楠等著：《帝国主义侵华史》，第2卷，211～212、221页，北京，人民出版社，1986。

② 美国参议员亨利·卡博特·洛奇语，引自巴勒克拉夫：《当代史导言》，63页。

③ 参见桑顿：《帝国主义信条》，88页；巴勒克拉夫：《当代史导言》，60页；伯特：《欧洲时代的终结：1890年至今》，47页。

④ 肯尼迪：《大国的兴衰》，195页。

提供根本的战略指南。在他的理论中，近海和岛屿殖民地以及海外基地，与强大的海军和远洋商船队一样，是世界性权势的基本要素。① 马汉的信条无论在英、美还是在德、日，都对国策有重大影响。② 同一时期里另外一种战略帝国主义思想虽然不那么具有理论性，但实际作用几乎更为广泛，那就是“为安全而扩张”，它尤其构成了沙俄几无休止的大陆领土扩张以及英国海外扩张的重要推动力。③

第三和第四大类帝国主义思想可谓现代帝国主义扩张狂潮中最猖獗的跨国意识形态。其中，生物学或种族形式的帝国主义思想很大程度上出自将达尔文生物进化学说庸俗化的社会达尔文主义，列强殖民扩张和它们相互间的权势竞争由此既获得了一种伪科学证据，也增添了一种烈性刺激剂。从学者和报人到政府首脑和军队主帅，关于国际权势争斗中优胜劣汰的喧嚣无所不在，对民族机体因停止扩张（“生长”）而走向衰亡的忧惧充斥于市。④ “凡生活皆是挑战，凡生存皆是赌博，全部历史无非一个个机会的接续，要么抓住机会，要么丧失机会。如果罗马人不建立起帝国，那么迦太基人就会如此……世界不会等待犹豫者，也永远不会属于犹豫者。”⑤ 种族帝国主义是这种世界政治逻辑的必然延伸或孪生物。它在19世纪后期有三个最突出的论说家：法国人阿瑟·德·戈比诺、英国人休斯顿·斯图尔特·张伯伦、美国人乔赛亚·斯特朗。戈比诺最早系统地将种族主义理论化，于1853至1855年出版四卷《论人类种族不平等》，其中提出种族血统是历史的关键，强调雅利安人为其最优秀分支的白种人是一切文明的源泉，白种人理应统治血统低劣并且永不能达到文明的黄种人和黑种人。⑥ 戈比诺的敬慕者张伯伦进一步将“纯种的”日耳曼人当做雅利安人的精华，宣称只有该族才继承了西方在血统和文明两方面的真髓，因而有权主宰全

---

① 尤其见马汉：《海权对历史的影响（1660至1783年）》（Alfred Thayer Mahan，*The Influence of Sea Power upon History，1660—1783*），第1章“论海权的要素”，波士顿，1890。

② 参见菲利普·克洛尔：《马汉：海军史家》（Philip A. Crowl，“Alfred Thayer Mahan：The Naval Historian”），见帕瑞特：《现代战略的缔造者》，462～474页，普林斯顿，1986；罗伯特·奥康奈尔：《武器和人》（Robert L. O'Connell，*Of Arms and Men*），214～215页，牛津，1989。

③ 参见基辛格：《外交》，141页。

④ 参见肯尼迪：《大国的兴衰》，195～196页；约翰·米勒：《从末日后撤：重大战争的过时》（John Mueller，*Retreat From Doomsday：The Obsolescence of Major War*），44～45页，纽约，1990；理查德·霍夫斯泰特：《美国思想中的社会达尔文主义》（Richard Hofstadter，*Social Darwinism in American Thought*），修订版，纽约，1955。

⑤ 桑顿：《帝国主义信条》，50页。

⑥ 参见威廉·夏伊勒：《第三帝国的兴亡》（William L. Shirer，*The Rise and Fall of the Third Reich*），150～152页，康涅狄格州格林威治，1962；科恩：《民族主义的涵义和历史》，74页。

世界。他于1899年发表的主要著作《19世纪的基础》在问世10年内连出8版，醉心于殖民扩张和世界权势的德皇威廉二世是该书最先、最热中的读者之一。① 至于斯特朗，则是盎格鲁—撒克逊种族优越论的倡导者。他在《我国的可能前景与当前危机》（1885年出版，不久售出近20万册）等书中，宣扬盎格鲁—撒克逊人作为纯基督教精神和公民自由的唯一载体，能够赢得行将到来的“种族最后竞争”，能够以其迅速繁衍的人口等降临并主宰非西方世界。②

宗教和救世形式的帝国主义思想则以一种看似利他的使命意识为特征，而且这使命被认为出自一个至高存在或至高价值的指示，因而理所当然。宗教式帝国主义主要寓于沙俄，后者19世纪晚期至20世纪初在巴尔干扩展势力的主要意识形态动力兼辩据，一向是从异教或异端统治下解放“斯拉夫兄弟”这一东正教神圣使命，甚而还有以它自命的当然继承者资格恢复昔日东罗马帝国的“真基督教”辉煌。③ 救世式帝国主义远更普遍，它指的是以“文明”的名义进行的殖民半殖民扩张。无论是在列强政府内部还是在民间，对“文明使命”的信奉简直成了一种世俗宗教：文明的西方是文明的受托者，有义务管束和教导不文明的非西方人，使之文明起来，以此服务于文明本身。换言之，在信奉“文明使命”的西方人看来，他们自己在文明方面的优越地位赋予他们统治的权利，同时也给他们施加了上述义务。这种义务的履行对其对象来说是强制性的，“土著种族必须被强迫步入现代世界，因为他们自己永远不会自愿地这么做”④。显然，这一类帝国主义思想与生物学或种族形式的帝国主义思想有紧密的联系，它们在许多场合结合为一体，大大加强了帝国主义扩张对列强国内成千上万人的说服力。例如，世纪之交的美国总统、大帝国主义者西奥多·罗斯福在布尔战争期间如此表达自己的信念：“为了文明的利益，英语种族应当统治南非，正如为了文明的利益美利坚合众国本身——英语种族的最大一支——应当统治西半球一样。”⑤

至于民族归并形式的帝国主义思想，则主要表现为泛日耳曼主义和泛斯拉

---

① 参见夏伊勒：《第三帝国的兴亡》，152～158页。张伯伦的理论后来被纳粹用做其种族主义的“科学依据”。

② 参见霍夫斯泰特：《美国思想中的社会达尔文主义》，128～129页；入江昭：《太平洋两岸的疏离》，15页。

③ 参见科恩：《民族主义的涵义和历史》，33～34页；基辛格：《外交》，143页。

④ 桑顿：《帝国主义信条》，85页。“文明使命”在19世纪的最权威表述，见于1884至1885年关于非洲的柏林会议制定的国际公约——《总议定书》，内称列强统治非洲各地的目的是“教导当地人，使之深切认识文明之福祉”。参见江文汉：《国际社会中的“文明标准”》，76页。

⑤ 入江昭：《太平洋两岸的疏离》，27页。

夫主义，它们分别对德俄两国的公众舆论及对外政策有重大影响。泛日耳曼主义以1891年成立的泛日耳曼联盟为主要鼓吹者，要求将奥匈帝国境内的德语人民及其居住地并入德国，使之具备成为世界首强的足够物质基础，后者则以1867年在莫斯科举行的第二次泛斯拉夫大会为流行之始，宣扬由俄国兼并东欧和巴尔干地区各类斯拉夫人及其居住地，以便确立当时人所称的“俄罗斯普遍帝国”。民族归并帝国主义思想的前提在于种族或语言上的姻亲关系，它们导致领土和政治归并的要求权。① 因此，它在一定意义上是种族帝国主义的一种变体。最后，在实践中的现代帝国主义扩张往往以所有上述各类（或其中大多数种类）帝国主义思想的混合体塑造其主观目的和辩解论据，犹如它本身是倾向于帝国主义政策的各种社会力量的合力一样。②

非欧现代区域国际体系的形成与全球国际体系的真正出现

真正全球性的国际体系的根本特征，除了它在地理上囊括全世界外，就在于有了以非欧现代强国为中心的非欧现代区域国际体系，并且构成全球体系至关重要的组成部分。

其中，由来较久的是以美国为中心的美洲体系。美国独立前后，如前所述随北美殖民地而来的、漫长的世界优势跨洋西移过程开始有一种独特的地缘政治思想反映，那就是独立的美洲体系观念。虽然在不同的美国开国者那里，这个观念有不同的内涵，但它们都多少包含那将成为整个19世纪美国基本国策的含义：避开欧洲国际纷争的牵累和危险，集中精力于美国的繁荣和扩张，并且争取对整个美洲的控制。③ 对欧孤立主义和大陆领土扩张是独立战争胜利后美国对外政策史上第一大时期（到19世纪40年代末为止）的两个主题，前者大大有助于美国在法国革命战争和拿破仑战争的国际风暴中维持独立与基本安宁，后者则使美国版图从局限于密西西比河以东急剧扩展到囊括加拿大以外的大半个北美。这一结果依靠外交谋略、军事威胁和对弱邻墨西哥进行战争取得，而与

---

① 参见科恩：《民族主义的涵义和历史》，71页。

② 美国参议院外交委员会关于核准兼并夏威夷的报告，提供了这方面的一个典型例子。该报告称：“当前的夏威夷—日本（移民问题）争执乃前哨冲突，随后将是东方文明及其苏醒中的力量与西方文明之间即将到来的大斗争。问题在于，在正常不可避免的大斗争中，究竟是亚洲还是美洲占据那控制海军‘太平洋钥匙’和商业方面‘太平洋十字路口’的优越地位。”引自朱利叶斯·普拉特：《1898年的扩张主义者：夏威夷和西属岛屿之攫取》（Julius W. Pratt，*Expansionists of 1898：The Acquisition of Hawaii and the Spanish Islands*），320页，巴尔的摩，1936。

③ 参见阿瑟·惠特克：《西半球思想》（Arthur P. Whitaker，*The Western Hemisphere Idea*），纽约州伊萨卡，1954；阿姆斯特朗：《革命与世界秩序》，43～44，65～67页。

驱逐和杀戮印第安人相伴的西向拓殖使之转化为财富和权势的实在源泉。在上述两大主题之外（当然与其中之一即对欧孤立主义密切相关），这一时期美国对外政策还有一个引人注目的方面，那就是一开始主要针对欧洲神圣同盟企图干涉南美诸国独立的门罗主义。由“意识形态同情、商业考虑和对于欧洲打扰作为一个整体的美洲大陆的一般厌恶”共同引发①的门罗咨文所以重要，一是因为它以对外政策最高宣言的方式，首次向欧洲列强明确宣称美洲体系的存在及其独立和不可侵犯，二是它蕴涵美国系美洲体系中心的意思。用其拟制者、国务卿约翰·昆西·亚当斯的话说，美国作为一个迅速成长的强国，对其美洲各邻邦起着越来越强的引力作用。② 门罗咨文的意义还在于这么一个不少论述者未提到的事实：欧洲列强一般来说接受并自此遵守了门罗主义，或者说默认了当时正开始趋于形成的、以美国为中心的美洲体系。

到美国对外政策史的下一个大时期，即在过渡阶段——南北战争的酝酿和进行——之后直至第一次世界大战爆发为止的时期，原先作为一种多少有些模糊的意向而蕴涵在门罗主义中的泛美控制，便与面对亚太地区的扩张和对欧洲国际政治的初始介入一起，使美国崛起为帝国主义世界大国。建立美洲区域霸权的第一大炮，是由国务卿理查德·奥尔尼在 1895 年打响的，他就美国有权仲裁委内瑞拉与英属圭亚那的领土争执照会英国：“今天，美国是这个大陆实际上的君主，它的命令对于其干涉所及的臣民就是法律。”③ 随后的大行动便是麦金莱政府干涉西属古巴事务，然后经过美西战争夺取对古巴的控制权和兼并波多黎各。麦金莱的后继者西奥多·罗斯福集种族主义、“现实政治”哲学和牛仔精神于一身。他先于 1903 年策动巴拿马脱离哥伦比亚，并且与他制造的这个新国家缔结条约，让美国独占拟议中的跨地峡运河，然后于 1904 年宣布门罗主义的“罗斯福推论”，即在美洲国家发生“导致文明社会纽带全面松弛的长期为非作歹或软弱无能”局面时，美国“不得不发挥国际警察的作用”。④ 经过罗斯福后继者塔夫脱旨在控制他国财政的西半球“金元外交”及其间或的武力配合，威尔逊执政期间美国对中南美国家的军事干涉达到了最高峰，它在美洲的霸权控

① 参见卡里埃：《维也纳会议往后的欧洲外交史》，29 页。门罗行政当局内关于是否承认南美诸国独立的辩论表明，对后者的意识形态同情是相当有限的。参见迈克尔·亨特（韩德）：《意识形态与美国对外政策》（Michael H. Hunt，*Ideology and U.S. Foreign Policy*），101 页，纽黑文，1987。

② 参见上书，31 页。

③ 奥斯卡·巴尔克和纳尔逊·布莱克：《1900 年往后：美国当代史》（Oscar T. Barck，Jr.，and Nelson M. Blake，*Since 1900：A History of the United States in Our Time*），113 页，纽约，1965。

④ 参见惠特克：《西半球思想》，100 页。“这位前纽约警察长官将整个半球当做他的巡逻范围。”（亨特：《意识形态与美国对外政策》，131～132 页。）

制也大致形成。这位不仅热衷于“秩序”，而且热衷于教训拉美人如何建立“好人政府”和民主体制的总统用兵弱邻多达 20 次，其中最著名的是反复出兵墨西哥，干涉那里错综复杂的变革过程。至此，美国为中心的美洲体系在政治上终于真正确立。①

世纪之交问世的第二个非欧现代区域国际体系，是日、俄、美三强及以其竞争为中心的东亚太平洋体系。大历史学家杰弗里·巴勒克拉夫颇有理由地强调：这个体系的形成是欧洲在政治上衰落的一大长期性决定因素，“尽管欧洲列强可能认为它是次要的和附属的，但对非欧列强，特别是美国而言，它在许多方面比欧洲本身更重要”；直接标志其形成的那些大事态构成“一个过程中的转折点，依此过程源于欧洲、并且有赖欧洲优势地位而继续下去的均势体系，让位于全球极化体系，多种多样互相竞争和自我制衡的利益间的分裂，让位于各为一方、横跨大陆的大国集团的确立”②。东亚太平洋体系的兴起既与一个多世纪里世界政治的最重大事态之一——美国和俄苏逐步形成为超级大国密切相关，也源于区域内一个传统的非西方国家——日本跃升进入现代强国之列。明治维新后的日本依据迅速增长的实力、高度有利的地缘战略位置和在对外行动方面可谓首屈一指的精神优势③，异常凶猛地投入现代帝国主义扩张大潮。几乎从一开始就相当清楚：日本参加列强对华压迫和蚕食只是为了利用其“对华集体行动机器”来扩张自己，同时在任何可能之处排斥其余列强的势力。④ 甲午战争一过，同样争取控制中国东北的俄国必不可免地成了日本的大敌手，而俄国在法德配合下搞的三国干涉还辽，更使日本举国上下以俄为仇。1902 年，英国为改善自己在全球陷于几大强国权势竞争而且无不单枪匹马的被动局面，与日本缔结同盟，使之实际上能够放手打击俄国而无须担心欧洲强国（包括俄国的盟友法国）干涉。以此为重要的外交条件，日本赢得了日俄战争。

此后，不仅欧洲列强逐渐被挤出东亚冲突舞台，而且那里的非欧强国之一俄国也不得不将扩张方向大抵集中于巴尔干。这样，作为以后 40 年东亚太平洋强国争斗枢纽的日美矛盾便开始凸现出来。即使在囊括 19 世纪前半叶的大陆领

---

① 以后经过第一次世界大战，随美国取代欧洲占据中南美外贸、投资、原料生产等方面的优势地位，它在经济上也真正确立起来。参见威廉·凯勒：《20 世纪的世界：国际史》（William R. Keylor, *The Twentieth Century-World: An International History*），209～212 页，牛津，1984。

② 巴勒克拉夫：《当代史导言》，95、107～108 页。

③ 关于后两项，参见肯尼迪：《大国的兴衰》，208 页。这所谓精神优势，是指天皇崇拜和国家崇拜、黩武主义和武士道精神、“对纪律和刚毅的强调”等。

④ 参见潘尼迦：《亚洲与西方统治》，198 页。

土扩张时期，美国的西进抱负也远不是单纯大陆性的：几乎从一开始，它就遥望太平洋及其彼岸，而40年代期间与英国争执俄勒冈和从墨西哥夺得加利福尼亚，更是相当明确地以东亚太平洋商业前景为一大动机。① 另一方面，由官方外交频繁协助，以私人主动为首要特征，美国商业和传教活动规模渐增。尤其紧随美国内战之后，工业迅猛发展加上国务卿威廉·西华德等人在言行两方面的有力推动②，这一进程显著加速。美西战争是美国东亚太平洋政策史上的转折点之一，不仅因为它标志美国在太平洋的殖民兼并和势力范围追求一变而为帝国主义狂潮，而且因为这狂潮一定程度上出于戒备日本的动机。③ 当然，美国在东亚大陆（即在中国）基本上仍然继续先前的经济和文化扩张方式，避免背上被认为无益、实际上也无力承担的领土控制和军事纠葛负担。它希望的东亚太平洋体系基本规则，是列强殖民属地维持现状和中国"门户开放"。这前一项规则取向既反映了美国意欲维护自己新近获得的菲律宾等殖民地，也反映了它还远未具有动摇其他列强的殖民帝国的足够权势，而后一项规则取向从长远看更能体现美国海外扩张在地理、经济利益和意识形态等方面的特征，并且代表了从此将逐步占据上风的现代帝国主义一大新生形态——非领土性帝国主义，因而具有世界性历史意义。

总的来看，1905年以前美国在日俄美三角关系中非常显著地偏向日本。从权势、地缘政治和"文明"三重视角出发，俄国被认作唯一有能力并有意愿在东亚损毁美国利益及其理想的国家，日本则被当做西方（尤其是盎格鲁—撒克逊民族）卓越而又顺从的学生和可借以遏制俄国的前锋。④ 日俄战争期间，西奥多·罗斯福总统得知日本击毁俄国舰队的消息后欢呼："日本是在帮我们的大忙。"⑤ 然而，美日是两股大致同时生成和同样最具势头的帝国主义力量，它们又都指向同一个东亚太平洋，因而碰撞是难以避免的。随日本打败俄国，这方面的先兆便接踵而来：罗斯福从限制日本战果和维持东亚均势出发，居间助成日俄朴次茅斯和约，这反过来激起了日本国内的反美骚动。于是，在罗斯福的太平洋权势政治盘算中，美国必须确保自己的海军"令人敬畏"，在未来不无可

---

① 参见王纬主编：《美国对亚太政策的演变》，第二章，济南，山东人民出版社，1995。

② 西华德的思想和作用见上引书，80～86页。

③ 参见入江昭：《太平洋两岸的疏离》，49～56页。

④ 1905年以前美国人对俄国和日本的看法见入江昭：《太平洋两岸的疏离》，70～71页；入江昭：《跨越太平洋：美国—东亚关系内史》（Akira Iriye, *Across the Pacific: An Inner History of American-East Asian Relations*），第1至第4章，纽约，1967。

⑤ 基辛格：《外交》，42页。

能的冲突中与其他西方列强一起“在远东摧毁日本”。[①]

19和20世纪之交真正问世的全球国际体系有其基本的内在联系，此即美洲和东亚太平洋这两大非欧体系各自与欧洲体系的关系。美国为中心的美洲体系由来较早，因而就原始形态而言，它与欧洲体系的联系可上溯到美国独立战争时期。美国赢得独立，由此奠定美洲体系的基石大有赖于法国的军事援助，而法国的援助动机是利用来自美洲的机会报复宿敌英国。当时部分地由于七年战争导致欧陆内部的国际权势高度均衡，法国能够绝无仅有地集中力量对其宿敌进行一场单纯海洋性的战争。不仅如此，欧洲体系内出现“武装中立联盟”，英国由此在“被剥夺其权势的传统魔法”即海权之外，处于绝无仅有的完全孤立境地。[②] 美国赢得独立后不久，便处于席卷欧洲、波及世界的战火环境——法国革命战争和拿破仑战争之中。欧洲体系的引力（特别是法国出于战争需要的蓄意努力），会同美国国内的亲法及亲英情绪，倾向于将美国拉入战火，但华盛顿和约翰·亚当斯两届政府坚持中立，即不让欧洲体系支配美国对外政策，从而维护了美国的独立与和平发展机会。美洲体系形成中的另两大关键——大陆领土扩张和门罗主义见效，也有赖于欧洲体系内的纠纷：就大陆领土扩张而言，最突出的事例是杰弗逊总统趁拿破仑欧战之需购得路易斯安那，而门罗主义见效的首要前提，则在于英国反对神圣同盟干涉，并且依靠其制海权足以遏阻之。事实上，从拿破仑战争结束到第一次世界大战开始，美国近乎一贯享有的高度安全乃至它逐渐形成的美洲霸权，有赖于欧洲体系内的两项基本状态——英国的优势地位与之相依赖的欧陆均势。[③] 不仅如此，这区域霸权连同美洲体系的最终确立，来自前述世纪之交美国在那里的一系列大行动，而使这些行动得以成功的一大环境，在于欧洲体系内的列强争斗，由此而来的多重战略牵制和缓解它们的需要令英国对美国退避三舍。某种意义上更具历史重要性的，是美国积极调停第一次摩洛哥危机，并且作为重要角色参加1906年阿尔及西拉斯会议。[④] 罗斯福的这一外交举动不仅构成美国政府对欧洲列强政治的首次介入，而且象征美欧两个体系彼此间关系的基本模式开始转换：在此之前总是新大陆规避、限制、利用和排斥旧大陆的干预或政治影响，在此之后旧大陆却反过来

---

① 参见霍华德·比尔：《西奥多·罗斯福与美国崛起为世界强国》（Howard K. Beale, *Theodore Roosevelt and the Rise of America to World Power*），281～282页，纽约，1962。

② 参见德约：《不牢靠的平衡》，121页。

③ 参见乔治·凯南：《美国外交（1900至1950年）》（George F. Kennan, *American Diplomacy, 1900—1950*），10页，纽约，1952。

④ 详见比尔：《西奥多·罗斯福与美国崛起为世界强国》，306～334页。

受到新大陆的一次又一次干预，而且这干预将愈益重要，以至决定旧大陆的命运。

至于东亚太平洋体系同欧洲体系的关系，则复杂得多。然而有一点非常简明，那就是东亚太平洋体系内的若干事态对欧洲体系有重大和深远的影响，反之亦然。法德两国参与三国干涉还辽的主要动机，分别是呵护被视为法国对德战略命根的法俄同盟和使俄国的注意力更多地从欧洲分散到东亚①，而其结果是日本人对西方长久怀恨在心。1900 年，仍视俄国为其世界利益最大威胁的英国与德国达成所谓扬子江协定②，这为翌年的英德联盟谈判作了铺垫。然而，多半因为德国要求的合作程度过高，可能改变世界政治走向的这一联盟未能实现，其结果是英国转而与日本缔结有助于后者打败俄国的英日同盟。在日俄战争中的失败导致俄国转向巴尔干，未来欧洲大战的一项祸源由此而成。日俄战争还令德国试图引诱俄国与之结成反英联盟，甚至幻想新近与英国缔结协约的法国也加入其中。主要是这样的盘算，促使它挑起了事关重大的第一次摩洛哥危机。③ 不仅如此，俄国由于在远东战败而调整对外政策方向，这促成了使欧洲两大集团对抗终告形成的 1907 年英俄协约。总之，东亚太平洋体系内的一场非欧战争“助成了整个欧洲国际体系的转变”④。这是一种先前历史上从未有过的新情况，它在 20 世纪以多少类似的形态一再出现：从日美太平洋战争到朝鲜战争和越南战争。

第三节　国际权势结构的变更趋势

英俄两国的显赫优势和多极格局的近乎倾覆

20 世纪世界政治的最大动态之一是国际权势分布构造的剧烈变动，它像决定我们时代面貌的其他一些属性一样孕育于 19 世纪，特别是其后期。在此以前的很长时间里，现代国际体系总的来说保持了一种相对分散的多极权势结构，即 16 世纪时业已强大的法国、奥地利与 17 至 18 世纪先后跻身于列强行列的英国、俄国、普鲁士一起，形成了相互间力量对比大致均衡并且长期保持存在的

① 参见威廉·兰格：《帝国主义外交（1890 至 1902 年）》（William L. Langer, *The Diplomacy of Imperialism, 1890—1902*），185、189～190 页，纽约，1935。

② 该协定的由来和内容参见上书 517、700～702 页。

③ 参见布里奇和布伦：《列强与欧洲国际体系》，156～158 页。

④ 同上书，156 页。

五强格局。[1] 诚然，其间有过路易十四和拿破仑统治下法国特别强大并且据此大力追逐霸权引起的两番大动荡，但如兰克在首次提出现代欧洲国际体系运动模式时所言，“世界的潮流诚然不时破坏这规范和秩序体制，但在潮退浪缓后它又得到重建”[2]。在国家相对力量上扬下落的漫长过程中，欧洲取得的这种多强均衡局面塑造了所谓经典的欧洲外交思想和实践，其中的一大共识便是五强的存在理所当然，其中任何一强的消失（例如普鲁士实际上可能毁于七年战争）都会使欧洲全局遭到灾难性损害。[3] 最突出的外交共识是经典均势论，其要义在于维护列强间权势大致均衡的分布，阻止其中一强取得压倒性优势或霸权，从而保持所有强国的独立生存和体系结构的多元性质。[4] 18 世纪的休谟是系统地论说这种均势的先驱[5]，19 世纪的兰克则是其历史生成机制的宏观阐释者。经典均势的基本原则，连同其派生的具体营造章法，不仅体现在例如《乌得勒支和约》以及从事七年战争的老皮特和弗雷德里克大王等人的国务操作中，也是小皮特、梅特涅和卡瑟尔累等人设计或规定拿破仑战争后欧洲领土和政治安排的指南，尽管鉴于这场大战反映的基本教训，这后一代人同时还搞出了一项重大创新——“欧洲协调”[6]。简而言之，现代国际关系在至少一个半世纪里的面貌直接或间接地来自多个强国间力量对比的大致均衡和相对稳定。

然而，19 世纪期间情况开始大变：国际权势构造趋于极化，出现了我们时代超级大国的雏形；另一方面，无论是就哪些国家构成列强，还是就列强中间各自实力位置孰先孰后而言，权势分布都由于几个新兴强国的迅猛崛起而发生急剧变化，原有的稳定不复存在。如前所述，极化趋势首先在于 19 世纪大部分

---

① 现代国际体系演变的思考者、英国著名国际关系史学家和理论家欣斯利总结说：“欧洲从 18 世纪初年起取得这么一种状况：在其数目超过欧洲先前历史所曾有的多个一流国家中间，存在一种其程度同样史无前例的近似均等。”引自 F. H. 欣斯利：《权势与追求和平：国际关系史上的理论和实践》（F. H. Hinsley, *Power and the Pursuit of Peace: Theory and Practice in the History of Relations between States*），176 页，剑桥，1967。

② 《论列强》，见兰克：《历史的理论与实践》，71 页。

③ 参见克雷格和乔治：《武力与治国方略》，35～36 页。

④ 大量援引当时言论以详细展示经典均势论的最常用著作，为爱德华·古利克：《欧洲经典均势》（Edward Gulick, *Europe's Classical Balance of Power*），纽约，1967。这里所说的要义见该书第 2 章“（均势的）目的”。

⑤ 参见大卫·休谟：《论均势》（1752 年）（David Hume, “Of the Balance of Power”），见约翰·瓦斯奎兹编：《国际关系经典文献》，281～284 页。

⑥ 克雷格和乔治：《武力与治国方略》，43～51 页。对“欧洲协调”创新性质的最佳论述是保罗·施罗德：《欧洲政治的转换（1763 至 1848 年）》（Paul W. Schroeder, *The Transformation of European Politics, 1763—1848*），牛津，1994。

时间里英国的显赫优势地位。极其突出的工业优势是英国的头号权杖。“工业革命成就的，是加强一个国家在18世纪前工业的重商主义斗争中就已极成功地树立了的地位，然后将它转变成一种不同类型的强国”①。1860年左右，即这场革命刚扩散到欧美其余国家之际，英国虽然人口仅占世界的约2%和欧洲的约10%，但它生产的铁和煤以及加工的原棉，据占世界总产量的大约一半，而其消费的来自现代能源的能量是美国的5倍、法国的6倍、俄国的155倍。②主要依靠压倒性的工业优势，英国占据了世界全部贸易量的五分之一、制造品贸易量的五分之二和远洋航运的三分之一，以致英国人可以扬扬自得地设想大半个世界都在充当他们的农田、果园、矿区和牧场。到19世纪中期，英国的金融地位甚至比他的贸易地位还要显赫：世界绝大部分资本输出、跨国银行网络和保险公司都属于英国人，伦敦差不多是国际兑换和支付的唯一中心。英国的制海权更达到了近乎垄断的地位，1805年特拉法加海战往后大半个世纪没有任何国家威胁英国对海洋的控制。可以说，依凭对世界一半以上远程权势投射能力的占有，再加贸易和金融支配，英国在历史上首创了全球功能型网状控制——非传统形态的世界性霸权。与此同时，英国作为一个传统的领土性帝国同样位居世界榜首，虽然它在这方面与俄国并列而非独占鳌头。引人注目的不仅是英帝国的巨大规模和它在19世纪前四分之三时间里的急剧膨胀，而且是近似于同时期在海权领域的那种殆无对手的状况：“前两个世纪里英国不得不为了帝国而反复与西班牙、法国和其他欧洲国家打仗，与此相比现在总的形势远不那么富有竞争性。除了间或对法国在太平洋的进展和俄国在土耳其斯坦的侵蚀感到惊恐外，不再有什么厉害的对手。”③ 可以说，英国的优势在陆军力量以外的几乎所有主要方面达到了全球霸权地步。

反拿破仑战争使俄国急剧腾升为英国以外仅有的一个超级强国。俄国的超强地位因其在镇压1848年欧洲革命中的首要作用而更加突出：它作为独一无二的“欧洲宪兵”，派遣大军扑灭匈牙利造反以拯救哈布斯堡统治，力促普鲁士国王坚决扼杀自由主义改革运动，并且威胁发兵40万血洗爆发革命的巴黎。俄国的势力与威权达到了1945年雅尔塔会议以前的巅峰状态。然而，有如迄今为止的历史反复表明的那样，俄国即使在强盛之际也总是仍有多种非常深刻和至关紧要的大弱点，因而其权势难免大起而后大落。拿破仑战争后的俄国经济仍旧以农奴制为基础，并且因为工业化速度远远不及中西欧国家而更见落后；自镇

①② 肯尼迪：《大国的兴衰》，151页。

③ 同上书，155页。

压1825年十二月党人起义开始，变本加厉的专制统治和思想保守排除了国家改革和开明化的可能性；规模庞大的军队在装备、后勤、官兵素质等方面弊病重重，而包括国内靖安、边陲镇守、境外干涉和殖民攻防在内的繁多使命使之穷于应付。所有这些羸弱，在1853至1856年的克里米亚战争中暴露无遗，俄国因战争惨败而跌入低谷。然而，俄国的洲级大国规模毕竟是其力量的持久源泉，它迟早会在技术变革的激发下使俄国开始其历史上又一番权势大起。正是基于对这两项条件的认识，加上对俄国弱点的某种漠视，地缘政治思想家麦金德在世纪之交做出了兼具深刻洞察和过头恐惧的著名预言："世界政治的枢纽地区难道不是这么一个广大的欧亚地区：那里海船不能进入，但在古昔却任骑马的游牧民族驰骋，而在今天将被铁路网络覆盖?""如德国在欧洲一样，俄国在世界上占据的中心战略位置……对枢纽国家有利并形成了它扩张鲸吞欧亚地带的力量对比的总格局，这将使巨量大陆资源有可能被用于舰队建设，到那时世界帝国就将为期不远。"①

实际上在麦金德以前，早就有了对"中等国家"（即传统现代强国）历来占有的显赫地位将被超级大国取代的预言，而且由于欧洲的规模限度及其势难更改的政治分裂，这些预言中的超级大国一般总是欧洲以外将会出现的巨型强国。18世纪末期，负责为独立谋取外援的驻法代表赛拉斯·迪恩就曾对其委派者——美国大陆会议表述过一种展望：美国、俄国和英国将来会共同支配世界政治。② 此后便是法国大思想家托克维尔在1835年的脍炙人口的公开预言：美俄将"各主世界一半命运"。托克维尔此言的根本依据是这两个大国可以达到的地理和人口规模："所有其他国家看来都已接近自己的自然限度，它们只需维持自己的力量，而这两国仍然正在成长。所有其他的国家都已止步或在继续前行但极为困难，只有这两国沿着一条看不见尽头的道路轻快前行。"③ 随美俄扩张的迅猛进展和工业革命的扩散，这些朦胧的预感到19和20世纪之交成了明确可靠的推断。1883年，英国大历史学家约翰·西利将基本的技术变化与经久的国力基础结合起来，断言美俄这样"庞大的政治聚合体"的潜力将通过蒸汽机、电力和铁路网络发挥出来，从而凸现为欧陆列强根本无法与之比肩的世界巨头，而英国若不见自己相对涣散的殖民帝国整合为一个远为内聚的"大不列颠"

① 哈尔福德·麦金德：《历史的地理枢纽》，载《地理季刊》（Halford Mackinder，"The Geographical Pivot of History"，*The Geographical Journal*），第23卷，1904年4月，434、436页。

② 参见阿姆斯特朗：《革命和世界秩序：国际社会中的革命国家》，281～282页。

③ 亚历克西斯·德·托克维尔：《论美国的民主》（Alexis de Tocqueville，*Democracy in America*），简缩版，138～142页，纽约，1956。引语见第142页。

(Greater Britain)，就无望跻身于美俄之列。① 1904年，麦金德更是用哲学意味的言辞，点出在工业化扩散时代“较大地理概括与较大历史概括之间的关联”变得更加紧密。② 这就是长时期以来的多强均衡总格局行将变更的根本机理。

三大新兴强国的急剧崛起

19世纪期间开始的国际权势结构的第二大变化，在于新兴强国的急剧崛起和列强相对实力位置的大幅度更动。这变化带有如此大的突发性，以致拿破仑战争结束后50年为止，大国政治仍维系传统的五强构造。但是，从19世纪60年代中叶起，以三大近乎同时的事件即美国内战结束、普奥和普法战争、日本明治维新为标志，国际权势结构剧烈变动的时代终于来临。在此后约80年里，伴随着激烈的国际斗争乃至规模空前、烈度空前的两番世界大战，欧洲内外新兴强国再三崛起，传统帝国或衰落或崩溃，超级大国两极格局最终取代列强多极格局。在这惊心动魄的过程中，既有决定所有各国命运的深层历史动力的酝酿和迸发，又有决定各国各自的走向的政治、经济、战略、外交重大搏动，还有总是分别在必然与偶然两端影响历史的两大因素——国家地理位置和人间偶然事态——的作用。对大多数考察者来说，给人印象最强烈的是新老强国间经济和军事实力对比的迅猛变化。正是在这个意义上，早在1866年法国历史学家兼国务家梯也尔就惊呼，普鲁士统治德意志将导致16世纪查理五世的大帝国重演，而这样一场普法之间力量对比的革命势必导致法国遭到致命威胁。③ 在谈论许多国际关系史学家探究和思考的一大问题——欧洲协调为何解体时，保罗·肯尼迪一针见血地指出，这不仅是由于列强外交共识的衰亡，也是由于其中部分国家变得比其他国家强大一两倍。④ 国际力量分布的这些急剧变化有一个共同的根本原因，那就是前面已经论述的第一次工业革命扩散和第二次工业革命来临。它们作为首要因素，造就了不同国家间非常不平衡的经济政治发展，导致了国家间相对实力的跳跃性增长或跌落式下降。

当然，在这一项以及其他至关重要的普遍原因之外，还存在对不同区域、

---

① 参见巴勒克拉夫：《当代史导言》，100页。“俄、美将在权势上超过现在被称为强国的国家，恰如16世纪的大国超过了佛罗伦萨。”西利语，引自保罗·肯尼迪：《马汉对麦金德：对英国海权的两种解释》，见《战略与外交（1870至1945年）：八项研究》（Paul Kennedy, “Mahan versus Mackinder: Two Interpretations of the British Sea Power”, in idem, *Strategy and Diplomacy, 1870—1945: Eight Studies*），47～48页，伦敦，1983。

② 参见麦金德：《历史的地理枢纽》，载《地理季刊》，第23卷，1904年4月，422页。

③ 参见基辛格：《外交》，116页。

④ 参见肯尼迪：《大国的兴衰》，192页。

不同国家来说不同的特殊原因。欧洲的变动缘由首推德意志的统一。此项事业是靠俾斯麦破坏欧洲列强格局稳定的三大前提而成就的，那就是：欧洲大陆均势，普奥之间的平衡，还有俄奥普三个君主国之间基于正统主义和保守主义观念的联盟体系。德意志的统一改换了欧陆地缘政治的基本构造：历来作为列强斗争的缓冲地带和交易筹码的德意志诸邦被并入单独一个强国，欧洲国际体系的内在灵活性就大为减小①；统一和庞大的德意志帝国崛起于欧洲中央，奥匈帝国和法国就受到直接撞击，欧洲其余强国的相对位置也统统随之改变。更重要的是，欧洲列强间的实力对比因为德意志统一而发生急剧变化。统一本身使德国一变而为欧洲大陆最强大的国家，它在人口数量、工业水平、军队规模和效率、教育质量和普及程度各方面无不显著超过或至少赶上法国，而就这些方面综合比较也超过仅在人口和兵员上居多的俄国。不仅如此，传统的普鲁士式专制政治、军国主义和以崇拜国家顺从权威为特征的政治文化，大大增强了德国可用于国际权势竞争的能量。② 当时的英国保守党领袖迪斯累里将 1871 年德国统一称做真正的革命，甚至比 1789 年法国大革命更深刻，③ 这并不夸张。欧洲体系内的任何国家都分明无力单独制衡德国，而联合制衡却主要由于英俄两国缺乏政治远见以及它们忙于国内事务和彼此间在欧洲以外的竞争而长久无法实现。④

德国在统一之后的实力更是突飞猛进。它与美国一样，是第二次工业革命最快和最大的受惠者，而很高的资本垄断和生产集中程度给它带来了分外的经济优势。到第一次世界大战爆发时，德国在工业经济的总量及其技术先进程度方面已超过英国而居世界第二位。短短四十年内，原先列强中最弱的普鲁士/德国变得甚至比列强之首英国更有实力：正是世界资本主义这项最不平衡的发展，构成了英德敌意乃至第一次世界大战的一项最重要根源。⑤ 对于一向信奉传统军

① 考虑到大致同时完成的意大利统一，情况就更是如此。“在角色数目减少时，做出调整的能力便减小。新的国际体系包含较少但较重的各组成部分，使得难以谈判出一个一般可接受的均势，或者难以维持这均势而不经过不断的实力较量”。参见基辛格：《外交》，134 页。又见布里奇和布伦：《列强与欧洲国际体系（1815 至 1914 年）》，113 页。

② 因此，一位学者将新的德意志帝国比作一部几乎自动的战争机器，随时可以依据参谋本部预定的战争计划动员上百万现代军队，并将其火速送达前线。参见奥康奈尔：《武器和人》，211 页。

③ 参见霍尔格尔·黑尔维希：《一个民族国家的战略无常：普鲁士/德国（1871 至 1918 年）》，见威廉森·默里等编：《缔造战略：统治者、国家与战争》，263 页，北京，世界知识出版社，2004。

④ 参见布里奇和布伦：《列强与欧洲国际体系（1815 至 1914 年）》，第 5 和第 6 章。

⑤ 对于 20 世纪世界历史的这最重要问题之一，最好的论析仍是保罗·肯尼迪的成名作《英德敌意的起源（1860 至 1914 年）》（Paul Kennedy，*The Rise of the Anglo-German Antagonism，1860—1914*），伦敦，1980。

事强权的德国来说，不仅有了世界一流实力就必须有世界一流权势地位，而且这权势地位必须以起码与大英帝国并列成双的世界性制海权和海外军事—政治势力范围的形式存在。① 有帝国主义思想愈益盛行的国内舆论驱使，德国在专注于守护其欧陆优势而不喜海外扩张的俾斯麦去职后，急不可耐地迈上了力争“世界强国”地位的道路。

助成世纪之交德国行为的一项深层心理要素，是对另一个新兴强国美国与俄国的根本担忧：美俄作为两个洲级大国，其强盛势必造成一种世界权势竞争总形势，它将使国家规模相形见绌的德国不得不永久处于二流地位。德国有一种可谓只争朝夕的紧迫感，即美俄权势上扬的前景使它“可利用本身优势的时间确实有限”②。就美国的势头而言，这样的感觉完全如实。从内战结束到美西战争爆发，美国的小麦产量增加2.6倍，煤产量增加8.0倍，钢轨产量增加5.2倍，铁路运行里程增加5.7倍。在伴随第二次工业革命而来的新型工业中，“差不多从零开始的发展是如此巨大，以致百分比毫无意义。原油产量从1865年的约300万桶跃升为1898年的5 500万桶以上，而钢锭和铸钢产量从不足2万长吨跃升为近900万长吨”③。现在在德国也一样，一些关键产业部门内高度的资本垄断和生产集中显著增强了美国的技术优势，正是这优势使得美国经济在首屈一指的规模之外还有首屈一指的效率。到第一次世界大战开始时，美国已在包括钢铁、煤炭、石油、汽车等在内的主要工业产品产量方面成倍地超过了任何其他强国，其中有些比它们全体的产量加起来还要多。

虽然美国有着容量非别国可比的巨大的国内市场，但生产的迅猛发展仍然导致了对国外市场的强劲追求：从1860到1914年出口增加了7倍多，而这一时期在拉丁美洲和东亚太平洋变得越来越频繁的美国政治军事干预很大程度上是这商业追求的反映。工业和贸易之绝对和相对的急剧增长与同样在美国盛行的各类帝国主义思想结合起来，再加上那里传统的美利坚优越感和使命意识，导致了以西奥多·罗斯福为最重要、最自觉推行者的美国“世界强国”政策。除了前面已经谈论过的种种表现外，这一政策还包括着手建立一支旨在竞争大洋

① 参见德约：《德国与20世纪世界政治》第2和第3篇论文——《兰克与德意志帝国主义》、《德国使命思想（1900至1918年）》；安德里阿斯·希尔格鲁贝尔：《德国与两次世界大战》（Andreas Hillgruber, *Germany and the Two World Wars*），11～12页，马萨诸塞州坎布里奇，1981。

② 巴勒克拉夫：《当代史导言》，99页；戴维·卡里欧：《重新思考德国问题》（David Calleo, *The German Problem Reconsidered*），5页，剑桥，1978。

③ 转引自肯尼迪：《大国的兴衰》，242页。

制海权的世界一流海军。马汉的狂热信奉者不仅在欧洲和日本，而且首先是在他的祖国。1890至1914年间，他们成功地使海军经费在联邦政府开支总的比例增加了近两倍。① 在国际力量分布的时代性变更中，美国实力的突飞猛进及其世界强国势头无疑是个头等重要的趋势，而其最大的早期效应之一，在于全球优势的拥有者英国以美洲问题上的对美退让等方式，努力取悦于后来居上的美国，美国则通过欧洲问题上的外交支持等途径予以回报。世纪之交这"由盎格鲁—撒克逊主义激励的英美历史性接近"② 实际上开始了英国逐渐向美国转让盎格鲁—撒克逊人长久津津乐道的"世界领导权"的过程。

日本是世纪之交第三个新兴强国，其崛起如前所述急剧地改变了东亚国际格局，并且有力地牵动了欧洲和美国。在凶猛的西方扩张大潮中，一个非西方国家竟然不仅能避免沦为殖民地或半殖民地，而且能跃升为现代强国：这独一无二的事态首先归因于明治维新。作为一场根本改变日本国运的改革，明治维新以其目的之异常明确、专一为首要特征，并且由此导致了异常坚决的改革决心和罕见的改革力度。佩里叩关后，列强强加的不平等条约在日本引起了刻骨铭心的受辱感和极为强烈的心理震荡，原先引为自豪的日本文化、社会乃至种族一下子变成西方人眼中落后的、"不文明"的和低劣的，甚至在许多内心矛盾的日本人那里感觉也是如此。③ 另一方面，被日本人当做富强之邦的中国从鸦片战争后竟然羸弱之势日盛，备受西方欺凌，这更加剧了日本国内对本民族命运的危机感。因此，推倒幕府统治的新当权阶层有个压倒一切的追求，那就是富国强兵修约，使日本避免沦于西方统治之下。本着用西方术语可称为"对外政策第一"④ 的原则，一切被认为妨碍实现这一目标的国内政治、经济、社会和文化现状都在革除改造之列，其中甚至包括本阶层的传统特权。⑤

富国强兵的根本之道被确定为学习西方。这种学习是有选择的：学习西方的技术和科学而非人文主义和思想自由，学习其中央集权和行政—军事机器

---

① 参见克里斯托弗·林恩：《单极幻想：为什么新的强国势必兴起》(Christopher Layne, "The Unipolar Illusion: Why New Great Powers Will Rise")，见琼斯和米勒合编：《冷战与其后》，266页，马萨诸塞州坎布里奇，1994。

② 亨特（韩德）：《意识形态与美国对外政策》，133页。

③ 参见江文汉：《国际社会中的"文明标准"》，172～173页。

④ "对外政策第一"的含义见本书第一章第二节第3小节。

⑤ 关于身属武士阶层的明治当权者废除本阶层的传统特权这一"反常"现象，参见一项较著名的政治经济解释，参见T.C. 史密斯：《日本的贵族革命》(T.C. Smith, "Japan's Aristocratic Revolution")，见利文斯顿等人编：《关于日本的阅读文献》，第一卷，91～101页。

（尤其是普鲁士/德国的）而非公民自由和代议政府。在国家的组织、指导和大力干预下，日本开始工业化。为了从农业获取工业化必需的原始资本，政府将实物税改为令农民饱受其苦的高额固定货币税；为了有力地刺激工业投资和弥补巨大的私人资金短缺，政府向基本投资提供高额补贴，并且将其导入军事工业和重工业显著优先的方向；“人们还可以进一步叙述官控工业的各大部门转入财阀之手的过程……它大大加强了财阀的权势”①。与开始工业化齐头并进的是创建并急速扩充现代武力。一向垄断军事的武士于 1876 年被取消佩剑权，以后又丧失官饷，由国家征兵组成的常备军成为日本国内唯一真正合法的武装力量。加强军备被奉为政府第一要务，19 世纪 80 年代期间陆军开支和海军预算分别增加了 60%和 200%，武器费用在日本国民收入总额中所占份额到 1903 年已达 10.3%，超过任何欧洲国家。② 在增强国家物资实力的同时，新当权阶层还刻意构筑起精神实力，即弘扬日本神道，灌输天皇崇拜，加固等级伦理③，从而使日本有了国际力量竞赛中其余国家难以攀比的一项突出优势。另外，日本还有与其国内求强努力并举的一项对外大方略，那就是接受并遵守西方确定的国际规范，使之相信日本已经“文明”，从而接纳它为国际社会（乃至列强俱乐部）的平等成员。④ 所有这些举措导致日本在 30 余年内由一个势将丧失独立的弱国表身为一个公认的现代强国，其间的主要里程碑，一是赢得 1894 年中日战争，二是同年起短时间内与西方列国修约，取消其中的不平等条款，三是 1905 年打败俄国。军事帝国主义暴发户日本已经给东亚邻国并且最终给英美带来巨大灾难。

传统强国的显著衰落

与新兴强国迅速崛起恰成鲜明对照，传统强国显著衰落。其中，积弱最甚因而衰落最剧的，是拿破仑战争结束后欧洲秩序在英俄两国之外的头号支柱奥地利（普奥战争后为奥匈帝国）。这个被英国首相帕麦斯顿称作欧洲政治独立与

---

① 参见 T.C. 史密斯：《日本的贵族革命》，见利文斯顿等人编：《关于日本的阅读文献》，第一卷，105 页（编者按）；E.H. 诺曼：《早期工业化》（E.H. Norman，“Early Industrialization”），同上书，116～122 页。引语见第 121 页。

② 参见 E.H. 诺曼：《早期工业化》，116～122 页；奥康奈尔：《武器和人》，236 页。

③ 这方面作用最大最广的是 1890 年颁布帝国教育敕令，规定学校教育之本为忠君、尊祖、爱国、孝悌，以“永葆与天地同寿之皇位永昌”。参见《帝国教育敕令（1890 年）》，见利文斯顿等人编：《关于日本的阅读文献》，第一卷，153～154 页。

④ 参见江文汉：《国际社会中的“文明标准”》，186～190 页。

自由所系的一等强国[1]，其欧洲“平衡者”作用实际上有赖三大条件：其他某个或某些强国给予的支持；普鲁士的羸弱和奥地利在德意志世界内部的优势；奥地利本国赖以维持基本稳定的起码内聚力。然而，到普奥战争爆发时，尤为关键的英俄两国皆袖手旁观[2]，普鲁士得以在没有外来干预的异常有利环境中大获全胜，上述头两个条件因而荡然无存。至于奥地利的内聚力，早在1848年革命爆发以前就因境内民族主义—自由主义潮流的萌发和骚动而大为衰减，这以后“在一个民族意识不断增长的时代，哈布斯堡帝国看来就更是一个过时的事物”[3]。帝国内部各被压迫民族（尤其是南部斯拉夫各族）的强烈不满、消极抵抗乃至分离运动人所共知，甚至1867年往后分享帝国统治权的匈牙利也与维也纳争吵不息。这些与俄国的干预和压力里应外合，使帝国陷于越来越严重的解体危险之中。奥匈帝国的物质实力也同样糟糕：由于除奥地利数省和捷克之外，帝国其余地区基本上是传统的农业经济，因而1913年其工业能力只及美国的14％、德国的30％、英国的32％，尽管其人口分别是他们的54％、79％和114％。[4] 1879年德奥同盟往后40年的历史表明，奥匈帝国的衰落使之在国际权势结构中只能充当德国的附庸，因而用经典的强国定义[5]衡量，他们已经失去了强国资格。

另一个强国——法国虽然仍保有这一资格，但羸弱之状昭然可见。普法战争之后的法国有四项就其国运而言几乎致命的弱点。第一，它在工业和技术发展方面缺乏一流的竞争力，这与它的农业和其他产业以小规模经营为主的传统特别顽固有关。因此到1913年时，法国的国民生产总值和在世界制造业产量中所占比例分别只及德国的55％和40％，而其钢和煤的产量比德国少5至6倍。实际上，这种缺乏一流竞争力的状况长久存在于法国的几乎所有实力领域，就像长于国力对比动态考察的保罗·肯尼迪就19世纪法国军事力量说的那样，

---

① 帕麦斯顿1848年语，参见基辛格：《外交》，99页。

② 英国坐视不管的原因如基辛格所说：“英国政策的中心是防止俄国占领达达尼尔海峡。奥俄竞争大体涉及俄国对奥地利斯拉夫诸省的图谋，此非英国所认真关心，而达达尼尔海峡由谁控制则非奥地利重大利益所系。英国因而开始断定奥地利并非抗衡俄国的适当力量。”同上。至于俄国对普奥战争袖手旁观，大抵是因为它对奥地利先前就克里米亚战争采取的对俄“恶意中立”态度耿耿于怀。参见A. J. P. 泰勒：《争夺欧洲霸权的斗争（1848至1918年）》（A. J. P. Taylor，*The Struggle for Mastery in Europe, 1848—1918*），32、68、104页，牛津，1954。

③ 肯尼迪：《大国的兴衰》，164页。

④ 1880年时奥匈帝国的工业能力相当于美国的30％，德国的51％。俱按上书第199和201页所列数据计算。

⑤ “能给强国下个定义，说强国必须能够抗住所有其他强国，即使在它们联合起来的情况下。”（《论列强》，见兰克：《历史的理论与实践》，86页。）

“不存在任何领域，在其中法国决定性地走在最前面”①。第二，多党议会制的法兰西第三共和国几乎从头至尾充斥着复杂而又激烈的党派争斗和意识形态冲突，结果政治时常动荡，内阁频繁更迭，国内分裂严重，由此对国力造成的损伤非同小可。在普法战争结束到第一次世界大战爆发为止的时期里，这方面最著名的就是以君主主义派与共和派之间斗争为背景、持续10余年的德雷福斯事件，它对法国军队造成了伤筋动骨的严重损害。② 第三，法国的地缘战略位置相当不利，这不仅是指它作为西欧一个既有漫长的海岸、又有广大的内陆的国家③，现代早期以来它一直特别倾向于（有时是必须）在几个方向上分散精力和资源，而且尤其是指它紧邻一个变得比它强大得多、同时满怀敌意的德国。第四，法国在世界范围内维护和追求的殖民地和势力范围利益进一步分散了它的力量，并且往往由于列强竞争而徒然树敌。这在它与强邻德国对抗的情况下尤其危险。总的来说，早在拿破仑帝国倾覆时，法国就从它在现代国际体系内一直占据的一两个最强大国家的地位上永久跌落下来，而德美两国的崛起更将它甩到了列强实力排列的临近尾端。

在传统强国的衰落当中，对世界政治影响最广泛最重大的是英国的衰落。作为全球性的生产、技术、通商、殖民和制海优势之拥有者，英国实际上处于伴随工业化扩散和新兴强国兴起而来的各种国际变更性冲击力的汇集点上，其权势地位相对而言受到的侵蚀大于任何其他国家。“它是美国权势兴起首当其冲的国家，因为在西半球，英国的利益（加拿大、加勒比海地区的海军基地、在拉丁美洲的贸易和投资）比任何其他欧洲国家的利益突出得多；它是受俄国边界及其战略铁路在土耳其斯坦扩展的影响最甚的国家，因为这对英国在近东和波斯湾的势力，甚或最终对其印度次大陆控制构成的威胁人皆可见；它是商业利益很可能由于瓜分天朝或在那一区域兴起新力量而遭到最严重损害的国家，因为它享有中国对外贸易的最大份额；与此相似，它是在非洲和太平洋的相对地位受1880年后抢占殖民地影响最大的国家，因为它……‘用支配绝大部分不发达世界的非正式帝国换取了占其四分之一的正式帝国’——这不是一桩合算的交易”④。如此不利于英国的总形势，使之处于一种典型的晚期帝国战略困境，

---

① 肯尼迪：《大国的兴衰》，168页。

② 详见威廉·夏伊勒：《第三共和国的崩溃：法国1940年陷落之研究》（William L. Shirer, *The Collapse of the Third Republic: An Inquiry into the Fall of France in 1940*），第3章，纽约，1971。

③ 而且，这海岸分割为彼此隔断的两部分——大西洋岸和地中海岸，这内陆则连接五个对法国来说不是强大对手就是其他强国一般必争的地区——奥地利、德意志、意大利半岛、低地国家和比利牛斯半岛。

④ 肯尼迪：《大国的兴衰》，226～227页。

那就是狼烟四起，穷于应付，捉襟见肘。

正如英国全球优势的最深刻原因，在于依靠首创工业革命而来的技术和生产方面的遥遥领先地位，这优势的显著衰减乃至最终丧失的最深刻原因，在于工业化扩散和新技术革命潮流中英国愈益严重的相对颓势。到1913年，它在世界制造业总产量中所占份额已从1880年的22.9%降至13.6%。不仅如此，因其技术竞争力的减弱和欧美后发工业国家纷纷采取的保护性关税政策，同期内英国在世界贸易中所占比例亦以相近的幅度跌落。① 英国殖民优势的衰减同样引人注目。尽管在现代帝国主义扩张狂潮中它攫取了一系列新属土，但与此前约70年内除俄国外几无对手的情形相反，现在它不得不与几乎所有新老强国竞争，并且抵抗它们从不同方向上对英帝国的压力。布尔战争尤其凸现了这个老大帝国的窘境：席卷欧洲的抗议呼声表明它在列强中的孤立，战争之艰难和旷日持久反映其武力之拮据和低效。最使英国人胆寒的是制海优势的动摇。麦金德在理论上提出工业化的扩散将决定性地削弱英国海军以前，实际证据早已昭然可见。19世纪80年代中期开始，法国抓住海军技术的若干新势头，优先发展高速巡洋舰、鱼雷快艇和后膛舰炮，以便必要时截断来自大西洋彼岸的英国粮食进口，并且将皇家舰队逐出地中海和法国西面近岸海域。尽管这一事态连同俄国海军的增强令英国相当担忧，以致在80年代末通过了基于“双强标准”的海军扩军法案②，但这与1898年开始德国的造舰狂潮引起的恐慌相比，可谓小巫见大巫。在争得世界一流优势地位的急切欲望驱使下，德国集中建造准备用于海上决战的新一代巨型主力舰，“这使得对英国的威胁成为无可置疑的”③。20世纪开始后不久，英国政府认定德国为头号敌人。在这一战略定向方面起了重大作用的著名的克劳备忘录④用麦金德的逻辑强调：“最强大的陆军与最强大的海军结合于单独一个国家，将迫使世界联合起来挣脱这一梦魇。”从长远看，确定并开始对付德国威胁的过程就是区分利益主次、收缩竞争战线和减少海外敌手的过程，也就是英国着手“调控衰落”的过程。⑤

---

① 参见肯尼迪：《大国的兴衰》，228页；吉尔伯特：《欧洲时代的终结：1890年至今》，13页。

② 即英国海军力量应当等同于或大于世界上两大次强海军的总和。

③ 威廉·麦克尼尔：《竞逐权势：公元1000年以来的技术、武装力量和社会》，262～269、274～275、302～303页。引语见第302页。

④ 英国外交部官员克劳1907年1月撰写，其主要部分见乔治·莫德尔斯基和西尔维娅·莫德尔斯基合编：《世界领导者文件印证》，文件第48。

⑤ 关于世纪之交以此为核心内容的英国大战略调整，参见约翰·古奇：《疲惫的巨人：英国的战略和政策（1890至1918年）》，见默里等编：《缔造战略：统治者、国家和战争》，294～313页。

第四节 现代大众政治的国际政治效应的萌发

旧政治下的旧外交与现代大众政治的出现和流行

国家对外政策的性质和内容、为贯彻这些政策动员和运用国家支援的方式、可用于对外行动的资源规模，都在很大程度上取决于国家与国内社会的基本关系，或者说取决于参与国家政治（包括对外政策在广义上甚至狭义上的形成）的社会成员的范围，还有这参与的程度和方式。这一类因素实际上在国际政治总体面貌的塑造方面有巨大意义。在 18 世纪的欧洲，除英国、荷兰等很少数国家有所不同外，国家与国内社会的基本政治关系是王朝政治，即平民极少参与国家事务，国家利益大致或完全由君主和王朝的利益来定义，而自 19 世纪最后三十年起，在欧美国家一般都有过的中上层有产者代议政治这一过渡阶段后，现代大众政治——“一般公民或臣民广泛参与政治事务”① ——成为愈益广泛乃至普遍的国家政治形态。

现代大众政治出现并流行以前，国家对外政策和外交大致不受公众舆论影响，不管这影响是推动、襄助还是制约，也不管它们是通过比较明确具体的政治活动，还是通过含糊笼统的所谓“对外政策情绪”起作用。② 甚至可以说，在此之前一般不存在我们当今说的公众和公众舆论，王朝政治时代尤其如此。弗雷德里克大王曾说，他希望在他打仗的同时，农夫和工匠照旧劳作而对之一无所知。实际上这夸大的愿语离那个时代的实况——一般平民无闻政事——相去不远，而梅特涅干脆说“对外事务与老百姓无关”③。同样，在现代大众政治出现并流行以前，大体上不存在对国家对外政策制订积极施加影响的、政府外有组织的特殊利益集团。例如在对外经济政策方面，事情还远“未发展到工商企业组成游说集团和谋求影响政治决定的地步；在这一时期，大多数工商业家相信政府能做的最好事情是不干预它们。将值得向往的对外政策举措与强有力的私人利益调和起来这一难题……还没有来折磨各国外交部”④。即使在那些已有独立或半独立的立法部门的国家，支配对外政策制定和实行的也是这么两条被

① 霍尔斯蒂：《国际政治分析框架》，第 3 版，218 页。

② 指一定时间内流行于一国国民中间的非常笼统的对外态度或倾向。例如 19 世纪和 20 世纪初在美国国民中占主流的对欧孤立主义。详见上书，394～395 页。

③ 克雷格和乔治：《武力与治国方略》，20、29 页。

④ 同上书，29 页。

广泛崇奉的信条：第一，对外政策控制权应当由行政部门牢牢掌握，不让立法机构横加干涉；第二，外交谈判（往往连同其结果）必须保密，不能成为公开辩论的话题。据信，不遵守这两条，国家就根本无法在国际政治中足够有力和足够灵活地追求国家利益。

所有这些状况导致和加固了所谓经典外交，其实行者是一个有着跨国的共同行为标准和共同情趣风格的职业外交官共同体。或者用大历史学家、法国七月王朝外交大臣和首相基佐的话说，他们“在欧洲大社会里形成了自己的小社会，它按照自己的原则、习惯、眼光和抱负而生活，在国与国之间的分歧甚至冲突中保持它自己平稳持久的团结”①。他们的基本准则是外交谈判（甚至连同外交承诺）必须始终机密，必须非常耐心（哪怕有时流于无所事事），必须完全依靠据称与普通人的情感冲动和浅薄无知截然相反的心理平静和专门知识。②

现代大众政治将改变所有这些状况，不管这变化对于外交素质和国际政治的影响是好是坏，以及在多大程度上如此。作为新的国家政治形态，现代大众政治的兴起有其根本的社会历史进化原因：工业革命的广泛展开导致传统依附关系的瓦解和人口前所未有的高度集中，由此而来的“大众社会”既产生了传统的政府机器无法应付的种种新问题，也产生了倾向于要求按照各自的利益予以解决，并且以自己的政治参与主动追求这种解决的种种新力量。在此情况下，政府的产生体制和运行机制总会发生更动。这像 19 世纪西方的其他许多重大事态一样，就发生时间而言异常集中：大约从 1870 年起不足三十载，原先少有例外的中上层有产者代议制因为选举制度的改革，成了全体或绝大多数成年男性公民的代议制③（德国和法国在 1871 年，瑞士在 1874 年，英国在 1884 年，西班牙在 1890 年，比利时、荷兰和挪威分别在 1893、1896 和 1898 年，意大利迟至 1912 年）。

选民范围急剧扩大导致了国家政治运作方式的一系列近乎革命性的变化。首先，获得政治权力或参政影响在根本上依赖于从千百万社会大众获取尽可能多的选票，而要进行为此所需的争取和动员，就只能依靠现代政党这一政治机器，其主要特征在于其大众基础或大众构成（这使之成为“大众政党”），还有自下而上、统一经久的组织结构和大众化的政治宣传纲领。因此，现当代政治

---

① 阿姆斯特朗：《革命与世界秩序：国际社会中的革命国家》，248 页。

② 参见哈罗德·尼科尔森：《外交的演化》（Harold Nicolson, *The Evolution of Diplomacy*），102～107 页，纽约，1962。

③ 美国早在 19 世纪前期即已实现全体成年男性（黑人奴隶除外）代议制，加拿大、澳大利亚和新西兰在这方面的变化也显著早于一般欧洲国家。

差不多可以说就是政党政治，现当代政府也相应地就是政党政府。① 其次，从"大众社会"内部各种各样的利益群体中间，必然随着代议政治的扩展而产生出形形色色的利益集团，它们主要利用政治家渴望获得或保持公选职位这压倒一切的心理进行政治活动，以便为本集团的特殊利益影响国家政策。最后，由于政治机制的所有上述变化，加上随工业化而来的教育普及和信息传播加快，出现了现当代意义上的公众舆论。虽然其外延的含糊和内涵的复杂导出了许多认识难题，但无论如何公众舆论确实通过越来越多的渠道直接、间接地表达出来，并且以在不同国度里有所不同的方式和程度，作用于总的来说越来越依赖公众支持或认可的政府，从而影响国家政策的形成。② 总之，进入 20 世纪时西方国家的政治已经是大众政治。不仅如此，即使在以后出现的各种与自由民主制大为不同甚至截然对立的政治体制（包括法西斯极权主义体制）之下，国家政治说到底一样是大众政治。

初生的公众舆论和利益集团对国家对外政策的作用

19 世纪后半叶，随着现代大众政治逐渐形成，公众舆论对国家对外政策的影响开始变得相当频繁和显著。较早的突出表现可见于拿破仑三世的对外政策。虽然大众政治在当时的法国还未过完酝酿阶段，但这位既缺乏合法根基又极爱虚荣的皇帝始终异常顾虑公众舆论，无论那是实在的还是他想象的，以至颇知内情的奥地利驻法大使向维也纳宫廷报告说，在拿破仑三世眼里对外政策只是用来取悦民心以求皇位合法化的一个工具。③ 大半出于这个原因，拿破仑三世外交以急功近利、哗众取宠和摇摆不定为特征。在大致同时的英国，固然找不到拿破仑三世那样的领导，但发展中的大众政治足以使政府首脑在制定对外政策时几乎一样看重公众舆论。例如，首相迪斯累里（保守党人）1877 年迫于国内声讨奥斯曼土耳其暴政的舆论，不得不停止鼓励苏丹去拒绝俄国的干涉要求，从而导致俄国无所顾忌地发动了又一次俄土战争；继任首相格莱斯顿（自由党人）更是主动迎合和积极助长此类强烈地倾向于废弃传统外交政策的公众舆论，而且正是靠此在 1880 年大选中击败了迪斯累里。④ 约 20 年后，在英国大众政治

---

① 参见巴勒克拉夫：《当代史导言》，128～129、138～139 页。

② 关于自由民主制下公众舆论的定义、内涵分析、作用方式和程度等，参见霍尔斯蒂：《国际政治分析框架》，392～398 页。

③ 参见基辛格：《外交》，107 页。"拿破仑（三世）操作对外政策的风格如同现今时代的政治领导人，他们根据电视台晚间新闻的反应衡量自己有多成功。"（同上书，136 页。）

④ 基辛格将这次选举结果称为"公众舆论至关重要的新作用的最显著例子"。参见上书，161 页。

已完全形成的情况下，厌德反德的公众舆论成了英德结盟尝试夭折的一大原因，并且严重加剧了促成第一次世界大战的英德敌意。①

利益集团积极影响对外政策是大众政治带来的另一新事态，它同样在 19 世纪最后几十年变得愈益频繁，而且往往后果重大。其中，殖民、经济和军事三类利益集团最引人注目，当然它们在许多情况下或者盘根错节结为一体，或者互相协作共兴波澜。作为殖民活动的最积极力量和开路先锋，作为许多冒险家、传教士、商人、驻外军人的一大物质后援和精神支持，殖民主义社团在现代帝国主义扩张狂潮中起了重大作用，以致一位著名历史学家强调这狂潮与其说是政府有意策划和组织的结果，不如说是“坚执之士群体”活动的结果。② 按照另一位历史学家的描述，英国和法国的殖民军人在海外扩张方面肆意妄为，以“取悦（母国的）殖民宗派”，并且为此与报界串通一气来制造公众舆论。殖民利益集团的构成范围如此广大，以致一定程度上包括英国女王维多利亚。③ 在当时，这类利益集团明显地左右国家对外政策的例子中间，最受后人广泛注意的是有大工商利益背景的“德意志殖民协会”等团体，它们经过愈演愈烈的鼓噪，促使俾斯麦弃置专注于欧洲而不搞海外扩张的政策，德国开始掠取殖民地。与殖民利益集团相比，经济利益集团在政治上的无孔不入有过之而无不及，它们造成的国际关系后果也同样重大。例如，德国容克地主势力集团为了占据国内市场和抬高粮食价格，依靠各种政治活动使帝国议会于 1902 年通过新关税法，俄国谷物自此实际上被挡在德国门外。“这项关税打击了俄国国内一向对德国最友好的那个阶级的经济利益，德俄和解的任何希望即告破灭”④，欧洲由此朝着未来大战灾祸又迈进了一大步。

至于军事利益集团，在许多场合与经济利益集团难解难分，他们一起造成的后果甚至更为严重，特别是因为它们作为主要角色煽起了英德海军竞赛。大

---

① 参见 G. P. 古奇：《外交和治国方略研究》（G. P. Gooch，*Studies in Diplomacy and Statecraft*），66 页，纽约，1942。还有一个尤为重要的例子，那就是俄国民族主义舆论在德俄关系恶化和俄法同盟形成中起了决定性作用，而这两个事态众所周知对第一次世界大战的最终到来有重大作用。参见乔治·凯南：《俾斯麦欧洲秩序的衰败：1875 至 1890 年的法俄关系》（George F. Kennan，*The Decline of Bismarck's European Order：Franco-Russian Relations，1875—1890*），新泽西州普林斯顿，1979。

② 参见阿尔布雷西-卡里埃：《维也纳会议往后的欧洲外交史》，191 页。

③ 参见基尔南：《欧洲帝国：从征服到崩溃（1815 至 1960 年）》，176～177 页。“王家很高兴（与殖民军人一起）分享出风头的机会。有很长一段时间，维多利亚像路易·菲力普一样，需要使王位解脱不得人心的状况，而且她是个全心全意的帝国主义者。在占领埃及过程中，她一天里就向陆军部连发 18 封信函，确实以一种格莱斯顿认为严重违宪的方式干扰政事。”（同上书，177 页。）

④ 克雷格和乔治：《武力与治国方略》，58 页。

历史学家威廉·麦克尼尔揭示了这两者的结合体（用大半个世纪后美国总统艾森豪威尔创造的一个著名术语说是“军事—工业复合体［Military-Industrial Complex］”）如何在英国形成，又如何提供了海军竞赛在英国方面的很大原动力。19 世纪 80 年代初，以未来的英国海军大臣约翰·菲舍尔勋爵为中心，一批精通技术的海军官员开始与英国私营军火企业建立密切的合作关系，几年后这些企业因为菲舍尔出任海军装备主管而得以垄断海上重武器生产。它们与海军有关系统的中上层要人之间的个人关系网络也随之大为发展，而这两者的共同欲望和政治活动目标便是多多益善地增加和更新英国海军装备。与此同时，选举制度改革使得选民范围急剧扩展，这与经济萧条结合起来，一反旧例地导致“追加开支比在繁荣时节更为紧迫和诱人，而不是使耗资巨大的海军法案更难得到国会通过”。在所有这些因素的作用下，自 19 世纪 80 和 90 年代之交开始，英国海军节节扩充，对此从 90 年代末往后的德国造舰热潮如同火上浇油。① 德国方面同样有以海军统帅阿尔弗雷德·蒂尔皮茨为首的海军—工业利益集团，提供了海军竞赛的又一原动力。

初生的大众政治与民族主义/帝国主义的泛滥

在一定意义上，大众政治与民族主义是一对孪生物，而现代大众政治的勃发与极端民族主义和帝国主义的泛滥紧密相连。法国大革命既首创了大众政治，也宣告了民族主义的真正兴起。② 民族主义与大众政治之间的联系具有一种逻辑必然性：作为一种超越地方和社会阶层的广泛的文化心理现象和政治现象，民族主义说到底是民族大众性质的；民族主义思想除非转移到民族大众，变为激励他们行动的情绪、心态和情感，否则就不可能有任何重要作用。另一方面，随工业革命及其导致的社会大转型的来临，大众心理严重不适甚而强烈动荡，而原先起社会维系作用的传统道德观念、习俗和组织体制却已无可挽回地被削弱或毁坏，在此情况下民族主义凭其提供的广泛认同感，给新生的大众社会增添了很大一部分凝聚力。

19 世纪后半期和 20 世纪初，在那些已不存在境内民族统一或民族解放任务的国度，除其中公认的弱小国家外，支配社会大众并且主要通过大众非理性情

---

① 参见麦克尼尔：《竞逐权势：公元 1000 年以来的技术、武装力量和社会》，269～277 页。

② 在革命爆发阶段，国民议会大致同时颁布了两项分别象征人民主权与“民族统一首次实现”的宪法性文件，即《人和公民权利宣言》与废除地域、等级和其他传统封建特权的法令，它们明白无误地表明民族主义就是“在传统的地方性忠诚之外对中央国家的强烈感情依恋和普通公民或臣民直接介入政府的政治生活”。参见科恩：《民族主义的涵义和历史》，24 页；霍尔斯蒂：《国际政治分析框架》，66 页。

感表现出来的民族主义，大都构成导致或加剧国际紧张、威胁国际稳定与和平的恶性力量，而且这力量由于国家政治生活的急剧大众化而异常强大。正如一位历史学家所言，“大众不仅希望自己的意愿被听取，而且希望自己的国家无可匹敌。他们将国际政治视为他们本国应当在其中夺魁的竞争。由‘jingoism’一词描述的民族傲慢横行于整个欧洲”①。伴随教育普及而勃兴的大众传媒（特别是廉价报刊、小册子和通俗图书）在传播和鼓动极端民族主义方面起了巨大的作用，而多半由它们表述、助长甚或塑造的公众舆论，连同利用这舆论的利益集团活动，对政府决策的影响几乎总是非同小可，有时甚至是决定性的。俾斯麦在 1887 年初的一次演说中，道出了得力于大众政治的极端民族主义在各国造成的压力：“人人都在问，战争是否行将来临？我不相信任何国务家会蓄意点燃到处越积越高的火药堆，然而群氓的激情、政党领导人的野心和被误导的公众舆论——这些因素比统治者的意志潜在地更有力。”② 虽然俾斯麦本人一般来说讨厌并抗拒这类压力，而且这次演说针对的首先是当时在法国泛滥的大众化民族复仇主义，但如基辛格所说，“某种程度上，前此作为保守主义堡垒的东欧宫廷证明甚至比代议制政府更容易受民族主义公众舆论影响”③。

至于现代大众政治与帝国主义的关系，在做了上面的说明后，只需强调一点：在本部分第一章内论述过的所有各类帝国主义思想，尤其是生物学或种族形式的、宗教和救世形式的以及民族归并形式的帝国主义思想，都以更为粗俗的形态广泛流行于列强国内的大众之中，并且通过种种大众化的渠道作用于列强政府，否则帝国主义扩张大潮和后来的大战风暴决不会那么凶猛，甚至它们是否会出现都值得怀疑。

第五节　战争规模和战争技术的突飞猛进与其世界政治影响

战争规模和战争技术在两个世纪里的基本停滞

如前所述，就 19 世纪后半叶和 20 世纪世界政治面貌的塑造而论，归根结底

① 吉尔伯特：《欧洲时代的终结：1890 年至今》，108 页。Jingoism 意为极端爱国主义、好战主义。

② 古奇：《外交和治国方略研究》，42 页。

③ 基辛格：《外交》，163～164 页。“东欧宫廷”（Eastern Courts）：德、俄、奥匈三大君主国政府的惯用合称。

来源于工业和技术革命的三大事态发展非常重要，它们是全球国际体系的出现、国际权势结构的急剧变更趋势以及民族主义和大众政治的兴起。然而，它们具有的意义即使再大，分别而论也都未必超过同样由工业和技术革命决定并且由民族主义和大众政治助成的一项变化，那就是战争规模和战争技术的突飞猛进。

这项变化显得如此剧烈，是因为19世纪中期以前约200年里，除法国革命战争和拿破仑战争期间外，战争的规模和技术处于基本停滞状态。国际关系史学家们公认，那一时期的战争以有限与相对温和为特征。所以如此，既是由于当时经济和技术条件所限，也是由于在旧的政治和社会制度之下不可能动员规模更大的人力物力资源。例如，在七年战争中，即使跻身于18世纪最大胆统帅之列的弗雷德里克大王，也未曾依凭内线作战的有利位置，以对奥地利或法国的运动战和进攻战来决战决胜，至少因为他缺乏如此所需的物质手段。专制君主能够动员、装备和供养的兵员太少，其补充或替换太难，后勤供应也远跟不上较长时间运动和进攻战的需要。① 这些难以逾越的障碍一样存在于他的敌手那边，它们作为一大原因，导致奥法俄三国虽然较为强大，但未曾以压倒性的攻势来摧毁弗雷德里克。

在所有各类物质条件限制和由此促成的保守的战略战术之外，所谓经典外交共识或竞争规范也制约着战争，其中尤为重要的是战争目的有限。可以说，在从欧洲宗教战争结束到第一次世界大战爆发的绝大部分时间里，西方绝大多数国际战争的目的都不超过局部的权势对比调整和有限的实在利益，不涉及取消别国的独立存在或改换其基本体制，更不涉及将某种意识形态加诸整个国际体系。特别在法国大革命之前以及拿破仑战争结束后的近半个世纪里，战争目的之有限、温和可谓得到精心和严格的实施。② 当时盛行的经典均势观念有力地助成了这一点，或者说这一点本身就被自觉地当做维持经典均势的一个手段。③

还有一个因素也在限制战争、维持战争方式的停滞方面起了重要作用，那就是广泛存在的对新型武器的排斥心态，它与作为时代特征的其他许许多多领

---

① 关于这后一点，一位以研究现代欧洲战略和军事史驰名的学者写道："部队的代价及其不可靠要求在战役的每个阶段都保证其待遇良好。如此给供应组织压上的负担本来可以通过征集勒索来减轻，但这被限制在最低限度，否则……'抢劫、逃亡和掠夺将无休无止……'"；"无法信赖部队既以战养战又保持方阵作战排列所必需的特别严厉的纪律，因而它们大都依赖常规的供应系统。如此，储存、运输和分配的困难进一步限制了战斗力。……军队无法从其供应点进发短短几天而又保持安全；它们的推进即使一路无阻，也必须停下来等到仓库和面包房往前搬移，以提供下一步行进的基地"。参见彼得·帕瑞特：《克劳塞维茨与国家》(Peter Paret，*Clausewitz and the State*)，27～28页，新泽西州普林斯顿，1985。

② 参见奥康奈尔：《武器和人》，148页。

③ 参见古利克：《欧洲经典均势》，第3章"（均势的）手段"最后一节"战争"。

域里的保守习惯并无二致。例如，无论是对陆上步兵方阵还是对海上木制战船，火药填充弹都有大得多的杀伤力或摧毁力，然而由于人为的排斥，它在发明后的一个多世纪里始终无法广泛地取代远为落后的实心炮弹。① 简而言之，就战争技术而言，“1648 至 1850 年是这么一个时期：两个世纪之久，欧洲文明设法操作其军事事务而大致不诉诸较为致命的武器”②。

战争规模的突飞猛进

在法国大革命和拿破仑战争期间，战争规模和战争技术的长久停滞被骤然打破。尽管此后这种停滞又恢复了一段时间，但大众政治、工业化和现代意识形态的历史巨潮终将以空前规模的资源动员和广泛深入的新技术运用，将经典欧洲政治时代从未经受过的新型战争召至国际舞台，并且由此提供塑造 19 世纪下半叶和 20 世纪世界政治的一个关键因素。

战争的变革真正震醒欧洲是在 1805 年③：有如惊天动地一声霹雳，拿破仑统率 18 万大军从英吉利海峡东岸直奔多瑙河上游，先在乌尔姆歼灭数万奥军，旋即在奥斯特里茨摧毁数万普俄联军，短短两个月内第三次反法同盟土崩瓦解，法国取得中欧霸权。在这些戏剧性的事态当中，所用兵力之巨大前所罕见，而法军作战速度之迅捷、战役范围之广阔和战略原则之新颖更是前所未闻。变化的秘密如克劳塞维茨点出，在于拿破仑是“革命的皇帝”④。

法国大革命为拿破仑的武功奠造了根本基础，而大革命的最大创新之一，就是为在外敌围攻之中挽救危亡而确立的大众征兵制。依凭随大革命而起的民族主义大众激情和献身精神，这个差不多可称为全民皆兵的制度在首次征召中，就将法国军队增加了大约一倍，以后又以革命前不敢想象的规模和频繁程度，源源不断地提供对外扩张所需的兵员。⑤ 至于先前长久制约军队规模的战场给养问题，法国同样以一种革命性方式给出了解决，那就是自战争打到法国境外之后，实行就地征收和劫掠为内容的“以战养战”。用拿破仑的话说，懂得如何从所占领的国家取得所有各种供应，构成战争艺术的很大一部分。⑥ 在拿破仑战争

① 参见奥康奈尔：《武器和人》，160 页。

② 同上书，148 页。

③ 参见彼得·帕瑞特：《拿破仑和战争的革命》，见帕瑞特编：《现代战略的缔造者》，123 页。

④ 同上书，128 页。

⑤ 拿破仑从 1800 到 1812 年共征召了 130 万义务兵和数量更多的志愿军人。参见奥康奈尔：《武器和人》，185 页。

⑥ 参见帕瑞特：《拿破仑和战争的革命》，见帕瑞特编：《现代战略的缔造者》，125 页。

造成的严重生存危机之中，欧洲其他国家除了同样大大扩充军队外别无选择，而程度不等的改革和同样由战争激励起来的大众民族主义情绪使之能做到这一点。不仅如此，用于战争的经济资源也迅猛增长。在法国，大革命浪潮中的民族主义和大众参与保证几乎整个社会经济服务于战争。这个构成我们时代所谓总体战的一个基本方面的创新，是从 1793 年 8 月国民大会议决所有法国人及其所有财产皆须为法兰西民族战争服务开始的。男女老少同仇敌忾的爱国热情，加上得到大众支持的革命专政，使之在差不多可想象的最大程度上成了现实。[①] 同样引人注目的是，在与大革命和其后拿破仑长期作战的英国，业已展开的工业革命开始显露了工业化国家在总体战中开发和动员经济资源的优越能力，即使当时英国远不像法国那么依赖战时经济控制。

总之，“两大现代力量——民族主义和工业化——改变了国际政治的性质”[②]，而这一改变的首次集中表现，就在于投入战争的兵员数量和经济资源急剧增加。此外，与它们一起导致战争规模突飞猛进的还有战争目的的根本变化：革命或反革命、共和主义或君主主义、民族征服或民族抵抗、欧洲霸权或“欧洲自由”等由意识形态和国内国际根本组织方式定义的总体性目标支配了法国和反法国家两边的战争努力，并且构成战争格外广泛、残酷和漫长的最重要原因。最后，与所有上述因素密切相关，17 世纪后半叶和 18 世纪的那种非常保守的战略发生了巨大变化（在法国方面是完全改变）。军队规模剧增，士兵斗志高昂，这就使得将帅们可以一次又一次地进行进攻性大得多、消耗也大得多的战役，而与先前相比大为升级了的战争目的要求这么做。从兵员数量到战略的所有这些变更当时还以相同的本质，存在于当今往往被称作人民战争的一类全民非常规战争中，最终使大约 25 万占领军丧命的西班牙人民抗法战争是这项历史创新的主要典型。“正如拿破仑超越了 18 世纪的战争概念那样，西班牙人民找到了一条绕开常规武力的途径。他们发动了一场民族解放战争，每个人都成了潜在的战斗者，或者像他们自我称呼的那样叫游击者。”[③]

战争技术的突飞猛进

战争技术的突飞猛进同样肇始于法国大革命和拿破仑战争，然而由于工业化时代的来临，它在 19 世纪后半叶有了甚至更惊人的、新的跳跃式发展。就战

---

① 参见科恩：《民族主义的涵义和历史》，27～28；阿姆斯特朗：《革命与世界秩序：国际社会中的革命国家》，88～89 页。

② A. F. K. 奥兰斯基：《世界政治》，289 页，纽约，1968。

③ 奥康奈尔：《武器和人》，183 页。

争技术而言，法国大革命和拿破仑战争的创新主要在军队组织方式和陆战基本方法方面。1793 年 8 月，在革命濒于危亡之际，工程师卡诺被选入雅各宾专政最高权力机关公安委员会主持军事，反法同盟进攻下节节败退的法军随之幡然振兴。部队首次改编成以师为基本单位，而各师包括所有三个兵种（步兵、骑兵、炮兵），以便能独立作战；战术由呆板的方阵行进改为灵活的纵队运动，在猛烈的炮火掩护下集中优势兵力进行坚决和迅速的进攻，而后尽可能歼灭敌军。① 基于革命造就的多方面变更，并且依凭自己的统帅天才，拿破仑将卡诺开始的创新升华为百战不殆的根本战略原则，以作为其指挥特色的大规模运动歼灭战而彪炳战争史册。他的战略筹划几乎总是以决战决胜为宗旨，动用大军迅速突入敌国纵深，创造摧毁敌军主力的全局性战机，而不拘泥于夺取特定的地点。即使在兵力数量处于显著劣势并且不得不从事阵地防御的情况下，他也努力保留尽可能多的后备部队，用此伺机迅猛突破敌方阵线一部，然后包抄打击敌军侧翼或后方。② 总之，拿破仑靠的是自觉地违背或破除欧洲传统的军事法则。

然而，在战争技术的另一大方面，亦即武器（以及军事运输）技术方面，法国大革命和拿破仑战争期间没有可称得上广泛深刻的变化，以致其经验的杰出的理论升华——克劳塞维茨的《战争论》几乎完全未论及战争不可或缺的这个方面。然而拿破仑战争后不久，这个领域内经久难移的停滞状况便被打破了。工业革命以其在绝大多数人类活动领域最终证明是翻天覆地的变更效应，开辟了“武器机械化”或“工业化武器技术”的新时代③，而其初期阶段（大致止于美国内战）的主要事态，在于三大类武器的问世和流行，即长射程快发轻武器、火药填充弹重炮和蒸汽动力铁甲舰。旧式步枪即滑膛枪问世以来，就因为以火绳或燧石为引发装置而很难在风雨中使用，但在 19 世纪初，这一严重限制由于雷酸汞——经撞击即能起爆的一种炸药——的发明和应用而被突破，适合于任何隧发枪的火帽子弹到 19 世纪中叶已经相当广泛地得到使用。④ 大致同时，枪弹填装方式也有了变更：主要由于冶金和金属加工技术的显著改善，比前膛装

---

① 卡诺给法军将领的指令展示了一种可谓全新的作战面貌：“进攻，大兵力进攻。不放过拼刺刀的任何机会。打大仗并且追击敌人，直至彻底歼灭之。”（麦克尼尔：《竞逐权势：公元 1000 年以来的技术、武装力量和社会》，235～236 页。）

② 参见帕瑞特：《拿破仑和战争的革命》，见帕瑞特编：《现代战略的缔造者》，131～133 页。

③ 参见奥康奈尔：《武器和人》，190 页。

④ 参见伯纳德·布罗蒂和福恩·布罗迪：《从弩到氢弹》（Bernard Brodie and Fawn Brodie, *From Crossbow to H-Bomb*），131～132 页，布卢明顿，1972。

填远为先进的后膛装填成为可能，由此而来的后膛枪（或称针发枪）使每分钟可以击发的次数增加了两倍半，并且使枪手不再因为必须站立装弹而很容易被敌方击中。[①] 意义至少同样重大的是枪械部件标准化生产。这项基于系列使用自动或半自动机床的先进方法先于1820至1850年间在美国形成和大规模应用，从此"火器可以在短短几年里急剧地改进，并且完全一样地巨量供应出来"[②]。火炮的革新程度几乎不亚于轻武器。克里米亚战争期间，英国人威廉·阿姆斯特朗以全新的分体制造法取代传统的同质整体铸造法，由此不仅研制成功革命性的后膛炮，还为火炮的急剧增大开辟了道路。[③] 另一方面，法国人亨利·格克兹昂于1824年发明使用火药填充弹的水平射火炮，从而使此类高爆炸力炮弹摆脱了原先因为使用领域狭隘而遭人漠视的命运。[④] 特别是海战的性质随之大变：用它来轰击的舰炮"事实上将300年来的海军舰船构造一举勾销"[⑤]，木制战船要在炮火中生存就必须包上铁甲。然而非常明显，铁甲重量随舰炮威力节节增大而增加，风帆便越来越难提供足够的海上动力。解决办法是蒸汽机加螺旋桨推进器，世界上第一艘靠此行进的战舰到1843年已由瑞典人艾里克逊建造成功。[⑥]

关于轻武器、火炮和战舰的上述发展构成工业化时代武器技术首轮变革的核心内容，它们与其他类似的创新一起，势必大大改变战争的面貌及其效应。美国内战全面地展现了这一点：在这举世第一场真正的现代大搏斗中，"每一方的武装力量都将自己转变成征召而成的大军，运用现代膛线火炮和轻武器，在北弗吉尼亚围攻战中浴血碾压，或靠铁路大批开赴西部战区，用电报与军队总部通讯，并且从业经动员的战时经济抽取资源；不仅如此，海上战役目睹了铁甲舰、旋转炮塔、早期鱼雷水雷以及蒸汽动力劫掠快艇的首次使用"[⑦]。随后，普法战争再次展现了工业化时代的军事大冲突。由于普鲁士的胜利格外急剧地变更了欧洲国际权势格局，它在战争技术方面被世人注意并造成影响的程度远超过美国内战。战场上，普军最引人注目的制胜手段是新近研制并大量生产的克虏伯钢制后膛炮，它们完全压倒了法军的铜制前膛炮，从此火炮真正成为陆

---

① 普鲁士在这一新武器技术的开发和运用方面大为领先。参见麦克尼尔：《竞逐权势：公元1000年以来的技术、武装力量和社会》，235～236页。

② 奥康奈尔：《武器和人》，193页。

③ 参见麦克尼尔：《竞逐权势：公元1000年以来的技术、武装力量和社会》，238页。

④ 火药填充弹原先仅可使用于臼炮之类高弹道武器。

⑤ 奥康奈尔：《武器和人》，193页。

⑥ 参见布罗迪和布罗蒂：《从弩到氢弹》，13～14页。

⑦ 肯尼迪：《大国的兴衰》，179～180页。

战中的主导武器。① 而更具革命意义的事态是在交战地点之外，那里铁路将它此前在美国内战中萌发的重大作用表露无遗，成为普鲁士速战速胜的主要原因。战略战术一向多半由军队的启动、调遣和供应来决定，而现在普法战争无可争辩地表明，铁路网络能以原先难以想象的速度和规模解决这些问题。反过来说，在工业化条件下，常规战争的胜败很大程度上取决于能否快速动员巨量军队，而这又取决于有无较发达的铁路系统。铁路在动员速度与战争胜负之间建立的这种紧密联系由于普法战争的经验而被普遍地奉为铁律，它极大地影响了备战观念②，并且因此如后所述，助成了第一次世界大战的爆发。

不仅如此，军事运输和武器技术的革新还作为主要因素导致了战略思想的改造，而普法战争的胜利者在这方面同样占据潮头。普鲁士/德国多年的军界首脑老毛奇为了使拿破仑那种速决速胜的大规模运动歼灭战适合于工业化时代，开创了一套"战略包围论"，其要义在于"通过将动员、集中、运动和战斗结合起来的依次一连串战略/作战行动包围敌人。依靠从一开始就夺得主动权，力图将对手驱入一个局部或完全的包围圈，然后在一场大歼灭和大合围战役中摧毁其军队"③。事实上，从 19 世纪中叶到第一次世界大战甚至其后，支配整个普鲁士/德国军事思想的就是这套战略理念，而它的深层实质，主要是设法利用工业化战争手段来突破工业化武器技术设置的战争"僵局"。④ 此外，出于在战争计划的制订和贯彻等方面适应工业化时代战争机器运作的复杂要求，老毛奇本着战略规划和战略指挥集中统一、战地实施和战术运用分散灵活的原则，首创了现代参谋本部制度。它在普法战争后 30 年内得到了所有强国军队的采用。

海军武器的革新与世纪之交的军备竞赛

普法战争以后，武器技术的革新虽然不如前几十年那般广泛，但它在逐渐加剧以至白热化的列强争斗衬托下显得更加夺目。最为突出的是海军武器的发展，尤其是巨型战舰（主力舰）的建造以及自动推进鱼雷和潜艇的问世。舰炮

---

① 参见 J. F. C. 富勒：《军备与历史》（J. F. C. Fuller, *Armament and History*），118 页，纽约，1945。

② "在工业时代，区分动员与战争变得越来越难。前工业时代里，一国能够启动其部队，将它们开往边境，停留在那里，而现在动员与战争变得几乎并无二致。要动员和部署巨量军队，就必须早早提前确立一个时间表，一旦军事计划付诸实施，就无法保证进行最后一刻的紧急修改而不导致混乱。"（吉尔伯特：《欧洲时代的终结：1890 年至今》，110 页。）

③ 贡特尔·罗滕贝格：《毛奇、施里芬与战略包围论》，见帕瑞特编：《现代战略的缔造者》，296 页。

④ 关于这一已经由美国内战显示了的战争"僵局"，参见上书第 299 页。

尺寸、铁甲厚度和舰船推进力这三者间互动式的节节增加，必然导致战舰急剧加大，而军界一向流行的好大心理使之更是如此。在迷恋战舰规模方面，一向奉最强海军为权势之本的英国首屈一指。1906年，在极端保密的情况下，英国经过短短18个月的火急赶造，建成空前庞大的无畏战舰，其排水量高达21 000吨，装备10门口径12英寸的重炮。不仅如此，依凭先进的蒸汽涡轮机，这一海上巨无霸虽然奇重无比，但仍然拥有非凡的巡航速度（每小时21海里），显著超过任何其他主力舰。① 然而与别的武器一样，巨型战舰并非天下无敌，它（以及其余所有水面舰船）的克星之一就是自动推进鱼雷。这种被一位军事史学家称为"核武力问世以前海上最具摧毁力的武器"② 于1866年由美国人罗伯特·怀德海制成，以后逐步改进，到1900年射程已达约800码，射速增至每小时29海里。③ 不过，只有在以潜艇为运载工具的条件下，自动推进鱼雷的巨大价值才能真正发挥出来，而这条件到1896年终告实现：美国人约翰·霍兰依据内燃引擎和蓄电池电动机这两大新技术，制成第一艘可用于实战的潜艇。潜艇同鱼雷结为一体，"嘲弄了与正规的传统海战行为相关联的差不多每一项价值观念……它是游击战士的海洋对应物：隐而不见，无所不在，变幻莫测，令人惊恐"④。它将在第一次世界大战中成为危及英国远洋运输乃至其整个战争能力的撒手锏。

然而，就普法战争结束到第一次世界大战爆发期间武器技术的革新而言，最令历史学家注意的，也是开启了国际政治领域内一大新模式的，是它越来越紧密地同列强军备竞赛交织在一起，并且由此获得动力。这类竞赛在世纪之交具有了先前绝难比拟的规模和烈度，而其中最重要、最突出的是列强海军竞赛，它集中表现为巨型战舰建造狂潮。英、德两国是这场历史闹剧的主角。德国出于对英国优势的愤愤不平和争当"世界强国"的勃勃雄心，从1898年开始大造主力舰。⑤ 八年后英国无畏战舰的问世虽然一时打乱了这一造舰计划，但丝毫未动摇德国人的赶超决心。德皇威廉二世当时的一番谈吐颇能说明问题："我在位的所有这些年里，我的同侪即欧洲各国君主把我不得不说的话当做耳边风。不

---

① 参见麦克尼尔：《竞逐权势：公元1000年以来的技术、武装力量和社会》，281页。

② 理查德·霍夫：《战舰的末日》(Richard Hough, *The Death of Battleship*)，6页，纽约，1963。

③ 参见威廉·霍弗加德：《现代战舰史》(William Hovgaard, *Modern History of Warships*)，452页，纽约，1928。

④ 奥康奈尔：《武器和人》，223页。

⑤ 关于德国造舰狂热背后的全盘错误的海军战略盘算，参见保罗·肯尼迪：《菲舍尔与蒂尔皮茨之比较》，见其《战略与外交（1870至1945年）：八项研究》(*Strategy and Diplomacy*, *1870—1945*: *Eight Studies*)，122页，伦敦，1983。

久，有我强大的海军来支持我的言辞，他们就会比较恭敬。”① 靠政府内外各类势力合成推动，造舰拨款一再剧增，其结果是到第一次世界大战爆发时，德国已拥有22艘无畏级战舰。在英国方面，德国的竞争促使造舰狂热变本加厉，以致1909年里国会一次就授权建造8艘无畏级战舰，尽管其造价惊人地昂贵。到第一次世界大战爆发时，英国拥有的无畏级战舰已达30艘。此外，美、日、法、意、俄五国也都建造自己的无畏级战舰，其中美国的计划规模最大，到1914年已授权建造13艘。甚至近乎纯属内陆国家的奥匈帝国，也建造了一艘2万吨的巨型战舰。② 世纪之交海军竞赛不断升级的内在机理就在于，列强国际纷争、国内政治和海上武器技术革新这三大因素交互作用，形成一种强有力的恶性循环，即前两大因素促使拨款额越来越大的海军法案得到通过，从而为武器技术迅速更新提供了必不可少的资源条件，反过来武器技术的更新又使得现有的舰型很快陈旧过时，从而要求更多的拨款来从事下一轮建造。③ 此类内在机理是往后大半个世纪里不少大国军备竞赛共有的。

民族主义和工业化时代总体战的出现及其国际政治含义

战争规模和战争技术的突飞猛进改变了战争的基本性质。当然，一个时代里实际发生和可能发生的战争远不是单一类型的，但在不同时代可以作为其标志的代表性战争确实具有不同的本质属性。在现代国际关系的所谓经典时代，战争就其目的、手段和范围而言大都相当有限，而在以后的民族主义和工业化时代，情况差不多可以说截然相反。在这后一个时代，虽然有限战争占多数，但它真正有代表性的是总体战。这种战争的目的是总体性的：关系到国家的独立生存、国内社会的基本体制、民族大众的生活方式，甚或还有整个国际体系的根本面貌和核心规范。这种战争的手段同样是总体性的：作战力量是空前庞大的大众征召军队，全社会绝大部分人力物力资源被动员和组织起来服务于战争，科学技术在最大程度上被应用于战场厮杀，连同与争取战胜或避免战败相关的各种其他目的。这种战争的烈度可以说也是总体性的，因为总体性的目的和手段必然导致战争极端残酷和极具破坏性，并且在大多数情况下使之异常持久。

前面的论述已经表明，法国大革命使民族主义和工业化时代的总体战初露

---

① 巴巴拉·塔克曼：《八月烽火》(Barbara Tuchman，*The Gun of August*)，6页，纽约，1962。

② 参见奥康奈尔：《武器和人》，228～229页。

③ 参见麦克尼尔：《竞逐权势：公元1000年以来的技术、武装力量和社会》，227～229页。

端倪，虽然当时工业化这一因素就欧洲大陆而言还不存在。在法国，民族主义与普遍性意识形态结为一体，产生了著名国际政治理论家汉斯·摩根索所说的“民族主义的世界主义”①，它塑造了法国方面总体战的总体性目的，并且由此提供了这一战争的最根本动力。公安委员会成员巴累在1794年的一次演说中表述了这一点：“在平常的战争中取得如此的成功之后，本会谋求……媾和，但在为了自由的战争中，它们仅仅是……消灭专制君主的一个手段”；“与专制君主不能媾和，不能休战或停战，也不能缔结任何条约，除非是以一个业已巩固和大获全胜的共和国的名义……规定城下之盟”；“君主需要和平，共和国则需要尚武精力，奴隶需要和平，共和主义者则需要自由之骚动，政府需要和平，法兰西共和国则需要革命能动性”②。此后直至拿破仑帝国崩溃，法国追求的始终是意识形态与国家权势无限扩张的总体性目的，或者如法国革命的最重要研究者之一、19世纪大历史学家索雷尔所说，是将“国防、宣传、霸权、法国的光荣伟大和人类的幸福快乐统统合为一体的一个征服大图谋”③。这样的战争目的加上全国总动员提供的巨大军事能量，导致了空前的残酷和毁灭：法国仅在拿破仑战争期间就有近150万军人丧命，它的所有敌国的死亡军人加起来至少同样多；如果将平民计入，那么在1790至1795年间出生的法国男子当中，有20%以上在1816年以前死于和战争有关的各种原因。④

拿破仑战争结束后不足半个世纪，大西洋彼岸爆发了又一场大规模总体战，但这次是在工业化条件下进行。作为首次真正的现代军事大冲突，美国内战犹如以后类似的大战那样，其过程不仅由关乎国家及其基本制度存亡的总体性目标与其根本手段即社会总动员支配，而且取决于现代工业生产和现代武器技术，尤其是当时业已发生变革的轻武器技术。其结果是异常激烈的现代大厮杀：先行采取攻势的南方邦联军队在头27个月里死伤17万人，超过战争开始阶段它的兵员总数，而联邦军队改由崇尚进攻的格兰特统率后，仅在头一次战役中就死伤6.4万人。⑤ 另一方面，同样基于工业化总体战的人力资源和技术手段，美国内战发展出了两类大进攻和大杀戮的决胜办法，那就是格兰特以大规模优势兵

① “民族主义要的是一个民族、一个国家，而不是任何别的东西，而我们时代的民族主义的世界主义所主张的则是一个民族和一个国家有权将自己的评价和行动准则强加于所有其他国家。”（汉斯·摩根索：《国际纵横策论》，414页，上海，上海译文出版社，1995。）

② 阿姆斯特朗：《革命与世界秩序：国际社会中的革命国家》，88页。

③ 同上书，96页。

④ 参见奥康奈尔：《武器和人》，185页。

⑤ 参见上书，197～198页。

力迎头打击敌军主力的锤击战略，还有联邦军队另一主将谢尔曼扫荡敌后纵深的焦土战略，它们创造了工业化美国的军事传统。① 更重要的是，美国内战首次表明，工业化总体战不可避免地是一场旷日持久的大冲突大消耗，其结局最终取决于若干根本的深层要素，特别是现代经济资源的实在和潜在规模、大众士气的高低和社会的稳定程度。因此，普鲁士在普法战争中那种速决速胜虽然给欧洲人造成了最深刻的印象，并且塑造了19世纪末至20世纪初的欧洲军事观，但实际上它并不代表战争性质的首要时代变化，而据此形成的关于未来战争的比较流行预测到第一次世界大战时被证明是全然错误的。不过在普鲁士的胜利经验当中，有一点与这次大战密切相关，那就是前面提到过的巨量军队快速动员体制。它以一种"世界末日的军事装置"逻辑，促使局部危机急速转变为全面大战。② 由此或许可以说，民族主义和工业化时代的总体战包含着一种最为灾难的可能性，亦即在战争的目的、手段和烈度之外，战争的范围也变为总体的：毁灭性的战火席卷欧洲甚至全世界。19世纪孕育的这一倾向，到20世纪两度成为现实，而且是决定世界政治及其演变的最重要的现实。

---

① "格兰特风格的战略指向'霸王行动'和1944至1945年横跨欧洲的大战役，关于谢尔曼的回忆则导向对德国和日本的战略轰炸，并且最终导向长崎和广岛的毁灭。"引自拉塞尔·韦格利：《从开国之初到第一次世界大战结束的美国战略》（Russell F. Weigley, "American Strategy from Its Beginning through the First World War"），见帕瑞特编：《现代战略的缔造者》，443页。

② 关于这一点，详见基辛格：《外交》，202～206页。

第四章
传统中心的衰落和侧翼大国的兴盛

重点问题

- 洲级大国的新兴绝对优势与其基本缘由
- 德意志帝国对外政策的转变与两大军事同盟体系的形成
- 第一次世界大战给欧洲造成的极严重后果和美国权势的兴盛
- 罗斯福对世界局势的根本判断与其转变国内舆论的努力
- 从第一次世界大战到“珍珠港事件”：美日冲突形成的基本历程
- 斯大林治下苏联新的国家目标和国家大战略；苏联国力的剧增
- 第二次世界大战形成的美苏权势；全球国际体系的新构成

第一节　引言：洲级大国的新兴绝对优势

笼统地说，在20世纪以前欧洲一直是现代国际体系的中心，甚至可称是现代世界的中心。欧洲拥有远为优越的经济、政治和军事权势，不仅欧洲的意愿和事态之影响外部世界远甚于外部世界之影响欧洲，而且非欧地区的几乎所有国家和社会都先后沦于欧洲的支配或统治之下。欧洲列强总合起来左右了世界政治的基本格局，以致单是它们之间的前后几番权势对比大变动，便足以被当做查理五世到威廉二世近 400 年时间里整个国际关系演变的最突出的宏观脉络。规范各种国际相互作用方式的国际法体制既是在欧洲起源，并且大都在欧洲得到发展，也是从欧洲扩展到全世界，而那些历史作用异常巨大的更广泛的国际关系价值观念和思想——从国家利益、主权和均势一直到民族主义和帝国主义——也是如此。

然而，到 20 世纪后半期开始时，欧洲已经无可争辩地失去了它的传统中心地位，取而代之的是东西两个侧翼大国——美国和苏联。[①] 美苏两国不仅拥有欧洲各国即使加起来也攀比不上的实力和权势，而且将欧洲本身分割为各自的势力范围，由此主宰欧洲的命运。在欧洲以外世界各地区，主要的外部影响已经不是来自欧洲，而是来自美苏。不仅如此，这种影响对当地事态的意义虽然不及欧洲在其势力全盛时期达到的程度，却仍然非常显赫，在许多情况下是决定性的。世界军事—政治结构被普遍公认由多极变成了两极，美苏两大超级强国及其同盟体系之间的对峙僵局取代了以内在变动为常态的传统均势。同样重要的是，美国和苏联作为价值观念和基本制度的大输出者，以彼此对抗的意识形态，大力从事并且主导了 20 世纪后半期大部分时间里尤为激烈的争夺人心的斗争。它们还作为非西方民族主义之外两股最大的新力量，以各自关于国际秩序的特殊理想和特殊利益追求，推动了国际规范的深刻变迁，而欧洲在这两方面不仅至多只是配角，而且其传统的国际政治观多半成了美苏共同贬抑或损毁的对象。总而言之，欧洲权势的衰落和美苏权势的兴盛是开启世界政治新时期的决定性事态。

这个事态可以说是现代国际关系史上的最大必然性之一，它涉及人口、经济技术、自然资源和地缘政治等几大方面的因素。在自然资源、生态和生产力水平可以承受的限度内，人口作为国力的基本成分之一意义十分重大。[②] 大约从 1890 年起，欧洲的人口出生率持续下降，而美俄两国人口迅速增加，到第一次世界大战前不久已分别接近和超过 1 亿，遥遥领先于欧洲各大国。[③] 20 世纪上

---

① 正如巴勒克拉夫所言，虽然苏联有一部分处在欧洲，但它与美国一样是幅员接近大洲的巨型国家，“它们都不能真实地被算作是欧洲的”。参见巴勒克拉夫：《当代史导言》，94 页。

② 汉斯·摩根索就此写道：“虽然认为一个国家由于它的人口多于大多数其他国家就非常强大是没有道理的，但是确实没有任何国家因不在世界人口较多的国家之列而继续保持为、或成为一等强国。”（汉斯·摩根索：《国际纵横策论》，170 页。）

③ 当时欧洲在人口方面首屈一指的德国也不过5 600万。参见巴勒克拉夫：《当代史导言》，99 页。

半叶，美国和俄苏尤为重要的人口动态是加利福尼亚地区和乌拉尔山脉以东的人口激增，导致那里形成一大批新的工业中心。① 虽然欧洲在很长时期里可以凭借广义的技术优势（包括在社会政治组织方式和基本思想方式方面的优势）弥补它相对于世界其余地区的人口规模劣势，但关键在于技术是扩散的，而欧洲逐步失去显赫的技术优势，人口因素的作用随之突出起来。美国在欧洲之外最早实现工业化，俄苏可谓紧随其后，现代化与其庞大的人口终于结合为超越欧洲的宏大国力。不仅如此，依靠超级规模的大陆扩张和领土集聚，这两个国家还拥有极为广袤的疆域和异常丰富的自然资源，它们同亿万人口一起，使之具备“洲级大国”独有的巨大规模优势。这样就涉及了 20 世纪及其后世界强国的规模条件——与广义的技术条件同等重要却更为难得的一个条件。所谓更难得，既是指一个巨大的民族共同体的萌生、形成和发展需要历经多个世纪才能完成，一般比广义的技术扩散及其生根结果缓慢得多，也是指能够具备这样的规模条件的国家必然寥寥无几，远不及技术扩散可以达到的那般广泛。美国和俄苏所以能赶超欧洲列强，并且经过第二次世界大战取得绝对优势，说到底是因为除了实行源于欧洲的工业化之外，它们还拥有欧洲国家不具备的“得天独厚”的规模优势，显示了当代世界强国的新特征。

最后，侧翼大国取代传统中心的显赫地位，还由于如前所述一种贯穿几个世纪欧洲国际关系的大均势机制使然。从 16 世纪哈布斯堡帝国的称霸企图夭折，到 20 世纪纳粹德国的统治野心破灭，欧洲均势历经打击而犹存，首要原因可以说是一次又一次地引入外部新力量来拯救欧洲的国际平衡。“（反霸）大联盟总是从欧洲东西两翼的强国得到不可战胜的支持，首先是西方的海洋强国，其次是东方的外缘大陆强国。这些强国使得欧洲外面领土的不断增长的资源能被用来打击欧洲内部一个头号强权。”② 然而，正是在这样一种反复重演的过程中，侧翼大国会形成越来越大的权势，传统中心则逐步丧失其优势地位。犹如先前的反霸大战导致英国兴盛和欧陆相对衰落那样，美国和俄苏从拿破仑战争往后不止一次决定性地扭转了欧洲战局，它们的强盛和欧洲的衰落便势所难免。

当然，所有这些原因——从人口和经济技术到自然资源和地缘政治——只是决定欧洲权势衰落和美苏权势兴盛的历史必然性的若干深层要素。只有通过

---

① 1900 至 1960 年间，旧金山人口从 34.2 万增至 74 万，洛杉矶人口从 10.2 万剧增为 250 万；新西伯利亚 1896 年时仅是一个5 000人的小镇，到 1959 年已成为居民 88.7 万的大城市，而马格尼托格尔斯克 1926 年时仅有 37 户农牧民，30 年后已是拥有居民 28.4 万的著名钢城。参见巴勒克拉夫：《当代史导言》，87 页。

② 路德维希·德约：《欧洲体系的消逝》（Ludwig Dehio, “The Passing of the European System”），见其《德国与 20 世纪世界政治》，125～126 页，纽约，1959。

它们与前面论述过的种种其他变动趋势合成作用，并且加上一系列具体的政治和战略大事件，这一必然性才会在 20 世纪中叶真正成为现实。20 世纪开始时，甚至迟至第二次世界大战爆发之际，欧洲的地位还远不像事后看来的那么迅趋衰微；相反，正是在欧陆中央，德国实力及其抱负两度暴发性上扬，欧洲而非海外问题的分量变得如此重大，以致许多人都认为世界政治回复到以欧洲内部权势和领土分配为中心的传统模式①，而美国那顽固的对欧孤立主义和俄苏的相对或绝对羸弱（尽管都是暂时的）使事情更加如此。“欧洲列强并非不经过斗争就垂手拱让它们的显赫地位。因而在国际关系方面，20 世纪前半叶是个极为混淆不清的时期，其间新体系奋力争斗以求脱颖而出，旧体系苦苦挣扎以求苟延残喘。”②

然而无论如何，迟至 1945 年就可以轻而易举地断定，这一时期的国际格局变动分明有其根本的主题，那就是欧洲衰颓和美苏取得洲级大国的新兴绝对优势，而两次世界大战是这巨大变更得以实现的主要条件。传统中心衰落和侧翼大国兴盛的过程与两次世界大战的前因后果极密切地相连。按照事后显而易见的历史发展逻辑，可以制定一套简明的论述框架：首先是欧洲的衰落和美国权势的兴盛，它经过第一次世界大战和其后二十年危机这一番曲折③，到第二次世界大战结束时终告完成（在这出历史大剧的东亚太平洋舞台上，日本乃美国之外对形成最后结果至关重要的另一个主角）；其次是苏联权势的形成和兴盛，它从第一次世界大战后苏俄极端羸弱开始，继之以斯大林铁腕治理下苏联国力剧增，直至经第二次世界大战成为仅有美国可与之匹敌的一等强国。“欧洲时代消逝”④，美苏两极时代来临，全球国际体系随之有了与它在世纪之交时大为不同的新构成。

第二节　第一次世界大战与欧洲的衰颓

两大军事同盟体系的形成

第一次世界大战的成因自战争结束到现在，几乎始终是历史学家们探究和

① 参见哈约·霍尔博恩：《欧洲的政治崩溃》(Hajo Holborn, *The Political Collapse of Europe*)，69 页，纽约，1951。

② 巴勒克拉夫：《当代史导言》，110～111 页。

③ 如后所述，实际上这曲折只是就美国在第一次世界大战后暂时退回对欧孤立主义而言，欧洲则是实质上持续的衰落：先经过与大冲突相伴的大衰颓，而后进一步严重虚脱。

④ 大致套用德约的一篇论文标题：《欧洲体系的消逝》，见其《德国与 20 世纪世界政治》。

辩论的课题。然而，这场大战最为基本的根源并非难解，它们分明源于19世纪末和20世纪初年新兴强国之急剧崛起和国际力量结构之急剧变更，而这又是由第二次工业革命为主要内容的经济技术变迁和欧洲内外重大的地缘政治变动决定的。其中，德国国力的剧增最为关键。随着19世纪步入后半叶，欧洲乃至世界政治的最能动力量转到了德意志。“1770年时谁能预见到这个被隔绝于广大世界之外的、朦胧混乱的区域，百年之后会产生足够强的力量，辟路冲向世界决定性事态的心脏?”[①] 统一本身就使德国一变而为欧洲大陆最强的国家，而且由于它崛起于中央，欧洲棋盘从此被强国格格填满而无回旋余地。统一之后，德国由于受惠于第二次工业革命，其实力愈加急速增长，欧洲国际力量对比的原有构造可谓彻底倾覆。即使假定拿破仑战争之后的大国协调机制和规范共识依旧如故，也很不容易和平地调整列强的国际权势地位，使之符合如此剧变了的实力对比，何况欧洲国际稳定与和平的这些保障实际上早已不复存在，更何况德国信奉的是军事强权和极端民族主义，其价值在它看来由普鲁士光辉的成功经验——武力统一得到了无可怀疑的证明。暴发了的德国要的是与世界一流实力相称的世界强国地位，连同被当做此等地位之象征和保障的一流殖民帝国、一流海军和欧洲大陆霸权。

在越来越强劲的扩张主义民族要求面前，保守审慎的俾斯麦越来越显得是个过时的人物。他在1890年的辞职标志德国“世界政策”（*Weltpolitik*）时期正式开始。首当其冲的说到底是英国。英国显赫的全球殖民优势和制海权最遭德国精英阶层嫉妒和羡慕，也最妨碍德皇威廉二世实现其异常急切的世界抱负。德英敌意不同于一般的列强间争斗，它与现代开始以来几番导致巨型冲突的那个根本问题——国际体系内优势地位的拥有者与其头号挑战者的对立——休戚相关。在英国之外，俄国是受德国权势冲动影响最甚的国家：首先，德国为维持在欧洲大陆中西两部的现有显著优势，需要支持它唯一可靠的大伙伴奥匈帝国，并且大力压制宿敌法国。由此，俄国不仅无法实现其执意追求的在巴尔干的扩张目标，而且面临在欧洲大陆孤立无援的危险；其次，德国若取得欧陆霸权，俄国便将沦入彼得大帝战胜瑞典以来从未经历过的二等国家境地，或者说俄国历来自处欧洲一侧，并且横霸欧亚一方，不能容忍其他任何一国称霸欧洲大陆[②]，且不谈俄国的安全将很可能受到比昔日来自拿破仑的更直接的威胁。德国与英俄两国之间“所有这些困难的根子在于这么一个无法改变的事实：这两

① 德约：《不牢靠的平衡》，211～212页。

② 在这方面，俄国实际上完全不亚于传统的欧陆“居间制衡者”（Balancer）英国。

大世界强国属于一个与旧（欧洲）大陆列强不同的规模等级”①。可以说，威廉二世及其幕僚要用德国剧增了的国力弥补这规模等级差距，并且是以过度的自信和鲁莽冒失的虚张声势来这么做，这就是第一次世界大战的核心成因。②

这核心成因大半由历史的深层要素构成，它们充其量只规定国家和国际体系的笼统走向。如果不进一步考察那些至关紧要的政策决定，辨析其动机和环境以及由此而来列强关系的重大变动，就不可能真正说明第一次世界大战的由来。在众多具体的事态中间，德奥同盟对英法俄协约这两极对立体系的逐步形成过程尤为重要，而其起点是普法战争后俾斯麦的错综复杂的外交大设计。俾斯麦很清楚，横居欧陆中央并且异常强大的德意志帝国很可能迟早成为众矢之的。甚至早在1875年，当德法关系再度紧张以至出现战争危机时，俄英两国都明确示意不能容忍普法战争重演，甚至连奥匈也予以附和。③ 俾斯麦害怕的莫过于反德“大同盟的梦魇”，他为自己确定的主要外交任务便是竭力避免或推迟德国与其余欧洲列强的对抗。④

为了做到这一点，俾斯麦采取了一种纯权术型的外交战略，那就是精心构制一套大半由秘密同盟合成的外交体系，它能够缓解德国的潜在孤立，防止反德联盟的形成，使欧洲各大国多少受德国操纵，以免在他看来对德国高度有利但不免脆弱的欧洲现状遭到有意无意的破坏。⑤ 这套体系包括1879年缔结的德奥同盟、1881年续订的三皇（德奥俄）同盟以及1882年缔结的三国（德奥意）同盟。如此，奥匈、俄国和意大利被包在柏林的网络之中，法国的对德复仇便无望得到它们支持，与此同时俄奥之间在巴尔干的争斗和意奥两国就亚得里亚

---

① 德约：《不牢靠的平衡》，228页。

② 当然，人们也可以从与此相反的角度来看待问题而不失基本的合理性，那就是尽管英国控制了几乎半个世界，俄国（还有美国）也已通过横跨大陆的无情扩张成为巨型国家，它们却难容德国突破传统欧洲均势的狭窄框架。“地理和历史协力作用，使得德国的崛起太晚太快、易受损伤、咄咄逼人。其余世界的反应是粉碎这暴发户。”（戴维·卡里欧：《重新考虑德国问题》，5～6页。）“或许恰当的教训更多地在于拒绝合理地适应崛起者会造成灾难性后果，而不那么在于需要警觉侵略者。”（同上书，6页。）

③ 详见古奇：《外交和治国方略研究》，8～10页。普法战争后，法国以外的欧洲列强都“较乐意接纳新德国加入国际共同体，但附有一项保留：她不追求任何进一步的扩张”。参见布里奇和布伦：《列强与欧洲国际体系（1815至1914年）》，116页。

④ 参见卡里欧：《重新考虑德国问题》，9页。与此同时，有如许多研究者强调，俾斯麦对现有的疆域心满意足，一个更大的德国不仅会招致其他欧洲强国的对抗而危及德国的地位和安全，还将动摇普鲁士对整个德国的支配，并且使专制君主制和容克大地主阶级的国内优势受到威胁。例如见上书，11页；布里奇和布伦：《列强与欧洲国际体系（1815至1914年）》，114～115页；凯南：《俾斯麦欧洲秩序的衰败：1875至1890年的法俄关系》，420～421页。

⑤ 参见希尔格鲁贝尔：《德国与两次世界大战》，3页。

海沿岸领土问题的敌对也受到了控制。对于法国，俾斯麦除设法孤立外，还蓄意鼓励其海外殖民扩张，以便既分散它的对德复仇心，又加深它同英国和意大利的矛盾。[①] 最后，如何将英国也包进俾斯麦体系，使之成为德国在纵横捭阖中可资利用的因素？俾斯麦的办法是在关于埃及问题的英法竞争中支持英国，加上鼓励它为土耳其的领土完整提供保障。“俄国由此在东欧受阻于德国的拥抱，又在近东受阻于英国的对土保障，据料便将在亚洲进一步扩张，而在那里它与英国及其后来的盟友日本很可能发生冲突；英国由此受到法俄两国在欧洲以外的野心威胁，可望寻求德国的襄助。”[②] 整个这套构造确实起到了预想的作用：德国安然无恙并成为欧洲政治的仲裁者，列强争斗被导离欧洲而不致破坏那里的稳定和迫使德国再树新敌。

然而，俾斯麦体系有严重的弱点。它意在持久孤立和压制法国，并且假定奥匈帝国稳固长存，假定沙皇权威足以无限期地抑制俄国国内指向巴尔干的极端民族主义：所有这些都势难经久，无论试图用怎样高明的外交权术来加以维持。不仅如此，俾斯麦体系还过于复杂，需要不懈的精心操作和高超的微调，有时甚至还少不了诡谲伎俩，而能够胜任者实际上只有俾斯麦个人。很显然，整个德国外交素质（甚至欧洲全局命运）系于一人的状况无法长久。更为致命的是，俾斯麦体系的运行和维持正在逐渐丧失其必需的大环境。除了伴随经济技术跃进、大众政治兴起和帝国主义思潮泛滥而来的所有有关变化外[③]，有两点还需要说明。首先，俾斯麦本人先前为了创建帝国而大力助长和利用的德意志民族主义，越来越强劲地冲击他的外交必须依赖的国内政治根基。实际上，在他那个时代，德意志民族主义决不会一旦完成德国统一就变得满足，它必然成为德意志扩张主义和帝国主义。这加上民族主义的另一恶性发展——俄国为旗手的泛斯拉夫主义，差不多足以将未来的德国政府拖入东欧的冲突，从而最终摧毁他构建的一切。其次，1873 年开始，西方世界经历了 20 多年经济萧条期，它虽然远不如 20 世纪 30 年代的大萧条那般严重，但一样引起了普遍的保护主义反应。先前相对繁荣时期里迅速增长的德国工业原可指望开放性的外部市场，但 70 年代中期往后外部市场逐渐关闭，德国便越来越倾向于政治性和军事性的解决办法，那就是依靠大日耳曼势力范围政策和海外殖民扩张来确保商品销路

① 参见古奇：《外交和治国方略研究》，12～19 页；布里奇和布伦：《列强与欧洲国际体系（1815 至 1914 年）》，133 页。

② 卡里欧：《重新考虑德国问题》，10 页。

③ 参见克雷格和乔治：《武力与治国方略》，52～54 页。

和原料供应。很明显，这两者同俾斯麦的外交逻辑难以相容。[①]

1890年俾斯麦终于下台，德国对外政策随即变得冒失愚蠢，日益咄咄逼人。新宰相卡普里维迫不及待地废弃与俄国的同盟，以免妨碍与英国和土耳其的关系，并且消除俾斯麦体系表面上的最大矛盾——德俄同盟与德国对奥义务相抵触。[②] 其后果是最终促使俄国于1894年转而与法国结盟，后者终于摆脱长期被孤立的处境，俾斯麦最担忧的那种反德大联盟由此趋向形成。不过即便如此，只要英国依然态度不定，列强格局就远不致极化到除集团对抗外别无回旋余地，法俄两国也远没有足够集中的精力和有恃无恐的胆量来放手与德奥作最终较量。19世纪与20世纪之交的英国长时间缺乏明确的战略方向，遍布全球的海外利益使之陷于纷繁多样的国际纠葛，其对外政策便难免呈现出自相矛盾的景象。最使英国犹豫不决的是俄德两强当中哪个对英国最危险，或者说究竟应当着重遏制俄国在广大外围进行的传统扩张，还是应当优先对付德国在欧洲本部凸现的新兴优势。如果考虑到英国在俄国势力所指的近东、中亚和远东有着久受珍视的广泛利益，加上另一个老对手法国在殖民竞争甚至海军方面给它造成的追加威胁，那么英国就很不容易确认德国为头号（甚至唯一）大敌。

然而，威廉二世及其近臣以骄横和挑衅性的“世界政策”决定性地替英国简化了问题。德国在各海外地区采取咄咄逼人的政策，干预其他强国的势力范围。头号殖民大国英国对此自然最为恼怒。然而，更关键的是德国以准备海上大决战的架势掀起的造舰狂潮，它不仅在事实上有力地冲击着英国的海军优势，而且由于英国人将这一优势崇奉为英国世界权力、本土安全和财富的根本保障，它最剧烈地刺激了他们的神经。这些与英德间经济技术实力对比迅速变更带来的严重不安一起，终于在英国造成了对德国的广泛恐惧，而且可以说是历史上一般头号强国对于急剧崛起的新兴强国常有的那种过头恐惧。[③] 在此情况下，英国政府形成了两大信念：（1）德国权势膨胀不仅严重威胁英国的世界地位，而且势将危及英国本土安全，因而必须遏阻；（2）为此需要尽可能集中英国本身的力量，同时与德国的其他对手合作。新的对外政策目标和根本战略一经确定，英国便以一种与其实用主义外交传统相符的明快简捷，分别于1904和1907年同

① 参见卡里欧：《重新考虑德国问题》，12～18页。

② 参见布里奇和布伦：《列强与欧洲国际体系（1815至1914年）》，138页；克雷格和乔治：《武力与治国方略》，57页。

③ 参见克雷格和乔治：《武力与治国方略》，59页。德国著名历史学家希尔格鲁贝尔强调，决定英国态度的一个关键因素，在于俄国因日俄战争受到巨大损伤，这使英国断定德国能够打败法俄同盟而取得欧洲霸权。参见其《德国与两次世界大战》，13～14页。

法俄达成妥协。英法和英俄两个协约虽然远非军事盟约（事实上英国直到第一次世界大战爆发时才决定将自己的武力投向法俄一边），但其不成文的基本精神都是结成反德战略伙伴关系，而且这关系很快开始含有军事合作内容。① 如此，俾斯麦体系全盘瓦解，欧洲格局一变而为两大集团对峙。

同盟—协约两大集团对峙系两极结构，并且是两极结构中差不多最糟糕的一种。它有如下三大特征：第一，两极对立异常僵化，彼此间既无缓解紧张的协商，又无模糊营垒间界线的跨阵营协作，有的只是关于对方战略动机和军事实力的不断加剧的疑惧，加上由此而来步步升级的备战竞赛。第二，无论在德奥集团还是在英法俄集团内部，尽管存在成员间的力量差异，但它们没有大到即使缺少某个较弱伙伴也不足以使集团间力量对比全然失衡的地步。② 这种对盟友的绝对必需导致了对遭到盟友背弃的绝对恐惧，于是较强伙伴非但不敢严厉控制，反而还支持较弱伙伴的那些非常偏执和高度危险的行为。③ 第三，如后来战场上的长期僵持所证明，两大集团彼此间差不多完全势均力敌，以致一方力量的几乎任何增长（军备的增强、盟友的增多、领土或势力范围的扩大）都被对方认为很可能导致致命的后果，因而必须大力阻止或抵消；另一方面，每一方无论怎样增强武力，都无法确信自己的起码安全已经足有保障（或者用我们时代的术语来说，具有可信的威慑力以及威慑失败后有保障的摧毁力），因而几乎任何风吹草动都可能引起先发制人的强烈动机。总之，同盟—协约体系是一个高度不稳定的体系，欧洲犹如坐在一只随时可能爆炸的火药桶上。

欧洲的外交堕落和政治病态与两极对抗的急剧升级

德奥与英法俄两大集团之间的对抗升级过程，可见于任何较详细地述及第一次世界大战起源的著作。这一过程中尤为重大的，是两次摩洛哥问题危机、

① 这就英法之间而言，是指一般著述大都提到的 1906 年起两国海军参谋人员协商，结果达成海军合作的战略计划共识。而就英俄之间而言，则是指 1908 年英国外交部代表同俄国外交大臣的一次谈话，其核心内容是前者呼吁俄国增强在欧武装力量，以帮助制衡急剧扩充的德国舰队。参见古奇：《外交和治国方略研究》，72 页。

② 关于这一点，可以参照一种相反的情况，即第二次世界大战后美苏两大阵营内部的力量构造，参见约翰·路易斯·加迪斯：《漫长的和平：战后国际体系的稳定因素》，见其《漫长的和平：冷战史研究》（John Lewis Gaddis, "The Long Peace: Elements of Stability in the Post-war International System", in idem, *The Long Peace: Inquiries into the History of the Cold War*），221～223 页，牛津，1987。

③ "两大集团并不害怕战争：它们事实上更关心维持各自内部的凝聚，甚于关心避免摊牌。"（基辛格：《外交》，194 页。）

波黑问题危机和斐迪南大公在萨拉热窝被刺后迅速招致大战爆发的一连串事态。总的来说，它们提供了欧洲战火的下列主要具体缘由：德国推行旨在侮辱和孤立法国并且威吓英国的挑衅性外交①；英国逐渐承担起援助法国（因而援助法俄同盟）的“道义责任”乃至军事义务；在各自盟友的纵容或支持以及当地民族主义的刺激下，奥俄两国对巴尔干的争夺愈演愈烈，并且最终将其全部盟友拖入战争。

在此，特别值得强调的是集团对立僵化及其对抗升级显示的一种“堕落”——欧洲列强的外交、政治乃至社会的蜕变，它们与随后由大战造成的毁损、破坏和扭曲一起，大大促进了欧洲这现代国际体系传统中心的衰落。外交的堕落无疑是最直接地导致了第一次世界大战的一项主要的结构性近因。1890年后，欧洲权贵们搞出的外交构造是如此低劣，以致与其相比，不仅维也纳会议产生的欧洲协调体系可谓无上优越，而且那与一系列局部战争相伴的18世纪经典均势和极难长久的俾斯麦体系也显得高不可攀。它居然缺乏可能使得均势不沦入绝对对抗或全面战争的所有各项起码条件，无论是联盟归属的变换自由，还是联盟内部的相对松散，或是游离于各对立联盟之外的“居间制衡者”的存在。不仅如此，这个僵硬刻板的外交构造还如同一串多米诺骨牌，而且事实上由最弱也最不顾后果者控制：“俄国与一个充斥着民族主义……派别的塞尔维亚捆在一起，后者毫无顾虑地漠视爆发全面战争的风险。法国则给一个急于在日俄战争后恢复自尊的俄国开了空白支票。德国对奥地利也是如此，这奥地利不顾一切地要使其斯拉夫诸省免受得到俄国支持的塞尔维亚鼓动。欧洲各国听任自己……被这么一种偏执的狂想拖着走，那就是若不允其自行其是，它们那焦虑烦躁的伙伴就会改换阵营。”②

外交的堕落最突出地表现在两方面：第一，萨拉热窝事件以前的德国外交；第二，萨拉热窝事件以后所有欧洲大国的行为。德意志帝国在国际舞台上的那种骄横莽撞，很大程度上出于其唯一的孕育和出生经验——依靠强权，特别是军事强权。它本来就缺乏任何较为深刻和广博的国家目的观，俾斯麦去职后更丧失了在行使权势方面的自我节制和必要远见。然而在欧洲事态发展中起主导作用的，正是欧洲外交史上这差不多最糟糕的外交。德国外交的拙劣尤其可见于两次摩洛哥危机和英国倒向法俄两国以前英德间的几度接近尝试：就摩洛哥

---

① 参见希尔格鲁贝尔：《德国与两次世界大战》，17～18页；费利克斯·吉尔伯特：《欧洲时代的终结：1890年至今》（Felix Gilbert，*The End of the European Era*，*1890 to the Present*），第2版，113页，纽约，1979。

② 基辛格：《外交》，194页。

危机而言，愚蠢的是它“每隔几年就以战争威胁另一个国家，而不能确定一个有意义的目的，（结果）每次都加剧了导致敌对联盟的那种恐惧”，而在英德谈判中，它异想天开地执意要订立刻板的欧陆式军事同盟，那众所周知是英国依照自己的传统和利益根本不可能同意的。① 此外，德国在波黑问题危机中的表现同样愚蠢并且后果严重，因为它竟然为了这么一个与自己的重大利益实际上无关的问题，决定性地得罪了俄国。② 至于萨拉热窝事件发生后欧洲列强的行为，不管是奥匈无论如何要消灭塞尔维亚而德国无条件支持奥匈，还是俄国要保护塞尔维亚而法国无条件支持俄国，都显示了一种史无前例的本末倒置：组织同盟历来是为了加强国家的战争能力，而现在进行战争（并且是全欧大战）却是为了维持同盟。英国在此重大关头的外交素质也几乎同样糟糕：它迟迟未能明确表示将投入法俄一边作战，否则本来有可能使德国在危机的较早阶段采取远为审慎的态度，从而避免大战爆发。

欧洲政治机体的病变与其外交素质的堕落一样严重，并且在事实上构成这直接祸由的很大部分根源。尤为致命的是，在俄德两国，业已陈腐的专制政体恰恰与异常低下的君主素质结为一体。欧洲的命运可以说操持在两个性格乖戾、才能庸劣的皇帝手中，那就是尼古拉二世和威廉二世。尼古拉二世除君权绝对和皇命神圣外，实际上没有任何信念，除希望他那有天生痼疾的皇子能活下来继承皇位外，也没有其他真正的关切。他与极端迷信的皇后一起，长期愚不可及地按照低级僧侣兼江湖骗子拉斯普廷的意志决定国事。专制政治恶化到空前腐败境地，决策取决于宫廷阴谋和五花八门的私人关系，政府机构通常各行其是而无起码的沟通和协调。③ 在同样是君主专权的德国，威廉二世的乖僻愚蠢表现为另一种样式：浮夸虚荣，极易激动，反复无常，粗俗浅薄。“尽管他看似英勇尚武，姿态强悍，实际上却身心俱弱，很容易受意志较强者的影响，尤其在他们用悦耳动听、阿谀奉承的方式来陈述己见的时候。”因此，德国政治说到底也是拜占庭式的宫廷把戏，“军人、工业家、银行家和廷臣都能左右皇帝”④。不仅如此，在威廉二世之下，植根于专制政体一般性质和德意志帝国特殊行政结构中的决策分散倾向，发展到了非常严重的程度，致使对外政策出自多门，混乱拙劣在所难免。⑤

① 参见基辛格：《外交》，197 页。

② 参见吉尔伯特：《欧洲时代的终结：1890 年至今》，117～119 页。

③ 参见上书，96～97 页；肯尼迪：《大国的兴衰》，240 页。

④ 吉尔伯特：《欧洲时代的终结：1890 年至今》，84～85 页。

⑤ 参见希尔格鲁贝尔：《德国与两次世界大战》，6 页。

欧洲政治机体内还有一项并不限于个别国家的恶性病变，那就是军界的决策影响随战争技术变革而剧增，以致刻板狭隘的纯军事计划竟能主宰最重大的政治决定。欧洲到19世纪中叶，集文武于一身，由此协调政治决策和军事战略的情况（如拿破仑）已无可能，甚至文武虽然分家，但仍能较好配合并使政治支配军事的情况（如在俾斯麦和老毛奇之间）也只是例外。“一旦这些人离去，德国以及欧洲大多数国家里的战略规划便仅仅由军事评估支配，不再从属于任何认真的政治评判和政治检验。”① 无论是欧陆列强各自的全面快速动员规划，还是著名的“施里芬计划”和法国“第十七号方案”，统统以一开始就大打全面战争为前提。它们不仅在平时严重限制了政府外交行动的回旋余地，而且在战争危机来临时成了政治领导不得不接受的唯一权威对策。② 总之，它们确如基辛格所说，是使大战无法避免的“世界末日军事装置”③。

与政治机体的上述病变相应的是欧洲社会心理的病变。帝国主义和互相敌对的极端民族主义思想广泛流行于欧洲大众之中，为各国政府的对抗政策提供了一大必不可少的强劲动力。到第一次世界大战爆发时，即使是各国社会民主党，也几乎无不慷慨激昂地支持政府的战争决定，虽然它们原先一向宣告将以工人阶级国际主义来抵制和反对战争。尤其在中西欧国家，公众对大战爆发的反应居然是异常的兴奋和热情。这一现象显示，大战有比国家外交素质和政治机体的恶化更深刻的根源。有一种社会心理解释认为，由于工业化导致的社会急速转型，各国内部已经积聚起足够广泛和强烈的紧张、不安和斗争，以致在大战前几年可能随时发生内乱，而战争的爆发终于使这些冲突力量得以向外发泄。对于不满现存社会秩序的这一或那一方面的人来说，战争一下子将他们从日常的厌烦无奈中解脱出来，使他们能够转而投身到似乎有望带来欢欣前景的新环境中去。不仅如此，“有外国人来做仇恨和恐惧的对象，便可以使潜在的战斗者不去仇恨和恐惧身边的邻人，这对有产阶级和社会党人……来说都是可以感到放心的”④。道德的蜕化与社会心理的严重变态相伴，就此，卓越的历史学

---

① 贡特尔·罗滕贝格：《毛奇、施里芬与战略包围论》，见帕瑞特编：《现代战略的缔造者》，324页。

② 参见基辛格：《外交》，202～204页；肯尼迪：《大国的兴衰》，254页；戈登·克雷格：《德国人》（Gordon A. Craig，*The Germans*），239～240页，纽约，1991。

③ 基辛格：《外交》，第8章标题。

④ 吉尔伯特：《欧洲时代的终结：1890年至今》，131～132页；威廉·麦克尼尔：《竞逐权势：公元1000年以来的技术、武装力量和社会》，307页。关于世纪之交到第一次世界大战前夕在欧美世界洋溢于公众中的对战争的颂扬和为战争而兴奋的情绪，参见约翰·米勒：《从末日后撤：重大战争的过时》，38～51页。

家威廉·麦克尼尔在论说由多种势力依凭多种手段驱动的英国造舰热潮时做了一番议论，那是颇能以小见大的。① 实际上，无论是这类事态，还是极端民族主义和帝国主义那样的一般动因，在最终酿成大战的许多因素中间都包含欧洲社会的道德恶化。

第一次世界大战给欧洲造成的极严重后果

第一次世界大战给欧洲造成了三大方面极严重的后果：生命和物质损毁、精神和心理破坏以及国际格局严重失衡。按照20世纪70年代晚期的一部汇总了以往大量有关研究的论著，欧洲在第一次世界大战期间仅阵亡者就多达约800万人，因战斗而永久性致残者约700万人，其他重伤者约1 500万人。这场战争还因其导致的流疫、饥荒和极度贫困致使大量平民丧生，其数量除俄国外大概有500万人以上，倘若再加上俄国的数目（包括由于内战而死亡的军民），则肯定远远超过1 000万人。② 在经济文化高度发达的西欧，约850万人丧生，受伤者比这多出一倍以上，其中德法两国分别伤亡600万和550万人。由于西欧的战场搏杀最为惨烈，它失去的可以说是整整一代最有创造力的应役青年。由此而来的一大深远后果，是差不多直到20世纪30年代末期，西欧多数国务家是第一次世界大战前即已担任要职的老人，总的来说既不理解也无力应付种种新的严重问题。③

第一次世界大战造成的物质毁坏和经济损失同样史无前例。尤其在那些经过大规模战役长时间摧残的地区（包括法国东北部、比利时、意奥边境、波兰等），无数房屋沦为废墟，万顷农田布满弹坑，公路铁道毁坏无遗，牛羊鸡犬屠杀殆尽。造就这么一场浩劫的财政成本高得惊人。欧洲各大国在倾其所有之外，不得不依靠高额税收、通货膨胀、举借内债等各种办法应付战争开支，其中协约国还向美国借了逾百亿美元巨额战债。大战的所有这一切直接物质代价高达2 600亿美元左右，相当于全世界从18世纪末到第一次世界大战爆发前夕累计的

---

① “报人以牺牲真实性来扩大销路，其道德立场暧昧可疑。制造商通过向政客竞选捐款来试图左右海军合同，也是如此。海军军官靠报纸为手段批评上司，或者通过泄密影响公共政策，其道德亦大有问题……社会的任何重要变化都多半会包含流行的道德准则和行为规范的扰乱。”（约翰·米勒：《从末日后撤：重大战争的过时》，286页。）

② 参见D. H. 阿尔德克罗夫特：《从凡尔赛到华尔街（1919至1929年）》（D. H. Aldcroft, *From Versailles to Wall Street*, 1919—1929），加利福尼亚州伯克利，1977。转引自肯尼迪：《大国的兴衰》，278页。

③ 参见吉尔伯特：《欧洲时代的终结：1890年至今》，163～165页。

所有国债总额的大约六倍半。[①] 不仅如此，这场战争还从根本上损害了欧洲的长远经济前景。首先，欧洲获利丰厚的海外资产由于通过各种途径转用于战争而急剧减少，巨额战债则进一步使之丧失世界债主和金融中心地位。其次，欧洲支付能力由此严重削弱，导致从非欧地区进口原料大幅度减少，这些地区便缺乏足够的硬通货去照旧购买大量欧洲制造品。不仅如此，东亚和南美等地工业趁着欧战之便迅速发展，使得欧洲海外市场更加萎缩。最后，在欧洲内部，两大经久性的因素进一步大大损害了它的经济活力：大战导致东欧国家急剧增多，而且贸易保护主义变本加厉，欧洲市场因此支离破碎；战后欧洲各国除了很少数中立国家外，都须为大量阵亡将士的遗孀子女和因战伤残者支付年金，它们在多年内始终构成政府开支的很大一部分，以致战后税收非但不能减少反而必须增加。[②] 可以说，第一次世界大战对欧洲经济的危害极为严重，足以将此纳入决定欧洲衰落的关键因素之列。

这场大战的生命牺牲、物质毁坏和经济损失为何如此惨重？其主要的直接原因在于，与欧洲列强基于普法战争经验的速战速决预想和相应计划[③]完全相反，战争双方在决定性的西线战场很快就陷入经年累月、相持不下的堑壕战，以巨量兵力和重机枪等特别有利于防守的高效杀伤武器进行厮杀，几乎每次大战役都是死伤数十万但战线移动甚微。这种情况一直持续到战争临近结束。与此相关但更重要的是，在这场特大规模的总体战中，由巨大的伤亡激起的狂暴复仇情绪和不顾一切的狭隘军事需要排斥了任何有理智的政治目的。“欧洲的领导们一旦投入战争，便那么执迷于自相残杀，那么因本国整整一代青年人逐渐毁灭而狂怒，以致他们为胜利而胜利，不管这胜利必将建立在怎样的废墟上。”[④] 欧洲蜕化的征象之一——军事压倒政治——终于达到了最极端的地步。此外，欧洲的那套同盟体系不仅导致战争是全欧而非局部的，而且也促使它经久难决，

---

① 参见阿尔德克罗夫特：《从凡尔赛到华尔街（1919 至 1929 年）》，转引自肯尼迪：《大国的兴衰》，279 页。

② 参见皮埃尔·雷诺万：《大战及其后（1914 至 1929 年）》（Pierre Renouvin，*War and Aftermath, 1914—1929*），199～200 页，纽约，1968；吉尔伯特：《欧洲时代的终结：1890 年至今》，161～162 页。

③ 这样的预想和计划参见杰弗里·布莱内：《战争的原因》（Geoffrey Blainey，*The Causes of War*），第 3 版，35～39 页，纽约，1988。大军事史家迈克尔·霍华德指出，它们还应溯源于这么一种意识：内在紧张严重的欧洲社会经不起旷日持久的消耗战，“速胜既被视为军事必须，也被视为社会必须”。参见迈克尔·霍华德：《英国在第一次世界大战中的大战略》，见保罗·肯尼迪编：《战争与和平的大战略》，30 页。

④ 基辛格：《外交》，219 页；霍尔格尔·黑尔维希：《一个民族国家的战略无常：普鲁士/德国（1871 至 1918 年）》，见默里等编：《缔造战略：统治者、国家与战争》，283～289、292～293 页。

从而代价惨重，因为一个交战国在遭受灾难性的战役失败或本国资源严重拮据的情况下，通常可以期望盟国的救助而免于崩溃或退出战争。

第一次世界大战还给欧洲造成了极其巨大的精神和心理创伤。它非常深刻地以悲观方式影响了欧洲人关于自己和西方文明的观念，使他们深深怀疑西方文明的基本方向，从而引起了现代史上几乎无与伦比的精神危机。① 不仅那空前惨重的死亡和毁灭强烈地震撼了心灵，而且更重要的是巨大的幻灭感，即所有这一切徒然无用和全无目的。② 它几乎整个摧毁了无数人心中先前激励民族主义、护国精神和战争热情的那套价值观。幻灭意识甚至支配了文学艺术领域，正统的语言和艺术表现形式在许多人那里成了空洞无聊和虚伪的东西，不能够表达痛苦、绝望以及内心深处的其他黑暗情感。然而，大战的心理后果并非全在于强烈否定它代表的一切，也并非全都倾向于和平主义和个人自由精神。尤其对于欧洲大陆成千上万退役兵士来说，最大的幻灭出自战后生计困难，加上照旧的社会压抑和厌烦无趣。他们怀恋战争岁月里的"尚武精神、战友情谊以及暴力行为和战斗的刺激性快感"，崇奉那些在他们看来已经或正在被庸碌无能的中产阶级及其腐朽没落的自由民主制赞颂的价值——秩序、纪律、民族荣耀和英雄主义。③ 随大战而来的上述两类心理扭曲将作为至关重要的深层要素，促成第一次世界大战后欧洲国际政治的二十年危机。

著名的国际关系史学家阿尔布雷西-卡里埃强调，第一次世界大战导致的最大也最深远的恶果之一是欧洲国际力量分布严重失衡，它比欧洲遭受的巨大生命牺牲和经济损毁更难补救。④ 这也就是所谓凡尔赛体系与生俱来的致命弊端，它们概而言之在于既激发了德国的复仇心，又加强了德国根本的地缘战略地位并赋予德国潜在战略优势。第一次世界大战可以说是一场以政治冲突开始、以宗教冲突告终的大搏杀⑤，在其进行过程中，愈演愈烈的仇恨排除了宽容处置战

---

① 参见奥康奈尔：《武器和人》，242 页；R. J. 桑塔格：《一个破碎了的世界（1919 至 1939 年）》（R. J. Sontag，*A Broken World*，*1919—1939*），24 页，纽约，1971。

② "将这场战争与甚至最可怕的战争区别开来的特征是徒然无用。大多数牺牲者为之丧命的不过是几英尺虫鼠出没的泥沼。经过最精心准备的战争计划化为滑稽古怪的屠杀借口，有时是在转瞬之间……尽管代价极其巨大，参加者全然专注不二，战争的进行与和平的造就却是在浑然之中，只觉得目的非常有限。"（奥康奈尔：《武器和人》，242 页。）

③ 参见肯尼迪：《大国的兴衰》，285 页。对自由民主制的这类鄙视早在 1918 年就由斯宾格勒《欧洲的衰落》一书得到了理论表述。该书同时提倡后来被称为法西斯主义的意识形态，而且很快就售出了 10 万册。参见雷诺万：《大战及其后（1914 至 1929 年）》，127 页。

④ 参见勒内·阿尔布雷西-卡里埃：《维也纳会议往后的欧洲外交史》（René Albrecht-Carrié，*A Diplomatic History of Europe since the Congress of Vienna*），修订版，330～331 页，纽约，1973。

⑤ 参见克雷格和乔治：《武力与治国方略》，68 页。

败者的可能性。《凡尔赛和约》就是出自这不可抑阻的暴烈情绪，其压倒一切的目的在于严厉惩罚和尽量削弱德国，并且使之承受足以阻止其复兴的沉重负担。体现着后一目的的赔偿条款是和约中最愚蠢、最荒谬的一部分：无视德国民众由此遭受严重困苦必然激发他们的强烈愤懑，全然不顾德国远不具有相应的缴纳能力。不仅如此，为了提供惩罚和榨取的理由并且利于长期压制，《凡尔赛和约》还明确地将大战责任全部归诸德国一边。这个颇可争辩的胜者判决必然使大多数德国人将凡尔赛体系视为头号国际不正义，因而在他们看来更改这一强权秩序就成了正义追求。①

在如此保证了德国人的复仇心、从而铸成未来纳粹兴起的一大条件后，战胜国的政治家们又浑浑噩噩地安排了一套地缘政治格局，它足以大大便利德国未来的扩张。在处理主要由奥匈帝国的崩溃遗留下来的东欧问题时，战胜国依据的不是着眼于国际制衡的传统均势原则，而是采取不考虑或干脆损坏国际制衡的民族自决原则②，它与国际集体安全一起，被美国总统威尔逊宣告来铲除他所抨击为战争之源的国际权势政治。诚然，民族自决反映了东欧诸多民族一般无可厚非的自主愿望，而且在巴黎和会开始以前就已经在颇大程度上由它们自己转变为既成事实③，但将这个高度简单化的原则一蹴而就地贯彻于异常错综复杂的东欧（那里民族分布犬牙交错，族际敌对由来已久，经济上却构成一个自然的整体），据此划分国际疆界，就必然顾此失彼，矛盾百出。④ 首先，东欧各小国内部几乎全都充斥着族际敌意和争斗，而且往往是在两三个以上民族相互之间，而社会阶级分裂连同政治上的派别倾轧、残害和专制压迫更是加剧了国家的混乱和羸弱。其次，主要由于互相冲突的民族归并要求和同样由战后人为划界引起的领土争端，东欧国家之间存在强烈的敌意，其中某些几乎彼此势不两立。再次，匈牙利和保加利亚随德国一起战败，也和德国一样对战后国际现状严重不满，尤其是国土被剥夺四分之三的匈牙利，更怀有推翻现状的强烈动机。最后，第一次世界大战后政治分割使原先奥匈全境大致统一的经济格局骤然崩解，各小国经济由于人为的贸易壁垒变得很不健全。犹

---

① 使大多数德国人更加愤愤不平的是，他们相信美国总统威尔逊——大战晚期被公认的对德作战盟国方面的主要发言人——示意德国将得到宽大和公正的对待，他们还相信德国所以投降正是由于有这样的表示，而非像事实上那样处于军事绝境。

② 参见基辛格：《外交》，222 页；E. J. 霍布斯鲍姆：《1780 年往后的民族和民族主义》（E. J. Hobsbawm，*Nations and Nationalism since 1780*），第 2 版，132～133 页，剑桥，1992。

③ 参见寇本：《民族国家与民族自决》，修订版，55～56 页。

④ 参见上书，86 页；基辛格：《外交》，240 页；德约：《不牢靠的平衡》，247 页。

如这个体系的缔造者之一、英国首相劳合·乔治在生米已成熟饭时才醒悟到的那样，所有这些显然都大有利于凡尔赛体系的未来挑战者德国。[①] 使事情更糟的是所有有关著述都谈到的其他两大地缘政治现实。第一，十月革命后，苏联由于西方主流国家的排斥以及它自己的选择而孤立于大国体系之外，先前在东面钳制德国的唯一有效力量由此消退，更何况它和德国一样敌视凡尔赛体系[②]；第二，国会对战后安排的强烈不满导致美国退回对欧孤立主义状态，尽管第一次世界大战已经表明，没有它的全力援助，即使英法俄三国加起来也不足以压倒德国。所有这些，加上在人口和经济技术水平方面全欧差不多首屈一指的巨大潜能，使战败了的德国的潜在战略优势实际上可认为超过第一次世界大战前任何时候。

第一次世界大战与美国权势的兴盛

倘若从全球格局和全球历史的双重角度更为宏观地衡量，第一次世界大战的最大后果或许是美国权势的兴盛。这一事态直接来自美国参战及其给战争进程和结果造成的决定性影响，它将在很大程度上规定世界往后的面貌，尽管其充分展现尚待经过一番比第一次世界大战更广泛、更剧烈的动乱，尽管同样由这次大战造就的俄国十月革命在影响全球历史进程方面也具有同等意义。

事后来看，美国从中立到参战过程中尤其夺目的大现象是参战动力的多样化：从种族、文化和意识形态到财政、经济和地缘战略。所有各类深层因素汇合成政府内外愈益强烈的亲协约国倾向，相形之下具体的外交实践和决策细节就显得不那么紧要了。英国移民后裔构成美国最大的种族群体，美英之间还有共同语言、共同文化传统、共同法律渊源等有利的联系纽带，它们与英国依凭组织精良的新闻媒介展开的对美宣传运动一起，有效地影响着美国的舆论。就美国金融和工业界的大财团而言，英裔在其领导阶层中所占比例最大，它们在第一次世界大战前与英国的联系也最密切。由于英法有效地从海上封锁了德国，几乎只有这两个国家才能从美国购运战争物资，而使之能在黄金和外汇储备日

---

① “我无法想象有什么比下面一点更会引起未来的战争：已确实证明自己是世界上最有朝气和最为强大的种族之一的德国人，竟由一批小国所环绕，这些小国中有许多是由先前从来没有为自己建立过一个稳定的政府的人民组成，但它们全都包含叫喊着要与自己的故土统一的德意志人。”（基辛格：《外交》，241页。）“民族自决的自相矛盾在于，不打败德国，它就不能实现，而它如果实现，就给了德国比其战前拥有的更大的优势。”（马丁·怀特：《国际政治》，201页。）

② 包括和德国一样敌视波兰的恢复，从而在某种意义上决定了它们日后合作消灭波兰。德国陆军首脑冯·塞克特早在1922年就预言了这一点。参见威廉·夏伊勒：《第三帝国的兴亡》（William L. Shirer, *The Rise and Fall of the Third Reich*），616页，康涅狄格州格林威治，1962。

益拮据的情况下继续采购的，正是美国大财团的信贷和贷款。美国政府内部也有许多协约国支持者和同情者。对其中某些人来说根本性的地缘战略利益特别重要：协约国的失败将意味着门罗主义失去它赖以得到列强尊重的保障——英国的制海权，欧洲均势变为德国称霸将使美国面对一个特别咄咄逼人的暴发户的持久威胁。对另一些人来说，首先要考虑的是先前“不列颠治下的和平”的新世纪翻版，即美国领导的自由国际主义秩序，而德国的军事帝国主义被认为完全不能与这理想秩序相容，而且构成其实现的最大障碍。① 实际上，美国参战的动机如此多样（或者说美英联系如此厚实广泛）透露了17世纪往后西方国际史中的一大“秘密”，那就是先后几代“领导者”在其中结盟互助、交替坐庄的跨国大网络②，它以新教、自由主义政治文化、制海权和全球贸易为基本特征，为美国在20世纪的国际阵线选择提供了深刻的历史逻辑缘由。

美国站到协约国一边参战具有决定性的军事意义。1917年初，协约国差不多已处于战败边缘。在西线战场，先前几大堑壕战役损伤极其惨重而战果微乎其微，无论是作战元气消耗殆尽的法军，还是尚有生力补充的英军，都不具有足以扭转战局的突破能力；在东线战场，俄军虽然近乎摧毁了奥军主力，但为此也使俄国军事资源损耗大半，而其头号大敌东线德军并未受到任何真正的伤害。与此同时，协约国各成员赖以支持前线作战的整个能力无不严重恶化，其中俄国更是因为资源枯竭和国内动荡沦于濒临崩溃状态。③ 即使与其法俄盟友相比状况较强的英国，也面对两项巨大的困难，即伴随在美巨量战争物资采购而来的资金严重拮据和信用行将告罄，连同德国潜艇战造成的莫大运输损失，它们使这个先前几番在欧洲战争中充当联盟作战大资助者的国家有款尽粮绝的可能。④ 与英法俄摇摇欲坠成为对照，德国表现了惊人的战争能力。首屈一指的陆军素质，异常雄厚的工业和人力资源，包括内线作战在内的若干地缘便利：所有这些使德国能够像一位国际关系史学家说的那样，“没有盟国的可观援助而挡住其余世界，击倒俄国，将两个世纪以上的欧洲军事巨人法国逼到山穷水尽的

① 参见雷诺万：《大战及其后（1914至1929年）》，60～70页；托马斯·帕特森等：《美国外交政策》，375～381页，北京，中国社会科学出版社，1989。

② 参见乔治·莫德尔斯基：《世界政治中的大循环》，79页。

③ 两项特殊的地缘战略形势大大加剧了俄国的危境：（1）俄国西部边境格外漫长，使之很难应付强大的德军不时发动的猛烈打击；（2）俄国在战略上孤处一方，无法从盟国得到足以长期支撑其战争努力的经援和军援，土耳其站在德奥一边参战后更是如此。

④ 参见霍华德：《英国在第一次世界大战中的大战略》，见保罗·肯尼迪编：《战争与和平的大战略》，36页；雷诺万：《大战及其后（1914至1929年）》，71页。

地步，并且在 1917 年差一点以饥饿迫使英国投降”[1]。

在如此的关键时刻，美国参战拯救了协约国的命运。见效最快的是海上形势幡然改观：美国商船队的参与和美国海军护航大大增加了输送战争物资的船只数量和船运安全，美国造船业的巨大生产力则保证新船绰绰有余地替代旧船，德国潜艇战由此迅告失败。不仅如此，美国国会授权的上百亿美元政府战争贷款取代了数额小得多而且愈益难觅的私人信贷，协约国缺钱打仗的困难烟消云散。倘若更广泛地考虑可用于战争的整个美国经济资源，那就可以说一枚超级砝码投到了大战天平的一端，使之决然向协约国倾斜，即使其秤盘中没有了俄国。[2] 欧陆战场上的武力对比也发生了同样巨大的变化，虽然它由于美国远征军的组建、训练和部署需要时间而来得较晚。1918 年八九月间，美军开始以集团军的规模投入战斗，并且源源不断地得到平均每月 25 万人的补充和增援。到停战时，越过大西洋的美军官兵总数已达 210 万人。[3] 美国参战还在政治上和心理上决定性地影响了大战的进程。协约国的士气本已严重低落，但转眼间可以仰仗美国力量的前景令其重新振作起来，而且能经受住俄国因革命退出战争一事带来的冲击。与此同时，威尔逊诉诸公理、民主、普遍持久和平的道义口号和意识形态纲领产生了激扬民心的强烈效应，“战争在协约国一边越来越具有圣战面貌”[4]，而在德国国内对政府与其战争目的的不满却由此加剧。所有这一切使得大战将谁胜谁负变得无可怀疑。

美国参战的政治和心理影响提示，这个新世界大国的权势勃兴远不仅是个国际物质力量分布的变更问题，而且涉及世界秩序组织原则和国际政治根本规范的某种革新。这一点在威尔逊 1917 年 4 月 2 日正式要求国会对德宣战的演说中首次得到毫不含糊的表述，并且构成了以他为最大代表的美国自由国际主义的主题。他宣告：美国的参战目的“是在世界生活中确立正义与和平的原则，反对自私和专制的强权，是在世界真正自由和自治的民族中间确立目的和行动的一种协调，它将从此确保这些原则得到遵守”[5]。这些原则总的来说，在于从一套与传统的欧洲权势政治观相反的国际关系理念出发，要求废止传统的国际政

---

① F. S. 诺思奇：《艰难的巨人：列强中间的英国》（F. S. Northedge，*The Troubled Giant：Britain among the Great Powers*），623 页，伦敦，1966。

② 此时美国的工业能力及其在世界工业产出中所占比例比德国大一倍。参见肯尼迪：《大国的兴衰》，271 页。

③ 参见西里尔·福尔斯：《大战（1914 至 1918 年）》（Cyril Falls，*The Great War，1914—1918*），352～359、408～409 页，纽约，1959。

④ 阿尔布雷西-卡里埃：《维也纳会议往后的欧洲外交史》，352 页。

⑤ 威尔逊 1917 年 4 月 2 日对国会演说，见瓦斯奎兹编：《国际关系经典文献》，15 页。

治运行模式，改行实际上体现美利坚民族特殊历史经验和价值观念体系（说到底还有其特殊利益抱负）的新规范和新机制，以此实现从未被欧洲列强当做政策目的的普遍持久和平。威尔逊强调战争起因于专制制度，因为据称只有在这类制度下，一小撮统治者或特权阶层才能肆意为自己的狭隘私利发动战争，驱使民众充当炮灰。战争还起因于以专制制度为国内基础的国际权势政治，特别是一向被欧洲列强奉为金科玉律的均势："旧秩序的核心及其特征就在于我们惯常称作'均势'的那个不稳定的东西，在其中的均衡是由左右挥动的刀剑决定，是由互相竞争的利益之间脆弱的平衡决定。"[①] 在威尔逊那里，普遍持久和平首先有赖于普遍确立民主制度，使据认为生性热爱和平的大众主宰国家对外政策。他的众所周知的口号"必使民主安存于世界"（"The world must be made safe for democracy"）可称威尔逊主义的中心格言。在国内政治的民主化之外，还必须有国际政治的民主化，即用公开外交取代秘密外交，用民族自决取代强权政治。后面一点按照威尔逊惯用的浮华辞令是指"所有人民和民族俱获公正，不管强弱俱有权利在自由与安全之平等条件下共处的原则"[②]，这被他宣告为国际正义结构的基石和贯穿美国战争目的纲领的红线。普遍持久和平还有赖于用自由贸易原则支配国际经济关系，其必要条件包括公海绝对自由和尽可能消除一切歧视性贸易安排和其他经济壁垒。最后并且最使得威尔逊着迷的，是建立一个世界组织，其主要功能应是保证国际政治法制化，以此在事实上改换国际政治的根本性质——国际无政府。对威尔逊来说，人类理性及其指导下的世界舆论在国际关系的这些改造中具有决定作用，是新世界秩序得以确立、新国际规范得以贯彻的可靠保障，而这秩序和规范说到底，都以历来被权势政治观排除在国际关系领域之外的个人道德为准绳，因为据他说"我们正处在这么一个时代的开端：在这个时代里……各国及其政府之间须遵循文明国家公民个人之间遵循的同一些行为标准"[③]。

诚然，威尔逊主义有如珍视现代早期以来欧洲国际关系经验的外交思想家们所说，是脱离政治现实的法理主义和道德主义，或者说是乌托邦主义。[④] 然

---

① 威尔逊1918年12月28日演说，转引自基辛格：《外交》，226页。

② 威尔逊1918年1月8日"十四点"演说，参见瓦斯奎兹编：《国际关系经典文献》，19页。

③ 威尔逊1917年4月2日要求宣战演说，参见上书，16页。关于威尔逊的国际关系思想，又见戈登·列文：《伍德罗·威尔逊与世界政治》（N. Gordon Levin，Jr.，*Woodrow Wilson and World Politics*），第1和第2章，牛津，1968；基辛格：《外交》，第9章；戴维·阿姆斯特朗：《革命和世界秩序：国际社会中的革命国家》，159～160页。

④ 参见乔治·凯南：《美国外交（1900至1950年）》（George F. Kennan，*American Diplomacy，1900—1950*），纽约，1952；E·H·卡尔：《二十年危机（1919至1939年）》（E. H. Carr，*The Twenty Years' Crisis，1919—1939*），第二部分，纽约，1964；摩根索：《国际纵横策论》，第1章，第3章第2、3节。

而，这样的评判只有在这政治现实乃是传统欧洲现实的意义上才是正确的。威尔逊主义实际上代表了两种另外的现实：（1）与欧洲均势体系共存但经常被漠视的大洋霸权（海外霸权）体系，后者的非领土的控制机制与经典的权势政治很不相同，它导致的国际政治视野、理解方式和抱负也难免与之格格不入；（2）非欧和非传统的美国崛起为世界强国，对它来说大洋彼岸"欧洲国务家们依靠的领土调整、领土兼并和领土补偿政策几乎毫无意义"①，只有按照威尔逊主义塑造一个一体化的世界秩序，才真正契合20世纪美国的军事安全、经济福利和政治欲望，否则它宁愿处于欧洲之外。一句话，无论在地理范围还是在历史演进意义上，威尔逊的现实都超出了传统的欧洲现实，威尔逊主义的实质就是新型的美国世界霸权。

从思想渊源来说，威尔逊的那一套虽然可以追溯到16世纪往后大致一脉相承的欧洲理性主义国际关系思想，特别是18世纪启蒙思想家的观点和边沁开始的19世纪英国自由国际主义，但在主要精神和若干基本理念上，它更多地来自美国的政治文化传统。从登上新英格兰海岸的清教移民起，经过美国的多数缔造者，直到威尔逊本人及其代代信徒，关于美国生活方式、美国精神和美国理想卓越超群并适合于全世界的信念经久不衰，简直构成了一种民族宗教。在这政治文化传统中，相对于欧洲权势政治的美国独特和优越感（"自由的例外主义"②），加上先在新大陆创造新世界而后改造欧亚旧世界的使命意识，构成主宰美国主流国际观的根本要素。正是基于这两大要素，杰弗逊在18和19世纪之交形成了一套足够系统的外交理念，其中囊括了后来威尔逊的几乎所有基本信条，以致像一位研究者所说，如果威尔逊这位最复杂费解的美国总统的外交可以简化为一个公式，那就是"杰弗逊世界主义"③。在大陆领土扩张时期，美国政界和知识界许多人士持有类似的思想，主张所谓理想主义的、和平的扩张主义，"对美国民主制的纯粹和明智有着无限的信心，并且预言它将随其他国家和人民在精神上被美国吸引而扩展到整个世界"④。此后到20世纪头十年，威尔逊的前任塔夫脱及其国务卿诺克斯尤为突出地体现了美国的主流国际观，对他们来说，美国的商业和意识形态扩张完全符合全人类的利益，关于美国之理想和世界责任的喋喋不休的言论使他们成了"威尔逊外交的前驱"⑤。威尔逊所做的，实际

① 巴勒克拉夫：《当代史导言》，120页。

② 入江昭：《太平洋两岸的疏离》，5页。

③ 阿姆斯特朗：《革命和世界秩序：国际社会中的革命国家》，69～70页。

④ 入江昭：《太平洋两岸的疏离》，2～3页。

⑤ 同上书，207～208页。

上就是在欧洲沦于空前灾祸的历史关头，将美国传统牌号的外交哲学当做全球秩序杠铃推上世界舞台，独一无二的只是他救世主式的极端自大自信和登峰造极的布道天才。[①]

与美国的物质权势一起，植根于美国政治文化传统中的美国意识形态跃升为世界政治中的一股主要力量。它以威尔逊国际关系哲学及其战争目的纲领的形式，大致支配了巴黎和会做出的战后安排，依凭的是威尔逊背后的美国权势和他在欧洲公众中获得的巨大威望。[②] 一个世纪前，聚会于维也纳的国务家们将均势奉为最根本的原则，据此重新构造经拿破仑战争毁坏的国际秩序，但现在这个原则被威尔逊不无理由地反复指控为大战祸因，因而丧失了合法性。在凡尔赛重建的那个秩序中，欧洲国际力量格局失衡不足为怪，而威尔逊的纲领和政策直接导致了这一局面。如前所述，他的民族自决原则本来就包含损坏国际制衡的倾向，而正是这个原则整个主宰了地缘战略位置至关重要的东欧的战后安排，其结果是促成一系列大有利于德国未来扩张的恶性状态。长远来看同样危险的是，威尔逊废除国际权势政治、实行"公正"和平的立场排除了真正经久制服德国的或许唯一的可能办法，那就是像法国要求的那样将重工业集中的莱茵区从德国分割出来，从而决定性地砍削它虽然战败但仍拥有的潜在国力优势。当法国要求用权势政治的另一个常用手段——构筑大国军事同盟来钳制德国时，威尔逊的反应同样是否定的。只是为了使法国不再坚持要肢解德国，他才许诺协同英国与法缔结针对德国的安全保障条约，但实际上他既不相信有此必要，也无决心予以贯彻（何况这一许诺由于美国参议院拒不批准《凡尔赛和约》而成过眼烟云）。[③] 他为欧洲提供的全部安全措施不外乎国际联盟，但其前提必须基于各国利益和谐与认识一致，因而是虚假的。

不过，国际秩序安排远非完全由威尔逊主宰，美国意愿占据上风须以对协约国伙伴做出重要让步为必要条件。结果，最后搞出的战后安排是威尔逊的理想与他斥之为邪恶腐败的旧世界政治之间的妥协，在其中东半球列强的极端民族主义、旧式帝国主义和老牌权势游戏令美国的"新外交"大打折扣。就凡尔赛体系的存活能力而言，这些妥协和折扣损害之大完全不亚于威尔逊主义原则

---

① 关于这两点的一段精彩论说，参见哈罗德·尼科尔森：《外交的演进》（Harold Nicolson, *The Evolution of Diplomacy*），14页，纽约，1954。

② 参见阿尔布雷西-卡里埃：《维也纳会议往后的欧洲外交史》，361、362页。在巴黎和会召开前两个月，英法两国领导人经过与威尔逊的代表长时间争论，不得不基本接受美国的战后安排构想。参见上书，356～357页。

③ 参见基辛格：《外交》，232～238页。

的上述直接后果。首先，威尔逊迁就欧洲协约国（特别是法国）暴烈的仇德情绪和惩罚欲望，由此铸成《凡尔赛和约》中那些极为苛刻和颇不公正的条款，从而激发了德国的复仇心理并使之难以磨灭。其次，他为推行己道，特别是使英、法、意、日四国赞成建立国际联盟和按照他的思想规定盟约，答应了它们的若干领土兼并、殖民扩张和势力范围攫取要求，其中最恶劣的就是让日本继承德国在中国山东的多种特权，使那里的日本军事占领合法化。所有这些践踏了他自己鼓吹的公理道义，战后安排的实际便与无数美国人怀抱的新世界秩序幻想大相径庭。幻灭产生的愤懑导致美国参议院拒绝批准《国际联盟盟约》，扼住德国未来扩张的希望因美国撒手西撤而进一步大减。① 最后，威尔逊的平等"公理"没有贯彻到关于处置德国的三个重要方面，即裁减军备、德意志民族自决权利和大战责任。他那抽象的普遍原则无法处理互相矛盾的具体问题，也无法消除某些必须满足的权势政治需要，由此而来的折扣必然是战胜国日后在德国面前缺乏维护现状的道义自信。② 可以说，威尔逊主义促使国际格局在物质力量和心理两方面严重失衡，从而种下了未来世界战争的一个祸根。

本章论说的关于第一次世界大战的缘由、进程和结果的所有基本事态，总合起来造成了国际权势的一项非常重大的变更，即欧洲的衰颓和美国的兴盛。就此，阿尔布雷西-卡里埃用本质上并不夸张的话说："欧洲，这世界的权势所在和很大程度上的全球霸主，可谓一夜之间便急速跌落。"③ 当代著名思想家和历史学家雷蒙德·阿隆同样肯定，站在 20 世纪后半叶的高度看，欧洲的黯然失色和美国的赫然凸现确实蕴涵在第一次世界大战包藏的历史命运之中。④ 然而，传统中心衰落和侧翼大国兴盛这历史性的巨大转变不是直线式的。大战后世界的最大特点之一，在于若干因素扭曲了国际力量的实际分布，使之呈现出一幅仍然以旧欧洲为中心的矫揉造作的图景，其中看似最重要的居然是已在大战中遭到严重损伤的英法两国。美国退出欧洲政治和拒绝加入国联，加上苏联暂时羸弱和孤立自处，导致"狭隘舞台上的剧情又一次决定宽广舞台上的进程"⑤。然而，这毕竟是海市蜃楼，英法事实上的虚脱终将在短短二十年后酿成新的大战，世界格

---

① 造成这一结果的原因还包括参议员多数对美国主权受到限制的强烈戒心、惯常的党派斗争动机以及威尔逊个人的傲慢和固执。

② 基辛格就此指出："凡尔赛解决办法的最危险的弱点是心理性的……造就道德平衡的心理困难比得上建立力量平衡的物质困难。"（基辛格：《外交》，244～245 页。）

③ 阿尔布雷西-卡里埃：《维也纳会议往后的欧洲外交史》，303 页。

④ 参见雷蒙德·阿隆：《政治与历史》（Raymond Aron，*Politics and History*），40 页，新泽西州新不伦瑞克，1984。

⑤ 德约：《不牢靠的平衡》，253 页。

局演变也将由此回到它的“正常”轨道，并且进入一个可谓全新的阶段。

第三节　二十年危机：英法的虚脱

国际联盟的虚幻

与先前的时代相比，国际联盟是两次世界大战之间（尤其是对它的幻想在20世纪30年代中期彻底破灭以前）国际政治在形式上最引人注目的特征。各自分立的主权国家史无前例地组成了一个至少理论上较具普遍性的常设政治/法理组织，而且旨在统一地规范国家行为以维持普遍和平的国联盟约构成了国际法的一大组成部分。国际社会由此似乎向着结束其历来的高度无政府状态实现了首次飞跃。按照威尔逊及其塑造的西方民主制国家很大部分精英舆论，在国联的基本功能中间包括：讨论国际社会广泛关心的问题，按照战后形势演化自然地产生的和解及平等需要修改和约，依靠调解和仲裁等手段和平地解决国际争端等。[①] 不过，它被期望的主要作用在于保障国际集体安全，即依靠国联全体或绝大多数成员国被设想在任何情况下就国际和平必有的共同利益、共同认识和共同行动，制裁任何胆敢侵略的国家。换用一位杰出的国际集体安全理论研究者的话说，它是将“人人为我，我为人人”的口号移用于国际关系，认定“任何国家对任何国家侵略性地和非法地使用武力就将遭遇所有其他国家的联合武力”；它“被广泛地视为国际无政府与世界政府这两端之间的中间站”。[②]

然而，威尔逊主义的国际集体安全思想在理论上是虚妄的，国联的实践则证明了这一点。如此的集体安全基于两项前提，或者分别可称为其“主观”要求和“客观”要求。前者涉及各国是否会真正接受和履行集体安全义务，后者涉及总的力量格局是否适合集体安全的有效运行。[③] 集体安全义务的普遍可接受性首先假定，所有或绝大多数国家都深切地感到世界和平具有头等的重要性，也都坚定地认为这和平不可分割，即侵略在任何一地的得逞终将导致和平秩序在所有地方土崩瓦解。但是，只要不停留在世界和平这一笼统的概念表面，就可以发现它是指世界现状的保持，世界和平的头等重要性也就意味着世界现状

---

① 参见克雷格和乔治：《武力与治国方略》，72页。

② 参见伊涅斯·克劳德：《化剑为犁》（Inis L. Claude，*Swords into Plowshares*），纽约，1964年版，转引自菲尔·威廉斯等人合编：《国际关系经典读物》（Phil Williams et al.，eds.，*Classic Readings of International Relations*），210～211页，加利福尼亚州贝尔蒙，1994。

③ 参见上书，213页。

的道义合法性。很难设想在任何由众多国家构成的真实的世界秩序中，所有或绝大多数国家都认为这秩序非常有利而且正义。在第一次世界大战后的世界秩序中尤其如此。事实上，除了英法两国和东欧某几个因为德奥战败而得以创建或恢复的国家外，其他国家不是像德国及其后来的合作者那样怀有推翻现状的强烈动机，就是对现状持有这样那样的抱怨以致多少模棱两可；而且，即使英法自己（特别是英国），也缺乏维护现状的道义自信。至于和平不可分割这一命题在大多数情况下更是显然有违常理，不可能真正被各国相信。甚至到了的确需要相信这一点的特殊历史时刻——立意征服欧洲大陆的希特勒吞并苏台德之际，它们仍然照旧确信和平可以分割。① 集体安全义务的普遍可接受性还基于这么一个假定：各国或者将本国利益完全等同于有世界普遍和平定义的人类共同利益，或者完全漠视自己的特殊利益，时刻乐意将此利益从属于维持普遍和平的需要。它们必须准备"招致经济损伤和大冒战争风险，即使在看来并不涉及国家利益的场合，或者在此种方针看来与国家利益冲突或损害国家既定政策的时候"。它们还必须为使集体安全体制有足够的威慑力而事先做出所有必需的承诺，"放弃对国力要素的传统控制，根据多边协定和国际机构的规定接受行动或不行动的义务"，从而"在最为关键的政策领域放弃主权"②。这样的假设很不符合至少一般情况下国际关系的全部经验，但它正是国联构想依据的根本信条③，而其虚妄由国联的全部历史得到证明。

至于集体安全的"客观"要求，则来自它的另一个基本前提，那就是可动用来维护现存秩序的国际集合力量占有压倒性优势，以致足以威慑潜在的侵略国，或在它胆敢发动侵略后迅速击败之。显而易见，如果这样的国家占有国际力量总和的很大一部分，像实际上往往有的那样，就无法保证集体安全体制的成效，哪怕这个体制的上述所有"主观"要求都得到满足。就国联来说，这个矛盾一开始就存在，因为德国如前所述即使战败仍拥有超过英法及其国联合作者们的潜在战略优势，而到20世纪30年代，德、日、意三大挑战者的实有力量更是后者无可匹敌。不仅如此，英国没有充分动用本已不足的实力来贯彻集体安全的起码意愿。在创建国联时，它就与美国一起排斥了法国关于着重以军事

---

① 英国首相张伯伦当时的下述名言代表了一种近乎普遍的心理："为了一个遥远国度里我们毫无所知的人们之间的一场争吵，我们竟应当在此大挖战壕和试戴防毒气面具：真是可怕之至，异想天开，难以置信。"（卡尔：《二十年危机（1919至1939年）》，164页。）

② 克劳德：《化剑为犁》，转引自威廉斯等人合编：《国际关系经典读物》，213～215页。

③ 用威尔逊1918年9月的一句话说："国家目的已愈益隐退，取而代之的是开明人类的共同目的。"（瓦斯奎兹编：《国际关系经典文献》，21页。）

打击制裁侵略的主张，结果盟约规定的集体制裁义务差不多仅限于经济性的。[①]此后，虽然法国一次又一次地试图争取加强国联的制裁效能，但皆因英国反对而失败。[②] 一个没有牙齿的国联无法威慑侵略者，反而解除了西方民主制国家公众的思想武装。[③] 说到底，对国联的理论和实践只能给予这么一种总结：威尔逊主义的集体安全无法挫败强国的侵略行动；“要么是世界共同体拒绝将这行动确定为构成侵略，要么是它就什么是合适的制裁争执不一。在制裁实施时，它们必然反映最低的共同标准，往往证明是那么无效以至弊大于利”[④]。

英法歧异与法国强硬预防政策的破产

英国作为最主要的欧洲战胜国，理应是凡尔赛体系的首要维护者。然而，它既不明白这个体系的存活条件，也没有意愿为其延续作任何努力。一堆异常混乱的幻想、情绪和谬算支配了英国的战后欧洲政策。首先是一种自满自得的虚幻的安全感。如果说战前德国追求制海权的凶猛势头令英国深感恐惧，那么现在德国海军的夭折使之高枕无忧：英国已经恢复了在欧洲海域的绝对优势，英伦三岛似乎再无遭受入侵的任何可能。[⑤] 既然如此，英国便以为大可如挫败哈布斯堡西班牙和拿破仑法国之后那样，回复到尽可能少对欧洲大陆承担军事和政治义务的传统态势，多多用心于第一次世界大战后尤为犯难的海外帝国事务。漠视德国巨大的潜在军事能力，不相信可能有中长期意义上的德国威胁：英国可谓根本缺乏安全警觉。不过，对已经执迷于新世界秩序幻想的英国来说，基于辨认具体的安全威胁的国家安全观已是陈腐过时之物。除美国政治文化这一本土根源外，威尔逊的国际关系思想颇大程度上来自边沁往后的英国，其自由国际主义经科布登和布赖特直到格莱斯顿一脉相承，而且到第一次世界大战爆发时显然已牢固地确立为英国主流的对外政策思想。[⑥] 有了如此的温床，再加上

---

① 军事制裁则需就事论事地按照国联理事会的临时一致表决来决定是否采用之，更何况国联各成员国除了让制裁部队自由过境外，没有任何必须履行的义务。参见雷诺万：《大战及其后（1914 至 1929 年）》，176～177 页。

② 参见阿尔布雷西-卡里埃：《维也纳会议往后的欧洲外交史》，414～415 页；克雷格和乔治：《武力与治国方略》，73～74 页。

③ 国联“在害怕战争的西方公众舆论中大得人心，然而它的创立使许多人能够辩说不需要国防力量，因为国联总有什么办法防止战争”。参见肯尼迪：《大国的兴衰》，290 页。

④ 基辛格：《外交》，249 页。

⑤ 参见寇本：《民族国家与民族自决》，修订版，223 页。

⑥ 关于 19 世纪英国自由国际主义思想，参见艾伦·布洛克和莫里斯·肖克合编：《自由派传统：从福克斯到凯恩斯》（Alan Bullock and Maurice Shock, eds., *The Liberal Tradition: From Fox to Keynes*），第一部分第 1 节、2 节、5 节，第十部分第 2 节，第五部分第 5 节、6 节、7 节，伦敦，1956。

第一次世界大战惨祸使得以均势为核心的传统国际政治声誉扫地，威尔逊那套幻想便在英国以难以想象的势头蔓延滋长，以致近乎完全支配了战后年代的国际关系讨论。① 仅此，就足以决定英国对欧洲国际政治的真实格局和内在趋势茫然无知，也足以导致它到头来不能辨识自己作为一个实际上与欧洲均势互相依存的大国面临的真正危险。

然而，比这更严重的是英国倾向于否定凡尔赛体系，并且逐渐损害之。起决定作用的首先是它对处置德国抱有一种导致混乱的内疚情结。《凡尔赛和约》将战争责任全部归诸德国，但事后尤其在英国，这严厉惩罚和拼命榨取战败国的根本依据很快遭到怀疑。"强行贯彻条约中对德惩罚措施的意愿开始动摇。媾和者们受自己的良心冲击，疑惑自己造就的局面是否公正，这就促使他们缺乏维护条约的决心。"② 一项杰出的研究表明，由此而来对于德国修改现状要求的愈益广泛的同情感，构成20世纪30年代英国绥靖政策的首要根源。③ 其次，英国还非常厌恶东欧诸小国，从而在心理上鄙弃凡尔赛体系的东半部分。劳合·乔治如此表达了这种厌恶情绪："小国刚一跃入自由的光明境界，就开始压迫异己种族。它们比英国和法国，肯定也比美国更加帝国主义。我目睹此状，心中充满绝望。"④ 他和其他英国政治家都认为，东欧人狭隘任性，极易冲动，随时可能因他们各自国家间是非曲直无法判断的争端而兵戎相见，英国为该地区承担任何义务都可能使自己被拖入无谓的冲突。不仅如此，英国从一开始就认为东欧的国家划分多有不义，因而在商议国联盟约时主张规定边界可以修改，凡是拒绝国联有关建议者无权请求保护。⑤ 可以说，几年后事实上放纵德国东进的《洛迦诺公约》已见端倪。

在幻想和情绪之外，利益权衡和对国际力量的估计也依然有力地影响英国的政策方向，但这些权衡和估计已变得相当浅薄，甚而荒唐，显现了那种在张伯伦首相任内终于达到极点的外交素质堕落。在英国的盘算中，有如一个世纪前为制衡盟友俄国而让战败了的法国保持足够强大，现在德国被当做潜在的主

---

① 参见卡尔：《二十年危机（1919至1939年）》。

② 基辛格：《外交》，245页。第一次世界大战后德国政府通过系统和精心的国家宣传，在促成英美对《凡尔赛和约》的严重内疚方面起了重要作用。旨在证明德国并无战争罪责的"造假运动的成功超出了造假者的最大期望"。参见默里：《帝国的倾覆：1919至1945年的英国战略》，见默里等编：《缔造战略：统治者、国家与战争》，420页。

③ 参见马丁·吉尔伯特：《绥靖的根源》（Martin Gilbert, *The Roots of Appeasement*），伦敦，1966。

④ 寇本：《民族国家与民族自决》，修订版，87页。

⑤ 参见雷诺万：《大战及其后（1914至1929年）》，175页。

要战略力量借助，以防止盟友法国称霸欧洲。到法国武装占领鲁尔期间，英国扶德制法的意向已变得相当明确。专注于眼前的表面现象，由此对法德力量对比的长远前景作完全颠倒的估计，并且根本误解了法国行为的内在心理动因和真实性质：这就是英国在20世纪20年代的头号判断错误，它大大加剧了否定和损害凡尔赛体系的倾向。①

英法严重歧异是战后初期欧洲政治的主要特征。梅纳德·凯恩斯曾对巴黎和会上所见的法国总理克列孟梭作了一番鞭辟入里的刻画："他对法国的感觉有如伯里克利对雅典的感觉：其价值无与伦比，世上别的一钱不值。然而，他的政治理论却是俾斯麦的。他有一个幻想，那就是法国，也有一个幻灭，那就是人类……他的哲学容不得在国际关系中'多愁善感'。民族国家实实在在，你爱其中一个，对其余就不感兴趣或心怀敌意。你爱的国家，其荣耀值得企求，但一般要靠损害邻国得到。为审慎起见，应当对愚笨的美国人和伪善的英国人的'理想'多少予以口头支持，但若相信现实世界里真有国联之类事情的很大余地，或者相信自决原则除了作为按照一国私利来重新安排均势的一种巧妙方式之外还有别的意思，那就太蠢了。"② 长久而又频繁的欧陆国际冲突经历，特别是普法战争和第一次世界大战这晚近两度可怕的体验，使得法国人极端害怕德国东山再起。法国尽管已经成为欧洲大陆军事首强，但深知自己内在羸弱而宿敌潜力巨大，而且鉴于包括自己在19世纪的历史经验，明白一个大国可以在战败后不久勃然复兴。法国压倒一切的追求是军事安全，而且是在大战严重损伤导致的士气低落之中，以一种强烈的恐慌追求这种安全。不论从物质能力抑或从心理动因来看，它的政策实质无非是防御性的，只有国际政治判断力严重退化的英国，才会把它认作是一个图谋霸权的扩张主义强国。

按照法国的观点，确保安全的最佳办法在于彻底削弱德国，即通过领土肢解和资源榨取根本铲除德国威胁的可能性。如果做不到这一点，法国便将退一步，谋求主要战胜国之间订立战后对德军事同盟，有如1814年英俄奥普四强为预防法国侵略再起而缔结《肖蒙条约》那样。此外，它还可以与一些东欧小国（凡尔赛体系的存活关系到它们的存活）结成一个同盟网络，不过它自己明白那

① 在英国看来，安抚甚而扶助德国还涉及制衡法国之外的另外两项重要利益：（1）促进与英国贸易休戚相关的欧洲经济复兴；（2）在意识形态和地缘政治的双重意义上阻止"布尔什维主义的蔓延"。参见雷诺万：《大战及其后（1914至1929年）》，185～186页；希尔格鲁贝尔：《德国与两次世界大战》，60页。

② 转引自古奇：《外交和治国方略研究》，333页。时任法国总统的普恩加莱是这方面的二号典型，在他看来甚至克列孟梭都对美英的"理想"过于迁就。参见吉尔伯特：《欧洲时代的终结：1890年至今》，211页。

对防备德国最多只能起补充作用。事情很快表明，这套传统式的预防战略大半乃一厢情愿。领土肢解在商议《凡尔赛和约》时被美国断然拒绝，英国则告诉法国：肢解出来的领土无异于战争祸种，到时候英国不会为制止德国故土归并而流血打仗。[①] 榨取德国虽然由《凡尔赛和约》的赔偿条款得到了文字体现，但德国政府在缴付方面百般抵制和拖延，而英国越来越倾向于反对无情勒索，致使其落实难上加难。法国退而求其次的安全选择同样可想而不可求。美英两国曾向法国许诺战后军事同盟，以保障战后欧洲安排免受德国破坏。这不过是旨在诱使法国放弃肢解德国的策略之举，而且很快烟消云散。以后，法国又两度试图在国联框架内确立成员国强制性的反侵略义务，主要希望以此迂回方式，使英国承担它先前规避了的武力保障责任。然而，每次英国都在三心二意地给予某些呼应后幡然变卦。[②] 法国政府早已备感挫折以致气急败坏，于 1922 年底由普恩加莱主持，决定出兵占领鲁尔工业区，亦即单方面强行贯彻彻底削弱德国的初衷。这一行动遭到英国的强烈反对，英法龃龉一变而为公开碰撞。[③] 到头来，近乎彻底的外交孤立、急剧恶化的财政状况以及德国以“消极抵抗”方式进行的全力抗争，终于迫使普恩加莱下台，精疲力竭的法国任凭盎格鲁—撒克逊政客和银行家摆布。至此，强硬预防政策彻底破产，法国的权势和意志一蹶不振。

英德协调和英国半面包容的祸患

鲁尔事件结束后的 10 年里，英国是欧洲政治独一无二的主导者，而其政策核心是英德协调。更确切地说，英国要包容德国，将其整合到西方大国政治俱乐部和经济网络中去，以便制衡法国，孤立和隔绝苏联，促进欧洲经济复兴。与此同时，包容还意味着用德国乐意接受的方法束缚和规范之，以便有效地解决多年来使欧洲无法安宁的德国问题。然而，在束缚意义上的对德包容不是全面的：英国始终不认为东欧领土的基本现状合理正当，始终不愿为防止德国更改这现状承担任何政治、法律或道义义务。因此，英国的政策可谓“半面”包容，向东网开一面地为德国留下领土扩张的可能性，也就是为英国自己留下在

---

① 参见基辛格：《外交》，233 页。

② 参见上书，253～255 页。

③ 英国首相麦克唐纳在给普恩加莱的一份外交文书中厉言指责“法国决心毁灭德国，统治大陆，而不考虑我们的合理利益和对欧洲安排的未来后果”。参见吉尔伯特：《欧洲时代的终结：1890 年至今》，218 页。关于鲁尔事件，详见时殷弘：《鲁尔事件始末》，见朱庭光主编：《外国历史大事集》，现代部分第一分册，重庆，重庆出版社，1987。

给予大国地位和经济实惠之外进一步安抚和笼络德国的余地。然而，德国自大战结束到鲁尔事件期间的行为方式与英国的包容意愿相抵触。它虽然处于紧接战败而来的最弱状态，却倔头倔脑地与战胜国作对，尽可能抗拒贯彻《凡尔赛和约》。它还径自接近一样孤立和羸弱的苏俄，与之缔结实际上旨在尝试彼此借助和协作抗衡西方的《拉巴洛条约》，这在视苏俄为头号祸患的英国看来不啻触犯大戒，并且因为引起了法国的恐慌而使德国自己饱尝苦果。①

在由对法消极抵抗而来的经济崩溃和政治动荡中，古斯塔夫·斯特莱斯曼上台执政，德国外交开始迎合英国的政策倾向。这位"兴登堡和鲁登道夫的先前的喉舌、坚定的保守分子和君主主义者"② 以变更欧洲秩序为念念不忘的根本目标：德国必须恢复它战前的那种主要强国地位，摆脱《凡尔赛和约》强加的赔偿负担、莱茵河左岸军事占领和歧视性军备限制，修正德国东部边界，特别是兼并将德国大部和东普鲁士隔开的波兰走廊，取得对捷克斯洛伐克和波兰境内的上千万德意志人的保护权，实现德奥合并。③ 这些是先前历届政府和所有中、右翼政治力量共同向往的，斯特莱斯曼的变更在于追求这些目标的手段方面。他认定德国要脱离眼前绝境并且重新强大起来，就必须俯首履行《凡尔赛和约》，以便先获得赖以恢复经济实力的安宁和外国资本，然后利用战胜国对既存秩序严重缺乏道义自信这一点，谋求以合作者的身份进入西方大国协商机制，在其中随自身影响的增长越来越有效地修改现状，"逐渐并且几乎肯定和平地进至为他的国家取得在欧洲的一种决定性作用"④。对于苏联，斯特莱斯曼虽然没有中止《拉巴洛条约》开始的交往与合作，但其主要意义变成纯策略性的，即在与西方国家协调的大框架内使用"苏联牌"施加心理压力，促使它们对德让步。⑤ 斯特莱斯曼的这套大战略很大程度上出于他敏锐地把握了英国的心理和政策方向，德英两国彼此间的政策迎合构成了到他 1929 年去世为止（或者可以说迟至希特勒上台为止）的欧洲外交基调。

---

① 法国在缺乏安全感的心理状态中，对德苏同盟的任何可能性都深为疑惧。因此有如劳合·乔治所说，"如果没有《拉巴洛条约》，就不会有鲁尔事件"。参见基辛格：《外交》，267 页。

② 威廉·夏伊勒：《第三帝国的兴亡》（William L. Shirer，*The Rise and Fall of the Third Reich*），99 页，康涅狄格州格林威治，1962。

③ 参见寇本：《民族国家与民族自决》，91～92 页；雷诺万：《大战及其后（1914 至 1929 年）》，214 页。

④ 基辛格：《外交》，284 页。

⑤ 唯有继续进行的德苏秘密军事合作除外。这种合作对德国来说，具有暗中建设德国军事能力、特别是空军和地面闪电战能力的战略意义。参见奥康奈尔：《武器和人》，276 页；厄尔·齐姆科：《阶级战争的战略：苏联》，见默里等编：《缔造战略：统治者、国家与战争》，537～538 页。

德英彼此迎合的首要标志无疑是《洛迦诺公约》。实在可以说，这套当时在西方被当做和平新纪元的肇始而受到普遍欢呼的条约，出自德英两国政府的共同创议。① 斯特莱斯曼的主要动机，在于确保德国西部领土不再像鲁尔事件期间那样遭受法国入侵和占领，争取通过缓和德法关系促进莱茵河左岸的协约国军队提前撤离，并且为和平地修改德国东部边界留下充分的余地。② 英国的动机，则是使德国本着对法安全感而乐意地接受对其西半部分领土的战后安排，从而促成法德和解，并且在此基础上将德国纳入西方大国俱乐部。从英国的观点看，经道威斯计划开始了经济包容框架内的德国经济复兴之后，在国际政治领域做出相应的变动变得至关重要了。不过，要使法国能对德国的复起较为放心，英国就不能再规避建立英法军事同盟，然而它又不愿意因此与法国在东欧的同盟体系缠在一起，以致为了在它看来既不合理也不重要的东欧领土现状冒任何风险。承诺一个只保障法德边界及法比边界的“有限同盟”：这就是英国外交大臣奥斯丁·张伯伦的解决办法。结果，德国仅被要求不以武力改变其东部边界，却未受到阻碍它敦促这一改变的任何约束，凡尔赛体系的东半部分由此悄然丧失了合法性。正是因为英国的半面包容政策，《洛迦诺公约》“与其说使欧洲和平化，不如说确定了下一个战场”③。

法国的政策态势是顺从英国。以撤出鲁尔和订立《洛迦诺公约》为标志，它完全放弃了独立的对外政策，萎靡不振地尾随英国，直至英国自己在第二次世界大战爆发后真正改弦易辙为止。④ 继普恩加莱主持外交的白里安早就感到，法德潜力差距过大，而且将随时间的推移愈益悬殊，因而法国长期安全的根本希望在于法德和解。除此之外，这一安全还必须依靠与英国的紧密联系和国联的集体安全制度。⑤ 大多数法国人由于强硬预防政策的破产而改信他的政策主张，以致他七年任内的声望在普法战争以来的所有法国外长中间几乎无人可比。畏惧、疲惫以及弱者的幻想使得法兰西民族完全成了英国的俘虏。《洛迦诺公约》订立后不久开始建造的马其诺防线强烈地体现了法国的萎靡：法国实际上

① 参见雷诺万：《大战及其后（1914 至 1929 年）》，242 页；洪育沂：《〈洛迦诺公约〉的签订》，见朱庭光主编：《外国历史大事集》，现代部分第一分册，第一节。

② 参见雷诺万：《大战及其后（1914 至 1929 年）》，242～243 页。

③ 基辛格：《外交》，274 页。

④ 参见理查德·查利纳：《法国外交部：菲利普·贝特洛时期》，见戈登·克雷格和费利克斯·吉尔伯特合编：《外交家（1919 至 1939 年）》（Richard D. Challener，“The French Foreign Office：The Era of Philippe Berthelot”，in Gordon A. Craig and Felix Gilbert，eds.，*The Diplomats*，*1919—1939*），82 页，纽约，1963。

⑤ 参见上书，53 页；雷诺万：《大战及其后（1914 至 1929 年）》，222～223 页。

无意于东欧盟国的安全，它只是在自己边界的内侧“坐待命运的降临”①。

纳粹挑战面前法国的瘫痪和英国的绥靖

1933年初，希特勒上台，欧洲从此走向空前的灾难。“在运用外交方面，希特勒无疑是极权主义领导人当中的最佳高手”，在第二次世界大战爆发以前始终将英法玩弄于掌股之间。② 他的外交目标，是为最终依靠暴力征服去实现全欧种族主义军事帝国准备条件，而其贯彻经过了四个阶段。在头两个阶段里，他先为不受外部干扰地实现国内极权统治而伪装德国对外政策照旧不变，然后一方面宣布退出国联和裁军讨论，另一方面用信誓旦旦的协调性言辞保证免受任何惩罚。第三阶段始于1935年初，希特勒公然毁坏对德大戒，即宣布德国军备不受《凡尔赛和约》限制和进兵莱茵非军事区，而且武装干涉西班牙内战，其主要目的在于试探他一旦向东扩张会遭到英法两国多大的抵抗。正是在这一段试探时期里，“希特勒显示了自己在令潜在敌手解除武装方面是多么精明”③。此后便是兵不血刃地大举侵略的阶段：从实现德奥合并，到攫取捷克斯洛伐克的苏台德区，再到鲸吞这个国家的其余部分和准备消灭波兰。然而，尤其在后两个阶段，希特勒的根本依凭不在于他的谋术，而在于法国的全面瘫痪和英国的一味姑息。

法国的瘫痪遍布经济、政治、社会和战略等各大方面。世界性萧条的恶性影响终于开始使法国这个经济结构一向较落后的国家外贸锐减，币值频跌，生产凋零，整个国民经济以一种持续瓦解的方式逐步崩溃。仅此，就足以使政府无法凑齐有效地重整军备所需要的最低限度资金，从而在一个战争技术正迅速更新的时期里致命地损害了法国的军事能力。④ 更深层的问题在于社会严重分裂和政治瘫痪。工人阶级关于劳动和生活条件之日益高涨的改革要求被视为俄国革命在法国重演的开端。以此为主要背景，政坛斗争在20世纪30年代中后期变得异常激烈，党派阵容的不断变化和内阁的频繁更迭使得国家政治无稳定可言。特别严重的是，右翼势力对左翼的强烈的意识形态敌意几乎导致内战，并且使法国成为西班牙之外亲纳粹思想最为猖獗的西欧国家。⑤ 在第一次世界大战和战

① 基辛格：《外交》，285页。

② 参见克雷格和乔治：《武力与治国方略》，121页；威廉森·默里和马克·格利姆斯利：《导言：论战略》，见默里等编：《缔造战略：统治者、国家与战争》，24页。

③ 同上书，123页。

④ 参见肯尼迪：《大国的兴衰》，310～312页。

⑤ 参见吉尔伯特：《欧洲时代的终结：1890年至今》，310～314页；威廉·夏伊勒：《第三共和国的崩溃：法国1940年陷落之研究》(William L. Shirer, *The Collapse of the Third Republic: An Inquiry into the Fall of France in 1940*)，第14、15、17章，纽约，1971。

后初期外交失败造成的巨大精神损伤之外，法国社会更由于 30 年代的经济打击、政治动荡和社会分裂而处于士气崩溃的状态之中。军界的心理瘫痪尤其危及法国的生存。无论是年逾花甲的陆军领导人，还是参谋总部人员，因循守旧和麻木不仁到了难以置信的地步，简直只能用灾难降临之前听天由命的极端消沉来解释。① 最后，在战略方面最根本也最致命的问题在于，对法国而言实际上不存在任何真正可行的选择，或者说无论何种对外政策都无法取得较长远的成功。"第一次世界大战后的法国权势毕竟在本质上是矫揉造作的，它不仅有赖于德国的继续羸弱，也有赖于俄国被排除在欧洲事务之外。法国的霸权肯定无法长期经受住这些国家的复兴。不仅如此，任何与德国和解的企图都充满着未知的风险和几乎完全不可测算的玄机。法国不可能使英国成为它在东方的盟友，另一方面它又无法在没有英国支持的情况下过下去。然而追随英国意味着法国同中欧的纽带越来越没有价值，而仅仅依靠大陆盟友则缺乏真正的力量。"②

这么一种绝境的后果，必然是法国战略的自相矛盾和混乱。其东欧战略从地缘政治的角度看固然符合逻辑，但马其诺防线体现的消极防御使得德国可以大举东进而无虞两线作战之险，更何况法国对东欧国家实行的贸易壁垒政策极为短视，大有助于德国先将它们变成自己的经济附庸。③ 对苏政策从外长巴尔都力求通过大扩展来真正强化法国同盟体系的合理努力开始，到 1935 年缔结了法苏盟约，它由同年缔结的捷苏盟约予以配合。但是，不仅地理上居间的波兰因为敌视苏联而拒绝考虑加入这一新安排，从而取消了必要时苏军援捷或攻击德国的可能，而且巴尔都的后继者们出于对英德两国的畏惧，迟迟不与苏联作任何军事磋商，致使法苏盟约如同虚设。法国战略的自相矛盾和混乱还表现在法意关系和西班牙内战问题上。④ 说到底，法国的对外政策只有一个原则，那就是依赖英国，但恰恰在遏阻德国扩张这个对法国生死攸关的问题上，英国是不可依赖的。

20 世纪 30 年代的英国处于经济、民族心理和大战略处境方面的异常虚弱状态。首先是经济虚弱：世界性萧条和各国以邻为壑的民族主义经济政策交互作

---

① 参见基辛格：《外交》，303 页；肯尼迪：《大国的兴衰》，313 页。

② 查利纳：《法国外交部：菲利普·贝特洛时期》，83 页。

③ 参见克雷格和乔治：《武力与治国方略》，105～108 页；霍尔斯蒂：《国际政治分析框架》，第 3 版，252～255 页。

④ "就阿比西尼亚危机与意大利的争吵使后者从潜在的反德盟友变成了潜在敌手"，而在西班牙问题上对德意干涉的姑息则使"法国后方建立起又一个法西斯权力"。参见肯尼迪：《大国的兴衰》，313～314 页。

用，导致英国生产急剧跌落，外贸严重萎缩，而且来自航运、保险和海外投资的无形收入锐减，不能再像以往很长时期内那样绰绰有余地弥补贸易逆差。其次是民族心理的虚弱：除了前面已经谈论过的帝国自处情绪、自由国际主义幻想以及和平主义倾向外，一个突出事态是体现公众关注点的国家政治议程几乎完全集中于国内改良和社会福利问题。这一极端内向化由议会民主型大众政治的充分实现和工党的勃然兴起决定，它与严重恶化的经济形势一起，导致英国无视国际环境愈益险恶而一味砍削国防开支。迟至战云密布的1939年，它才着手大举重整军备。英国的虚弱还出于全球性牵制导致的大战略困境，30年代，英国不仅受到自治领和殖民地的有力牵制（前者不肯为任何欧洲问题冒战争风险，后者则以方兴未艾的民族反抗迫使英国分散其军事力量），而且更严重的是面对德日双重威胁造成的战略选择难题。一方面，英国根本无力同时遏阻德日两强；另一方面，它又无法只遏阻其中一强而不葬送自己的很大部分利益。这"不列颠'两面门神'的战略矛盾心理"① 只不过从一个最重要的方面反映了英国全盘战略地位的空前虚弱。"英国组合起来抗击拿破仑的大联盟，1900年以后岁月里成功的'协约'和'接近'，都已不可复得。日本从盟友逐渐变成了敌手，意大利亦如此。俄国这传统上与英国一起反对某个大陆霸主的另一个'侧翼'强国现在处于外交孤立之中，并且对西方民主国家深为猜疑。几乎不可理解和不可预测的是（至少在沮丧的英国政府看来）美国在30年代初期到中期的政策。（美国）规避所有外交和军事承诺，依旧不愿加入国联，强烈反对英国各种旨在收买修正现状国家的努力，以1937年中立法致使英国无法像1914至1917年间赖以坚持战争努力那样从美国市场借贷：美国不断打乱英国的大战略，恰如英国打乱法国的东欧战略一样，只不过它或许是不经意的。"②

然而，英国的重重困难不能被拿来为其当权者开脱，这些当权者的麻木和卑俗严重加剧了20世纪30年代逐步展开的国际危险，特别是导致纳粹德国能够几无阻碍地准备并着手进行穷凶极恶的侵略扩张，而世界反纳粹力量（实在的和潜在的）却由此在大战爆发时处于凡可想象的最不利状况。与工业化和大众政治这两大趋势引起的社会/政治的结构性变化相关，战后英国国务总的来说由商人政客和工会领袖交替掌管，而且事实上被托付给其中的格外庸碌或空疏之辈，至少就关乎整个世界安全的外交事务来说是如此。作为保守党内阁首相和30年代联合政府中最有实权的人物，鲍德温执政达八年之久。然而，这位富有

① 肯尼迪：《大国的兴衰》，316页。

② 同上书，317～318页。

的工业家在眼界、见识和气质方面，与世纪之初出身于大贵族的保守党首相索尔兹伯里或贝尔福迥然有别，特别是缺乏他们那种对国际关系的敏锐见解和作为英国外交思想传统的均势意识。他甚至远不如一般的商人：生性慵惰，漫无规划，“只是在无可规避时才有所行动，然后其行为由直觉而非清醒的理智决定”①。工党墨客麦克唐纳两度担任首相，在鲁尔事件期间和希特勒上台前后几年可谓英国外交的关键人物。他有一般工人贵族的虚荣欲望和社会势利心，却无典型的工会头目排斥玄想的实用主义精神。他是个头脑含混不清的理想主义者，先前反对大战，此后期望依靠国联和裁军建立永久和平的国际秩序。② 当然，只是到内维尔·张伯伦执政期间，由于慕尼黑事件这特别丑恶的一幕，英国政治领导人的外交素质的败坏才变得臭名昭著。在产生了一位殖民大臣和一位外交大臣的张伯伦家族中，他被认为缺乏政治才能，因而多年里只能走经商之路。即使后来步入政界以至担任内阁要员，他仍像其兄奥斯丁毫不客气地提醒的那样，对外交事务一窍不通。③ 他以商人般的讲求实际，断定奢谈集体安全、小国权利和禁止侵略早已徒劳无益，欧洲必须以英德法意四强互相协调和共同主宰作为新的秩序基础。他还相信用欧洲境内的少许领土变更可以满足希特勒，使之从不守规矩的局外人变成大国俱乐部里负责任的一员。④ 慕尼黑事件过后，希特勒曾私下轻蔑地将张伯伦称做“小毛虫”。⑤ 这确是当时英国外交卑俗、虚妄和懦弱的绝好写照。

第四节　第二次世界大战与美国优势的确立

第二次世界大战与美国在欧优势的确立

第二次世界大战的惊人之处之一，就在于它的爆发距第一次世界大战结束不到一代人时间。这种被历史哲学家汤因比称做“双重战争”的现象大大加剧了它的历史效应，使之远在单单一次大冲突所能产生效应的两倍之上。⑥ 传统中

---

① 吉尔伯特：《欧洲时代的终结：1890 年至今》，304 页。

② 参见上书，217～218、306 页。

③ 参见克雷格和乔治：《武力与治国方略》，119 页。

④ 参见希尔格鲁贝尔：《德国与两次世界大战》，60 页。

⑤ 参见夏伊勒：《第三帝国的兴亡》，708 页。

⑥ 参见奥康奈尔：《武器和人》，270 页。

心的衰落和侧翼大国的兴盛这一历史趋势由此得到了极有力的加速推进，因为在第二次世界大战标志的新的战争革命之外是整个世界范围的国际权势对比革命。“美国在扭转战局使之不利于希特勒方面所作的巨大努力导致世界权势改而偏向西半球，俄国在欧亚大陆的优势则是另一个激荡全局的划时代结果。”① 像先前历史上几番出现的那样，外部新力量突入旧欧洲，决定性地挫败了单独一国称霸全欧的企图，但这次是在前所未见的最巨大规模上，而且一劳永逸地结束了欧洲在世界政治中的最显赫地位，尽管经过前一次世界大战，这地位已在很大程度上仅是表面的了。

塑造世界权势新格局的头一个关键因素是富兰克林·罗斯福总统逐渐改变美国的孤立主义态势，使之成为反法西斯国家的后盾，以致最终加入世界反法西斯战争。大体来说，在 1937 年以前，罗斯福对欧亚两洲法西斯势力兴起及其侵略扩张几乎完全持消极无为态度，其原因除了美国国内孤立主义情绪异常普遍和强烈外，主要在于经济大萧条驱使他将注意力集中在国内救济和复兴方面，同时他多少像当时西方民主制国家大多数国民一样，由于对第一次世界大战惨祸栩栩如生的记忆而厌恶和恐惧战争，担心过深地介入欧洲大陆的国际政治会使美国被拖入战火。然而，对法西斯主义的强烈憎恶，连同对其挑战包含的地缘政治和意识形态双重祸害越来越敏锐的意识，促使罗斯福开始转向，其标志是他 1937 年 10 月 5 日在芝加哥发表的著名的“检疫隔离”演说。在这篇被称为开始了对美国公众的教育过程的演说中，他提出用“隔离病人以保护社区健康”这含义不清的办法②来对待他毫不含糊地称之为“世界无法无天之瘟疫”的法西斯国家。尽管此项初次尝试因遭到孤立主义势力非常广泛和激烈的指责而全无效果，也尽管罗斯福多半由于顾虑这严重的国内制约，对德奥合并和苏台德危机采取了软弱不堪的姑息立场，但他毕竟成功地使美国国会同意大规模扩充海空军备，而且他仍然像他私下说的那样，希望终究能使美国人民认识到只顾独善其身的孤立主义会加剧战争危险。③

慕尼黑协定大概是罗斯福态度的真正转折点，因为自此往后可以看到他义无反顾地步步在政治乃至军事上支持与法西斯对立的国家，同时越来越成功地

---

① B. H. 利德尔·哈特：《战略论》(B. H. Liddell Hart, *Strategy*)，第 2 修订版，237 页，纽约，1967。

② 保罗·肯尼迪认为，“隔离”透露出罗斯福欲以经济制裁反对法西斯国家。参见肯尼迪：《大国的兴衰》，330～331 页。

③ 参见塞利格·阿德勒：《孤立主义冲动》(Selig Adler, *The Isolationist Impulse*)，244～245 页，纽约，1957。

推动和引导美国舆论朝他希望的方向转变。就这后一方面而言，他的成就在西方民主制国家历史上无疑是出类拔萃甚至首屈一指的，表现了大政治家的一种根本才能。基辛格就此写道："一位在大动荡时期里将自己局限于民众经验的领导人，是以遭受其权利被他漠视的后代人的谴责为代价去换取一时的众望的。伟大的领导人必须是个教育者，贯通他自己的远见与一般俗见之间的鸿沟。然而，他也必须愿意独自前行，使其社会能够追随他选择的道路。"① 罗斯福的最大历史功绩，或许就在于说服了具有根深蒂固的孤立主义传统和自我安全感的美利坚民族，使之转变为世界法西斯势力的一大克星。慕尼黑协定签署不到一个月，他不指名地公开谴责蓄意以侵略战争或其威胁为政策工具的国家。两个多月后，他又公开点明这样的国家正是德国、日本和意大利。紧随纳粹鲸吞捷克斯洛伐克，他首次宣布对小国的侵略构成对美国安全的威胁，并且开始与英国进行旨在其所有舰队能够集中用于大西洋的海军战略合作。接着，他在英法对德宣战后迅即提出新中立法案，并且成功地使国会予以通过，这两个国家据此可用"现购自运"（现金购买，自行运输）的方式从美国得到战争物资供应。

1940 年夏法国沦陷前后，罗斯福政府对美国前途和应取得政策进行了战略哲学性质的重新思考，其中心问题是欧亚大陆倘若被轴心国统治，美国能否保住自己基本的政治、经济和安全利益。政府内部的一系列讨论确定，如果出现这样的局面，美国和西半球经济就须按照与自由贸易原则格格不入的完全的区域集团方式重新构造，对国内生产和交换的政府干预将加大到足以破坏自由企业制度的地步，而对外来威胁和内部颠覆的无休止的戒备很可能最终导致个人自由权丧失殆尽。② 不仅如此，美国的军事安全经不起让希特勒占有整个中西欧的资源，接管英法两国的舰队，或者取得近东和高加索的油田或乌克兰产粮区。"时间不一定对美国有利，除非德国的敌人将继续与之搏斗，损耗其能量，加剧纳粹吸取其控制下的新资源的困难。"③ 这一套根本性的估计促成了美国干预努力的急剧升级：从美英之间著名的驱逐舰换基地交易到使美国成为反法西斯国家兵工厂的《租借法案》，再到美国海军奉命摧毁在美国径自划定、占大西洋三

① 基辛格：《外交》，282 页。

② 罗斯福本人当时说道："此等含意的逻辑将导致我们采取一种行动方针，它将使我们的生产者、消费者、对外贸易者以至最后整个国家服从一种极权主义制度的严密管辖。因为，要想象我们能够在对外贸易被极权主义控制的同时使我们的国内经济免受极权主义管辖，那是幼稚可笑的。"他还说，美国不能变成"一个由武力哲学支配的世界上的孤岛"。参见一部杰作——梅尔文・莱夫勒：《权力优势：国家安全、杜鲁门政府和冷战》（Melvyn P. Leffler, *A Preponderance of Power: National Security, the Truman Administration, and the Cold War*），21～22 页，加利福尼亚州斯坦福，1991。

③ 同上书，22 页。

分之二的巡航区内的所有德国潜艇。三个月后，“珍珠港事件”爆发，美国终于参加欧亚反法西斯战争，并且因此跨入世界舞台中心。

法国沦陷后英国坚持对德作战的一项根本原因，在于指望美国最终会与之并肩作战，或者用极为坚决一贯地反对和抗击纳粹的丘吉尔的话说，期盼“在上帝选定的时候，新世界以其全部力量来拯救和解放旧世界”①。“珍珠港事件”的消息对他来说实为最大喜讯。他凭着对国际实力对比和美国民族性格的深刻理解，毫不犹豫地断定希特勒及其盟友的败亡命运已定，“从此以后要做的仅仅是恰当地运用压倒一切的武力”②。在英苏两大对德作战国家之外，美国建立在首屈一指的生产力基础上的巨大军事实力构成这武力的一个主要部分。多半由于美国造船业的爆发性的扩充，盟国在战争前期虽然因德国潜艇战而丧失了1 000多万吨远洋商船，但仍能得到更多的新船来从事至关紧要的跨大西洋物资运输。1942至1945年美国共生产近28万架飞机，而同期内德国的飞机生产量不足9万架。1943年间，美德两国的武器生产量按价值计算近乎三比一。③ 美国爆发性的物质力量增长还表现在它与昔日世界首强英国的比较上面：1940年美国武器生产量不到英国的一半，而到1944年时已激增到英国的近乎4倍。④美国的实力优势如此显著，以致其战略规划部门在大战正酣之际就判断：战后头等军事强国将只剩美苏两家，原因在于“地理位置和幅员与巨大的军事供应潜力的结合”⑤。

在美英军事合作中，美国的优势地位是决定盟国战略的最重要因素。出于经济规模的相对狭小、随人口有限而来的兵员拮据以及对重蹈第一次世界大战期间堑壕战的担忧，英国主张依靠“间接战略”即空中轰炸、海上封锁和在德占区外围的机动作战最大程度地削弱敌人，然后再发动横渡英吉利海峡的登陆进攻，作为对已在崩溃过程中的德国的最后扫荡。恢复和扩大殖民地与势力范围以及防止苏军过度西进的政治盘算进一步加强了这一战略倾向。与此相反，

---

① 马丁·吉尔伯特：《丘吉尔传》(Martin Gilbert，*Churchill：A Life*)，656页，纽约，1991。

② 温斯顿·丘吉尔：《第二次世界大战》，第4卷，《大同盟》(Winston S. Churchill，*The Second World War*，V. 4：*The Grand Alliance*)，607～608页，波士顿，1949。丘吉尔在此引用20世纪初的英国外交大臣格雷多年前对他讲的一句话：美国犹如“一座巨型锅炉，一旦在下面点火，它能产生的动力无穷无尽”。

③ 参见肯尼迪：《大国的兴衰》，353～355页。

④ 参见埃利奥特·科恩：《丘吉尔与第二次世界大战中的联盟战略》，见肯尼迪编：《战争与和平的大战略》，46页。

⑤ 莫里斯·马特洛夫：《联盟战争的战略规划（1943至1944年）》(Maurice Matloff，*Strategic Planning for Coalition Warfare*，*1943—1944*)，523～524页，华盛顿特区，1959。

美国的军事和战略文化传统①，连同罗斯福关于坚持“欧洲第一”原则和维持与苏合作的政治考虑，导致它强烈地倾向于集中优势兵力迎头打击德军主力，力求在尽可能最短时间内结束战争②。由于主要由德国潜艇战等因素造成的运输困难和后勤障碍，加上对德作战的英军暂时显著超过美军这一事实给英国提供的较大发言分量，反映美国人对自己巨大资源的信心的正面进攻战略一度未能实施，而由北非战役体现的英国外围战略赢得了美英战略争论的第一个回合。然而，1943 年初开始，随美国大规模战争动员和巨量军工生产的影响愈益加强，英国在战略决策方面的优势显著缩小，以致这一年内的盟国战略被恰当地称为美英各自战略意向之间的折中。③ 众所周知，在这年年底的德黑兰会议上，斯大林由罗斯福支持，促使丘吉尔不得不收回盟军分兵巴尔干的主张，承诺与美国一起不拖延地全力发动横渡海峡战役。这项作为第二次世界大战后两极世界之最初征兆④的事态，与对德战争最后阶段里丘吉尔因美方坚决拒绝而未能实现旨在阻截苏军西进的战略主张⑤一样，根本上是由差距越来越大的美英力量对比决定的。“英国太依赖美国的援助，归根结底必须遵从美国的权势。特别是在面对美苏一致的情况下，丘吉尔只得默认。”⑥

美国的优势地位不仅表现在盟国战略决策方面，也贯穿于盟国战时外交，对英国来说尤其如此。罗斯福的国际观主要是威尔逊主义的。在他看来，第一次世界大战中协约国外交的最大错误，就在于通过各种秘密协议谋求领土扩张和势力范围。领土扩张违背有关国家人民意愿，秘密协议使战后和会无法达成能保证持久和平与国际公正的安排，势力范围导致大国对峙和战争危险。唯一

---

① 关于这一传统，参见科林·格雷：《核时代的美国战略（1945 至 1991 年）》，见默里等编：《缔造战略：统治者、国家与战争》，618～628；埃利奥特·科恩：《幼稚天真的战略：美国（1920 至 1945 年）》，见默里等编：《缔造战略：统治者、国家与战争》，493～494 页。

② 参见莫里斯·马特洛夫：《盟国在欧洲的战略（1939 至 1945 年）》（Maurice Matloff，“Allied Strategy in Europe，1939—1945”），见帕瑞特编：《现代战略的缔造者》，684～685 页；时殷弘：《美苏从合作到冷战》，47～49、56 页，北京，华夏出版社，1988。

③ 美国虽然同意攻打西西里和亚平宁半岛，但“由马歇尔将军作为头号发言人的美国人逐渐朝限制地中海推进的方向取得进展，越来越成功地使之指向西方而非东方，将它与明白无误的跨海峡战役（‘霸王’战役）直接联系起来，奋力返回一个观念，即在欧洲大陆进行一场集中兵力的大规模战争”。参见马特洛夫：《盟国在欧洲的战略（1939 至 1945 年）》，见帕瑞特编：《现代战略的缔造者》，688 页。

④ 参见贝尔特·齐曼：《英国与冷战：一种替代性眼界》（Bert Zeeman，“Britain and the Cold War”），载《欧洲史季刊》（*European History Quarterly*），第 16 卷（1986 年），346 页；肯尼迪：《大国的兴衰》，347 页。

⑤ 即英美盟军抢先攻占柏林和拒不撤至三大国事先商定的德国分区占领线以西。

⑥ 阿尔布雷西-卡里埃：《维也纳会议往后的欧洲外交史》，584 页；马特洛夫：《盟国在欧洲的战略（1939 至 1945 年）》，见帕瑞特编：《现代战略的缔造者》，694～695、699～700 页。

能保护和平与公正的是自决原则和真正有效的世界性国际组织。① 他领导美国参战不是要用美国的力量来恢复被破坏了的旧式欧洲均势，而是要为建立威尔逊式的新国际秩序剪除障碍。对他来说，自由国际主义旗帜不仅代表了他的理想和基本政策方向，而且出于使美国公众支持并大力从事反法西斯战争的绝对必需。“在把握本国人民的心理方面，极少有美国总统像富兰克林·德拉诺·罗斯福那般颖悟敏感……他知道要将他们带入一场战争，就需要像威尔逊做过的那样诉诸于他们的理想主义。”② 在规定盟国战争目的方面，美国的对英优势非常显著。1941 年 8 月在纽芬兰附近海面的军舰上，罗斯福和丘吉尔签署关于盟国战争目的或战后世界秩序愿望的最重要宣言——《大西洋宪章》。它贯穿着由威尔逊提倡过的自决原则，加上同属威尔逊主义理想的自由贸易和裁减军备原则，而这些与信仰传统权势政治（尤其是均势政策）的丘吉尔实际上格格不入。③ 特别使丘吉尔恼火但不能不忍让的是，罗斯福从一开始就认为《大西洋宪章》的自决原则不仅适用于被纳粹占领的国家，而且适用于全世界所有殖民地，包括大英帝国的殖民地。丘吉尔所能做的，不外乎事后单方面对议会宣称英帝国不受宪章的影响。④ 盟国战时外交方面的美国优势还突出地表现在东欧问题上。罗斯福政府从主张自决、反对秘密外交的立场出发，一再主张将有关战后安排的问题（主要是苏联在东欧的领土要求和政治要求）延宕到战后和会解决，反对英苏两国在欧洲划分势力范围。这么一种态度，连同据此所作的外交干预，使 1941 和 1942 年英苏之间就苏联战后西部边界进行交易的尝试几度受挫；它们还导致丘吉尔和斯大林只能以极端秘密和完全非正式的方式，达成在巴尔干划分势力范围的“百分比协议”。⑤

---

① 参见时殷弘：《美苏从合作到冷战》，6～7、10 页。

② 基辛格：《外交》，390 页。

③ 关于丘吉尔的国际政治思想，见肯尼思·汤普逊：《丘吉尔的世界观》（Kenneth W. Thompson, *Winston Churchill's World View*），巴吞鲁日，1983。

④ 参见威廉·路易斯：《处于困境的帝国主义：美国与英帝国非殖民化问题（1941 至 1945 年）》（William R. Louis, *Imperialism at Bay: The United States and the Decolonization of the British Empire, 1941—1945*），121 页，纽约，1978；威廉·麦克尼尔：《美国、英国和俄国：它们的合作与冲突（1941 至 1946 年）》（William H. McNeill, *America, Britain and Russia: Their Cooperation and Conflict, 1941—1946*），41 页，伦敦，1953。

⑤ 参见时殷弘：《美苏从合作到冷战》，7～8、61～63、72～74 页。美国对英国的优势还表现在对待 1944 年华沙地下军起义、对待戴高乐自由法国运动和达成关于远东的雅尔塔秘密协定等问题上。参见科恩：《丘吉尔与第二次世界大战中的联盟战略》，见肯尼迪编：《战争与和平的大战略》，56、60～61 页；丘吉尔：《第二次世界大战》，第 6 卷，《胜利与悲剧》（*Triumph and Tragedy*），333～335 页，波士顿，1953。

丘吉尔在大战期间最重视的工作之一，就是亲自起草他发给罗斯福的近千份电函。他曾说："没有哪个情人像我对罗斯福总统那样揣摩他的情妇的每一项兴致和念头。"① 这确实是以实力之巨大差异为背景的美英"尊卑"关系的写照。从更长的时段和更广的范围看，两次世界大战在促成其他重大变更的同时，决定性地加速了两大趋势："第一在于既为和平目的也为军事目的利用（并且加强）总是巨大的北美大陆潜力，第二在于通过将欧洲列强有限的资源过多地转用于军备，也即转用于互相毁伤的战争来削弱它们的经济。"② 到第二次世界大战结束时，美国对于欧洲（以及在欧洲）的优势已极为显著地确立起来。

第二次世界大战与美国东亚太平洋优势的确立

在东半球的与欧洲相对的另一头，第二次世界大战造就了类似的结果，即美国在东亚和太平洋的优势终告确立，这与第一次世界大战在该区域的国际政治效应颇为不同。就东亚太平洋范围而言，日本是第一次世界大战的最大受益者，因为它趁大战提供的地缘政治和战略便利有力地排挤了其余列强的势力。一位日本内阁大臣在甲午战争过后不久就预言，难以避免的未来欧洲大战将让日本获得令人敬畏的权势，从而"一举实现东方的公平调整"③。近30年后的实况的确如此：英法俄德在欧洲全力厮杀，很难兼顾各自在东亚的利益；美国虽然暂未卷入战火，但由于欧洲列强无力东顾而失去了制衡日本的必要助力。一时间，东亚的帝国主义均势倾覆，日本获得了争取独霸的机会。

外务省和军部预料协约国最终将获胜，因而很快决定以履行1902年缔结的英日同盟为借口，加入协约国一边对德作战。在分别以威胁和利诱从主要当事者——英国和中国袁世凯政府获得同意后，日本发兵攻占胶州湾德国租借地，并且在此过程中非法占领胶济铁路全线，企图持久霸占之。④ 日本还在太平洋上轻而易举地夺取了德国无力防守的马里亚纳、加罗林和马绍尔三个群岛。随后，日本向袁世凯提出臭名昭著的"二十一条"。在这套以独霸中国、奴役中国为宗旨的要求中，第一至第四部分主要涉及将山东变为日本独控的势力范围，将南

---

① 科恩：《丘吉尔与第二次世界大战中的联盟战略》，见肯尼迪编：《战争与和平的大战略》，52页。

② 保罗·肯尼迪：《当今和未来的美国大战略：学习欧洲经验》，见肯尼迪编：《战争与和平的大战略》，172页。

③ 江文汉：《国际社会中的"文明"标准》（Gerrit W. Gong，*The Standard of "Civilization" in International Society*），191页，牛津，1984。

④ 参见丁名楠等：《帝国主义侵华史》，第2卷，457、460～468页，北京，人民出版社，1986；K.M.潘尼迦：《亚洲与西方统治》（K.M. Panikkar，*Asia and Western Dominance*），212、221～222页，伦敦，1969。

满和内蒙东部变为事实上的日本殖民地，而第五即最后一部分是要全面控制中国政府，并且建立涉及闽粤鄂赣浙五省的日本在华又一大势力范围。[①] 在欧美列强中，英美两国在华利益受到“二十一条”影响最大，干预能力也强于其他国家，因而是袁世凯对日交涉的依靠。但是，英国毕竟深陷于欧战，美国也碍于军力不足和缺乏斗志，它们的外交态势之软弱达到了实可称为牺牲中国的地步。结果，袁世凯政府在日本最后通牒之下，签约接受“二十一条”中的第一至第四部分。“有如德国那样充满了一触即发的动力，日本相信自己能在尚未达到权势饱和度的亚洲广大地区，取得德意志帝国在欧洲狭窄范围内未能取得的东西。”[②]

不过，日本权势扩展好景不长。总的来看，在第一次世界大战爆发到“珍珠港事件”的近30年里，主要由于美日两国势力和权势的显著增长，东亚国际政治从前此欧美日列强大体上互相制约的状态，转变成以美日两国间争斗为主的状态。这个时期的第一阶段可称为日本优势下的美日竞争，美国的竞争努力差不多总是以对日本扩张的退让、对中国权益的出卖和对自身原则的背弃而告终，这在巴黎会议处理山东问题上达到了顶点。随后，以美日争斗为轴心的东亚国际政治进入其第二阶段，它主要由1921年底召开的华盛顿会议构成，其结果是日本权势受挫。威尔逊就山东问题对日本强权的退让在美国舆论中引起了强烈的愤怒，后者原先期望按照自由国际主义原则安排战后世界；美日竞相扩充海军军备，这促使美国将抑制日本当做保证战略安全的必要前提；德国战败和俄国因国内剧变而暂时退出在东方的大国竞争，因而它们原先的对手英法两国远不需要像战前和战时那样迁就和支持日本。所有这些因素，加上美国由于参加世界大战而来的武力和威望剧增，从根本上决定了美国采取新的对日态度。用美国国务院远东司司长的话说，这新态度就是“恢复已被日本扩张进程如此危险地倾覆了的远东平衡”[③]。

华盛顿会议召开以前许久，美国新的共和党行政当局就在英日同盟续订、海军造舰计划、西伯利亚驻军和日本占领萨哈林岛北部等一系列问题上显示出对日强硬。[④] 华盛顿会议上，美国对日本的政策获得了很大成功：《四国公约》确定取消英日同盟；《五国海军协定》为日本规定了它力图拒绝的、几乎只及美英两国各自一半的战舰吨位比例；《九国公约》宣告维护中国独立、主权、领土

---

① 参见丁名楠等：《帝国主义侵华史》，第2卷，472～474页。

② 德约：《不牢靠的平衡》，250页。

③ 入江昭：《帝国主义之后：寻求远东新秩序（1921—1931年）》（Akira Iriye，*After Imperialism：The Search for A New Order in the Far East，1921—1931*），14页，纽约，1978。

④ 参见上书，14～15页；雷诺万：《大战及其后（1914至1929年）》，287～288页。

和行政完整，在中国实行门户开放和各国机会均等的原则，日本的“二十一条”由此实际上被宣告非法。不仅如此，日本还在美国压力下与中国缔结《解决山东悬案条约》，将日军撤出山东，胶州租借地交还中国。日本多有退让的原因既在于华盛顿会议上它处于完全孤立的境地，也在于日本政界内主张审时度势地依靠和平的经济扩张而非军事帝国主义的一派暂时占了上风，而这两点很大程度上都是“美国权势及其意识形态的产物”①。

华盛顿会议确定的大国间格局和行为规范，加上它仍在维持的列强对华歧视和压迫（特别是关税控制和领事裁判权），构成了一个新旧相兼的东亚国际秩序——“华盛顿体系”。这个体系的权势关系基础实际上主要是美日均势。美日均势的前提一是日本被约束及其自我约束，二是美国政府愿意并有能力在东亚维持足够的介入和进行有效的干预。到“九一八事变”爆发时，这两个前提基本上已不再存在，东亚国际政治由此进入了第一次世界大战爆发往后的第三阶段，即日本武装侵略浪潮兴起并最终导致美日全面冲突。美国对日本推翻华盛顿体系的反应过程的一个主要特点，在于大约七八年内始终贯穿着观望与干预、姑息与抗争的两重性，而且观望和姑息更为显著。“九一八事变”爆发后，美国政府持消极态度，国务卿亨利·史汀生幻想日本文官内阁能约束军部，希望国联出面解决中日争端。日本对中国东北的侵略的不断扩大终于导致史汀生谴责和警告日本，并且公开声明美国不承认由着侵略导致的任何损害中国主权和领土完整的事态具有合法性。在美国的干预仅限于言辞的情况下，这一“不承认主义”的实际阻遏作用微乎其微，但它毕竟明确地反对日本武力侵占，同时保留了美国以后进一步干预的权利。② 罗斯福政府在其1933年开始的第一任期内，由于随全力应付大萧条而来的极端内向，加上对日本文职政治家有机会扭转国策怀抱的旧幻想，对日政策极为软弱，以致在涉及中日关系的几乎所有问题上都谨小慎微，唯恐冒犯日本。

1937年，罗斯福开始了他的第二个总统任期，日本则发动了全面侵华战争。大致从此往后，美国逐渐趋向抗日。诚然，美国政策的变化不是直线式的，国务卿科德尔·赫尔就“卢沟桥事变”发表的软弱无力的声明，连同美国在《九国公约》成员国会议上的无所作为，表明罗斯福政府没有放弃姑息政策。然而另一方面，罗斯福毕竟发表了前述“检疫隔离”演说，他的政府毕竟实行了针

① 入江昭：《太平洋两岸的疏离》，232～233页。

② 参见陶文钊：《中美关系史（1911—1950）》，140～151页，重庆，重庆出版社，1993；克里斯托弗·索恩：《对外政策的限度：西方、国联和1931至1933年的远东危机》（Christopher Thorne, *The Limits of Foreign Policy: The West, the League and the Far East Crisis of 1931—1933*），纽约，1973。

对日本侵华战争暴行的“道义禁运”。特别关键的变化发生在美国决策者对日本的认识方面：罗斯福和赫尔已将日本视为“被统治之梦陶醉”，“公开和毫无廉耻地充当一个掠夺成性的民族”，力图与纳粹德国一起将世界拖回野蛮黑暗的中世纪。[①] 1938 年底到 1940 年初，美国政府三次以贷款方式实际援助中国抗日，这与它先前关于日本侵华的所有政策行为相比无疑是前进了一大步。[②] 此后，美国对日强硬化趋势在世界政治其他重大事态的影响下迅速发展。法国败降和英国抗战，日德意三国结成正式军事同盟，日苏缔结中立条约，日军进占印度支那南部：这一个个重要事件决定了美国的对日和对华政策。[③] 其中最具关键意义的是发生在 1941 年 7 月的上面最后一个事件，它迅即导致美国政府冻结日本在美全部资产，从而实际上断绝了对日贸易，包括停止向日本输送必不可少的石油。正是这一举措，促使日本做出了准备对美、英、荷三国开战的初步决定。[④]

“珍珠港事件”开始了美日之间的全面大冲突，其结局是日本在美国与其盟国的打击下被彻底征服，美国确立起在东亚太平洋地区的优势。它与美国在欧洲的至高地位结合在一起，连同作为这两者的基础的、难以攀比的美国经济和军事实力（包括以日本为投掷目标的原子弹），使美国在第二次世界大战结束时拥有决不亚于 130 年前英国所有的那种巨大的世界优势。在这优势激励下，美国政府内外洋溢着全球霸权情绪。“对许多官员、企业家和评论家来说，战争胜利证实了美国价值观——个人自由、代议政府、自由企业、私有财产以及市场经济的优越性。有了他们本国的压倒性的权势，他们现在期望按照美国的面貌重新塑造世界，开创一个美国世纪。”[⑤]

第五节　苏联权势的形成和兴盛

国力极端羸弱情况下的苏俄对外政策

苏联力量的勃发是第二次世界大战的又一重大结果，它与美国优势的确立

---

① 参见迈克尔·亨特（韩德）：《意识形态与美国对外政策》（Michael H. Hunt，*Ideology and U. S. Foreign Policy*），145 页，纽黑文，1987。

② 参见迈克尔·沙勒：《美国十字军在中国（1938 至 1945 年）》（Michael Schaller，*The U. S. Crusade in China，1938—1945*），第 2 章，纽约，1979；任东来：《围绕美国贷款展开的中美外交》，载《南京大学学报》，1990（5～6）。

③ 参见陶文钊：《中美关系史（1911—1950）》，221～230 页。

④ 参见阿尔布雷西-卡里埃：《维也纳会议往后的欧洲外交史》，567 页。

⑤ 莱夫勒：《权力优势：国家安全、杜鲁门政府和冷战》，3 页。

一起，完成了19世纪开始世界政治构造的一项基本变更，即传统中心的衰落和侧翼大国的兴盛。撇开国内政治经济体制和意识形态的某些差异而专就对外权势而言，苏联的全部历史无可争辩的是沙俄历史的延续，再现了沙俄权势的基本特征，即俄国的强盛总是与俄国的虚弱并存，因而其权势难免随大起而后大落。如此的特征，连同给俄苏历史的绝大多数浏览者留有深刻印象的领土扩张和倚重武力，概而言之是由地缘政治、民族心理和文化以及关乎国家内部性质的制度因素决定的。[①] 对于第二次世界大战结束以前的苏联来说，关于这基本特征的陈述应当反过来，即强盛孕育于羸弱之中，俄国权势将在急剧跌落之后重新崛起，最终以飙升的势头成为美国权势之外仅有的头等国际政治势力。

十月革命后的苏俄，其羸弱可谓达到极端。在大国中间，俄国遭受第一次世界大战的损伤最严重，而且接着还经历了破坏性极大的内战浩劫。20世纪20年代开始时，俄国人口比战前锐减4 000万，其制造业产出减少八成以上（铁矿石、生铁、钢等关键性产品的产量甚至不及战前的二十分之一），粮食产量不到战前一半，人均国民收入减少60%以上。[②] 鉴于新生的布尔什维克政权几年内缺乏牢固地控制整个俄国的能力，因而政权的羸弱远甚于这些数字显示的国家的羸弱。

然而，在十月革命后至少四个月时间里，苏俄奉行一种不仅远超出其能力所及而且很不符合外部实际的革命外交。这种外交有其理论思想由来，那就是尚待苏维埃国家的未来实践经验予以补充和修改的马克思主义世界政治观。按照经典的马克思主义，人的主要社会属性是人的阶级性，而不是其民族性，后者随着资本主义和世界市场的发展愈益失去其原有意义，尤其是“现代的工业劳动……使无产者失去了任何民族性”[③]；历史的真正动力是体现生产力和生产关系之矛盾的阶级斗争，而非任何其他因素，包括民族或其国家间的冲突；无产阶级革命本质上是两大国际阶级之间对抗的结果，它“将在所有文明国家同

---

① 两位学者如此概述了这中间的某些要素：“在俄国和苏联的历史上，领土完全问题非常突出。与欧洲国际体系内的其他强国相比，俄罗斯帝国在获取周边领土方面更为成功，然而它也遭到更经常、更具毁坏性的入侵。在西欧，英国、法国和西班牙的边界确立于现代早期，而且尽管经历了多次战争仍保存下来，但俄国、德意志各邦以及夹在它们中间的各较小国家和民族之间的相互作用却有很大流动性。在适应这一安全环境的过程中形成的国家，是组织起来依靠攫取更多领土和人口而非依靠改善其现有资产的效能来加强其权势的国家。它还是个拥有庞大的军事机器的国家，因而能对社会实行专制统治”。参见丹尼尔·德内和约翰·伊肯伯里：《苏联变更的国际根源》（Daniel Deudney and G. John Ikenberry, “The International Sources of the Soviet Change”），载《国际安全》（*International Security*），第16卷，1991/92年冬季，91～92页。

② 参见肯尼迪：《大国的兴衰》，321页。

③ 参见《共产党宣言》第一部分“资产者和无产者”，《马克思恩格斯选集》，2版，第1卷，272～284页，引语见283页，北京，人民出版社，1995。

时发生”[1]；反之，单独一个国家内的革命如果不迅速成为国际的，就将被包围它的国际资产阶级摧毁，因此无产阶级“必须不断革命……直至不仅在一国、而且在世界所有主要国家夺得国家政权”[2]。诞生于十月革命的最重要政治宣言——列宁起草的1917年11月8日《和平法令》就体现了这些观点。它诉诸各交战国人民，特别是英、法、德三国的觉悟工人而非他们的政府，要求按照民族（即人民）自决原则缔结公正的或民主的和平，宣布以公开的人民外交取代秘密外交，号召欧洲各大国工人以无产阶级革命斗争实现国际和平和被剥削群众的解放。[3]

尤其受世界政治观和激情支配，布尔什维克革命外交的一大特征是否定传统的国际法。沙俄和临时政府签订的国际条约和协定（包括借款协定）被宣布无效，用首任外交人民委员托洛茨基的话说，“对我们而言只存在一种条约，它们虽不成文但不可侵犯，那就是无产阶级国际团结的条约”[4]。传统外交及其惯例也遭到同样的对待：托洛茨基上任时说了一句名言——“我将向各国人民发布几项革命宣言，然后关门大吉”，而他率团与德国人进行《布列斯特和约》谈判期间，拒不遵循任何传统外交礼节，而且这只是苏俄当时在这方面一个被人谈论得最多的例子而已。[5] 布尔什维克政权当时最期望、而且尽可能予以鼓动的是欧洲各国的无产阶级革命，外加作为欧洲革命的援助力的殖民地解放斗争。一方面，他们尚不能想象俄国可以在世界资本主义包围中单独建设社会主义；另一方面，第一次世界大战末期在中欧和东欧有着基于大众普遍严重不满的社会动荡和冲突，它们似乎让人有理由推断革命将在一批国家同时爆发并取得胜利。[6]

---

① 恩格斯语，引自阿姆斯特朗：《革命和世界秩序：国际社会中的革命国家》，123页。

② 马克思语，引自上书，123～124页。

③ 参见《列宁选集》，3版，第3卷，340～347页，北京，人民出版社，1995。正如一位研究者所说，布尔什维克在其掌权的最初几个月的大部分对外言行都表明，“他们是作为一个世界性阶级的代表对这个阶级的其他成员讲话，而不是作为一个政府对其他政府讲话；他们将自己在其内活动的社会环境视为一个跨国的大共同体，而非由各个国家组成的国际社会”。参见阿姆斯特朗：《革命和世界秩序：国际社会中的革命国家》，134页。

④ E. H. 卡尔：《布尔什维克革命（1917至1923年）》（E. H. Carr，*The Bolshevik Revolution，1917—1923*），第3卷，26页，米德塞克斯郡哈蒙兹沃思，1971。

⑤ 参见克雷格和乔治：《武力与治国方略》，112～113页。

⑥ 参见特奥多雷·冯·劳埃：《苏维埃外交：外交人民委员齐契林（1918至1930年）》（Theodore H. von Laue，“Soviet Diplomacy：G. V. Chicherin，People's Commissar for Foreign Affairs，1918—1930”），见克雷格和吉尔伯特合编：《外交家（1919至1939年）》，第1卷，236页；吉尔伯特：《欧洲时代的终结：1890年至今》，200—201页。不仅如此，对自身眼前羸弱的强烈意识也促使他们企盼和鼓动世界革命，指望由此获得被认为是苏俄生存和巩固所必需的外部条件。

然而，新社会的创设毕竟是在以冷酷的国际力量对比为首要特征的客观环境中进行的。“将意识形态期望同冷酷的现实调和起来，是摆在新社会面前的一项基本任务。它从未比在革命的俄国更紧要，在那里更经常的是必要性规定所采取的方向。”① 列宁最早也最清楚地认识到这一点。十月革命后两个月，他就强调“从社会主义政府在一个国家里获得胜利的时候起，解决各种问题时就……只能从发展和巩固已经开始的社会主义革命的最有利的条件出发”；苏俄政策的中心问题应当是“如何才能更加稳妥可靠地保证社会主义革命在一个国家能够巩固起来”②。众所周知，正是由于列宁的政治清醒和坚定，苏俄才以割地赔款的《布列斯特和约》换取了生存和喘息。在关于是否缔结这一和约的非常激烈的党内争论中，列宁对于“左派共产主义者”和托洛茨基的胜利具有重大历史意义，它不仅拯救了新生政权，而且在一定意义上确定了苏俄未来发展的根本方向。③ 当然，意识形态激情的过度影响不那么容易消除。1920 年，相信并宣称可以用刺刀来输出革命的红军将领屠哈切夫斯基被准许率军进攻华沙，与据信会揭竿而起的波兰工人阶级里应外合。然而，这只是世界革命思想的一番短暂回潮，红军在波兰的败北强化了与苏俄的羸弱相适应、以克服羸弱为目的的对外政策。④ 用列宁的话说，这种政策就是审时度势，不惮妥协，逐步积累力量，“在帝国主义的汪洋大海中保持苏维埃力量这一孤岛”⑤。

利用西方国家间的矛盾和冲突是列宁及其后继者们最重视的一大策略，而德国成了他们在这方面的主要利用对象。《布列斯特和约》缔结不到半年，苏德双方秘密约定德国援助苏俄对白军和协约国干涉军作战，苏俄则正式放弃对拉脱维亚和爱沙尼亚的主权。⑥ 第一次世界大战结束后，苏德这两个同样被打入另

---

① 康多莉扎·赖斯：《苏联战略的缔造》(Condoleezza Rice, “The Making of the Soviet Strategy”)，见彼得·帕瑞特编：《现代战略的缔造者》，648 页。

② 《列宁选集》，3 版，第 3 卷，394 页。早在 1915 年列宁就断言“社会主义可能首先在少数甚至在单独一个资本主义国家内获得胜利”。(参见《列宁选集》，3 版，第 2 卷，554 页，北京，人民出版社，1995。)但是，这一论断并不等于说社会主义可以在单独一个国家内得到巩固并经久存在。

③ “保护社会主义在俄国国内的现存成果，而不去搞世界范围的革命——这是早期布尔什维克所做的最重要的一项决定。”(赖斯：《苏联战略的缔造》，见帕瑞特编：《现代战略的缔造者》，649 页。)

④ 参见上书，652～653 页；康多莉扎·赖斯：《苏联大战略的演变》(Condoleezzza Rice, “The Evolution of Soviet Grand Strategy”)，见肯尼迪编：《战争与和平的大战略》，148～149 页；劳埃：《苏维埃外交：外交人民委员齐契林（1918 至 1930 年）》，见克雷格和吉尔伯特合编：《外交家（1919 至 1939 年）》，第 1 卷，279 页。

⑤ 阿姆斯特朗：《革命和世界秩序：国际社会中的革命国家》，138 页。

⑥ 参见雷诺万：《大战及其后（1914 至 1929 年）》，97～98 页。

册的国家以缔结《拉巴洛条约》为开端，实际上结成了一种战略伙伴关系。[①] 对于德国以外的欧洲大国，苏联也谋求与之建立外交关系。在这方面，列宁提出的作为帝国主义时代周期性战争之间的间歇和国际阶级斗争特殊形式的和平共处，提供了理论依据和指导原则，而英国工党和法国激进党这样的政坛左翼上台，则提供了有利的客观条件。到1924年底，所有欧洲大国都已经承认了苏联。与此相关，苏维埃政权对待传统外交的态度发生了显著变化。1922年，它以派团参加热那亚国际经济会议的方式，在欧洲外交舞台首次正式亮相。"苏俄代表身着礼服大衣和条纹料长裤，言行举止完全符合外交官规范……自此往后，苏维埃外交官便以一丝不苟地严守外交礼节而著称。"[②] 与列宁用于国内的"新经济政策"相对应，苏联政府以一种比较开放的心态，建立并发展同西方国家的贸易、技术甚至文化往来。到1930年，在苏联不少关键性工业部门的新增生产能力中，80%以上是利用西方投资和技术的结果。[③] 对周边国家的政策也显现出讲求实际的特征：在西面，苏联同各邻国（波兰和罗马尼亚除外）建立了保证外敌不经其领土进攻苏联的条约关系；在西南和东南面，它宣布放弃沙俄时代在邻国获取的特权[④]和支持其政府（包括君主制政府）的民族自主要求，以此削弱西方大国的影响。对外政策的变化甚至在它与共产国际的关系中也表现出来：1919年成立的这个国际共运组织从位于莫斯科的总部，对各国共产党进行路线方针甚或组织人事上的控制，以便保证贯彻其基本原则，其中之一便是各国共产党须将捍卫和加强苏联当做自己的一项主要任务。

斯大林与苏联国力的剧增

虽然苏联对外政策自缔结《布列斯特和约》起发生了基本变化，但只是到斯大林掌权时期，它才真正完全（或者近乎完全）按照政权和国家的安全需要

---

① "德国人需要一个《凡尔赛和约》的签署者们看不到的地方来搞重新武装，苏联人则需要外国的军事援助。通过联合生产军事装备和派往苏联传授战术和训练的德国教官，这一合作帮助了苏联人。"（赖斯：《苏联战略的缔造》，见帕瑞特编：《现代战略的缔造者》，666页。）

② 劳埃：《苏维埃外交：外交人民委员齐契林（1918至1930年）》，见克雷格和吉尔伯特合编：《外交家（1919至1939年）》，第1卷，240页。

③ 对30年代中期以前苏联同西方国家之间商业、文化和人员往来的较详细叙述，见时殷弘：《促进苏东变革——从设想到政策（1953—1955）》，载《南京大学学报》，1995（3），111～112页。

④ 虽然如此，掌权的布尔什维克仍然谋求维护少数被认为特别重要的沙俄境外利益，包括中国东北中东铁路、庚子赔款内的俄国份额、里海南端捕鱼的权益。在这方面，他们接近于传统的国际权势政治。参见入江昭：《帝国主义之后：寻求远东新秩序（1921—1931年）》，38、42页；劳埃：《苏维埃外交：外交人民委员齐契林（1918至1930年）》，见克雷格和吉尔伯特合编：《外交家（1919至1939年）》，第1卷，267页。

去规定，即按照实际利益而非意识形态理想去规定。这样的对外政策是为经过党内激烈斗争而确立的新的苏联国家目标——“一国建成社会主义”——服务的，而为达到这一目标的国家大战略就是所谓斯大林治国模式，其无情贯彻造就了苏联国力的突飞猛进。就对外政策思想和实践而言，列宁的现实主义仍有其局限性。他从欧洲和世界革命目标的后退，他对外部环境所作的妥协，不过是为了取得一段喘息、巩固和准备所需的时间，以便迎接或促进据认为不太远的将来必然到来的普遍革命。列宁去世后，在党内有很高地位和相当威望的托洛茨基鼓吹他一向持有的“不断革命论”，并且得到曾经批评这一理论的季诺维也夫和加米涅夫等领导成员的支持。托洛茨基的“不断革命论”有一个前提，即社会主义改造的关键是克服千百万小农的抵抗，而工人阶级占人口少数的俄国“只有在国际范围内，即在无产阶级世界革命的舞台上”才能做到这一点。① 因此，托洛茨基认为苏联必须在全世界大力组织和支持革命运动，甚至需要不惜以苏联本身的安全为代价。然而，特别讲求实际的斯大林清醒地认识到，革命浪潮早已退落，而且在相当长时间内不会重新到来。苏联必须也能够在资本主义的包围中独自建成社会主义，使自己强大得足以经受住难以避免的未来战争。思想路线斗争与列宁去世以后关于接班人选的权力斗争交织在一起，到1927年底斯大林已完全战胜托洛茨基及其支持者。

此后不到两年，通过批判、打击先前的政治盟友布哈林和李可夫，斯大林给如何实现“一国建成社会主义”提供了答案，那就是以迅速加强苏联国防力量为直接目的，实行国家急速工业化和农业强制集体化，虽然这样的方针与托洛茨基的治国主张没有多大区别。所有这些使苏联制度和政治文化有了若干重大的难以根除的经久弊端。然而另一方面，也正是斯大林的大战略导致苏联国力剧增。在1928年开始的两个五年计划中，大半由于重工业史无前例的飞速发展，苏联国内生产总值猛增近3倍，工业产量猛增4倍多。在此基础上，国防开支从1930至1938年猛增6倍半，其绝对数额远远超过德国以外的任何国家。② 斯大林使得一个经济和文化水平非常落后的农业国家非常迅速地转变为令世界刮目相看的新兴工业大国，保证了它在第二次世界大战中的生存和胜利，并且由此成为美国之外世界上最强大的国家。可以说，斯大林及其治国模式的功绩和过失难以分离，互为因果。

---

① 见周尚文：《俄共（布）党内托季联盟的出现及其失败》，见朱庭光主编：《外国历史大事集》，现代部分第一分册，198～199页。

② 参见肯尼迪：《大国的兴衰》，296页、299页、323～324页。

苏联的内在虚弱和斯大林的外交

苏联国力突飞猛进，但同时有其严重的内在虚弱，这与谋求安全一起，决定了斯大林的外交。强制性集体化造成农业的大破坏，食物生产量长时期赶不上沙俄时代；工业方面经营权的极端集中和计划的异常刻板导致产品难以更新，生产往往失调；管理干部和专业技术人员严重短缺，经济技术发展需要的创新精神和个人主动性受到非常严重的阻碍。① 难以置信的是，农业以外最虚弱的，竟是被斯大林摆在最优先位置的国防系统。就军事力量而言，"俄国在 30 年代结束时比它在 5 年或 10 年前弱得多，与此同时德国和日本都大大增加了它们的武器生产，并且在变得更具有侵略性"②。

国家的内在虚弱使得斯大林将防止或避免对苏联的战争当做最高国策。对他来说，苏联在与希特勒德国进行一场生死攸关的力量竞赛，在通过最大规模地扩充军备以致比德国强大以前，它处于一个凶兆丛生的"危险时段"。从斯大林的观点看，与德国结成权宜的伙伴关系要比与西方民主制国家这么做更有好处③，但希特勒外交随即开始显示的反苏态度促使斯大林转变方针，谋求建立一个尽可能广泛的国际阵线遏阻德国。1934 年秋苏联加入国联，在其讲坛上外交人民委员李维诺夫成了依靠集体安全来防止和制裁侵略的最坚决、最一贯的呼吁者。④ 不到一年，苏联先后与法国和捷克斯洛伐克缔结了互助盟约。稍后，共产国际第七次代表大会规定了人民阵线方针，各国共产党争取与任何反对法西斯侵略势力的政府、党派和个人合作。然而，苏联的努力没有取得多大实效。英国政府对苏联怀抱顽固的敌意，张伯伦首相任内尤其如此。在这位浅薄卑俗的商人国务家看来，欧洲需要的是一个旨在对付直接或间接的"苏联威胁"的英德法意四国协调，而不是反对德意的联合阵线。在法国方面，对英国的依赖和对德国的惧怕合成作用，使之同样消极对待与苏联的合作问题，法苏盟约无异于一纸空文。此外，苏联一边也存在重要的妨碍因素：大清洗既严重恶化了它在西方的政治形象，增添了那里的反苏派别的说服力，也使得它的军事能力、

---

① 参见肯尼迪：《大国的兴衰》，322、323～324 页。

② 参见上书，325 页；见赖斯：《苏联战略的缔造》，见帕瑞特编：《现代战略的缔造者》，668～669 页；麦德维杰夫：《斯大林周围的人》，18～19 页，北京，北京出版社，1986。

③ 参见列昂纳德·夏皮罗：《苏联共产党》（Leonard Schapiro，*The Communist Party of the Soviet Union*），第 2 版，487 页，纽约，1971。

④ 参见亨利·罗伯茨：《李维诺夫》（Henry L. Roberts，"Maxim Litvinov"），见克雷格和吉尔伯特合编：《外交家（1919 至 1939 年）》，第 2 卷，344～377 页。

因而作为抗德盟友的价值受到严重的怀疑；不仅如此，它惯常的僵硬刻板、迂回暧昧的谈判方式加强了谈判对手原已根深蒂固的对苏不信任感，以致有历史学家不无理由地认为，这是双方“在阿道夫·希特勒的威胁面前结成最后一刻权宜婚姻的主要障碍”①。

慕尼黑协定签署后，国际局势在斯大林看来非常危险：希特勒再明白不过地显示了东进野心，英法则不仅一味软弱姑息，而且很可能将德国侵略祸水引向苏联。此外还有日本在苏联远东边境的军事存在和武装挑衅，这使苏联有可能陷于同时在东西两端同两大强国作战的可怕境地。为了消除或大大推迟对苏战争，斯大林这位外交方面的“超级现实主义者”② 决心比五年前更着力地尝试苏德接近，尽管消灭布尔什维主义是希特勒多年来最一贯的口号之一。对斯大林来说，与德国交好（即使是纯粹权宜性的）还有非同小可的正面好处：可以与德国就他向往得到的东欧领土（尤其是波兰东部和波罗的海三国）做交易，那是他不可能从英法得到的。1939 年 3 月，他在联共（布）第十八次代表大会讲坛上向希特勒发出了明确的试探信号：苏联不会让“惯于要别人为之火中取栗的战争贩子拖入冲突”，苏联愿意同一切对苏友好的国家发展关系。③ 7 月底，德苏双方开始了那一次又一次地由历史学家们叙述的接触和谈判过程④，其结果是一个月后签署的德苏互不侵犯条约及其秘密议定书。

从斯大林的观点看，这一结果确可称作他的绝妙高招。它给了苏联至少一段和平时间以利备战，同时又将波兰东部、爱沙尼亚和拉脱维亚划归苏联控制，从而使它获得了辽阔的西部安全缓冲地带。不仅如此，“局面已经扭转过来，现在要看西方国家是否会抵抗德国对波兰的侵略；如果它们信守自己的宣言，结果就将是一场俄国可以袖手旁观的冲突，其前景是它的所有敌手都互相大大削弱，如果不是互相整个摧毁的话”⑤。然而，从世界历史的角度看，很难得出与如下断言全然不同的结论：斯大林对第二次世界大战的爆发起了可称决定性的作用。而且，也很难将斯大林的这番作为同英法的绥靖政策在道义上等量齐观：英法出卖了小国，但毕竟没有像苏联那样伙同德国瓜分小国；它们在慕尼黑的

---

① 克雷格和乔治：《武力与治国方略》，118 页。

② 基辛格：《外交》，333 页。

③ 参见上书，338～339 页；夏伊勒：《第三帝国的兴亡》，639～640 页。

④ 苏联所以与此同时和英法进行毫无成果的军事互助谈判，主要是为了防备苏德做不成交易。在这一谈判中，英法代表团的从容不迫和漫不经心恰与苏联方面同样的状况相对应。

⑤ 阿尔布雷西-卡里埃：《维也纳会议往后的欧洲外交史》，538 页。

可耻退让主观上是为了防止战争，不管是在西方还是在东方①，而苏联却不惜以英法和德国之间必然爆发战争来谋取自己与德国之间的和平；德国吞并捷克斯洛伐克之后英法不再听任其侵略，并且为波兰对德宣战，而苏联不仅听任这些侵略，甚至还以物资供应等方式帮助之②，直到它自己遭到德国进攻为止。

第二次世界大战与苏联权势的兴盛

1941 年 6 月苏德战争的爆发是世界格局划时代变迁中的一个关键事态，因为它导致苏联在战争结束时拥有了远远超过美国以外任何国家的巨大权势。希特勒当时发动对苏战争的根本原因，除了他的种族主义—反布尔什维主义的意识形态狂热和征服整个欧洲大陆的帝国野心外，在于对苏联潜力的过低估计和随着对英战争受挫而来的新战略盘算。他的战略规划起初是先打败法国，并且迫使英国认可他有权独霸欧洲大陆，然后以被征服的中欧和西欧为基地进攻苏联。但是，英国在美国援助下顽强抵抗，迫使他在发动对英伦三岛的空中打击后不久便改换初衷，决心先行征服苏联，而后凭欧陆（连同其外围即近东、北非）纳粹大帝国的既成事实迫使英美就范。③ 斯大林与希特勒一样犯了低估对手的错误。鉴于英国显然有能力也有意愿坚持抗德，而美国看来终将参战，他便认为希特勒将陷在西线，从而使苏联获得一种在所有大国中最为有利的战略地位。他不知道希特勒极端低估苏联的力量，也不明白希特勒打算迅速实现在欧洲大陆最终也最重要的目标，即霸占俄国，并且以此解决其他问题，而不能容忍他在东欧进一步的领土和势力范围要求。④ 然而，与希特勒的估计错误对德国国运的影响不同，斯大林的战略误算对苏联来说不是致命的，因为它作为洲级大国将与两大英语国家联合起来，其力量总和足以压倒哪怕是控制了近乎整个欧洲大陆的德国。

使苏联取得卫国战争胜利的最具决定性的因素，自然是它在这场战争中彻底表现出来的宏伟国力。在开战后的一段时间里，由于德国战争机器在质量方面的显著优势，加上斯大林的战略误算导致苏联缺乏足够的应战准备，苏军节节溃退，几乎到了兵败如山倒的地步。发动对苏进攻后仅 11 天，德军总参谋长弗兰茨·哈尔德就认为再有两周便能赢得全胜，希特勒本人稍后也稳操胜券似

---

① 参见希尔格鲁贝尔：《德国与两次世界大战》，60 页。

② 参见麦克尼尔：《竞逐权势：公元 1000 年以来的技术、武装力量和社会》，352 页。

③ 参见希尔格鲁贝尔：《德国与两次世界大战》，81～82、89 页。

④ 参见上书，82～83 页。关于斯大林在苏德条约秘密议定书之外的领土和势力范围要求，见基辛格：《外交》，第 14 章“纳粹—苏联条约”。

地将注意力转向制服英美。[①] 然而不出一个多月，哈尔德就已沮丧地发觉苏联有似乎不可穷尽的兵员投入战场，无论德军粉碎多少苏联部队；大致同时，希特勒告诉身边的亲信：征服整个欧洲大陆并与英国达成有利的妥协大概需要一代人以上时间。[②] 苏联在巨大的人力资源之外，还拥有一项至少同样紧要的国力要素，即使得任何外来军事征服企图难以持久的最为辽阔的幅员。这一就防守而言无与伦比的地缘战略优势，使得老毛奇首创并被第一次世界大战后的德国战略战术家们创造性地继承下来的那套战法——工业化时代速决速胜的大规模运动歼灭战——在苏联境内终于完全失败。[③] 苏联的宏伟力量还在于，它的重武器的生产数量，特别是关键性的坦克、大炮和飞机的生产数量远远超过德国：例如 1941 和 1942 年它的飞机产量超过德国约14 000架，而在第二次世界大战期间规模最大的坦克战——库尔斯克会战中，苏军能够依凭约4 000辆对2 700辆的悬殊的数量优势战胜德军。[④] 正是这对卫国战争乃至整个世界反法西斯战争至关紧要的苏联军事物质力量的由来，构成了斯大林治国模式的历史功绩一面。有如一位苏联学家所言："斯大林的忧虑，即苏联社会和经济的所有各个部分（工业、农业、党、青年组织、报纸等）即使在和平时期也应当为一场与心怀妒忌的外部强敌的殊死搏斗做准备，确实有助于总的大战略。在许多方面，苏联在第二次世界大战中的胜利是他的动员全国备战这一观念的胜利。"[⑤]

苏德战争的主要结果之一，是苏联西部边界的大幅度西移和它对东欧控制权的确立。它们对斯大林来说，是为维护苏联国家生存之外最重要的战争目的。他根据他理解的俄苏历史经验确信，应当通过领土变更和控制东欧来谋求苏联的安全。关于前一方面，他要的是重新占有那些根据苏德条约秘密议定书和此后苏德间进一步谅解兼并的领土，即波兰东部、波罗的海三国、罗马尼亚的比萨拉比亚和北布科维纳地区，此外还要加上通过苏芬战争从芬兰割得的若干领土。至于后一方面，他不仅坚信要防止东欧邻国敌视苏联和成为西方大国的反苏工具就必须由苏联控制它们的对外政策，而且倾向于认为在必要时需要进而控制它们的国内政治生活。在对德反攻越过苏联边境后，斯大林与丘吉尔相似，

---

① 参见希尔格鲁贝尔：《德国与两次世界大战》，90 页。

② 参见上书，93～94 页；T. 罗普：《现代世界的战争》（T. Ropp, *War in the Modern World*），366 页，达勒姆，1959。

③ 参见贡特尔·罗滕贝格：《毛奇、施里芬和战略包围论》（Gunther E. Rothenberg, "Moltke, Schlieffen, and the Doctrine of Strategic Envelopment"），见帕瑞特编：《现代战略的缔造者》，296～297 页。

④ 参见肯尼迪：《大国的兴衰》，296～297 页。

⑤ 赖斯：《苏联大战略的演变》，见肯尼迪编：《战争与和平的大战略》，152 页。

在相当大程度上从关于战后欧洲的地缘政治目的出发考虑军事战略。他力求以非常庞大的优势兵力，在非常漫长的战线上向西横扫德军，以便尽快占领尽可能多的地区。用他对一位东欧国家共产党领导人的话说，在这场战争中谁占领了一块领土，谁就必定把自己的社会制度加诸其上。① 不过，同样为了战后政治目的，他可以放慢苏军的推进速度，坐视发动华沙起义的异己力量——在那里的波兰地下军被德军摧毁，虽然苏军当时要迅速解放华沙确有困难。② 他尽可能不让亲西方的波兰政治家参与战后波兰的治理，派员以最后通牒方式变更罗马尼亚政府，阻止美英两国插手对罗马尼亚和保加利亚的管制事务。所有这些，甚至使一向按照美苏合作来构想战后世界秩序的罗斯福也在去世前不久说："我们不能同斯大林共事，他违背了他……做出的每一项诺言。"③ 起决定作用的是一项根本性的军事—政治现实，那就是对德战争使苏军进占东欧。苏联据此重新获得从苏德条约缔结到苏德战争爆发期间兼并的所有领土，外加东普鲁士和捷克斯洛伐克的下喀尔巴阡地区，同时建立起对东欧的基本控制。

然而，这些只构成世界大战结束时苏联巨大权势和超强地位的一部分。根据雅尔塔秘密协定，苏联取回1905年丧失给日本的萨哈林岛（库页岛）南部，兼并千岛群岛，并且绰绰有余地恢复了沙俄在中国东北的势力范围特权；它在德国及奥地利控制着那里的苏占区，在朝鲜半岛北半部驻军并且确立了拥护它的政府；德日的战败、英法的严重削弱以及欧亚大陆许多国家由大战激发或加剧的内部动荡，为它提供了很有利的地缘政治环境，那是俄国在历史上难得享有的；它拥有世界上规模最大的陆军和空军，即使经过将其砍削大半的战后复员，仍然在兵员和坦克、飞机等项军备的数量上独占鳌头。不仅如此，1946年初开始，斯大林就废弃了战时为动员全民进行卫国战争而采取的宽松政策和鼓励政策，重新贯彻其战前治国模式④，如此便提供了"国内纪律和绝对顺从"这苏联国力的一个要素⑤。总之，经过第二次世界大战，苏联拥有了欧亚大陆上首屈一指的权势。

---

① 参见基辛格：《外交》，417页。

② 参见时殷弘：《美苏从合作到冷战》，76～77页。

③ 同上书，77～79、93、104～106页。

④ 参见罗伯特·康奎斯特：《斯大林：民族国家毁坏者》（Robert Conquest，*Stalin*：*Breaker of Nation*），269～278页，纽约，1991。宽松政策主要指松弛对民众的行政强制，特别是抑制保安部门的肆意妄为，鼓励政策是指用种种方式鼓励人民相信，战争胜利后苏联将开始一个生活水平迅速提高、公民权利迅速增多的新时期。

⑤ 参见肯尼迪：《大国的兴衰》，364页。

全球国际体系的新构成

苏联的欧亚大陆优势与美国世界权势的兴盛一起，决定了“欧洲体系的消逝”和美苏两极时期的来临。与美苏两强（或者只与美国一强）相比，欧洲在经济分量上大为落后，在军事能力上更是望尘莫及。还有，美苏两家提供和代表了至少在第二次世界大战后初期世界政治斗争中极为重要的意识形态，而欧洲人一般能做的只是要么接受美国教义，要么信奉苏联信条。迟至20世纪60年代初，法国大学者阿隆依然叹道：“对比一下半个世纪以前的欧洲和今天的欧洲吧！先前，在德国将领指挥下一小支欧洲军队进军北京，它的霸权由此得到分明的象征，如今的欧洲却分裂不一，羸弱无能，这里由苏联政委统治，那里受美国议员支配。要不是在两场致命的战争中较弱的一方诉诸非欧强国来帮它取胜，谁能想象有如此的变更?”① 美苏两极格局的出现使全球国际体系呈现出一种看来矛盾的状况：一方面，这一体系本身的全球性质和同样经两次世界大战达到高潮的殖民地半殖民地独立解放，表现了现代世界政治在地理和文化上的扩展；另一方面，德日英法意这样一些“中等国家”的权势衰落和美苏两国的权势兴盛，表现了国际力量等级结构顶层部分的收缩或集中。至少在20世纪60年代开始有明显的多极化趋势以前，第二次世界大战后世界将主要由这扩展和集中的双重效应决定。

美苏两极格局还根本改变了全球国际体系的地缘构造，使其主要组成部分由原先的欧洲、美洲和东亚太平洋三大体系，变为美国领导的大西洋体系、苏联主宰的苏联—东欧体系以及依美苏两国和当地力量合成作用运行的东亚体系。② 这第一套体系经由布雷顿森林会议、马歇尔计划、西德国家的建立和北大西洋公约的缔结等一系列重大事态而形成，它们可以说决定了中西欧各国的命运。在这套体系的经济方面，按照美国的意识形态原则建立了自由国际主义的贸易和金融体制，它最有利于美国这个技术最发达、规模也最大的资本主义经济，但同时也为中、西欧国家的经济恢复和政治稳定设立了非常重要的例外或特惠，特别是由美国输送巨额援助和允许这些国家在对美贸易方面采取某些保护主义措施。在政治、军事方面，美国坚决支持那里所有受到左翼力量冲击的中、右翼政府，通过北大西洋公约承担保护中、西欧国家的义务，而在缔约当

---

① 雷蒙德·阿隆：《政治与历史》(Raymond Aron，*Politics and History*)，20页，纽约，1984。

② 这三大分支体系作为全球国际体系新的基本构成主要是就第二次世界大战后头10余年而言，以后还将添上依美苏两国和当地力量合成作用运行的中东体系。

时，其主要价值与其说是对付实实在在的军事威胁，不如说是加强这些国家政府的安全信心。① 从根本上说，这个大西洋体系不是为了缔造世界均势，而是为了维持美国在几乎所有各大功能领域的显赫优势或霸权。这不仅是对苏联来说，也是对美国的所有主要盟国来说。“无论是一个一体化的欧洲，还是一个统一的德国或独立的日本，都不得兴起为第三种力量或中立集团。”② 不过，虽然美国的支配限制了体系内其余国家的政策方向，但体系的维持或运作大半依靠基本利益大体一致基础上的讨价还价和互相协调，而非政治、经济强制。它是一种基于相互依赖和较广泛的认同感的“多元安全共同体”（pluralistic security community），在其成员的相互关系中不存在使用武力或武力威胁。③

就这一点比较，苏联主宰的苏东体系不免相形见绌。尽管从斯大林开始，历任苏联领导的东欧政策并非雷同，而且总的来说第二次世界大战后 40 年里苏联的控制曲折地朝着逐渐宽松的方向变化，但仍然可以说苏东体制主要是听凭苏联的往往是强制性的旨意运行，而其维持归根结底少不了苏联武力。它在东欧的军事存在是它借以主宰这个体系的终极手段，其功能除了威慑西方可能的武装挑战外，就在于防止或镇压东欧国家发生的造反，连同其他被认为特别危险的政治越轨趋势。为了替这个体系内的国际强制（无论军事的或非军事的）提供理由，它有一套本质上是传统帝国式的观念，其中最著名的便是宣称“一个社会主义国家的主权不得与世界社会主义利益对立起来”的勃列日涅夫主义。另一方面，维护这么一个体系的成本难免格外高昂，而苏联因为经济、技术相对落后，难以负担这成本而不损害自己的发展。结果，“在东欧的帝国主义吮吸了苏联的资源，吓坏了西方民主国家，却未加强苏联的力量”④。不仅如此，它借以控制东欧的军事、政治和意识形态手段之陈旧和僵化，大大加剧了它的内外体制在经济上的低效和在政治上的相对脆弱，成为它在 20 世纪后半叶与大西洋体系的竞争中终告败亡的一个重大原因。

---

① 参见加迪斯：《遏制战略史：战后美国国家安全政策评析》，72～74 页。

② 莱夫勒：《权力优势：国家安全、杜鲁门政府和冷战》，17 页。

③ 参见卡尔·多伊奇等：《政治共同体与北大西洋地区》（Karl W. Deutsch et al. , *Political Community and the North Atlantic Area*），5～7 页。

④ 基辛格：《外交》，567 页。

第五章
超级强国的对抗和竞争

重点问题

- 冷战的特质和基本历程
- 冷战起源的主要历史脉络
- “马歇尔计划”及其广泛后果；初始的遏制战略与蜕变
- 苏联对东欧的急剧改造：原因与内涵
- 冷战对抗的基本特征
- 冷战全球化的宏观理解：当地力量、全球战略和全球性竞争
- 苏联危机与冷战的关系；戈尔巴乔夫的国策纲领

第一节　冷战的起源

美苏关系史的基本性质与冷战的特质和历程

美国和苏联是社会制度和意识形态相反的国家，它们在政治、经济、社会

组织方式和思想文化的基本性质方面不仅大相径庭，而且几乎始终彼此对立和相互谴责。美苏两国都持有改造国际社会的长远目标，追求重新安排国际关系体制，使之符合自己的理想和利益。虽然总的来说美国在这方面的意愿比苏联更一贯，也更强烈，但苏联则以其信条或言辞显得比美国更激进。另一方面，美苏两国都不时面临具体需要与长远目标相互抵触的各种形势，这些形势要求它们主要根据现实环境和当前利益、而非意识形态决定有关的政策，而且往往要求它们以灵活而非僵硬的态度在一些具体问题上进行协调、达成妥协甚至谋求合作。美苏两国又都是拥有巨大的实力和潜力以及广泛的国际利益的大国，经过第二次世界大战更是成为仅有的两个超级强国，它们的关系直接影响甚至决定世界政治动向。就美苏双方的综合国力对比而言，美国始终处于强得多的地位，因而在两国对立的时期里，它的对苏态势和政策损害苏联的程度一般说来甚于苏联对美态势和政策损害美国的程度。所有这些都是贯穿整个美苏关系史的基本事实。①

在这部历史中，除了第二次世界大战期间的合作外，对它们两国和全世界尤为重要的自然是被称作冷战时期的约 40 年美苏对抗和竞争。作为两个超级强国及其分别为首的两大国际集团之间既非战争亦非和平的对抗和竞争状态，冷战一方面有其实在的，甚至可说是传统性质的强国利益冲突内容，具有鲜明的地缘政治和地缘战略含义，另一方面却以其强烈的意识形态色彩为真正的特征。与此同时，这特征还包括史无前例的核军备竞赛和冷战自我控制机制，后者使美苏两国彼此对抗和争斗但始终不兵戎相见。②

冷战的起源一般上溯到第二次世界大战期间苏联与其西方盟国之间的矛盾，即设计战争目的、战略、军事合作、战后领土和政治安全等方面的一系列分歧。战争结束后近两年内，冷战由于苏联与以美国为首的西方之间的对立加剧而迅速形成，然后在 20 世纪 40 年代末和 50 年代初达到最高潮。从斯大林去世到 60 年代初，双方关系先经历了一段短暂的局部缓和，继而重新紧张。1962 年古巴导弹危机后的 10 余年里，以欧洲局势渐趋正常化和美苏军备控制谈判取得重要进展为主要特征，冷战显著地缓和下来，但两个超级强国在欧洲以外地区的竞争有增无减。70 年代后期开始，主要由于苏联在第三世界频繁地进行直接和间接的军事干涉，美苏关系再度紧张。这紧张状态直到 1985 年戈尔巴乔夫担任苏

---

① 第二次世界大战以前的美苏关系史见约翰·路易斯·加迪斯：《俄国、苏联和美国：解释史》(John Lewis Gaddis, *Russia, the Soviet Union, and the United States: An Interpretative History*)，第 3 至第 5 章，纽约，1978；刘金质：《美国国家战略》，727～741 页，沈阳，辽宁人民出版社，1997。

② 关于冷战的自我控制机制的最著名论析为加迪斯：《漫长的和平：战后国际体系的稳定因素》，见其《漫长的和平：冷战史研究》。

联最高领导才开始改变。不久后，苏联及其所有东欧盟国内部发生政治和社会剧变，使之迅速丧失制衡美国的意愿和能力，被笼统地称作冷战的那个时期遂以苏联在1991年的解体为标志完全结束。

冷战起源的历史说明

对冷战起源的历史说明首先应当从第二次世界大战期间美苏两国在战争目的（或曰战后世界期望）方面的严重歧异谈起。如前所述，罗斯福的战后蓝图基本上是威尔逊主义的。他谋求建立政治上贯彻自决原则、经济上门户开放的自由国际主义战后秩序，并且谋求以基于大国协调的真正有效的世界性国际组织维护和保障这种秩序。就对苏外交而言，自决原则特别重要，既构成罗斯福及其幕僚们的国际政治信仰的核心成分，也被他们视为防止美国重蹈第一次世界大战后孤立主义覆辙的必要条件，因为国会和公众被很有理由地认为不会接受一个过于明显地建立在势力范围划分基础上的和平。① 然而，苏联的战争目的除击败纳粹德国侵略、捍卫自身生存和独立外，最重要的是通过领土变更和控制东欧来谋求战后安全。诚然，罗斯福自1943年末的德黑兰会议起，向苏联在东欧的要求做出重大让步，尤其是基本同意了其中的领土要求，但他坚持东欧各国实行基于自由选举的代议民主制，至少形式上必须如此。就美苏战争目的的这种对立而言，20世纪90年代一部杰出的冷战史论著有如下基本论断："对于美国官员，战时经验中最具决定性也最经久的遗产，在于决不能在允许潜在敌手通过经济闭关自守、政治颠覆和（或）军事侵略取得对欧亚大陆资源的控制……战后的和平和稳定必须建立在不侵略、自决、享有原料的平等机会和非歧视性贸易的基础上。一旦这些原则被违背，有关国家就会运用军事强权和经济闭关自守来增长实力……使国际体系失调，并且危及美国的实体安全。"② 与之相对，斯大林的这么一种观念同样重要：垄断资本主义即帝国主义国家总是力图削弱苏联，甚而消灭其政权；苏联只有不断加强军事和经济实力，并且改善自己的地缘战略条件，才能遏阻侵略，迫使帝国主义国家较为持久地与苏联和平共处，也才能在侵略发生后立于不败之地。③

在这些根本性的观念冲突之外，战时对苏租借援助问题和开辟第二战场问题也促进了美苏间的对立。在苏联卫国战争最艰难的头两年里，由于运输困难

---

① 参见约翰·路易斯·加迪斯：《势力范围：美国与欧洲（1945至1949年）》(John Lewis Gaddis, "Spheres of Influence: The United States and Europe, 1945—1949")，见其《漫长的和平：冷战史研究》，51页。

② 梅尔文·莱夫勒：《权力优势：国家安全、杜鲁门政府和冷战》，23页。

③ 参见时殷弘：《美苏从合作到冷战》，13页，北京，华夏出版社，1988。

等因素的影响，美国向苏联实际交付的租借援助物资大大少于它对苏联做出的正式承诺，这就加深了斯大林历来持有的对西方的怀疑和反感。① 更严重的是，英国的牵制、后勤方面的障碍和对造成美英盟军大量伤亡的顾虑，使得苏联急需的欧洲大陆第二战场迟迟未能开辟，虽然罗斯福曾经相当明确地向斯大林承诺1942年内开辟这个战场。斯大林的失望和愤怒是如此强烈，苏联与美英之间建立相互信赖的可能性受到的损害又是如此严重，以致一位著名的历史学家不无理由地认为，在第二战场以及租借援助问题上"许诺与现实之间的差距"或许是促成冷战的最具决定性的一个因素。②

大战期间，罗斯福常用这么一句话解释利用"异类"盟友的必要性："在严重危难时候你与魔鬼携手同行是可以的，直到你渡过了难关为止。"③ 此话实际上更适用于杜鲁门和斯大林，而不那么适用于罗斯福。这位希望战后仍然维持美苏合作的政治家在对德战争结束前不久去世，此后东欧和德国问题上的美苏对立便愈演愈烈，成为冷战的最重要的直接原因。杜鲁门一方面急于树立果断形象和表现总统权威，另一方面大受业已开始弥漫于幕僚中间的反苏情绪感染，当政伊始便就东欧问题表示要"让俄国人见鬼去，如果他们不想与我们站在一起的话"。由于在对日作战方面还有求于苏联，并且还存有促使苏联较多地按照美国条件来合作的指望，杜鲁门仍在战后东欧国家政府构成问题上对苏联作了一些让步；然而，随大战结束和国会内主要就东欧问题而来的反苏呼声迅速高涨，到1946年1月初杜鲁门已决心让苏联饱尝"铁拳和强硬的抗议"④。

一个月后，斯大林在莫斯科选民大会上发表演说，其中强调在垄断资本主义即帝国主义存在的情况下战争不可避免，表示要向战前那样再搞几个五年计划来发展军事—重工业，以便使苏联具备"不会发生任何意外事件的保障"⑤。事后来看，这篇演说的含义是相当明显的：一是要恢复为动员全民进行卫国战

---

① 参见时殷弘：《美苏从合作到冷战》，第2章；乔治·赫林：《对俄援助（1941至1946年）》(George Herring, Jr., *Aid to Russia, 1941—1946*)，纽约，1973。"对苏租借援助还显示了西方同苏联之间（甚至可以广而言之地说一般国家之间）在相互理解方面的固有障碍：罗斯福、丘吉尔对苏联的危急处境并无切肤之痛，斯大林则难以体会援苏物资运输的严重困难。国际关系中真正设身处地替对方国家设想的事，是极罕见的。"引自时殷弘：《论第二次世界大战中的对苏租借援助》，载《江海学刊》，1996(3)，149页。

② 参见詹姆斯·麦克格里戈尔·伯恩斯：《罗斯福：自由战士》(James Macgregor Burns, *Roosevelt: The Soldier of Freedom*)，273～274页，纽约，1970。又见И.Н.泽姆斯柯夫：《欧洲第二战场外交史》，北京，军事译文出版社，1985；时殷弘：《美苏从合作到冷战》，第3章；加迪斯：《遏制战略史：战后美国国家安全政策评析》，8、12页。

③ 同上书，3页。

④ 时殷弘：《美苏从合作到冷战》，第7章和123～126页，引语见第110、126页。

⑤ 该演说全文见《斯大林文选（1934—1952）》，441～454页，北京，人民出版社，1962。

争而大致被搁置的战前治国模式，二是要在精神和物质两方面准备与西方对抗。随后，时任美国驻苏使馆代办的乔治·凯南向国务院发出著名的八千字“长电报”，认为苏联的国内制度、意识形态和历史传统决定它谋求无限度的政治扩张，美国不能依靠外交谈判与之打交道，而必须、也能够依凭实力抵制其扩张，同时不引起美苏战争。① 凯南的长电报在华盛顿受到了异常热烈的欢迎，表明它代表的一种针对苏联的对外政策观以压倒性优势取代了罗斯福代表的一套观念，即“贬低意识形态的作用和专制主义国内实践的对外政策结果，认为苏联像国际体系内一个传统的大国那样行动，而非试图根本推翻这个体系”②。标志美国冷战思想基本形成的这个文件有其苏联对应物，即七个月后苏联驻美大使诺维科夫的“长电报”（经莫洛托夫阅读初稿并提出修改意见），其中有如凯南那样过头的断定，美国正在为夺取世界霸权而积极扩充军备，准备对实现这一霸权的主要障碍苏联进行战争。③

美国政府方面最初的冷战行动与凯南“长电报”几乎同时问世，并且持续于 1946 年大部分时间。它们包括：支持丘吉尔在美国发表著名的富尔顿演说（“铁幕”演说），其中强调只有依凭实力才能阻止苏联“权力与教义的无限扩张”，呼吁英美两国团结一致共同对付苏联威胁；在联合国安理会就苏军未在战时条约规定的期限内撤出伊朗公开与苏联摊牌，虽然苏联为避免政治上的被动业已抢先宣布撤军；提出旨在维持核垄断的“巴鲁克计划”，蓄意排除通过与苏联协商来建立原子能和原子武器国际管制的可能性；鼓励土耳其拒绝苏联关于苏土两国共管黑海海峡和在那里建立苏联军事基地的要求，并且本着“必要时准备以武力回击侵略”的决心，派遣舰队前往东地中海显示武力。④ 德国问题在 1946 年间冷战形成过程中占有重要位置：在确信苏联执意维持其东欧势力范围，因而（在美国人看来）分裂欧洲后，美国停止按照波茨坦会议协议从德国美占区向苏联运送战争赔偿，公开宣布美国将努力实现各西方占领区的统一，亦即建立西德国家，并且于年底将美占区和英占区初步合并，建立所谓“双区”。⑤ 1947 年 3 月，人所熟知的“杜鲁门主义”问世，它将世界政治的基本性质归纳

① “长电报”电文见乔治·凯南：《回忆录（1925 至 1950 年）》（George F. Kennan，*Memoirs，1925—1950*），547～559 页，波士顿，1967。

② 丹尼尔·耶尔金：《被毁坏的和平：冷战的起源与“国家安全”国家》（Daniel Yergin，*Shattered Peace：The Origins of the Cold War and the National Security State*），10～11 页，波士顿，1977。

③ 参见张小明：《冷战及其遗产》，23 页，上海，上海人民出版社，1998。

④ 参见时殷弘：《美苏从合作到冷战》，131～134、137～140 页。

⑤ 参见上书，134～137 页；加迪斯：《势力范围：美国与欧洲（1945 至 1949 年）》，见其《漫长的和平：冷战史研究》，53、55 页。

为自由民主与极权主义的两极对立，宣布美国支持世界上所有抵抗共产主义征服的力量。尽管这个政策声明很大程度上是为了用耸人听闻的言辞刺激国会及公众，使之愿意为冷战提供所需的资源，也尽管杜鲁门政府当时并不打算不分重点、不遗余力地援助任何求援者，但无论如何它使得反共思想“以压倒一切的优势成为美国对外政策的指导思想”①。至此，美苏关系由冷战支配已毋庸置疑。

冷战起源的理论说明

要足够全面和鲜明地展示冷战的原因，仅依靠历史学性质的论述还不够。借助于国际政治理论提供的分析层次方法和一些有理论色彩的概念，可以做出所需的补充。这里只谈国际体系和国家这两大层次上的说明。在前一个层次上，关于冷战起源特别流行的填补真空论，它较早地由前面多次援引的德国大历史学家路德维希·德约提出，以后由美国学者路易·海勒的论著获得很广泛的接受。在德约那里，冷战形成的根本原因是中西欧经过大战而精疲力竭，有沦落为权势真空的危险，而“世界政治中那依然如故的因素——东西方冲突不容许有任何权势真空存在”②。对海勒来说，问题的关键在于美英两国在 1943 年初正式宣告德国必须无条件投降。这个立场奠定了冷战的基础，因为消灭德国权势意味着创造出“一个甚至一周也难维持的真空，它必定要由某种东西填补”，那就是苏联权势和不容其独占的美国权势。③ 由于突出了只有依靠特别宽广的视野——地缘政治视野才能明了的最基本的国际权势关系及其更动，填补权势真空论的确是国际层次上一项有吸引力的解释④，尽管它远不是唯一的和充足的。

基于（或类似于）“安全两难”概念的另一种解释提供了进一步的补充。这个概念由美国国际政治学家约翰·赫兹提出，内容是只要国际无政府状态存在，一国就总是担心被他国侵害或统治，因而为求得安全势必多多益善地追求实力和权势，而这会使他国感到不安全，从而也追求更大的实力和权势以防不测，

① 25 年后美国参议院富布赖特语，引自李庆余：《美国外交——从孤立主义到全球主义》，174 页，南京，南京大学出版社，1990。参见约翰·路易斯·加迪斯：《杜鲁门主义是否真正的转折点?》（John Lewis Gaddis, “Was the Truman Doctrine A Real Turning Point?”），载《外交》季刊（*Foreign Affairs*），第 52 卷，1974 年 4 月。

② 德约：《欧洲体系的消逝》，载于其《德国与 20 世纪世界政治》。

③ 参见路易·海勒：《冷战史》（Louis J. Halle, *The Cold War as History*），第 4 章，纽约，1991，引语见第 36 页。该书最初于 1967 年出版。

④ 例如它对基辛格就有很大的吸引力。参见基辛格：《外交》，424 页。

其结果是上面的过程循环不已，权势竞争步步升级。① 此种情形在冷战起源过程中就可见到："冷战不是哪一项决策的结果，而是出于一种两难形势。每一方都感到必须采取对方不能不认为是威胁和平原则的政策，然后每一方又都感到必须采取防御措施……每一方实行它自己表明并且挚爱的原则，而这只是肯定了对方关于它决意侵略的疑惧。"② 这种由疑惧和反疑惧、行动和反行动构成的恶性循环（或曰美苏"冲突升级的心理动力学"）③ 无疑是冷战形成和加剧的基本原因之一。

此外，还可以借助在体系层次上说明国际关系和对外政策的最古老理论——均势论来帮助理解冷战的起源，当然这么做有公允和不够公允的区别。在遏制政策的创始者凯南看来，美英要制衡德国或苏联，就必须与其中之一合作，而其结果必然是这合作者占领东欧大部，成为美英必须再予以制衡的对象。④ 同样基于均势论，某些历史学家强调为抗衡苏联，虚弱不堪的西欧"邀请"美国在欧扩张势力⑤，类似于在两次世界大战中为了战胜德国而做的。与这些观点相比，长于国力比较并据此考察国际政治的保罗·肯尼迪的论断较为公允。他认为构成冷战来源的根本事实之一，在于战后美国拥有其他国家（甚至苏联）难以比拟的实力优势，使得美国确信"从印度到匈牙利的其他一切社会都希望模仿它的自由放任和民主惯例"⑥。

这里已经涉及由一个国家的特性和行为模式、国内需要、公众舆论、官僚机构特性等多种因素构成的国家层次。⑦ 就美国在对苏冷战过程中的行为而言，巨大的实力优势一方面刺激了广泛的扩张和创设"美国世纪"的欲望，另一方

---

① 参见约翰·赫兹：《理想主义的国际主义与安全两难》（John H. Herz, "Idealist Internationalism and Security Dilemma"），载《世界政治》（*World Politics*），第2卷，1950年，157～180页。这个概念实际上可溯源于17世纪英国大思想家霍布斯，见其《利维坦》第13章。

② 小阿瑟·施莱辛格：《冷战的起源》（Arthur Schlesinger, Jr., "The Origins of the Cold War"），载《外交》季刊，第46卷（1967年10月号），第6节。这是最早就冷战起源提出这类解释的一项著名论著。

③ 参见克雷格和乔治：《武力与治国方略》，149页。

④ 参见凯南：《美国外交（1900至1950年）》，66～67页。

⑤ 参见盖尔·伦德斯泰德：《被邀请的帝国？美国与西欧（1945—1952年）》（Geir Lundestad, "Empire by Invitation? The United States and Western Europe, 1945—1952"），载《和平研究季刊》（*Journal of Peace Research*），第23卷（1986年），263～277页；加迪斯：《势力范围：美国与欧洲（1945至1949年）》，见其《漫长的和平：冷战史研究》，59页。

⑥ 保罗·肯尼迪：《当今和未来的美国大战略：学习欧洲经验》，见保罗·肯尼迪编：《战争与和平的大战略》，172页，北京，世界知识出版社，2005。

⑦ 参见霍尔斯蒂：《国际政治分析框架》，第3版，383～403页。

面又使之自信有能力长期遏制苏联，直至苏联政权的瓦解或其对外政策的软化，因而外交谈判和妥协是不必要的和无益的。① 很大部分美国国民中间的厌苏情绪，连同反共意识形态，是国家层次上另外两个主要因素，它们与美国的社会制度和政治文化传统密切相关，远未因为战时与苏联的合作而消退殆尽。战争结束前后，它们在各种事态的作用下愈益高涨，对于美国对苏政策的转变起了重大作用。② 至于苏联方面，凯南"长电报"中所说的维持国内"独裁制度"的需要和"俄国传统的、本能的不安全感"（后者据称导致了"克里姆林宫对世界事务的神经质的看法"）③ 确实在相当大程度上影响了战后初期苏联对西方的政策，从而促成了冷战④，尽管凯南的论断和表述包含着某些意识形态偏见和认识片面性，也尽管可以肯定战后初期美国的对外政策是造成冷战的首要直接原因。

第二节 冷战对抗的历程

美苏冷战格局的完全形成

美苏冷战基本格局于 1947 至 1949 年间完全形成，其间尤为重要的事态是马歇尔计划、西德国家的成立和北大西洋公约的缔结，连同东欧的剧变，即苏联在美国政策的刺激下急剧改造东欧国家的政治和社会形态，以其斯大林模式确保除帝国兼并外可以想象的最严密的控制。美苏之间如此作用和反作用的结果，是欧洲东西两半彻底分裂，是国际格局在第二次世界大战结束后仅仅四年就变为"两大僵硬的同盟彼此对抗而极少外交机动余地"⑤，是外加宗教战争往后几乎从未有过的白热化的意识形态敌对。

---

① 参见时殷弘：《美苏从合作到冷战》，203 页。

② 参见托马斯·帕特森：《红色法西斯主义：美国人关于侵略性极权主义的意象》，载于其论文集《对付共产主义威胁：从杜鲁门到里根》（Thomas G. Paterson，"Red Fascism：The American Image of Aggressive totalitarianism"，in idem，*Meeting the Communist Threat：Truman to Reagan*），269～278 页，纽约，1991；莱夫勒：《权力优势：国家安全、杜鲁门政府和冷战》，14～15 页。

③ 参见凯南：《回忆录（1925 至 1950 年）》，549～550 页。

④ 参见符拉迪斯拉夫·祖波克和康斯坦丁·普莱夏哈夫：《苏联》，见戴维·雷诺兹编：《欧洲冷战的起源：国际解释》（Vladislav Zubok and Constantine Pleshahav，"The Soviet Union"，in David Reynolds ed.，*The Origins of the Cold War：International Perspective*），57～69 页；罗伯特·康奎斯特：《斯大林：民族国家毁坏者》（Robert Conquest，*Stalin：Breaker of Nation*），269～278 页，纽约，1991。

⑤ 基辛格：《外交》，461 页。

马歇尔计划在此种格局的形成中起了可以说最重要的作用，而且由于它决定性地启动了中西欧复兴和一体化进程，同时初铸了新的美欧关系模式，因而对整个冷战时期的世界政治经济有重大和深远的影响。马歇尔计划的首要动机，在于拯救经战争严重破坏的中西欧经济，以此大大缓和那里饥寒交迫的广大民众对无力扭转经济形势的政府甚至资本主义制度本身的强烈不满，防止“绝对必需的生活水平再降低到会发生革命”的地步[①]。按照其主要设计师乔治·凯南的提议，马歇尔计划同时也向苏联和东欧各国提出：如果它们像大致预计的那样拒绝，就可以将欧洲分裂的责任推在苏联身上，如果它们竟然接受，则可以用美援为手段促进东欧国家松弛与苏联的联系，甚或（至少在经济方面）摆脱苏联的控制。[②] 值得注意的是，这个据美国政府预料多半将分裂欧洲并且使对抗无可挽回的计划，是在斯大林表示美苏有可能通过谈判就“一切主要问题”达成妥协之后不久执意提出的。马歇尔就此公开强调：援欧行动刻不容缓，美国“不能等待通过精疲力竭的谈判而来的妥协”[③]。

为了使美国能以尽可能少的耗费最有效地实现中西欧经济复兴和自立，同时也为了改组那里的国际经济结构，使之成为符合美国经济利益与其自由国际主义理想的统一市场，马歇尔计划规定中西欧国家必须在集体拟订复兴规划后才能得到美援，而且将它们在生产和流通方面协调合作定为整个复兴计划的指导原则。[④] 如此，美国保证了马歇尔计划成为其战后外交史上的最大成功。通过该计划的实施，将德国西占区与西欧经济交织在一起，是此项成功的主要内涵之一，因为这么做解决了一个对大西洋联盟体系的形成及其全球优势至关紧要的问题：即将德国的巨大潜力动员起来服务于加强西方，又使一个复兴了的德国由于被“包容”（先是经济上，然后是政治和军事上）而真正唾弃其传统的极端民族主义，不致再度成为西方的灾祸。具体地说，美国政府一开始就确定，马歇尔计划的成功与否很大程度上取决于德国西占区经济能否复兴，取决于它

---

① 当时的美国副国务卿威廉·克莱顿语，将美国国务院：《美国对外关系文件》（U. S. Department of State，*Foreign Relations of the United States*），1947 年第 3 卷，230 页，华盛顿特区，1972。或者用马歇尔计划的开场白——国务卿马歇尔 1947 年 6 月 5 日哈佛大学演说中的话，就是“恢复有效的经济，使之有制度赖以存在的政治和社会条件能够确立起来”。该演说全文见上书 237～239 页。

② 参见加迪斯：《遏制战略史：战后美国国家安全政策评析》，66 页。

③ 艾伦·布洛克：《希特勒和斯大林：平行传记》（Alan Bullock，*Hitler and Stalin*：*Parallel Lives*），923 页，纽约，1992；美国国务院：《公报》（U. S. Department of State，*Bulletin*），924 页，第 16 卷第 410 期。

④ 参见时殷弘：《美苏从合作到冷战》，157～158 页；加迪斯：《遏制战略史：战后美国国家安全政策评析》，37～38 页。

是否对整个西欧的经济复兴做出最大贡献。为此，美国与英法两国一起，突破波茨坦会议规定的限制而大幅度提高西占区工业产量，将美英“双区”与法占区在经济上合并，决定召集西部德国制宪会议以准备建立西德国家，实行西占区单独的货币改革。① 这些举动终于导致愈益不安的苏联实行著名的“柏林封锁”，美苏两强第一次濒临彼此开战的边缘。然而，在历时一年的危机中，斯大林完全未能达到制止建立西德国家的目的，德意志联邦共和国于1949年5月正式成立。② 这与不久后德意志民主共和国的成立一起，标志欧洲冷战对峙的地缘政治、经济和战略界限最终落定。

地缘战略界限的落定当然是指联邦德国成立前一个多月北约的缔结。大西洋体系的这一军事纽带得以创设，首先是由于西欧国家的主动：关于苏联有能力在几个星期内横扫欧洲大陆的估计促使它们谋求美国军事保护，办法是参照马歇尔计划的模式，以它们在军事领域的自助和互助姿态为美国的援助做个铺垫。1948年3月，英法比荷卢五国缔结共同防御性质的《布鲁塞尔条约》（“西方联盟”），3个月后美国参议院在行政当局鼓动下，通过为建立美欧军事同盟开绿灯的“范登堡决议案”，而苏联的柏林封锁进一步刺激了美国加快缔约谈判过程。一定程度上，缔结北约被当做建立西德国家并且倚重其力量的一个手段，因为如新任国务卿艾奇逊在缔约前不久所说，没有北约来给法国增添对德安全感，它就不大会愿意让这个宿敌逐步恢复主权。③ 事实上，此后直至朝鲜战争爆发为止，一般西欧国家与美国相比仍然“远不那么乐意承认要搞一个反苏同盟就需结束对德国人的敌意，并且将联邦德国整合到这个同盟中来”④。

冷战时期美国对苏战略的首要内容是遏制，而它只在冷战开始后的短短几年里，就经历了一个从问世到蜕变的过程。一般将遏制概念的来源归诸凯南的

---

① 参见时殷弘：《美苏从合作到冷战》，155、174～176页。根据一项较近的研究，到1947年秋，马歇尔和英国外交大臣欧内斯特·贝文已在打算不事张扬地为建立西德国家一步步做准备；到1948年开始时，“美国人和英国人已决意要有两个德国”。参见卡罗琳·艾森伯格：《划线：美国分裂德国的决定（1944至1949年）》(Carolyn Woods Eisenberg, *Drawing the Line: The American Decision to Divide Germany, 1944—1949*)，363～364页，纽约，1996。

② “当斯大林未干预（对西柏林的空运）时，美国的政策便胜利了。为创设一套符合美国安全利益的力量格局所必需的外交、经济和政治行动的确激怒了克里姆林宫，但美国的战争能力和原子弹垄断投下的阴影使苏联人不敢升级到全面战争的门槛。”（莱夫勒：《权力优势：国家安全、杜鲁门政府和冷战》，504页。）

③ 参见加迪斯：《势力范围：美国与欧洲（1945至1949年）》，见其《漫长的和平：冷战史研究》，66页。

④ 彼得·卡尔沃科雷西：《1945年往后的世界政治》（Peter Calvocoressi, *World Politics since 1945*），第6版，175页，伦敦，1991。

八千字“长电报”和他在一年半后发表的匿名文章（“X”文章）《苏联行为的根源》。这两份文献中的遏制概念既没有区分遏制是军事性质为主，还是政治和经济性质为主，也没有明确指出是不加选择地在苏联势力扩展所及的所有地方进行遏制，还是有选择地在其中对西方特别重要的地方进行遏制。实际上，真正表现凯南遏制思想的，是他1947至1949年作为政策规划负责人撰写或主持撰写的许多内部文件，而且这几年里杜鲁门政府实际推行的遏制多半符合他的思想和政策建议。这是一种目的与手段高度相称、收益远超出成本的遏制战略，它的第一个出发点是美国力量有限，必须集中使用。尤其鉴于第二次世界大战后初期在国内普遍要求恢复“正常状态”的情绪的压倒性影响下，行政当局砍削了绝大部分军队并急剧压缩政府开支，因而依据能力来确定目标的意识特别明确。决策者们的基本共识是区分美国在世界上的各项利益，确定其轻重缓急次序，并且考虑它们对美国资源的不同需求程度和美国资源耗费所能换得的不同成功机会，而后根据这些决定是否承担义务和承担多大的义务。西欧、德国和日本是最重要的，因为它们如凯南所说，是美苏两国之外世界仅有的工业和军事力量中心；北欧、地中海地区、中东和西太平洋岛链作为它们的外围战略地带、交通要道和能源供应地也非常重要。美国必须尽力阻止敌对势力控制这些地方。至于亚洲大陆和其他一些地区，虽然美国应当努力影响那里的事态，但它们不是至关紧要的，不应当为之承担过大义务，投入过多资源。① 这种遏制战略的第二个出发点关系到所谓苏联威胁的性质和美国反应的性质。决策者们实际上接受了（或者同样持有）凯南的一个基本观点，即苏联威胁主要是政治和心理性质的，而不是军事性质的；第二次世界大战造成的经济毁坏导致欧亚各国社会动荡，非共政府的意志、信心和国内影响力严重衰减，这为苏联势力的扩展提供了最重要的条件。至于军事方面，苏联至少在短期内既无发动战争的意图，又无打赢战争的能力。因此，美国的主要遏制手段应当是得到恰当使用的经济援助，以此恢复至关紧要的危险地区的稳定和有关政府的信心，而不是扩军备战、军事威慑和军事干涉。② 这么一种反应方式是以扬己之长、克敌之短和避敌之长为特征的“不对称战略”，是着重依据从未比战后初期更突出的美国

---

① 参见加迪斯：《遏制战略史：战后美国国家安全政策评析》，第2和第3章；时殷弘：《敌对与冲突的由来——美国对新中国的政策和中美关系（1949—1950）》，182～183页，南京，南京大学出版社，1995。

② 参见时殷弘：《敌对与冲突的由来》，183～184页。凯南的上述观点尤其见美国国务院：《美国对外关系文件》，1947年第3卷，223～230页。

经济和技术专长，而非在体现苏联能力的所有方面与之比试和较量。[①] 甚至北约的功能当时也被按照这个模式来构想。[②]

然而，1947 年 3 月的杜鲁门主义咨文已经表明，在美国的政治体制中，难免要用简单化的论说方式和浮夸煽情的言辞来谋求国会和公众对某些对外政策的支持，具有选择性而且不对称的遏制所需的精致和灵活就容易受到损害。另一方面，政策必须通过官僚机构才能贯彻，这也容易造成类似的结果。[③] 同样重要的是，在建立联邦德国和缔结北约的过程中，杜鲁门政府已开始表现出将遏制军事化的倾向，这引起了凯南的不安。[④] 具有决定意义的是，1949 年下半年的两大事态——苏联首次原子弹试爆成功和中国革命取得全国性胜利——大大影响了杜鲁门政府对世界的看法：在它眼里，苏联不仅拥有最强大的陆上常规武力，而且已拥有核武器，从而使美国及其盟国面临空前严重的军事威胁；亚洲出现了一个追随苏联的巨型共产党国家，共产主义浪潮似将因此席卷东南亚；这两个事件还使美国的威望和可信性受到了严重损害，从而可能导致最终根本改变世界权势格局的连锁反应。这样，在杜鲁门政府看来，整个"自由世界"处于空前危险之中，而且这危险不仅是政治上的，也是军事上的。恐惧战胜了理智，从最坏处着想以保万无一失取代了"有计划的冒险"，来自战略边缘地区的冲击由于其心理影响而使主要利益与次要利益的界限看似变得模糊起来。与此同时，在一些信奉凯恩斯主义的政府顾问的影响下，原先持保守的经济思想的决策者们开始相信赤字财政能大大促进经济增长，而经济增长反过来能大大增加政府收入。这种经济学对美国外交和军事政策的意义是显而易见的：能够用于遏制的资源简直无穷无尽，美国有能力在一切受到共产主义威胁的地方遏制其扩张。[⑤] 在所有这些背景之下，杜鲁门政府形成了新的战略观念，它最集中

---

① 参见加迪斯：《遏制战略史：战后美国国家安全政策评析》，61 页。

② "关于保卫西欧的明确承诺本身就会遏阻俄国人，而无须采取较具体的措施。国防部长路易斯·约翰逊甚至提出，北约或许使得削减美国防务预算成为可能。华盛顿小心翼翼地不去承担在欧洲驻扎更多部队的义务，而是恢复起参加第二次世界大战之前的那个老概念，即美国是个'兵工厂'，向欧洲人提供军事装备，欧洲人自己则提供人力。有如（国务院高级官员）约翰·希克森 1948 年末所说：'这是个保证投入匹兹堡和底特律的（工业）潜力、而非现在投入部队的问题。'"（同上书，63 页。）

③ 凯南本人就深感"将专家见解转化为政策指南这一事实本身就扭曲了专家见解"。参见上书，51～52 页。

④ 参见上书，72～73 页。

⑤ 参见时殷弘：《敌对与冲突的由来》，184～185 页；见莱夫勒：《权力优势：国家安全、杜鲁门政府和冷战》，9～10 页。"有计划的冒险"系 1947 年底美国国防部长詹姆斯·福莱斯特语，意为用严格控制军事开支来保证对外经援这一主要的遏制手段。参见沃尔特·米利斯编：《福莱斯特日记》（Walter Millis ed., *The Forrestal Diaries*），350 页，纽约，1951。

地体现为1950年4月国家安全委员会68号文件。该文件惊恐地认为苏联势力已发展到十分可怕的地步，强调“在目前权势极化的环境中，自由制度在任何一处的失败就是它在所有地方的失败”，断定美国必须、也有能力大大扩充军备，否则既无法阻止苏联发动和打赢热战，也无法掌握冷战的主动权。① 遏制战略自此蜕变，美国开始走上全球干涉主义和黩武主义道路。

欧洲冷战格局的完全形成也有其苏联方面的不可或缺的原因。它们多半是在美国政策刺激下所作的反应——过头的反应。1945至1947年，苏联对东欧国家的控制主要是在外交和防务方面，而不是连同对其内政的主宰。② 苏联努力扶持东欧各国共产党，并且给予不同程度的指导和影响，还未像后来那样将它们当做必须唯命是从的附庸。东欧各国共产党大致可以根据本国的具体情况，比较自主地决定国内方针。它们与苏联之间“既有广泛的利益一致，又有很大程度的行动多样性。这种多样性的含义是，在苏联利益的框架之内，本地共产党人能够做出调整。这种调整对一些人来说可能只是策略性的，但对另一些人来说代表着建设共产主义的更适当的方式。苏联是决定性的后盾，舍此他们将会失败，但它还未将东欧各国的利益完全从属于自己的利益”③。由此，东欧各国内政就具有较明显的灵活性和不同的国情特征。东欧各共产党一般按照不同的方式，致力于党组织的壮大和发展，同时接受联合政府的政治形式，谋求用渐进的、有策略的办法削弱主要代表富农和资产者利益的农民党。它们推动或主持实行社会经济改革，同时尚不变动国民经济以私有制为主的性质。在这种一般状况（存在于波兰、罗马尼亚和保加利亚三国以及很大程度上也存在于匈牙利）之外，既有捷克斯洛伐克共产党的更温和的政策，也有南斯拉夫和阿尔巴尼亚共产党的更激进的政策。④

然而，从1947到1949年，这样的情况完全改变。马歇尔计划使斯大林强烈地担心东欧国家可能被美国援助和西欧复兴吸引，从而使苏联对东欧的控制得而复失；另一方面，这个计划标志的美国在欧确立大规模长期存在的意向，加上由此而来西部德国复兴的前景，进一步使斯大林相信苏联有再次被敌对阵营

---

① 对国家安全委员会68号文件的论析，参见加迪斯：《遏制战略史：战后美国国家安全政策评析》，89～109页。又见时殷弘：《敌对与冲突的由来》，185～187页。

② 见一项对这段时期里苏联的东欧政策的杰出阐析，兹比格纽·布热津斯基：《苏联集团：团结和冲突》（Zbigniew K. Brzezinski，*The Soviet Bloc：Unity and Conflict*），“第一阶段：1945至1947年”，马萨诸塞州坎布里奇，1967。

③ 同上书，20～21页。

④ 参见上书，8～20页。

包围的危险。使事情更糟的是，先前实行的政治经济多样化使得苏联与东欧各国共产党之间的政策差异和行动分歧越来越明显，斯大林因此担心后者过多的自主性会危及苏联的支配，这特别表现在苏联与南斯拉夫的关系中。① 所有这些原因导致斯大林采取新的东欧政策，即取消那里共产党的自主权，实行政治、经济、思想文化等所有内政领域的剧烈改造，以此大大加强对东欧的控制，使之达到这位非常多疑的苏联领袖比较放心的程度。

马歇尔计划提出后不到四个月，苏联主持成立欧洲九国共产党和工人党情报局，同时提出战后世界业已分裂为以美苏为首的两大对立的阵营，以此作为各党的路线和行动的根本出发点。主要按照苏联的意旨，东欧国家的农民党遭到摧毁，社会民主党右翼被清除，左翼合并到共产党内，联合政府成为共产党一党执政的"人民民主"政府。1948 年捷克斯洛伐克"二月事变"是这方面最令西方关注的一个事态。在经济和社会方面，单一的斯大林模式迅速取代了原有的多样化，东欧国家转而以牺牲人民生活水平为代价畸形地发展重工业，强制性地实行农业集体化，取消工商手工业中的私有制。与此同时，还建立过度集中和僵硬刻板的中央计划经济体制，打击教会和严厉限制宗教。在 1949 年立国的民主德国，情况也是如此。② 苏联还不愿将南斯拉夫共产党开除出情报局。与此相关，它主持在东欧各国领导层内部清洗"资产阶级民族主义分子"、"铁托分子"、"外国间谍"和"犹太复国主义分子"，绝大多数被加上此等罪名的领导人被处决。③ 到 1950 年，一个与美国-西欧集团在几乎所有方面都截然敌对的苏联-东欧集团已完全确立。

冷战的最高潮

朝鲜战争爆发后的近三年是冷战的最高潮阶段，此前此后的冷战对抗从未有那么全面，那么白热化。冷战中的这场局部热战构成一个极重要的事态，其世界政治影响决不亚于标志该阶段结束的事件——斯大林去世。总的来说，朝

---

① 参见布热津斯基：《苏联集团：团结和冲突》，52～58 页。

② 按照一位较权威的学者的概述："统一社会党（即民主德国的共产党）将自己从一个激进和民主的群众性政党转变成斯大林主义式的干部党……在其领导下，经济政策的每个方面都按照苏联模式……党批准了'强化国内阶级斗争的政策'，并且通过有力地摧毁银行业、工业和农业中的传统的产权形式……以及废除专业文官制和工会，开始系统地将国家转变成一个共产党一党执政的国家。"（戈登·克雷格：《德国人》，50 页。）

③ 凯南及其助手在苏南决裂后不久做出的如下断语并不为过："克里姆林宫领导人在其加诸追随者的律令方面是如此不体谅人，如此冷酷无情，如此专横傲慢，如此玩世不恭，以致很少有人能很长久地受得了他们的威权。"（加迪斯：《遏制战略史：战后美国国家安全政策评析》，42 页。）

鲜战争既起源于美苏对立这一大的国际背景，也起源于半岛南北两个政权彼此间极其强烈的敌意，而其爆发则可归因于朝鲜民主主义人民共和国向南大举进攻的决定和它在斯大林那里得到的允许和支持。在一段时间里，主要出于对美国武装干涉和引发美苏军事冲突的担心，斯大林不同意朝鲜民主主义人民共和国尝试以武力实现统一，因而一般认为他之所以改变态度，是由于美国决策者在1950年初公开表示韩国不包括在美军承担其防务的西太平洋“防御环线”之内。①

无论如何，在美国政府看来，朝鲜战争证实了由国家安委会68号文件表述的战略观念。首先，美国在世界各地的利益差不多同等重要，听任任何新的地区被苏联势力控制都将致命地损害美国的可信性，导致整个世界力量格局倾覆。其次，世界局势异常危险，苏联依凭其巨大的军事实力得以“支持侵略性的对外政策，毫不犹豫地在有利条件下通过代理人诉诸武力”。最后，美国军事力量严重拮据，特别是缺乏能够有效地遏阻和挫败局部军事侵略的足够的常规武力。② 朝鲜战争成了一场决定性地促使美国政府落实新的全球战略的战争：出兵朝鲜，将第七舰队开入台湾海峡，显著加强对法国印度支那殖民战争的援助；在东亚和太平洋地区建立美日、美韩、美菲和美澳新军事同盟；数师美军被派驻欧洲，设立欧洲盟军最高司令部，北约从此成为真正的军事实体；着手联邦德国的重新武装，并且谋求将其纳入西欧或北大西洋军事同盟体系；急剧增加美国军事开支，使之在朝鲜战争开始后的第一个财政年度里就增加了两倍半。这些措施使得苏联成了朝鲜战争的最大输家，其军事负担变得更加沉重，其国际环境进一步恶化，虽然随中国参战而来的中美冲突和以后的中美对抗牵制了美国相当大一部分注意力和对外政策资源。

除朝鲜战争外，同样在1950年开始的美国国内反共反苏狂热——麦卡锡主义③——和苏联东欧方面与之对应的清洗“内部敌人”运动、“仇视美国”运动和反南斯拉夫狂暴④，也是冷战最高潮的象征，代表了冷战引起的最极端的病态

---

① 关于这项表示及其由来，参见时殷弘：《敌对与冲突的由来》，160～164页。

② 参见加迪斯：《遏制战略史：战后美国国家安全政策评析》，109～110页。引语取自美国国家安委会68号文件。

③ 参见罗伯特·格里菲思：《恐惧政治：约瑟夫·麦卡锡与参议院》（Robert Griffith，*The Politics of Fear：Joseph R. McCarthy and the Senate*），肯塔基州列克星敦，1970；张红路：《麦卡锡主义》，武汉，武汉大学出版社，1987。

④ 参见布热津斯基：《苏联集团：团结和冲突》，91～97页；美国国务院：《美国对外关系文件》，1952—1954年第8卷，14、26、31页，华盛顿特区，1988；刘同舜、姚椿龄主编：《战后世界历史长编》第9册（1954年），第7章（时殷弘撰），339～342页，上海，上海人民出版社，1994。

反应。斯大林在世的最后几年里，美苏关系的一大特征就是双方都被严重得过头的恐惧所驱使：“美国领导人从朝鲜战争想象出一种苏联战略，那就是诱使美国投入遥远的亚洲冲突，以便利苏联攻击盟国在欧洲的阵地……与此同时斯大林将西方集结力量认作一种借口，以准备他一直预料并且始终力图避免的最后摊牌，而不是实际上那样的防御举动。双方事实上都在准备对付一场直接和全面的大挑战，那是没有哪一方本想进行的。”①

冷战最高潮过后的两大对抗浪峰

就美苏冷战的整个历史考察，冷战最高潮往后还出现过两次大的对抗浪峰，它们分别发生在匈牙利事件过后 6 年里以及 20 世纪 70 年代末至 80 年代前期。前一次浪峰主要由两次柏林危机和古巴导弹危机构成，其间的美苏对抗虽然不如冷战最高潮时期那么几乎无所不包，但就军事方面对抗的烈度及其包含的战争危险而言，它们可以说有过之而无不及，古巴导弹危机尤其如此。

1958 年 11 月，苏联照会美英法三国：若不在 6 个月内将其占领军撤出西柏林，使之成为非军事化的“自由城市”和“独立的政治单位”，苏联就将与民主德国单独签订和约，将进入西柏林的通道交给更倾向于搞柏林封锁的民主德国政府控制。赫鲁晓夫为何要挑起这次柏林危机仍然是个有争论的问题。多年来人们的解释包括：取消西柏林这扇让成千上万民主德国人（其中大多数是青少年，还有大量专业技术和管理人员）得以方便地逃往西方的门户②，从而帮助维持民主德国政府的有效生存；向美国施加压力，促其保证不让联邦德国染指核武器；以柏林问题上的重大胜利来打动与苏联分歧逐渐加深的中国领导人，争取使之重新承认苏联的领导地位；遏阻美国就第二次台湾海峡危机（即炮击金门）采取强硬行动；离间德国问题上的死硬派——联邦德国阿登纳政府与其美英法盟友之间的关系。③ 事情大概如一位俄罗斯冷战史学家所说，赫鲁晓夫相信他能够一石多鸟，借柏林问题谋取多项重大利益。④ 无论如何，有一点相当清

---

① 基辛格：《外交》，495 页。

② 从 1949 年到柏林墙建筑前不久的 1961 年初，平均每年有 23 万民主德国人经西柏林逃往西方，其中 45 岁以下者占 74%，25 岁以下者占 50%。参见克雷格：《德国人》，52 页。

③ 例如见克雷格和乔治：《武力与治国方略》，158～159 页；基辛格：《外交》，571 页；马克·特拉滕贝格：《历史和战略》（Marc Trachtenberg，*History and Strategy*），169～234 页，新泽西州普林斯顿，1991。

④ 参见符拉迪斯拉夫·祖波克：《赫鲁晓夫与柏林危机（1958 至 1962 年）》（Vladislav Zubok，“Khrushchev and the Berlin Crisis，1958—1962”），冷战国际史项目（Cold War International History Project）研究文件第 6 号，1993 年 5 月，伍德罗·威尔逊国际学者中心，8～9 页。

楚，那就是前一年苏联首次洲际导弹和人造卫星发射成功令这位鲁莽冒失的领导人踌躇满志，相信“社会主义和资本主义国家间的力量对比已经发生了有利于社会主义国家的重要变化”①，因而他很可能在西方至关重要但又易受伤害的薄弱点上靠威吓取得成功。这种估计并非没有道理：英国首相麦克米伦认为，决不能因为西柏林通道是由苏联还是由民主德国控制而冒核战争风险，美国总统艾森豪威尔也持类似的看法，并且在内心多少倾向于大致接受苏联的要求。然而，阿登纳将是否坚决抵抗苏联压力当做西方盟友对德义务的试金石，在这方面他得到了法国总统戴高乐的支持，后者为抑制美英在欧影响而刻意谋求法德特殊关系。② 主要由于赫鲁晓夫外强中干并昧于西方同盟内幕，一再推迟摊牌时限，联邦德国和美英的关系才未步步恶化。

1961 年 6 月，大概受其对手在古巴和老挝受挫的鼓励，赫鲁晓夫向美国新总统肯尼迪重提关于西柏林的最后通牒，第二次柏林危机由此开始。从表面看，肯尼迪的态度非常强硬。他大幅度增加美国军事预算，征召后备役兵员，向欧洲增派美国部队，甚至下令千余名美国军人挑衅性乘车穿越苏占区，并且亲赴西柏林向世人宣告“我是柏林人”。然而实际上，他甚至比艾森豪威尔更担心因西柏林问题引发美苏战争，更倾向于同苏联协商解决，哪怕必要时撇开西欧盟国单独谈判。③ 因此在这次危机期间，美国与联邦德国政府的关系跌到未曾有过的最低点，后者坚持的德国及柏林统一原则事实上遭到美国断然拒绝。④ 在赫鲁晓夫方面，除危机开始后两个月突然筑起柏林墙、从而一举阻断那有可能“掏空”民主德国的逃亡潮之外，最值得注意的是关于柏林的考虑与他在古巴秘密部署中程导弹之间的联系。虽然迄今可得的史料尚不足以完全确证这举动的一大目的是解决柏林问题，“但它确实很有力地提示，在赫鲁晓夫关于一旦通过其古巴赌博改变了‘力量对比’他就将变更什么的盘算中，柏林占有一个位置”⑤。这场赌博及其结局人所熟知，这里只须强调：苏联导弹之被迫撤离古巴宣告了三大事态结束，即柏林危机平息，赫鲁晓夫的差不多连续六年的恐吓外交破产。

---

① 赫鲁晓夫 1959 年 1 月语，引自基辛格：《外交》，570 页。

② 参见上书，571～580 页；托马斯·施瓦兹：《柏林危机与冷战》（Thomas A. Schwartz, “The Berlin Crisis and the Cold War”），载《外交史》（*Diplomatic History*），第 21 卷第 1 期，1997 年冬，145～146 页。

③ 参见迈克尔·贝谢洛斯：《危机岁月：肯尼迪与赫鲁晓夫（1960 至 1963 年）》（Michael R. Beschloss, *The Crisis Years: Kennedy and Khrushchev, 1960—1963*），225、226 页，纽约，1991；基辛格：《外交》，586 页。

④ 参见施瓦兹：《柏林危机与冷战》，载《外交史》，第 21 卷第 1 期，1997 年冬，146～148 页。

⑤ 同上刊，144 页；加迪斯：《俄国、苏联和美国：解释史》，233～237 页。

第二次（也是最后一次）对抗浪峰的形成归因于赫鲁晓夫的继任者勃列日涅夫。自20世纪70年代中叶起，他主政下的苏联依凭大大加强了的干预全球政治的物质能力，在亚非两洲频繁地进行直接或间接的军事干涉，以追求世界范围内与美国平起平坐的超级强国地缘政治霸权，其最重要的例子是入侵和占领阿富汗。在美国方面，苏联扩张重新唤起了反苏情绪，而在对外关系中遭受的一系列严重挫折（特别在伊朗）则激起了要求重新显示美国力量与“尊严”的民族主义心态。这两者相结合，导致“越南综合征”的减退和扩展海外军事、政治义务的强烈倾向。美国政策的转折发生在1979年，苏联对阿富汗的入侵终于使卡特总统（用当时他自己的话说）“极为急剧地改变了对俄国人的看法”，而且被他惊惶地称为第二次世界大战以来对世界和平的最大威胁。① 两年后入主白宫的里根可以说是一名标准的美利坚原教旨主义者。② 他猛增军事开支，大力研制或加速生产多种新型战略武器，并且重新在海外进行直接和间接的军事干涉，以便对他称为“邪恶帝国”的苏联施加最大压力。里根的这套政策作为一个重要因素，参与促成了20世纪80年代后半叶那最终导致苏联解体的变更。

冷战期间的缓和或局部缓和

冷战时代美苏之间的紧张程度是起伏变化的。有过几段比较缓解的时期。从1953到1956年，由于欧洲领土和政治现状大致稳定下来，加上斯大林去世后苏联对外政策发生变化以及西欧国家的缓和意愿对美国造成了压力和影响，对抗的气氛有所缓和。奥地利问题得到解决，美苏英法四国政府首脑在日内瓦举行了最高级会晤，苏联和联邦德国建立了外交关系。1962年古巴导弹危机后，逐渐出现了持续时间长得多、成果也多得多的另一段缓解时期——被普遍称作“缓和”的时期。在核军备控制领域达成了一些重要协议，包括1963年的部分禁止核试验条约、1968年的防止核扩散条约以及1972年的美苏第一阶段限制战略武器协议。“欧洲正常化”是这段时期里缓和的中心内容。联邦德国在美国半心半意支持下推行的“东方政策”获得了苏联和东欧国家的呼应，由此导致了苏联—联邦德国条约、波兰—联邦德国条约以及关于柏林的四方协定，直至1975年在赫尔辛基举行欧洲安全与合作会议（赫尔辛基欧安会）。欧洲现存国际边界得到了西方的正式确认，苏联和东欧国家政府为此表示同意保障人权和人员、信息的自由交往，苏联和东欧国家内

① 参见克雷格和乔治：《武力与治国方略》，183～184页。

② “他笃信美国例外论，笃信他的国家作为历史上最大善良力量拥有的独特地位，笃信这幅与他的反恶魔责任——在遇见恶魔的任何地方。在当代世界，恶魔的代理人就是苏联。”（同上书，184页。）

部的持不同政见运动随之兴起。美苏两国都需要通过缓和来减轻军备负担和获得贸易好处，创造有助于它们各自对付第三方（对美国来说先是中国，后是越南北部，对苏联来说始终是中国）的某些条件，并且都希望通过缓和来限制或削弱对方。然而，军备控制领域和欧洲的缓和未能掩盖美苏在欠发达世界的争夺、对立和竞争。

第三节　冷战对抗的基本特征

冷战对抗的地缘政治和地缘战略含义

美苏冷战对抗有四大基本特征。第一在于其地缘政治和地缘战略性质，第二在于其非常强烈的意识形态色彩，第三是贯彻始终和不断翻新的美苏军备竞赛，特别是核军备竞赛，最后是冷战的自我控制机制。与不少大国对抗一样，美苏冷战具有显著的地缘政治和地缘战略内容，所不同的是其史无前例的真正全球性的规模。可以说，整个冷战期间美苏两家都在不断评估世界各有关地区的战略价值，它们的地缘政治就是按照世界地图进行的超级强国权势斗争。因其可用史料之丰富，美国在这方面的情况清楚得多。源于麦金德的海权对陆权范式提供了塑造（以及理解）冷战地缘政治和美国遏制战略的一个关键，“大陆原理和海洋原理又一次面对面，彻底显露其实质，同时又扩大到全球规模。一边是前几个世纪里欧洲大陆强国的后继者俄国，从它们的传统中攀升到全球地位；另一边是美国，在欧洲岛国的基础上将自己的势力扩展到全世界”①。1945年，由一批当时美国最著名的国际关系专家撰写、被称为最能表现第二次世界大战结束时美国国家安全思想的一份研究报告断定，美国必须阻止任何一个国家或国家集团控制欧亚大陆，否则它将无法抵挡这一强权的进攻。② 在遏制战略形成期间，同样的地缘战略思想非常有力地支配了决策者及其幕僚，而几年后的国家安全委员会68号文件更是强调苏联正以控制欧亚大陆为努力方向，10年内若发生战争，它就很可能从这个极其庞大的力量基地出发打击不列颠和北美

① 德约：《不牢靠的平衡》，267页。凯南在1945年初，就以同样的海权对陆权范式谈论在他看来正在兴起的美苏“根本冲突”。参见加迪斯：《势力范围：美国与欧洲（1945至1949年）》，见其《漫长的和平：冷战史研究》，48页。

② 参见莱夫勒：《权力优势：国家安全、杜鲁门政府和冷战》，11页。

大陆。[①] 按照其提出者凯南的观点，遏制战略的实质就是立足于麦金德所说的外月牙形地带，守护内月牙形地带（或曰外围地带，即欧亚内陆外缘），阻止苏联取得对它的控制。

然而，再进一步展开，旨在遏制的地缘战略分明可以有两种：一种可称为“周线防御”，极像杜鲁门主义和国家安委会 68 号文件显示的那样，将内月牙形地带的所有部分视为同等重要，因而要求在其中任何部分找到苏联势力进攻或侵蚀时，一概用保全该部分所必需的力量制止之，而不考虑可用资源的限度；另一种则可称为“要点防御”，亦即区别各不同地区不同的重要性，集中势必有限的资源，将其用于守护和加强那些特别重要的地区，就如马歇尔计划那样。[②] 以国家安委会 68 号文件和朝鲜战争为转折点，遏制由“要点防御”变为“周线防御”。这是美国政府地缘战略思想的一种蜕变，而蜕变的关键是过于关注冷战对抗中的心理因素即威望和可信性，而不是主要根据地理上可以明确界定的具体危险以及有形亦有限的利益、能力和成本效益决定政策。[③]

到艾森豪威尔执政时期，“周线防御”有了它的某种极端形态，那就是在苏联和中国外围构筑企求水泄不通的全线遏制体系。它除了先前缔结的北约和美日、美菲、美澳新同盟外，还包括东南亚条约组织、中央条约组织、美韩同盟和美台共同防御协定。同样与上述蜕变相关，一个机械得出奇的地缘政治譬喻——“多米诺骨牌论”成了艾森豪威尔开始数届美国政府决定国家安全政策的主要因素之一。它将中苏外围各国概念化为可能连锁倒下的多米诺骨牌，因而必须防止其中任何一块率先倒下。[④] 很明显，在所有这些理念中间，包括了从朝鲜战争到越南战争美国一系列对外军事干涉的地缘政治逻辑。在冷战的发源地欧洲，地缘政治形势却简明得多，也稳定得多。在那里，美苏两大集团对垒的地缘界线早已确定并巩固，柏林危机结束后尤其如此。简单地说，欧洲冷战

---

① 参见加迪斯：《遏制战略史：战后美国国家安全政策评析》，57 页；邵永灵、时殷弘：《麦金德与盎格鲁—撒克逊民族的恐惧》，载《欧洲》，1997 (6)，9～10 页。

② 参见加迪斯：《遏制战略史：战后美国国家安全政策评析》，30、57～58 页。

③ 参见时殷弘：《与复杂局势相违的简单化政策——论冷战时期美国在东亚的安全政策》，载《美国研究》，1997 (2)，12～13、16 页。另外，美国政府关于“要点”与“周线”之间关系的一种政治经济观念也对这里说的蜕变起了重大作用。这种观念按照历史学家梅尔文·莱夫勒的表述，就是“外围地带必须守住，否则欧亚工业核心地区就会被削弱。简单地说，日本需要东南亚，西欧需要中东，美国重整军备的努力需要来自整个第三世界的原料”。参见莱夫勒：《权力优势：国家安全、杜鲁门政府和冷战》，18 页。

④ 参见时殷弘：《美国在越南的干涉和战争（1954—1968）》，290～291 页，北京，世界知识出版社，1993。关于艾森豪威尔政府在东亚的遏制努力，参见蔡佳禾：《双重的遏制——艾森豪威尔政府的东亚政策》，南京，南京大学出版社，1999。

就是两个超级强国在那里的战略僵持。

冷战对抗的强烈的意识形态色彩

与近几个世纪里大多数大国对抗相比，美苏冷战的真正特征在于它具有非常强烈的意识形态色彩。对立的意识形态既是美苏各自在竞争中运用的旗号，更是它们从事竞争和对抗的很大一部分动因。冷战形成过程中起了重要作用的凯南"长电报"就浸透了强烈的反共意识形态。在其中，马克思列宁主义被说成是苏联领导人的教条，"他们在这教条及其目的的基本的利他主义中，找到了辩解：为他们对外部世界的出于本能的恐惧辩解，为舍此他们就不知道如何统治的独裁制度辩解，也为他们不敢不施加的残暴和他们感到不能不索取的牺牲辩解"①。一些高层官员头脑比凯南要简单得多，干脆认为苏联领导人的意识形态是美苏对立的唯一根源。② 将共产主义与纳粹主义等同起来的观念在第二次世界大战后初期的美国越来越流行，其中最突出的就是将苏联在东欧和东北亚的军事行动比作德国战前和战时的侵略扩张：今天是的里雅斯特、朝鲜和中国东北，明天是英帝国，后天是南美洲。然后是——谁那么眼瞎，竟然看不到再下一步？③ 如前所述，杜鲁门主义以美国最高政策宣言的方式，将美苏对立概括为自由民主与极权主义的对立，由此提供了冷战大半时间里美国看待世界的一个基本框架，而国家安委会 68 号文件更极端地表现了意识形态至上。在这个决策纲领中，决策的根本出发点是被意识形态化了的世界政治本质："自由思想"对"奴役思想"，"自由制度"对"奴役制度"。意识形态狂热和说教充斥着该文件全篇，令人难以相信那是一份肯定在二三十年内不会公之于世的绝密文件。④

杜鲁门政府于 1949 年底正式确立了一项基本目标，即促使苏联和东欧国家内部发生根本变化（用 21 世纪开初在美国政府内变得流行的一个术语说是"政权变更"）。追求这目标的基本手段是一种可称为"激变"的战略：通过煽动性的敌对宣传和隐蔽行动，在苏联东欧助长社会紧张，加剧或激发反政府情绪乃至造反行动，争取最终由苏联东欧内部的反对势力搞垮那里的政权。⑤ 自由欧洲

---

① 凯南：《回忆录（1925 至 1950 年）》，550 页。

② 例如见基辛格：《外交》，第 450 页所述。

③ 参见美国国会参议员霍华德·麦格拉恩 1947 年 2 月在参议院的演讲。

④ 参见加迪斯：《遏制战略史：战后美国国家安全政策评析》，107 页。

⑤ 参见时殷弘：《激变战略与解放政策——冷战初期美国政府对苏联东欧内部状况的政策》，载《世界历史》，1995（3），3～4 页。

电台和解放电台是从事敌对宣传的最主要工具，它们向苏联东欧播送各种节目攻击共产主义，披露并夸大那里的阴暗面，引导听众向往美国和西方，鼓动造反情绪乃至各种形式的造反行动。隐蔽行动则大多由中央情报局负责，包括设法制造政权最高层内部的相互猜疑以挑动清洗，鼓励和协助叛逃，特工人员渗透入境从事鼓动变乱，秘密组织和训练准备潜回的流亡者武装。① 艾森豪威尔在1952年总统竞选期间和执政初期，与其头号幕僚杜勒斯一起反复宣布他的政策是解放苏联东欧“被奴役人民”。当时美国一边的意识形态战争气氛由中央情报局的一个信念特别典型地反映出来，那就是反共可以不择手段。据此，“迄今为止体面的人类行动规范概不适用……必须学会运用比用来反对我们的方法更高明、更精细、更有效的方法颠覆、破坏和毁灭我们的敌人”②。20世纪50年代美国在这方面的最为得意之作，大概是搞到苏共二十大赫鲁晓夫秘密报告副本，然后予以广泛传播，借此大作反共文章和煽动动乱。③

然而，随斯大林去世后苏联东欧内部改革性的变化趋势渐被确认，而且与20世纪50年代间歇性的美苏关系局部缓和相关，演变逐步取代“激变”，成为争取促使苏联东欧国家体制变更的主导战略。具体地说，演变被正式确立为美国的目标，并且变为可操作的战略和政策是在1955年，而其完全形成则在苏共二十大之后。演变的基本内涵就在于顺应苏联东欧内部的简便，争取逐渐地促使它发展到根本改变那里的国家性质的地步。不过，演变的效果从根本上说取决于西方本身的面貌，或者如凯南早在40年代末谈论马歇尔计划时所说，取决于苏联东欧经不起相比的“篱笆对面较快乐和较成功的生活景象”④。到20世纪80年代，由于苏联东欧各国先后出现大动荡，加上以自由民主对“邪恶帝国”为意识形态范式和政策口号的里根在白宫执政，“激变”战略又显著抬头，美国

---

① 参见时殷弘：《激变战略与解放政策——冷战初期美国政府对苏联东欧内部状况的政策》，载《世界历史》，1995（3），5～9页；班内特·科弗里格：《墙与桥：美国与东欧》（Bennett Kovrig, *Of Walls and Bridges: The United States and Eastern Europe*），38～45页，纽约，1991。

② 1954年9月中央情报局呈送总统的绝密报告。引自威尔伯·埃德尔：《国务院风格的外交史》（Wilbur Edel, “Diplomatic History—State Department Style”），载《政治科学季刊》（*Political Science Quarterly*），第106卷（1991/92年冬），711页。

③ 参见时殷弘：《美国和苏共二十大》，载《南京大学学报》，1996（3），108～110页。

④ 参见时殷弘：《美国和苏共二十大》，载《南京大学学报》，1996（3），106～107、110～114页；时殷弘：《促进苏东变革——从设想到政策（1953—1955）》，载《南京大学学报》，1995（3）；时殷弘：《苏东内部变化和美国的政策》，载《世界历史》，1997（6）。凯南引语见加迪斯：《遏制战略史：战后美国国家安全政策评析》，45页。

的隐蔽行动由于维持并帮助壮大了波兰团结工会而取得了它历来的最大成功。①

至于冷战在苏联方面的意识形态色彩，虽然总的来说或许不如美国方面的那么浓烈，但从斯大林经赫鲁晓夫到勃列日涅夫，意识形态对外交政策的影响仍一脉相承。在冷战形成时期，这种影响大概特别重要。1946 年间，苏联前外交人民委员（时任副外长）李维诺夫对一名外国人说，苏联对西方态度和政策的根子在于"这里占上风的意识形态概念"，即共产党世界与资本主义世界之间的冲突不可避免。② 在冷战形成史上起了重要作用的斯大林 1946 年 2 月在莫斯科选民大会上的演说，连同九国共产党和工人党情报局成立时苏联提出的"两大阵营"口号，都说明了这一点。总的来说，虽然从斯大林到勃列日涅夫，苏联往往出于安全或权势扩张等实际利益考虑而将意识形态放在比较次要的位置，但信仰、合法性需要和追求对第三世界激进国家和全世界激进运动的影响等因素，使之一贯坚持"社会主义大家庭领导者"和国际共产主义运动与进步力量中心的意识形态身份。"由此，苏联领导人的公开言辞和外交就带上了目的与身份的双重色彩，甚至在赫鲁晓夫和勃列日涅夫领导下与西方缓和期间也是如此。"③

美苏军备竞赛

军备竞赛，特别是核军备竞赛，是美苏冷战的一个重大方面。从最一般的意义上说，战后美苏军备竞赛的原因，就是一般国际政治中军备竞赛这行为模式本身的原因。它们首先是国际体系层次上的，即国家对互相抵触的利益的追求，连同往往由此而来的互相疑忌和恐惧。国家间的利益冲突和对外政策冲突起最基本的作用，这些冲突在军备领域往往导致典型的"安全两难"局面和在加强军备方面的作用和反作用互激效应。另一大类原因是在国家层次上，包括利益集团（军方、军事工业界以及防务和战略研究界等）的影响、国家经济状况和政府财政信念、流行的战略理论观念、技术的发展和变更状况等。

由所有这些国际国内因素驱动的战后美苏军备竞赛以美国丧失核垄断为第一轮结果。1945 年七八月间，美国先是成功地进行了首次原子弹爆炸试验，然后用这种摧毁力空前巨大的武器毁灭日本广岛和长崎。斯大林虽然对美国炫耀

---

① 参见卡尔·伯恩斯坦：《神圣联盟》(Carl Bernstein, "The Holy Alliance")，载《时代》(*Time*)，1992-02-24。

② 参见亨利·罗伯茨：《李维诺夫》，(Henry L. Roberts, "Maxim Litvinov") 见克雷格和吉尔伯特合编：《外交家（1919 至 1939 年）》，第 2 卷，366 页，纽约，1963。

③ 阿姆斯特朗：《革命和世界秩序：国际社会中的革命国家》，145 页。

核武力看似嗤之以鼻，而且将原子弹不能决定战争胜负当做苏联公开的战略理论信条，但这位深知实力政治并了解苏联内在羸弱的领导人无疑对美国的核垄断深感忧虑。由此而来的是竭尽所能的原子弹研制努力，像一位历史学家估计的那样，在苏联民众消费仍处于很低水平的时候，这种努力仍被放在国家资源部署的最优先位置。① 1949 年 10 月，苏联试爆原子弹成功，随即新一轮核军备竞赛就接踵而来：美国以研制氢弹来弥补优势受损的努力于 1952 年 11 月告捷，但仅仅 9 个月后苏联就爆炸了自己的氢弹。

大致在这轮核竞赛期间，因苏联爆炸原子弹和朝鲜战争的刺激，杜鲁门政府还急剧地扩充了战后初年被砍削大半的常规武力，包括将美国地面部队增加两倍，并且促使北约盟国大大膨胀军队规模，以便像国家安全委员会 68 号文件强调的那样，使美国避免陷入要么进行毁灭性的核大战、要么听凭苏联武力扩张的两难处境。② 然而，到杜鲁门执政末期，双管齐下的大规模扩军加上旷日持久的朝鲜战争，已经以巨大的金钱和生命成本引起了广泛的不满。以前总统胡佛和参议员罗伯特·塔夫脱等人为首的共和党内一派强烈主张着重依靠海空力量，固守麦金德定义的外月牙形地带，避不介入欧亚大陆的战争，而以杜勒斯等人为代表的共和党内另一派虽然同样认为应当改变靡费不已的地面常规遏制，但不能将整个欧亚大陆弃之不管。对该党总统候选人艾森豪威尔来说，最重要的是杜鲁门政府那种军备政策终将削弱或改变美国经济的自由企业资本主义性质，因为据信它终会造成非常严重的通货膨胀或严厉刻板的政府管制。③

艾森豪威尔入主白宫以及杜勒斯出任国务卿导致美国改行“新面貌”战略，亦即大大强化核武器在美国武力构成中的中心地位，大幅度扩充空军，特别是核武器在当时的主要运载手段战略空军，同时急剧削减陆军，使其预算份额到 20 世纪 50 年代晚期不及空军的一半。由于这些调整，防务开支在国民生产总值中所占比例持续下降。“新面貌”战略的核心部分是杜勒斯 1952 年即已公开抛出的“大规模报复”，即表明苏联集团在任何地方的任何种类“侵略”行动都可能招致美国对苏联及其盟国境内核打击。这实际上是一种“试图将反应的确定性与其性质的不确定性结合起来”④ 的威慑战略，其好处据信是使苏联集团提心吊胆而不敢侵略，而且因此使美国能以小得多的代价保证“自由世界”的安全。

在苏联方面，20 世纪 50 年代期间防务政策的动态与美国相似。这一时期的

---

① 参见威廉·麦克尼尔：《竞逐权势：公元 1000 年以来的技术、武装力量和社会》，364 页。

② 参见加迪斯：《遏制战略史：战后美国国家安全政策评析》，100 页。

③ 参见上书，117～121、133～134 页。

④ 参见加迪斯：《遏制战略史：战后美国国家安全政策评析》，151 页。

开头几年里，苏联也进行了大规模的重整军备，而且也是既强调发展核武力，又强调加强常规力量。随赫鲁晓夫于1955年开始主政，情况发生很大变化。这位苏联领导或许比他的美国对手更相信战略核武器的决定性作用，更倾向于在战争爆发后立即对敌方领土进行大规模核打击。他集中主要防务资源大力研制洲际弹道导弹，建立陆海空三军之外独立的战略火箭军，力图用不对称的方式赶上以轰炸机为运载工具的美国核力量。与此同时，苏联常规部队兵员被削减过半，战略空军、水面舰只和潜艇的发展规划被大大收缩。① 1957年，苏联第一颗（也是全世界第一颗）人造地球卫星发射成功，表明苏联拥有核武器洲际运载能力，美国举国上下大为震惊。这是50年代美苏军备竞赛中最具戏剧性的事态。

苏联开始具备洲际核打击能力这一事实使"大规模报复"战略迅速丧失了任何可信性，因为谁都可以预料到，美国除自己（或至多加上欧日盟国）遭到进攻外，决不会为任何原因冒遭受核报复的巨大风险来向苏联发动核打击。② 在美国国内，对这个战略乃至整个防务政策的抨击越来越强烈。一些战略理论家和陆军领导人强调，必须加强常规武力，才能避免除了发动自杀性核打击或者坐视对手得胜外就别无选择的窘境。民主党在对外政策方面的喉舌还进一步指责共和党的战略表面上气势汹汹，骨子里反映了在苏联共产主义势力面前的怯弱和保守。以此为背景，加上舆论喧嚷一时但实际上并不存在的美苏"导弹差距"问题，问鼎总统宝座的肯尼迪决心改变艾森豪威尔吝惜财力、以一当十的做法。他要发展多样化的"灵活反应"能力，亦即能以核报复对付核打击，以常规战争对付常规侵略，以特种战争对付"叛乱"或"灌木林火战争"，而先前由国家安全委员会68号文件表达的那种凯恩斯主义信念，又一次被当做大规模全面扩军的经济学依据。③ 在肯尼迪及其防务政策的继承者约翰逊执政期间，美军兵员增加了将近一半，常规武器数量随之大增，质量显著改善；核力量方面，到1964年年中苏联核武器就已增加了一倍半，三年后更增至美国政府自设的最高限——1 054枚陆基洲际导弹和656枚潜射导弹。④ 更重要的是，基于苏联第

---

① 参见康多莉扎·赖斯：《苏联大战略的演变》，见保罗·肯尼迪编：《战争与和平的大战略》，155～156页；保罗·肯尼迪：《大国的兴衰》，386页。

② 事实上，艾森豪威尔本人始终很怀疑"大规模报复"是个合适的战略。用他的话说，"三军越是依赖核武器，遏阻任何有限战争或防止它扩大为全面战争的希望就越是暗淡"。参见加迪斯：《遏制战略史：战后美国国家安全政策评析》，128、174页。

③ 参见时殷弘：《美国在越南的干涉和战争（1954—1968）》，84～85页；朱明权：《美国国家安全政策》，99页，天津，天津人民出版社，1996。

④ 参见加迪斯：《遏制战略史：战后美国国家安全政策评析》，218页。

一颗人造地球卫星刺激起来的美国科技突飞猛进[①]，20 世纪 60 年代美国拥有了非常先进的接连两代核潜艇和分导多弹头导弹，并且形成了核潜艇、陆基洲际导弹和战略轰炸机三足鼎立的战略武器系统。

苏联又一次与美国双管齐下的大扩军相对应，展开规模空前的新一轮军事力量全面增进。继在古巴导弹危机中屈辱地退让之后，克里姆林宫决心奋起直追，以达到核武力和常规海军两方面可与美国势均力敌的地步。于 1964 年秋继赫鲁晓夫主政的勃列日涅夫废弃其前任堪称危险的做法，即对外政策高度冒险，军事力量却虚弱单薄。[②] 在他领导下，苏联几乎倾其所有，竭力发展军备，到 70 年代初已将洲际导弹数量从古巴导弹危机前夕的约 40 枚猛增到1 400枚，而且同时期内也研制了接连两代先进核潜艇。在常规海军方面，勃列日涅夫时期差不多所有舰种都得到了急剧扩充，苏联海军的海外部署和活动范围则急剧扩大，“例如在地中海和印度洋以一种斯大林（还有赫鲁晓夫）从未打算过的方式挑战西方的海上优势”[③]。另外，苏联的洲际海空运输能力也有迅猛发展。在核均势大致形成了的基础上，苏美两国终于开始局部地抑制核军备竞赛，标志是 1972 年签署的美苏《反弹道导弹条约》和《限制进攻性战略武器协定》。这套军备控制协议的主要意义，对美国来说主要在于阻止苏联的战略导弹数量优势进一步加大，对苏联来说则在于象征它已经获得被美国公开承认的、与其平起平坐的超级强国地位，同时减轻苏联业已感到力不从心的军备负担，或者至少使之不再大大加重。[④]

然而，作为美苏关系总的相对缓和的组成部分，军备竞赛缓和好景不长。它终于随苏联入侵阿富汗和里根入主白宫而结束。里根相信，可以用美国军备大扩充、大升级的办法逼使苏联要么甘拜下风，要么精疲力竭。基于防务预算的猛增，里根政府大力研制或加速生产多种新型战略武器，包括 B-1 战略轰炸机、MX 机动洲际导弹、“三叉戟”核潜艇、巡航导弹等，并且宣布着手施行旨在截击苏联核导弹、从而威胁剥夺其核攻击和核报复能力的“星球大战计划”。确实，到戈尔巴乔夫于 1985 年担任苏联最高领导人之后不久，苏联显然已无力继续

---

① 关于这一点，见麦克尼尔：《竞逐权势：公元 1000 年以来的技术、武装力量和社会》，368～369 页。

② “在许多方面，勃列日涅夫是苏联领导人当中最为克劳塞维茨式的。对他来说，避免战争和准备打仗密不可分地结为一体。”（赖斯：《苏联大战略的演变》，见保罗·肯尼迪编：《战争与和平的大战略》，157 页。）

③ 保罗·肯尼迪：《大国的兴衰》，387 页；卡尔沃科雷西：《1945 年往后的世界政治》，48～49 页。

④ 参见卡尔沃科雷西：《1945 年往后的世界政治》，42～44 页；时殷弘：《尼克松主义》，81～85 页，武汉，武汉大学出版社，1984。

与美国竞争，美苏军备竞赛遂以苏联失败告终。这场历时约40年的大竞赛以其恶性循环加剧了冷战，但也控制了冷战，因为它确立和维持了“恐怖平衡”，导致美苏两国因为惧怕互相毁灭而非常努力地防止它们之间爆发直接的军事冲突。

冷战的自我控制机制

冷战有其自我控制机制，它们使得两个超级强国间几十年的直接对抗和竞争始终保持冷和平状态。就此而言，冷战时代确是个“漫长的和平”时代。① 一位学者颇有道理地认为，美苏从根本上说都多少满足于战后现状，害怕已有的超级强国地位和其他重大利益毁于它们彼此间的冲突。② 在这个“漫长的和平”时代里，美苏关系可谓构成了一个有其最低限度共同利益和共同准则的国际体系。③ 这最低限度共同利益就是避免美苏战争，而最低限度共同准则是在冷战对抗中（特别是在危机期间）将避免美苏战争放在最优先地位。它先是作为心照不宣的默契，而后于20世纪70年代初成为正式协议。基于这个准则，美苏两国在冷战实践中逐渐形成了一套“游戏规则”，它们大致有如下特征：默契式的而非成文的，含糊宽泛的而非明确界定的，由习惯、先例和利益逐渐混合而成，不以意识形态或伦理道德方面的一致为基础。④ 具体地说，这些规则主要包括：(1)“危机处理”，防止美苏之间包含严重的直接军事冲突风险的局势升级为战争；(2) 防止美苏各自的盟友之间的冲突（或者美苏两国中有一国直接介入的冲突）发展为它们两国之间的直接碰撞；(3) 美国或苏联不在那些被对方当做至关紧要的势力范围的地区进行任何武装干涉，而在做其他形式的干预时一般也尽可能审慎甚而隐蔽，以免使对方感到遭受无法容忍的严重挑战和威胁。

就危机处理而言，从柏林封锁到柏林危机和古巴导弹危机，再到1970年古巴西恩富戈斯港核潜艇基地事件，连同1973年阿以战争期间世界各地美军针对苏联军事干涉的可能而进入戒备状态的事件⑤，都表现了美苏两国是如何谨慎地防止它们彼此间实在或潜在的敌对升级为战争，在它们都拥有足以有保障地毁灭对方的核武力之后尤其如此。惧怕核战争是此类危机处理乃至冷战式共处的

---

① 参见加迪斯：《漫长的和平：战后国际体系的稳定因素》，见其《漫长的和平：冷战史研究》。

② 参见约翰·米勒：《从末日后撤：重大战争的过时》，96～97页。

③ 参见克雷格和乔治：《武力与治国方略》，152页。

④ 参见加迪斯：《漫长的和平：战后国际体系的稳定因素》，见其《漫长的和平：冷战史研究》，238页。

⑤ 这两个事件的大体情况见时殷弘：《尼克松主义》，98页，注19。

根本动因。例如，艾森豪威尔就曾对人说：“原子战争将毁灭文明……如果克里姆林宫和华盛顿一旦陷入战争，其结果就可怕得无法想象。”① 苏联在斯大林去世后的首任领导马林科夫也一反陈规，提出帝国主义国家与社会主义国家之间的战争在核时代意味着世界文明毁灭，而赫鲁晓夫同样认识到美苏核战争包含的莫大危险，并且实际上将美苏都掌握核武器当做他的和平共处、和平竞赛论的一个大前提。②

关于上面说的第二项主要“游戏规则”，朝鲜战争提供了一个较显著的例证。美国政府当时如履薄冰地小心提防刺激苏联参战，以致差不多像杜鲁门后来回忆的那样，他所做的每项与朝鲜冲突相关的决策，都考虑到避免发生美苏战争。③ 苏联方面也是如此：它从未做出任何准备出兵朝鲜或采取其他军事行动的表示。在第二次世界大战后几次中东战争中，这种防止地区性冲突越轨的努力也颇为突出。美苏冷战时代里人们看不到第一次世界大战前夕那种景象，即两大对抗同盟内的次要伙伴能将盟主拖入战争。

关于最后一条主要“游戏规则”，即不冒犯对方至关紧要的势力范围，可以用美国对 1956 年波匈事件的政策来例解。④ 对于波兰事件，美国的政策是审慎地示意愿向哥穆尔卡政府提供经济援助，同样审慎地就此进行谈判并实施达成的经援协议，以图使波兰逐渐摆脱苏联控制。避免刺激苏联武装干涉是贯穿所有这些举动的头号准则。⑤ 对于匈牙利事件，美国政府的政策更是以审慎和节制为特征。虽然中央情报局和自由欧洲电台做了一些煽风点火的事情，但高层决策者坚持不以美国的支持和鼓励来助长武装造反，也未采取什么制约苏联大举镇压的行动，哪怕是纯粹外交性质的行动。导致这种状况的一个重大原因，是艾森豪威尔本人非常担忧美苏两国因匈牙利事件发生战争。⑥

---

① 加迪斯：《遏制战略史：战后美国国家安全政策评析》，173 页。

② 参见约瑟夫·诺齐和罗伯特·唐纳尔逊：《第二次世界大战往后的苏联对外政策》(Joseph Nogee and Robert Donaldson, *Soviet Foreign Policy since World War Ⅱ*)，第 3 版，24、27、112～113 页，纽约，1988。

③ 参见《杜鲁门回忆录》，第 2 卷，410 页，北京，三联书店，1974；见时殷弘：《敌对与冲突的由来》，212、219～210、235～237 页。

④ 其他许多例子见加迪斯：《遏制战略史：战后美国国家安全政策评析》，239 页。

⑤ 参见时殷弘、张振江：《1956 年波兰事件及美国的有关政策》，载《国际论坛》，1999 (2)，18～20 页。

⑥ 参见时殷弘：《匈牙利事件和美国的政策》，载《南京大学学报》，1998 (1)。

第四节　冷战的全球化：美苏在欧洲以外的全球性竞争

当地力量、全球战略和全球性竞争

20 世纪 50 年代以前，美苏冷战集中于欧洲、西亚（主要是伊朗和土耳其）以及朝鲜半岛，但以后它扩及一个又一个新的地区。首先东亚大陆，然后中近东和非洲，最后拉丁美洲，相继成了冷战的舞台。到 60 年代，冷战成了全球性的。冷战的这种全球化不仅是由于美苏两国越来越广泛地介入欧洲、西亚以外地区，将它们当做竞争场所，而且是由于各种错综复杂的当地原因吸引或便利了外部超级强国的干预。在这些当地原因中间，五六十年代蓬勃发展的民族独立和社会改造运动、老殖民帝国的瓦解以及与此相关的许多新独立国家内部或它们相互间的民族、部族、宗教和领土冲突最为重要。美苏冷战这一随国际权势结构极化而来的争斗，与世界不发达地区主要由于民族解放和国家增生导致的激荡相结合，导致了战后世界政治的这么一种两重性："一方面，世界政治舞台在地理上扩展，还有其政治组织中引进更大的文化多样性；另一方面，发生了一个集中过程，由此政治和军事权势之统治中心的数目实际上减少了。"① 可以说，在约 30 年时间里，战后世界政治的面貌主要由这里说的集中和扩展的结合效应塑造，而这结合就是冷战的全球化。

总的来说，美苏两国对欠发达世界内部以民族独立或社会改造为内容的巨大变更所持的态度颇为不同，借以实现各自利益的方式和在这变更过程中所得的政策效果也颇为不同。1955 年初起，赫鲁晓夫改变斯大林审慎保守、基本上避开欠发达世界的"前沿防卫战略"，改行积极外向的、谋求确立和扩大苏联在那里广泛影响的新方针，其核心就是在外交和宣传方面大力支持甚而鼓动反对西方殖民主义和帝国主义，并且视苏联的重要利益所需、可用能力以及风险大小，给予某些欠发达国家经济、军事援助。就苏联对外义务和战略势力的扩展范围而言，甚至就其世界政治态势而言，积极建立广泛的中间地带是斯大林去

---

① 伊安·克拉克：《国际等级：国际秩序中的改革和抵抗》（Ian Clark，*The Hierarchy of States: Reform and Resistance in the International Order*），94 页，剑桥，1989。

世后苏联对外政策所曾经历的最大变化。[1] 它一直延续下去，直到戈尔巴乔夫治下苏联进入其存在的最后阶段为止。客观地说，随第二次世界大战而来苏联权势的兴起有助于欠发达世界反对西方统治的斗争。苏联不仅提供了很长时间里对许多欠发达国家或其激进运动很有吸引力的政治、经济和社会楷模，为它们提供在不同程度上仿效快速工业化所需的大众动员和集权调控，而且因为它是战后在西欧北美以外主要的权势中心，一般说来反对西方支配的欠发达国家或其激进运动会愿意与之携手（至少在某些方面如此），形成“国际政治中两大较弱成分反对最强者的天然同盟”[2]。

美国在欠发达世界被动得多。按理说，美国作为一个诞生于挣脱殖民帝国统治的革命的国家，似应同情甚至支持多少类似的20世纪反殖反帝浪潮，然而植根于美利坚政治文化中的种族主义意识和对真正激进的革命出自本能的戒心[3]，加上在冷战中迁就和振兴西欧盟友的战略需要以及对“亲苏者”的强烈憎恶，使之少有例外地站在殖民者以及封建半封建势力一边。肯尼迪当选总统前曾以下面一番话指责艾森豪威尔行政当局，那其实一样适用于后来他自己的政府：“在这世界范围的革命前面领头行进，并且为其提供忠告、帮助它达到健康结局的，应当是我们美国人。然而……我们已被弄得像是现状的维护者。”迁就西欧殖民国家这一点特别有损于第二次世界大战后初期至60年代美国在欠发达世界的影响和地位，使其先前在第二次世界大战期间的很高的威望差不多一落千丈。

在逐渐全球化的冷战中，美苏各自对欠发达世界的不同态度和政策还相当突出地表现在那里的中立主义（不结盟）问题上。许多新独立国家对无论是美国的还是苏联的权势、意识形态和意图都怀抱戒心，因而与之皆拉开距离。主要是在这个意义上，欠发达世界才被称为第三世界，中立主义才被广泛认为是第三世界国家中间最典型的一种对外态势。虽然杜鲁门政府也曾有某些拉拢中立主义国家的考虑和行动，但总的来说美国差不多一开始就采取强烈反对中立主义的立场，尤其是印度等亚洲国家承认新中国和在朝鲜战争问题上批评美国

---

① 参见时殷弘：《苏联对外政策的转变——从斯大林去世到苏共二十大》，载《南京大学学报》，1999（1），131～133页。

② 赫德利·布尔：《国际关系中的正义》（Hedley Bull, *Justice in International Relations*），29页，安大略省滑铁卢，1984。关于第二次世界大战后苏联和左派意识形态对欠发达世界民族主义运动的巨大影响及其衰落，见E.J.霍布斯鲍姆：《1780年往后的民族和民族主义》（E.J.Hobsbawm, *Nations and Nationalism since 1780*），第2版，150页，剑桥，1992。

③ 参见迈克尔·亨特（韩德）：《意识形态与美国对外政策》（Michael H. Hunt, *Ideology and U.S. Foreign Policy*），第3至第5章，纽黑文，1987。

之后。[①] 杜勒斯在主持美国国务院期间说过的头号名言，大概要算中立主义是“不道德的”；他因为强烈不满埃及纳赛尔政府的中立主义政策而铸成的大祸（从撤除阿斯旺高坝援助到促成苏伊士运河战争）同样广为人知。此后，肯尼迪和约翰逊政府虽然一定程度上缓和了对中立主义的态度，但这更多是表面的而非实质的，例如在越南和老挝的情况就证明了这一点。[②] 在苏联方面，虽然斯大林时期新兴民族主义国家的政府一律被当做反动派和西方附庸，但随赫鲁晓夫主政，苏联的态度有了很大变化：它们越来越多地被视为进步力量，其中立主义态势也得到了接受，甚至被认作“国际关系中一个新的强大因素”[③]。总之，很长时间内，美国在就欠发达国家进行的冷战竞争中显著落后于苏联。

美苏与东亚的革命和拉美的变更

一般来说，冷战在亚洲和拉丁美洲的起源及其实质大体相同，即当地出现争取民族解放和社会改造的激进运动（不管是否由共产党领导），然后美国以抵制共产主义的名义加以反对和干涉，结果促使这些运动的发起者和组织者或者起而寻求苏联的支持，或者加强其原先已有的与苏联的联系，于是形成美苏在那里的对立。至于冷战在中近东和非洲的起源及其实质，则大致是老殖民势力被迫撤离或瓦解，美苏两强随后试图填补“权势真空”，从而在那里形成它们的竞争格局。

就主要的近因而言，东亚地区的革命可以说是第二次世界大战的产物。在这天翻地覆的大变动中，传统社会构造急剧瓦解，殖民主义政权身败名裂，抗日人民武装蓬勃壮大，他们“不仅立志取得军事胜利，也决心实现政治变迁”[④]。然而，无论是在中国还是在越南，无论是在菲律宾还是在马来亚，这样的人民力量从事和追求的变革很不符合美国人愿意接受或容忍的那种革命，即由中上层阶级领导，仅仅反对政治专制，行为表现温和，而且导致建立一个依法保护个人自由和私有财产的宪制政府。[⑤] 在美国决策者看来更糟的是，这些变革由共产党领导，而在美苏冷战迅速形成的情况下，由共产党领导意味着被苏联控制，至少其成功将有助于苏联势力扩张。

---

① 参见时殷弘：《敌对与冲突的由来》，100～102 页；见蔡佳禾：《双重的遏制》，第 10 章。

② 参见时殷弘：《美国在越南的干涉和战争（1954—1968）》，92～98、143、156～158 页。

③ 赫鲁晓夫在苏共二十大所作总结报告语，见《赫鲁晓夫言论》，第五辑（1956 年），26～27 页，北京，世界知识出版社，1965。

④ 肯尼迪：《大国的兴衰》，380 页。

⑤ 参见亨特（韩德）：《意识形态与美国对外政策》，96 页。

坚决反对中国革命、全面遏制和孤立新中国的政策从杜鲁门总统开始，大致一直延续到约翰逊总统离任；而在大致同样的时段里，坚决反对越南革命、竭力阻挠其独立和统一的政策，一直发展到以50多万人的美国地面部队和庞大的美国海空武力从事越南战争。这两者之间有着可谓始终如一的决定性联系。可以说，美国在1949年往后的20年里，其东亚遏制（尤其在越南的干涉和战争）是由意识形态、情绪和被扭曲了的国家利益观驱动，以片面、粗糙和含糊不清的方式回答关于威胁及其对策的两组问题：（1）威胁是单一性质的还是错综复杂的？威胁的作用机制如何？（2）遏制什么？在哪里进行遏制？用什么手段进行遏制？为什么进行遏制？① 到头来，美国在越南遭遇了它立国以来最大的失败。

在拉美，争取民族解放和社会改造的激进力量几乎全由非共左派领导，至少一开始是如此。1954年，美国政府在阻止共产主义扩张的旗号下，颠覆了推行社会改良的危地马拉阿本斯政府，而当时苏联还未开始关注拉美。5年后，作为民族主义的"民主改革主义者"，卡斯特罗领导"七二六"运动经武装斗争夺得古巴政权，随后以温和渐至激进的态势，进行越来越引起美国敌视的经济、社会和政治改革。在强烈谴责美国鼓励流亡分子袭击和颠覆古巴的同时，卡斯特罗邀请苏联领导成员米高扬于1960年2月访问古巴，并且与之达成贸易和经援协议。至此，古巴革命和美国的恶劣反应终于使苏联开始在拉美获得立足点。随即而来的便是仿照苏联模式的激进的社会主义变革，还有与美国对抗的形成。到1961年，古巴成了一个强烈反美的、奉马克思列宁主义为指导思想的社会主义国家，美国则发动以惨败告终的"猪湾入侵"（吉隆滩入侵），而且在往后几十年里持续地对古巴大搞经济封锁以及政治颠覆。② 一项杰出的研究如此概括两个超级强国与古巴革命的演进之间的关系："卡斯特罗政权与美国之间不断升级的敌意既促进了古巴革命激进化，也促使卡斯特罗寻求苏联的支持。哈瓦那与华盛顿之间的敌对直接影响了卡斯特罗的俄国政策。这政策激发了美国的经济

---

① 有关的政治和战略分析评判见时殷弘：《与复杂局势相违的简单化政策——论冷战时期美国在东亚的安全政策》一文。

② 参见理查德·韦尔什：《对革命的反应：美国与古巴革命（1959至1961年）》(Richard E. Welch, Jr., *Response to Revolution: The United States and the Cuban Revolution, 1959—1961*)，第1章，北卡罗来纳州查尔帕希尔，1985。与猪湾入侵几乎同时，肯尼迪宣布了旨在防止拉美其他国家效法古巴的著名的"争取进步联盟"计划。关于这个计划背后的政治经济和战略理念，参见迈克尔·莱瑟姆：《意识形态、社会科学和命运：现代化与肯尼迪时期的争取进步联盟》(Michael E. Latham, "Ideology, Social Science, and Destiny: Modernization and the Kennedy-Era Alliance for Progress")，载《外交史》，第22卷第2期，1998年春季，199～229页。

和外交制裁，而这制裁反过来又迫使卡斯特罗从华沙条约各成员国那里寻求进一步的援助。内外压力互相激荡的效应有助于解释卡斯特罗为何选择极权的社会主义模式来维护和扩展古巴革命。”① 到1962年古巴导弹危机发生时，冷战在拉美有了它的最极端的形态。

在中近东和非洲的美苏竞争

在中近东和非洲，超级强国之间的冷战竞争可以说是欧洲殖民势力撤退或瓦解的结果。这一场大争斗主要围绕埃及进行。美国一方面试图加速英国势力退出中近东的进程，另一方面又利用英国在那里的传统影响，沿苏联西南边境构筑遏制阵线，即由英国领头缔结的《巴格达条约》。然而，此举导致了中近东国家的严重分化，其中特别反对该条约的是埃及领袖纳赛尔。西方国家严重不满纳赛尔的中立主义外交及其强烈的民族主义，因而拒绝其军火购买要求，对外政策适才变动的苏联便抓住良机，以捷克斯洛伐克的名义向埃及出售大量武器。按照基辛格的说法，这是苏联“跳越”美国的遏制阵线。② 随后，导致1956年苏伊士运河战争的作用和反作用过程迅速展开。美国决策者虽然倾向于“使纳赛尔将他企图吞下的东西（即苏伊士运河所有权和经营权）吐出来”③，但战争爆发后为了避免严重得罪几乎整个阿拉伯世界，决定立即向英法和以色列施加强大压力，甚至不惮在联合国讲坛上谴责这三个侵略国家。这一局面给苏联提供了大好机会，即不冒风险地大举恐吓英法两国，包括扬言对其本土进行火箭袭击，从而博得了阿拉伯人的广泛好感。在英法势力急剧败落、苏联影响迅速增长和阿拉伯世界内部的激进倾向进一步发展的情况下，艾森豪威尔于1957年伊始宣布美国将保卫中东各国，使之免遭“来自国际共产主义控制的任何国家的公开武装侵略”④。这个“艾森豪威尔主义”是中东冷战宣言，犹如10年前的杜鲁门主义是欧洲冷战宣言那样。

此后中东国际政治的第一个大里程碑，当推1967年中东战争。在这场由以色列先发制人的“六天战争”中，阿拉伯国家遭到空前严重的大失败，苏联在中东的地位却因祸得福，因为它成了埃及和叙利亚重建军队的靠山。大批苏联军事顾问被派驻这两个国家，苏联还与它们缔结了带有军事同盟色彩的友好合

---

① 韦尔什：《对革命的反应：美国与古巴革命（1959至1961年）》，22～23页。

② 参见基辛格：《外交》，522页。

③ 国务卿杜勒斯语，参见安东尼·艾登：《转圈：艾登回忆录》（Anthony Eden，*Full Circle：The Memoirs of the Rt. Hon. Sir Anthony Eden*），437页，伦敦，1960。

④ 加迪斯：《俄国、苏联和美国：解释史》，221页。

作条约。在美国方面，1967年战争成了它与以色列建立起真正的特殊关系的开端：在此之前，获得犹太裔美国人的选票这国内政治需要，连同价值观的亲近，一般来说常与拉拢阿拉伯国家这战略和经济需要抵触，而从此开始，主要由于苏联在中东势力的巨大增长，美国的战略利益向大力援助和保护以色列一边大大倾斜，或者说以色列成了美国在中东乃至全球范围内的一大战略资产。①

在流沙般的阿拉伯政治中，外部大国不易长久保持其既得的影响，苏联尤其如此。1972年，鉴于苏联不肯给予收复失地战争所需的足够支持，特别是进攻性武器，纳赛尔的继任者萨达特将全部苏联军事顾问撵出埃及；接着，在1973年又一次阿以战争中失败后，萨达特转而实行亲近美国的政策，谋求通过美国的斡旋与以色列谈判解决被占领土问题，苏联在中东的影响从此衰落。

在撒哈拉以南非洲，随独立浪潮涌起，两个超级强国开始向那里输出自己的政治势力，并且进行彼此间不可避免的竞争。1960年的刚果危机是冷战扩及这个区域的重大标志。比利时殖民者支持的冲伯在加丹加发动叛乱，企图将这个矿藏非常富饶的省份分离出新独立的刚果，苏联得知后示意可能以军事干涉支持卢蒙巴为首的中央政府。然而，美国可谓抢先一步，帮助联合国主持下的国际部队去平定冲伯叛乱。苏联遂利用卢蒙巴与联合国秘书长哈马舍尔德之间适才产生并迅速激化的矛盾，一方面强烈谴责哈马舍尔德，另一方面向卢蒙巴提供军事装备和顾问，而且扬言要派苏联志愿部队参战。到头来，卢蒙巴被杀害，苏联人员被逐出刚果，这“使赫鲁晓夫在非洲的新的肆意进取遭到丢脸的挫折”②。在非洲的下一轮重大争夺须待苏联权势投射能力大为增强的10余年之后。葡萄牙殖民统治在70年代初期的崩溃，加上安哥拉独立运动的分裂，致使美苏（连同古巴）各支援一派大打内战。在非洲的另一头，索马里与埃塞俄比亚之间的领土战争导致苏联（同样连同古巴）以巨量装备和近两万名军事顾问帮助埃塞俄比亚作战，美国却主要因为“越南综合征”而未作足够有力的反干涉。

---

① 参见雅科夫·巴尔-西曼托夫：《1948年往后的美以关系：一种“特殊关系”?》（Yaacov Bar-Siman-Tov，“The United States and Israel since 1948: A ‘Special Relationship’?”），载《外交史》，第22卷第2期，1998年春季，231～262页。

② 威廉·凯勒：《20世纪的世界：国际史》（William R. Keylor，*The Twentieth Century-World: An International History*），321页，牛津，1984；卡尔沃科雷西：《1945年往后的世界政治》，521～527页。

第五节 苏联的危机和瓦解与冷战的终结

冷战与苏联的危机

粗略地说，苏联的瓦解最终结束了冷战。与其诞生一样，苏联的瓦解是20世纪里除了两次世界大战和殖民统治普遍崩溃之外最重大的政治事态。苏联多年内在非常不利的情况下，克服重重困难，发展为世界政治舞台上的一大主要力量。相反，苏联军事势力臻于空前强大、它的超级强国地位得到美国正式承认之际，却是它开始以相当惊人的速度趋于衰亡之时。如此一盛一衰，其原因众说纷纭。具有全球史意识的人应当可以感觉到，整个西方20世纪前半叶动荡不已，危机迭起，战祸横生，20世纪后半叶在美国主导下却相对稳定繁荣：这100年来世界资本主义的大走向与苏联的国运之间有根本性的联系。不仅如此，在20世纪前半叶的历史条件下形成的苏联体制多半僵化，不能适应20世纪后半叶世界经济、技术的深刻变化。

某些较近的原因具体得多，也明显得多，其中大部分与冷战对抗和竞争密切相关。第一，在欠发达世界的广泛介入和干预（尤其在勃列日涅夫时期）给苏联造成了弊大于利的结果。从大战略角度看，则提供了一个目标超越能力、权势过度伸展的典型，使得苏联八面临敌，捉襟见肘。其中最严重的是令十几万苏军长期陷在境外作战的阿富汗战争，它与苏联在其他地方的军事干涉和向众多亚非拉盟友提供的巨额援助一起，“促成了苏联收支状况和工业力量的毁坏”①。在相当大程度上，里根当选美国总统也要归因于这些广泛的干涉。这位“克星”发动空前规模的重整军备，给国民生产总值开始持续下降的苏联造成了巨大的压力，使得从斯大林以来一向非常沉重的军备竞赛负担变得无法承受。正是这持续几十年的军备竞赛，构成了这里要说的与冷战对抗和竞争相关的第二项基本近因。② 第三，

---

① 沃尔特·戈德斯坦：《超级强国的销蚀》，见斯蒂芬·斯皮格尔编：《世界政治主要问题》（Walter Goldstein, “The Erosion of Superpowers”, in Stephen L. Spiegel ed., *At Issue: Politics in the World Arena*)，第6版，50页，纽约，1991。关于70年代苏联海外势力的大扩展与其对苏联国运而言的恶果，又见米勒：《从末日后撤：重大战争的过时》，188、192～194、197页。

② 军备竞赛后面有着过度的安全两难效应及其心理动因。“一般来说，身为一个大强国的主要通病，是严重的病态疑惧……以及它最终造成的筋疲力尽。”引自约翰·路易斯·加迪斯：《美国与冷战的终结》(John Lewis Gaddis, *The United States and the End of the Cold War*)，215页，纽约，1992。

苏联用以维持其东欧势力范围的那套机制僵硬刻板，它与东欧国家从苏联输入的国内体制一起，导致政治上的脆弱和经济上的低效。这与上述两方面的巨大代价一起，大大加剧了苏联的经济困难，从而引发和助长了各种社会矛盾和民族矛盾的激化。

不仅如此，冷战环境和冷战思想的束缚非常严重地损害了通过改革来尝试纠正苏联内部弊病的可能性。实际上，许多这样的弊病反而被苏联领导人当做对付美国和与之竞争所必需的，或者说它们反而被视为苏联力量的源泉。战后苏联军事势力和国际政治势力膨胀得最快的勃列日涅夫时期，正是它在内政、经济和思想上陷于基本停滞的时期，这并非偶然。此外，对苏联的瓦解起了作用的，还有在冷战低潮即"缓和"时期的条件下发展起来的苏联与西方国家间的人员、信息、文化和经济交流。这种作用是渐进性和长期性的，主要在于交流和接触中自动地而非蓄意地施加的西方影响，连同其自动的而非蓄意的政治效果。在相对繁荣和自由的西方面前，有着严重弊病和种种落后之处的苏联天然地处于不利地位。在一定意义上说，西方的面貌本身就是对苏联政府的最大压力和最大挑战。① 有如两位研究者指出，伴随这样的交流和接触而来的西方思想影响虽然不是苏联体制危机的根源，却在很大程度上决定了戈尔巴乔夫时期苏联主流势力对待体制危机的态度和反应方式②，那就是根本否定苏联体制，继而干脆取消苏联。

戈尔巴乔夫的对策与苏联的瓦解

单就对外政策思想和实践的角度看，戈尔巴乔夫是以苏联的溃退为冷战结束提供了条件。他在上台掌握苏联政权后不久，便提出根本改变苏联传统国际政治观的"新思维"，以后又不断予以填充和修饰。"新思维"的理论核心，可以说是把以美国为首西方发达国家主导的那个国际社会当做全球统一的国际社会，将苏联当做其中的一个组成部分，而非斯大林"两大阵营"论以来克里姆林宫一直坚持设想的那样，苏联是与之基本对立的另一个国际社会的领导和中坚。"新思维"在理论上强调国际互相依存，废弃分立和对立，强调普遍共同安

---

① 参见时殷弘：《苏东内部变化和美国的政策》，载《世界历史》，1997（6），39～41页。

② 参见丹尼尔·德内和约翰·伊肯伯里：《苏联变更的国际根源》（Daniel Deudney and G. John Ikenberry, "The International Sources of the Soviet Change"），载《国际安全》（*International Security*），第16卷，1991/92年冬季，76、106～114页。关于80年代初苏联的全面大危机的一番简洁、流畅的论述，见米勒：《从末日后撤：重大战争的过时》，205～208页。

全，废弃国家军事自助，强调全人类利益，废弃国家利益和阶级利益。[①] 它主张完全丢开传统的国际政治观，特别是将西方视为敌对力量的观念[②]，全心全意地遵从国际规范，以便使苏联得到西方国际社会的接纳；它还提倡"以普遍的人类价值为第一指导"，解决当代世界的种种问题。

就其实践动机而言，"新思维"要比它在理论上看似的简单得多。除了为戈尔巴乔夫的国内改革提供关于国际环境的理由外，它主要是出于这么一种考虑：戈尔巴乔夫无法在短期内从已经负担过重的经济和社会抽取更多资源，因而试图通过淡化威胁来减少需要。他的对外政策的基本逻辑，就在于急剧收缩乃至最终取消苏联的大部分国外势力存在，从而使苏联的负担与其非常拮据的资源相称。[③] 脱缰似的国内政治变更，加上一样快得无法控制的对外政策转型，构成了苏联瓦解的主要的直接近因。

冷战的世界历史意义

冷战的主要世界历史意义似乎在于，它是一场20世纪下半叶的政治、经济和意识形态决赛，在其中苏式社会主义及其国际关系模式彻底失败，而且大概是永久性的。这一结果证明了杜鲁门在卸任前夕表述的一种信心，那是美式资本主义及其世界秩序理念最后赢得冷战的一个不可或缺的原因："随自由世界愈益强大，愈益团结，并且对铁幕两边的人们愈益具有吸引力……苏联世界发生变革的时候定会到来。"[④] 这一结局也证明，原先的社会主义体制若无既积极又稳妥、既足够深入又不贸然过头的改革，就无法生存下去直至其光辉的未来。这场多半取决于能否赢得人心的竞赛实际上早从威尔逊和列宁就已开始，但第二次世界大战结束后它总的来说是在对苏联不利的基本环境中进行的。美国领导的西方社会、政治和经济体系拥有综合优势，而且到20世纪80年代已变得相当悬殊。发达的资本主义的经济活力和巨大财富，在此基础上强大的军事力量，

---

① 参见赖斯：《苏联大战略的演变》，见保罗·肯尼迪编：《战争与和平的大战略》，159～161页。戈尔巴乔夫本人"新思维"言论的代表性摘选见齐阿洛伊·图阿塞尔等人编：《地缘政治读本》（Gearóid Ó Tuathail et al., eds., *The Geopolitics Reader*），97～98页，伦敦和纽约，1998。

② 用戈尔巴乔夫的主要助手、苏联外交部长谢瓦尔德纳泽的话说，这种观念"阻碍按照道德和礼貌的原则改进国际关系，阻碍发展建设性的对话"。参见阿姆斯特朗：《革命和世界秩序：国际社会中的革命国家》，153页。

③ 德内和伊肯伯里：《苏联变更的国际根源》，载《国际安全》，第16卷，99～100页；乔治·布雷斯劳尔：《戈尔巴乔夫国内政策议程与其对外政策议程的关联》（George W. Breslauer, "Linking Gorbachev's Domestic and Foreign Policy Agendas"），见斯皮格尔编：《世界政治主要问题》，454～460页。

④ 莱夫勒：《权力优势：国家安全、杜鲁门政府和冷战》，495页。

较为开放和较为多样的政治文化，愈益突出并且得到愈益广泛传播的西方人权价值观，大致基于互利和协商、因而较有凝聚力的西方国际联盟：所有这些挫败或遏阻了苏联势力的扩展，同时又“表示了一种引人的替代”①。

冷战不仅是美国和苏联之间的政治、经济和意识形态的竞赛，也是这两个超级强国之间持续了几十年的一场大战略较量。对于苏联在冷战期间的总的大战略表现，本章前两节实际上已经做了总的概论和评判。那么，美国的大战略表现如何？或者说，怎样对美国在几十年冷战期间对其目的与手段、期望与资源之间关系的操作进行一番同样是总的概论和评判？尽管整个冷战期间美国多有愚蠢、错误和挫败，但按照著名的战略理论和战略史家、英国学者科林·格雷在冷战结束后不久的评估，它取得了四大根本性成功：首先，美国以一种与其传统的民族心理和政治文化（“对看不到尽头的任务天然地缺乏耐心”，“喜好将形势界定为有待解决的技术问题”）不那么吻合的坚韧，组建和维持了一个总的来说有利于自己的力量对比优势格局，时间长达45年有余；第二，美国组建并且“不知疲倦地”领导了历史上一个非常成功的国际联盟，它虽有成员国之间的巨大差异，却在整个冷战期间一直维持了下去，“在联盟领袖冒着被彻底毁灭的非凡风险的战略环境中，领导而非指挥联盟达40年之久——这决非平庸的成就”；第三，在战后的权势竞争中，同样就其传统的民族心理和政治文化而论，短视、非战略和不耐心的美国与苏联相比坚持得更久；第四，“不管是靠战略思想的素质还是靠政策实施的技能，是靠武力的数量和质量还是靠那么一点运气，美国的战略都完成了美国社会要求它完成的大部分任务”，与此同时为冷战承担的经济和社会负担远未达到使国家伤筋动骨、身残体亏的地步。②

在很大程度上，冷战是20世纪初以来现代国际体系内的力量分布格局越来越趋于极化的结果；反过来，冷战又作为基本原因，使这极化趋势在一些重要方面有了进一步的发展，那就是在世界政治的一些重大问题领域和一些重要地理区域，形成了非常显著的美国霸权。不过，冷战对美国国际地位的影响还有另一方面：多半出于冷战的需要，美国在战后初期宽待德国和日本，助其复兴，以后又长期在安全、贸易和金融方面予以照顾和特殊优惠，从而有力地帮助了它们成为世界一流经济强国，或者说成为美国的重要经济竞争对手。同样首先出于冷战需要，美国从马歇尔计划开始启动欧洲一体化，而欧洲一体化在以后

① 参见德内和伊肯伯里：《苏联变更的国际根源》，载《国际安全》，第16卷，100～105、114～115页。引语见第114页。

② 参见科林·格雷：《核时代的美国战略（1945至1991年）》，见默里等编：《缔造战略：统治者、国家与战争》，641～642页。

几十年的进展也产生了增添美国在世界经济政治中的强劲竞争者的结果。还有，从安全和战略上考虑，源自冷战军备竞赛并且扩散开来的远程战略武器，加上一定程度上源自冷战时期中近东问题的反美恐怖主义势力，实际上结束了两个世纪里得天独厚的地理位置给予美国的高度不易受伤害性。而且，用一位大战略史家的话说，由于承担了保护全球各地主要盟友的义务，美国就从第二次世界大战以前的一个“后方”强国变成了代价高得多、风险也大得多的一个“前线”强国。[1] 历史可能最终证明，冷战的真正结果并非美国的真正胜利。

① 参见保罗·肯尼迪：《当今和未来的美国大战略：学习欧洲经验》，见肯尼迪编：《战争与和平的大战略》，173～174 页。

第六章

超级强国以外的主要新力量

重点问题

- 三个新兴强国各自的根本选择与国家命运
- 造反和学习：非西方现代民族主义的主题
- 中国与国际社会关系演变的基本历史轨迹
- 非西方现代民族主义的发展进程——三个典型阶段
- 亚洲现代民族主义运动出现和兴起的基本原因
- 第三世界运动的落潮和超越民族主义的必要

第一节　引言：新兴强国与非西方现代民族主义

新兴强国的选择与命运

除美苏这两个经过第二次世界大战而兴盛之至的超级强国外，20 世纪世界政治史上还有三个力量规模较小的新兴强国——德国、日本和中国。这三个国家都经历了国力和国势的迅速增长，也都在这一增长过程中面临过具有决定意义的选择，即对基本的国际现状持什么态度，走怎样的道路来加强国力和增长财富，要为自己争取怎样的国际地位和如何争取之。它们的选择无一例外地决定了它们各自的国运，也无一例外地对世界政治和区域国际政治造成了重大和深远的影响。

就德国而言，无论是在威廉一世父子先后掌印的第二帝国时期，还是在希特勒及其纳粹党暴政的第三帝国时期，它面临的选择从根本上说都是欧洲强国抑或世界强国，或者说是满足于作为中西欧大陆首强，还是非要突破地缘限制，成为在地位、资源和权势范围三方面完全不亚于大英帝国和美国的全球头等大国。德国两度作了后一选择，而且是以军事帝国主义（第三帝国时期还加上令人发指的种族帝国主义）的方式，结果其两度兴起皆以彻底战败告终。

日本在强盛过程中面对的选择是三者取其一：和平扩张、帝国征服抑或商业福利。按照一项经典的研究，这里的和平扩张指的是依靠或主要依靠对外贸易、投资和移民向外扩展日本经济权势，连同其政治影响。[①] 帝国征服当然是指以军事帝国主义为手段攫取殖民地半殖民地和其他侵略成果，而商业福利是指通过对外贸易和投资获得商业利润，以增加私人财富和一般的国民福利。[②] 明治维新以后，日本国内兴起了和平扩张主义与军事帝国主义这两类对立的国际关系思想和对外政策主张。19 世纪与 20 世纪之交，日本决定性地选择了军事帝国主义，其权势急剧扩张。此后，军事帝国主义虽曾一度落潮，但到 20 世纪 30 年代再度勃发，直至日本帝国经第二次世界大战而覆亡。实际上对日本来说，在当代真正可靠的抉择只有商业福利，那是它在彻底战败后方才被迫遵循的道路。

中国是与德国和日本大为不同的一个新兴强国。19 世纪中叶中国被强行纳入一个以西方列强为权势中心、西方“文明标准”为行为规范的国际社会，并且被迫在其中处于非常屈辱的不平等地位。20 世纪初，随着中国现代民族主义的兴起，中国面临如下根本选择：是采取在现有国际社会内的改良道路，逐步取得被列强接受的法律平等地位，还是通过革命来挣脱现有国际社会的桎梏，从而实现中国的解放。中国内部革命派压倒改良派，导致中国选择后一道路，其结果是中国在物质和精神两方面的力量一度大为增进，成为东亚强国。然而，到 20 世纪 70 年代，国家安全、经济、科学技术和教育文化等方面的严峻形势使

① 参见入江昭：《太平洋两岸的疏离》，17～25 页。

② 亦即一位著名的国际政治学家说的“贸易国”行为方式，参见理查德·罗兹克兰斯：《贸易国的兴起：现代世界里的商业与征服》（Richard Rosecrance，*The Rise of the Trading State*：*Commerce and Conquest in the Modern World*），纽约，1985。

得中国必须再度做出根本的抉择，即是继续闭关自守，还是重新加入国际社会[①]。中国选择了重新加入国际社会，而且是在节节增大的广度和深度上。这与中国国内的改革一起，导致国力和国家财富以前所未有的速度持续跃增，从而展示出中国成为真正的洲级强国的伟大前景。

革命和学习：非西方世界的现代民族主义

非西方世界的现代民族主义是20世纪世界政治中极少数最重大的新力量之一。作为唯一产生了先进的现代工商业文明的地区，欧洲在19世纪末以前是世界最有活力的权势中心。[②] 欧洲列强凭借这优势向全世界扩张，在19和20世纪之交达到顶峰。欧洲的现代技术和工商业侵蚀、瓦解和重塑了世界其他地区的经济生存方式，欧洲基于其先进技术、社会政治组织和扩张主义精神优势[③]的军事力量击败了非西方民族的几乎所有武装抵抗，欧洲文化则严重动摇和损害了殖民地半殖民地世界亿万人口对本土文化的自信，影响或左右了他们（尤其是上层阶级）的生活方式甚至思维方式。然而，这种看似牢不可破的欧洲支配地位实则好景不长，因为欧洲的扩张在将世界结合为一个整体的同时，也激活了世界非西方民族在改变了的内外环境中争取独立自强的潜在力量。这就开始了它始料未及并且最终无法控制的一个历史进程——殖民地半殖民地世界的觉醒和新生。

1900年，美国著名黑人运动领袖和作家威廉·杜波依斯断定，20世纪的首要问题将是“肤色线”问题，即世界有色人种与白人的关系问题。几年后，未来国际关系理论学科的创始人之一阿尔弗雷德·齐曼也预言，在他那一代人的生存期间里，很可能会发生最重大的历史事态——有色人种赢得对白种人的胜利。[④] 的确如此，20世纪开始时，占全世界陆地面积和人口数量大部分的广大

---

① 这里的“国际社会”一语系使用在国际关系理论界被广泛接受的“英国学派”核心概念，指有起码的国际层次上的共同利益、共同价值观念、共同规范和共同运作机制的国家群体。世界范围内的现代国际社会如本书所述，经历了长达五个世纪的生成、扩展和演变历程，其间有过像在冷战高潮时期那样表现得特别严重的分裂。所谓中国重新加入国际社会，只是指中国自20世纪70年代初开始，与外部世界建立和发展越来越广泛、深入直至差不多全方位全系列的紧密联系，同时在世界政治经济和国际社会面貌的变迁中发挥越来越重大的作用。

② 参见威廉·麦克尼尔：《西方的兴起》（William H. McNeill，*The Rise of the West*），第三部分，芝加哥，1963。

③ 关于这种精神优势在欧洲扩张史上的巨大重要性，参见迈克尔·霍华德：《欧洲扩张中的军事因素》，见布尔和沃森合编：《国际社会的扩展》，33～42页。

④ 参见江文汉：《国际社会中的“文明”标准》（Gerrit W. Gong，*The Standard of “Civilization” in International Society*），50页，牛津，1984。

不发达地区差不多全都是欧洲列强（加上刚崛起的美国和日本）的殖民地半殖民地，而到70年代后期开始时，各大殖民帝国俱已瓦解，半殖民统治则充其量只在很少地区苟延残喘。“统治/从属关系已被认为是不合法的国际关系模式，外国统治已成为被诅咒之物，经济剥削遭到谴责和抨击，领土补偿已被当做外交上荒唐可笑的……国际行为的现行规范要求非殖民化，其强调程度恰如早先的殖民化规定一样。”① 主要发生于第二次世界大战结束后二三十年内的这项伟大变化无论就范围还是幅度和速度而言，都可以被认为是人类政治变更史上首屈一指的。它是非西方民族“对西方造反”的结果，而贯穿其中的是政治独立、主权平等、种族平等和文化解放这四大主题。②

然而，与“革命”密切相关的，是非西方民族对西方文明（特别是西方技术、观念和体制）的主动适应和有选择的吸收，亦即向西方学习。非西方国家的先进分子既对西方的奴役和统治进行反抗，也向本国的传统势力挑战，他们向往的并非是返回到西方人到来之前的传统社会，而是独立自主的现代化发展：……基马尔、尼赫鲁……苏加诺和我们时代的其他许多人遵循的道路是借用（即使是有选择的）欧洲北美先进国家经验的道路，并且以改变世界现行权势分布为目的的。③ 他们借鉴并同本国国情结为一体的经验大部分可以最简洁地概括为如何创建现代民族国家，而他们对世界历史的伟大贡献之一，就在于决定性地完成了500年来世界政治最基本的趋势④——现代民族国家成为人类普遍的政治组织形式。在现代世界，先进的经济技术方式、社会政治方式和思想方式都必然广泛扩散，决非某一国家和地区能够长久独占。在20世纪，西方的先进成果一直在加速度扩散，在此过程中西方逐步失去其全面的压倒性优势，非西方民族则经过学习和革命摆脱了西方统治，从而成就了人类政治史上首屈一指的变更。

---

① 唐纳德·普恰拉和雷蒙·霍普金斯：《国际体制：出自归纳分析的教益》，见斯蒂芬·克雷斯纳编：《国际体制》(Donald J. Puchala and Raymond F. Hopkins, “International Regimes: Lessons from Inductive Analysis,” in Stephen D. Krasner, ed., *International Regimes*)，73页，纽约州伊萨卡，1983。

② 分别在历史学和国际关系理论领域占重要地位的杰弗里·巴勒克拉夫和赫德利·布尔都用“对西方造反”一语来概括20世纪大部分时间内非西方世界的根本历史发展。参见杰弗里·巴勒克拉夫：《当代史导言》，第6章；布尔和沃森合编：《国际社会的扩展》，第14章。关于四大主题见后一文献。

③ 参见赫德利·布尔：《国际关系中的正义》(Hedley Bull, *Justice in International Relations*)，22～23页，安大略省滑铁卢，1984。

④ 参见乔治·莫德尔斯基：《世界政治中的大循环》，150页。

第二节　欧洲强国抑或世界强国：德国的选择和命运

德国历史和民族道路的特殊性

德国的选择与其历史和民族道路的特殊性有关。与英法俄等欧洲大民族截然不同，德意志晚了好几个世纪才形成自己的民族国家，而且还只是一个与同族的奥地利并存，因而可谓残缺不全的民族国家。实际上，在中世纪的欧洲，尤其是10至12世纪期间，德意志可以被认为是政治上最成熟的地区，最有可能在未来首创中央集权的统一国家。然而由于种种原因，特别是教廷为了同神圣罗马帝国皇帝争斗而与德意志诸侯结成联盟，还有帝国本身为获取助力以实现征服意大利而向诸侯们出让大量封建特权，使得各邦国的独立性大大增强。不仅如此，到15世纪德意志已丢失周边大片地区，并且面临正在崛起的强国法兰西的入侵和蚕食。“显然，在一个迅速变化着的欧洲，处于中央的一个支离破碎的国家，其命运既不令人羡慕，又不轻松自在。”① 以德意志为主战场的三十年战争使之丧失了三分之一人口和无数财产，结束三十年战争的《威斯特伐里亚和约》则令德意志的极端分裂状况法定化，因为其中规定300多个德意志邦国统统是主权国家。此后两个多世纪里，列强（尤其是法国）的一大传统国策是保持德意志的分裂，而这分裂作为欧洲的一条国际政治、法理乃至道德准则甚至得到德意志双强——普鲁士和奥地利的默认。

这么一部历史对德意志民族心理造成了三大后果，它们强烈地影响着普法战争之后统一的德国。首先，与欧洲其他民族国家相反，根基不足的德意志国家用基辛格的话说不具备较为深刻和广博的目的观，“没有任何曾在欧洲其他地区塑造了现代民族国家的理想体现在俾斯麦所造之物当中”②。其次，充斥着分裂、羸弱和战乱的历史记忆使德意志民族有一种深深的不安全感，因而即使在经过统一而成为欧洲大陆首强之后，德国人也总是想象会受到外部的严重威胁，倾向于无休止地加强军备，以便对付萦绕于心的最坏情况——所有邻国同时对德国作战。③ 最后，同样出于政治支离破碎、战祸频繁不已的民族历史，德国人

---

① 戈登·克雷格：《德国人》，16～17页；寇本：《民族国家与民族自决》，修订版，28页，纽约，1969。

② 基辛格：《外交》，169页。

③ 参见上书，170页；霍尔格尔·黑尔维希：《一个民族国家的战略无常：普鲁士/德国（1871至1918年）》，见默里等编：《缔造战略：统治者、国家与战争》。

形成了极端顺从权威的传统，哪怕这权威不过是衙门小吏。[①] 所有这些与普鲁士式的专制统治和军国主义传统结合在一起，大有助于促成德国的军事帝国主义。

第二帝国的世界强国追求

在俾斯麦主持国务的大部分岁月里，军事帝国主义还远未成为德国对外政策的基本特征和首要驱动力，或者用他自己的话说："德国的地位足够强大……除了与所有邻国和平相处外，她别无所求。"[②] 然而，在各种不以其意志为转移的经济、政治和思想文化力量的作用下，先前俾斯麦本人为了统一德国而大力助长的德意志民族主义难免恶性发展，成为在欧陆优势之外还追求世界性制海权和海外势力范围的德意志帝国主义。

对至少与大英帝国并驾齐驱的世界强国地位的强烈憧憬和追求，构成19世纪末20世纪初德国思想界异常突出的普遍思潮，而被谈论得最多的主题就是突破欧陆狭隘限界，造就足以制衡所有洲级大国的"世界均势"。在思想界的顶级人物中间，这方面首开先河的或许是大思想家马克斯·韦伯，1895年他在弗雷堡大学的开讲演说中强调，统一若不成为德意志世界强国政策的起点就毫无意义。[③] 五年后，柏林大学著名教授马克斯·伦茨依照兰克的同名经典论题发表《论列强》一文，断言世界的命运将由现存各大国的民族精力决定，其中特别有希望的是远未用足其精力的德国，而特别没落的会是终将面临"英吉利继承战争"（有如18世纪初西班牙继承战争）的英国。大致同时，一样任教于柏林大学的欧洲头号军事史家汉斯·德尔布吕克也热衷于宣扬类似的观点。对他来说，这方面最重要的是让读者确信英国的世界优势并非不可挑战："恰如100年以前法国权势让位于拥有平等权利的大国之间重新构建的协调，现在英国优势将要让位于互相竞争的世界强国间的均势。"另外两名很有影响的德国史学界泰斗奥托·欣策和弗里德里希·迈内克也津津乐道于这种均势，它类似于传统的欧洲均势，然而是在广阔得多的全球舞台上。总之，有如德约总结的那样，1914年以前，德国的思想家们大都一致认为，德国的历史任务必须是将欧洲均势转变为一种包容全世界的均势。[④] 可以说，世界均势中的世界强国观念是世纪之交德意志帝国主义思想的核心，它赋予许多德国人一种道义感，仿佛德国担负反对

---

① "德国人之甘愿容忍任何身着制服或佩带官徽者的最无礼行为，总是令西方访客感到吃惊。"（克雷格：《德国人》，23页。）

② 古奇：《外交和治国方略研究》，19～20页。

③ 参见希尔格鲁贝尔：《德国与两次世界大战》，1页。

④ 参见路德维希·德约：《兰克与德国帝国主义》，见其《德国与20世纪世界政治》，1959。

英国世界霸权的历史使命，德国代表给所有国家以公正的伟大理想①，尽管它当时在海外殖民地和第一次世界大战期间在欧洲大陆的所作所为表明，与英国相比，它的帝国主义之蛮横凶残有过之而无不及。

军事强权是德国着力锻造以追求世界强国目标的主要手段，与此相关威廉二世治下德国国内的军国主义气氛几乎举世无双。对军队及其价值观的羡慕和崇尚渗透到社会生活的方方面面，以致许多企业家大致按照军队方式经营生产，学生团体热衷于模仿军事组织和军营生活，而“富有的资产者们在贵族军官中间为自己的女儿寻求夫婿，在精锐骑兵团里为自己的儿子谋取任职资格，以便提高自己的社会地位”②。加强德国武力的举措，特别是旨在挑战英国制海权的造舰计划，得到非常广泛强大的社会支持，仅仅中产阶级团体“海军联盟”就有几十万成员。③ 显然，威廉二世德国的侵略性有其社会基础，那就是特殊利益集团和公众舆论——现代大众政治的两项结果。就前一结果来说，将分别得益于扩张政策的不同侧面的重工业、海陆军和容克地主三大集团合成作用，导致德国到处树敌；就后一结果来说，主要由于公众的政治参与急剧扩大，这些特殊利益集团得以吸引足够的社会力量来支持其帝国主义主张，并且相应地影响国家的外交和战略决策。当然，威廉二世的“世界政策”（Weltpolitik）还有其国际体系层次上的根源，其中最重要的大概是一位国际政治学家所说的结构性原因，即除非德国取得世界强国能力，否则它就将易受英国这样拥有此等能力的国家的伤害，“英德敌对是安全两难局面的典型例证”④。

第一次世界大战期间，德国军事帝国主义经历了三个发展阶段，其宗旨都是要在地位、资源和权势范围三方面使德国成为世界强国。大战爆发后的头几个月里，德国的战争目的由威廉二世的“世界政策”支配，或者如一位权威的德国外交史学家所说，“世界市场方向的信奉者大体上决定官方政策”⑤。然而，随着德国与海外的联系被英国的海上封锁切断，其大战略构思很快转变：变为在中东欧建立一个资源高度自给自足的庞大的国家集团，它由德国领导，成员包括在经济上与德国联为一体的所有中东欧国家。不过，在最狂热的军事帝国

① 参见路德维希·德约：《兰克与德国帝国主义》，86～87页。关于威廉二世德国的“世界均势”意识形态和道义理由，又见迈克尔·西汉：《均势的历史和理论》（Michael Sheehan，*The Balance of Power：History and Theory*），138页，伦敦，1996。

② 克雷格：《德国人》，239页。

③ 参见麦克尼尔：《竞逐权势：公元1000年以来的技术、武装力量和社会》，303～304页。

④ 林恩：《单极幻想：为什么新的强国势必兴起》，见琼斯和米勒合编：《冷战与其后：和平的前景》，262～263页。

⑤ 希尔格鲁贝尔：《德国与两次世界大战》，44页。

主义势力看来，主要由宰相贝特曼·霍尔维克主导的这一构想不能满足德国作为世界强国的需要，因为据此德国仍然有赖于其他主权国家。他们希望的，是征服包括俄国在内的整个极为辽阔的东部疆域（Ostraum），在其上建立殖民半殖民统治，从而保证德国能够最便利地获得从事世界强权竞争所需的无穷资源。

大致以贝特曼·霍尔维克 1917 年 7 月被迫辞职为标志，由第三集团军首脑兴登堡和鲁登道夫统率的这股势力开始支配德国战略和外交，而其帝国目标的最大展示就是强迫苏俄与之缔结的《布列斯特和约》。[①] 这个条约"以其卫星国体系，以其对东欧资源供给的疯狂搜刮以及广泛的德国军事占领，预示了希特勒的'新秩序'"[②]。或者说，兴登堡和鲁登道夫主导的德国战争目的转变提供了从威廉二世对外政策到希特勒对外政策的过渡形态，而且更接近于后者。至于德国军事帝国主义在第一次世界大战中的失败，可以认为出于两个原因。首先，《布列斯特和约》这样的事态表现了德国军事帝国主义格外的蛮横凶残，使得它的所有对手都认识到败于德国之手意味着什么。这与战争后期军方独揽德国大权的事实加在一起，为协约国战胜德国提供了必不可少的政策一致和精神团结。[③] 不过，更重要的仍然是国际体系的结构性原因：地处欧洲中央的德国崛起得太晚太快，难免激起至少某些强国的联合反对，而在反对者包括所有洲级强国的情况下，它的失败势难避免。[④]

第三节　和平扩张、帝国征服、商业福利：日本的选择和命运

和平扩张抑或帝国征服：日本的军事帝国主义选择

日本是 20 世纪另一个历经勃然兴盛而后彻底失败的国家。它在明治初期面

① 参见希尔格鲁贝尔：《德国与两次世界大战》，第 4 章。

② 寇本：《民族国家与民族自决》，51 页。

③ 参见约翰·惠勒-本尼特：《布列斯特-李托夫斯克和约：被遗忘的和平（1918 年 3 月）》（John W. Wheeler-Bennett, *Brest-Litovsk: The Forgotten Peace, March 1918*），366 页，纽约，1939。

④ "德国的确生来就被包围，仅仅它的存在本身就对别国构成威胁。这里有着一项重要的教训：一个国家是否要争取强国地位必须由它自己来决定，但是否成功取决于别国作什么反应。有些国家（例如 1914 年以前的德国）要取得强国地位可能很困难，而另一些国家（例如美国）却比较容易。地理位置之类环境条件与一个有资格的国家上升到强国地位时可能遭遇的困难大有关系。"（林恩：《单极幻想：为什么新的强国势必兴起》，见肖恩·林-琼斯和斯蒂芬·米勒合编：《冷战与其后：和平的前景》，262 页。）

对的决定性选择是和平扩张主义抑或军事帝国主义，这在著名政论家中江兆民1887年出版的《三醉人经纶问答》中有非常突出的写照。第一位“醉人”即酒客大致代表当时业已兴起的和平扩张主义思想，主张与所有国家进行完全自由的贸易，使日本成为促进实现“天下一家”即自由国际主义一体化的全球先驱。在他看来，依靠武力侵略获取领土、财富和国家威望无异于反时代的疯狂。然而，第二位“醉人”强调文明国家正是军事上的强者和最具侵略性的海外扩张者，日本应当依凭已有的财力和武力走出强国之路的下一步，那就是夺取可供殖民之用的海外领土，特别是中国领土，成为与英俄两国并驾齐驱的大帝国。①

作为从明治维新到中日甲午战争爆发期间日本国内一大派国际关系思想和对外政策主张，和平扩张主义很大程度上出于对西欧北美强国的发达经历的一定了解，连同相关的模仿意愿。其中对和平扩张主义的信奉者来说尤其突出的，是它们的海外商业活动和在移民意义上的殖民活动。例如“现代日本（和平）扩张的首次全面叙述”——《世界上的日本人》（1893年）强调，欧洲强大的原因在于“白种民族合作并竞相将其事业兴办到世界各地”，日本人只有起而仿效，努力从事海外活动，才有望超过欧洲人。另一本长达600页的欧美游记《新立国》（1892年）同样呼吁日本人像欧美人一样，通过海外移民和贸易成为一个扩张性的强大的民族。② 曾在剑桥师从头号大英帝国史家约翰·西利的稻垣满次郎，则在其《东方策》（1891年）中断言，“如果一国希望确立长远的计划和旨在实现富强，就必须力图成为世界工商业中心，因此也成为世界政治中心”，而日本具有变成此等中心的优越的地缘条件。③

然而，军事帝国主义作为另一种选择，同样在明治维新后发端，并且恶性地发展起来。军事帝国主义思潮出自几个方面，其中最早也最凶狠的当推头山满等人为首、主要由维新后不满士族组成的玄洋会及其分支黑龙会。这两个右翼团体一贯标榜天皇崇拜和国权主义，竭力鼓吹吞并朝鲜和侵略中国，同时频繁地派员渗入东亚大陆，刺探情报或组织政治、军事阴谋。其领导人自最后、也是最大一次士族武装叛乱（史称西南战争）被镇压下去以后吸取教训，开始

① 至于第三位“醉人”，则代表中江兆民本人的取向。他认为，日本的国策应当是在竞争性的世界上一方面维持仅用于防御的武力，另一方面开发经济资源以富国富民。这被一位研究者称为“非侵略性的民族主义”。参见入江昭：《太平洋两岸的疏离》，23～25页，引语见25页。

② 参见入江昭：《太平洋两岸的疏离》，39～40页。这两本书的作者分别为渡边修二郎和竹内正志。

③ 参见上书，35～36页。又见第37～38、40～41页。总之，许许多多类似的言论“谈的都是扩张而非军事征服或军事殖民。后者作为一种可能性从未被完全排除，但它们被认为是远更基本的民族扩张目标的一小部分。”（同上书，37页。）

在政府和军部内争取同情者和代言人，并且获得越来越大的成功。它们是日本帝国主义的急先锋，是“塑造公众舆论，使之赞成侵略”的首要力量。① 军事帝国主义思想的另一大来源是明治重臣，其中最重要的大概是曾任首相、陆军大臣和内务大臣等职的山县有朋。甲午战争爆发前七八年里，他反复在政府内强调：决不能让清政府或任何欧洲列强控制朝鲜，必须使之成为日本的势力范围。他总是在谈论列强竞争环境中日本的安全，但他的安全理念同极端民族主义和强权政治观结合起来，变成了不折不扣的帝国主义。② 另外，在思想界、教育界和新闻界有很大影响的福泽谕吉在形成日本的军事帝国主义思想方面也起了重要作用。它宣传为日本自身安全或为“保卫东亚”，有权在必要时武装入侵朝鲜和中国，并且迫使其“文明化”。他的例子表明，在日本，“自由主义并非总是无法同帝国主义或专制主义相符”③。

以甲午战争以及10年后的日俄战争为标志，日本做出了无论对自己还是对东亚都是命运攸关的抉择，那就是穷凶极恶的军事帝国主义，它导致了直至第一次世界大战结束为止的日本权势大扩张。甲午战争的首要目的——夺取对朝鲜的独占性控制出于多种动机，包括谋求山县有朋谈论的那种安全，确立更进一步向中国扩张的跳板和基地，取得强国地位的象征，激励国内的军国主义和扩张主义精神等。著名报人、《大日本膨胀论》（1894年）作者德富苏峰概括地说，这场战争是为了将日本转变成一个扩张的国家。④ 到胜利已成定局时，要求攫取朝鲜、中国的辽东半岛和中国台湾岛的呼声已甚嚣尘上，其中辽东半岛主要被当做维护对朝鲜的控制的一大保障，台湾则被视为可借以突入南海，直至菲律宾和荷属东印度的基地，以便最终造就一个可与大英帝国媲美的大日本海陆帝国。⑤ 围绕甲午战争的日本国内舆论表明，这场战争在领土、势力范围和财富的掠夺之外，还给了日本人作为列强之一的自信和狂傲。以此，“日本人在

---

① 参见E. H. 诺曼：《玄洋会：日本帝国主义起源研究》，见乔恩·利文斯顿等人编：《关于日本的阅读文献》（Jon Livingston, et al., eds., *The Japan Reader*），第1卷，355～367页，纽约，1973。

② 参见马林尼·马约：《对亚洲的态度和日本帝国的开端》（Marlene Mayo, “Attitudes toward Asia and the Beginning of Japanese Empire”），见乔恩·利文斯顿等人编：《关于日本的阅读文献》，214～217页。

③ 马林尼·马约：《对亚洲的态度和日本帝国的开端》（Marlene Mayo, “Attitudes toward Asia and the Beginning of Japanese Empire”），见乔恩·利文斯顿等人编：《关于日本的阅读文献》，217～221页。甲午战争爆发时，这位日本的开明思想泰斗竟写道：这场战争是在“一个正力图发展文明的国家与一个扰乱文明进程的国家之间”进行，“它是一种宗教战争”。参见上书，220页。

④ 参见入江昭：《太平洋两岸的疏离》，44页。

⑤ 参见詹姆斯·克罗利：《创建帝国（1896至1910年）》（James Crowley, “Creation of An Empire, 1896—1910”），见利文斯顿等人编：《关于日本的阅读文献》，第1卷，225页。

1895 年之后着力统治新获得的台湾和澎湖殖民地，在朝鲜半岛伸展其权势，攫取在华势力范围，并且同其他帝国主义强国达成排外性安排，以维护它们各自在亚洲的利益”①。然而，这里说的其他帝国主义强国不包括沙俄，因为它主使的三国干涉还辽引起了日本举国上下的强烈仇视，何况它力图控制的中国东北也是日本决心争夺的。除了急剧扩充陆海军备外，对付俄国的关键一着是在 1902 年与英国缔结同盟，以便日本能放手打击俄国。对俄战争的胜利极显著地扩展了日本在东亚的帝国主义权势，并且强烈地激励了它的帝国主义野心。

此后 10 年里，日本正式吞并朝鲜，着力控制中国东北，与俄国分割内蒙势力范围，而且形成了足以威胁美属菲律宾的西太平洋海军优势。与此同时，军事帝国主义思潮也进一步恶性发展，而其中最重要的动向，是基于战胜俄国引起的巨大优越感和在东亚扩张的凶猛势头，出现了未来“大东亚共荣圈”的思想雏形。著名政论家浮田和民宣称，有如希腊城邦击败波斯后成为西方文明的楷模那样，日本已成为东方的楷模，有资格训导亚洲其他国家。另一位颇有影响的政论作家矢野龙溪宣称，日本在亚洲的势力应当有如美国在南美的势力，日本需要积极施展权势，以便在亚洲创立一个“大乐园”。这个“乐园”的大部分将如东乡实《日本殖民论》（1906 年）所说，由日本依靠武力获取的殖民地半殖民地构成，而两年之后日本政府就正式确定对外殖民方向集中于朝鲜和中国东北。②

第一次世界大战期间，日本趁欧洲列强无暇东顾和美国势单力薄，主要依凭武力和武力威胁大大扩展和加强了它在中国和其他一些地区的势力。关于这一前已论述的事态，有一点在此还需要补充和强调，即这一帝国主义扩张的最重要动力是越来越趋于自行其是的军部，外加部分元老和财阀。著名历史学家入江昭指出，到 20 世纪初，明治宪法已被解释成赋予军部独占性“最高指挥权”，它在军事行动方面不受内阁节制，并且有权直接向天皇报告。“陆军军官试图在满洲和内蒙古搞各种阴谋和政变，以便将它们分离出中国，全然不顾他们的行动对日本与西方的关系的影响。在布尔什维克革命之后，东京的最高统帅部积极图谋在西伯利亚东部建立缓冲区。与此同时，海军规划者制订出造舰计划和战略方案，其前提是已经扩充了的（日本）帝国将与美国的政策冲突，并且可能导致战争。”③

---

① 入江昭：《太平洋两岸的疏离》，47 页。

② 参见入江昭：《太平洋两岸的疏离》，98、131～132、169～171 页。1906 年，居住在中国东北的日本平民为 1.6 万人，到 1910 年迅速增至 7.6 万人。

③ 入江昭：《帝国主义之后：寻求远东新秩序（1921—1931 年）》（Akira Iriye, *After Imperialism: The Search for A New Order in the Far East, 1921—1931*），8～9、237～241 页，纽约，1978。

20 年代：军事帝国主义的暂时落潮

第一次世界大战结束后，日本军事帝国主义暂时落潮，直至 30 年代才再度勃兴。这落潮现象出于三方面的原因：（1）战后日本的经济、社会困境；（2）权势和意识形态影响经大战而空前兴盛的美国对日本强权的有力制约；（3）和平扩张主义思想在日本的暂时复兴。先前，由于第一次世界大战的巨大震荡，欧洲工商业一度退出东亚市场（包括日本国内市场），日本工商业得以在几无竞争的情况下蓬勃扩展；然而，随着战火的平息，欧洲商品卷土重来，竞争力不免逊色的日本受到沉重打击。这一点，加上军事订货的急剧减少、战时生产能力的大过剩和关东大地震等因素，使得日本自 1920 年初起陷于经济和金融危机，而且久久难以解脱。① 另一方面，从第一次世界大战末年起，日本国内矛盾尖锐，社会很不稳定。1918 年，由于米价不断上涨，激起有数百万人参加的全国性贫民暴动（“米骚动”），震撼了整个社会和国家机器；不仅如此，其后多年里劳工运动和社会主义运动此伏彼起，也牵制了政府的相当大注意力。②

关于第一次世界大战结束后美国对日本强权的制约，华盛顿会议通过的诸项决定和日本被迫交还中国山东利权就是明证。不过，在此还需要强调一个重要因素，那就是在东亚问题上，威尔逊式的国际政治观当时占据明显的优势。无论是《四国公约》取代英日同盟，还是通过《九国公约》将“机会均等”和维持中国独立与完整规定为国际共同规范，都表明威尔逊主义原则（或曰和平的、自由国际主义的扩张主义原则）在东亚暂时压倒了军事帝国主义。③ 与此相关，和平扩张主义思想在日本暂时复兴。就此而言首先可以注意到，此类思想在先前军事帝国主义猖獗的年代里仍有残存。例如，南满铁路首任总裁后藤新平反复宣称国力的基础是经济而非武力，主张倚重商业扩张而不依靠军事殖民统治；前首相、元老大隅重信著文强调对外自由移民和通商，认为没有必要搞

① 参见约翰·奥查德：《世界大战对工业化的影响》（John Orchard, “The Effects of the World War on Industrialization”），见利文斯顿等人编：《关于日本的阅读文献》，第 1 卷，318～322 页；皮埃尔·雷诺万：《大战及其后（1914 至 1929 年）》（Pierre Renouvin, *War and Aftermath, 1914—1929*），201 页，纽约，1968。

② 参见阿瑟·扬格：《1918 年的米骚动》（Arthur Young, “The Rice Riots of 1918”），乔治·托顿第三：《新劳工与日本共产党人》（George O. Totten Ⅲ, “The New Labor and Japanese Communists”），俱见利文斯顿等人编：《关于日本的阅读文献》，第 1 卷，322～326、327～331、332～335 页。

③ 参见入江昭：《帝国主义之后》，17～18 页；入江昭：《太平洋两岸的疏离》，232 页。

领土扩张和殖民化；代表工商界的政党——政友会以及某些报刊也持类似的立场。[①] 在战后新的国内外形势影响下，和平扩张主义成了日本政坛的主流。以外交大臣币原喜重郎为头号代表的一批国务活动家和文职官僚接受了美国的力量优势，并且信奉“世界发达国家间的经济互相依赖和政治互相谅解”。他们不赞成第一次世界大战期间日本的行为模式，即不与英美协商便凭武力扩张，立意改行“协调外交”，主要依靠以列强共同同意为前提的在华和平扩张来谋求日本的帝国主义利益。这一基本政策得到了大部分财阀的支持。[②]

然而另一方面，20 世纪 20 年代的日本仍然存在浓重的军部帝国主义阴影。尽管有币原等人的“协调外交”，但军部一直坚持将来要与美国武力较量的想法，并且以此为基本前提设计战略规划和制定备战政策。不仅如此，在中国的直接或间接军事干涉时有发生，其中特别严重的是 1928 年发生的两项事态：第一，退役陆军大将田中义一在暂时取代币原主持外交后，为了阻截和威慑南京国民政府北进，派遣部队开进山东，而且极野蛮地制造了震惊中外的“济南惨案”；第二，关东军为了确保对东北的控制，在皇姑屯炸死张作霖。[③] 军界以及其他一些方面的军事帝国主义信奉者认为，尤其鉴于中国国内的愈益强劲的现代民族主义浪潮，日本必须进行首先针对中国东北、然后针对华北的武力扩张，以保证可靠的独占性原料来源和市场，并且奠定必备的基础，以实现其教化和统一其他亚洲人的使命。

军事帝国主义的再度勃兴及其覆亡

20 世纪 30 年代，大致与纳粹德国的兴起相伴，日本军事帝国主义再度勃发。这很大程度上是世界性大萧条和中国事态引发的结果，并且与涉及日本国内政治和社会的三对关系密切相连，那就是基层与上层、军部与内阁、财阀与政府之间的关系。[④] 20 年代主流派的和平扩张主义基于一个根本前提：经济扩

---

① 参见入江昭：《太平洋两岸的疏离》，173、176～177、213 页；雷诺万：《大战及其后（1914 至 1929 年）》，49～50 页。

② 参见入江昭：《太平洋两岸的疏离》，232 页；入江昭：《帝国主义之后》，8～9、26 页；雷诺万：《大战及其后（1914 至 1929 年）》，228～229 页。

③ “1928 年常被当做 1931 年开始的日本侵略的起点。”（入江昭：《帝国主义之后》，192 页。）

④ 此外，还有一个比较重要的问题，即在相当大部分日本人心目中日本军事帝国主义的“道义理由”：日本虽然努力按照西方标准实现了“文明化”，但西方始终未予日本平等对待；它剥夺了日本从甲午战争、日俄战争和第一次世界大战中应得的部分胜利成果，它拒绝将日本提出的种族平等条款载入国际联盟盟约，此外还要加上美国在日本移民问题上几次采取歧视性法律和外交行动；因此，日本对外侵略扩张如同德国人追求“阳光下的地盘”一样，是争取与西方平等的“正义”行为。至少对遭受日本侵略灾祸的中国和亚洲其他国家人民来说，这是一种荒谬和邪恶的伦理逻辑。

张比武力扩张有利，追求殖民地和独占性势力范围不如追求商业优势和相应的政治影响。然而，1929 年从美国开始的大萧条逐渐弥漫到整个资本主义世界，各国为应付危机竞相采取以邻为壑的保护主义（或曰经济民族主义）政策，使得原先较为自由、较为统一的国际经济完全被纵横交错的贸易壁垒和市场分割取代。就日本而言，出口普遍碰壁是在 1932 年以后；至迟从那一年开始，和平扩张主义的信奉者再也无法为之辩解了，因为“经济（和平）扩张主义已在经济上崩溃”①。与此同时，军事帝国主义的信奉者却以此为口实，鼓吹用武力建立一个自给自足的大日本帝国。

不过，使这类军事侵略主张得以转变为日本国策的更重要的原因，在于中国国内的统一倾向和现代民族主义潮流，它们正在动摇日本在中国东北地区的广泛特权和势力。与南京国民政府的召唤相呼应，张学良越来越明确地表现出归顺意向，直至东北易帜，在政治上与关内重新统一。大致同时，东北地方当局积极筹资建造与日控南满铁路和大连港竞争的铁路干线和港口，东北城乡居民的反日情绪也在正义宣传的激励下愈益高涨。虽然日本内阁对局势变化的态度还比较慎重，但军部强烈倾向于动用武力，以保护日本特权和在中国东北建立亲日政府。② 日本军事帝国主义势力有一种愈益强烈的恐惧，它类似于德国在第一次世界大战爆发前对俄国持有的那种“中等国家”的恐惧③，即中国这个东方大国正在现代民族主义的推动下走向强盛，日本若不及早强行阻止，它在亚洲称王称霸的希望用不多久就将全然破灭。④ 可以说，这种恐惧，加上关于中国东北的帝国主义考虑，提供了发动“九一八”事变并且侵占中国东北全境的根本动力，而在六年后又决定性地促成了日本对中国发动全面侵略战争。到此时，军部已在政府体系内确立了近乎绝对的优势地位，亦已正式提出称为最高纲领的《国策基准》，即确保伪满洲国，进而控制中国，消除“苏联威胁”，打击美英势力，“以始终一贯的海外扩张政策实现皇道精神……促进日本的种族和经济发展”⑤。日本军事帝国主义肆虐乃至最终灭亡正是推行这一纲领的结果。

---

① 入江昭：《太平洋两岸的疏离》，232 页；威廉·洛克伍德：《贸易、军备和工业扩展（1930 至 1938 年）》（William Lockwood，“Trade，Armament，Industrial Expansion，1930—1938”），见利文斯顿等人编：《关于日本的阅读文献》，第 1 卷，371～373 页。

② 参见入江昭：《帝国主义之后》，237～241 页。

③ 关于德国对俄国持有的“中等国家”恐惧，参见杰弗里·巴勒克拉夫：《当代史导言》，99 页；戴维·卡里欧：《重新考虑德国问题》，5 页。

④ 参见 K. M. 潘尼迦：《亚洲与西方统治》（K. M. Panikkar，*Asia and Western Dominance*），229～230 页，伦敦，1969。

⑤ 同上书，232 页。

在日本军事帝国主义再度勃兴的种种原因中间，社会政治基层的黩武情绪和对外扩张狂热几乎与上层的侵略谋划和帝国主义追求一样重要。它们既是随经济萧条而产生的社会不满的对外发泄，也源自尤其被军界操纵的大众媒体的蛊惑煽动①，而对日本内外政策的法西斯化起了重大推动作用的低级军官“皇道派”大概是这种基层原因的最典型体现。与当代史上所有举国上下沙文主义和帝国主义大发作的其他史例一样，20 世纪 30 年代日本基层与上层之间在这方面的彼此助长决定性地加大了日本侵略扩张的疯狂程度。在上层，起最大作用的是军部，在发动“九一八”事变方面还有关东军。它们的独断专行和对 30 年代几届内阁的强大压力或操纵，构成解释若干重大事态的关键因素。然而另一方面，又如一些学者强调的那样，“基本政策是在内阁中制订的”，“那些主张和反对更具侵略性的政策的人都一致认为，日本在（东亚）大陆应当拥有种种损害中国主权的帝国主义特权；他们的分歧仅在于什么才是从不情愿的中国人那里得到这些退让的恰当手段”②。在军部和内阁之外，垄断财团即财阀是日本上层又一大势力，它们与政府及其侵略政策的密切联系构成了关于日本军事帝国主义的政治经济学。日本政府进行的对外侵略扩张有赖于财阀提供物质资源，甚至专门知识，反过来财阀的发财机会及其对日本经济生活的主宰有赖于政府庞大的军事采购，外加通过侵略获得的殖民地半殖民地。③ 到太平洋战争期间，几家最大的财阀不仅将它们在日本全国总资本中所占的比例翻了一番，而且通过它们的多名代表入阁，成了与军部平分秋色的政治力量，以致大体从 1943 年起，日本战时政府完全可称为军阀—财阀政府。④

日本军事帝国主义最终导致了它自己的覆亡。与德国一样，日本在第二次世界大战结束后，经历了长时间的外国军事占领和在不少领域相当深刻的改造，成为以商业福利为主要追求的“贸易国”。这可以说是日本在外力强制下所做的一种别无选择的选择，但它由于符合日本在战后世界实际可有的位置，符合日本公众的真正利益，因而转变为大多数日本人在第二次世界大战后半个世纪里乐

① 参见詹姆斯·克罗利：《日本的自主追求》(James Crowley，“Japan's Quest for Autonomy”)，见利文斯顿等人编：《关于日本的阅读文献》，第 1 卷，369 页。

② 詹姆斯·克罗利：《日本的自主追求》(James Crowley，“Japan's Quest for Autonomy”)，见利文斯顿等人编：《关于日本的阅读文献》，第 1 卷，368、353 页。

③ 参见 G. C. 艾伦：《经济控制的集中》(G. C. Allen，“The Concentration of Economic Control”)，见利文斯顿等人编：《关于日本的阅读文献》，第 1 卷，378～383 页。

④ 参见埃莉诺·哈德利：《财阀与战争》(Eleanor Hadley，“The Zaibatsu and the War”)，T. A. 比森：《财阀的战时作用》(T. A. Bisson，“The Zabatsu's Wartime Role”)，见利文斯顿等人编：《关于日本的阅读文献》，第 1 卷，452～456、458～464 页。

意接受的国家道路。与德国一样，日本由此在很大程度上成了一位国际政治学家所说的“荷兰化”国家，亦即“迄今几个世纪里，一些好战的、军国主义的国家静悄悄地脱离了战争体系……并且在它们被允许的限度内追求永久和平”①。

当前日本的国家方向选择问题

与德国相比，日本对其历史上军事帝国主义罪行的认识和反省远远不够。不仅如此，尤其近年来日本越来越显示出一种顽固的心理冲动和政治需要，要淡化、掩饰和忘怀其军事帝国主义侵略和施暴的历史。日本在冷战时期以军事基地和军事物资供应者的身份，支持了对于曾被它征服和奴役过的两个国家——朝鲜和越南——的战争，而且是一个冷战结束后主要针对曾经长期深受其害的中国以及朝鲜的军事同盟的成员，维持着美国以外处于世界最前列的军事开支。晚近特别重要的动向是，日本越来越决心要获得所谓“正常的”国际政治地位，即要成为政治强国（在日本右翼极端势力那里则是政治兼军事强国），而且似乎决意不顾东亚邻国，特别是中国和韩国对此怀抱的正常合理的不安和担忧，我行我素地要将此变为既成事实，而不做认真切实的争取邻国放心的足够努力。与此同时，多数日本公众与他们在 1945 年往后的半个世纪相比，现在变得远为右倾化和民族主义化。

目前的日本犹如明治维新之后，站在国家方向选择的十字路口上。已经明晰可见的趋向是遗弃“商业福利”选择，争当所谓“正常国家”。多数日本人已经认为，日本的正常化第一意味着拥有大国的政治影响力和安理会常任理事国地位，第二意味着拥有联合国宪章框架内正常的军事权利。第一次世界大战后 60 年，日本在美国的安全保护下，集中国家方向于生产立国、商业立国，并且较多地致力于环境保护和发展援助等问题。这些无疑对日本有利、合算，也有助于争取确立一个比较良好的当代日本形象。集中于谋求“商业福利”性质的国家目标就是具有第二次世界大战后日本民族道路连续性的未来日本应有特色。相反，在其世界政治角色问题上，现在的日本差不多仅仅集中关注像其他大国那样拥有大国的军事力量和军事权利，而且愈益倾向于在美日军事同盟框架内逐渐跃出“专守防卫”。照此发展下去，日本的国家方向将出现严重问题。

---

① 约翰·米勒：《根本上与核武器无关》，见琼斯和米勒合编：《冷战与其后》，63～64 页；约翰·米勒：《从末日后撤：重大战争的过时》，19～21 页。

第四节 中国与国际社会：中国的选择与命运

中国与国际社会的关系的基本历史轨迹

当中国的大门在19世纪40年代被西方国家强行打开时，现代世界与中国大致隔绝的状况至此结束。中国被纳入了一个未曾了解，也未曾真正接触过的国际社会，其权势中心是西方列强，其行为规范是西方“文明标准”及其界定的国际法和国际惯例。在迄今为止的一个半世纪里，中国与这个国际社会[①]的根本关系年度变更如下：从起初并非出于自主的选择而加入，到1949年中华人民共和国成立起大致脱离，再到20世纪70年代初开始主动选择重新加入。这一过程与中国国内的巨大变迁相交织，是中国现代化及其崛起为新兴强国之世纪性历程的非常重要的方面。

所谓国际社会，是有共同利益、共同价值观念、共同规范和共同运作机制的国家群体，这些共同因素使得没有公共政府作用于其上的国际关系呈现出有秩序的社会状态。[②] 从全球史的视野看，以现代国家为主体的国际社会起初仅存在于欧洲，此后欧洲国家的军事、经济、政治、文化扩张逐渐将越来越多的地区纳入其中。如本书第三章第二节所示，现代国际社会的这一扩展在19世纪达到了空前广泛和剧烈的程度，欧洲列强（较小程度上还有后起的美国和日本）在全球范围内将它们的政治控制和“文明准则”加诸不发达世界的非现代国家和非现代社会。欧洲国际社会的规则和运作机制，大都转化为趋于形成的全球国际社会的规则和运行机制。扩展的过程实际上一直持续到第二次世界大战以后，殖民地的普遍独立和半殖民统治的广泛瓦解使得现代民族国家遍布世界，而西方的传统优势使得全球意义上的国际社会在权势分布、价值观念和规范方面显著地侧重于西方。[③]

西方国家在扩展国际社会时，未以平等和公正的原则对待文明形态和政治传统与之不同的不发达国家。它们自信，它们在任何地方都“有‘权’按习惯的方式处理外交关系，有‘权’自由贸易，有‘权’用战争武器和它们的司法

① 当然，这个国际社会本身在同一时段里也发生了本书第三章往后论说的种种重大变迁。

② 参见布尔：《无政府社会：世界政治秩序研究》。

③ 参见布尔和沃森合编：《国际社会的扩展》。

体制保护其公民和公民的财产，有‘权’宣传它们的文明和宗教，不受阻碍”①。西方扩展其国际社会的这么一种努力在历史上引起了不发达世界的各种不同反应，它们归结起来主要有五种：抵抗、屈服、趋同、革命、协调。抵抗是指抵制国际社会的扩展，抗拒西方强加的规范和不平等地位，力图维持置身于西方权势范围之外的状况。例如，19 世纪 40 至 60 年代的中国大体上采取了这一反应方式。在抵抗终告失败或者无力进行抵抗的情况下，不发达国家会屈服，这意味着被迫接受不平等、受压迫的地位，被迫服从西方规定的种种规范，但不顺从的情况仍会不时发生。几乎所有非西方国家在自己历史的这一或那一时期都采取过这种反应方式。趋同是指接受和遵循国际社会的准则，试图以此促进本国的现代化，并且改变自己在国际社会中的不平等地位，其特征是趋同于国际社会主流，追求在国际大现状之内的自我改造和自我提高。日本在明治维新以后的一段时期内就是如此。革命则不仅是指反对现有国际社会，还意味着奋力脱离之，并且力图建立一个在基本价值观念、规则和体制方面与之不同的新型国际社会。与其他反应方式相比，协调显得较为折中，即一方面置身于国际社会之中，而且尽可能避免与之抵牾，另一方面并非全盘接受其现状，而是试图对自身与国际社会间的歧异加以协调，以便两者能够达到互容，并且在这一过程中逐渐地改造自己，同时促进改造国际社会。回顾中国与国际社会之间关系的历史，就可以看到中国经历了所有这五种不同反应，即抵抗（1840 至 1860 年）、屈服（1860 至 1919 年）、趋同（1919 至 1949 年）、革命（1949 至 1971 年）、协调（1971 年以后）。应当说，每一时期内的反应实际上都相当复杂，难以一概而论又全无偏颇，但各个时期内最基本的倾向还是清楚的。

国际社会中的中国——趋同倾向与革命倾向

20 世纪初，随中国现代民族主义兴起，中国进入了一个谋求成为现代主权民族国家、改变自己在国际社会中不平等地位的历史阶段。所有中国现代民族主义者的根本愿望是要消除不平等条约体系，摆脱外来控制，实现民族独立自强。但是，在如何实现这一愿望的问题上，可以有两种大相径庭的回答。第一种是在国家组织和国际行为方式上较主动地趋同于西方，争取其认同，从而逐步取得在现有国际社会之内的、被西方接受的法律平等甚至实际平等地位。或者说，采取在现有国际社会内的改良的道路。第二种是将中国的被压迫被歧视归因于现有国际社会根本性的结构和运行机制，认为中国的现代化和独立自主无法在此框

---

① 兰比尔·沃拉：《中国：前现代化的阵痛》，76 页，沈阳，辽宁人民出版社，1989。

架内通过西方的允准而实现。平等以解放为条件，解放则意味着挣脱西方的控制和现有国际社会的桎梏；不仅如此，由于解放而取得的真正独立和自强，只有在平等公正的新型国际社会最终取代现有国际社会的情况下，才能永葆无虞。这就是“反叛”现有国际社会的道路，它要求的是国内和国际双重意义上的革命。

中国现代民族主义者中间趋同倾向和革命倾向的分野，或者说改良派与革命派的分裂，大致从 1919 年开始。前者主张“改革和渐进进化”，后者立意“暴力革命”。[①] 前者深受威尔逊国际政治思想影响，后者却接受列宁主义世界观，奉苏俄革命为榜样。对现有国际社会的这两种根本不同态度分别决定了一方面是北洋和国民政府，另一方面是中国共产党人的行为方向。

改良的观念在很大程度上来自西方的渐进进化论思想，并且与中国的“以夷制夷”传统密切相关。改良派认为，中国在国际社会中的不平等地位应当得到改变，但其唯一合理和合算的途径是渐进的和平变迁，急于求成和诉诸暴力只会适得其反，破坏国际社会内可以发生的、中国和西方列强渐趋平等的进化过程。“以夷制夷”则不仅被当做一种外交策略（作为外交策略是革命派也愿采用的[②]），而且被当做事实上的外交纲领或大战略，当做能够指望在国际社会中取得平等地位的根本依据之一。国际政治等级结构中的这个或那个弱国所以可能取得与上层强国同等或相近的权利待遇而无须造反，主要原因之一是各个上层强国由于相互间的竞争而有求于弱国偏向己方，而吸引弱国这么做的最有效途径是予以酬赏，其中可以包括有助于弱国最终取得国际社会内平等地位的种种权利让步；或者，它们同样由于相互间的竞争而互拆台脚，为此可能致力于抑制或破坏对方对下层弱国的特权压迫，这就有利于弱国地位的提高。概而言之，从改良派的角度看，华盛顿会议期间中国收回山东利权，20 世纪 20 年代末以中美关税新约为样板中国收回关税自主权[③]，盟国对日战争期间通过中美、中英新约废除在华领事裁判权，甚至经美国倡议取得作为“四强之一”的国际政治和法律地位，无不与上述意义的“以夷制夷”相关。总之，“以夷制夷”不仅有助于维持中国尚未被不平等条约体系剥夺的残存权益，还有利于争取逐渐改变这个体系，达到在现有国际社会内的平等地位。对于不平等条约，改良派的态度是首先要遵守，在遵守的前提下争取改变，而改变的方法一般是与列强进

---

① 参见费正清和赖肖尔：《中国：传统与变革》，457 页，南京，江苏人民出版社，1995。

② 参见章百家：《解放战争时期毛泽东的国际战略思想》，见国际战略研究基金会编：《环球同此凉热——一代领袖们的国际战略思想》，58 页，北京，中央文献出版社，1993。

③ 参见陶文钊：《中美关系史（1911—1950）》，127～133 页，重庆，重庆出版社，1993。

行外交谈判，自始至终按照国际社会的准则和规范行事。①

改良的观念很大程度上决定了北洋和国民政府外交政策的总的温和性。尽管其外交的根本目标之一是收回主权，争取成为国际社会的一个平等成员，但主要手段是通过与列强协商来修改不平等条约，因而往往如同与虎谋皮。同样重要的是，它们追求平等地位的意愿和能力俱不充足。北洋和国民政府在很大程度上是将上述目标作为获取政治资本的工具，修约常常被当成空洞的政治口号。在它们看来，取得外国对其统治的承认和支持远比修约重要，而这意味着不能过分触动列强在华权益。同时，中央政府的羸弱限制了争取修约的能力，而动员和利用广大民众的反帝情绪和反帝力量又有违它们的国内统治利益及其保守的社会政治观念。还有一个根本的问题在于：法律意义上的平等不等于社会意义上的平等，形式上的独立不等于实际上结束政治、经济等方面的依附和被控状态。改良派主要关注的正是中国在西方支配的国际社会内的法律平等和形式独立，其目的的有限性与过程的渐进性一样，远不能满足很大一部分中国现代民族主义者。

与改良派不同，作为革命派的中国共产党人将民族独立自强目标与反对世界帝国主义的列宁主义革命结合起来。与其在国内彻底改造中国社会的宏伟志向相似，在中国的对外关系方面他们的矛头不仅指向列强在华势力，还指向现有国际社会体系本身。虽然在从20世纪20年代初起长达半个世纪的革命历程中②，中国共产党的具体纲领、战略和策略历经变迁，但在决定其国际行为模式的最重要因素中间，始终有革命民族主义情绪的激励和列宁主义国际政治观的影响，而这两者都是否定现有国际社会的。说到底，中国共产党分析国际关系所依据的根本范式是国际阶级斗争，连同从类似国际阶级划分的政治经济学角度界定的民族斗争。在那半个世纪的中国共产党国际关系思想史上，这一范式表现为三种形态：显著侧重于国际阶级斗争；显著侧重于从类似国际阶级划分

---

① 参见丘宏达：《国民党与共产党对不平等条约的看法之比较》，见杰罗米·科恩编：《中国的国际法实践》（Hungdah Chiu，“Comparison of the Nationalist and Communist View of Unequal Treaties”，in Jerome A. Cohen，ed.，*China's Practice of International Law*），剑桥，1972。

② 两位对现代亚洲和中国素有研究的美国历史学家认为，可以将现当代亚洲的革命按其国内和国际行为模式分为“革命运动”和“革命国家”两大阶段。参见迈克尔·亨特（韩德）和史蒂芬·莱文：《对美国在亚洲的早期冷战政策的革命挑战》，见沃伦·科恩（孔华润）和入江昭合编：《东亚列强（1953至1962年）》（Michael H. Hunt and Steven Levine，“The Revolutionary Challenge to Early U. S. Cold War Policy in Asia”，in Warren Ⅰ. Cohen and Akira Iriye，eds.，*The Great Powers in East Asia，1953—1962*），纽约，1990。对于中国共产党的革命进程亦可作此划分。作为一个革命国家，中国在国际关系中总的革命属性持续到20世纪70年代。

的角度界定的民族斗争；上述两者并重（因而带有矛盾性和过渡性）。[①] 它们分别支配了几个不同时期里中国共产党对国际大形势的分析，产生了若干不同的理论原则、基本口号和对外战略。但是，在此最值得注意的是所有这些的共性，那就是将现有国际社会的本质认定为国际资本主义帝国主义的压迫和剥削，将推翻其在华统治、进而脱离国际资本主义帝国主义体系当做中华民族独立自强、中国人民翻身解放的前提。不仅如此，新生的中国无论从国际政治理想还是从直接间接的安全保障出发，都要尽可能帮助推进国外的革命，特别是在不发达地区，因为那里是打击这一体系的主战场。[②] 中国共产党对国际社会的这种革命，除了表现在其他方面，还表现在对待国际秩序机制之一——国际法的态度上，亦即显著地倾向于否定现有国际社会的法律规范。[③]

然而另一方面，中国共产党人并不总是以造反或革命行为对待现有国际社会。在处理实际事务时，具体利益和现实需要常常成为决策的出发点，在抗日战争时期和朝鲜战争结束后的几年里尤其如此。更重要的是，革命实际上有个重大的内在意愿矛盾：是脱离现有国际社会，还是平等地加入其中？就情感、信念和理想而论，脱离并与之对峙是必然选择。有如一位美中关系史学家所说，中国共产党人“出生于一个正在衰亡的任人宰割的帝国的没落时代”，他们都亲身经历或耳闻目睹过外国列强的对华压迫、剥削、歧视和侮辱[④]，由此产生的反帝情绪自然非常强烈。不仅如此，世界现代史表明，现有国际社会是西方列强在世界扩张的结果，无论是其权势结构，还是其规范和运行机制，都主要体现了西方强国的利益和价值观念，而这又往往导致对非西方弱国的压制和损害。列宁的理论更是将帝国主义体系对殖民地半殖民地的奴役和榨取当做其基本生存条件。就最直接的现实而言，美国为首的西方国家敌视中国革命，力图孤立和削弱新中国；处于这么一种敌对性的国际环境之中，与对抗西方体系的苏联结盟被认为系保卫国家安全和革命成果所必需。

20 世纪 70 年代以前，新中国的那种国际处境出自美国的对华孤立和遏制政策，至少决不亚于出自新中国领导人自己的选择。这一对华孤立和遏制政策是

---

① 关于中国共产党国际关系思想的历史，参见杨奎松：《中间地带的革命——中国革命的策略在国际背景下的演变》，北京，中共中央党校出版社，1992；国际战略研究基金会编：《环球同此凉热》。

② 参见阿姆斯特朗：《革命和世界秩序：国际社会中的革命国家》，176～180、184 页。

③ 参见时殷弘：《论美国承认新中国问题（1949—1950）》，载《世界历史》，1991（1）；丘宏达：《国民党与共产党对不平等条约的看法之比较》，见杰罗米·科恩编：《中国的国际法实践》。

④ 参见南希·塔克：《尘埃中的模式：中美关系和承认问题争执（1949 至 1950 年）》（Nancy B. Tucker，*Pattern in the Dust：Chinese-American Relations and Recognition Controversy，1949—1950*），41 页，纽约，1983。

第二次世界大战后美国扶蒋反共政策的继续。天翻地覆的中国革命不仅毁坏了美国的在华权势，还构成了“美国世纪”里非西方国家对美国主导的国际社会的第一场（也是迄今最大一场）大规模革命，而且其成功严重损伤了美国作为自命的“中国恩主”和“世界领导者”的自尊自信，连同被当做世界一大秩序支柱的美国威望。美国所以不肯容忍新中国，一个深层的心理原因就在于此。新中国的国际政治/战略行动（包括缔结中苏军事同盟、出兵朝鲜对美作战、援助越南抗法战争和抗美战争、支持其他民族解放和社会革命运动等）更加剧了美国的敌视。总之，1949 年以后约 20 年中国对外关系的根本性质在于：（1）美国主导的国际社会抵制中国；（2）中国抵制美国主导的国际社会。中国与国际社会之间的互斥局面是一个世纪性历史过程的产物：西方将中国强行纳入国际社会，并且强置于在其中被压迫被凌辱的地位，从而最终激发中国奋起革命，西方（主要是美国）则报之以敌对、孤立和围困。

中国重新加入国际社会

20 世纪 70 年代初，一个新的历史过程开始了，那就是中国以大不同于 130 年前的面貌、力量和姿态，重新加入国际社会。这个过程起自毛泽东和尼克松开启中美关系正常化。他们都从地缘战略角度和国际均势考虑出发，对待世界大局和中美苏三角关系。双方国际政治观的局部吻合和战略盘算的并行不悖导致中美结束持续多年的敌对。随着与美国这个最有影响的西方强国逐步接近，中国开始在外交上主动地重新加入国际社会，包括恢复在联合国的合法席位并加入其他许多国际组织和相关的国际体制，与美国在内原先不承认中华人民共和国的世界多数国家建立完全的外交关系，在对外交往中全面遵照公认的国际法律规范。

随着在外交上重返国际社会，中国还逐渐开始了一个可称为“社会化”的过程，它的最大动力是中国国内的改革。这个“社会化”的内在含义用一位国际政治学家的话说，主要在于“一个社会的新加入者将该社会的规则和价值观念内在化”①。就中国而言，这意味着中国关于国际社会的观念发生了变化。首先，中国虽然仍以真正平等公正的国际政治经济新秩序为理想，或者为最原则的宣言性立场，但改变了过去对现有国际社会的总的抵制态度，开始严格遵循国际社会的共同规则，参与国际政治的大部分运行机制，不再将革命奉为变更国际社会的基本途径。即使是一些具有促进走向国际政治经济新秩序意义的变

① 阿姆斯特朗：《革命和世界秩序：国际社会中的革命国家》，184 页。

迁，也无不是被当做要在现有国际社会之内、通过各国的共同协商和认可来实现。更重要的是，中国将广泛参与国际社会并为此遵循其共同规则当做现代化的一大条件，当做中国求富求强的必需前提。正是在这个意义上，对外开放被定为基本国策。第二，中国大致不再从国际阶级划分的角度观察外部世界及其与中国的关系，转而将民族国家当做分析国际政治的基本单位，注重按照"国家利益"理解各国的对外政策和确定中国自身的对外政策。与此同时，斗争和冲突不再像过去那样被看做国际关系中唯一起主导作用的要素，大国之间的一些共同利益和共同价值观念，连同在此基础上的协调与合作，也被当做同样重要，有时甚至更为重要。不过，西方超级强国与非西方弱国之间的抵牾和冲突往往被赋予尤其突出的关注和意义，反映了中国在世界政治中的认同意识的历史连续性。

与此相关的一项特别引人注目和有全局意义的变化，在于中国改变了过去认为大国间战争很难避免并且可能迫在眉睫的观点。邓小平提出和平与发展是当前世界主题的基本判断，作为中国以经济建设为中心、坚持改革开放的必要前提，而实行这基本路线的一项最大效应，是中国业已展现出成为真正的现当代大强国的前景。至于中国"社会化"的主要外在表现，则是与西方乃至整个世界之间在外交交往之外，贸易、金融、文化、教育、科技、旅游、移民等非政治性交往的范围越来越广，规模越来越大，以致大体上形成了一种相互依赖之网。可以认为，当今中国参与国际社会的广度和深度已经大大超过了迄今为止一个半世纪中国历史上任何时期。

中国重新加入国际社会以来的30余年历史，大致就是中国改革开放与其在国际社会内开始迅速发展的历史。到20和21世纪之交，主要由于中国依凭改革开放而来的多年持续的高速经济成长，中美两国之间在经济方面正在进行的力量对比变化（或曰差距缩小进程）已成为世界普遍谈论的话题。两国之间在东亚的国际政治经济影响方面的"权势转移"趋势也已开始逐渐显现和发展，并且有如许许多多国外评论和报道所示，越来越广泛地被人们当做东亚的一个具有头等深远意义的事态。在此背景下，国内外舆论广泛谈论中国的国家方向，而中国的"和平发展"是在这类谈论中被涉及得最多的一个概念。本书将在其结尾部分围绕这个概念，讨论和阐说中国在国际社会中根本的国家方向问题和相关的根本战略任务。

第五节　亚非现代民族主义的萌发和兴起

非西方现代民族主义的发展进程——三个典型阶段

概而言之，非西方现代民族主义的兴起与其“对西方造反”成功的过程，经历了大历史学家杰弗里·巴勒克拉夫总结的三个典型阶段。[①] 首先有被称为“民族主义”的准备阶段。在此阶段中，西方扩张者对其控制下的非西方传统社会的侵蚀和破坏，连同他们或其代理人的无情剥夺、肆意侮辱和残酷压迫，激起了以仇恨西方人和眷恋旧传统为主要特征的反抗运动。此类反抗与已逝的往昔有着千丝万缕的感情联系，但其中不少出现了对西方影响作积极回应的萌芽。[②] 更重要的是，它们的失败引起了对传统体制和文化的现今价值的深刻怀疑，这与其他因素一起促成了下一个阶段，亦即现代民族主义的真正出现。在其中，民族主义运动的领导一般由开明的精英担任，其社会基础几乎全由城市部分中小有产者和知识分子构成，而其目标大多是争取部分民族权利和若干政治、文化进步，以此改良西方或其代理人的统治，而非推翻之。第三个阶段是非西方现代民族主义的蓬勃兴盛和大发展，其特征主要在于将城乡大众动员起来，组织进一个旨在最终实现民族独立和社会革新（或改良）的运动中去。它与第一阶段的主要区别，在于积极地顺应世界潮流而非徒然眷恋过去，与第二阶段的最大不同，则在于拥有广泛的社会基础和强大的政治力量，从而具备了革命成功的根本保障。

亚洲现代民族主义运动的出现和兴起

亚洲现代民族主义兴起的代表是中国、印度和土耳其。在中国，甲午战败后，列强的瓜分狂潮激发了两大“民族主义”运动——戊戌变法与义和团运动。戊戌变法的领导者们希望走明治维新的道路，而且（特别是康有为一系）力图维持儒家体系的根本价值观念，办法是按照现代条件解释儒家经典。义和团运动则是下层大众的反帝运动，其组织、宣传和作战方式完全出于民间旧传统，被清廷顽固守旧派利用。1905 年，上海总商会为抗议美国排华暴行和排华法令，

---

① 参见巴勒克拉夫：《当代史导言》，177～178 页。

② 参见巴勒克拉夫：《当代史导言》，177 页；K. M. 潘尼迦：《亚洲与西方统治》（K. M. Panikkar, *Asia and Western Dominance*），237 页，伦敦，1969。

发起大规模抵制美货运动，席卷中国十几个省和数百个城镇，持续时间长达 8 个月之久。[①] 它实际上可被认作中国现代民族主义的开端。短短几年后，严重侵害中国主权和华商利益的湖广铁路借款又激起声势浩大的保路运动。这场数省绅商民众共同反对清政府“夺路劫款，转送外人”的斗争，连同孙中山及其同盟会的革命活动和为反对“二十一条”而掀起的大规模抵制日货运动[②]，表明中国现代民族主义已经广泛兴起，而 1919 年的五四运动更标志它步入上述的第三阶段。

在印度，自从“原始民族主义”的大爆发——1857 年印度民族大起义之后，民族主义几乎始终与国大党联系在一起。这个 1885 年成立的政治组织，其宗旨起初是使一盘散沙似的印度人具有统一的印度民族概念，并且倡导通过某些改良来为印度上层受过现代教育的人士取得一些参政机会。[③] 在其头 20 年里，国大党差不多无异于一个上等阶级清谈馆，果帕尔·克里希那·郭克雷是这一时期最著名的领导人。20 世纪开始后不多几年，激进派崛起于国大党内，其领袖帕尔·根加德尔·提拉克主张必要时以暴力推翻英国统治。不过，他以复旧的姿态大力褒扬据称纯洁的印度教传统，反对变革种姓制度和落后风俗，因而他的民族主义是一种向后看的、半宗教的民族主义。[④] 第一次世界大战结束后不久，印度民族运动在既通晓西方文化、也深知印度国情的大政治家和思想家——圣雄甘地领导下，开始进入非西方现代民族主义的第三阶段。

在土耳其，较早的现代民族主义意识产生于 19 世纪中叶后期，其基本特征是反对政教合一和陈腐落后的专制帝国体制，主张土耳其现代化，以此改善在愈益严重的半殖民地状态中本民族的独立生存机会和发展机会。[⑤] 被称为“青年土耳其党人”的改革要求者们鼓动和支持帝国宰相米德哈特于 1876 年制宪，规定建立君主立宪制度，但很快因旧势力反扑而失败。下一代青年土耳其党人以作家兼社会学家齐亚·戈卡尔普为思想领袖，主张建立能使现代知识精英掌权的政治体制。1908 年，他们发动起义，逼迫苏丹恢复宪法，重开国会，但国家政治的其他方面基本上没有得到改革。到土耳其现代民族主义的下一个阶段，

---

① 参见陶文钊：《中美关系史（1911—1950）》，15～19 页，重庆，重庆出版社，1993。

② 关于保路运动和反对“二十一条”的运动，分别见刘大群《谈湖广铁路的恶债性质》，见丁名楠等主编：《中美关系史论文集》，第一辑，234～235 页，重庆，重庆出版社，1985；雷诺万：《大战及其后（1914 至 1929 年）》，50 页。

③ 参见汉斯·科恩：《民族主义的涵义和历史》（Hans Kohn，*Nationalism：Its Meaning and History*），修订版，85 页，佛罗里达州马拉巴尔，1982。

④ 参见巴勒克拉夫：《当代史导言》，179 页；科恩：《民族主义的涵义和历史》，86 页。

⑤ 参见汉斯·科恩：《民族主义的涵义和历史》，62 页。

即“基马尔革命”时期，斗争的主要矛头将直指西方帝国主义。另外，同样在19世纪末和20世纪初，印度尼西亚、越南和菲律宾等地也开始有了现代民族主义运动或其萌芽。以印尼在第一次世界大战爆发前几年出现的最初的一些民族主义团体为例。它们都以城市中产阶级知识分子为发起者和骨干力量，都希望印尼诸岛人民结合为统一的现代民族，而且都要求改革甚或最终取消荷兰统治。①

亚洲现代民族主义运动出现和兴起的基本原因

亚洲现代民族主义的萌发和兴起有两方面的原因。一方面是根本性的，即伴随西方入侵而来的新社会因素和当地人民固有的民族自豪和自尊感，另一方面是形势性的，包括世界政治形势的激励及其提供的机会、俄国两次革命的感召和威尔逊主义自决原则的影响。在入侵和统治的过程中，西方人损伤或瓦解了传统的生产方式和社会构造，同时促成和造就了亚洲当地先进的经济、社会、政治和文化新力量，其中最重要的是接受过西方现代教育的部分知识精英。西方教育和其他媒介传播的西方现代政治观念，对亚洲现代民族主义运动的形成及其纲领塑造起了尤为突出的作用。在印度，在英国殖民政府竭力压制自由的同时，英国人创办的院校却向当地青年传播自由思想；在越南，法国人虽然没有栽下自由之树，但却栽下了知识之树，使武元甲这样的学生了解到法国大革命及其大众动员的经验。国家平等和种族平等，民族解放和社会变革——这些观念都来自西方，对它们的吸收消化“为（非西方的）精英在20世纪争取独立的国家资格开辟了道路”②。不过，西方的影响只是亚洲各民族奋发振兴的部分原因。亚洲各国社会和文明被西方人武断地判定为衰朽僵化，然而它们实际上蕴藏着伟大的活力和更新能力，而殖民半殖民扩张者的欺压和侮辱，为之提供了发动或加速自身振兴进程的强烈动机。亚洲各民族的自豪和自尊感是它们追求自主自强的最深刻、最持久的推动力。

来自世界政治的激励和机会促进了亚洲各民族的奋起，并且为它们提供了

---

① 参见罗伯特·麦克马洪：《殖民主义与冷战：美国与印度尼西亚独立斗争（1945至1949年）》(Robert J. McMahon，*Colonialism and Cold War：The United States and Struggle for Indonesian Independence，1945—1949*)，29～30页，纽约州伊萨卡，1981。关于越南和菲律宾的早期现代民族主义，分别见约翰·麦克阿里斯特尔：《越南革命的起源》，第5章，纽约州加登城，1971；H. W. 布兰兹：《帝国命运：美国与菲律宾》(H. W. Brands，*Bound to Empire：The United States and the Philoppines*)，第3～5章，纽约，1992。

② 参见潘尼迦：《亚洲与西方统治》，247～248页；V. C. 基尔南：《欧洲帝国：从征服到崩溃(1815至1960年)》，214页，索福克郡邦吉，1982；亚当·沃森：《欧洲国际社会与其扩展》，见布尔和沃森合编：《国际社会的扩展》，31页。

民族事业取得进展的一些重要条件。这里所谓激励，是指日本打赢日俄战争一事带来的鼓舞和启示。在亚洲各民族看来，它表明落后民族只要学会西方的技术和政治军事组织方式，就可以力克白人强国。正是在之后的几年里，包括土耳其、伊朗和中国在内的一些亚洲国家发生了以现代民族主义为一大特征的改革或革命。此后，第一次世界大战造成了亚洲民族主义发展的空前机会。首先，英法等国从其亚洲殖民地抽取超常规模的物质资源和人力用于战争，这就提出了以政治让步来“补偿”的问题。承诺着手构建印度自治体制的“蒙塔古—契姆斯福改革”就是这方面的一个突出例子。不仅如此，被它们征召去作战或做工的大量人员①带回了欧洲先进的思想观念，包括民族权利和公民权利观念，这大有利于亚洲的民族民主运动。还有，协约国和同盟国旨在鞭挞对方并鼓动其属地造反的战时宣传也起了类似的作用。②“‘对西方造反’再也不会遭到列强的联合反对”，这是它在不少地方能够取得重大进展的一个必不可少的条件。③

俄国两次革命的影响甚至比第一次世界大战提供的这些机会更重要。1905年革命在大半个亚洲产生了强烈的激励效应。俄国民众猛烈冲击专制政治及其社会基础，这给了从中国和越南到印度和伊朗的先进分子那么大的启示和鼓舞，以至有学者将它在亚洲造成的结果比作法国大革命在欧洲造成的结果。④ 1917年的十月革命对亚洲民族主义运动的作用，则首先出自在革命爆发翌日颁布的《和平法令》，其中宣告无保留的民族自决原则。⑤ 它和苏俄政府关于放弃沙俄的一切殖民地半殖民地权益的宣告一起，在亚洲许多被压迫民族和国家造成了相当广泛、深入的影响。不仅如此，列宁与共产国际高度重视殖民地半殖民地民族解放，为此进行的宣传鼓动和实际支持使得亚洲的反帝反殖运动获取了直接或间接的外部推进。在这方面，布尔什维克的意识形态与威尔逊主义不无共同之处。后者包含的自决原则虽然不彻底，但它毕竟给了亚洲民族一个具有当时无可怀疑的国际合法性的依据，得以理直气壮地追求民族自决权。而且，“随着协约国忙不迭地宣称信奉威尔逊的这项新准则，殖民国家发现自己难以公然反

---

① 英国从印度征召近100万人，法国从其殖民地和保护国也征召近100万人。参见雷诺万：《大战及其后（1914至1929年）》，131页。法国征召的人员（特别是劳工）很大部分出自印度支那。英国取自印度的士兵和劳工数目据另一论著为130万人。参见V.C.基尔南：《欧洲帝国：从征服到崩溃（1815至1960年）》，184页。

② 参见雷诺万：《大战及其后（1914至1929年）》，131～132页。

③ 参见肯尼迪：《大国的兴衰》，287页；寇本：《民族国家与民族自决》，220页。

④ 参见J. 斯佩克托：《第一次俄国革命对亚洲的影响》（J. Spector，*The First Russian Revolution*. *Its Impact on Asia*），29页，新泽西安格尔伍德克利夫，1962。

⑤ 参见《列宁选集》，3版，第3卷，340～345页，北京，人民出版社，1995。

对或公开拒绝亚洲各民族基于该准则提出的要求”①。

非洲现代民族主义的出现和发展显著晚于亚洲，但地处北非的埃及和突尼斯例外。那里的“原始民族主义”以 1881 年阿拉比领导的反英运动为代表。在这场对埃及半殖民地化作出的首次反应中，共有穆斯林保守派、封建地主、旧陆军军官和开明改革派四类基本力量，前三类可以说与现代化进程完全格格不入。然而在近 40 年后，在英国为从事大战而完全接管埃及内务并大肆盘剥其人力物力资源的情况下，曾任教育和司法部长的柴鲁尔领导成立华夫脱党（或译国民党），其宗旨是使埃及完全独立。从 1919 年起，该党领导了持续三年的群众性反抗斗争，终于迫使英国废除了对埃及的“保护权”和承认埃及独立，尽管它保留了干涉权利和对埃及防务等事项的控制。② 与华夫脱党成立大致同时，突尼斯也出现了民族主义政党——立宪党。它虽然希望与宗主国法国合作从事行政改革，但也提出过“突尼斯是突尼斯人的突尼斯”的主张。前面论说的亚洲现代民族主义萌发和兴起的诸项原因大多也存在于北非。从撒哈拉沙漠往南，热带非洲的民族觉醒一般来说是在 20 世纪 40 年代甚至更晚，因为在这片直到 19 世纪末期才落入欧洲统治的广大地区，尚缺乏足以培育和激发出现代民族主义的现代经济、政治、教育和文化条件。

第六节　民族运动的飞跃与西方统治的瓦解

民族运动的飞跃与西方列强的对策

在两次世界大战之间的时间里，非西方现代民族主义运动有了很大的发展。这发展大多以前面所说的第三阶段即精英与大众、民族独立与社会革新（或改良）相结合为根本特征，因而甚至可谓飞跃。与此相应，西方列强的对策也从大致单一的镇压变得多样化了。在土耳其，陆军将领穆斯塔法·基马尔于本国随德奥两国战败后，面对协约国强迫苏丹接受不仅剥夺帝国外缘而且瓜分小亚细亚本部的《色佛尔条约》，发动军民在民族解放旗帜下坚决抗战。1922 年，在法、意两国因为别有所图而撤出后，基马尔率军彻底打败英国大力支持的希腊

① 潘尼迦：《亚洲与西方统治》，200 页。

② 参见费利克斯·吉尔伯特：《欧洲时代的终结：1890 年至今》，263 页；雷诺万：《大战及其后（1914 至 1929 年）》，136、276～277 页。

军队，从而得以在翌年另订平等的《洛桑条约》——“新土耳其诞生的国际证书”①，并且实行一系列使土耳其成为现代共和国的改革。“基马尔革命”可称是非西方现代民族主义的首次重大胜利。

在中国，民族民主革命的先行者孙中山在辛亥年之后多番奋斗，多番失败。是十月革命、五四运动和他本人那最可贵的思想、政治朝气，使他在晚年开始走上联俄联共、扶助农工的道路。作为孙中山事业的真正继承者和发展者，以毛泽东为首的中国共产党以在农村建设党、革命武装和根据地为主要内容的独创性的大战略，开发中国极为宏伟的人力资源，并且在此过程中越来越成功地进行中国的革命改造。

在印度，决意发动并善于发动大众的甘地执掌民族运动领导权。为扩大其社会基础，他率先打破横在种姓阶层与“不可接触者”之间的传统壁垒，并且号召印度教徒和穆斯林团结起来争取印度独立。他将国大党重组为一个群众性的、相当大程度上实行民主集中制的政党，使之基础厚实，行动统一。他依靠这样的政党多次发动非暴力不合作运动。用他的话说，非暴力不合作“显示出物质力量与道德力量相比一钱不值”②。这样的原则加上甘地本人的身体力行，确实提供了一项大众都能懂得的崇高信条，提供了促使他们奋起的道义驱动力。从1930年甘地率众远赴海滩采盐开始，非暴力不合作发展为非暴力不服从。此后，20世纪30年代印度政治的一个往复不已的模式，便是从非暴力不服从行动到当局捕人，再到甘地绝食而后当局退让，英国对印度的殖民统治由此越来越难以维持。

在越南，现代史上最杰出的革命家之一胡志明于1930年主持建立越南共产党（不久改名为印度支那共产党），并且撰写了党的行动纲领——通过农民革命和团结所有爱国力量完成民族独立事业。在共产国际“左倾”盲动路线和关门主义导致的几年严重挫折之后，胡志明于1941年初重返越南领导革命。他主持建立越南独立同盟会（越盟），作为民族统一战线组织和民族解放斗争的一线领导机构，同时在越盟之外按照社会阶层、行业和村落等组织起各种各样的救国会，以最广泛地发动和组织人民。依凭与中国共产党人相似但也有独创的大战略③，胡志明在第二次世界大战结束之际成功地领导人民进行了八月革命，宣告

---

① 卡里埃：《维也纳会议往后的欧洲外交史》，修订版，403页。

② 吉尔伯特：《欧洲时代的终结：1890年至今》，264页。

③ “实际上，印度支那共产党的战略是要求举行两阶段的起义，首先是在革命力量比城市更扎实的农村进行毛泽东式的夺权。然后，以农村为基地的队伍将进至大城市外围，以援助城市革命力量在敌人营垒的心脏进行革命接管。”引自威廉·杜伊克：《越南共产党人取得政权的道路》（William J. Duike, *The Communist Road to Power in Vietnam*），84页，科罗拉多州波尔的，1981。

建立越南民主共和国。①

土耳其、中国、印度和越南只是在此谈论的时期里非西方民族主义浪潮的最重要史例，而其全景更为波澜壮阔。面对这几乎席卷了半个地球的史无前例的“大造反”，西方殖民宗主国已经不能像过去那样大都诉诸武力镇压。问题的关键不仅在于西方的军事力量已不敷所需，也在于经过第一次世界大战，西方海外统治的道德合法性已受到近乎致命的损伤。这有如英国殖民大臣米尔纳勋爵抱怨的那样，“帝国”一词现已广泛地被等同于蛮横征服和以强凌弱。② 在此情况下，较多地使用和平的政治手段势所必然。

这些手段大致可分为三个类型。第一是向殖民地国家许诺并多少实施逐步自治，希望以此抵挡甚至消除独立要求，而对半殖民地国家则以逐步放弃某些特权为让步，试图保住另一些特权以及总的影响或控制。在前一方面，特别典型的是英国的印度政策。经过 1919 年着手施行的“蒙塔吉—契姆斯福改革”，治安和财政以外的各省治权逐渐转归民选议会和对其负责的官员。与此相关，印度行政、经济和文武官制发生了被认为是从“帝国主义后撤”的其他变化。③在半殖民地的中国，随着现代民族主义的兴起和迅猛发展，西方列强自华盛顿会议开始越来越处于守势。北伐战争期间，列强基本上不再以军事干涉对待中国人民和革命政府的反帝行动。1928 年，列强除日本外，将关税自主权交还中国，翌年又承诺开始逐步废除在华治外法权。④ 在此类让步之外，西方国家的第二类政治手段是实行由英国历史学家罗宾逊和加拉弗尔较早阐释的“间接统治”⑤，即保留和扶持那些从自身利益出发愿意同殖民宗主国合作的当地统治者，特别是那些较多地保持着传统威望和合法性的王公贵族中间的顺从者，通过他们去控制和盘剥当地社会。效忠于英国的埃及国王法鲁克和听命于法国的安南皇帝保大，就是这“欧洲帝国主义之非欧基础”的典型例子。甚至在印度，当逐步自治计划证明无法真正抑阻民族独立要求时，“间接统治”也被拿来当做维

---

① 关于这里所谈的越南的事态发展，参见时殷弘：《胡志明与越南革命（1920—1945）》，载《暨南学报》，1996（2）。

② 参见基尔南：《欧洲帝国：从征服到崩溃（1815 至 1960 年）》，191 页。

③ 参见潘尼迦：《亚洲与西方统治》，205～208 页。

④ 参见上书，216～219 页；陶文钊：《中美关系史（1911—1950）》，第三章第 3 节；入江昭：《帝国主义之后》，97～109 页。

⑤ 罗纳德·罗宾逊：《欧洲帝国主义的非欧基础：一种合作理论概述》，见罗杰·路易斯编：《帝国主义：罗宾逊—加拉弗尔论辩》（Ronald Robinson，“Non-European Foundation of European Imperialism：Sketch for a Theory of Collaboration，” in W. Roger Louis，ed.，*Imperialism：The Robinson and Gallapher Controversy*），128～151 页，纽约，1976。

持殖民利益的最后一招。[1] 第三类政治手段恰好与此相反：殖民国家着意培育一个受西方教育的当地现代精英阶层，以便钳制甚或最后铲除来自（或潜藏于）传统的教俗统治势力的“原始民族主义”危险。法国在北非就实行了这种政策。

当然，武装镇压依旧是西方列强对付非西方民族主义的一大手段。殖民史上某些异常惨烈的杀戮正是发生在两战之间的时期里。而且，像先前一样，西方殖民者在镇压非西方造反者时肆意使用高效的新型杀人工具，包括装甲车、坦克和轰炸机。这最后一种工具在殖民地是那么有用，以致英国坚决不肯在20世纪30年代初的国际裁军会议上予以禁止。用劳合·乔治当时的话说：“我们坚持保留轰炸黑鬼的权利!”[2] 依靠所有上述政治和军事手段，加上民族主义运动大都存在的内部歧异或分裂，西方国家在两次世界大战之间的时期里仍能勉强维持殖民半殖民统治。

非西方现代民族主义运动及其内部组成是多样性的。这多样性问题既来自民族运动的对内目标与对外目标之间的关系，也来自民族运动所用的基本手段的性质。所有殖民地半殖民地社会，都在很大程度上是传统社会，即使西方的侵蚀使之多少发生了朝现代化方向的变化。这些社会若不更新，就无法适应时代潮流，从而无法摆脱羸弱无力、受人欺凌的状况。如果考虑到殖民宗主国总是在不同程度上保留、扶持和利用传统体制和传统的统治势力，而削弱或破除这样的体制和势力又总是动员大众参与民族事业、由此保证它可能成功的前提条件，那就更是如此。因而，大凡非西方的民族主义运动，只要是较为成熟的，就必然将民族解放与社会改造结合起来。不过，某些时候在某些地方，民族运动无论就内外目标还是就手段而言都如此温和，以致与其称之为“造反”，不如称之为改良。例如，前面提到过的突尼斯立宪党、印度尼西亚的伊斯兰教联盟和郭克雷领导时期的印度国大党就是如此。与这些相反，第二类现代民族主义运动在内外目标和手段两方面都是革命性的。分别以毛泽东和胡志明为代表的中国新民主主义革命和越南独立运动，便是其中最杰出、最成功的。尤其在东亚，借用一位马克思主义史学家的略显宽泛的话来说，就是“殖民地最有干劲也最足智多谋的领导是共产党人……凡共产主义扎根之处，一个运动就有了最好的保障来取得组织功效，欧洲正是凭这功效才在早先时代里战胜了亚洲和非洲。认识到社会问题，认识到有必要以社会纲领来赋予民族主义更广泛的基

---

① 参见潘尼迦：《亚洲与西方统治》，207页。

② 基尔南：《欧洲帝国：从征服到崩溃（1815至1960年）》，194～201页。

础——这就将农民占大多数的民众发动起来了”[1]。第三类现代民族主义运动可说是对外目标革命，对内目标改良，它的一个突出代表就是土耳其的基马尔革命。甘地领导的印度独立运动以及埃及华夫脱党的民族独立斗争，应该说也是如此。最后还有一类，即对外目标革命，但争取这一目标的手段是改良或渐进性的。例如一些半殖民地国家先按照西方“文明标准”逐渐改良自己的内外行为和体制，而后坚持要求取得在国际社会中完全独立平等的地位。[2]

西方统治的急剧瓦解及其基本原因

第二次世界大战后，亚非两大洲的民族解放运动空前迅猛发展，殖民半殖民统治急剧瓦解。这个世界史上最伟大的事态之一有其多方面的基本原因，其中大部分属于第二次世界大战直接造就的历史巨变。这历史巨变首推民族自决、人民自决的原则在世界范围内深入人心。由《大西洋宪章》及其后一系列盟国宣言表述的这些原则，不仅与法西斯侵略和奴役针锋相对，而且也与西方殖民主义格格不入，尽管丘吉尔这样的盟国领导人试图使它们不被用于本国的殖民地或势力范围。作为反法西斯战争最重要的旗帜，它们具有空前巨大的吸引力，殖民半殖民统治由此丧失了道义合法性，甚至在统治国的多数公众中间差不多也是如此。

此外，许多学者强调，在太平洋战争初期，日本对东亚的西方国家殖民地的打击在西方统治的永久性瓦解方面起了重大作用，因为它们无可挽回地损坏了那里的西方殖民体制，毁灭了西方人先前在当地民族心目中似乎不可战胜的形象，从而剥夺了他们要恢复殖民统治就必须依靠的威望。在中东和北非，由于利益和传统而一贯不满于欧洲殖民主义的美国也起了类似的作用，尽管比不上日本在东亚那么剧烈。例如，正是在执行北非战役的美军登陆摩洛哥并且留驻之后，那里战前颇欠发育的民族主义组织才转变成基础较为宽广的民族主义政党。还有，在西方盟国依然控制的殖民地，大量人口从军参战，特别是印度军人从第二次世界大战开始时的 19 万名猛增到第二次世界大战结束时的约 250 万名。[3] 这类事态给民族主义运动增添动能在第一次世界大战时就有先例，而现在是以更大的规模和力量。与此同时，在一些亚洲国家（主要是中国和越南以及在一定程度上的菲律宾），共产党人是抗日的最坚定甚至最重要的力量，英勇

---

① 基尔南：《欧洲帝国：从征服到崩溃（1815 至 1960 年）》，209 页。

② 参见江文汉：《国际社会中的“文明”标准》（Gerrit W. Gong，*The Standard of “Civilization” in International Society*），8～9 页，牛津，1984。

③ 参见 F. 耶茨-布朗：《武装的印度》（F. Yeats-Brown，*Martial India*），13 页，伦敦，1945。

地经受了战争的巨大考验，同时也成功地利用了战争带来的巨大机遇。他们依靠动员和组织民众抗战，急剧壮大了自己的力量，从而使得民族解放和社会变革运动在战后能够大规模地继续下去。①

就撒哈拉以南的非洲而言，民族主义运动的兴起和迅猛发展在很大程度上出自一种社会结构进化，即城市的迅速增多和增大。“新的城市既产生了它们特有的、不同于任何先前存在于非洲的社会生活，也产生了一种非洲激进主义精神，它或许为以恩克鲁玛为典型代表的新一代民族主义领导人提供了现成材料。”② 具体来说，城市化的大发展使得关心政治、了解政治和愿意积极参与政治的人急剧增多，这就提供了实现大众动员和大众参与——现代民族主义较高阶段的特征——的一大基本条件。同时它也导致在通常囿于部族分割的黑非洲国家有可能以一个个城市为基点，组织起全国统一的民族主义运动，以致统一的现代民族国家。最后，还有其他三类事态大有助于第二次世界大战后世界的民族独立和解放浪潮：（1）第二次世界大战后数量显著增加的社会主义国家出于各种原因给予它们有力的支持；（2）美国为了与苏联竞争而在某些时候对某些老殖民国家施加压力；（3）民族解放运动互相团结、互相支援。

在上述所有因素的作用下，第二次世界大战后的30年成了历时几个世纪形成的西方殖民帝国和半殖民统治骤然崩解的时代。1949年中国革命的胜利具有非常重大的意义，因为它使世界上人口最多的一个民族国家成为自身命运的主人，而且向许多被压迫民族提供了对西方造反的激励和教益。同样非常重要的是，在此前不久，英国政府终于不敌民族主义运动的不断冲击，被迫给予印度、巴基斯坦以及缅甸独立，以免继续毫无希望地为支撑自己的亚洲殖民帝国耗费本已拮据的资源。荷兰和法国缺乏英国那种“调控衰落”的政治明智和心理经验，更由于第二次世界大战给它们带来的羞辱变得气急败坏，因而决意恢复它们各自在东南亚的殖民统治。结果，荷兰在军事和外交上经过4年日益艰难和孤立的苦撑苦斗，最终不得不向印度尼西亚“移交主权”，法国则在竭尽所能（在后半段还依凭美国的巨量援助）进行了近8年殖民战争后，以胡志明手下败将的窘态退出了越南北方。③

---

① 关于菲律宾共产党领导的武装力量在第二次世界大战战时和战后初期的奋斗，参见本尼迪克特·科克弗里埃：《胡克叛乱：菲律宾农民造反之研究》（Benedict J. Kerkvliet，*The Huk Rebellion：A Study of Peasant Revolt in the Philippines*），加利福尼亚州伯克利，1977。

② 巴勒克拉夫：《当代史导言》，190页。

③ 随后又很快被美国及其扶持的吴庭艳政权挤出越南南方。参见时殷弘：《美国在越南的干涉和战争（1954—1968）》，第一章，第4、5节，北京，世界知识出版社，1993。

在亚洲以外，1956年苏伊士运河战争有头等的重要性。这场战争出自英法两国政府对埃及现代民族主义造反的激烈敌意和愚蠢反应，其全盘失败不仅在整个阿拉伯世界激起了空前汹涌的民族运动，而且导致了新的民族主义浪潮“突破撒哈拉沙漠屏障，席卷热带非洲”①。英法两国政府迫于新兴的民族独立运动的冲击，加上国内和国际舆论压力的作用，在短短几年里忙不迭地让它们在那里的大多数殖民地独立，而比利时也经过一番事后挣扎终于退出中非大国刚果。与这些事态紧密相关，在60年代，依凭主要由新兴民族主义国家和社会主义国家构成的国际社会绝大多数，禁止殖民主义、种族主义和种族歧视的原则以联合国大会决议的形式，成了得到广泛公认的国际法准则。不过，在北非，多半由于军界和当地大量法国移民异常顽固的殖民主义心理，“法国人迫不及待地跳出越南油锅，跃入阿尔及利亚火坑”②。在这场从1954年开始同样打了8年的殖民战争中，是重新执政的戴高乐以他“属于黎塞留传统”的政治现实主义使得法国最终认输，承认了阿尔及利亚独立，而且放弃了其余法属非洲殖民地。葡萄牙在非洲的殖民帝国最为古老，也拖得最久。在美国为首的北约盟国的默许下，它利用原先被规定用以维持西方对苏防务的军事援助，与安哥拉、几内亚—比绍和莫桑比克的民族解放运动作战。③ 直到1974年，已对战争全然失望的军队领导人发动政变推翻独裁政权，葡萄牙才放弃其非洲殖民地。至此，除在个别小块地方留有残余外，旧的西方殖民半殖民统治已荡然无存。这一伟大的历史变更从根本上说，是由欠发达世界被压迫民族的造反造成；与此同时，它也出自西方国家的非殖民化行动，即使这些行动有所勉强。这两者都表明，国家要独立、民族要解放确是20世纪不可阻挡的历史潮流。

越南抗美战争

在20世纪，由一个弱小民族对西方强国进行的历时最长、规模最大也最受世界关注的解放战争是越南抗美战争。④ 1954年关于印度支那的日内瓦会议协

---

① 巴勒克拉夫：《当代史导言》，159页。

② 基尔南：《欧洲帝国：从征服到崩溃（1815至1960年）》，217页。

③ “由于顽固地拒绝任何变化，葡萄牙活该经受其他帝国都没有经受的折磨，那就是在整整10年里同时打三场不同的殖民战争。”这样的情况所以可能发生，很大程度上是因为著名独裁者萨拉查及其后继人实行专制政治，使得葡萄牙政府不像英法等国那样，受一种在第二次世界大战后往往强有力的非殖民化力量——国内公众舆论的制约。参见彼得·卡尔沃科雷西：《1945年往后的世界政治》(Peter Calvocoressi, *World Politics since 1945*)，第6版，594页，伦敦，1991。

④ 以下关于这场战争的论述主要依据时殷弘：《美国在越南的干涉和战争（1954—1968）》；杜伊克：《越南共产党人取得政权的道路》。

议在结束越法战争的同时，规定越南南北方临时分治，待两年后举行被普遍预料越南劳动党定将获胜的全越普选，以建立全越政府和实现南北统一。然而，美国从东亚遏制战略出发，扶持强烈反共的专制主义信奉者吴庭艳在南方建立独裁政权，并且纵容和支持他拒绝执行全越普选。1955 年起，吴庭艳同样在美国纵容下，进行经年累月、规模巨大的政治迫害——“除共运动”，数以万计的共产党人、前越盟成员和普通民众惨遭杀害或被囚禁。

白色恐怖迫使南方一些基层党组织、党员和群众不顾劳动党中央的温和与克制政策的束缚，以自发的武装反抗争取生存。到 1959 年，在南方局势和党内几方面压力的作用下，劳动党中央终于有限地认可了武装斗争，并且在翌年进一步确定以推翻美国和吴庭艳统治、赢得民族完全独立和祖国统一为南方革命的根本目标。在依靠游击战争基本上挫败以美国战斗辅助部队直接参战为首要特征的“特种战争”之后，1963 年底，劳动党三届九中全会确定需要进行持久的、大规模的人民战争，以对付美国难免要实行的新的战争升级，为此北方必须大幅度增加对南方革命的援助。用一位研究者的话说，这次会议是整个越南战争中关键性的转折点之一①，它实际上是决定进行南北方全民族抗美战争。1965 年底，在大量美国地面部队参战和北方遭受美国持续的大规模轰炸的严峻形势下，劳动党中央经过最高层内部辩论，决定采纳大部队进攻战为主的战略，尽可能多地杀伤美军，从而动摇美国的战争意志。由此，一年前开始进入南方的“北越”正规军（人民军）部队急剧增加，到 1967 年已成为南方抗美战争的主力。

然而，大部队进攻战招致了极惨重的伤亡，美军则继续源源不断地开入越南南方，抗美战争因而处于更困难的境地。在新一轮最高层战略辩论后，劳动党中央决定对越南南方所有大中城市发动突击式的进攻，同时以重点战略地区的阵地战予以配合。它们的总目的，是在基本保存南方人民军部队主力的前提下，以最剧烈的攻势震撼美国舆论，从而最大程度地打击美国的战争意志，迫使美国政府谋求谈判解决，从而将战争推进到一个边谈边打的阶段。随这一重大战略决策而来的是 1968 年初由著名的溪山战役配合、震惊世界的“春节攻势”。它从纯军事角度看是失败的，但在政治上取得了巨大的成功：反战开始成为美国国内舆论主流，对外政策权势集团从此认定美国应当逐步从战争中脱身，约翰逊总统不得不着手使战争降级并开始与越南劳动党谈判。

在此后的边谈边打阶段，春节攻势军事失败造成的后果，加上尼克松总统

---

① 参见威廉·瑟尔斯：《政府碰撞之际：越南冲突中的强制和外交》（William J. Thies, *When Government Collide: Coercion and Diplomacy in the Vietnam Conflict*），250 页，加利福尼亚伯克利，1980。

“越南化”方针取得的部分成功，使得劳动党在南方处于战略进攻和战略防御皆不可取的战略危机之中。为了摆脱这一危机和打破和谈僵局，劳动党中央再次采取惊人之举——1972 年初的“复活节攻势”，即动用人民军兵力 12 万人，从境外以三个方向猛烈打击越南南方。尼克松政府对此作出剧烈反应，包括恢复先前由约翰逊下令停止的对越南北方的轰炸，并且在越南北方所有海港外布雷。这与“复活节攻势”的失败一起，促使越南北方在和谈中作出了一项事后来看不过是暂时的重大让步：同意五年来主持西贡政府的阮文绍在其控制区内继续掌权。经过美国对河内—海防地区的又一轮大轰炸（“圣诞节大轰炸”），关于在越南结束战争的巴黎和平协定于 1973 年 1 月正式签署，据此美国从越南南方撤走所有美军，劳动党在那里的武装力量和解放区则予以维持。对美国来说，它最多时动用 54 万美军并以各类先进武器打了 12 年之久的越南战争终告失败。

1975 年，在一系列由于断定美国不会直接军事干涉而发动的战役中，阮文绍政权被彻底摧毁，越南全境实现统一。由此上溯到胡志明创建越南共产主义运动，其间半个世纪里他和他的追随者们最突出的政治特征就是民族主义和爱国主义，特别是强烈、坚定的民族独立和民族统一意识。① 他们的胜利既体现了马克思主义在东方的成就，也体现了反帝民族解放斗争的巨大力量。

第七节　第三世界运动的兴衰与超越民族主义的必要

第三世界运动的萌发和兴盛

第二次世界大战后一个非常重要的历史事态，是亚洲、非洲和拉丁美洲的民族主义国家成为世界政治中一大自觉的、较长时间内有较强内在凝聚力的独立的政治力量。这也就是一般所说的“第三世界”的兴起。第三世界国家确实具备一些基本的共同特征，使之能够发展到较为团结并且独树一帜的地步。它们都有遭受殖民半殖民统治的屈辱经历，这一经历又都构成塑造它们各自的国际政治观的一个根本因素；它们都在以这种或那种方式争取基本的或更大程度的独立自主，而在这方面它们的对手都属于同一类发达国家；它们都立志提高自己的经济发展程度和国民生活水平，并且都认为现存的国际经济体制是它们

① 参见时殷弘：《胡志明与越南革命（1920—1945）》。

贫困落后的重要甚或主要原因。[①] 这些基本的共同特征，加上如后所述国家安全和国内政治经济需要，决定了它们合起来作为第三世界的共同的国际政治行为方式。“这是第三世界，因为它拒绝世界一分为二的观念，即在这个世界里只有美苏两国算数，而任何其他国家必须宣布支持其中一国，它担忧超级大国的权势——由核武器为代表并且加大了的权势。它不信任它们的意图……拒不接受它们的坚决主张，即它们分别在民主资本主义和（苏式）共产主义中发现了别国只需照搬的生活方式。”[②] 从国际体系变更的角度看，第三世界的兴起，特别是其中有广泛的区域性或世界性独立影响的大国（20 世纪 50 年代的印度和埃及，60 年代以后的中国，70 年代末以后的伊朗等）的兴起，代表了 20 世纪的又一大趋势，即与超级强国构成的权势集中趋势相对立、相交错的权势分散趋势。

第三世界国际观（或曰第三世界立场）的萌发，主要在于 20 世纪 40 年代末至 50 年代初由南斯拉夫和印度分别提出的新型国际关系思想，其中南斯拉夫提出的尤为系统、明确。[③] 这套思想既形成于苏南决裂后铁托领导南斯拉夫反对苏联霸权主义的斗争，也形成于他的政府在此同时抵制西方干预南斯拉夫内政的过程，其基本成分除了关于社会主义国家之间正确关系的理论外，便是与之密切相联的关于小国权利及其对外政策的原则。首先，国家不论大小，也不论其意识形态和社会制度如何，都必须遵循国际法的根本准则。“声称国家主权原则已经过时……事实上将使这个或那个大国的政治、经济统治合法化”[④]。大小国家不平等和干涉别国内政是当代世界最大的祸害之一。其次，必须反对世界分为大国势力范围，反对“按照军事和意识形态特征来建立集团”，因为这意味着小国的利益和自主权利成为大国“霸权竞争的牺牲品”[⑤]。最后，在发达国家和欠发达国家之间应当建立一种公正、合理的经济关系，国际经济秩序应当根据在国际援

---

① 参见 B. V. A. 罗林：《一个扩展了的世界中的国际法》(B. V. A. Rolling, *International Law in an Expanded World*)，84 页，阿姆斯特丹，1960。

② 卡尔沃科雷西：《1945 年往后的世界政治》，139 页。

③ 参见刘同舜、姚椿龄主编：《战后世界历史长编》第 9 册（1954 年），第七章（时殷弘撰），第 3 节“南斯拉夫的新型国际关系思想”。参见《尼赫鲁演说集（1949 至 1953 年）》(*Jawaharlal Nehru's Speeches, 1949—1953*)，新德里，1954；B. R. 南达：《尼赫鲁时代的印度对外政策》(B. R. Nanda, ed., *Indian Foreign Policy: The Nehru Years*)，火奴鲁鲁，1976。

④ 南斯拉夫第二号领导人卡德尔 1949 年在联合国大会上的演说，参见《国际事务文件（1949 至 1950 年）》(*Documents on International Affairs, 1949—1950*)，皇家国际事务协会主持发行，469 页，伦敦，1953。

⑤ 铁托 1954 年在印度国会的讲话，《铁托选集（1952—1960）》，93 页，北京，人民出版社，1983；铁托 1950 年在人民议会的讲话，参见《国际事务文件（1949 至 1950 年）》，498 页。

助、贸易条件和国际投资等各方面真正有助于欠发达国家的原则予以改造。[①]

作为怀抱这类思想的独立的世界政治力量，第三世界本身萌发于1955年4月万隆亚非会议。这是首次完全由亚洲和非洲国家自行召开的国际会议，以反对殖民主义和帝国主义为主流，弘扬民族自决权利，提倡和平共处原则。它象征亚非民族独立和解放运动发展为互相团结的"对西方的普遍造反"[②]。20世纪60年代开始后，随着新独立国家的迅速增多，联合国内形成了显著的第三世界多数。由于美苏的对立，以维护国际和平与安全为法定职能的联合国安理会起不了多大作用，这就必然导致联合国的主要议题成为禁止殖民主义、种族主义和种族歧视，而西方主要国家被广泛抨击为殖民主义、种族主义和种族歧视庇护者或实行者。世界政治议题以及国际法的制定再也不仅仅操持在不多几个强国手中。

除此之外，第三世界的另一个政治表现形态是不结盟运动。[③] 不结盟是出于避免卷入美苏及其盟国间对抗或竞争引起的军事冲突危险的需要，从而有利于本国的安全；它也是出于迎合民族自主情绪强烈的本国民众的需要，而且有助于防止由于卷入美苏集团竞争而导致国内部族、民族、宗教、阶级或阶层间对立的激化；它还出于从美苏两家而非仅从其中一家获得经济援助的需要，反过来它也有利于抵制其中一家停止给予经济援助的威胁。[④] 然而，不结盟并非只是消极地避免卷入超级强国冷战，它还是一种积极的中立主义，即试图调停和缓和冷战以及与冷战密切相关的其他一些国际争端，同时大力主张应有的世界秩序将是一个实现普遍持久和平、国际平等公正和民族普遍解放的国际秩序。第一次不结盟国家和政府首脑会议宣言（1961年9月）就显著地表现了这两点。[⑤]

到20世纪70年代，第三世界国家试图团结起来改变现存世界安排的努力发展到最高潮，那就是"七十七国集团"要求建立国际经济新秩序的运动。第三世界国家在世界经济中的结构性依附和受盘剥地位，连同愈益加大的南北贫富鸿沟，导致77个发展中国家组成"七十七国集团"。通过贸发会议和联合国大会，第三世界国家提出了诸如订立改善其贸易条件的国际协定等一系列要求。直至在石油输出国组织提高原油价格并取得胜利的鼓舞下，它们以1974年联合

---

① 卡德尔1949年在联合国大会上的演说；南斯拉夫外贸部副部长维尔凡1949年在联大经济委员会上的演说。参见上书，469、982～985页。

② 巴勒克拉夫：《当代史导言》，159页。

③ 第二次世界大战后世界政治中不结盟的严格定义及其基本特征，参见霍尔斯蒂：《国际政治分析框架》，第3版，114～115页。

④ 参见霍尔斯蒂：《国际政治分析框架》，第3版，115～116页。

⑤ 该宣言见印度对外事务部编：《不结盟运动二十年》（Indian Ministry of External Affairs，ed.，*Two Decades of Non-Alignment*），5～10页，新德里，1983。

国大会三大决议的方式空前系统、空前坚决地提出建立国际经济新秩序，包括《建立新的国际经济秩序宣言》、《行动纲领》和《国家经济权利和义务宪章》。

概括地说，第三世界经济要求的基本性质，是要依靠它们在其中占多数的国际组织，对相当大部分世界资源和财富作“权威性”的分配，使之符合国际分配正义，而不是照旧听任国际市场实行“市场式”的分配，因为在其中只有分布极为不均的财富才构成决定性力量。很明显，第三世界的这种要求蕴涵着世界资本主义经济格局及其基本规范的倾覆，甚至在政治上和伦理上也是如此。它们不像先前那样一味请求西方援助，一味诉诸富国的所谓博爱及其在帮助穷国发展方面可以得到的长远利益，而是宣告自己有权利要求重新分配世界财富；它们撇开或至少重新解释了先前一贯试图用以打动西方良心的西方国际伦理概念，强调必须为过去遭受的新旧殖民剥削得到充分的赔偿；它们以绝对的、毫不妥协的方式宣布自己拥有的主权，包括“对自己的自然资源和所有经济活动的充分永久的主权”。用一位国际关系理论家的话说，这与西方历来的流行观念冲突，后者认定西方国家有“权利”获得它们依赖的资源和贸易、投资自由。①

第三世界运动的落潮与超越民族主义的必要

20 世纪 70 年代是非西方民族主义发展的高峰时期。然而大致同时，可以越来越清楚地看到广大非西方国家在取得政治独立后面临非常严峻和复杂的内部任务。其中特别重要的一批除经济社会发展外，可以统称为超越民族主义。非西方民族主义运动时代固然有其非常伟大的历史成就，但也有其三大负面遗产。第一，在不少摆脱了外来民族压迫的国家里，多数民族一经获得自由，便开始压迫少数民族。基马尔领导的土耳其就是如此，而部分东南亚国家压迫华侨，巴西压迫印第安人，在不少非洲国家一族压迫另一族，只是这方面的少部分例子而已。第二，在一些新独立国家之间，彼此冲突的民族主义要求或报复导致了敌对甚至战争，其中引起灾祸最多最大的是民族归并，即力图将境外相同民族及其居住的地域置于本国管辖之下，或者直接归入本国。第二次世界大战后由此引起的大规模暴力冲突的例子有 1947 年和 1965 年的两次印巴战争，还有 1975 年的索马里—埃塞俄比亚战争。第三，“当民族主义扩展到……异于西方、

---

① 参见布尔：《国际关系中的正义》，6 页。引语出自《国家经济权利与义务宪章》。在第三世界的经济要求背后，可以说还有一项往往不予明示的根本要求：重新分配世界权势。“它们谋求较大的权势，部分地是把这当做实现它们追求的其他目的的手段……部分地是为了与外部力量相比加强它们自己”，因为它们从共同的历史经验中体会出，只有如此，才能改变易受西方伤害的状况。参见上书，10 页。

而且往往与现代西方方式敌对的地方，民族主义倾向于造成封闭的社会，在其中个人不如民族整体的力量和权威那么算数”①。这是在许多欠发达国家个人人权问题严重的一个重要原因。

此外，民族主义运动还掩盖了（或未解决甚至未触及）一些对国家和人民的健康生存至关紧要的重大问题。第一个是经济问题，政治独立不等于经济自立，满足民族解放意愿不等于满足了人民物质生活需求。第二个可称为“族裔分裂”，既指国家疆界与种族、部族或民族群体的分野严重不符，以致一个群体被分割在两个甚至更多国家里，也指一国之内多个种族、部族或民族群体之间远未形成足够的认同意识，以致可以说政治意义上的国家还未成为文化意义上的民族。在多数场合，这两种情况都很大程度上源于先前殖民国家人为地划分疆界以及在各族间挑拨离间，分而治之，它们对独立后国家的内部统一、安宁和外部和平妨碍极大。第三个问题是政治和社会体制虚弱低效，往往不足以控制族裔民族主义和其他离心力量。事实上，几乎所有欠发达国家都缺乏真正强有力和高效的政府组织，而传统的社会控制机制又已在殖民地半殖民地时期被侵蚀殆尽。② 许多新独立国家（尤其在非洲）长时期实行专制政治，很大程度上就是为了克服这些情况，但大多引起腐败、低效以及国家官僚机构与社会的隔阂。③ 上述三点都包含引起国内大规模暴力冲突和相邻国家间战争的危险，其中“族裔分裂”问题尤其如此。不仅如此，民族主义在欠发达世界的不少地方已经严重蜕化。从理论上说，蜕化来自将民族和国家这两个概念混同起来，认为每个民族都须组成为一个国家，或者国家只有在仅仅包容和完全包容单独一个民族的情况下才真正合理；在实践中，这种蜕化特别表现为分离主义——20 世纪 60 和 70 年代以来导致大规模暴力冲突的那部分民族主义的主要形式。“民族主义从创建国家阶段变到了打碎国家阶段”④。

建立国际经济新秩序的要求以联大决议的方式提出后不多几年，轰轰烈烈

---

① 科恩：《民族主义的涵义和历史》，81 页。

② 参见特伦斯·霍普金斯：《资本主义世界经济研究》，见霍普金斯等合编：《世界体系分析：理论与方法》(Terence Hopkins, “The Study of the Capitalist World-Economy”, in idem et al., eds., *World-System Analysis: Theory and Methodology*)，12～13 页，加利福尼亚州贝弗利山，1982；斯蒂芬·戴维：《为什么第三世界仍然重要?》(Steven R. David, “Why the Third World Still Matters”)，载《国际安全》(*International Security*)，第 17 卷，1992/93 冬季，134 页。

③ 参见科林·莱格姆：《非洲第二次独立的来临》，见斯蒂芬·斯皮格尔编：《世界政治主要问题》(Colin Legum, “The Coming of Africa's Second Independence,” in Stephen L. Spiegel ed., *At Issue: Politics in the World Arena*)，第 6 版，241～245 页，纽约，1991。

④ 寇本：《民族国家与民族自决》，17 页。

的第三世界运动便迅速落潮。就其要求本身而言，由于下列直接原因第三世界仅仅得到了少许让步：美国为首的西方发达国家从保护现存国际经济体系出发，大体上抵制第三世界的改革呼声；20 世纪 70 年代末和 80 年代西方经历着经济“滞胀”，从而进一步减小了对第三世界作出经济让步的意愿及能力；第三世界国家相互间的团结（包括其中的产油国与石油输入国的团结）未能维持下去。这最后一个原因实际上反映了第三世界运动内早就存在的最大薄弱环节。印度曾经作为第三世界中立主义与和平政策的头号旗帜，但它由于与中国的边界战争，失去了原先享有的广泛国际声望和影响；此后两次印巴战争和印苏准同盟关系，更使它失去了残余的和平与不结盟面貌。纳赛尔治下的埃及谋求在阿拉伯世界的领导地位，为此在 1958 年与叙利亚合并为阿拉伯联合共和国，但三年后它即宣告解散。以后“阿拉伯世界共有的一个团结因素似乎是对以色列的仇恨”①，然而随 1978 年埃以两国在美国斡旋下达成和平协议，这因素迅趋荡然无存。中苏分裂和竞争也对第三世界的团结产生了很不良的影响，例如导致原拟 1965 年在阿尔及尔召开的不结盟国家和政府首脑会议流产。到 70 年代末已经很清楚，不结盟运动“随第三世界国家中间固有的多样性损害其内聚力，失去了很大部分团结和政治影响”②。

第三世界运动的落潮引起了认真的反思，其中一项重要的思想成果，是以坦桑尼亚前总统尼雷尔为首、几十个欠发达国家的学者和官员组成的“南方委员会”提出的研究报告——《对南方的挑战》。③ 这个报告虽然再次确认世界欠发达国家经济发展受阻于现存国际经济秩序，但着重审视了欠发达国家的内部障碍和发展战略的严重局限性。它包括导致社会病态的不公正的社会结构，造成贫富差距剧增、生态环境恶化的不平等和不可持续的发展模式，科技方面因教育投入不足和科技管理官僚化等原因造成的严重落后和对发达国家的更大依赖，国家政治从大众参与到专制或独裁的蜕变，与此相关行政机器的低效、腐败和对社会基本经济单位的主动性的损害或扼杀，第三世界内部徒耗国家资源的军备竞赛和破坏和平环境的军事冲突。④ 基于此类反思，世界许多欠发达国家修改了自己的发展战略，或者说作了发展道路的再选择，其共同特征是进行以

---

① 卡里埃：《维也纳会议往后的欧洲外交史》，675 页。

② 查尔斯·凯格利和尤金·威特科弗：《世界政治的趋势和转变》（Charles W. Kegley and Eugene Wittkopf, *World Politics: Trends and Transformation*），97 页，纽约，1981。

③ 参见《对南方的挑战：南方委员会报告》（*The Challenge to the South: The Report of the South Commission*），牛津，1990。

④ 参见上书，第 2 章。

市场化和私有化为基本内容的经济体制改革，连同以法制化（不少国家还有民主化）为主要方向的政治体制改革。其中，已基本完成资本主义工业化的“新兴工业化国家”和若干经济成长迅速的发展中大国，成就格外引人注目。它们与拥有十多亿人口、依靠改革开放使生产力和综合国力突飞猛进的中国一起，显示了某种似将逐渐削弱西方主导地位的“后发优势”①。

这一非常重大的事态表明，非西方民族向西方学习的过程在“对西方造反”基本结束后仍然继续下去。正如改革时代的中国领袖邓小平指出：任何一个国家要发展，孤立起来，闭关自守是不可能的，不加强国际交往，不引进发达国家的先进经验、先进科学技术和资金，是不可能的。它们已明确认识到，在大致达到了政治独立、主权平等、种族平等和文化解放这四大目标后，真正的自主、自强、尊严和幸福还有赖于经济成长、技术进步以及社会和政治的进一步现当代改造。或许可以说，20 世纪末期西方技术、观念和体制扩散的广度与深度，几乎并不亚于先前的西方大扩张时期。当今世界上那些最引人注目的国家的经济成长，无不与此密切相关。

回顾 20 世纪非西方现代民族主义的历史，还有一个最宏观的问题需要总结，那就是西方影响与非西方民族的本土文化传统有怎样的关系。在就西方影响的历史作用谈论了那么多以后，首先必须强调在亚洲和非洲，所有现代民族主义运动都有其本土文化传统根源，特别是对于西方入侵以前本民族的悠久历史及其成就的强烈意识和自豪。舍此，就难以想象它们有那样的激情和精神动力。还必须强调的是，非西方现代民族主义者多数都将现代化与西方化区分开来，其目标既非传统社会，亦非西化社会，而是现代社会。他们在本土的和现代的条件下，吸取或经改造吸取西方文明中先进的、可适用的成分，使之与本土文明中仍有活力的成分整合起来，尽管这种取舍整合往往经历迷茫、摸索、犹豫、失败或痛苦。这里面最深刻、最经久的推动力，在于非西方民族的自我意识、对本民族文化和尊严的珍视以及实现民族复兴的志愿。②

① 李琮：《“后发资本主义”刍议》，载《太平洋学报》，1995（3），10 页。

② 参见巴勒克拉夫：《当代史导言》，196～197 页。

第七章
大众政治、新技术和新国际规范

重点问题

- 大众政治与“外交革命”：两次世界大战间的西方民主国家
- 核武器与世界政治
- 20 世纪以前现代国际规范体系的演变
- 世界政治中的新力量与国际规范体系的巨变
- 当代国际规范体系的主体新内容

第一节 引言：世界政治中的另三大动态

大众政治与国际政治变迁

如前面第三部分所述，19 世纪后半期，由于工业革命在西方的广泛展开及其产生的种种新问题和新力量，那里的政治运作方式发生了近乎革命性的变化：政治权力和参政影响的获取开始依赖具有大众基础的现代政党，依赖它们通过大众化的组织机构和政治宣传纲领争取千百万选民的选票；从“大众社会”的种种利益群体当中产生出形形色色的利益集团，它们主要经由大众化的政治途径，对渴望取得或保持公选职位的政客施加压力或拉力；现当代意义上的公众舆论开始出现，它作用于总的来说越来越依靠公众支持或认可的政府，从而影响国家政策。

即使在其第一次世界大战以前的初生阶段，以这些为主要特征的西方大众政治就已经参与了列强对外政策的塑造，包括有力地促成了极端民族主义和帝国主义狂潮。[①] 此后，随其扩展和深化，大众政治对国家对外政策的影响变得广泛得多，也深入得多。尤其是两次世界大战之间的时期里，无论在西方自由民主制国家，还是在法西斯极权主义国家，大众政治都是决定外交和战略的主要因素之一，因而也是决定国际政治变迁的主要因素之一，尽管它在这两类国家的存在形式和作用方式很不相同。至于第二次世界大战后大众政治影响对外政策的实例，在西方国家、特别在美国更是比比皆是。在此等“外交革命”[②] 之外，对外政策的一项新手段——国际宣传以及在 20 世纪尤为盛行的国际颠覆，都与大众政治密切相关。

新技术与国际政治变迁

亦如第三章所述，随着工业化时代的来临，武器技术在 19 世纪后半叶和 20 世纪初有了惊人的、跳跃式的大发展。或者说，工业革命以其在绝大多数人类活动领域的巨大变革效应，打破了约两个世纪里武器技术的基本停滞状态。从长射程快发轻武器、火药填充弹和蒸汽动力铁甲舰，到巨型战舰、先进鱼雷和潜艇，还有铁路运输在战争中的广泛运用——所有这些合起来，改变了战争及备战的基本性质，从而成为国际政治变迁的一个差不多最重要的直接原因。

不过，在可直接用于并直接影响国际政治的技术当中，武器技术只是一类（虽然可能是最重要的一类），而不是全部，而 20 世纪世界政治的特征之一，就是它在巨大的广度和深度上受到多种武器类和非武器类新技术的影响。前面已论及 20 世纪初由麦金德预示和阐释的一项世界历史性因果关系，即工业和交通技术革命导致世界地缘政治新图景，前面也已论及基于铁路网络这新一运输技

---

① 即使在党派和公众舆论的发育程度远不如西欧国家的沙俄，情况也大致如此。参见乔治·凯南：《俾斯麦欧洲秩序的衰败：1875 至 1890 年的法俄关系》（George F. Kennan，*The Decline of Bismarck's European Order*：*Franco-Russian Relations*，*1875—1890*），新泽西州普林斯顿，1979。

② 这里的“外交革命”概念，参见克雷格和乔治：《武力与治国方略》，特别见其跋“关于外交革命的若干思考”。

术的巨量军队快速动员，它构成了一种促使局部危机迅速升级为全欧大战的联动军事机器。[1] 除此之外尚待论述的包括："指令性技术（创新）"[2] 的发展及其巨大意义，空中力量和机械化部队的使用和由此而来的战争变革，核武器使战略、外交和世界政治发生的重大变化，信息技术革命与世界政治的关系，作为大众政治和新技术之结合的总体战的两次世界大战，还有那基于大众政治和新技术高度发展的当代发达国家对外政策及其若干基本环境的变迁。

新力量塑造的新国际规范

以非西方现代民族主义、美国和苏联以及西方发达国家某些社会运动为主的新力量塑造了 20 世纪的新国际规范，或者说导致了国际规范（国际法和国际伦理）的基本特征和基本内容中间的一系列重大变化。20 世纪国际规范体系可以从其国际权利/义务的载体认定、根本来源和主体新内容这三大方面予以概论，并且展示它与先前两个世纪相比鲜明的根本特征。主权国家之外，政府际组织和个人等非国家行为体被确认为不同程度上、不同范围内国际权利与义务的载体，而内涵多样的人权国际规范构成此项变迁的首要结果。到现在，那些基本的人权国际规范应被广泛认为业已取得不容违反、不容置疑的普遍国际法规范的地位，任何与之抵触的单方面行动或国际条约和协议在法律上都是无效的。

当代国际规范尤其源于对当代国际法起了极大的积极作用、并且决定其总体倾斜方向的普遍根本伦理。它们意味着尤其给予个人和其他弱小的国际行为体起码的尊重，并在国际关系中厉行公平。它们有力地促成了人权国际规范和贯彻自决原则的各类禁止殖民主义、种族主义和种族歧视的国际法规，为决定性地加强对国际暴力的法律限制做出了巨大贡献，并且促使国际分配正义问题开始进入国际立法领域，同时促使这种正义成为南北两方越来越多的人的道德共识。

当代国际规范的主体新内容大致集中在关于国际暴力和国家主权的新规则两方面。前一方面首先基于重新引入正义战争和非正义战争的区别，后一方面则主要包括限制和干预主权，同时扩大、巩固和维护之。当代国际规范体系在总体和多项局部上新旧相间、自相矛盾、含糊混杂，这尤其提出了以相对而非绝对、互相协调而非互相排斥的原则来对待国家主权与人权、与民族自决权以

---

① 见第三章内论析俄国权势、普法战争和总体战的段落。

② 或曰"指令性发明"。大历史学家威廉·麦克尼尔提出并阐明的一项概念。参见其《竞逐权势：公元 1000 年以来的技术、武装力量和社会》，364 页。

及与国际组织权利之间关系的必要。

由于归根结底首先从根本伦理出发来形成一系列新规范，当代国际规范同先前时代相比具有了鲜明的特征，即侧重道义规定而非现状确认，侧重促进变革而非追求稳定。与此相应，“国际关切”概念逐渐扩展，“国内管辖”概念则饱经侵蚀，而此类事态的主要媒介便是联合国的有关决议和行动。种种限制和干预国家主权的新国际规则虽然引起了不少问题，但就其主要方面而言，它们体现了当代世界的道德进步和组织改善，反映出多数国家就一国特殊利益同国际社会共同利益之间的关系逐渐形成的合理认识。国际规范的重大变化代表当代世界的又一大基本潮流。

第二节　大众政治与国际政治变迁

大众政治与“外交革命”：两次世界大战间的西方民主国家

两次世界大战之间的年代里有一个历史学家们不争的事实，那就是西方自由民主制国家的对外政策受本国公众舆论主宰。问题出在决策者和公众两方面。决策者一般以保持个人公选职位或本党议会多数为最大关切，因而很容易过分集中关注选民的情绪，从而尾随而非引导舆论，并且因此使“理性的权势估算概念被全然损坏”①。第一次世界大战后泛滥于这些国家的政界和思想界的自由主义政治信念使情况更加如此，因为此类信念包含着由威尔逊“公开外交”一语作了概括的一条：自由民主制下处理内政的民主运作方式可以、并且应当移用于处理外交，公众舆论的影响和寓于其中的大众控制能够防止那种酿成了大战惨祸的对外政策重演。②

公众方面，按照第二次世界大战后才有的有关实证研究分成三个层次：（1）对国际事务所知颇多、兴趣颇大也颇能表达的极少数“关心的公众”（attentive public）；（2）对主要的外国有较确定的态度、对某一些国际问题有所了解并且有一定能力去表达意见的公众，他们约占公众总数的两至三成；（3）大部分或绝大部分公众，他们在大多数国际问题上无兴趣、无知识、无表达，尽管在某

① 克雷格和吉尔伯特合编：《外交家（1919 至 1939 年）》，第 1 卷，导言，5 页；克雷格和乔治：《武力与治国方略》，79 页。

② 参见哈罗德·尼科尔森：《外交的演化》（Harold Nicolson，*The Evolution of Diplomacy*），113 页，纽约，1962。

些情况可能对某些问题有相当的兴趣并有所表达。① 可以设想，第二次世界大战前在西方自由民主制国家里，后两类公众的比例至少不会低于第二次世界大战后。因此，很容易理解为什么许多外交史学家在谈到两战之间的西方公众舆论时，都强调那与其是理性的看法，不如说是情绪。② 它的作用与其他时期的公众舆论一样，是设定一个界限，决策者们一般感到被约束在这个界限之内制定和操作对外政策。不过，它设定的界限窄于其他时期的公众舆论所设的，越界意味的政治风险也更严重。威尔逊总统就是由于越界而受到舆论严厉惩罚的最大范例。他在众多政策宣言中将公众舆论奉为至高无上的裁判者，但实际上还是不懂得“战争造成的牺牲使得普通老百姓越发坚持有权就本国对外政策应当如何表达意见，而那些看来漠视这一点的政客和官员有被公众愤怒扫地出门的危险，即使他们能够声称自己的行为符合国家利益”③。

两战之间公众舆论主宰各主要战胜国对外政策的其他例子不胜枚举。在法国，第一次世界大战前，议会和公众很少有兴趣监察和限制外交，德尔卡赛这样的外交大师完全不用担心他的政策会引起多大议论。然而战后这种情况改变了。白里安能取代普恩加莱执掌法国外交是公众舆论变化的结果，而他所以能在内阁多次变换的情况下稳坐外长职位 7 年之久，首先归因于他尾随英国对德协调的政策符合鲁尔事件后公众的心理状态，即畏惧、疲惫和乞灵于幻想。④ 第一次世界大战后法国的这些事态源自英国坚决反对其强硬预防政策，而英国的这一立场有其至关重要的舆论基础。英国公众及其议会完全没有法国人的那种对安全的焦虑，完全不能理解法国为什么要维持“过多的军队”和组织东欧同盟体系，除了它可能怀有拿破仑式的野心。不仅如此，他们不相信第一次世界大战后东欧领土现状天经地义，而是觉得应当予以变动，以便满足“未满足的”国家。不列颠民族从上到下几乎一概持有和平主义倾向、自由国际主义幻想、帝国自处情绪和政治关注的严重内向化。1935 年国联在英国主持的一次超级规模民意调查很能说明问题：认为英国应当继续是国联成员者1 109万人，认为应当通过国际协议全面裁军和禁止为私人利润产销军备者接近此数，但认为必要

---

① 参见霍尔斯蒂：《国际政治分析框架》，第 3 版。

② 例如见克雷格和乔治：《武力与治国方略》，91～92 页；尼科尔森：《外交的演化》，116 页；德克斯特·帕金斯：《国务院与美国公众舆论》（Dexter Perkins, “The Department of State and American Public Opinion”），见克雷格和吉尔伯特合编：《外交家（1919 至 1939 年）》，第 1 卷，283 页。

③ 克雷格和乔治：《武力与治国方略》，80 页。

④ 参见理查德·查利纳：《法国外交部：菲利普·贝特洛时期》（Richard D. Challener, “The French Foreign Office: The Era of Philippe Berthelot”），见克雷格和吉尔伯特合编：《外交家（1919 至 1939 年）》，第 1 卷，54～55 页。

时应当用军事手段制止武装侵略者仅678万人。首相鲍德温完全迎合这调查结果来安排言行，从而使他的保守党轻而易举地赢得了议会选举。[①] 张伯伦的绥靖政策缘于他个人的绥靖思想，也出于当时英国举国上下的避战情绪和对纳粹德国的幻想。正因为如此，他从慕尼黑返抵伦敦时受到了民众的盛大欢迎，后者像他一样确信慕尼黑协定确保了“我们时代的和平”。至于美国，公众舆论在其战后孤立主义态势的形成和持续方面有毋庸置疑的决定作用。由于历史传统的差异，那里的国务家兼政客在决策时甚至比他们的欧洲同行更关注舆论。执政头几年的罗斯福也许是个最好的例子：“富兰克林·罗斯福总统就信念而论肯定不是孤立主义者，但他的第一届行政当局就精神而言本质上是孤立主义的。”[②]

除公众舆论在对外政策形成方面的主宰作用外，西方自由民主制国家的外交还发生了另一项大变化，即大众政治环境下外交操作方式的变换，包括外交操作者的变换和外交形式的变换。外交操作者变换是指职业外交官遭到贬抑，其主要外交职能——外交对话和谈判——大半改由政府首脑本人（有时还由同样是政客出生的外交部长）及其各色代表从事，这些代表被相信得到或能够得到公众喜欢。大战惨祸和威尔逊主义信条的流行，导致传统外交的实行者即职业外交人员遭到西方民主国家公众舆论的鄙薄和厌恶，他们那些传统的外交谋略、行为方式和风格普遍地被当做非民主的鬼蜮伎俩和贵族式的虚饰浮华。在这样的情况下，身为政客的政府领导者们便以越俎代庖来迎合舆论。这方面除威尔逊外，劳合·乔治可谓开风气之先。在巴黎和会期间及其后三年里，这位曾说“外交家被发明出来只是为了浪费时间”[③] 的英国首相撇开外交部和驻外使馆，大搞实为外行外交的首脑外交。他的后继者们至少到张伯伦为止无不仿效，以致有位勋爵在第二次世界大战期间在上院抱怨说，自劳合·乔治开始英国就没有外交部。[④] 法国的情况是白里安和赖伐尔之类外长包揽外交要务，将一向以素质优良著称的驻外职业外交官队伍撇在一边。用一份权威研究报告的话说，

---

① 参见克雷格和乔治：《武力与治国方略》，82～83页。一年后，在希特勒进军莱茵非军事区和大规模扩充武力的情况下，鲍德温在下院如此回答丘吉尔对他贻误战备的指责：“假定我曾起来对全国说，德国正在重整军备，我们也必须重整军备，那么是否有人会认为这个爱好和平的民主国家（英国）当时会群起响应这个号召？在我看来，无法想象有什么会比这更加肯定地（让我们）输掉选举。”（同上书，83～84页。）

② 帕金斯：《国务院与美国公众舆论》，283页。

③ 克雷格和乔治：《武力与治国方略》，85页。

④ 参见戈登·克雷格：《英国外交部：从格雷到奥斯丁·张伯伦》（Gordon A. Craig, “The British Foreign Office from Grey to Austen Chamberlain”），见克雷格和吉尔伯特合编：《外交家（1919至1939年）》，第1卷，15页。

外交操作者的此种变换的部分结果是滥用即兴式的“直接对话”，含糊不定地设置谈判方针，轻率匆忙地作出外交承诺。① 至于他的另一部分结果，则在于外交活动的目的已不是促进经过冷静界定的国家利益，而是用浮言虚辞和故作姿态打动本国公众。

由于外交操作的另一类变换——外交形式的变换，情况就更是如此。外交形式的变换指的是多国会议和最高级会晤的流行与泛滥，连同宣言式外交和议会式外交的流行与泛滥。它出于西方民主国家公众对那些被指责为大战祸源的秘密外交的厌憎，出自他们对威尔逊为首要倡导者的公开外交的迷信。于是，念念不忘迎合舆论的政府就多多举办规模盛大、活动公开或半公开的多国会议，或者举行招摇过市、耸人听闻的最高级会晤（包括某些重大的外长会晤）。前者中间著名的有华盛顿会议、热那亚会议、日内瓦裁军会议和世界经济会议等，后者则有洛迦诺会晤、贝辛奇会晤、斯特雷萨会晤等。那些多国会议“常常迫于公众的急躁情绪而举行，没有充分的预备会谈为富有成效的谈判奠定基础……它们往往看来更多地是为了它们的公众效果，而非由所攸关的实质性问题规划的”②。最高级会晤不仅同样常以追求轰动效应以取悦公众为一大目的，而且更容易使公众产生万事大吉的虚假印象，以致在现实终究大白时，因为缺乏心理准备而作出不恰当的反应。此外，由于政府首脑通常（有时还有外交部长）不精通甚至很不熟悉外交，加上必然为繁忙的国内事务和常常占第一位的国内政治考虑分心，因而最高级会晤产生的协议多半是急就式的，而且很不精确，为以后的国际关系留下麻烦甚而重大隐患。斯特雷萨协议和紧随慕尼黑会议产生的英德宣言（正是它被张伯伦宣告为保证了“我们时代的和平”）提供了这方面特别重要的例子。

所谓宣言式外交，是基于公众舆论可以对政府造成巨大压力这一大众政治效应，发表旨在煽动别国舆论的演讲和声明，以便经过这舆论迫使别国政府按照煽动者的意愿行事。威尔逊可以说是西方民主国家里广泛使用此种外交的第一人，而其最娴熟也最成功的采用者是希特勒。至于议会式外交，是指在威尔逊主义公开外交信条影响下出现的国际联盟外交。著名国际政治理论家汉斯·摩根索称之为议会程序外交，著名外交学家哈罗德·尼科尔森称之为常设状态会议外交。“要求解决的问题被置于……审议机构的议事日程上，不同政府的代

① 参见克雷格和乔治：《武力与治国方略》，86页；查利纳：《法国外交部：菲利普·贝特洛时期》，见克雷格和吉尔伯特合编：《外交家（1919至1939年）》，第1卷，64页。

② 克雷格和吉尔伯特合编：《外交家（1919至1939年）》，第一卷，88页。

表在公开辩论中讨论问题的是非，根据组织的章程进行表决来处理这一事项。”①它的效果和弊端与前述多国会议和最高级会晤类似。

最后，与所有上述“外交革命”现象同出于大众政治环境的，还有行政部门执掌的那部分外交大权落入议会之手的趋向，尽管这即使在政府权力天平向议会倾斜的最厉害的场合也未能完全实现。美国参议院拒不批准美国总统作为头号主角缔造的《凡尔赛和约》及其包含的国际联盟盟约，这确如尼科尔森所说是一项大创新，给国际契约的不可侵犯性和国际谈判的可靠性以沉重打击。② 此外，同样众所周知的是20世纪30年代后期美国国会搞出的三次中立法，他们实际上剥夺了总统很大部分外交权力，严重地束缚了他援助反法西斯国家的手脚。在英国，这方面最突出的事态大概是1922年底开始，一大批工党和自由党议员谋求制定一项将作如下规定的法律：没有国会明确授权，不得进行任何对外战争行动，不得批准任何条约或达成任何涉及军事义务的成文协议或口头协议，也不得与外国举行任何军事参谋人员会谈。虽然这项努力未能成功，但它足以使后来的保守党鲍德温政府向国会保证“英国政策绝无秘密”③。

大众政治与“外交革命”：两次世界大战间的纳粹极权国家

大众政治并不限于西方自由民主制国家，它是20世纪现代政治的普遍形态，只不过其形式在不同的社会和政治体制中有所不同，甚至在一些方面截然相反。“1919年以后‘公众舆论’的问题在于，它的许多部分不与格莱斯顿和威尔逊式的可爱幻境匹配，不是这幻境中开明通达、素有教养、公正不偏的民众，满怀国际主义观念、功利主义设想和对法治的尊敬。”④ 正是在这另外的、由经济困难、社会压抑、极端民族主义和非理性主义导致的反民主反理智的公众情绪上面，20世纪最邪恶的祸种找到了温床。

在《我的奋斗》第一卷末尾，希特勒将公众舆论认作“我们时代最强大有力的因素”⑤。这是他赖以取得德国政权、然后将德国变为极权主义和种族帝国主义国家的一个关键性认识。在第一次世界大战前他穷困潦倒的岁月里，

---

① 汉斯·摩根索：《国际纵横策论》，666页；尼科尔森：《外交的演化》，119页。

② 参见摩根索：《国际纵横策论》，666页；尼科尔森：《外交的演化》，123页。

③ 克雷格：《英国外交部：从格雷到奥斯丁·张伯伦》，见克雷格和吉尔伯特合编：《外交家（1919至1939年）》，第1卷，35～36页。

④ 保罗·肯尼迪：《大国的兴衰》，284页。

⑤ 威廉·夏伊勒：《第三帝国的兴亡》，67页。

他就仔细琢磨了他极端仇视的奥地利社会民主党在政治上颇为成功的原因，结论（出于他的曲解和臆断）是这个以工人为主体的政党懂得如何对政敌施加“精神恐怖”和“肉体恐怖”，前者是指狂暴辱骂和肆意造谣，后者意味着寻衅滋事和大打出手。也是在这段岁月里，他仔细观察了他非常佩服的基督教社会党政客、维也纳市长卡尔·吕格，认为他的天才在于擅长赢得、特别是靠演讲赢得大众支持。① 希特勒发展纳粹运动的历史表明，他可谓彻底地洞察了在第一次世界大战战败后德国的条件下最有效地从事大众政治的秘诀。对他来说，“最重要的是学会觉察听众的心灵，找到最敏感的地方使劲捶打”。主题简单扼要，多用口号表述，竭力煽起狂热，谎言越大越好——这些加上组织大规模集体游行和用暴力行动增添心理效果，构成了希特勒的大众宣传战略。② 几乎同样重要的是大众运动的组织：纳粹党依照获取选票的需要，划分为与选区大致对应的各个地方组织，然后再逐级划分直至街区；与此同时，少年、青年、妇女、学生、教师、公务员、医生、律师、法官、艺术人员等，都有各自的纳粹组织。③

希特勒通过普选上台后，大众政治从获取政权的工具变为侵略扩张的工具。纳粹国家机器的主要功能之一，就是煽动大众的种族主义和帝国主义情绪，以利动员民族资源进行对外侵略扩张。在意大利，大众政治与法西斯政权的外交和战略之间还有另一层关系：通过对外侵略扩张行为取悦怀抱极端民族主义的大众，从而巩固法西斯政权的不那么牢固的国内地位。1923 年意大利轰炸并占领希腊的科孚岛，同年吞并亚得里亚海畔归属未定的阜姆市，都在相当大程度上出于这种动机，20 世纪 20 年代和 30 年代初意法关系持续紧张也与之有相当大关系。④

极权主义独裁者们不仅操纵本国的大众政治，也试图操纵对手国家的大众政治，那就是用前面说的宣言式外交影响它们的公众舆论，进而借此影响它们的对外政策。希特勒是宣言式外交的真正里手。在逐步捣毁凡尔赛体系的过程中，每当他采取特别严重的步骤，他都会大肆张扬地发表演说，其中心内容总

---

① 参见威廉·夏伊勒：《第三帝国的兴亡》，42～45 页。

② 参见艾伦·布洛克：《希特勒：暴政之研究》（Alan Bullock，*Hitler*：*A Study of Tyranny*），简缩版，36～39 页，引语见第 37 页，纽约，1971。“虽然要在所有时候愚弄所有民众可能是困难的，但容易在一段足够长的时间里愚弄他们，以达到他们的毁灭。”（尼科尔森：《外交的演化》，122 页。）

③ 参见夏伊勒：《第三帝国的兴亡》，171 页。

④ 参见斯图亚特·休斯：《意大利法西斯主义的早期外交（1922 至 1932 年）》（H. Stuart Hughes，“The Early Diplomacy of Italian Fascism，1922—1932”），见克雷格和吉尔伯特合编：《外交家（1919 至 1939 年）》，第 1 卷，212、220～222 页。

是竭力诉说第一次世界大战战后安排对德国很不公正，同时信誓旦旦地保证他并非欲壑难填，他愿缔结国际条约维护经他改变后的新的现状。他的目的就在于利用英法等国公众关于《凡尔赛和约》的道义内疚，利用他们惧怕战争的心理和永葆和平的幻想，从而确保他的一次又一次破戒行动不受惩罚。①

大众政治与"外交革命"：第二次世界大战后的美国

第二次世界大战以后，公众情绪和舆论在西方自由民主制国家依然是影响对外政策的一大因素。不仅如此，随着受教育程度普遍提高、大众传媒进一步发展以及社会政治团体种类增多和规模扩大，这种影响总的来说很可能甚于两次世界大战之间。最重要的当然是美国的情况，其例不胜枚举。一度对美国东亚政策有巨大影响的麦卡锡主义可溯源于三类公众情绪：一是对于第二次世界大战后世界将如美国所愿的强烈的幻灭感；二是遏制政策（即在美苏长期共存前提下耐心地阻止苏联扩展势力，而非一劳永逸地解决苏联威胁）引起的沮丧；三是中国内战结局带来的强烈的心理震动。这第三类情绪对麦卡锡主义的兴起有最直接的作用。在根本不理解现代中国历史发展的美国公众看来，"美国外交家在欧洲的一切成就——杜鲁门主义、马歇尔计划和北约——似乎一下子被亚洲的"这场灾难"取消了。他们无论如何要寻求一种解释，于是美国历史上最有才能的煽动家、最有把握最迅速地深入美国人心中阴暗角落的政客麦卡锡②应运而生。他编造了他们当时实际上唯一能接受、而且也很乐意接受的解释——美国政府内的"共产党阴谋"。在对他非常有利的公众情绪氛围中，麦卡锡不择手段的抨击造成了决定性的压力，使得杜鲁门政府非但不敢在东亚再行退却，而且强烈地倾向于在那里采取"直截了当的"、"及早的积极行动"，以便从麦卡锡手里夺回国内政治主动权。③ 可以认为，麦卡锡主义——美国大众政治的怪胎——与国家安全委员会 68 号文件④一起，实际上提供了美国此后近 20 年东亚政策的总框架，或者说规定了它们的根本方向。

待它们恶化到顶点后，公众情绪和舆论又一次决定性地影响了美国的外交

① "毕竟，当希特勒的演说和它们本国报纸上的同情性反应（其中某些报纸由德国机构秘密资助）已使相当大一部分选民相信希特勒'只是进了他自家后院'时，它们难道能就入侵莱茵省做些什么？在本国许多选民已被搞得相信奥地利无论如何是德意志的一部分时，它们又能就德奥合并做些什么？"（克雷格和乔治：《武力与治国方略》，91 页。）

② 作家理查德·罗弗里的评语，见其《参议员麦卡锡》（Richard H. Rovere, *Senator Joe McCarthy*），3 页，俄亥俄州克利夫兰，1959。

③ 参见时殷弘：《敌对与冲突的由来》，182、188、192 页。

④ 关于该文件，见本书第五章第二节相关内容。

和防务政策，不过这次是在相反的方向上。越南战争的教训以及由此对全球干涉主义和黩武主义的厌倦，导致反映当时公众意愿的国会主流派大力限制行政当局的对外干涉，并且在好几年里将美国军事开支压在低水平上，结果使之远跟不上苏联的扩军步伐。[①] 到20世纪80年代初，公众情绪和舆论已再度转向，构成里根政府急剧扩充军备和复兴海外干涉的一个基本原因。"美国公众沐浴在重新燃起的意识形态火焰发出的民族主义光芒之中，至少暂时容忍其代价和危险后果。"[②]

冷战结束后，在美国对外政策的形成方面，公众舆论的作用变得更突出，也更复杂化了。一位试图解释克林顿政府的对外政策的学者不无理由地断定，问题的根子在于"美国战后决策体系的崩解"。换言之，在交通、通信技术和人口构成发生巨大变化的基础上，美国对外政策从冷战时期大致由"东部权势集团"（Eastern Establishments）主宰，在迅速变为由分散的各种各样公众集团左右，它们主要分为地域的、族裔的以及全球问题的。这样的变更很可能导致美国对外政策决策的"巴尔干化"，即"不同的社团和群体力图控制不同的问题和政策"，并且可能导致美国在世界上应当起何作用的漫长的国内争论。[③]

在就大众政治环境下西方国家"外交革命"做了所有上述谈论后，特别有一点需要补充，那就是"外交革命"有不可忽视的积极意义，而非仅有消极意义。就此，首先可以想到的是美国国内反越战运动那样有益、合理的大规模公众干预，还有联合国大会那样的"议会式外交"，它给弱小国家提供了联合国内平等的世界政治发言权，而且提供了依凭"一国一票"原则联合起来取得某些政治胜利的平等机会。此外，至少还应当提到，若干全球性问题所以能够成为世界政治议程上的重要问题，有赖于第三世界国家通过联大"议会式外交"所作的努力，有赖于西方国家大众政治中许多全球性问题团体的活动。最后，许多情况看来表明，自由民主制国家的公众舆论在当代一般具有说到底相对健康的本质。

---

① 参见加迪斯：《遏制战略史：战后美国国家安全政策评析》，328～329页。

② 迈克尔·亨特（韩德）：《意识形态与美国对外政策》，189页。

③ 参见迈克尔·克劳夫：《草根决策：告别"贤哲"》（Michael Clough，"Grass-Roots Policymaking：Say Good-Bye to the 'Wise Men'"），载《外交》季刊（*Foreign Affairs*），第73卷，1994年1/2月，2～7页。

大众政治与国际宣传和国际颠覆

大众政治给国际政治带来的变化，还在于它与传媒技术的急速发展一起，导致对外政策有了一种新手段——国际宣传。只要是在现当代国家，不管其政体如何，一般公众的情绪、意愿和观念都会随大众政治的兴起和发展在相当大程度上影响政府的对外政策选择，虽然影响的具体方式和具体程度在不同政体的国家会很不相同。正因为如此，一般公众及其分成的阶级、社会运动和利益集团等就与他们的政府一样，成了外国政府说服的对象、许诺酬赏的对象和威胁的对象，亦即成了国际宣传的对象。在大多数场合，一国政府对外宣传的主要目的（有时甚至唯一目的）是影响别国的国民或某些社会集团，然后通过他们影响该国政府，使之采取有利于宣传国的态度和政策。①

苏联可以说是最早在和平时期刻意为此类目的进行系统的对外宣传的国家。它在第二次世界大战以前的岁月里，力图通过宣传缓解西方国家的对苏敌意，松弛特别在斯大林看来非常严重的“资本主义包围”，但是其意识形态上常见的过激或呆板大大妨碍了宣传效果。斯大林去世后，苏联对外宣传逐渐取得了一位国际政治学家所说的实用主义色彩。② 它以文化、艺术、教育和科技交流以及旅游为国际宣传的多种渠道，外加促成建立许多国家里的对苏友好协会以及多种被称为“前台组织”的跨国群众团体，由这些往往有不少社会名流参加的组织替苏联做宣传。不过，苏联宣传的主要工具仍是广播和书刊。莫斯科广播电台以全世界功率最大的发射装置，向世界所有地区进行当地语言广播，对外出版机构则以大打折扣的价格，印发数量惊人的各种外文书刊。苏联国际宣传自赫鲁晓夫掌权后的基本主题是民族主义、反帝国主义、苏式现代化以及和平。较具体地说，它鼓励将矛头对准西方的欠发达国家民族主义，告诫与帝国主义的联系意味着听任自己国家的独立遭受破坏；它鼓动中西欧国家公众反对美国的经济和文化侵入，并且警惕美国的政治支配；它吹嘘苏联在经济实力、科学技术和社会福利等方面成就巨大，宣扬它们在苏联制度下的发展速度远超过西方国家；它渲染美国及其西方盟国的外交和军事政策包含的战争危险，强调苏

① 参见霍尔斯蒂：《国际政治分析框架》，218 页。如后所述，在某些情况下，对外宣传的目的并非通过影响别国公众来影响其政府的态度和政策，而是鼓动他们推翻政府，或者给政府制造足以使其地位不稳的严重困难。在此，对外宣传成了颠覆手段。

② 参见上书，234 页。

联外交的根本出发点是维护或缔造和平。[1] 内容如此的苏联国际宣传以目标国国内各类人口为对象，无论其社会属性或政治态度，以便动员尽可能广泛的对苏有利舆论影响其政府的政策。

大众政治的兴起和发展还促成了20世纪世界政治的一项特征，即国际颠覆盛行。与国家内政受到王朝正统原则和"贵族国际"共同道德[2]有效保护的18世纪相反，也与不干涉内政原则仍能得到较多遵守的19世纪有别，20世纪可以说是干涉盛行、颠覆猖獗的时代。在导致这世纪特征的诸种原因中间，来源于大众政治的原因颇为突出：大众政治的勃发使得许多国家内部存在往往可供外国利用的、规模相当大的种种反对派群体，而这样的群体中间往往又有不少乐意得到外国支持，甚至忠于外国或其代表的跨国性意识形态。此外，同样是大众政治的勃发决定了不少国家的政府是通过大众革命取得政权或成为独立民族国家的，其中有些在掌权后的一段时期里，强烈倾向于在对外事务中运用它们赖以取得国内政权的那类方法，其特征是对外国内政采取行动而未经其合法政府同意。[3]

20世纪的颠覆里手首推希特勒。他善于利用本国的大众政治取得政权，也善于利用别国的大众政治侵略扩张。著名的战略理论家利德尔·哈特如此总结他的颠覆战略："为了替他的进攻做准备，他谋求在别国寻找有影响的追随者，他们会破坏抵抗，按照他的利益进行捣乱，并且准备组成一个服从其目标的新政府。贿赂是不必要的：他依靠逐利野心、专制野心和朋党精神为他在统治阶级中间提供有意无意的代理人……他的战法是以双D打头——Demoralization和Disorganization（使对手士气低落，陷于混乱）。首先要用示意来进行战争：用言辞而非用武器，用宣传而非用炮弹……所有各种弹药都要被用上，但尤其要用颠覆性的宣传。"[4] 他在最终消灭捷克斯洛伐克以前对这个国家的所作所为提供了颠覆的一个经典史例。在其中，他通过苏台德区德人党竭力制造捷克斯洛伐克国内的民族分裂，挑动暴力冲突，然后以此为口实进行外交干涉和武力威胁，直至吞并苏台德区。[5]

---

① 参见弗雷德里克·巴尔霍恩：《苏联对外宣传》（Frederick C. Barghoorn，*Soviet Foreign Propaganda*），第3至第6章，新泽西州普林斯顿，1964。

② 见本书第三章第一节相关内容。

③ 参见霍尔斯蒂：《国际政治分析框架》，277～279页。

④ B·H·利德尔·哈特：《战略论》（B. H. Liddell Hart，*Strategy*），第2修订版，234～235页，纽约，1967。

⑤ 参见霍尔斯蒂：《国际政治分析框架》，286～288页。

第三节 新技术与国际政治变迁

“指令性技术”的出现和发展及其重大意义

基本的技术状态是国际体系环境的主要成分之一，对一个国际体系的范围、结构、规范以及国家的政治性质和相互作用方式有直接或间接的重大影响。两次工业革命深刻地影响甚而改换了国际政治的几乎所有方面，而20世纪的基本技术创新和技术发展差不多也是如此。如前所言，在此不需复述工业和交通革命导致的世界地缘政治新图景，也不需复述工业化战争技术导致的军事动员机制变更及其灾难性后果，而是首先要谈论“指令性技术（创新）”（command technology）的出现和发展及其意义。

19世纪80年代以前，新型武器的发明几乎总是出自个别企业主、技师和工匠之手。他们既无政府基于战略规划而来的具体需求作为技术改进和发明的有力动因，又无政府的资金足以绰绰有余地支付往往很高的研制成本。不仅如此，鉴于在接受新型武器及其财政代价方面广泛存在的保守心态，他们即使在研制成功后，也经常对能否将其先进产品卖出去并得到政府的订货没有把握。显然，在这种完全“自由放任”的技术体制中，武器的发展受到颇大妨碍。然而从19世纪80年代开始，首先由于英国海军对于必须有巨额资金和系统设计才能研制的新式战舰及其装备的需求，情况发生了变化。政府向私人企业提供所需的保险金，甚至部分研制费用，让后者按照海军技术专家们研究后提出的设计要求进行研制。“发明由此成为预谋的了”①。这种在政府的有力刺激、资助、指导和控制下的技术进步就是“指令性技术”。它在工业高度发展的阶段上，往往是实现一些较大规模和系统的尖端技术创造的唯一途径。到第一次世界大战爆发时，它已经导致了速射舰炮、高精度远程舰炮、驱逐舰和无畏级战舰的问世。

第一次世界大战期间，在列强生死搏斗的巨大压力和紧迫需要作用下，“指令性发明变得普及化了，运用于所有军事硬件”②。坦克的研制就是这方面尤其典型并且特别重要的例子。第二次世界大战期间，“指令性技术创新”体制有了新的大发展，那就是科学第一次被大规模和系统地纳入其中。第一次世界大战期间或许除飞机设计外，科学仅仅零星地和边缘地得到有组织的运用，而现在

① 麦克尼尔：《竞逐权势：公元1000年以来的技术、武装力量和社会》，278页。

② 同上书，331页。

“科学家、工艺学家、设计师和效率专家被召集起来，在比先前任何时候都大得多的规模上从事改善现有武器和发明新武器的任务”①。雷达、喷气式飞机、制导飞弹、火箭和原子弹等就是这技术体制演进的结果。其中，原子弹的研制（“曼哈顿工程”）构成了科技组织规模及其复杂程度的空前的大革命，以致当时大概只有世界上最富有、科技和管理水平最高的国家才能完成，而且必须在世界大战的驱使下。

使所有上述新型武器成为可能的“指令性技术创新”有其毋庸置疑的重大国际政治意义。它作为最重要的因素之一，参与造就了19世纪末和整个20世纪里战争技术的突飞猛进，因而也就同样地参与造就了本书先前说过的、具有世界性历史意义的一些国际政治事态，包括世纪之交的英德海军竞赛、工业化时代的总体战、美苏核军备竞赛等。它还造成了若非如此两次世界大战或许就不会有的那么大的破坏性，并且导致了别种情况下就很可能不同的大战结局②，从而更为深刻地影响了世界进程。从战略层次上说，“指令性技术创新”的两项产物——空中力量和坦克装甲车装备的机械化部队——改变了战争的进行方式。空中力量的发展使一方可以打击敌方腹地的经济、政治中心而无须先行摧毁敌军主力，或者说可以跃过主要障碍而无须推倒之。机械化部队可以招致敌军主力瓦解而无须进行激烈的厮杀，办法是切断敌军供应线、破坏其指挥体系或快速突入敌后使之瘫痪。③ 众所周知，在1939和1940年，纳粹德国最成功地运用了这两项（尤其后一项）基于武器变更和战略革新的新战法，以迅雷不及掩耳之势征服了波兰和法国。“这新战法不仅使战争革命化了，而且改造了世界历史进程”④。西欧的地位实际上无法从这剧烈的打击下恢复过来，即使最后失败的是纳粹德国，而美国由此感到的强烈震惊促使它开始大力投入反纳粹斗争，从而得以成为首屈一指的超级强国。

核武器与世界政治

在20世纪，最具国际政治意义的新技术大概是核武器及其运载工具。核武

① 麦克尼尔：《竞逐权势：公元1000年以来的技术、武装力量和社会》，357页。

② “例如，倘若希特勒在1943年7月以前未曾拒绝充分支持V-2火箭研制，就很难相信盟军诺曼底登陆能够发生，因为横渡海峡的舰船集结的英国南部港口是V-2火箭的绝好目标。另一方面，要不是欧洲前来避难的科学家们说服英美政府发动制造第一颗原子弹所需的巨大研究开发努力，不仅对日战争的最后阶段会是另外一个样子，而且战后国际关系将大为不同，因为很难相信任何政府会在和平时期承担这么一个充满风险的项目所耗的巨大开支。”（同上书，359页。）

③ 参见哈特：《战略论》，358页。

④ 同上书，237页。

器及其中远程运载工具不仅在量上（即摧毁力的大小上）也在质上不同于先前任何武器，它们对国际体系、体系成员单位及其相互关系的性质有重大影响。有如著名国际关系理论家约翰·赫兹提出的那样，从理论上粗略地说，战略核导弹使现代领土国家开始失去其保护功能，因为这类武器的射程、速度和命中精度足以跨越三项传统的屏障——空间、时间和常规军队，突如其来地摧毁敌国境内人口及其财产，犹如火炮的运用导致封建领主的城墙很难保护墙后的臣民及其财产那样。① 由此而来的是对领土国家存在理由的怀疑，连同对新的安全保障的寻求或设想。其次，核武器技术一方面造成了所谓核国家与无核国家的区分，从而使国际社会变得更不平等，但另一方面它又倾向于减小大国与小国的差别，因为就国家的军事安全而言，它多少使得传统的国力要素即人口、领土、工业能力等变得不那么重要了，只要小国也拥有足以使大国遭受无法承受的损伤的核打击能力。在这个意义上，核武器可以说是国家间的“大均值器”。还有，虽然无核国家在军事能力方面远不及核国家，但核武器问世迄今的历史表明，只有无核国家才享有至少大致免受核打击甚或核威胁的好处。因此，“最严重地处于毁灭危险之中的，正是那些拥有最强大的军事力量的国家；因而在某些方面，安全与军事能力成反比，而不是成正比”②。最后，核武器因其极为巨大的摧毁力，很大程度上改变了（核）战争与政治的关系。难以想象核战争能够达到得大于失的、有意义的政策目的，因而克劳塞维茨的著名原则“战争是政治的继续”至少不那么适用于核战争，也因此在其实际使用意义上，军事力量的有用性相应地减小。同样，核武器的巨大摧毁力作为原因之一，促成发达国家互相间不再有重大的领土争端。③ 或者广而言之，核国家之间不大可能爆发重大战争，从而在相应的程度上“将战争驱除出国际政治的中心”④。

在国际政治中，军事力量一般来说有三项功能：第一，作为实战手段，即被实际使用于战争，造成敌国的失败、损伤甚或灭亡；第二，作为威慑手段，即以此威胁敌国或潜在敌国，向其示意倘若发动侵害行动就将遭到武力报复，而且这报复将使侵害者遭受的损伤必定大于它从侵害行动可能得到的任何好处；

---

① 参见约翰·赫兹：《领土国家的兴亡》（John Herz, “The Rise and Demise of the Territorial State”），载《世界政治》（*World Politics*），第9卷，1957年，473～493页。

② 霍尔斯蒂：《国际政治分析框架》，313～314页。

③ 参见爱德华·莫尔斯：《对外政策的转变》，见菲尔·威廉斯等人合编：《国际关系经典读物》，431页。

④ 肯尼思·沃尔兹：《新现实主义理论中的战争缘由观》（Kenneth N. Waltz, “The Origins of War in Neorealist Theory”），见菲尔·威廉斯等合编：《国际关系经典读物》，46页。

第三，作为强制性外交手段，即为了迫使对手国家做出让步而威胁使用武力。诚然，核武器及其运载工具也具有这三项功能，但自从广岛和长崎被毁以来，它们从未被当做实战工具使用过。① 因此，真正重要的是后两项功能——核武器的威胁使用而非实际使用。在威胁使用方面，核威慑又是头等重要的，特别是在以战术核武器为手段的有限核战争论到20世纪60年代初在美国已接近丧失市场之后。②

核威慑，特别是美苏相互核威慑，构成第二次世界大战后世界政治中具有决定性意义的方面之一。在核战争危险总是笼罩超级强国对抗的意义上，可以说世界政治军事化了，而在它们相互间的核威慑造成了"恐怖平衡"的意义上，则可以说战争与和平之间的界限模糊不清。在超级强国彼此间，冷战是否转变为祸害无比的热战取决于核威慑的有效性，而核威慑的有效性本身取决于它的可信性和稳定性。核威慑要是可信的，被威慑者就必须相信威慑者既有遭到进攻后进行核报复的足够能力，又有这么做的足够意图。美苏两国进行核军备竞赛，大半是为了确立和维持核报复能力的可信性，而它们反复宣传对各自主要盟国的攻击将被视为对它们自己的进攻，并且采取在中西欧部署中程核导弹之类措施，则是为了确立和维持核报复意图的可信性。③

与其可信性问题相比，核威慑的稳定性问题较为复杂，但它们是了解第一次世界大战爆发经过的人都容易理解的。可以说，每一方都宁愿不爆发战争，但又都无法（或未努力）使对方相信只要不进攻就不会遭到打击；或者反过来说，它们都认为对方很有可能未经挑衅就发动进攻，因而每一方都可能产生为自保而先发制人的强烈动机，尤其在它们各自的打击能力容易受对方抢先进攻严重损伤的情况下。在理论上由著名战略学家托马斯·谢林给了最流行阐释的这种局面④到20世纪50和60年代之交成了美国战略学界的首要议题，而议论

---

① 这主要出于三方面原因：广岛和长崎被毁之后，在使用核武器问题上存在普遍和有力的道义约束；美苏这两个核超级强国之间自20世纪60年代起形成了"相互确保摧毁"，即可信的相互核威慑；美国在垄断和近乎垄断核战争能力的相当长一段时间里，逐渐形成了一种未经宣布的、往往不自觉的惯例，即不实际使用核武器。关于这最后一项原因，参见约翰·路易斯·加迪斯：《自我威慑的起源：美国与不使用核武器（1945至1958年）》（John Lewis Gaddis, "The Origins of Self-Deterrence: The United States and the Non-Use of Nuclear Weapons, 1945—1958"），见其《漫长的和平：冷战史研究》，104～146页。

② 参见劳伦斯·弗里曼：《头两代核战略家》（Lawrence Freeman, "The First Two Generations of Nuclear Strategists"），见帕瑞特编：《现代战略的缔造者：从马基雅维利到核时代》，748页。

③ 在中西欧部署中程核导弹的此类目的，参见伊安·克拉克：《国际等级：国际秩序中的改革和抵抗》（Ian Clark, *The Hierarchy of States: Reform and Resistance in the International Order*），191页，剑桥，1989。

④ 参见托马斯·谢林：《冲突战略》（Thomas C. Schelling, *The Strategy of Conflict*），马萨诸塞州坎布里奇，1960。谢林将这种局面称为"对突然袭击的交互恐惧"（the reciprocal fear of surprise attack）。

的结果是达成了一种将支配战略核力量发展方向的共识，那就是为防止核战争，美苏双方都必须有不可被消灭的足够的报复力量，即所谓第二次打击能力。[①] 增加战略武器数量、分散其部署、加固其发射平台、增大其隐蔽性和机动性：这些都是第二次世界大战后核军备竞赛史上被采取的确立核力量之不可缺失的办法，而装备中远程潜射核导弹的核潜艇证明是最优良的一类战略武器，因为它综合了其中大部分办法。

很大程度上，核力量的发展轨迹由核战略的发展轨迹决定，后者本身则主要由谋求威慑可信性和稳定性的考虑支配。有限核战争论大致丧失影响后，美国政府规定了“打击军事力量”战略，目的在于使苏联明白倘若对西方发动战争，它的战略力量就将被摧毁，从而输掉战争，但同时西方会尽可能将苏联平民伤亡限制在最小程度。这种战略由美国国防部部长罗伯特·麦克纳马拉在1962年宣布，其主要长处被认为是比“打击城市”战略更具可信性，因为据信苏联政府珍视其军事力量甚于关心其国民生命，因而威胁摧毁美国将更有效。此外，这种战略还被认为在道义上较为恰当，而且可鼓励苏联也采取较有利于美国平民生命安全的同样的战略。然而，在其批评者看来，“打击军事力量”战略缺乏有效的威慑所需的稳定性，因为进行这种打击的最好时机显然是在苏联的战略武器发射之前，也就是说最好是进行先发制人的打击，这就难免使苏联在危机时刻强烈地倾向于抢先动手。事实上，美苏两国都是兼用“打击军事力量”和“打击城市”两种核战略，这“更多是出于华盛顿和莫斯科的官僚政治过程，而不是出于对赞成和反对这两种战略信条的论辩的精细评估”[②]。到肯尼迪政府末期，麦克纳马拉逐渐形成了一种核战略设想——“相互确保摧毁”，即美苏双方城市对进攻性战略导弹皆不设防，以此实现双方彼此威慑的可信性和稳定性。[③] 1972年美苏反弹道导弹条约就大致体现了这一设想。

8年后，里根宣布“星球大战计划”；再过近20年，克林顿政府在冷战后条件下开始试验“国家导弹防御”装置；然后于2001年，以极端民族主义、单边主义和黩武主义著称的布什政府单方面宣布美国退出美苏反弹道导弹条约，导弹防御体系正式开始构建。这可称美国核战略甚或美国国家安全战略的“革

---

① 参见弗里曼：《头两代核战略家》，见帕瑞特编：《现代战略的缔造者：从马基雅维利到核时代》，754页。

② 霍尔斯蒂：《国际政治分析框架》，341页。

③ 参见加迪斯：《遏制战略史：战后美国国家安全政策评析》，219～220页。关于“大规模报复”战略被放弃后美国核战略上述演变的详情，参见姚云竹：《战后美国威慑理论与政策》，第五章，北京，国防大学出版社，1998。

命”，它表明美国相当强烈地倾向于谋求绝对安全，而用亨利·基辛格在其名著《重建了的世界》当中阐述的原理来说，一国的绝对安全追求意味着它所在的国际体系内所有其他国家的绝对不安全。① 它预示了一种可能的危险后果：一旦得到一套有效和全面的导弹防御体系的保护，美国就有可能在发生它自己定义的最坏和最必要情况下，无所忌惮地率先发动核打击。不仅如此，鉴于世界上有理由将美国设想为实在或潜在敌手的国家（尤其是这样的核国家或潜在核国家）难免迟早采取种种军事对策来对付导弹防御体系，美国的行为会驱使它们和美国一起进入一个不确定的、很大程度上无规则的战略武器竞争新时期。

核武器在用于实战和威慑之外的第三项功能——强制性外交手段——就是人们在20世纪50和60年代常说的核讹诈。按照谢林的界定，它不是要用冷酷的武力实际战胜对手，而是要用施加痛苦的威胁来构造对手的动机。② 然而，以核打击相威胁的外交战略，其效能在理论上始终令人怀疑：第一，它只能用于既无核报复能力又未与核报复能力的拥有者结成紧密的同盟的国家，像赫鲁晓夫在苏伊士运河战争期间那种要用核火箭袭击英法两国本土的威胁，只是为了获取政治影响的廉价表演。第二，即使用于这样的国家，也有一个对核讹诈大为不利的问题，那就是核武器的极大摧毁力与被追求的政治目的是否相称。绝大多数可想象的政治目的很难被人相信如此重要，并且如此缺乏其他可选择的追求手段，以致必须使用核武器。因此可以说，核威胁在绝大多数场合都缺乏足够的可信性。③ 然而，艾森豪威尔政府热衷于使用核讹诈战略，其国务卿杜勒斯吹嘘“能走到边缘但不陷入战争是一门必要的艺术”④。在朝鲜停战谈判的最后阶段，在印度支那战争的奠边府战役期间，还有在1954和1958年的两次台湾海峡危机中，它都威胁过要使用核武器。关于其效能，至多只能说“在缺乏对被威慑者意图的可靠洞察的情况下，无法肯定是否存在任何要威慑的东西”⑤。

---

① 参见基辛格：《重建了的世界：梅特涅、卡瑟尔累与和平问题（1812至1822年）》，导言。

② 参见托马斯·谢林：《武器与影响》（Thomas C. Schelling，*Arms and Influence*），3页，纽黑文，1966。

③ 一位政治经济学家指出，在一定的限度以外，所示威胁越大，被人相信的可能性就越小。参见肯尼思·博尔丁：《冲突与防务通论》（Kenneth E. Boulding，*Conflict and Defense*：*A General Theory*），255页，纽约，1962。

④ 詹姆斯·谢普利：《杜勒斯怎样规避了战争》（James Shepley，“How Dulles Averted War”），载《生活》（*Life*），1956-01-16。

⑤ 加迪斯：《遏制战略史：战后美国国家安全政策评析》，171页。

防止核武器扩散

20 世纪 60 年代后期开始，防止核武器扩散（防核扩散）逐渐成为世界政治中一个越来越重要的问题，以致在当今往往很难说（特别在核大国看来）有什么问题比这更重要。从最宏观的角度论，核武器扩散是伴随欠发达国家现代化而来的世界权势分散化趋势的结果，这种趋势在它被部分地掩盖于其下的超级强国冷战结束后，显得突出起来。较具体地说，第二次世界大战后的核武器扩散有四项原因。第一，核科学和核工艺知识的传播，加上核反应堆和核材料的扩散，大大减小了研制与生产核武器的困难。第二，随着战争的潜在破坏性剧增，同盟次要伙伴愈益怀疑同盟首要成员是否会冒自身毁灭的风险来信守支持和保护它的条约义务，因而某些无核国家难免倾向于研制自己的核武器。第三，某些弱国深感或坚信自身的安全受到超级强国非常严重和经久的威胁，因而确信伴随拥有核武器而来的核威慑能力值得热烈向往和大力追求。第四，随着主权国家数目迅速增加，主权国家间的军事安全威胁愈益分散，也就是说军事安全方面的对抗和冲突愈益地区化、局部化，处于彼此对抗或冲突中的国家往往不可能从任何大国或世界性安全机构取得支持和保护，而需要依靠自己从事这种地区性、局部性的对抗或冲突，于是核武器就成了其中某些国家向往、并且有时能够通过自己的努力获得的争斗工具。

1998 年，印度和巴基斯坦进行核武器试验，成为五个核大国（美国、英国、苏联、法国和中国）之外实际上新的核国家。以色列被普遍认为早已拥有了核武器，而且它自己从未否认过。此外，1993 至 1994 年，发生了围绕朝鲜核武器发展项目的第一次朝鲜核危机；尽管随后达成了保证朝鲜非核化的国际协议，但不足 10 年后第二次朝鲜核危机爆发，自此越来越多的机构和专家愈益倾向于认为朝鲜拥有了某些核武器装置。按照一种不无权威性的估计，2002 年时全世界共有 17 个拥有核武器或核武化规划的国家，其中 7 个在亚太地区；共 28 个有导弹规划的国家，其中 16 个位于亚太地区。①

可以肯定当今时期拥有核武器的国家越多，核武器被实际使用的可能性就越大，人类及其生态环境遭到严重伤害、国际秩序发生严重混乱的可能性也越大。1968 年起，以《防止核扩散条约》为核心，国际社会逐步构建全球性防止核扩散体制。然而种种障碍，特别是拒不加入、秘密违背或公然退出该条约的行为，使之仍难以阻止某些无核国家谋求拥有、甚至最终实际拥有核武器，更

---

① 2002 年韩国国防部高官在新加坡举行的一次军备控制和安全讨论会上所言。参见时殷弘：《东亚军备控制和不扩散问题：现状与危险》，载《战略与管理》，2002（5）。

谈不上卓有成效地打消获得核武器的欲望。①

在理论上说，要有效地防止核扩散，首先需要使尽可能多的无核国家愿意保持无核状态，其次需要有效地制止核扩散行为（这可称为“非核化”）。如前所述，无核国家虽然在军事能力上不如核国家，但它们遭到核攻击（或旨在剥夺它们的核武研发的常规攻击）的可能性小得多。或者说，在当今世界上，核国家对无核国家使用核武器至少是不大可能的，反之拥有核武器却意味着遭到核打击的大得多的可能性。这个道理需要反复地向无核国家说明。此外，造就足够有效的防止核扩散体制也非常重要，因为这将使一个无核国家不用担心另一个与它对抗的无核国家获得核武器。还有，如果某个弱国谋求核武化是由于它深感或坚信自身的安全受到超级强国非常严重和经久的威胁，那就必须争取解决安全保障问题，消减它的被威胁感，而这意味着超级强国需要改变对它的严重敌对态度。最后，还需要造就或发展和平解决国际争端的区域性和全球性体制，争取以此从根本上消减无核国家获取核武器的欲望。

要有效地制止核扩散行为，就需要：（1）争取所有大国就此达成和保持一致；（2）确立能有效地核查核扩散行为的国际体制；（3）如果需要采取为制止核扩散必需的制裁措施，那么此类措施的范围和力度要适当，防止被制裁国家因压力过大而铤而走险；（4）将这样的措施与外交说服和谈判结合起来，尽可能以外交说服和谈判为主；（5）将制止核扩散与缓和或和平解决有关的国际对抗或冲突的努力结合起来，消减甚至消除核扩散国家获取或保持核武器的动机。②

信息技术革命与世界政治

现在已经很清楚，信息技术革命对 20 世纪末期世界政治的影响几乎不怎么

---

① 参见约瑟夫·奈：《冷战后的军备控制》（Joseph S. Nye，Jr.，“Arms Control After the Cold War”），见斯蒂芬·斯皮格尔编：《世界政治主要问题》，第 6 版，83～84 页。

② 与防止核武器扩散问题类似，防止其他大规模毁伤性武器扩散或生产的问题也很重要。就化学武器来说，由于一系列原因（包括已有和估计将有此类武器的国家较多，核查问题难以解决，有关的国际体制尚欠发达等），防止其扩散相当困难。生物武器虽然由 1972 年的一项国际公约予以禁止，但该公约有不少漏洞，而且未规定核查，因而生物武器生产之全面禁止远未实现。此外，尤其在美国看来，还有一项很重要的防扩散问题——防止弹道导弹技术扩散。1987 年由美国等 7 个发达国家协议建立的“导弹技术控制制度”只是一个出口管制谅解，在其范围、具体实施和核查等方面局限性颇大。尤其令美国头疼的是导弹技术控制的一个合法性问题：与核、化学和生物武器这三大类大规模毁伤性军事工具不同，“弹道导弹不带有道义污名”。参见约瑟夫·奈：《冷战后的军备控制》，见斯蒂芬·斯皮格尔编：《世界政治主要问题》，第 6 版，84～87 页。

亚于核武器的问世和发展，而且可以预料至少在21世纪前期，它仍将是很少数最具世界政治意义的事态之一。当代信息技术以微电子技术和计算机技术为基础，包括信息的采集、处理、控制、存储和传输技术。它们势必在不长时间内成为发达世界最大的经济活动领域，而且正在推动经济、社会和军事的巨大转变，其程度可能比得上过去工业革命造就的变迁。

从理论和实践两方面说，信息技术革命对权势——世界政治的基本媒介产生了重大影响，它在很大程度上导致了权势载体的急速增生、权势性质的重要变化和权势行使机制的高度多样化。“新时代的‘现实政治’就是‘计算机政治’(cyberpolitik)，在其中行为体不再仅仅是国家，而且天然权势（raw power）可以由信息权势来抗击和增强。有力者将照旧获胜，但这力量的来源、工具和衡量标准发生了引人注目的变化。”① 对世界政治中的权势分布格局和其他许多重要问题来说，信息技术革命的影响可谓自相矛盾：它“既加强了无政府力量，也加强了控制力量。它将权势赋予个人和精英。它毁坏等级结构，却又创造新的权力结构。它提高分析能力，但缩短反应时间，以致只容许冲动，因而它既可以是增强情绪的工具，也可以是增进理性的手段。它提供更多但太杂乱的选择、更好的信息但更多的关于真实性的疑问、更大的洞察力但更厉害的迷惑……它将某些国家权威出让给市场、跨国实体和非国家行为体，却因此引起了要求加强国家的政治力量。它是民主人士的最佳工具，但又是煽动家的最好武器……它是可用来粉碎文明这织造物、又可用来将它缝合得更加牢固的利器”②。

就其形态和作用体制而言，信息技术革命的权势效应可以归纳为七类：(1) 权势载体及其活动领域的互相连接；(2) 权势的分散化；(3) 交往中介体及其权势的消退，例如纳斯达克股票市场只是一个计算机系统和互联网，完全无须作为中介的股票交易所，因而其中也不存在交易所权势；(4) 无场所化，连同例如因为控制交易场所而来的那种权势的消退；(5) 权势载体之间交往及其权势交易的加速；(6) 规模增大，在信息的传送和处理是由愈益强有力的计算机进行的情况下必定如此；(7) 行为体的“天然权势”资源规模与其权势之间的不对称，即信息技术革命“使得较小的竞争者能够像较大的竞争者做过、或者在

---

① 戴维·罗思科弗：《计算机政治：信息时代权势的改变着的性质》(David Rothkopf, “Cyberpolitik: The Changing Nature of Power in the Information Age”)，载《国际事务季刊》(*Journal of International Affairs*)，1998年3月，第6段。

② 同上文，第10段。

做的那般去竞争”，因为前者可以像后者一样地拥有电子信息资源。①

可以不容置疑地说，当代信息技术已成为世界较先进国家基本国力的非常重要的构成要素，并且因此在很大程度上参与决定全球权势格局。在这些变迁性影响造成的一般结果当中，国家军事实力范畴因为信息技术革命而发生的变化大概最为惊人。从20世纪90年代初海湾战争开始的几场高技术战争和军事打击行动表明，战争（或者更准确地说军事强国进行的战争）的面貌焕然一新，当代信息技术的有无和高低构成了决定军事实力强弱的最重要因素，或者至少是最重要的因素之一。② 然而，如果足够全面地看待问题，就很容易认识到信息技术革命对军事权势的影响是自相矛盾的：一方面出现了对战争的（和在战争中的）“信息性支配”（information dominance），它使得美国这技术超强国家拥有大大增长了的总体军事优势，但另一方面也出现了基于当代信息技术“撒手锏”的那一类“不对称战争”方式——“计算机空间战争”（cyberspace warfare）或信息战，它使得美国忧心忡忡，甚至颇为恐惧。③ 这是大卫可能得以打翻（或遏阻）歌利亚的战争方式，尤其依靠上面说过的七类权势效应中的第四至第六类，在此分别指：（1）超距打击；（2）高速打击和复杂任务的高速处理；（3）袭击力、袭击规模和袭击效应的连锁增殖。④

主要由于信息技术革命对权势的性质、载体、构成要素和作用机制的巨大影响，世界政治相应地发生着若干深刻变化。它越来越有力地修改着世界政治议题的构成，连同主导其所讨论、缓解和解决的社会政治力量的构成。在西方发达国家，信息产业的就业人数已在接近、甚至超过制造业的就业人数，与此

---

① 大体依据罗恩科弗：《计算机政治：信息时代权势的改变着的性质》，载《国际事务季刊》第35～41、43段。

② 用一位著名学者在海湾战争前就已强调的话说：“首先，军事行动已开始大大依赖用以控制、指挥、通讯、情报、侦察和管理的信息系统基础设施。其次，计算机化对于武器系统设计、生产和维护的重要至少等同于它对商业性工业的重要。最后，与商业世界类似，信息技术是常规武器和核武器能力当前及未来增长的最重要源泉。”引自查尔斯·弗格森：《美国的高技术衰落》（Charles H. Ferguson, “America's High-Tech Decline”），见斯皮格尔编：《世界政治主要问题》，163页。

③ 一个恐惧的例子见美国参议院军事委员会主席萨姆·纳恩的一篇短文：《保护和界定我们在一个变动中的世界的国家安全》，见戴维·博伦和爱德华·帕金斯合编：《迎接21世纪：美国对外政策准备》（Sam Nunn, “Protecting and Defining Our National Security in A Changing World”, in David L. Boren and Edward J. Perkins eds., *Preparing American Foreign Policy for the 21st Century*），俄克拉荷马州诺曼，1999，“计算机空间战争”一节。当然，这种形态的战争可以危及任何国家，因此需要对其予以防备的远不止是美国。

④ 大体依据罗思科弗：《计算机政治：信息时代权势的改变着的性质》，载《国际事务季刊》，1998年3月，第78段。

相应（无论是直接地还是较为间接地），一个在总人口中占很大比重、甚或占多数的空前庞大的中产阶层业已形成。这个阶层的很大一部分不仅有颇丰的收入，而且有很高的受教育程度、比较自由的生活/工作方式和相对广泛而且“超前”的社会政治关注。因此，他们总的来说特别关心环境、生态、人权、人道援助和禁止核试验等问题。很大程度上靠着以他们为主要社会基础和骨干力量的一些政治运动，这些问题才添入世界政治议题，或者才在其中取得现有的那种较突出地位。① 在这些问题的讨论和解决努力方面，很大部分主导力量由这些政治运动和其他一些与当代信息技术的关系特别密切的社会势力构成，后者包括大众传媒、跨国民间团体和某些国际组织等。

在历来最重要、而且今后可想象的未来时期里也仍将最重要的国际政治范畴——国家安全和国际安全方面，信息技术革命已经造成和将会造成的影响或许可以说是真正划时代的，虽然它们的全部规模和深度目前还不易设想。首先，它由于提高了战争的代价，由于为控制战争提供了有效程度非先前可比的技术手段，而且由于使过去往往需要通过战争才能实现的一些国家目的可以用非战争或准战争的手段达到，因而成了抑制或防止强国之间全面战争爆发的重要因素之一，并且也有助于减少其他一些种类的战争。其次，如前所述，它将导致信息战成为国际冲突的重要形式之一，在其中战略和战术具有近乎全新的形态。② 最后，它使国家安全增添了一个已经很重要、并且将越来越重要的方面，即“信息安全”，其中除对付信息战之外，还包括尽可能防止或制止以当代信息技术窃取事关国家安全的情报，尽可能有效地应付凭借这类技术进行的、旨在颠覆的思想渗透，同时不损害正常和有益的跨国信息交往，也不违背本国公民的合法自由权。③

信息技术革命还引起了依凭信息技术的跨国权势与国家主权相抵触的问题。④ 信息技术的飞跃发展导致主权国家的可渗透性剧增，连同其内部事务（包括对外政策的决策和秘密操作）的透明度剧增。其他国家或非国家行为体可以

---

① 参见赵晓春：《论信息革命对当代国际关系的影响》，见其提交全国国际关系理论讨论会的论文，1998年10月。

② 参见孟祥青：《高技术发展对跨世纪国际军事安全的深刻影响》，见其提交全国国际关系理论讨论会的论文，1998年10月。

③ 参见锡东·阿马多·奥马罗和雷尼·勒弗：《网络、蜘蛛和苍蝇》（Seydon Amadou Oumarou and Rene Lefort，“The Web，the Spider and the Fly”），载《联合国教科文组织信使》（*The UNESCO Courier*），1998-09-01；《涌入的苍蝇》（“The Flies Swarms In”），载《经济学家》（*The Economist*），2000-07-22。

④ 这里说的跨国权势，是指国家或非国家行为体跨国地行使的权势。

用信息技术“穿透”传统的主权屏障，蓄意影响其国内政治和社会，并且以先前殊难达到的高效程度监视其内外行为，而这监视有时会伴有公开或秘密的、合法或不合法的国际或跨国干预。因此，民族国家在内外事务，特别是在人权、国内政治体制选择、军备建设、武器及其技术输出、财政政策、污染标准等事务上做出决定并加以贯彻的自主权越来越遭到侵蚀。同样重要的是，虽然当代信息技术削弱和制约国家主权的趋势对所有国家都起作用，但它们尤其厉害地削弱和制约在技术、经济和社会组织以及行政效率等方面处于显著劣势的广大欠发达国家的主权，同时赋予在这些方面领先的发达国家更广泛、更深入地侵蚀和干预欠发达国家主权的能力和机会。[①] 不仅如此，使问题变得对欠发达国家来说更难办的是，一项绝对必需——维持和加快本国经济发展——严重地限制了它们抵御这侵蚀和干预的余地。[②]

大众政治与新技术的结合——20 世纪的总体战

第三章第四节考察了第一次世界大战以前 100 余年里战争规模和战争技术的突飞猛进，其中一个尤其重大的事态，是由首次真正的现代军事大冲突——美国内战——最初显露的工业时代总体战。此类战争是大众政治与新技术结合的产物，以这两大条件下战争的目的、手段、烈度甚或范围的总体性为基本特征。作为头等要素塑造了 20 世纪世界政治面貌的两次世界大战，就是在所有这些方面都达到或接近达到顶端的现当代总体战。

就战争目的的总体性而论，法西斯与反法西斯力量殊死搏斗的第二次世界大战自不待言。即使是第一次世界大战，虽然起初由较为传统的列强竞争和对抗发展而来，但在其进行过程中也具有了关乎国家独立生存、关乎国内社会体制、关乎国际社会核心规范的总体性质。战争双方的宣传既体现了这一点，也促进了这一点。敌国被描述成邪恶无比，其胜利意味着所有值得为之生活下去的事物被毁灭，其失败意味着创设美好世界有了基础条件。具体地说，协约国方面（尤其自俄国二月革命推翻沙皇和美国参战之后）挥舞民主和民族自决旗

---

① 参见赵旭东：《新技术革命对国家主权的影响》，见资中筠主编：《国际政治理论探索在中国》，287～288、291～292 页，上海，上海人民出版社，1998。

② 例如约瑟夫·奈指出：“地理性的共同体依旧最为要紧，但希望看到快速的经济发展的政府会发觉，它们将不得不放弃某些保护官员们免受外界监视的信息流动屏障。希望有高程度发展的政府将不再能够经受得起一种舒适，即把它们的金融和政治局势始终捂在国家的黑匣子内秘而不宣。”引自约瑟夫·奈：《理解国际冲突》（Joseph S. Nye，Jr.，*Understanding International Conflict*），第 3 版，203 页，纽约，2000。

号，宣扬在这两大原则的基础上构建新世界秩序，同盟国方面则强调国际权势的分配正义，鼓吹在属土、资源、海权和世界地位方面应有平等待遇。①

然而，作为总体战，两次世界大战的最大特点除其范围空前广大外，在于它们非常广泛和深入地运用了大众政治和工业时代新技术提供的总体性手段，特别是几乎所有交战国国内的绝大部分人力物力资源都直接或间接地被用来从事战争。就第一次世界大战期间而言，为此进行的动员和组织如此具有革命性，以致“从欧洲武装部队的军营和购买处浮现出来的、应当被叫做国家社会主义（假如希特勒没有抢先使用这个术语）的那种东西，由一个从大企业、大工会、学术界和大政府抽取出来的行政管理精英组成的联盟襄助，在一段短得惊人的时间里将欧洲社会翻了个个儿”②。

在法国，大多数青壮年男子当兵打仗，由此引起的后方工业劳力短缺由妇女、少年儿童、残废退伍军人以及战俘填补。所有各种工厂被要求转产或部分转产战争装备和战争物资，办法是设置新生产线，将机器改装以适合新用途，或者按照当地现有条件发明新生产方法。各地组织企业家委员会，负责在互相间分配军火合同和其他任务，通过与政府官员的经常性会议来协调前线需要与后方生产，并且在战争中、后期更多地接受政府的强制性或半强制性指令。这套战时动员和组织体制使法国成了协约国一边最大、最成功的军火制造者。③ 在英国，到第一次世界大战第二年志愿兵役制已不敷所需；经过辩论，英国政府采取了强制性兵役制，那在先前一向被它认为是不那么自由的社会专有的。总体战经济的真正发动从1915年设立劳合·乔治挂帅的军火部开始。他制定了远超过先前被认为力所能及的生产目标，通过半自愿半强制的方法使工业界接受并予以贯彻，同时说服工会在战时不搞罢工。④ 在德国，第一次世界大战开始时设立了大企业家瓦尔特·拉特瑙为首的战时资源局。以此为核心，在以后三年里充分形成了一个“德国之军事经营的无所不包的体系”。拉特瑙为每一项紧缺品设立一个主持调配的全国性垄断公司，它们由企业界人士经营，但听从陆军部的政策指导。1916年年中，兴登堡和鲁登道夫在掌握军权后，一改先前按照军火生产能力制定战略规划的做法，从战役目标出发确定军火供应目标，并且为此急剧砍削其他经济部门的生产。德国由此成了一个将一切从属于陆军需要

① 参见费利克斯·吉尔伯特：《欧洲时代的终结：1890年至今》，137～139页。

② 麦克尼尔：《竞逐权势：公元1000年以来的技术、武装力量和社会》，337页。

③ 参见上书，318～322、341～342页。

④ 参见上书，326页；迈克尔·霍华德：《英国在第一次世界大战中的大战略》，见保罗·肯尼迪编：《战争与和平的大战略》，35页。

的“军营国家”①。

整个社会都直接或间接地投身于战争的一大结果，是大军事史家迈克尔·霍华德说的工业化战争性质的另一项可怕的发展，即战争的真正打击目标不再是敌国军队本身，而是敌国整个社会不断向军队提供人员和物资补充的能力和意愿。“‘歼灭战略’概念取得了一种新的、更致命的含义。”② 战争的打击范围及其破坏程度由此急剧增长，特别是在敌后空中轰炸这样的中远程打击能力发展起来以后。

甚或更能体现时代趋势的一项事态，在于第一次世界大战已经相当显著地是一场基于跨国战时经济的总体战：美国经济在越来越大的程度上成为英法两国战争经济必不可少的补充，因而德国潜艇战与其对应物英美护航运输成了双方在这么一场总体战中关键性的战争手段。③ 第二次世界大战差不多全规模地依靠极其巨大的跨国战争经济。④ 在德国和日本方面，这种经济在它们本国资源的彻底动员之外，表现为它们对各自洲级或准洲级规模的占领地区之穷凶极恶的彻底榨取。例如到 1944 年，德国境内劳工总数中已有五分之一是主要通过暴力强征获得的外国劳工（750 万人）。⑤ 在反法西斯盟国方面，跨国战争经济首先由美英两国战时经济的高度整合和全面协作构成。例如“英国需要来自美国的食物和原料，反过来它又向驻在英伦三岛的美军提供各种服务，而英帝国控制下的地区供应美国需要的某些原料。然而随战争的进行，英国将其资源的越来越大的部分投入武装部队和军工生产，因而像俄国那样，必须依靠从美国的进口来填补国内生产越来越大的缺口”⑥。跨国战争经济还存在于美国向所有对德、对日作战盟国提供的租借援助上面，其中提供给苏联的物资达1 700万吨，价值100 多亿美元（据当时币值）。⑦ 它还存在于美英两国在拉丁美洲、非洲和南亚的地区进行的巨量采购和征集。第二次世界大战可以说是基于全球性的大众动员，这和此次大战中以原子弹为最大象征的新技术一起，决定了至少 50 年内世界政治的根本面貌。

---

① 麦克尼尔：《竞逐权势：公元 1000 年以来的技术、武装力量和社会》，323、338 页。

② 霍华德：《英国在第一次世界大战中的大战略》，见保罗·肯尼迪编：《战争与和平的大战略》，36 页。

③ 参见罗伯特·奥康奈尔：《武器和人》，250～251、259～261 页。

④ “由于军火生产越来越大的复杂性，单独一国对进行一场有效的战争来说已变得太小。这或许是第二次世界大战的主要创新。”（麦克尼尔：《竞逐权势：公元 1000 年以来的技术、武装力量和社会》，356 页。）

⑤ 参见爱德华·霍姆兹：《在纳粹德国的外国劳工》（Edward L. Homze，*Foreign Labor in Nazi Germany*），232 页，新泽西州普林斯顿，1967。

⑥ 麦克尼尔：《竞逐权势：公元 1000 年以来的技术、武装力量和社会》，355 页。

⑦ 参见时殷弘：《美苏从合作到冷战》，21 页。

第四节　新力量塑造的新国际规范

基本理论和分析框架

在阐说本节的主题和内涵以前，需要为之提出一个基本的理论和分析框架。它们主要涉及下列重大问题：作为国际社会及其规范的基础或前提，国际共同价值观念具有怎样的基本性质？国际规范来自何处以及它们的性质如何？国际规范如何确定一个根本问题——国际社会成员资格标准或国际权利和义务的载体认定？它们又具有怎样的主体内容？

国际共同价值观念是使一个国际体系超越不发育状态（即仅仅作为相互间有较频繁接触和交互作用的国家群体）的关键，或者说是国际社会得以存在的关键。正是以它们为基础，有关国家才会自认在相互关系中被一套共同的规范约束，并且协同参与使这些规范得以运行的共同机制，从而形成或维持一个国际社会。国际共同价值观念的根本内容，在于国际社会成员对它们在维持国际社会生活最基本目标方面持有的共同利益的最基本共识，那就是意识到它们都需要起码的安全，免遭任意的暴力攻击，都期望国际承诺和协议得到遵守，使得国际关系和国家行为有起码的可预料性，也都需要保持独立自主和领土完整，就像国内社会中的个人需要自由和产权保护那样。① 至于国际共同价值观念的根本来源，则大致有三项：第一，共处的必需，以避免无休止的对抗和冲突状态，以保持独立自主；第二，世界各文明相同或近乎相同的最基本伦理传统，也就是所谓自然法观念中的普遍道德规范②；第三，国际社会所在区域或文化范围内的伦理、宗教和法律传统。③ 这最后一项涉及一套特定的国际共同价值观念的流行或认同范围，就现代来说它如后所述，经历了从“基督教世界”到欧洲、再从欧洲到全球的变化过程。

国际共同价值观念固然是一个有起码的秩序和稳定性的国际社会得以存在

---

① 参见布尔：《无政府社会：世界政治秩序研究》，12～13、67页。

② 它们的根本内容被自然法大师、现代国际法的鼻祖格劳秀斯表述为：“避不侵犯他人所有；将我们可能据有的任何他人之物退还他人，连同退还我们可能从中获取的任何利得；履行遵守承诺之义务；补偿由于我们的过错而引起的损失；按照其罪过对人施加惩罚。”引自格劳秀斯《战争与和平的法律》摘选，见迈克尔·柯蒂斯编：《著名政治理论》（Michael Curtis, ed., *The Great Political Theories*），第1卷，321页，纽约，1961。

③ 关于这三项来源，参见阿姆斯特朗：《革命和世界秩序：国际社会中的革命国家》，15页。

的前提，但它们本身很笼统，没有足够细致地指示什么样的行为能够促进更高程度的秩序或正义。做到这些是国际规范的功能。国际规范从根本上说，或者来自共同利益意识主导下逐渐惯例化的国际关系实践，或者来自占优势地位的国家或国家集团的规定，它们将仅仅或主要符合它们的价值取向的规范加诸整个国际社会。在前一种情况下，一项国际规范经常最先以非正式甚或全然默契式的“游戏规则”的形式出现，然后逐渐成为国际习惯做法，然后取得国际道德准则地位，最终成为国际法的一部分。① 在后一种情况下，国际规范的形成一般也需经过由实践尝试经习惯做法到国际法规的过程。在国际规范的这四个形式类型中间，国际法最成熟、最突出也最重要。它的首要作用，是促成并昭示各个分立的主权国家组成为国际社会，既排除国家权利毫无限制、各国完全自行其是的原则，也排除普遍帝国或世界霸权原则以及天下大同式的人类世界共同体原则。除此之外，国际法的作用主要在于确定并昭示国家及其他国际行为者互相间共处、合作以及实现一定限度内的正义的基本规范，并且帮助调动各种动能（包括国际共同价值观念和行为共识、国际强制、互惠期望、声誉关注等）促成遵守之。②

在国际规范的内容中间，最带根本性的是“现代世界政治宪法性规范准则”，即各主权国家是国际社会的唯一或主要的成员，是国际权利和义务的唯一或主要的载体。首先是这样的国际社会成员资格标准将现代国际社会与下列三者区别开来，那就是普遍帝国、人类世界共同体和霍布斯式的“自然状态”（即国家间普遍和绝对的疑惧、警戒、对立和冲突状态）③，因为普遍帝国的基本组成单位是宗主帝国和缺乏主权的各附属国，人类世界共同体的基本组成单位是个人，而在霍布斯式的自然状态中国家间全无义务、规范和社会纽带可言。

在国际规范的内容中间，非常基本的还有包括国家合法性标准在内的国家资格标准。根据 1933 年底缔结的《国家权利与义务公约》，国家资格标准从法律上说有四条：经久的人口；已被界定或大体界定了的领土；有效的政府；主权独立。这最后的一条被许多国际法学家认为是最具决定性的国家资格标准。④

---

① 参见布尔：《无政府社会：世界政治秩序研究》，67 页。

② 参见上书，140～142 页；威廉·柯普林：《国际法与国际体系前提假定》（William D. Coplin, “International Law and Assumption about the State System”），见威廉斯等合编：《国际关系经典读物》，223～224 页。

③ 参见布尔：《无政府社会：世界政治秩序研究》，67～68 页。霍布斯式的自然状态见霍布斯《利维坦》第 13 章“论人类幸福与苦难的自然状态”。

④ 参见伊安·布朗利埃：《国际公法原理》（Ian Brownlie, *Principles of Public International Law*），第 4 版，72～74 页，牛津，1990。

然而，国家资格除了这些法律标准之外，还有一类更多是政治、文化和伦理性质的标准。它们较早地由英国国际关系思想家马丁·怀特在理论上予以指出，称之为“国际合法性”，即“国际社会关于国际大家庭合法成员身份的集体判断”①。这类标准宁可称为国家合法性标准，它们自现代国际社会以1648年《威斯特伐里亚和约》为标志正式问世以来，主要由于18世纪美法两国革命和20世纪非西方民族主义浪潮而经历了两大变化：第一，从合法国家为王朝国家，变为合法国家为民族和人民主权国家；第二，从合法国家需要符合具有强烈种族主义和殖民主义色彩的西方“文明标准”，到至少在形式上取消这一标准。②

在其宪法性准则即国际社会成员资格标准之外，国际规范的主体内容有国际法中一整套国际共处规则构成。国际共处规则可以分为三类，分别服务于前面说过的国际社会生活三项最基本目标。第一类是限制国际政治中暴力冲突的规则，它们规定暴力的合法使用权只属于主权国家，而主权国家只可以为某些特定的理由和经过某些特定的程序（例如由国际联盟盟约或联合国宪章规定的理由和程序）才能对别国使用暴力，并且只能以某些特定的正当的方式（例如只攻击战斗者而不蓄意攻击平民）使用这暴力。第二类是规定信守国际协议的规则，连同与此有关的一些限制性规定，例如关于在改变了的环境下是否应当继续遵守原有的协议，经强迫缔结的协议是否有效，在怎样的情况下协议一方可以解脱这协议的束缚，是否以及在什么范围内一个新当权的政府应当承继其前任政府的国际义务等。第三类共处规则是最为人熟知的主权和领土完整规则，即维持每个国家对本国人口和领土至高无上和差不多完全的独有控制或管辖权的规则。“这套规则的核心是下述原则：每个国家接受尊重其他每个国家对其本国公民和领土的主权或最高管辖权的义务，以此换取期望其他国家同样尊重它自身主权的权利。”不干涉别国内政、各国在法律上一律平等以及“来自习惯法和条约的义务取决于承担义务者的同意”构成这项原则的主要推论。③

---

① 马丁·怀特：《国际体系》（Martin Wight，*Systems of States*），153页，英格兰莱塞斯特郡，1977。

② 关于第一项变化，见上引书同页；布尔：《无政府社会：世界政治秩序研究》，34～35页；关于第二项变化，见江文汉：《国际社会中的“文明”标准》（Gerrit W. Gong，*The Standard of “Civilization” in International Society*），第一部分，牛津，1984。

③ 参见布尔：《无政府社会：世界政治秩序研究》，69～70页。前一项引语见该书第70页，后一项引语见布朗利埃：《国际公法原理》，287页。“来自习惯法和条约的义务取决于承担义务者的同意”至少原则上意味着“国际法庭的管辖权取决于有关各方的同意；国际组织成员的身份不是强制性的；这类组织机构决定自身权限、依多数票做出决定以及贯彻决定的权力，取决于成员国的同意”。参见上书，287～288页。

20世纪以前现代国际规范体系的演变

20世纪以前，现代国际规范体系经历了从基督教国际社会规范到欧洲国际社会规范的演变。基督教国际社会规范通行的时间大致是16和17世纪，即西方基督教世界的普遍宗教、政治组织瓦解的最后阶段，同时也是现代国家及其国际体系生成、发展的最初阶段。在那个时代里，主要有两大思想模式试图说明初始的现代国际政治并指示国家应有的行为方式：第一，以马基雅维利和霍布斯为头号代表的现实主义思想，认为国际政治为国与国之间的普遍和绝对的冲突，强调国家应当本着无限制的"自然权利"和"国家理由"，在其中竭力维持和增长自身权势；第二，以格劳秀斯为泰斗的自然法国际关系思想，确信在当时宗教改革、宗教战争和其他冲突构成的广泛大动乱中，基督教世界各实体之间仍有以基督教价值观念为基础、以自然法为本原的多重社会纽带，在承认新兴的国家主权和业已萌发的现代国际体系的同时，主张以伦理和法理准则限制国家权利和国际冲突。①

自然法观念是西方最久远的思想传统之一，可以上溯到罗马帝国时期的斯多亚派哲学以及罗马法中的自然权利观念。② 它以人类共同体概念为前提，确认普天之下所有人作为这个共同体的成员，都须遵从自然法，亦即普遍和永恒的根本道德规范。经过在中世纪的延续，到格劳秀斯那里，自然法的本原和本质被规定为首先以人的社会亲和性定义的人类理性，它与以它为终极根源、以各国实践表明的共同同意为基础的万国法（*jus gentium*）以及《圣经》和教会法一起，将基督教世界联结为人类共同体之内一个较小的社会，有其自身特定的伦理和法律准则，在其中各政治实体（无论其为信仰天主教义或新教）尽可能较为和平（甚至较为正义地）共存共处。③

---

① 参见理查德·弗尔克：《格劳秀斯式追求》，见弗尔克等编：《国际法：当代视野》（Richard Falk, "The Grotian Quest", in Richard Falk et al., eds., *International Law: A Contemporary Perspective*），37～38页，科罗拉多州博尔德，1985。"格劳秀斯始终是国际关系研究的一个轴心人物，因为他的历史和思想位置……横跨从中世纪到现代的转变。""格劳秀斯是在这么一个时期写作：当时，对基督教世界的共同依恋使下述观点具有可信性，即国家身份能够与一种国际共同体意识结合起来，后者假以时日可以确立起一个真正的国际社会。"引自理查德·弗尔克：《追求国际正义：当前的两难与被想象的未来》（Richard Falk, "The Pursuit of International Justice: Present Dilemma and An Imagined Future"），载《国际事务季刊》（*Journal of International Affairs*），1999年春季号。

② 参见R.J.文森特：《人权与国际关系》（R.J.Vincent, *Human Rights and International Relations*），21～22页，剑桥，1986。

③ 参见H.劳特派特：《国际法中的格劳秀斯传统》（H. Lauterpacht, "The Grotian Tradition in International Law"），见弗尔克等编：《国际法：当代视野》，16～18页；布尔：《无政府社会：世界政治秩序研究》，28～29页。

在这样的思想所反映、所影响的基督教国际社会规范中，尚无国家是国际社会的主要甚至唯一成员的原则；或者说，国际社会成员资格含糊繁杂。鉴于现代早期国家仍如中世纪时那样寓于君主个人，加上自然法观念中个人是一切社会的基本单位，因而当时国际权利和义务的载体归根结底是个人。与此相关，国际共处规则多半也仍隶属于普遍的中世纪道德准则。并非只有国家才有暴力的合法使用权，也并非只能采用特定的正当方式去使用暴力：像中世纪的"正义战争"观念要求的那样，正义的一方很大程度上被认为不受这一条的束缚。在另外两类共处规则方面，即关于信守国际协议的规则与国家管辖权和领土权利规则方面，中世纪伦理的影响同样深重，特别是国际协议被视为私人契约，国家人口和领土被视为君主可予割让或更换的世袭财产。①

几乎所有上述情况到欧洲国际社会时代（大致为18和19世纪）都差不多完全改变了。在现代国际关系的这个所谓经典时代，国际共同价值观念由基督教的改为在地理和文化双重意义上欧洲的，原先自然法观念对基督教国际社会的狭隘性和排他性所起的淡化作用现已不复存在。18世纪初，开始明确出现将欧洲在文化乃至其他许多方面与其余世界截然区别开来的意识②，此后经过吉本、伏尔泰、卢梭、伯克等大思想家和大作家反复表述和宣扬，到19世纪初已普遍流行。与此同步出现和流行的是"文明标准"：向非欧（美国独立后是非西方）世界扩张过程中保护扩张者生命、财产和自由的实利需要，加上与此相关可予以什么样的非西方国家法律承认的这"哲理"问题，逐渐导致了充满种族和文化优越感的一套法理和文化标准，据此衡量非西方国家是否"文明"，并且迫使它们听从西方人支配和训导以走向"文明"③。"文明标准"构成了国家合法性标准和国家权利准绳的一部分。④

在欧洲以及被定为符合欧洲"文明标准"的地方流行的国际规范有其特定的宪法性准则，即主权国家是国际社会的唯一成员，是国际权利和义务的唯一

① 参见H. 劳特派特：《国际法中的格劳秀斯传统》（H. Lauterpacht，"The Grotian Tradition in International Law"），见弗尔克等编：《国际法：当代视野》，30～31页；格劳秀斯《战争与和平的法律》摘选，见威廉斯等合编：《国际关系经典读物》，14～16页；J. L. 布赖尔利：《国际法》（J. L. Brierly，*The Law of Nations*），第6版，31～34页，牛津，1963。

② 参见阿姆斯特朗：《革命和世界秩序：国际社会中的革命国家》，31页。

③ 江文汉：《国际社会中的"文明"标准》，14～21、24页。西方"文明标准"的最终确立和大流行与西方殖民半殖民扩张的大高潮同步，即在19世纪大部分时间里，直至第一次世界大战。参见彼得·马伦楚克：《阿克赫斯特现代国际法导论》（Peter Malanczuk，*Akehurst's Modern Introduction to International Law*），第7版，13页，伦敦，1997。

④ 19世纪末期欧洲大法学家们的有关言论见马丁·怀特：《国际政治》，115～117页。

载体。1758年，18和19世纪最重要的国际法学家瓦特尔毫无保留地宣告了这一准则。① 在国际社会成员标准如此地明确化和单一化之后，国家的合法性标准（除添入上述“文明标准”之外）也开始变动。变动的前奏是国家利益内涵从君主个人及其王朝的利益变为“纯国家利益”或“国家最佳利益”，而18世纪中期弗雷德里克大王的政治观念就此提供了最突出的典型。② 这在法理思想上的反映是“主权被认作抽象物，因而统治者是一种属于国家的法律效能的载体和代理人”③。接着，美国独立战争和法国大革命后，国家是否具有民族基础和主权是否属于人民，在西方逐渐地成为国家是否合法的近乎普遍的准绳。国际规范的来源被广泛认为完全不包括自然法，而只是由国家实践构成、由条约和国际惯例表现的国家间共同同意。由此，马基雅维利和霍布斯的政治理念实际上几乎全然支配了国际关系思想：国际政治和国际法与道德无关，国家有权利去做它要做的一切，除非如此侵犯了其他国家的同等的权利。④

改变了的国际共处规则非常清楚地反映了这样的国际政治观念。它们脱离了普遍的中世纪伦理，转而隶属于新的国际规范宪法性准则，即主权国家至高无上和无所不在。合法的国际暴力使用权由国家垄断；国家进行的战争就是正义战争，因而战争原因或理由正当与否的问题被排除出国际规范（或至少被排除出国际法）；对战争手段或方式的限制适用于战争双方，而不再像先前那样被认为仅用于“不正义”的一方。在关于信守国际协议的规则方面，私人契约类比被完全废弃，因而与先前截然相反，凡一个政府缔结的条约对其后继者同样有约束力，国际条约即使出于被迫缔结也依然有效，环境改变则使之失效，而环境是否已经改变由各缔约国自主确定。在关于主权和领土完整的规则方面，我们当代的主权概念和建立于其上的一些基本原则及其主要推论在欧洲国际社会时代得以完全确立。⑤

---

① 参见布尔：《无政府社会：世界政治秩序研究》，34页。

② 参见弗里德里希·迈内克：《马基雅维利主义：“国家理由”观念与其在现代史上的地位》，第12章“弗雷德里克大王”，又见该书第6章“黎塞留时期在法国的‘国家最佳利益’观念”，伦敦，1957。

③ 布朗利埃：《国际公法原理》，128页。

④ 美国的缔造者之一、大现实主义者亚历山大·汉密尔顿将当时的国际法定义为“出自各国平等和独立的一个规则体系，它在各国的事务管理与其权利主张的追求方面是从它们没有尘世公共裁判者这一原则出发……确认这个或那个国家的举措或行为同样正确，不管这举措和行为在骨子里是否正义”。参见阿姆斯特朗：《革命和世界秩序：国际社会中的革命国家》，68～69页；布赖尔利：《国际法》，37～40页。

⑤ 参见布尔：《无政府社会：世界政治秩序研究》，35～37页。此外，关于战争原因或理由正当与否的问题被排除出国际规范这一点又见马伦楚克：《阿克赫斯特现代国际法导论》，18～19、306～307页。

世界政治中的新力量与国际规范体系的巨变

与先前一个时代相比，国际规范在20世纪全球国际社会时代再次发生重大变化。最概括地说，20世纪的国际规范是历史的局部回归，即在颇大程度上重新出现或倾向于重新出现格劳秀斯时代某些基本的国际规范特征，尤其是国际社会成员资格倾向于再度含糊和繁杂，根本伦理在国际规范产生方面获得新的重要性，国际共处规则中重现普遍的道德准则。除了这些局部回归外，巨变还在于国际共同价值观念的流行或认同范围急剧扩展，国家合法性的一大标准——西方“文明标准”至少在形式上被消除殆尽。所以有这些重大变化，从根本上说是因为20世纪世界政治中出现了塑造其新规范的几大新力量。相对于大致前两个世纪的“经典”国际政治及其基本规范，这些新力量可以说是革命性的。它们对于国际规范变更和演进既有直接的也有间接的影响：直接影响在于它们的某些政治价值观念和法理/伦理要求被明确地纳入国际规范系统，取代其中与之相左的旧准则；间接影响则在于现存国际社会在它们面前多少主动地以改良方式修改旧规范，以便预防其革命危险。

非西方现代民族主义是塑造20世纪新规范的一大新力量，它对西方的造反将当代一个头等重大和头等紧迫的正义问题提到了世界政治议程前列。① 正是这造反的成功，导致几个世纪来世界最大的不正义——对全世界大多数人口的殖民奴役和半殖民压迫被消除，导致反殖民主义、反种族主义、反种族歧视和反文化歧视成为国际法理和伦理规范，很少有国家敢冒天下之大不韪而公然严重违背之。由此，国家间和民族间的平等正义在其通行范围的扩展方面实现了一个最急剧、也最具有道德意义的飞跃。②

另一股塑造新规范的重大的新力量是美国。美国在权势剧增的同时，以威尔逊及其后大多数总统的自由国际主义政策为手段，追求按照自己的价值观和利益改造传统国际体系及其传统规范。在20世纪过半的时间里，世界事务中的美国在不少方面简直可称是个革命国家，相信自己负有使世界民主化和法制化的天定使命，怀疑甚或厌恶经典的国际政治模式，惯于以法理主义和道德主义方式规定自己的颇大部分对外政策目的。从威尔逊往后，20世纪里美国改造国

---

① “当今并不只是在第三世界与西方国家之间才有关于国际关系正义的重要问题凸显出来。然而在我们时代，亚洲、非洲和拉丁美洲国家对正义变革的要求有特别的紧迫性。这些要求是以世界大多数国家的名义提出的。它们引起了关于我们生活于其中的世界共同体或世界社会的新的、深刻的问题。”（布尔：《国际关系中的正义》，1页。）

② 参见时殷弘：《论世界政治中的正义问题》，载《欧洲》，1996（1），11～12页。关于广大欠发达国家对国际法的态度和国际法由此而来的变化，参见马伦楚克：《阿克赫斯特现代国际法导论》，29～30页。

际规范的基本方向是限制、贬抑和侵蚀国家主权，当然在其具体的实践中美国主权通常例外。正是在这样的方向上，美国对民族自决、集体安全、禁止侵略战争和大规模屠杀及追究既有罪行的个人罪责、禁止大规模毁伤性武器扩散、维护个人人权、有条件的人道主义干预等新规范的确立起了可谓首屈一指的作用。

苏联在相当长时期里同样追求超越传统国际政治，并且以其重要努力参与造就了20世纪某些新国际规范。尤其是由列宁较早提倡民族自决和殖民地半殖民地解放，加上它对非西方现代民族主义予以间歇性的支持，苏联促进了禁止殖民主义和种族主义等项重大新规范地逐渐形成。就此特别值得指出的是，苏联对于民族自决原则得以载入《联合国宪章》，并且载入如后所述两项主要的国际人权公约起了决定性作用。① 然而，回顾起来使人多少惊异的是，在其意识形态信条以及早期经历方面非常革命的苏联对国际规范的变更未作更多贡献。很难认为这全是由于它在世界政治中处于总的弱势地位。在颇大程度上，问题出在一位国际政治学家提及的一项事实：苏联实际上是保守的现实主义国际关系理论思想的头号市场。②

参与塑造新国际规范的新力量还有西方发达国家内的和平运动和关于人权、社会福利、生态环境保护、人类健康等全球性问题的民间运动，它们立足于愈益广泛的社会基础，通过种种民间政治活动促使这些问题进入世界意识和被纳入世界议程，并且以其政治推力和压力导致其意愿和观念转化为国际规范。早在拿破仑战争结束后不久，和平运动就已萌发，以后一个世纪里一些和平组织大力宣传战争不道德、不文明和不管用，同时提倡大国裁军、国际仲裁和国际法治。③ 然而，在第一次世界大战以前，它们的宣传完全不敌关于战争必不可少的传统流行观念。经过第一次世界大战惨祸，和平运动的说服力和号召力大为增强，国联盟约和非战公约之内的和平规范就与之大有关系。第二次世界大战

---

① 参见安东尼奥·卡塞西：《民族自决之法理再评价》（Antonio Cassese，*Self-Determination of Peoples：A Legal Reappraisal*），19、38、47页，剑桥，1995。

② 参见A.J.R.格鲁姆：《汉斯·摩根索在英国和欧洲大陆的影响》（"A.J.R.Groom，Hans Morgenthau's Influence in Britain and on the Continent"），载《国际问题研究评论》（*International Studies Notes*），第24卷第1期，1999年，15页。同样的看法又见卡塞西：《民族自决之法理再评价》，95～96页。

③ 关于拿破仑战争结束到第一次世界大战为止的西方国家内部的和平运动与和平舆论，详见F·H·欣斯利：《权势与追求和平：国际关系史上的理论和实践》（F.H.Hinsley，*Power and the Pursuit of Peace：Theory and Practice in the History of Relations between States*），92～149页，剑桥，1967；约翰·米勒：《从末日后撤：重大战争的过时》，24～32页。

结束后，有如一位研究和平意识史的学者所说（虽然略有夸大），“在发达世界内部，所有各种战争似乎都已失去吸引力”①。在此基础上，和平运动将主要矛头指向军备竞赛、核武器试验和核战争危险。它们对于超级大国之间达成某些限制新的核军备协议，对于国际社会确立某些同样是限制性的核军备规范，做出了不可忽视的贡献。在关于人权、社会福利、生态环境保护、人类健康等全球性问题方面，尤其从20世纪70年代初往后，以欧洲绿党为最突出代表之一的跨国和不跨国的民间组织如雨后春笋，急剧增多。它们已成为世界政治和发达国家国内政治中相当强健的一类力量，在有关全球性问题的种种国际规范之形成和发展方面起了至关重要的作用。②

国际共同价值观念的巨变

国际共同价值观念是国际规范的基础，它的重大变化总是导致国际规范的广泛变动。20世纪国际共同价值观念的巨变由三大变化构成：其流行或认同范围的急剧扩展；其根本来源的变化；其根本内容的变化。至迟到五六十年代，国际社会已不再是，也不再被普遍认为仅仅是西方的。非西方国家构成国际社会的大多数，它们在法律上已经与西方国家完全平等，国际社会基于仅仅一种文明即西方文明的旧正统观念已成为被否定了的异端。在新的全球国际社会中，原先作为国际社会成员资格和合法国家资格的一项条件的“文明标准”已经被剔除出国际准则体系。权威的《奥本海国际法》之不同版本的有关变化再清楚不过地表明了这一点。③ 不仅如此，非西方国家还在20世纪60年代以联合国大会决议的形式进一步宣告：“政治、经济、社会和教育准备的不足，永不得当做拖延独立的口实。”④ 殖民地半殖民地的独立和民族解放运动与其他一些世界政治新力量一起，导致主权国家组成的国际社会急剧扩展到可能的最大范围和规

① 约翰·米勒：《根本上与核武器无关》，见琼斯和米勒合编：《冷战与其后》，67～68页。

② 关于20世纪70年代以来西方和平运动和全球性问题运动的价值观念和意识形态，参见时殷弘：《论世界政治中的正义问题》，载《欧洲》，1996（1），15～17页；时殷弘、叶凤丽：《现实主义·理性主义·革命主义——国际关系思想传统及其当代典型表现》，载《欧洲》，1995（3），第6节。

③ 在其第1版（1905年）中，奥本海将国际法定义为“被文明国家认为在其相互交往中具有法律约束力的习惯性和条约性规则总体”，并且专门说到形式上独立的中国、朝鲜、埃塞俄比亚等国虽然是文明的，但“其文明尚未达到使它们能够贯彻国际法规则的地步”，即未达到“西方文明水平”。然而到第5版（1937年，由奥本海之后国际法主要权威之一劳特派特编），有一处明确宣告“有争议的文明程度检验，其本身不再是承认具有国家身份的一项条件”；而到第8版（1955年），在上诉总纲性质的国际法定义中“文明”一语已被删去。参见江文汉：《国际社会中的“文明”标准》，82～84页。

④ 杜桑·约诺维奇：《联合国决议》（Dusan J. Djonovich，*U. N. Resolutions*），第8卷，189页，纽约，1974。

模，同时在此过程中也导致国际共同价值观发生了若干大变化。其中特别重要的，是民族自决、人民自决和种族平等成了在全世界广泛流行的政治观念和伦理观念，并且被规定为举世适用的法律准则。[①] 变化之巨大仅从自决原则的下列几项推论中便可以感觉到，它们获得了广泛的公认，甚或由联大决议予以宣布：若为贯彻自决原则而用武力夺取领土，就可较易经过普遍默认或承认获得其主权；自决原则可补偿在国家身份和承认方面某些所需条件的部分欠缺；干涉解放运动可被认为非法，援助解放运动可被认为合法。[②] 应当指出，从 1919 年的巴黎和会，直到 1960 年联大《赋予殖民地人民独立的宣言》，西方国家总的来说坚持反对将自决原则全面应用于亚洲和非洲；是世界欠发达国家的共同压力和西方国家国内的先进舆论，迫使它们最终顺从自决潮流。

更大的历史潮流（自决潮流是其一部分）在于前面提到的历史局部回归，即“返回自然法原则或它的某种当代等同物”，“较接近在国际体系的早先世纪里持有的观念，而非 18 和 19 世纪的流行观念”。[③] 世界各文明相同或近乎相同的那些根本伦理成了国家实践之外至关重要、并且更具 20 世纪特征的国际共同价值观念来源。这决定了 20 世纪在继承原先一部分反映国家实际上怎么做的规范之外，形成另一些规定国家应当怎么做的新规范。以公正为核心内容的根本伦理（或者用当代一位著名哲学家的术语说“普遍道德”[④]）是依据其本身而非任何别的标准（例如利益、后果等）判断行为或政策的对与错，确定权利或义务的应有或应无。它们特别关系到社会规范的应有目的，并且主要从正义而非秩序的角度对待这些目的。联合国国际法院章程规定的国际法来源之一——“法律的普遍原则”就相当于这样的根本伦理，而最表现国际规范当代特征的当代“自然法学派”就像 17 世纪的格劳秀斯那样，强调国际法和国内法都（应当）从属之。[⑤] 无论如何，20 世纪新的国际共同价值观念的首要特点是变革优先于稳定，或者可以说“强调关于一个改革或改善了的国际社会的观念，它们

---

① 参见布朗利埃：《国际公法原理》，596、598 页。关于国际规范由于民族自决、人民自决和种族平等成为举世流行的政治观念和伦理观念而发生的巨大和广泛的变化，见布尔：《在第三世界的干涉》，见其《世界政治中的干涉》（Hedley Bull，“Intervention in the Third World”，in idem，*Intervention in World Politics*），146～147 页，牛津，1984。

② 参见布朗利埃：《国际公法原理》，597～598 页。

③ 参见布尔：《无政府社会：世界政治秩序研究》，38、39 页。

④ “common morality”，见阿伦·多纳根：《道德理论》（Alan Donagan，*The Theory of Morality*），1～9 页，芝加哥，1977。

⑤ 参见布朗利埃：《国际公法原理》，34 页。自然法学派的国际关系和国际法思想尤其见前引劳特派特《国际法中的格劳秀斯传统》和布赖尔利《国际法》。

不同于实践中的（国际）社会因素”①。

新价值观念的根本内容，除了前面已反复说到的、以非西方现代民族主义为主力弘扬的国家间平等和种族/民族间平等之外，就在于国家间分配正义、个人正义（或曰人类正义）和世界正义，虽然在这三方面的国际共识很大程度上仍是笼统甚或表面的。② 国家间分配正义主要指在贸易条件、资源开发、投资分配、技术转让、债务处理等方面穷国有充分的得到公正的优惠权利，同时富国应承担援助穷国的足够义务。诚然，至今这种分配正义仍然远未实现，它在富国公民中得到的关注仍然很不充分。但是，与先前的时代相比，这方面无论是穷国的权利意识还是富国的义务意识不仅已经产生，而且有一定的发展，以致在多种国际宣言之外还促成了某些实实在在的多边条约或体制安排。或许“不可否认，各国政府和人民试图以这些国际安排来具体体现它们的分配正义观念”③。所谓个人正义，就是实现关于个人作为人的权利和义务的平等和公正。虽然人权问题上的激烈争执表明，这方面足够的国际共识仍属遥远，但关于个人的生命、自由、财产和福利权利的基本纲要在当今差不多已被普遍公认，只是在具体的解释和这些种类的权利互相间应有怎样的孰先孰后次序上有重大分歧。就个人义务、特别是个人对人类共同体的义务而言，纽伦堡国际法庭设立反人类罪和破坏和平罪，并且据此惩治纳粹德国战犯，从而显示了国际社会开始在一些领域将个人对人类共同体的义务置于个人对所属国家的义务之上。这是一项前所未有的重要变更。

所谓世界正义，就是世界社会之正义或人类共同体之正义，它意味着所有人类群体互相之间以及人类与自然物之间的平等和公正。历史演进到当代，出现了导致世界正义问题越来越突出的事态发展，那就是主要在传统现代化框架和主权国家竞争体系内实现的、以无限追求个人物质享受和国家军事权势为最终目的的技术飞跃和经济增长达到了给全人类带来危险的地步。大规模毁伤性武器扩散、毒品和艾滋病扩散、资源危机、生态恶化等问题及其影响愈益表明人类确实是个共同体，而人类与其自然生存环境的关系应当是尽可能协调而非无情盘剥、无情对立的关系。不仅如此，在观察和评判此类问题、应对和防止相关的危险和灾难方面，应当从与国家和个人角度有所不同的人类角度出发。这

---

① 布尔：《无政府社会：世界政治秩序研究》，40 页。

② 对这三类正义的详细论说参见时殷弘：《论世界政治中的正义问题》，载《欧洲》，1996（1），13～17 页。

③ 奥斯卡·沙赫特：《国际法的理论和实践》（Oscar Schachter，*International Law in Theory and Practice*），55～60、61 页，荷兰多德雷赫特，1991。

样的意识在西方发达国家内的一部分学者及和平运动、环境保护运动、人道主义援助运动、妇女权利运动等人士中间首先发生，然后不断传播，以致二三十年内成为世界大多数国家政府和很大部分人口的广泛共识，尽管由于各种局部利益的牵扯和具体看法的歧异，据此实践往往证明很不容易甚或非常困难。总而言之，上述各方面的展示表明，20 世纪国际共同价值观念在其全面程度、创新程度和道德含量上，完全可以认为超过以往任何时代。

当代国际权利和义务的载体认定与人权国际规范

与先前的国际规范体系一样，在 20 世纪国际规范体系当中，最带根本性的部分是国际社会成员资格认定，也就是国际权利与国际义务的载体认定。它们的最具时代特征和世界政治影响的结果，是第二次世界大战后正式问世并且迅速扩展的人权国际规范。当然，像大多数国际关系理论家和国际法学家承认的那样，主权国家即使已经从现代国际社会的唯一种类成员的地位上跌落下来，也仍然是其主要成员和国际权利与义务的主要载体。因为，“国家是对人口和领土的合法权威之所在。只有依据国家的权势、特权、管辖界限和立法权能、领土界限和管辖、官方行为责任以及各国间共处的许许多多问题才能够得到确定”①。然而，瓦特尔在 18 世纪中叶宣告、奥本海甚至迟至 20 世纪初仍在宣告②的那种清一色状况，毕竟业已结束，国际社会成员资格在一定程度上回到了与格劳秀斯时代不无相似的含糊、混杂和多样。各种政府际组织、跨国非政府组织、团体和个人被广泛认为在不同范围内和不同程度上也是国际社会成员和国际权利与义务的载体，而且这总的来说已具有颇为厚实的法律和道德依据。

就其完整形式而言，国际权利与义务的载体（在法律上就是国际法的对象或国际法人）是这么一种实体：能够拥有国际权利和义务，能够对国际侵权行为提出惩罚或赔偿等要求，能够在国际上缔结有效的条约和协议，并且享有不受国家管辖的特权和豁免权。世界性或地区性的政府际组织就大体符合这些资格条件，尤其是联合国及其下属组织。③ 事实上，第一次世界大战后建立的国际联盟就已开此先河。个人成为国际权利和义务的载体实际上是一种历史复归，

---

① 沃尔夫冈·弗里德曼：《国际法的改变中的构造》（Walfgang Friedmann, *The Changing Structure of International Law*），213 页，伦敦，1964。

② “国际法是关于国家彼此间存在的权利和与这些权利相应的义务的科学”（瓦特尔语）；国际法“只是、并且完全是国家之间的法律”（奥本海语）。参见布尔：《无政府社会：世界政治秩序研究》，34 页；《奥本海国际法》（L. Oppenheim, *International Law*），第 1 卷，第 1 章，伦敦，1905。

③ 参见布朗利埃：《国际公法原理》，58～59、680～681 页。

因为在格劳秀斯时代情况原本如此。[①] 个人重新承担国际义务或责任直接源于纳粹法西斯大肆侵略和疯狂施暴造成的刺激和警示。[②] 纽伦堡国际军事法庭章程（附于1945年8月缔结的《起诉和惩罚欧洲轴心国主要战犯协定》）规定，必须追究破坏和平罪、反人类罪和战争暴行罪的个人罪责。该法庭针对纳粹主要战犯推脱罪责的辩词和相关的国际法传统观念，声明必须拒绝下述主张，即国际法只与主权国家而非个人的行为有关，国家犯罪行为不能由其贯彻者个人承担罪责。该法庭宣告："国际法对个人如同对国家加诸义务和责任……章程的根本，就在于个人有国际责任，它们超越一个国家加诸的服从本国的义务。"[③] 上述规定和宣告由联合国大会确认为国际法原则。1948年，基于反人类罪这一概念，联合国大会通过《防止和惩罚大规模屠杀罪公约》，它与1949年《日内瓦公约》一样，都规定了个人罪责。然而尽管如此，要将个人当做完全的国际法对象仍是不正确的，因为个人显然缺乏担任这种角色的某些资格条件，而且个人的国际义务只是就某些问题和在某些情况下才存在。[④]

与这义务相比，政治和社会意义上更重要的是个人及其群体（种族、民族、社会阶层、性别群体等）的权利，即人权。人权所以在世界政治和法律议程中取得重要地位，起初同样归因于纳粹法西斯肆虐造成的刺激和警示，与此同时当代国际法"自然法学派"泰斗劳特派特等人在相关的法理思想和立法主张方面起了重要的倡导作用。[⑤] 在当时的人们从第二次世界大战得出的教训中，非常突出的一条在于纳粹法西斯对外大规模破坏和平与其对内大规模剥夺人权密切相关。《联合国宪章》体现了这种认识，将维护人权和维护国际和平与安全一起规定为联合国的基本目的，从而开始了当代人权国际规范形成和发展的过程。[⑥] 这个过程以现代人权观念的形成和发展为必不可少的前提条件，而且人权国际

---

① 参见布尔：《无政府社会：世界政治秩序研究》，30～31页；劳特派特：《国际法中的格劳秀斯传统》，见弗尔克等编：《国际法：当代视野》，16～18页。

② 尽管从19世纪后半期开始，西方法学界就比较广泛地认为国际法将某些罪行的责任加诸于个人，并且可以由得到适当授权的国内或国际法庭施予惩罚。参见布朗利埃：《国际公法原理》，561页。

③ 同上书，561～562页。

④ 参见上书，67、69页。

⑤ 劳特派特在1945年大力倡导制订"国际人权法案"。见其《人权国际法案》（H. Lauterpacht, *An International Bill of Rights of Man*），伦敦，1945。

⑥ 一位国际法学家认为，在此以前，人权国际规范大致只存在于一个相当狭窄和次要的领域，即保护境内外国人的国民待遇权利，或者"最低限度国际标准"权利。参见陈隆志：《当代国际法导论》（Lung-chu Chen, *An Introduction to Contemporary International Law*），201～204页，纽黑文，1989。

规范的演化序列与现代人权观念的演化序列基本一致。[1] 第一代人权观念是美国独立革命和法国大革命弘扬的个人之公民和政治权利及财产权利，它们的主要特征“按照大多数自由主义的表述，是无虞某物（政府、他人干预）‘之自由’，即一块个人天地，可以在其中实现一个人自己的目的，而另一些表述方式还加上参与某事‘之自由’，即一块公共天地，可以在其中通过公意享有某种更大的自由”[2]。第二代人权观念可以说是对资本主义条件下第一代人权派生的恶果——国内外自由剥削权的反应和抗议，它主要由社会主义者、马克思主义者和部分非西方现代民族主义者倡导，内容为借助于国家的积极干预甚至组织而实施的经济、社会以及文化人权。第三代人权观念问世于 20 世纪非西方对西方造反的伟大浪潮，用 1977 年的一项联合国大会决议的表述，在于人权包括免于种族歧视、种族隔离、殖民主义、外国统治、外国侵略和侵略威胁的权利，连同民族充分自决、各国行使充分的经济和自然资源主权的权利。第四代人权观念与全球性问题意识密切相连，它将享有和平、发展、健全的生态环境、人类共同资源[3]的利用开发和在人道主义灾难中获得援救的权利包括在人权当中。

基于人权观念的当代人权国际规范首先以根本原则的形式见于《联合国宪章》。它开宗明义地规定联合国致力于促进全世界所有人的人权和基本自由，并且在其他某些条款中予以重申。[4] 1948 年，联合国大会通过《普遍人权宣言》，其最大意义或许是为说明宪章的笼统规定提供了一个权威指南。16 年后，经联合国人权委员会等机构长期准备，联大通过《经济、社会和文化权利国际公约》与《公民和政治权利国际公约》及其议定书，由许多国家政府签署后于 1976 年生效。这两个对缔约国有法律约束力的国际公约使人权比较全面、比较细致地法规化了，尤其是后一个公约“在权利的界定方面更具体，对尊重这些具体权

---

① 下面关于这后一个演化序列的阐述主要依据斯蒂芬·马尔克斯：《兴起中的人权：80 年代的新一代人权?》(Stephen P. Marks, “Emerging Human Rights: A New Generation for the 1980s?”)，见弗尔克等编：《国际法：当代视野》，501～513 页。

② R.J. 文森特：《国际伦理中的权利观念》，见泰里·纳尔丁和戴维·马佩尔合编：《国际伦理传统》(R.J. Vincent, “The Ideas of Rights in International Ethics”, in Terry Nardin and David R. Mapel, eds., *Traditions of International Ethics*)，254 页，剑桥，1992。

③ 人类共同资源即“人类共同继承物”（the common heritage of mankind），包括公海海底、南极洲、外层空间甚至文化传统和科技进步等。参见马尔克斯：《兴起中的人权：80 年代的新一代人权?》，见弗尔克等编：《国际法：当代视野》，509 页。

④ 《联合国宪章》中涉及人权的部分计有前言和第一、第十三、第五十五、第五十六、第六十二、第六十八、第七十六诸条。

利的义务的陈述更有力，较好地提供了检验和监督的办法”，并且规定了国家和个人进行控诉和申诉的程序。① 按照一位著名的人权研究学者的总结，在人权问题上，20 世纪 60 年代后期和 70 年代有三大事态发展：联合国开始从制定人权规范进至监察各国对人权规范的履行情况；人权问题开始进入国家的（首先是美国的）对外政策目标，影响国家间的双边关系；旨在促进人权的非政府组织的数量和活动开始显著增加。② 人权问题在 20 世纪 80 年代的主要动态，则在于人权国际公约或宣言的种类和数目显著增加，连同拉丁美洲、东亚和中东欧许多严重压制人权的政府纷纷垮台，而 90 年代期间关于人权的国际共识有所深化，同时联合国开始并且多次进行人权国际干涉。③

区域人权公约构成人权国际规范体系的重要组成部分。第一个区域人权公约是 1950 年底缔结、近三年后生效的《保护人权和基本自由的欧洲公约》，而关于人权的欧洲体制也是发展程度最高的区域人权体制。它由该公约和一整套组织机构合成，包括欧洲人权委员会、欧洲人权法庭以及关于各个特殊人权范畴的若干机构。④ 欧洲人权公约与上述联合国两大人权公约一起，成了另一个区域人权公约——1969 年问世的《美洲人权公约》的参照蓝本。1981 年，《非洲人权和人民权利宪章》由非洲统一组织国家和政府首脑会议通过，五年后生效。这第三个区域人权公约的独特之处，主要在于既具体规定了个人权利，也具体规定了个人义务，以政治调解而非司法审理为解决一般人权争端的途径，并且强调非洲各国人民有自由处置本国财富和资源的权利。这些都反映了欠发达国家及其政府的特殊性。⑤

按照一位国际法学家的看法，人权国际规范到 20 世纪末期应被认为已经取得不容违反、不容置疑的普遍国际法规范（jus cogens）的地位，任何与之抵触的单方面行动或国际条约和协定在法律上都是无效的。⑥ 现在可以认为，至少在

---

① 参见布朗利埃：《国际公法原理》，574～575 页。

② 参见杰克·多奈利：《国际人权》（Jack Donnelly, *International Human Rights*），第 2 版，9～11 页，科罗拉多州博尔多，1998。第三世界新独立国家对联合国于 20 世纪 60 年代重新强调人权起了重大作用。参见上书第 8 页。

③ 参见上书，11～13、14～17、144、145 页。

④ 这些组织机构的运行条款见上书 68～71 页。

⑤ 《非洲人权和人民权利宪章》的特征和重大局限性见上书 76～77 页。对欧、美、非三个人权公约的较详细论述又可见布朗利埃：《国际公法原理》，574～577 页。

⑥ 参见陈隆志：《当代国际法导论》，215 页。“*Jus cogens*”可简译为“强制法”，其晚近的由来、权威定义和“革命性意义”见卡塞西：《民族自决之法理再评价》，169、174 页。该书认为，当代主要的“强制法”是在禁止侵略、自决权和基本人权三方面，它们也是当代对国家主权的主要的法律限制。参见上书，169～170 页。

原则上认同并且大体遵守基本的人权国际规范，正如大体奉行自决原则一样，成了国家的一大合法性标准，尽管它在这方面的地位与自决原则相比仍然较有争议。[①] 应当说，人权观念的大普及，人权国际规范的迅速发展和较广泛实施，是世界史上特别重大的进步之一。以文化相对主义和道德相对主义为辩据，否认基本的人权国际规范的普遍价值（甚至普遍优先价值）是根本错误的。[②]

然而也必须看到，将人权国际规范片面地展示和解释成过度偏重个人及其公民和政治权利，同样是根本错误的，那在实践中既给维护国际秩序造成困难，也阻碍国际正义的全面实现。很明显，个人人权只是人权的一部分，而且它的实现一般有赖于集体人权（例如民族权利、社会阶级权利、年龄或性别群体权利、国家主权）的实现。同样很明显，公民和政治权利也只是人权的一部分，经济、社会和文化权利同等重要。而且，从常识性哲理和当代世界的实际状况出发，生存权利应当优先于其他基本人权。[③] 还有，对个人人权乃至所有其他人权的理解，连同其实现的途径和速度，都分别在很大程度上取决于不同国家、不同区域、不同文化传统和不同社会制度内必然多有不同的具体条件。不顾所有这些情况，依凭自己的优越权势，力图使世界其余国家和人民接受和奉行关于人权的上述片面解释，就难免引发或加剧国际紧张。[④] 至于将人权、特别是个人公民和政治权利置于欠发达国家的主权之上，更是有违国际正义。尽管事实表明，当代无论何种形态的国家，其权利的行使有时都导致国家对人权的无理压制，然而事实同样表明，当代大多数国家，无论其形态互相间有何不同，都是本国人权的主要保护者和促进者。对于世界上许多数十年前还处于殖民奴役和中世纪式国内奴役之下的欠发达国家人民来说，他们现在的国家差不多可以说是他们的人权所曾有的第一个保护者和促进者，其主权、安全和稳定对他们

---

① 参见多奈利：《国际人权》，19～20 页；布朗利埃：《国际公法原理》，601 页；阿姆斯特朗：《革命和世界秩序：国际社会中的革命国家》，201 页。

② 对否认这普遍优先价值的文化相对主义和道德相对主义的批判，参见文森特：《人权与国际关系》，39、47～50、55～56 页；多奈利：《国际人权》，131～132、134～135 页。

③ 参见文森特：《人权与国际关系》，1～2 页。与此同时，文森特饶有理由地认为，集体人权与个人人权、经济和社会权利与公民和政治权利之间的正确关系是互相依存，而非前者必定优先于后者（或者后者必定优先于前者）。参见该书 89～90 页。

④ 不仅如此，“关于国际法之下人的权利与义务的信条推至其逻辑的极端，对人类组织为一个主权国家社会的整个原则就是颠覆性的。因为，如果每个人的权利都能被伸张于世界政治舞台，盖过他所属的国家的权利要求并且与之作对，而且他的义务能被宣布为与他作为该国的一名忠仆或公民的地位无关，那么国家作为一个统治其公民、并有权得到他们服从的实体的地位便会受到挑战，主权国家社会的构造便会陷于危险”。参见布尔：《无政府社会：世界政治秩序研究》，152 页。

的生命、自由、财产和福利来说至关重要①，虽然与此同时，这些国家不同程度上的羸弱、低效、不成熟和内部往往存在的严重的政治压迫，又经常是充分实现或维护这些价值的首要阻碍。② 不分青红皂白地认为人权一概高于主权，与不分青红皂白地认为主权一概高于人权一样，是不可取的。

当代国际规范的根本来源和根本特征

20世纪国际规范的根本来源，尤其在于先前历史时代里被称为自然法的根本伦理，其根本内容如前所述被格劳秀斯表述为："避不侵犯他人所有；将我们可能据有的任何他人之物退还他人，连同退还我们可能从中获取的任何利得；履行遵守承诺之义务；补偿由于我们的过错而引起的损失；按照其罪过对人施加惩罚。"它们实际上就是世界所有（或差不多所有）各民族在其文明时代共有的根本道德规范或道德概念。这些规范或概念以人的理性、特别是以社会亲和倾向为前提，以公正为精神实质，以实现、维持或促进和平的和尽可能较为公正的社会生活为根本目的。③ 它们的意义在于提供一个据以补充已有的具体规范的常在源泉，并且判断社会规范是否合乎道德和理性，从而在很大程度上决定社会是否终将保持或取消之。④ 在国际社会中，这样的根本伦理非常概括地说，意味着尤其给予个人和其他弱小的国际行为体起码的尊重，并且在国际关系中保持公平、通情达理和守信。⑤ 它们对国际法至少起了四大作用：第一，它们使国际法能够扩展到国际关系的"社会"领域，特别是扩展到国家与非国家行为体的关系之中；第二，它们有力地促成了人权国际规范和贯彻自决原则的各类禁止殖民主义、种族主义和种族歧视的国际法规；第三，它们不仅像下面将论述的那样，为20世纪决定性地加强对国际暴力的法律限制做出了巨大贡献，促成了对核武器之类大规模毁伤性暴力工具的限制或禁止；第四，它们促使国际

---

① 参见时殷弘：《论世界政治中的正义问题》，载《欧洲》，1996（1），15页。参见布尔：《国家在世界政治中的积极作用》（Hedley Bull，"The State's Positive Role in World Politics"），载《代达勒斯》（*Daedalus*），第108卷，1979年秋季。

② 参见K.J.霍尔斯蒂：《国家、战争和战争状态》（K.J.Holsti，*The State*，*War*，*and the State of War*），剑桥，1996。

③ 参见劳特派特：《国际法中的格劳秀斯传统》，见弗尔克等编：《国际法：当代视野》，18页；布赖尔利：《国际法》，17页；路易·亨金：《国际法：政治与价值观》（Louis Henkin，*International Law：Politics and Values*），103页，荷兰多德雷赫特，1995。

④ 参见劳特派特：《国际法中的格劳秀斯传统》，见弗尔克等编：《国际法：当代视野》，17页；路易·亨金：《国际法：政治与价值观》，280～281页。

⑤ 参见沙赫特：《国际法的理论和实践》，55～56页。

分配正义问题开始进入国际立法领域，同时促使这正义成为世界南北两方越来越多的人的道德共识。①

归根结底从根本伦理出发形成一系列新规范，这就使当代国际规范与18和19世纪相比具有了鲜明的根本特征，即侧重道义规定而非现状确认，侧重弘扬正义而非维持秩序，侧重促进变革而非追求稳定。② 这样的特征完全符合决定20世纪世界政治面貌的三大主要新力量——非西方现代民族主义和兴起为超级大国的美国与苏联——的政治性质，也完全符合对形成新规范贡献颇大的西方发达国家内部和平与人权等类运动的伦理追求，虽然所有这些势力在许多问题上有着不同的、甚至对立的价值观和正义观。

必须着重指出，在传统国际规范的很大部分基本成分（特别是关于国家主权、领土完整和不干涉内政的规范）依然保留下来、或者仅被作了并非本质性的修改的情况下，上述重大变化必然导致当代国际规范体系在其总体和多项局部上新旧相兼，自相矛盾，含糊不清，尤其是在国家主权与人权、国家主权与民族自决权、国家主权与国际组织权利这三对非常重要的关系上。一方面，人们不应当像历史上屡见不鲜的保守派那样，在早已改变了的时代里墨守国家主权绝对观，因为这样既违背历史潮流，也不利于消除世界许多地方由国家行使或保护的国内不正义。另一方面，人们也不应当像当今西方（特别是美国）的部分主流国际关系思潮那样，信奉国家主权过时论，因为这种理论说到底，反映并促进着美国和若干领域内西方发达国家共同体的强权目的，它跻身于当今和未来可预见的时期里主要的国际不正义之列。

当代国际规范体系的主体新内容（上）

与18和19世纪的欧洲国际社会时代相比，20世纪全球国际社会规范的主要新内容大致集中在关于国际暴力和国家主权的规则两方面，它们合起来构成了国际法中新的国际共处规则。关于国际暴力的规则的主要新内容，首先在于重新引入正义战争和非正义战争的区别，这一区别在18和19世纪的欧洲国际社

① 参见沙赫特：《国际法的理论和实践》，49、54～55页。关于根本伦理直接或间接支配当今国际规范形成的基本方式的一种哲学解说，见戴维·马佩尔和泰里·纳尔丁合编：《国际社会：不同的伦理视野》（David R. Mapel and Terry Nardin, eds., *International Society: Diverse Ethical Perspective*），62～63页，新泽西州普林斯顿，1998。

② “应当注意，国际法（可以）是一种媒介和工具，用来谋求国际秩序以外的、并且的确可以是与之相反的目的。法律工具有时被用来例如促进世界政治中的正义……而这一目标对国际秩序可以是破坏性的。”（布尔：《无政府社会：世界政治秩序研究》，145页。）关于当代国际规范由其根本来源而生的根本特征，参见马伦楚克：《阿克赫斯特现代国际法导论》，16页。

会时代被弃置，因而那时只要是主权国家进行的战争就具有合法性。[①] 从国际联盟盟约开始，经1928年非战公约（凯洛格—白里安公约），最后到《联合国宪章》[②]，战争终于重新被区分为正义和不正义的（也因而被区分为合法和不合法的）：侵略战争是不正义战争，应予禁止和受到国际社会制裁，自卫战争和对侵略国的集体武力惩罚是正义战争，所有爱好和平和遵守法律的国家都应予以支持。[③] 1970年联合国大会《关于各国以联合国宪章建立友好关系及合作之国际法原则的宣言》更是将禁止武力侵略和武力侵略之威胁列为国际法基本原则的第一条。[④]

由此，在法律和道义上，战争本身受到了严重限制，甚至可以说国家主权受到了严重限制，因为使用武力不再能被当做国家从事国际政治的天经地义的日常工具。正因为如此，一位权威的国际法学家在20世纪60年代初宣告，“过去半个世纪的突出特征，在于一种对战争之发生……无动于衷的法律体制决定性地转变为一种对国家诉诸武力的权能施加颇大限制的法律体制”[⑤]。也正因为如此，另一位国际政治学家断定“当代对正义战争信念的法律承诺代表了一次深刻的历史性转变”，或者说代表了“国家作为独立实体这一法律概念的全盘革命，因为它将废除主权特权中最本质的一项，即施加强制的自由”[⑥]。新的国际规范不仅禁止侵略战争，而且如《联合国宪章》规定的那样，禁止以武力威胁侵害别国领土完整和独立以及解决任何国际争端，并且为和平解决设立了一系列在经典外交之外的国际组织干预和调整程序。所以有这些历史进步，一要归因于第一次世界大战以后许多国家和人民对战争愈益巨大的生命、财产和心理代价的沉痛认识，二要归因于30和40年代纳粹法西斯国家罪行引起的对武力强

---

① 几乎没有什么人比亚历山大·汉密尔顿更明确、更透彻地表述了那个时代关于战争的道义平等和法律平等观。这位“现实政治”（*realpolitik*）思想家在1784年写道：“至于战争的外在效应，国际志愿法完全不知道这种争斗有什么正义和不正义之分，而是在和约中将争斗双方放在同等地位，因为既然它们不承认有任何公共裁决者，那么媾和时倘若双方不站在同一权利地位，就绝无可能调节分歧或结束战争。这是一项确立不移的原则。”（阿姆斯特朗：《革命和世界秩序：国际社会中的革命国家》，222页。）

② 关于两次世界大战时期里国家的战争权利开始受到重大限制，连同国联盟约在这方面“半心半意”的情况，见马伦楚克：《阿克赫斯特现代国际法导论》，24、308页。

③ 关于这一发展过程中一个至关重要的问题——限制国家自己决定何种形势下需要自卫以及为何自卫的权利，参见沙赫特：《国际法的理论和实践》，136～137页。

④ 《奥本海国际法》，第9版（R Jennings & A Watts，*Oppenheim's International Law*，9th edition），第一卷，第一部分，334页，伦敦，1992。

⑤ 伊安·布朗利埃：《国际法与国家强力法》（Ian Brownlie，*International Law and the Law of Force of State*），424页，牛津，1963。

⑥ 柯普林：《国际法与国际体系前提假定》，229、231页。

暴的广泛憎恶和警觉。

然而，有如国家实践，尤其是超级强国和某些地区强国的实践屡屡表明的那样，新国际规范在防止和制止诉诸武力或武力威胁方面起的作用仍是相当有限的。尤其是武力威胁，即使在第二次世界大战后也仍然是一些国家，特别是超级强国的常用手段。不仅国际无政府状态中国际规范固有其局限性（首先是缺乏一般国内社会中央权威那种对法律的强制贯彻），而且关于使用武力和武力威胁的规则本身相当含糊宽泛，以致有时如同虚设。这方面最能产生问题的是所允许的例外，包括单边的和集体的自卫，还有根据国际组织授权、当事国政府邀请和其他理由所作的援他性战争行动或武装干涉。① 就是以这些“例外”方式，第二次世界大战后不少侵略性军事行动取得了似是而非的合法性。当然，《联合国宪章》规定，成员国行使自卫权利的措施不得以任何方式影响安理会随时采取行动的权威和责任，只要这行动在安理会看来是为维持国际和平与安全所必需的。但是，实际上成员国往往不立即报告、或者根本不报告行使自卫权利的措施，甚至像1999年北约对南斯拉夫进行大规模轰炸和2003年美国发动对伊拉克的全面战争那样，根本撇开联合国。不仅如此，安理会本身也太经常地因为大国间的歧异或对立而做不出必要的决定，更何况自卫这一概念本身从未得到联合国的详细界定，以致往往由动武的国家随意做出有利于自己的解释。

即使如此，从长远历史观点看或许仍可偏于乐观地认为，“诸国精英逐渐转而倾向于无偏袒地接受世界共同体的法律标准：这可能是当代最富意义的（即使有时无法明辨）支持世界秩序的趋势。宪章的构想以其权威的支配性规范成为鼓励这一趋势的一个关键因素”②。另外，虽然《联合国宪章》的有关规定屡屡遭到违背，但可以肯定它们也成功地阻遏了不少战争和武力威胁行动的发生。或者说，假如没有这些规定，世界的情况会更糟。③ 对于宪章规定的、威慑和惩罚侵略的联合国集体安全体系也可以采取类似的看法。的确，它在迄今为止的大部分时间里基于某些虚妄的前提，有如第一次世界大战后的国际联盟集体安

① 也正因为如此，《奥本海国际法》第9版强调在国家自卫权问题上应当遵循的较严格定义和先决条件，见其第一卷，第一部分，420～423页。又见路易·亨金：《国际法：政治与价值观》，122～123页。关于在国家自卫权问题上的几类法律争议和应有的严格立场，参见马伦楚克：《阿克赫斯特现代国际法导论》，311～317页。对于根据当事国政府邀请和种种其他理由所作的援他性战争行动或武装干涉的法律分析，参见马伦楚克：《阿克赫斯特现代国际法导论》，318～326页。

② 弗尔克等编：《国际法：当代视野》，125页。

③ 参见路易·亨金：《关于宪章第二条第4款已无效力的报道太为夸大》，（Louis Henkin, “The Reports on the Death of Article 2［4］Are Greatly Exaggerated”），见弗尔克等编：《国际法：当代视野》，389～393页。

全体系①，因而很少见效。但是另一方面，主要在美苏冷战结束以后十年里，唯一的超级强国影响之大达到空前地步，大国对立有所缓解或减退，和平与反侵略的国际舆论总的来说有所发展：所有这些因素都曾多少有利于集体安全，使之可以在某些问题上和某些情况下起作用，尽管它们仅有限地减小而非消除了集体安全体系固有的困难，也尽管现在来看这一局面仍然是暂时的。

当代国际规范体系的主体新内容（下）

说到底，关于国际暴力的新规则就是关于国家主权的新规则，只不过前者大都集中在后者囊括的某一单独的具体领域之内，即国家对外使用暴力的权利和义务这领域之内。20 世纪关于国家主权的新规则首先包括扩大、巩固和维护国家主权的法律规则，虽然与之相比这个世纪里产生的限制和干预国家主权的规则更多，也更具有时代特征。

所谓扩大国家主权，主要指许多沿海国家的管辖范围扩大到原先属于公海的 200 海里"专属经济区"。可以说，17 世纪格劳秀斯往后，公海自由原则很大程度上既基于海洋的不可分割性和可得性②，又基于人类技术和海洋资源利用的时代水平。可是，随着科技的迅速发展、人口的巨量增长和由此而来对食物与能源供给的追加需求，情况有了变化，而"对外国人经济剥削很敏感的国家的加剧了的民族主义"③ 使之更是如此。早在 20 世纪 40 和 50 年代，就有某些拉丁美洲国家宣布本国海岸外 200 海里海域为排外的专有捕鱼或捕鲸区，以后这类举动被许多沿海国家仿效，专有权利的覆盖范围也被扩大到 200 海里海域内的所有其他自然资源。从 1973 年开始，在联合国构架内的十年谈判导致了《海洋法公约》的缔结，它与至少 70 余个国家各自单方面的权利宣布构成的、关于 200 海里专属经济区的国际习惯法④一起，代表着国家（至少一大批实际宣布有此类权利的沿海国家）主权的显著扩展。

在造就维护和巩固国家主权的新规则方面，第三世界国家同样起了主导作用。1965 年，由它们在其中占大多数的联合国大会通过《关于不允许干涉各国内政的宣言》，其中规定"没有任何国家或国家集团，有权为任何原因直接或间接地干涉任何其他国家的内外事务。由此，对国家人格（the personality of

---

① 见本书第四章第四节相关内容。

② 用格劳秀斯本人的话说，"海洋像空气一样，无法被占取，因而不能被归属于任何个别国家所有"。参见沙赫特：《国际法的理论和实践》，275 页。

③ 同上。

④ 有关的国际法学阐释参见布朗利埃：《国际公法原理》，210 页。

states）或其政治、经济、文化要素的武装干涉，或所有其他形式的干预或威胁企图，都是对国际法的违背”[①]。这是一条非常明确和严格的基本原则，它实际上将若干关于国家义务和权利的具体新规则集合在一起，其中包括不得以侵害受援国主权为条件提供经济援助，反干涉（counter-intervention）[②] 必须局限在发生内战的国家领土之内，联合国不得干涉“本质上属于任何国家国内管辖权之内的事务”，也不得要求成员国将此类事务提交联合国解决等。[③] 如同前面在谈论限制国际暴力的新规则时说的那样，维护和巩固国家主权的新规则肯定有助于阻遏侵犯国家主权和独立的行为发生。[④] 然而，在实践中，主要由于强国（尤其是美国）的优越权势和干涉主义意识形态，不干涉原则及其派生的具体规则往往遭到破坏或贬抑；与此同时，在理论上当代国际规范包括不少与它们抵触的规定，或者说这规范体系本身多少有些自相矛盾。

作为国际法的一项核心，国家主权概念在其创始者让·博丹那里本是有限制的，即在神法之外受到自然法、万国法（jus gentium）和包括王位继承法在内的本国根本大法的限制，虽然与此同时他更强调主权是“国家的绝对和永久的权力，是最大的支配权”[⑤]。在此 70 余年后，从霍布斯开始，国家主权在西方政治和法律思想中逐渐被绝对化了。[⑥] 即使主权的载体由君主变成了国家全体公民或民族，但主权无限制的观念没有改变，国家在国际关系中具有法律上的绝对自由这一信条没有改变。[⑦] 然而在 20 世纪，特别在其后半叶，发生了被一位

---

① 伊安·布朗利埃编：《国际法基本文件》（Ian Brownlie，ed.，*Basic Documents of International Law*），第 3 版，40 页，牛津，1983。

② 亦即应遭受外国军事干涉的国家之邀请、为保护该国独立和主权而进行的军事干涉。

③ 引语出自联合国宪章第二条第 7 款。与国联盟约的同类条文相比，这一规定在维护主权方向上走得远得多。

④ 这是当代许多极端羸弱的国家得以继续生存的一个重要条件。参见霍尔斯蒂：《国家、战争和战争状态》，135～136 页。

⑤ 博丹语，引自威廉·埃本斯坦因编：《伟大的政治思想家：柏拉图至今》（William Ebenstein，ed.，*Great Political Thinkers*：*Plato to the Present*），第 3 版，349 页，纽约，1960。关于主权在博丹那里所受的限制，又见 F. H. 欣斯利：《主权》（F. H. Hinsley，*Sovereignty*），第 2 版，69、110～113 页，剑桥，1986。“在统治者与被统治者之间的冲突已经变得绝对应当休止的时候，他（博丹）认识到——这是个了不起的思想成就——要解决这冲突，就必须既要有可能确立一种必然无拘束的统治权力，又要有可能将这权力与无法无天、任意妄为的绝对专制区别开来。”在主权之伦理和法理限制这一点上，博丹超过了马基雅维利，从而能创设后者虽已接近、但未达到的主权观念。参见上书，121、124～125 页。

⑥ 关于霍布斯的主权思想及其与博丹主权观念的重大差别，参见上书，141～144 页。

⑦ 参见布赖尔利：《国际法》，12～16 页。极端民族主义在 19 世纪末期往后的兴起甚至加剧了主权无限制的观念，参见《奥本海国际法》，第 9 版，第 1 卷，第一部分，125 页。

国际法学家称为国际社会与其各个成员之间“权威纵向分配”① 的大变化，而这变化中最突出的就是“国际关切”（international concern）概念逐渐扩展，“国内管辖”（domestic jurisdiction）概念则饱经侵蚀。后者的内涵越来越被认为是相对的和可以变迁的，而前者以及国际社会据此的干预权利扩大到愈益增多的问题领域。②“国际关切”的最严重对象是“国际罪行”，即不仅对直接受害者、而且对整个国际社会及其所有成员犯罪的行为，它们的已经形成或正迅趋形成的法定类别为：大规模侵略；大规模破坏自决权（例如用武力建立或维持殖民地）；大规模践踏基本人权（例如大规模屠杀、奴役和种族隔离）。③ 特别是由于这一发展，国际法中国家主权的主要方面之一——“属人权威”（personal authority，或称统治权或政治主权）已被权威的国际法解说认定为有限的，即受限于人权国际法。④

上述变化的主要媒介是联合国的有关决定和行动。自问世以来，联合国越来越多地将一些领域（特别是集体和个人人权领域）内的重要问题移出国内管辖范围，使之成为国际关切和干预的对象。在此过程中，尤为关键的问题在于应当由谁决定某个问题究竟是国内的还是国际的。“联合国作为一个组织拥有一种几乎不受疑问的权能，决定什么构成对国际和平与安全的威胁，并且因为如此决定而拥有将一个具体问题国际化的能力。”⑤ 尽管这一说法不免有所夸大，但联合国确实已在涉及许多人类价值范畴的一整系列问题上行使了它的权能，其中包括国际和平与安全、领土争端、非殖民化和民族自决、基本人权、国际经济和文化合作等。联合国的干预和干涉大多被相当普遍地认为是合法的，或者说是国际社会干预和干涉那些被国际社会认定是“国际关切”对象的问题（它们原先被普遍或广泛地认为属于国家内政），以此保护各国的共同利益或贯彻它们的共同伦理。⑥

在人权问题上，当代国际规范体系对国家主权的限制和干预尤为显著。这

① 陈隆志：《当代国际法导论》，224 页。

② 参见罗莎琳·希金斯：《干涉与国际法》（Rosalyn Higgins，“Intervention and International Law”），见布尔编：《世界政治中的干涉》，31～32、34 页；马伦楚克：《阿克赫斯特现代国际法导论》，30～31 页。

③ 参见上书，59～60 页。

④ 参见《奥本海国际法》，第 9 版，第 1 卷，第一部分，384、406～407 页。关于人权问题上的“国际关切”和“国内管辖”，参见该书 444 页。

⑤ 弗尔克等编：《国际法：当代视野》，130 页。

⑥ 关于联合国为宪章的宗旨在“国际关切”领域进行干涉的权利，参见《奥本海国际法》，第 9 版，第 1 卷，第一部分，447～449 页。

里无须复述前面已予谈论的种种人权国际规范，而只需补充说明若干新情况。例如，允许用武力拯救大量无辜者的性命、使之免遭任何国家的大规模屠杀和其他大规模暴行（即道义和法理理由比较充分的那类“人道主义干涉”，已倾向于成为国际关系中禁止使用武力这项通则在自卫和集体惩罚侵略之外的另一大例外）。[①] 又如，根据一项权威的解释，前述《联合国宪章》内关于国内管辖权的规定（或曰对联合国干涉权的限制）不适用于经联合国机构确认存在某些严重违反人权行径的场合。在实践中，这种规定有时更加脆弱，以致很可能变得如同虚设，起不到合理保护国家主权的作用。[②] 还有，联合国大会1975年通过《保护所有人免遭拷打和其他残酷、非人道或使人堕落的处置或惩罚的宣言》，其中将这些行为谴责为违背人权和侵犯基本自由。从第一次世界大战结束时起，保护一国国内的少数民族成为国际法话题，凡尔赛体系的一个重要部分就是由主要协约国与东欧诸小国及土耳其之间有关的专门条约和条款构成。第二次世界大战结束后，这方面特别重要的是《公民和政治权利国际公约》第二十七条，它规定少数民族享有维持本民族文化、信仰本民族宗教和使用本民族语言的权利。

总的来说，上述种种限制和干预国家主权的新国际规则体现了当代世界的道德进步和组织改善，反映出多数国家就一国特殊利益与国际社会共同利益之间的关系逐渐形成的合理认识。然而另一方面，这些规则引起了不少问题，其中最突出的就是关于个人人权和民族自决权的规则包含着过度损伤国家主权的颇大可能性，而其受害者一般都是或将是相对落后、贫弱的欠发达国家，它们特别需要国家及其主权的三大功能即安全保护、民族认同和国民福利。[③] 主要因为如此，直至20世纪90年代还未有任何联大决议支持一国有权对另一国进行未经后者同意的“人道主义”武装干涉，也未有足够的国家实践及相关的法理舆论作为证据，表明一国可以人道主义为由非自卫地使用暴力。[④] 换句话说，按照

---

① 与晚近和一般想象的情况大为不同，欠发达国家在联合国的历史上最早主张国际社会有“人道主义干涉”权利，主要是针对某些国家的种族迫害和种族歧视。参见托尼·伊文斯：《美国霸权与普遍人权事业》(Tony Evans, *U. S. Hegemony and the Project of Universal Human Rights*)，78～79页，纽约，1996。关于“人道主义干涉”的道德哲学依据，见戈登·格拉汉姆：《伦理与国际关系》(Gordon Graham, *Ethics and International Relations*)，99～100、102～103页，牛津，1997。

② 参见布朗利埃：《国际公法原理》，553～554页。

③ 这三大功能参见约翰·赫兹：《重论领土国家：关于民族国家的未来的思考》(John H. Herz, “The Territorial State Revisited: Reflections on the Future of the National State”)，见威廉斯等合编：《国际关系经典读物》，106页。

④ 参见沙赫特：《国际法的理论和实践》，124～125页。关于冷战后这方面情况的一些变化，参见莱昂斯和马斯坦杜诺合编：《超越威斯特伐里亚体系?》，97页。

国际法学家们中间的广泛看法，在冷战时期，国家实践表明“人道主义干涉”没有合法的法理地位；冷战结束以后多年里，至少由个别或少数国家进行的“人道主义干涉”仍无可靠的国际法依据，甚至即使是国际社会，除在少数例外情况下也无权进行“人道主义干涉”。① 必须警惕和反对美国及其同盟体系滥用和曲解人权国际规范和“人道主义干涉”去破坏一些欠发达国家的主权，去损害国际秩序必需的不干涉支柱。当然，在某一些例如卢旺达的种族大屠杀那样的场合，问题在于必需的人道主义干预严重不足而非被滥用。② 至于不分青红皂白地一味贯彻民族自决权可能造成什么严重后果，两次世界大战之间中欧、东欧的历史提供了明证，第二次世界大战后至今许多国家的战乱和瓦解也是如此，它们导致了难以名状的国内苦难和国际动荡。③

关于20世纪新国际规范的理论和实践告诉人们，任何权利，不管是国家主权还是人权或民族自决权，都不是绝对的，都不应当无条件地和一成不变地被置于至上地位。它们之间互相有所抵触的必然性决定了使它们互相妥协、互相协调的必要性，无论从政治还是从伦理角度来看都是如此。20世纪90年代末，一位当代国际政治研究领域的思想家道出了一项富含常识的根本道理，那是人们应当明白并且牢记的：“价值并非必定互相兼容：对单一美善的一心追求能够损毁其他美善。政治的本质在于平衡诸项优先，这就需要有一种全生态视野，即一种总体意识，连同对于事情如何互相关联的敏感。要愿意说任何好事都可能过头，要愿意说将自决或自由贸易或任何别的东西树立为绝对优先就是在惹事招祸：当我们临近21世纪时，看来缺乏的正是这么一种意愿。”④

---

① 参见迈克尔·阿克赫斯特：《人道主义干涉》(Michael Akehurst，“Humanitarian Intervention”)，见布尔编：《世界政治中的干涉》，99、103～104页；马伦楚克：《阿克赫斯特现代国际法导论》，59页；亨金：《国际法：政治与价值观》，120页；莱昂斯和马斯坦杜诺合编：《超越威斯特伐里亚体系?》，115、119、127～129、133页。

② 参见雷默·法伊林恩：《人道主义干涉要多少武力?》，见斯坦利·霍夫曼编：《人道主义干涉的伦理和政治》(Raimo Väyrynen，“How Much Force in Humanitarian Intervention”，in Stanley Hoffmann ed.，*The Ethics and Politics of Humanitarian Intervention*)，6～7页，印第安纳州圣母市，1996；斯坦利·霍夫曼：《主权与干涉伦理》(“Sovereignty and the Ethics of Intervention”)，同上书，20、44、50页。

③ 参见寇本：《民族国家与民族自决》，66～68页。

④ 加迪斯：《生活在烛台公园》，载《大西洋月刊》，1999 (4)。

第八章
当今和未来的世界政治

重点问题

- 世界政治基本性质的变更与稳定
- 国家行为和国际安排应有的根本原则
- 世界广大欠发达国家的艰巨任务
- 时代特征：世界基本格局与基本潮流
- 中国发展的战略机遇和必要条件

第一节　当今和未来世界政治的若干基本问题

世界政治基本性质的变更与稳定

以300年来全球舞台上最深刻、最剧烈的变革为特征的20世纪，孕育了肯定将大大影响、甚或决定21世纪世界政治面貌及其演进的种种新要素。可以相信，在已经并仍然将主要由飞跃般的科学技术进步、急剧扩大并复杂化的全球性经济和文化交往、跨国基本价值取向之增多构成的全球国际体系环境中，变更而非稳定将仍然是新世纪里世界政治的尤为本质的内涵。然而同样可以相信，稳定和秩序也将构成世界政治中本质性的一大方面。变更和稳定结合在一起，很可能使21世纪（至少是其前半期）成为一个过渡时代。在这个时代里，全球国际体系之基本性质的继续与其重大变化趋势两相并存，国家行为和国际安排应有的根本原则新旧相兼。在这个过渡时代里，目前的世界欠发达国家仍将面对非常艰巨的任务——民族国家的巩固和成熟、政治民主化、经济和社会发展、争取国内外持久和平以及一般反对国际干涉等。[①]

就全球国际体系基本性质的重大变化趋势来说，其主要的直接缘由，在于各功能领域（尤其非政治的功能领域，即生产、贸易、金融、技术、生态环境、信息和人员流动等）内部以及它们相互间的国际和跨国互相依赖的急剧发展。这造就或促成了三大事态：(1) 非国家行为体的迅速增多与其作用的显著增大；(2) 民族国家及其主权被侵蚀、被削弱的明显趋势；(3) 国内事务与国际事务之传统区分的渐趋模糊和局部丧失。互相依赖作为20世纪70年代以来国际关系理论思想当中最重要的概念之一，最简单地说是指以国家之间或不同国家的行为体之间的交互效应（reciprocal effects）为特征的情势[②]，这种交互效应主要来自第二次世界大战以后愈益稠密的国际和跨国非政治性交往。稠密的交往并不等于互相依赖，关键的是与这交往关联的制约或代价。互相依赖就是互相制约，就是交往的每一方都需付出受此制约这一代价。[③] 与传统的国际权势政治有所不同，在互相依赖关系中，主要角色不仅有强国，还有国际组织和跨国公司等非国家行为体，它们之间不仅流行排他的谋利努力和由此而来的激烈竞争，也流行通过国际体制安排、并且由共赢意识促进的政策协调与合作。[④]

随着互相依赖的急剧发展，非国家行为体迅速增多。这既是因为由此急剧发展而来的跨国联系在许多场合凝聚和组织起来，形成自我管理结构和运行机制[⑤]，

---

① 在此不谈主要是跨国性质的“非传统威胁”。这里只需指出：非传统威胁使几个世纪来人的现代政治组织方式——民族国家颇为明显地暴露出不适性，但与此同时民族国家又是世界大多数人民在非传统威胁面前本能地选择的主要依托，而且并非全然缺乏缓解、控制或克服这些危险的实在和潜在能力。

② 参见罗伯特·基欧汉和约瑟夫·奈：《权势与互相依赖》(Robert O. Keohane and Joseph S. Nye, *Power and Interdependence*)，波士顿，1977。

③ 正是在这个意义上，一位久负盛名的国际关系理论家较为通俗地说，各国互相依赖是指即使比较强大和不那么易受伤害的国家也仍然受其他地方发生的事态的影响。参见斯坦利·霍夫曼：《我们在世界上应当干什么?》，见斯蒂芬·斯皮格尔编：《世界政治主要问题》，197页。

④ 参见罗伯特·基欧汉：《霸权之后：世界经济中的合作与不和》(Robert O. Keohane, *After Hegemony: Cooperation and Discord in the World Economy*)，51～53、59～64页，新泽西州普林斯顿，1984。

⑤ 参见奥林·扬格：《世界政治中的行为者》，见詹姆斯·罗兹诺等编：《国际政治分析》(Oran Young, “The Actors in World Politics,” in James N. Rosenau et al., eds., *The Analysis of International Politics*)，132页，纽约，1972。

也是因为愈益稠密的国际联系和愈益多样的国际任务造成了越来越多地建立国际（政府际）组织的需要。概而言之，大量非国家行为体的出现大多反映了传统的民族国家无法较充分地“呼应、处理或压制变化着的大众要求”[①]，这“大众要求”按照一种论说，涉及四大功能领域：（1）物质保护（physical protection），即安全；（2）经济的发展和调控；（3）其余公共利益；（4）群体地位（group statues），即基于种族、民族、宗教、阶级、党派、职业团体等的群体认同之集合象征。[②] 可归纳为五类形态[③]的许许多多非国家行为体分别在这四大功能领域内活动。与此同时，以各种具体形态和方式，不同类型的非国家行为体互相之间以及它们与国家之间形成形形色色的合作，以求实现共同的或互补的目标。大量非国家行为体和国家各自在各个功能领域的存在和活动构成了当代全球“复杂聚合体系”（the complex conglomerate system），在其中非国家行为体起着显著超过先前的重要作用。[④]

随着互相依赖的急剧发展和非国家行为体在数量、活动领域和作用三方面的迅速增长，民族国家及其主权势必受到愈益广泛、愈益深入的侵蚀，而本来就缺乏成熟和真正强有力的国家机器的广大欠发达国家尤其如此。问题首先在于，大量跨国经济、科技、文化、意识形态、宗教等类活动不仅跨越国界，而且许许多多是国家主权实际上难以或根本无法控制的。“世界社会”理论家约翰·伯顿早在20世纪60年代就做出断言说，不管国界有什么意义，它们已经并仍在被愈益增长的跨国交往大大减小。[⑤] 其次，由于技术的迅速发展，人类活动及其影响高度复杂化和跨国化，产生了越来越多的跨国性问题，其解决往往超出民族国家（特别是单个民族国家）的能力所及，后者的权威及其所得的忠诚难免相应减小。再次，西方自由国际主义理论思想鉴于世界政治的有关变化，连同美国与跨国资本的利益要求，热烈提倡主权过时论，其广泛影响使之有如所谓自现预言，有力地促进了民族国家及其主权的被侵蚀。最后，国际规范在

---

① 理查德·曼斯巴赫等：《走向全球政治的一种新的概念化》，见菲尔·威廉斯等合编：《国际关系经典读物》，158页。

② 参见上书，158～159页。

③ 即政府际组织、跨国非政府组织、有直接国际联系或从事分离主义行为的地方性权力实体、有直接国际联系的国内民间组织、能大致自主地在国际舞台上活动的“国际”个人。

④ 参见菲尔·威廉斯等合编：《国际关系经典读物》，158～163页；雷蒙德·霍普金斯和理查德·曼斯巴赫：《国际政治结构和过程》（Raymond F. Hopkins and Richard Mansbach，*Structure and Process in International Politics*），128页，纽约，1973。

⑤ 参见约翰·伯顿：《体系、国家、外交和规则》（John Burton，*Systems*，*States*，*Diplomacy and Rules*），10页，纽约，1968。

20世纪发生的有关重大变化起了同样的作用。

然而，现代国际体系由来已久的基本性质尽管有其重大的变化趋势，但在目前大致可预见的未来长时期里，它们仍将保持本质上的基本稳定，即领土性的主权国家是全球国际体系中的主要行为体，国家间的对立、冲突、协调、合作构成世界政治的主要内容。领土国家及其主权过时论的依据，多半出自对全球经济一体化进程的片面描述和片面解释，或者说出自当代自由国际主义的一厢情愿和过度乐观。决定全球经济一体化进程及其前景的不仅有经济、技术因素，还有政治因素，其中最重要的就是民族国家政府关于跨国经济活动的政策。对经济一体化，这项政治因素可以是促进性的，也可以是阻滞性的。但无论如何，具体的考察表明，政府的政策决定国际自由经济原则将运用得有多广泛，因而决定民族国家经济在多大程度上成为自由开放的国际经济体系的一个组成部分。① 国家主权即使在它被不少人认为是日薄西山的国际经济领域依然如此有力，如此重要，再加上经济一体化还包括劳动力的绝对自由流动，因而无国界的世界经济远未接近实现。②

退一步说，即使假设实现了全球经济一体化，它也并非必然意味着实现全球政治一体化。在大致可预见的未来长时期里，民族国家及其主权仍将是为实现人的安全和福利、表征和保持人的群体认同及其价值观念和文化的多样性所不可或缺的，尽管它们在其中大多数方面能够履行的功能远不是完美和值得永恒化的。不仅如此，它们甚至在当今西方主流思潮将其着重贬抑的个人人权领域，也有不容否认的重大积极作用。虽然事实表明，当代无论何种形态的国家，其权利的行使在此时或彼时会与个人人权抵触甚或伤害之，但事实同样表明，当代国家大多是其国内的个人人权的主要保护者和促进者。③ 这在占世界人口和国家数目大多数的欠发达国家往往尤其重要。“第三世界各国人民在推进其目标方面的伟大工具是国家：他们从夺取对国家的控制开始，继之以使用国家……西方自由国际主义者们如此频繁地注意并且予以指责的第三世界各国人民的

---

① 参见戴维·亨德森：《国际经济一体化：进步、前景和含义》（David Henderson，“International Economic Integration：Progress，Prospects and Implications”），载《国际事务》（*International Affairs*），第68卷（1992年10月），636～641页。引语见633页。

② “鉴于潜在（国际人口）流动的规模和性质，对移民的严格控制将继续下去。在这方面，一个没有国界的世界，甚或一个像第一次世界大战前盛行的那样开放得多的体系，在可见的将来毫无可能。”（戴维·亨德森：《国际经济一体化：进步、前景和含义》，载《国际事务》，第68卷，1992年10月，652页。）

③ 参见时殷弘：《论世界政治中的正义问题》，载《欧洲》，1996（1），15页。

‘国家主义’，植根于他们自己的痛苦经历，即没有国家就一无所能。”①

国家行为和国际安排应有的根本原则

全球国际体系基本性质的变化和稳定相并存，构成了21世纪世界政治将在其中运行的一种双重状态。在此等状态中，国家行为和国际安排应当遵循怎样的根本原则？首先是国家个体利益与国际社会总体利益、国家自主与国际治理之间彼此协调和兼容，其次是国家间通过互相尊重、互相容忍和互相妥协来缓解或尽可能避免冲突，以求经久的和平共处。

第一项根本原则规定了国际社会具有几乎起码的秩序和正义的条件。不管国家有何权利，它们都受制于国际社会的权利，或者说国家的权利出自国际社会的规则并受其限制。② 这是起码的国际秩序条件。反过来，确认国家的正当权利不得在合理的限制之外由国际社会或假以其名义予以侵害，构成了起码的正义条件。这实际上是继承现代国际关系思想中的一项传统，即平衡国家个体利益与国际社会总体利益，而其近乎最重要的一位代表就是19世纪大历史学家兰克。③ 在兰克看来，独立的国家个体理所当然地具有独立的国家利益，而最重要的国家利益是国家在对外关系中维护独立和争取权势。然而，兰克同样注重国际社会的总体利益或共同利益，它们决定了追求国家利益时应有的限度。在他那里，国际社会总体利益的主要实质，就在于各国在各自充分独立发展的同时互相协调。④ 就当今来说，国家个体利益的核心一般应当是国家的独立自主和领土完整，连同国家根本体制和国民基本经济福祉的维持，而国际社会的总体利益主要在于国际安全和稳定，加上较为健康的世界经济、较为健全的世界生态环境以及不过于辱没人类尊严的世界人权状况。显然，不保障国家个体利益，国际社会总体利益便难免落空或丧失其多半意义，而不保障国际社会总体利益，国家个体利益便难以有合理的实现或维持。

关于前述第二项根本利益，即各国通过互相尊重、容忍和妥协来缓解或规避国际冲突，一向是温和、稳健的国际关系思想家们所提倡的。例如，汉斯·

---

① 赫德利·布尔：《国际关系中的正义》(Hedley Bull, *Justice in International Relations*)，27页，安大略省滑铁卢，1984。

② 参见上书，11页。

③ 关于兰克的国际关系思想，参见时殷弘、郝莹：《利奥波德·冯·兰克的国际政治观》，载《欧洲》，1998 (4)。

④ 参见利奥波德·冯·兰克著，格奥尔格·伊格尔和康拉德·冯·毛奇合编：《历史的理论与实践》，83～84、100～101页，印第安纳波利斯，1973。

摩根索将以此为特征的外交奉为"通过协调求和平"的法宝。① 借助于17、18世纪现代国际关系思想奠基者们的一种说法，可以认为大致基于互相尊重、容忍和妥协的各国共处，使得国际无政府状态远不像个人间的无政府状态（霍布斯的"自然状态"）那样不可忍受，因此世界"利维坦"并无必要。② 国家间若要有这么一种关系，就需要认识到国家间的竞争并不排除寻求共同利益，需要将自身的安全追求局限在不致引起对方严重的不安全感的范围内，还需要在捍卫自身的合理利益和价值观的同时尊重对方的合理利益和价值观。

上述根本原则——国家间通过互相尊重、容忍和妥协来缓解或规避冲突——不仅是对新世纪世界政治前景至关重要的应有规定，而且是由种种现实有力地支持着的即有趋势。在这些现实当中，有一项尤其增大了它得到较广泛流行的希望，那就是战争作为国家利益工具的价值总的来说迅趋衰减。斯坦利·霍夫曼曾在多年前大抵正确地指出，导致冷战走向结束的国际原因之一，在于对武力的有效性的广泛限制。不仅超级大国完全不能将核武力用于互相威慑以外的目的，而且它们在就欠发达世界进行的竞争中，往往无法靠常规武力控制外国人民。③ 与这些同属一类的另一个事实，是20世纪80年代在美苏两国许许多多公众中间，"随军备竞赛开支成倍增长突破控制，意识形态对抗的浮言虚辞和冷战热情开始淡漠"④。一些很少军备负担的国家经济实力飞跃发展，生活水平迅速提高，这就更加强了超级强国全副武装和广泛干涉得不偿失的意识。更一般地说，尤其自第二次世界大战以来，主要有五大事态促成了战争作为国家利益工具的价值地衰减：第一，武器的发展导致战争的耗费和破坏性剧增；第二，它们在多数场合更有利于防御而非进攻，因而使意欲侵略的国家多半被侵略失败这一往往较易预见的前景遏阻，同时其他国家不那么感到有先发制人的必要；第三，先进的军事技术多半势所难免地扩散，从而倾向于减小国家间的军事力量差距，这也有助于产生抑制侵略意图的效果；第四，以卫星侦察领头，情报技术革命减小了由于误判而盲目乐观引起的发动战争的可能性；第五，

---

① 参见摩根索：《国际纵横策论》，第31、32章，上海，上海人民出版社，1995。

② 参见马丁·怀特：《为什么没有国际关系理论?》，见赫伯特·巴特菲尔德和马丁·怀特合编：《外交研究》（Martin Wight, "Why Is There No International Theory?", in Herbert Butterfield and Martin Wight, eds., *Diplomatic Investigation*），31页，马萨诸塞州坎布里奇，1966。

③ 参见霍夫曼：《我们在世界上应当干什么?》，见斯蒂芬·斯皮格尔编：《世界政治主要问题》，199页。

④ 沃尔特·戈德斯坦因：《超级强国的销蚀：经济困境的军事后果》（Walter Goldstein, "The Erosion of Superpowers: The Military Consequences of Economic Distress"），见斯皮格尔编：《世界政治主要问题》，49页。

对现今绝大多数发达国家和许多欠发达国家来说，第二次世界大战的可怕回忆，或许是抑制大规模战争动机的一个首要因素。①

当然，对世界上某些国家来说，战争作为国家利益工具的价值的衰减趋势相当有限。这方面最突出的是两大现实。首先，当今唯一的超级强国美国的霸权追求不仅依靠近年来许多研究者特别注意的“软权力”，即经济、技术、文化影响，而且仍然在很大程度上依靠明火执仗的“硬权力”，那就是军事优势、有限战争和武装干涉。特别在 2001 年“9·11”事件的刺激下，这被布什政府发展到了可谓黩武主义的地步，即迷信使用武力的效用，宣告“先发制人打击”信条，并且不顾国际社会大多数成员国的反对和质疑，以单边主义和霸权主义的态势发动导致国际稳定和国际法律秩序受到严重损伤的伊拉克战争。其次，部分地由于社会发展程度的重大差异，第二次世界大战后与西方发达国家互相间的持久和平状态相对，战争仍然是欠发达世界内部较为多发的国际政治现象，在那里的一些地方仍然可以见到不怕战争的倾向和强烈的战争意愿。② 然而，战争对于某些国家的尚存价值和在某些地区、某些问题领域的相对多发倾向，同样加强了国家间互相尊重、容忍和妥协以求持久和平的意义。大杀伤力武器的迅速发展和扩散，加上现代化进程中社会经济愈益增长的复杂性和易受伤害性，使得战争的破坏性急剧提高，以致欠发达国家越来越经受不起战争，即使它们仍被认为是为一部分至关重要的国家利益所必需的。另一方面，美国依然将战争和武装干涉当做追求单边安全和维持霸权的重要手段，因而弘扬国家间不分大小强弱、皆应尽量和平协调的原则就更重要。

世界广大欠发达国家的艰巨任务

非西方现代民族主义蓬勃兴起和殖民半殖民统治瓦解，构成 20 世纪一项头等重要的事态。与此类似，21 世纪的头等大事应当包括广大欠发达国家奋力从事五大任务，即国家的巩固和成熟、政治民主化、经济和社会大发展、国内外持久和平以及反对滥施国际干涉。只要多数国家和人民仍然处于贫困、混乱和

---

① 参见约翰·米尔斯海默：《返回未来：欧洲在冷战后的不稳定》，见肖恩·林-琼斯和斯蒂芬·米勒合编：《冷战与其后》，149 页。关于第二点，见丹尼尔·德内和约翰·伊肯伯里：《苏联变更的国际根源》，载《国际安全》(*International Security*)，第 16 卷，1991/92 年冬季，91 页。关于第四点，参见约翰·路易斯·加迪斯：《学会与透明性共处：侦察卫星体制的浮现》，见其《漫长的和平：冷战史研究》，195～206 页。

② 参见 K. J. 霍尔斯蒂：《和平与战争：1648 至 1989 年的武装冲突与国际秩序》(K. J. Holsti, *Peace and War: Armed Conflicts and International Order, 1648—1989*)，303～305 页，剑桥，1991。

严重不满状态，世界就危机四伏，就缺乏和平与繁荣的真正基础，更谈不上全球秩序的普遍合法性和正义。

广大欠发达国家作为新生的现代民族国家的巩固和成熟问题主要包括两大方面，即抑制或消除“族裔分裂”（ethnic splitting），改变政治—社会体制的虚弱低效状况。世界许多地方的情况表明，前一方面的任务往往特别艰难，然而历史也提供了一些可以鼓舞人心的积极例证：拉丁美洲各国虽然大体上也出自殖民国家的人为的划分，但这并未阻绝它们当中的绝大多数逐渐形成为足够统一和有足够内在凝聚力的民族国家①；群岛之国印度尼西亚 1949 年独立时，单一的印尼民族这个观念才形成不久，100 多个族裔和多种宗教以及不同海岛互相间的矛盾相当严重；然而，“民族缔造”的进程是如此迅速和成功，以致从 1954 年外岛叛乱被平息后，无论政治、经济有怎样的大动荡，几乎未出现过有真正重大和经久影响的分离主义运动。②

关于改变政治—社会体制的虚弱低效状况，需要强调的是它与合适的政治民主化进程休戚相关。在一些欠发达国家，一定时期里为了谋求和加强内部统一，建立相对有力和高效的政治体制，有效亦有益地依靠了高度专制的统治方式，然而这类方式无论是就功效还是就道义而言，都只是过渡性质的权宜之计。随着现代化进程的更深入展开和民众自主意识的显著增长，专制甚或极权一般来说势必过时，民主化成为政府取得新的国内合法性的主要途径之一，成为满足民众正义感、加强民族凝聚力和改善国家机器素质的必要条件。不仅如此，民主化还有助于改变欠发达国家互相间冲突的多发倾向。③ 然而，民主并非举世只有一种模式以致放之四海而皆准，民主化进程也并非在各国大体雷同以致如出一辙。欠发达国家必须依据本国国情，实事求是地选择、试验和采纳本国实际需要并且能够在本国具体条件下成功的、合适的民主形式和民主化道路，并且抵制西方国家与之相违的“民主化”干预。就此而言，法制建设、现代公民教育和足够有力的国家机器一般是成功的民主化的必备基础或前提条件。然而另一方面，它们也必须认识到，民主本身是克服它们面前诸多基本困难的一项必要（虽非充足）条件，是当代世界的一大历史潮流和它们国内人民已经或迟

---

① 参见约翰·赫兹：《重论领土国家：关于民族国家的未来的思考》（John H. Herz，“The Territorial State Revisited：Reflections on the Future of the National State”），见威廉斯等合编：《国际关系经典读物》，99 页。

② 差不多只有情况非常特殊的一小块地区——东帝汶除外。

③ 较详细的论说见斯蒂芬·戴维：《为什么第三世界仍然重要?》（Steven R. David，“Why the Third World Still Matters”），载《国际安全》（*International Security*），第 17 卷，1992/93 冬季，134～140 页。

早将要提出的一大政治和道义要求。以本国的民族或文明特殊性以及历史发展滞后性为由，过久地坚持正在或已经过时的不民主制度，至少是不合理不明智的。

至于广大欠发达国家面前的另外三项显而易见的艰巨任务，即国内外持久和平、经济和社会大发展以及反对滥施国际干涉，在此只需作一些必要的说明。所谓国内外持久和平，指的是欠发达国家国内的和相邻欠发达国家互相间的持久和平。要确立和维持这样的和平，不仅必须缓解和消除一系列导致内外暴力冲突的较直接原因，包括“族裔分裂”和其他社会对立，社会控制体制之虚弱低效，严重缺乏法制和民主，极端民族主义和黩武主义之持续存在及其泛滥等，还必须缓解和消除加剧不稳定和冲突倾向的经济、人口和生态因素。① 因此，和平的需要，连同国家巩固和人民幸福的需要，决定了欠发达国家经济和社会大发展的极端重要性。它们应当着重审视发展的内部障碍和战略缺陷，形成并且奋力贯彻综合、均衡、公正和可持续的发展战略，同时讲求实际地争取逐渐改良现存的世界经济体制。在反对滥施国际干涉方面，广大欠发达国家的态度和立场同样应当是均衡和公正的：即一方面坚决维护自己的主权、自决权利和法理平等，抵制霸权主义行为及其意识形态，另一方面也认识国际规范重大的局部变化，按照事情本身的是非曲直对待一个个具体的国际干预问题，并且既积极主动，又慎重稳妥地改善自己国内的人权状况。

第二节　时代特征和中国发展

时代特征：世界基本格局与基本潮流

认识时代特征是把握长远基本形势和规划长期基本战略的先决条件，而要较准确地界定时代特征，就需要一个首先由应有的相关视野决定的范式或大框架。这一视野在空间上主要应当是全球性国际和跨国体系意义上的“世界”，特别是包括国家、国际和跨国三大层次上的政治经济在内的世界政治经济，或者说是许多国际关系理论家使用的最大常用概念——“世界政治”；它在时间上则是“时代”，亦即一个有本身比较独特的基本技术和文化环境、基本构造、基本

① 参见斯蒂芬·戴维：《为什么第三世界仍然重要?》，载《国际安全》，第17卷，1992/93冬季，140～142页。

方向的较长的历史时期。将一个时代的世界政治在时空两方面的最本质要素抽象出来，就有了一个类似于坐标的参照体系，每个国际行为体都可以在此坐标平面上找到自己现今所处的一个复合性位置，而这个坐标的两轴便是世界基本格局与世界基本潮流。

世界基本格局主要指国家间实力和权势的基本分布状态。这方面20余年来尤为突出的大致是这么一个事实：美国及其主导的西方发达国家共同体在大部分功能领域（即政治、军事、外交、经济、技术、财政、思想文化影响和国际规则体系等）占有非常显著的优势。冷战结束以来的10余年内，美国一国的优势更是多半由于下列四大事态得到了新的巨大增长：苏联瓦解、美国成功发动和展开信息技术革命、大力进行“新军事革命”以及美国经济在20世纪90年代的大调整和大发展。不仅如此，“9·11”事件以后，美国霸权性优势的支配或作用范围可以说出现了进一步的跃进式扩展。这首先是因为在“9·11”恐怖袭击的巨大震动和全国性安全恐慌背景下，美利坚民族行使军事优势和为此承担代价的意愿空前增长，美国公众对一个怀抱“进攻性现实主义”国际政治观念和强烈的美国民族主义、霸权主义情绪的政府给予了近乎“空白支票”式的支持。在这些情况下，可以预计未来长时间内将没有或少有可能形成如此经久、如此有力和如此凝聚的国际阵线，以致在世界政治总体和若干头等重要的战略性领域真正制衡美国的过大权势。特别是在仍然对世界政治至关重要的军事领域，国际体系内超级强国与其余大国之间力量对比的失衡（甚至一般还有意志对比的失衡），达到了至少500年来首屈一指的地步，因而在此领域也最难造就真正的均势局面。

这是近年来在世界基本格局方面被世界舆论谈论得最多的现实。然而，它决不是唯一基本的现实。20世纪90年代初期开始，中国经济腾飞变得非常显著并且持续不断，中国成为世界强国的初始前景由此开始浮现；另一方面，美国差不多紧随2003年春发动伊拉克战争而陷入严重的战略和外交困境乃至国内舆论分裂，其经济则在进入21世纪前后大致失去了前十年强劲增长的势头。由此，人们正在非常广泛地谈论世界基本格局的最大晚近变化：中国的迅速发展和美国的优势衰减。关于中国的发展可以认为，从国家规模、发展速度和综合国力增进趋向上看，如果中国在维持国内基本稳定和奉行稳健进取的对外政策的同时，积极有效地发展政治经济改革和加速军事力量现当代化，那么在21世纪初期临近终了时，美国以外的任何一个实在和潜在强国都将在总体力量上显著亚于中国，中国在总体力量上目前与美国相比的巨大弱势也很可能大大缩小，在亚洲的力量对比格局将尤其如此。

关于当今美国优势的衰减，至少有一点确定无疑，那就是强国一旦过分张扬和过度伸展，特别是以滥用武力和武力威胁、奉行单边主义外交和严重自损本国政治/道义影响的方式这么做，它就必然迅速得多地暴露和增长它的固有弱点，容易得多地显现其单纯物质强力的巨大有限性，哪怕它是冷战结束以后（尤其是“9·11”事件往后近两年）简直空前绝后和不可一世的超级强国——美国。在更深入的层次上和更广泛的领域内，一些美国学者正在谈论美国霸权的结构性羸弱，或者用其中一位的话说“美国巨人的泥足”。那在他看来主要有三项：美国越来越依赖外国资本资助其过度的公私消费；美国是个“纯粹的人口输入国，因而无法以真正的殖民支撑其霸权欲望”，与此同时，“它的相对小规模的志愿者军队由于在阿富汗和伊拉克的重大现行军事干涉，已散布得非常单薄”；最后也最为关键的是，美国对外战略和政策苦于所谓“关注不足”，即“它的共和体制和政治传统使之难以就长期的国家构建任务（nation-building projects）确立共识”，“美国在过去一个世纪里的干涉除了很少例外，都是相当短命的”，而且近来的公众舆论倾向显示“美国选民甚至比在越南战争期间更少愿意在对外事务领域抛洒热血和花费钱财”。所有这些，将严重限制美国在世界上的“半霸权作用”的有效性和经久性。①

当代世界基本潮流大体上分成往往互相交错的四个时代趋势。一是往往被人较片面地局限在经济领域来谈论的全球化。就其全面含义而言，全球化可以说主要由如前所述的四大事态标志：（1）国际/跨国交往愈益广泛和稠密；（2）全球国际体系中非国家行为体迅速增多，其作用显著增大；（3）民族国家及其主权愈益被侵蚀和被削弱；（4）国内事务与国际事务之间的传统区分渐趋模糊和局部丧失。在全球化之外，多极化（更确切地说是权势分布相对分散化）构成世界政治第二个基本潮流。当前，它首先表现为中国的发展和美国权势的相对衰减，同时也出现大西洋共同体内的严重政治不和甚至政治分裂、欧洲一体化的进展乏力、印度经济和军事实力的快速成长等事态。第三个时代趋势在于社会政治生活现当代化，特别是法治化和民主化，它们在西方发达世界以外持续扩展。最后，国际规范的基本特征和基本内容中间发生着的重大变化代表时代的又一基本趋势，如前所述它们中间尤其与先前时代有别的是与国家绝对行动自由信条相反的若干重大变迁。

① 参见尼阿尔·弗格森：《一个没有权势的世界》（Niall Ferguson，“A World Without Power”），载《对外政策》（*Foreign Policy*），2004 年 7/8 月。关于 2003 年伊拉克战争后的美国权势问题，参见时殷弘：《美国国际权势：比较与变化》，载《现代国际关系》，2004（4）。

认识世界基本格局和世界基本潮流之间的关系至关紧要。在这些关系当中，特别重大的大概是这么两项：第一，全球化和社会政治生活现当代化意味着"广义的技术扩散"，即先进的基本技术方式、经济方式和社会政治生活组织方式的全球性传播，因而提供了从长期看世界权势相对分散化的根本原因和必然动力。简略地说，世界格局变迁的根本哲理，就在于这些基本方式的世界历史性创新总是首先出自个别国家，从而一定导致权势的集中化，然而创新不可避免地会扩散，权势分散化便成为势所必然。第二，以国家间力量分布为首要内容的世界格局是一种"平面构造"，其中进行的主要是国家间政治，甚或可以说首先是国际地缘政治，然而全球化这一世界基本潮流（一定程度上还有多极化以外的另两大潮流）愈益塑造着世界的跨国"网状构造"。因此，世界政治的时代特征之一在于"平面构造"与"网状构造"的复杂复合，即国家间政治与跨国政治的复杂复合。

中国发展的战略机遇和必要条件

"和平发展"是中国在21世纪头20或30年可有和应有的国家方向或国家基本意图。不仅如此，它还可以是一个适应新的历史大时期和大需要的对外政策纲领性观念，是按照这基本需要来塑造中国对外政策舆论的一个头等要素，以统率当前时期各个局部对外问题的处理，使之具有统一的"战略逻辑"和"哲理依据"。

和平发展首先指中国在一个历史长时期内用基本和平的方式上升为建设性的世界强国，同时也应当指中国此后能够确实经久地保持这一地位，就像现代史上那些确实经久的世界强国一样，而不是大起之后迅即大落。换句话说，和平发展的应有含义，在于基本和平地发展为真正可持续的世界强国。另一方面，和平发展由于是一个历史长时期内的基本国家方向，因而它并非与有可能迫不得已和绝对必需的局部军事冲突不相容；它只是绝对意味着不经历中国与其他强国之间的全面战争。不仅如此，和平发展并不排斥一个常识性的基本道理：无论是要成为或保持为强国，还是要有经久的基本和平，都要有可信的、在绝对必需情况下能够进行并赢得军事冲突或战争的能力和意志，那在平时意味着可信和稳定的军事威慑。

中国"和平发展"这一国家方向与带有根本性的未来外部环境界定——"重要战略机遇期"概念密切相关。中国在21世纪初期有什么样的基本战略机遇？或者说，以当今和未来一个较长历史时期的世界政治基本特征来定义，什么样的一个世界政治时期可以被认为是中国的"重要战略机遇期"？需要从这样一个时期里的世界基本格局和基本潮流出发分析和设想。如前所述，在基本格局中，最重要的是两项事态或趋势：美国将相当经久地拥有显赫的力量优势与其实在和潜在的广泛局部霸权；从国家规模、发展速度和综合国力增进趋向上看，在21世纪初期临近终了时，中国不仅在总体力量上很可能显著强于美国以外的任何一个国家，而且与美国之间的总体力量差距也很可能大大缩小。在世界基本潮流当中，最重要的当然是全球化，其次则是一般说的多极化。

由此，中国在21世纪初期面临的基本战略机遇主要是：第一，只要中国坚持除非绝对迫不得已、决不同美国长时期对抗或大规模冲突的根本国策，连同争取广泛的睦邻关系的基本方针，中国的处境和战略任务就会变得比在"一超多强"（两层而非三层性的大国格局）下简单得多，更比经典多极格局情况下简单得多。这是一种大有助于集中战略方向和资源、从而保证成功的大战略裨益。第二，美国由于紧迫感和较长期的反恐、防大规模毁伤性武器扩散、"平定"和控制中近东地区等国家战略优先事项，加上它与中国之间较广泛的共同利益，再加上它对与中国冲突或长时间对抗的巨大代价的深切顾虑，可能长时间地不以中国为标准敌手甚或主要敌手，其对华政策将长时间保持战略警戒和威慑、政治压力、缓解对抗、协调合作四者大致动态平衡的形态。① 第三，在东亚国际政治中，总的长期趋势将是美国权势衰减，中国影响增长。第四，鉴于中国的国家规模和发展速度，中国大致可以说是美国以外已经并将继续得益于全球化最多的国家，中国人可有所防范地"搭全球化之车"，以达到基本富强，实现中国的广泛的国际政治经济影响（其中很大部分政治影响将出自基于中国有效地参与经济全球化而愈益增大的经济分量和经济影响）。第五，多极化潮流有助于中国制约美国和构建自身更大的国际力量，只要中国注意在一个较长时期里一方面积极利用多极化趋势展示或蕴涵的种种具体机遇，另一方面坚持不过分卷

① 与此同时，必须注意到晚近变得比较明显的一项事实：中美两国之间的中长期"结构性矛盾"正在变得比过去更为深刻，甚至潜在地更为强烈，有如远处的地平线上正在集聚的乌云甚至潜在风暴。中国经济总量和对外贸易持续高速增长；中国在东亚乃至世界其他一些地区经济、政治和外交影响迅速扩展和增强；中国"大众民族主义"逐步高扬；中国持续和加速地进行军事现代化。在如此的根本形势中，力量趋于衰减的美国会比冷战结束后的任何时候都更感觉到一种必要：对华构筑和强化战略性/军事性防范的必要。无论是鉴于国际关系史还是鉴于国际政治常理，中国持续和加速的军力发展必将（甚或已经在开始）成为美国战略家和保守派心目中最突出的问题，也是它们认为美国相对而言最可以着力对付的问题。超级强国美国决心维持自身最重要、最显赫的战略资产，即美国的军事优势，中国则从根本和起码的国家利益出发，决心实现必不可少的军事现代化：这一根本矛盾将在愈益增大的分量上影响或规定中美关系，使之逐步地越来越带有强国之间竞争性关系的首要战略色彩。

入与自身至关紧要的利益关系不大的国际纠葛。

所有上述基本战略机遇显然都属于中国和平发展的主要的"允准性"条件。从根本上说，中国和平发展重在历史性创新。现代历史上那些真正兴起的主要强国，其兴起的根本原因都是在发展过程中实现了具有世界历史意义的创新。为了中国的和平发展，首先要考虑中国怎么在经济、社会和政治发展中实现非常重大的创新。具体来说，如果能够在中国这样一个国家实现可以持续发展的和大致公正的基本富裕社会，建立起具有中国特色的民主和法治制度，甚至逐渐形成民主和法治传统，那就是中国在成为伟大强国过程中必需的基本创新。从外部环境看，很少有国家像中国这样有那么多强邻，连同众多一旦不谨慎处理关系、就会变得令人头疼的其他邻国。与此同时，中国所处的东亚地区有多项"安全两难"，而中国在其中作为一个角色的占一半以上。不仅如此，东亚地区正面临多项"权势转移"，国际关系和力量对比正在多方面显著地变动，将产生显著的不稳定和不确定因素，潜伏紧张和危机。中国如果要和平发展，就必须处理好这些问题。如果像中国这样面对很复杂、颇大意义上也很困难的地缘政治环境的大国能够做到这一点，从而经久地和总体上和平地维持和加强中国的基本安全，那就是实现了另一项重大的历史创新。与重大的历史性创新相关，中国能否成为真正可持续的世界强国，还在颇大程度上取决于能否做出人类基本价值意义上的领先性的重大贡献，即在基本自由、社会正义、全面发展、生态保护和国际公正秩序等方面的世界历史性贡献。

最笼统地说，中国和平发展首先和主要是在本区域内的和平发展；其首要舞台将始终在亚洲，尤其是东亚，其次是中亚和较小意义上的南亚。它需要区域国际关系内的几大"平台"。这样的第一大"平台"，在于中国至少参与主导的多个亚洲次区域多边安全体制，连同同样是亚洲次区域的多边经济合作体制。在本区域逐步创设、培育、巩固和发展如此的多边体制是为经久地缓解甚或逐渐消除中国处于其中的多项"安全两难"所必需，也是为创造、开发、利用中国的中长期性经济、政治和战略影响的机会所必需。在这两方面，中国都需要进一步地拓展眼界，解放思想和多有作为，其中最关键的是在东南亚和东北亚。第二大"平台"应当是对外经济战略，特别是对周边近邻的经济战略。它与一项项具体的对外经济政策有别，而且往往需要从政治和战略高度指导或支配这些政策。经济实力的空前迅速增长和对外经济交往的异常蓬勃发展，构成中国自改革开放以来最突出的民族成就。多半由于这个原因，在中国和平发展的漫长过程中，对外经济战略应当、也可以成为当前"初期阶段"内的首要战略分支。中国在这方面还相当滞后，需要加快构设的步伐。在本区域内，为中国和平发展所需的第三大“平台”，在于中国主要从地缘政治和地缘战略角度出发、应有高度选择性的与某些国家的“特殊关系”。中华人民共和国诞生以来，包括在几乎完全不结盟的当今时期，一向与若干国家有地缘政治和地缘战略意义上的“特殊关系”，它们都对中国安全有过重大的助益。现在的问题是要根据国际政治的变化和双边关系的实况（包括其广义的成本效益）进行重新审视，以确定什么需要予以重大调整，什么需要予以巩固或新建。需要考虑在大致可行的情况下，逐渐同中国周边个别地缘位置特别关键、国家实力实属可观、内部较为稳定的国家新建“特殊关系”。多少与此相关，还有一个长远问题，那就是中国未来可能需要更应有高度选择性的、传统意义上的国家联盟或同盟，从国际政治的某些常理和应对未来可能事态的可能需要看，不应当将此排除在未来考虑之外。

中国和平发展需要的对外战略和外交必须有“硬件”和“软件”两个意义上的国家力量为基石，否则便可能近乎“无米之炊”。为此，在今后一个时期里尤其需要和可行的是四条：（1）按照国家目标的具体需要，加速全面改进和加强中国的军事力量，与此同时在自身军事力量的大力发展过程中一定要经常地考虑和研究一个问题：到哪个点上和在哪些领域，美国可能变得不愿长时间容忍中国军力的进一步大增长？（2）构建作为国家大战略有机组成部分的中国对外经济战略体系；（3）为构建对于旨在和平发展的战略和政策至关紧要的很大部分精神资源，中国政府要更积极、更坚决和更灵活地调控、引导和教育公众舆论，更多地积累起这方面在当今已很需要、未来将更加需要的当代大众政治经验；（4）尽快形成和确立当代化的国家战略和政策决策体制及机制，特别是在国家安全领域，据此体制性地保障战略缔造和决策的优化、行动结果评估和战略调整工作的优化、高层共识塑造的优化以及统一指挥和协调行动方面的优化。

中国在“重要战略机遇期”内的和平发展努力，甚至发展本身，需要有一种关于“终极目标”的理论性/历史性标准。或者简单地说，需要明了什么是现当代强国——能够相对经久地维持强国地位的现当代强国。以这一标准衡量，将大有助于明了中国已经具有了哪些强国素质，正在较迅速地接近哪些强国素质，还远远不具备哪些强国素质，从而明了基本的相关努力方向。

上述现当代强国观念可以被分解为强国资格、强国地位和强国形象。就强国资格而言，在现当代所谓强国是区域或世界范围的国际体系内的国家：它在本区域或世界范围内有较广泛存在的国外政治、经济和战略利益；它拥有足够的综合国力，包括足够的中远程力量投射能力，以致在平时能够有效地维护这些利益，在战时则能够或通常能够抗御至少其他两个区域性或世界性强国的联合力量；它一般来说被其他国家广泛地公认为有权利参与处理本区域或世界范围内所有重大的国际问题，连同足以严重影响其他多个国家的安全的国内问题；它通常与本区域或世界上其他一些强国有起码的共同利益、共同国际价值观念、共同规范和共同国际运作机制，从而被认为是一个强国共同体的成员，不管这个共同体是正式的还是非正式的。由此，强国资格一般由特定的实力、利益存在范围、被承认的国际特殊权利和被承认的国际特殊身份构成，而不是像一些人简单地认为的那样，仅由实力（或者至多再加上利益存在范围）构成。至于强国地位，一般而言就是参与处理本区域或世界范围内所有重大的国际问题（连同有重大国际安全影响的国内问题）的公认的权利地位。它的前提一是拥有强国实力，二是广泛参与区域或世界范围内的国际事务，特别是国际政治事务，并且在此等事务上与多数其他强国有足够的协调与协作。强国形象则一般由国际社会内全体或大多数国家的三种意象构成：一是关于该国有无强国地位的意象，二是关于该国的行为，尤其是它如何使用强国权利和是否滥用这类权利的意象，三是该国是否履行和是否在足够的程度上履行了它对于国际安全、经济稳定和其他公益理应承担的责任或义务的意象。对于其他强国来说，该国行使强国权利时是否与它们协调的意象特别重要。

现代历史开始以来，有若干国家成功地达到并且经久地维持了头等强国地位，另一些国家曾力求成为并且接近了头等强国地位，但终究“中途夭折”，还有一些国家虽然成功地发展为头等强国，但只是昙花一现，迅速衰败。中国的值得向往的发展当然只是指第一种类型。就现代早期至今的世界史经典史例看，此类强国大致都是在其发展过程中具有了下列所有各项条件的国家：（1）实现重大的、甚至根本性的创新：在基本的生产技术方式、社会/政治组织方式和政治文化/思想方式以及基本的国际观方面的创新。（2）享有历史性的重大机遇，包括世界政治经济的时代潮流性的变迁、前超级强国和其他若干强国的力量衰落和意志衰减、主要对手的大战略重大错误；重大国际权势斗争提供的、头等的“被邀介入或干预”的机会。（3）具备本国的“基础设施性”条件，包括足够的国家规模（人口、幅员和自然资源）；总体有利的地理位置和相应的地缘政治/地缘经济/地缘战略裨益；适当的民族性格/政治文化基础、社会基础和政治体制基础；强有力和相对高效的国家机器；构建和发展前述两者的国内改革甚或革命。（4）基本正确的中长期性国家根本目标、“外交哲学”和大战略传统；充分建设、加强和动员本国的力量资源；做出关键性的战略机遇正确选择；大体奉行“战略集中原则”，避免敌手过多，避免与敌手的对抗过久过频，得到关键性的盟友，构建关键性的国际体制。（5）赢得命运攸关的一两场“根本较量”。参照这样的世界史经验，就像以上述现当代强国标准衡量一样，将大有助于明了中国已经具有了哪些强国化条件，正在较迅速地逐步接近哪些强国化条件，还远远欠缺哪些强国化条件，从而明了一系列属于基本方向性质的问题。

图书在版编目（CIP）数据

现当代国际关系史（从16世纪到20世纪末）/时殷弘著.
北京：中国人民大学出版社，2006
普通高等教育“十一五”国家级规划教材
（21世纪国际政治系列教材）
ISBN 978-7-300-07373-6

Ⅰ. 现…
Ⅱ. 时…
Ⅲ. 国际关系史-16世纪～20世纪-高等学校-教材
Ⅳ. D819

中国版本图书馆CIP数据核字（2006）第058133号

普通高等教育“十一五”国家级规划教材
21世纪国际政治系列教材
现当代国际关系史（从16世纪到20世纪末）
时殷弘　著

出版发行	中国人民大学出版社		
社　　址	北京中关村大街31号	**邮政编码**	100080
电　　话	010－62511242（总编室）		010－62511770（质管部）
	010－82501766（邮购部）		010－62514148（门市部）
	010－62515195（发行公司）		010－62515275（盗版举报）
网　　址	http://www.crup.com.cn		
经　　销	新华书店		
印　　刷	北京溢漾印刷有限公司		
开　　本	720 mm×1000 mm　1/16	**版　　次**	2006年8月第1版
印　　张	24.25 插页1	**印　　次**	2024年7月第13次印刷
字　　数	436 000	**定　　价**	58.00元

教学支持说明

（教学课件）

中国人民大学出版社政法分社秉承“出教材学术精品，育人文社科英才”的出版宗旨，多年来，出版了大批高质量的法学、教育学、政治学、政治理论公共课教材和学术著作。

我们为本教材制作了相应的 PPT 教学课件，任何一位采用本书作为授课教材的教师均可免费获得该课件。为了确保该课件仅为授课教师获得，烦请您填写如下材料，并将相关信息通过 E-mail 发送给我们，我们将在收到相关信息后通过 E-mail 给您发送该课件。欢迎您加入我们的 QQ 群（全国政管教师交流二群，群号为 648117133），或登录我社官方网站（www. crup. com. cn），注册并认证成为教师会员，以获得更好的服务。

我们的联系方式：

地址：（100872）北京市中关村大街甲 59 号文化大厦 1202 室

中国人民大学出版社政法分社

电话：（010） 62515383　62514775（传真）

E-mail：ggglcbfs@vip. 163. com

兹证明____________大学/学院____________院/系____________专业____________学年第____________学期开设的________________课程，采用中国人民大学出版社出版的__________________________________（书名、作者）作为本课程教材。授课教师为____________，授课班级共________个、学生________人。授课教师需要与本书配套的教学课件。

联 系 人：________________________

通信地址：________________________

邮　　编：________________________

电　　话：________________________

E-mail：________________________

系/院主任：____________（签字）

（系/院办公室章）

________年______月______日